人類經典系列
（一）

15 至 18 世紀的物質文明、經濟和資本主義

形形色色的交換

（卷二）

費爾南·布勞岱爾　著

施康強　顧　良　譯

Civilisation matérielle, Economie et Capitalisme XVᵉ-XVIIIᵉ Siècle

tome 2

Les Jeux de l'Echange

Orignal Title *"Civilisation matérielle, Economie et Capitalisme XVᵉ-XVIIIᵉ Siècle: Les Jeux de l'Echange"*

First published in france under the title les structures du Quotidien: Le Possible et L'Impossible, 1979
Copyright© 1979 by Librairie Armand Colin, Paris

人類經典系列 （一）

15至18世紀的物質文明、經濟和資本主義——形形色色的交換（卷二）

作者	費爾南‧布勞岱爾 （Fernand Braudel）
譯者	施康強　顧　良
系列主編	龐君豪
責任編輯	張湘裕　陳明明　徐慶雯
封面設計	郭記如
電腦排版	嚴致華
出版	貓頭鷹出版社有限公司
發行	城邦文化事業股份有限公司
	台北市信義路二段213號11樓
	電話：（02）2396-5698
	傳眞：（02）2357-0954
郵撥帳號	1896600-4 城邦文化事業股份有限公司
香港發行	城邦（香港）出版集團
	香港北角英皇道310號雲華大廈4/F, 504室
新馬發行	Penthouse, 17, Jalan Balai Polis,
	50000 Kuala Lumpur, Malaysia
印刷	成陽印刷股份有限公司
登記證	行政院新聞局局版北市業字第1727號
初版	1999年10月5日
定價	450元

ISBN　957-0337-028
中文譯稿由 生活‧讀書‧新知 三聯書店授權

國家圖書館出版品預行編目資料

15至18世紀的物質文明、經濟和資本主義 / 費
爾南‧布勞岱爾(Fernand Braudel)著；施康
強,顧良譯, -- 初版, -- 臺北市 ： 貓頭鷹出
版 ： 城邦文化發行,1999[民88]
　　冊 ： 公分. -- (人類經典系列；1)
　　含索引
　　譯自：Civilisation materielle, economie
et capitalisme
　　ISBN 957-0337-00-1 (一套：精裝) --ISBN
957-0337-01-X (卷一：平裝) --ISBN 957-
0337-02-8 (卷二：平裝) --ISBN 957-0337-
03-6 (卷三：平裝)

　　1. 經濟－歷史　　2. 社會－歷史

550.9405　　　　　　　　　　88011516

編輯室報告

　　每個時代與社會，都有特別關心的議題。回應這些議題的思考，在時間歷練、眾人閱讀之後，漸漸舊形成了經典。後來者如我們在面對未知時，有了前人的思考，也就不至於從頭開始；如果我們說，站在巨人的肩上望前看才能看得更遠，正是因為前人的思考構成了巨人的臂膀。

　　本系列的出版主旨即在幫助讀者了解構成此一厚實臂膀的偉大心靈，推介對人類社會演進和自我認知上具啟發性和開創性影響力的著作。

　　當然，「經典」相對意謂著一定的時空距離，其中有些知識或已過時或證明有誤，那麼，為什麼現代人還要讀經典？

　　人類社會的歷史是條斬不斷的長河，知識的演進也有一定的脈絡。不論是鑑往知來，或覺今是而昨非，都必須透過閱讀「經典」與大師對話，藉由這種跨越時空的思想辯難才有所得。

　　在二十世紀的科技文明即將邁入下一個新世紀之前，貓頭鷹出版社整理推出一系列的經典著作，希望為社會大眾在面對未來愈趨多元的挑戰時，提供可立足的穩固基石。

貓頭鷹「人類的經典」編輯室　謹識

目　次

第五章：社會或「集合的集合」

圖表目次

XIV

圖片目次

前　言

　　本書第一卷以物質生活為主題。如果用個簡單化的比喻，物質生活好比是一座多層樓房的底層，而這第二卷則要探索上面的樓層，即經濟生活，以及作為更高層次的資本主義活動。雖然就事物的具體含義而言，樓房的比喻略嫌牽強，但這個形像卻相當生動地反映事物的實際。

　　有一個並不連續的接觸面位於「物質生活」（也就是起碼的經濟生活）和經濟生活之間，它由集市、攤戶、店鋪等成千上萬個細小的點作物質體現。點與點之間保持間隔：一邊是經濟生活以及與此有關的交換、貨幣、節點和高級手段，即商埠、交易所或交易會；另一邊是「物質生活」，即始終不能擺脫的以自給自足形式出現的非經濟。經濟以跨進交換價值的門檻為開端。

　　在這第二卷裡，我試圖分析從原始的物物交換直到最精緻的資本主義在內的全部交換形式。從儘可能細緻的和不偏不倚的描述著手，我想把握住一些規律和機製，想寫一部經濟通史（就像有一種地理通志一樣），或者換用別的說法，想提出一種類型學，一個模式或一種語法，它至少能確定幾個關鍵的詞彙及幾種明顯實在的含義，儘管這種經濟通史並不嚴格遵守通史的要求，這一類型學並非不容置辯，更遠非十分完整，這一模式又根本不能用數學方法加以驗證，這一語法也提供不了理解某一經濟語言或經濟言詞的鑰匙，即便我們假定存在一種經濟語言，並且這一語言超越時間和地域一成不變。大體上講，我們想要努力搞清某些結構和發展，並且要努力搞清維護傳統秩序的巨大力量和讓-保羅·沙特談到的「惰性暴力」的巨大力量。因此，我們必須在社會、政治和經濟三者的結合部從事研究。

　　為了沿著這樣一條路走，必須睜大眼睛反復觀察，爭取各門人文科學的幫助，尤其要對相同性質的經驗進行系統的對照和比較，不怕在進行必要的對比時，因在很少變動的體系內顛倒時間順序而招致譏諷。在所有的研究方法中，馬克·布洛赫（Marc Bloch）尤其提倡比較，我也根據長時段的遠景運用了比較方法。在知識的現階段，有許多可比數據供我們作時空比較，以至給人這樣一種印象，即我們並非在偶然的關照下作一些經驗比較，而幾乎是在從事實驗。我最初想寫的是歷史，而寫成的書卻界于歷史學和其他人文科學之間。

　　透過觀察並與模式比較對照，我不斷注意到正常的、往往是墨守成規的交換經濟（或用18世紀的話說，自然的）與高級、精緻的經濟（或用18

世紀的話說，人爲的[11]）之間的頑強對立。我能肯定，這種分裂十分明顯，從事經濟活動的人和普通的人，他們的行爲和精神狀態在不同的梯級各不相同。古典經濟學所描繪的在一定水平上始終存在的市場經濟規律，在精細計算和投機冒險的高級區域內，很少以自由競爭的形式發生作用。一個背光的、陰暗的、只有行家在活動的區域從這裡開始，我以爲所謂資本主義的根子就扎在這裡，因爲資本主義是潛在力量的積累，不僅根據相互需要，而且在同等乃至更大程度上根據力量對比來進行交換。不管可否避免，它與許多其他社會寄生體一樣，也是一種社會寄生體。簡單地說，如同其他等級制一樣，商品世界是有等級的，沒有低級的支撐，也就不可能存在高級。我們最後不要忘記，在交換的下面，那個因缺少更好的術語而被我稱之爲物質生活的層次，在舊制度的幾個世紀內，一直是最厚的層次。

對於我用資本主義一詞確指的最高層次，讀者是否會覺得比幾個經濟層次之間的對立更值得商榷？資本主義這個名詞直到很晚，即在 20 世紀初，才臻于成熟，並顯示其爆炸力。在其深刻含義上，資本主義帶有眞正出生那天的胎記，這樣說最爲可靠，但把資本主義的降臨提前到 1400 和 1800年間，這豈非犯下歷史學最忌諱的過錯？對於這個倒置歷史順序的罪過，我並不感到過份內疚。歷史學家爲事後確指他們研究的問題和時期，發明種種詞彙和名稱：百年戰爭，文藝復興，人文主義，宗教改革，等等。這個不屬於眞正的市場經濟，且往往與之絕對相矛盾的層次，我必須爲它找到一個特別的名詞。不可抗拒地出現在我面前的，正是資本主義這個喚起許多聯想的名詞。我們爲什麼不能撇開它過去和現在引起的熱烈爭論，乾脆利用它爲我們服務？

按照構造任何模式的指導法則，我在本卷中審愼地從簡單過渡到複雜。在昨天的經濟社會中我們首先毫無困難地觀察到的，是人們通常所說的流通或市場經濟。因此，在「交換的工具」和「市場與經濟」這頭兩章裡，我致力于描繪集市、販賣、店鋪、交易會、交易所等。也許細節談得過多。我試圖從交換中引出幾條規律，如果確有規律存在的話。隨後的兩章：「資本主義在別人家裡」，「資本主義在自己家裡」，則脫離流通去探討有關生產的眾多問題；對於爲我們接受的這場辯論的關鍵用詞：資本、資本家和資本主義，這兩章還明確了它們的含義，這是必不可少的；最後還試圖確定資本主義的地位，這樣一種「地形攷察」旨在揭示資本主義的界限，併合乎邏輯地暴露其本質。我們於是就觸及困難的核心，但是

麻煩並不到此爲止。最後一章，也許正是最必不可少的一章：「社會或集合之集合」，試圖把經濟和資本主義重新放回到社會實在的總框架中去，離開這個框架，任何東西都不能獲得其充份的意義。描繪、分析、比較、說明，這樣做往往會脫離開歷史敘述，會無視或故意打斷歷史的持續時間。持續的時間是存在的，我們將在本書最後一卷，即第三卷《世界的時間》中遇到它們。截止本卷，我們將處在準備階段，時間被當作觀察手段使用，其先後順序經常打亂。

我的任務並不因此變得簡單，諸位將讀到的各章曾經 4、5 次重寫。我先在法蘭西公學和高等研究院以此爲講課內容，接著寫成文字，隨後又從頭到尾改寫。昂利‧馬諦斯的一位朋友曾爲畫家擺過姿勢。他對我說，馬諦斯每畫一幅畫，都習慣于十易其稿，把前面的畫稿統統扔進字紙簍，只留下他終于認爲線條已達爐火純青的最後一張。可惜我不是昂利‧馬諦斯。而且，對於我的最後定稿是否最清楚和最符合我的想法，我也沒有把握。我借用英國歷史學家弗雷德裡克‧梅特蘭（1887）的一句話聊以自慰，他說：「簡潔不是起點，而是目的」[2]，有時碰上好運氣，它可能是終點。

CHAPITRE 1

交換的工具

Les Outils de L'échange

11　　　　一眼可以看出，經濟分成兩大領域：生產以及消費。一切從生產開始和再開始，一切以消費結束和歸於消滅。馬克思[1]寫道：「一個社會不能停止消費，同樣，它也不能停止生產。」這是一個普通的道理。彼埃爾‧約瑟夫‧蒲魯東 (Pierre Joseph Proudhon) 說過，幹活和吃飯是人唯一的、顯而易見的目的，他講的是同一個道理。但在兩大領域之間，有一個第三者擠了進來，它像河流一樣細長和活躍，也一眼便可認出：交換，或者說，市場經濟；在本書探討的幾個世紀裡，市場經濟既不完備，又不連貫，但已帶有強制性，肯定還具有革命性。在頑固地趨向習慣的平衡、稍有偏離便立即糾正的整體中，市場經濟是變化和革新層出不窮的區域。馬克思稱之為流通領域[2]，我深信這個說法是相當恰當的。當然，生理學上的流通一詞被借用到經濟學[3]來以後，包括著太多的含義。杜爾哥全集的出版商席勒 (G. Schelle) [4]說過，杜爾哥 (Anne Robert Jacques Turgot) 曾想編寫一部《流通論》，書中談的是銀行、約翰‧勞體系、信貸、匯兌、貿易以及奢侈，也就是說，當時人們想像中的幾乎全部經濟活動。就在今天，市場經濟這個詞不也具有一種廣義，遠遠超出了流通以及交換的普通範疇[5]嗎？

12　　　　可見有三個領域。在本書第一卷中，我們談的主要是消費。我們在後面幾章將研究流通。有關生產的困難問題留到最後去討論[6]。這倒不是有意同馬克思或蒲魯東唱反調，不承認生產問題是主要的問題。歷史學家是逆向觀察者，他很難從生產這個模糊、不易辨別和尚未盤點清楚的領域著手。相反，流通具有便於觀察的優點。那裡的一切都在躁動，各種運動暴露無遺。市場的噪音肯定要傳到我們的耳朵裡去。從阿雷蒂諾 (Pierre Arétin) 曾縱情眺望日常景色[7]的同一個窗口，我能找出 1530 年前後威尼斯里亞托廣場上的批發商和零售商，這樣說毫不誇張；我還能進入1688年間乃至更早以前的阿姆斯特丹交易所，並且不會迷失方向，我幾乎要說，即使做幾筆投機生意也不致出太多差錯。喬治‧古爾維奇 (Georges Gurvitch) 或許立即會反駁說，便於觀察的事物很可能是無足輕重或次要的事物。我雖然不敢如古爾維奇一樣肯定，但我認為，杜爾哥在研究當時整個經濟時優先注意流通，不可能全盤皆錯。何況資本主義的產生與交換有密切聯繫，這一點難道是無足輕重的嗎？最後，生產要求分工，分工迫使人們進行交換。

　　　　誰又真的想縮小市場的作用呢？即使初級市場也是供求雙方求助他人的理想地點，否則就不存在普通含義上的經濟，而只有一種自給自足或非

威尼斯里亞托橋。卡爾帕喬 (Carpaccio) 作畫，1494 年。

經濟的「封閉型」生活。市場是一種解放，一種開放，是進入另一個世界，是冒出水面。人的活動，人們交換的剩餘產品從這個狹窄的缺口慢慢通過，其困難程度最初不亞於聖經故事所說的駱駝從針眼通過。針眼後來擴大了，增多了。這一演變過程的終端將是「市場遍布的社會」[8]。我說的是在過程的終端，也就是說市場的普及相當緩慢，並視地區而異，從不在

相同的時間，或以相同的方式實現。市場的歷史可見並不是簡單的線狀發展。傳統的、古老的市場與近代的、現代的市場相毗鄰。即使今天的情況也是如此。找到和匯集有代表性的形象確實不難，但要確切規定其相互關係卻殊非易事，甚至在得天獨厚的歐洲也不例外。

這個潛在困難之所以產生，難道也是因爲把 15 至 18 世紀這段時間選作觀察範圍還嫌不夠長？理想的觀察範圍理應擴展到迄今以來世界上所有的市場。這是蔑視一切傳統觀念的卡爾·波拉尼 (Karl Polanyi)[9]曾經涉足的廣闊領域。但是把古巴比倫的所謂市場、今天初布蘭群島原始人的交換渠道、中世紀和前工業化時期的歐洲市場籠統地放在一起說明，這難道是可能的嗎？我對此不敢完全相信。

總之，我們將不是一開始就立即進行一般性解釋。我們將以描繪爲出發點。首先描繪歐洲，這是我們了解較多的基本見證人。然後再描繪歐洲以外的地區，因爲任何描繪如果不是眞正圍繞世界一周，就不能隨後開始解釋。

14

歐洲：交換下限的齒輪

首先來看歐洲。早在15世紀以前，歐洲已消滅了最古老的交換形式。據我們的了解或猜測，從12世紀起，價格便處在波動狀態[10]，這證明「近代」市場業已建立，有時能互相結合，構成初步的市場體系，組織起城市間的聯繫。其實，集市基本上設在城鎭。鄉村集市[11]在15世紀雖然已經存在，但爲數極少，並不值得重視。西方城市獨呑了一切，使一切都屈服於它的法律、苛求和監督。集市變成了它的一個齒輪[12]。

普通集市今昔相似

初級集市今天依然存在，至少在近期內不會消滅。它們定期出現在城市的習慣場所，總是那麼雜亂擁擠，喧喧嚷嚷，沖鼻的香味與新鮮的食品比比皆是。以往的集市也大致如此：幾塊木板，一塊防雨布，每個攤位都按事先確定的數字登記編號[13]，並根據當局或地產主的要求交費；成群的

15　顧客，衆多收入甚微但忙忙碌碌的幫工：從搬嘴弄舌著稱的剝豆莢女人，代客剝青蛙皮（成筐的青蛙用驟馱到日內瓦[14]和巴黎[15]）和從事搬運、清掃和趕車的小工，私下兜售的小販，繼承父業而又喜歡吹毛求疵的市場管理員，二道商販以及從衣著便可一眼認出的農民，物色便宜貨的市民，串

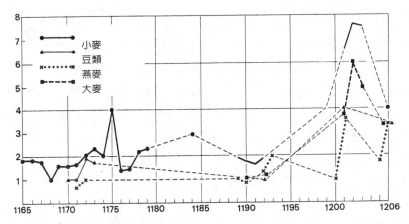

表(1)　英格蘭早期的物價波動　根據法默 (D. L. Farmer)：「安朱王朝時代英格蘭的某些價格波動」，《經濟史雜誌》，1956 年至 1957 年，第 39 頁。請注意繼 1201 年歉收後，各種糧食的價格同時上漲。

通起來（有錢人的說法）報假帳揩油（當時稱作「撈外快」[16]）的女僕，在集市售貨的烤麵包師傅，在街頭和廣場亂擺肉攤的屠戶，批發商（經營鮮魚、奶酪或黃油[17]），稅吏等等。最後，到處堆著各種商品：黃油，蔬菜，奶酪，水果，水淋淋的魚，野味，現買現割的鮮肉，賣不出去的存書（其紙張通常被用於貨物包裝[18]）。此外，還有柴草、木料、羊毛、大麻、亞麻乃至土布從鄉村運來出售。

　　初級集市之所以幾百年來原封不動地保存下來，這肯定因為它的簡單樸實是無法超過的；容易腐爛、不宜存放的食品直接從附近的田園運來，自然十分新鮮。價格低廉也是個原因，初級集市是最直接、最透明和監督得最好的交換形式，那裡進行的主要是「第一手」交易[19]，避免了欺騙。或許可以說是最公證的交換形式。布瓦洛 (Etienne Boileau) 的《行業志》（於1270年前後寫成[20]）說得好：「送食物來集市出售，這才叫公道合理，貨物的優劣和價格的貴賤，都在眾目睽睽之下；集市出售的東西，無論貧富，大家都能購買」。套用德語的說法來看，這是「手握著手、眼對著眼的貿易」[21]；這是直接的交換；當場拍板成交，一手交錢一手交貨，難得出現賒帳的事[22]。這種古老的交換形式在龐貝、奧斯提亞或古羅馬時代的提姆加德業已存在；再上溯幾個世紀乃至幾千年，古希臘曾有集市，在古代中國及法老統治下埃及也存在集市，交換在巴比倫出現尤早[23]。歐洲人描繪了「鄰近克蒂特蘭的特拉提科」[24]集市（墨西哥）的五色繽紛以及「管理得井井有條」的黑非洲集市，那裡的成交額雖然微不足道，但其秩序卻令人讚嘆[25]。衣索比亞市場起源之久，今天已無從查考[26]。

城市和集市

　　城市通常每週有一至二次集市。為保障市場供應，鄉村必須有生產和匯集食品的時間，並且能抽出部分人手去從事銷售（主要是婦女）。當然，在大城市裡，集市趨向於經常化，例如巴黎便是這樣，雖然在原則上（事實上也往往如此）集市僅在星期三和星期六舉行[27]。總之，間斷也罷，連續也罷，城鄉之間的這些市場，正如同亞當斯密 (Adam Smith) 所指出的，在已知的所有交換中佔的份額最大。城市當局因此對集市的監督管理抓得很緊，這對它們是個緊要的問題。權力機構近在咫尺，處置迅速，密切注視著價格。在西西里，商販的討價只要超出定價一個「格拉諾」，就有可能被判處苦役！1611年7月2日，巴勒摩曾出現過這種情況[28]。在沙托當[29]，烤麵包師凡三次被抓住把柄，就得「如香腸一樣地捆綁結實，毫不寬貸地從貨車上扔下」。這一慣例始於 1417 年，奧爾良家族的查理當時授予助理法官巡查麵包舖的權利。麵包商直到 1602 年才爭取到取消這一刑罰。

　　監視和壓制未能阻止集市隨著需求的增加而興旺和膨脹，並且成為城市生活的心臟。在固定日期招徠顧客的集市是社會生活的天然中心。集市是人們會面、商量、罵街甚至於打架的場所；是私下串通製造事端從而又驚動官府的場所；是巡邏隊難得動手干預（不輕易干預，每次干預總要鬧出一場好戲）的場所[30]；也是政治新聞和各種流言蜚語的傳播場所。1534年，在諾福克郡費克納姆集市，有人在大庭廣眾之下公開批評亨利八世國

巴黎的麵包市和家禽市，奧古斯丁濱河大道，1670 年前後。

王的行爲和計畫[31]。年復一年，我們在哪個英格蘭集市上聽不到佈道牧師激烈的言詞？在場的群眾對各種事業都能動心，甚至慈善事業。集市也是商討家庭間或事務性契約的最好地點。我們從公證人卷宗中看到，「15世紀在沙勒諾省的齊福尼，每逢集市，除出售食品、手工業品和土產品之外，土地買賣契約、長期租賃契約、餽贈證書、結婚證書、嫁奩證書的訂立比例（比平時）較高[32]。」集市使一切加快節奏，甚至也合乎情理地使店舖的生意興旺。例如，17世紀末英國的蘭卡斯特，店主威廉‧斯托特 (William Stout)「每逢集市」，總要多請幫手[33]。這大概是條普遍規律。除非店舖在開集市那幾天遵命停業，這在不少城市也是常有的事[34]。

　　集市處於人際關係的中心，飽含哲理的俗諺足以爲證。這裡試舉幾個例子[35]：「沉默寡言的審慎以及體面除外，一切都在集市出售。」「買下沒有上鉤的魚，到頭來只會落得一場空。」誰不懂買賣的訣竅，「到集市上一學便會」。「既想著自己，也想著集市，這等於說，也想著別人，因爲集市上不會只剩下你孤身一人。一句義大利諺語說，聰明人「與其櫃子裡有錢，寧要集市上有朋友」。達荷美今天的民俗還認爲抗拒市場的誘惑是明智的表現：「聽到招攬生意的叫賣聲，聰明人回答說：『我的出帳不超過進帳。[36]』」

集市的增多和專門化

設在城市的集市與城市一起壯大。它們不但數量增多，而且規模擴大，以至過分狹窄的城區容納不下。由於它們代表著時代的前進步伐，它們的發展簡直勢不可擋，造成人群擁擠、垃圾遍地和交通堵塞，市政當局對此無可奈何。解決的辦法或許是把集市遷往城門口、城牆外和市郊。開設新市場時就往往這麼做，例如巴黎在聖安托尼關廂的聖貝爾納廣場（1643年3月2日），「在聖米歇爾門和護城壕之間，在唐費爾街和聖賈克門之間」（1660年10月[37]）開設了新市場。但原在市中心的舊市場仍然保留；即使稍稍移動它們的位置也很不容易，如聖米歇爾橋的市場於1667年從橋上挪到橋頭[38]，半個世紀後穆夫塔爾街的市場則是挪到附近「主教公館」院內（1718年5月[39]）。新市場不取代舊市場。隨著市區擴大，城牆的位置不斷外移，因而原先規規矩矩沿牆設置的市場總有一天又回到城裡，並且從此保留下來。

在巴黎，高等法院、市政長官以及警察總監（從1667年開始）拚命想把集市控制在恰當界限內，但都是白費力氣。1678年間，聖奧諾蘭街無法

18　通行，因為「在坎茲萬肉店附近不按規定新開設了集市，逢到趕集的日
子，鄉下和城裡的許多女商販臨街擺攤，妨礙交通，雖然這是巴黎過往行
人最多的通道之一，理應暢通無阻」[40]。明明是胡作非為，但又有什麼辦
法？這裡騰空一塊地方，勢必在別處又佔上另一塊地方。將近50年過後，
坎茲萬的小市場仍留在原地，警官布魯塞爾於1714年6月28日在給夏特
萊的上級的報告中寫道：「首先，我今天去坎茲萬小市場買麵包，接到了
市民對鯖魚販的控告，這些女商販隨地亂扔魚肚腸，把市場弄得腥臭不
堪。應該讓她們像剝豆莢女人一樣，把魚肚腸放進籃子裡，然後再裝車運
走[41]。」更令人吃驚的是：「油膘市」，每逢受難週，在聖母院前面的廣
場上名副其實地舉行大型集市，巴黎人不論貧富都來採購火腿和肥肉。公
平秤就設在大教堂的門廊下。人群為秤肉爭先恐後，你推我擠。有人趁亂
開個玩笑，鬧點惡作劇，幹些扒竊勾當。負責維持秩序的法蘭西衛隊的表
現不比別人好，附近主宮醫院的殯殮工放肆地逗笑取樂[42]。儘管如此，格
拉蒙騎士 (chevalier de Gramont) 於1669年居然獲准在「聖母院和宮島
之間」設立新市場。每逢星期六，廣場上總是人滿為患。宗教遊行隊伍或
王后的四輪馬車怎麼能穿行其間[43]？

　　一有空地出現，集市就去佔領。在莫斯科，每年冬季，莫斯科河一上
凍，冰上就擺開店舖、木棚和攤子[44]。每年的這個季節，雪橇運輸十分方
便，宰殺的牲畜和肉類在戶外自動結凍，聖誕節前後市場上的交易額總會
增加[45]。17世紀的倫敦，冬天冷得出奇，狂歡活動在封凍的河上舉行，氣
氛尤其熱烈：「在整個英格蘭，狂歡活動從聖誕節一直延續到主顯節前
夕」。「臨時搭起的小酒舖比比皆是」，當街烤著整扇的牛肉，西班牙葡
萄酒和燒酒吸引全體居民，甚至國王有時候也會親自光臨（1677年1月13
日[46]）。但在1683年1月和2月，事情變得有點不妙。特大寒潮襲擊了城
市；在泰晤士河的出海口，大塊浮冰險些把凍住的船隻壓個粉碎。糧食和
商品不足，物價3、4倍地上漲，冰封雪阻的街道不能通行。城市的活動
遷到河上，河面變成貨車和客車的通衢大道，商人、攤販和手工業者在那
裡搭蓋棚屋。一個龐大的集市憑空冒了出來，其規模之大足以衡量首都人
口之多；當時曾親歷其境的一位托斯卡尼人寫道，該集市簡直就像是「巨
型交易會」，「江湖騙子、小丑以及各種變戲法和玩雜耍的」聞訊後紛紛
趕來「掙幾個子兒」[47]。這種不正常的集會確實給人留下交易會的印象（泰
晤士河上的集市，1683年）。一幅拙劣的版畫記錄了這一事件，但未能再
現其五光十色的俗趣[48]。

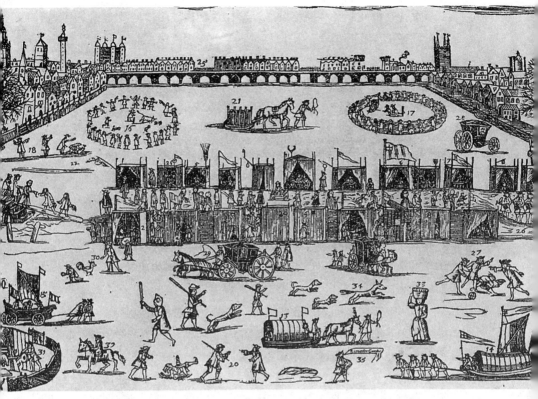

1683年泰晤士河上的集市。愛德華·魯賓遜 (Edward Robinson)《英國最早的咖啡館》一書中複製的這幅版畫展現了在封凍河面上舉行的集市場面。左側為倫敦塔；畫面後方為倫敦橋。

交換的擴展使各地城市紛紛建立「商場」（halle），即四周往往被露天集市包圍的室內市場。在多數情況下，這些商場是些常設的專業性集市。19 據我們所知，呢絨商場數量極多[49]。即使像卡潘特拉斯這樣一座中等城市也有自己的呢絨商場[50]。巴塞隆納在交易所（La Lonja）樓上開設了呢絨商場[51]。倫敦的勃萊克威爾商場[52]始建於1397年，1558年曾擴建，1666年毀於火災，又於1672年重建，規模特別巨大。商場長時期內每週僅售貨數天，於18世紀變為每天營業，鄉村呢絨商養成習慣把未售出的貨物存在那裡，以待下次交易。1666年前後，該商場已有固定的經紀人和職員，以及一整套複雜的組織機構。但在這以前，商場所在的貝辛霍爾街已是「商業區的中心」，其盛況遠勝威尼斯的「條頓商館」[53]。

不同的商場顯然經營不同的貨物。例如有小麥商場（土魯斯成立於1203年[54]）、葡萄酒商場、皮革商場、皮鞋商場、毛皮商場（德意志城市中附有穀物商場、毛皮商場以及皮鞋商場），在盛產珍貴染料的哥利茲地

20　區，甚至有菘藍商場[55]。英格蘭城鎮於16世紀往往由當地富商慷慨出資籌
建許多名稱不一的商場[56]。在17世紀，毛線商場就設在亞眠市中心聖費爾
曼・昂・卡斯蒂翁教堂的背後，離大集市或麥市只有幾步路：手工工匠每
天從商場購買所謂脫脂毛線，即「經梳理後脫脂並用紡車紡成的線」，這
是附近鄉村紡線工送往城市的產品[57]。同樣，一字排開並有棚蓋的肉攤群
其實也是商場。例如，埃甫勒[58]和特魯瓦[59]的肉市都設在陰暗的貨棚下，
威尼斯的肉市從1339年起集中了該城的各大肉舖，離舊住宅區里亞托廣場
只有幾步路遠，這裡的街道、運河都以肉市命名，聖馬托教堂又稱「肉戶
堂」，19世紀初才遭毀壞[60]。

　　「商場」一詞因而具有多種含義，從僅能擋風避雨的普通集市，直到很
早就被稱作「巴黎的肚子」的中央菜場的複雜建築和結構。這個龐然大物
的起源可追溯到菲利普・奧古斯特 (Philippe Auguste)[61]。當時在鄰近無
辜者公墓的尚博興建了廣大的建築群，但公墓於1786年才開始遷移[62]。
1350至1450年前後的大衰退期間，中央菜場顯得相當破落。這場衰退固
然是個原因，附近店舖的競爭也是個原因。總之，中央菜場的危機並非巴
21　黎特有的現象，這在王國其他城市相當普遍。一些建築物被改作他用後搖
搖欲墜，有的甚至用於堆放垃圾。巴黎的紡織品商場，「據1484至1487

布列塔尼的法烏埃商場（16世紀末）。

年的帳目記載，至少部分曾經充當國王炮隊的專屬車庫」[63]。大家知道羅伯
托・洛佩斯 (Roberto S. Lopez)[64]關於宗教建築具有「指示」作用的見解：
每當宗教建築停工，如1223年的波隆納大教堂，1265年的錫耶納大教堂
或1301至1302年佛羅倫斯的費奧爾聖瑪麗亞大教堂，肯定就有危機發
生。商場的歷史從未被人從整體上作過研究，但是能否說商場也具有這個
「指示」作用呢？如果可以的話，那麼在1543至1572年間，巴黎的經濟復
甦應在這個階段的最初幾年，而不是最後幾年的事。法蘭索瓦一世敕令
（1543年9月20日）於同年10月11日在高等法院備案，其實不過是第一
個信號。其他的信號接踵而來。這些措施的表面目的是美化巴黎，而不是
賦予它一個有力的機構。然而，首都的興旺和發達以及附近的店舖和銷售
點隨著中央菜場的翻修而逐漸減少，都表明這是一項非同尋常的商業行
動。總之，中央菜場從16世紀末起面目一新，恢復了聖路易時代的活力。
這也可以說是一次「復興」[65]。

　　沒有一張圖樣能確切反映中央菜場這一巨大建築群的完整形象：蓋頂
的和露天的場所，支撐附近房屋拱廊的立柱，一面製造雜亂，另一面則是
利用雜亂向四周空地蔓延的商業活動。據薩瓦里[66]（1761年）說，這個混
合型市場自16世紀以來不再發生變化。我們不能過分相信他：市場內部不
斷出現變遷。18世紀更有兩項革新：小麥商場於1767年遷出中央菜場，
在斯瓦松府邸舊址重建；18世紀末，又改建海鮮商場和皮革商場，並將葡
萄酒商場遷往聖貝納爾門。整修乃至拆遷中央菜場的計劃曾反覆提出，但
這龐然大物（佔地5萬平方公尺）仍合乎情理地留在原地。

　　中央菜場內，僅呢絨商場、布疋商場、鹹貨商場(鹹魚)、海鮮商場有
房屋掩蔽。但緊挨在這些建築物的四周，設有種種露天集市，出售小麥、
麵粉、大塊黃油、蠟燭、麻繩和井繩。在沿菜場邊緣排列的「立柱」附
近，因陋就簡的住著估衣商、麵包師、鞋匠以及「納付市場稅的其他巴黎
小商人」。兩位荷蘭旅行家[67]說：「1657年3月1日，我們在中央菜場附
近逛估衣市。許多出售舊衣服的商販安頓在立柱支撐的拱廊下……每週有
兩天逢集：所有估衣商，其中顯然包括許多猶太人，在此擺攤售貨。過往
行人無不討厭他們的吆喝聲：頂呱呱的大氅！漂亮的短褂！他們詳細介紹
貨物的特色，拉人進舖子看貨……他們出售的衣服和家具數量之多令人難
以置信，貨色看來還真不錯，但不懂行者貿然購買未免冒險，因為他們有
補舊翻新的高超技藝。」這些舖子光線極差，「你以為買了一件黑色衣
服，可到了太陽底下，卻變成綠色、紫色、或斑點紛呈如豹皮」。

22

巴黎中央菜場的女魚販正做買賣；圖前方有一賣薄餅者。投石黨時期的一幅無名氏版畫。

商店鱗次櫛比，瓜皮果殼成堆，污水橫流，爛魚遍地，皮加尼奧爾·德·拉福斯 (Jean-Ayma Piganiol de la Force)[68]（1742）承認，很有氣派的中央菜場「也是巴黎最髒最臭的地段」。女商販的人數比男的更多，她們的嗓門也高，享有「全巴黎嘴巴最髒」的美名：「喂！不要臉的！你說！

臭婊子！你要勾搭學生，就滾到蒙塔古中學去！你不害臊？老殭屍！欠鞭子抽的！下作胚子！雙料賤貨，你黃湯灌多了。」17世紀的女魚販就這樣罵個不停[69]。後來的當然也是如此。

城市必須進行干預

巴黎的中央菜場雖然十分特殊和複雜，它無非表明，一個大城市過早超過通常的規模，就會在供應方面遇到複雜的和必須解決的問題。自從倫敦以人們所知道的那種方式發展起來後，相同的原因產生相同的結果，英國首都就愈益被眾多雜亂的集市所侵佔。集市已不能局限在原定地點，逐漸向附近街巷蔓延，使街巷也變成專門的市場：魚市、蔬菜市、家禽市，等等。在伊麗莎白時代，集市日漸阻塞首都來往行人最多的街道。這種情況直到1666年的大火災才得到全面整頓。爲了廓清街衢，當局在興建高大樓房時，四周留有空曠的院落。這些院落於是成爲封閉但露天的商場，有的專營某些商品，以批發爲主，其餘的則五花八門。

在所有這些商場當中，以里登商的場規模最大——據說是歐洲最大的商場——其景色堪與巴黎中央菜場相比，但是較有秩序。里登商場把1666年設在原址周圍的所有集市，即天恩堂街、穀物山、家禽市、鮮魚街、東便宜坊的集市，統一歸併到四座建築物中去。100個肉攤在一個院子裡出售牛肉，另一個院子裡，140個攤位出售其他肉類，別處則出售鮮魚、奶酪、黃油、釘子、小五金等。所有這些匯集成「一個巨大的市場，城市引爲驕傲的一大奇觀」。里登商場體現的秩序猶如曇花一現。隨著城市的繼續擴大，種種限制已不再能起作用，原來的困難又重新出現；從1699年起，也許更早，小商再次侵入街巷，在住宅房廊下擺攤，儘管明令禁止，小販仍在城內到處走街串巷。在這些叫賣的商販中，最引人注目的是頭頂貨筐的女魚販。她們名聲不佳，遭人恥笑，也受人剝削。如果當天生意興 24
隆，晚上肯定能在小酒舖裡遇到她們。她們像巴黎中央菜場的魚販一樣的粗暴，一樣的愛惹事生非[70]。我們回過頭來再看巴黎。爲了保證市場供應，巴黎祇得在首都四周的廣大區域組織貨源：魚和牡蠣來自迪耶普、勒克羅圖瓦、聖瓦雷利。路過後兩個城市的一位旅行者（1728）說：「我們一路上只遇到趕運海鮮的貨車。」他又說，「不離左右跟著我們走的魚貨半路上截不下來，統統運到巴黎去[71]。」奶酪來自摩城，黃油來自迪耶普附近的古爾奈或伊西尼；供屠宰的牲畜來自普瓦西、索鎮以及更遠的納布爾的集市；麵包以哥內斯的產品爲好；乾荣的產地在諾曼第的科德必，那

兒每星期六逢集……[72]因此必須重新制訂和修改一系列措施。首先必須設
法保護直接供應城市的地區，通過小本經營的生產者、運輸者和銷售者的
活動，使大城市的市場供應源源不斷。因此，大商人的自由行動被排斥在
這個鄰近區域之外。夏特萊警察局規定，商人收購小麥，應在距首都方圓
10法里之外，收購活牲畜（1635）應在7法里之外；收購所謂菜牛和豬
（1665）就在20法里之外；收購淡水魚應在四法里之外（自17世紀初開
始[73]）；大量收購葡萄酒應在20法里之外[74]。

　　還有許多其他問題：比較棘手的問題之一是馬和牲畜的供應。這類嘈
雜的集市應盡可能遷往市郊，或至少設在城牆之外。圖內爾宮廢棄後留下
的空地在闢為伏日廣場之前，曾長期充當馬市[75]。巴黎始終被一圈牲畜交
易集市包圍著。一個集市剛結束，另一個在第二天又開張，趕集的還是原
班人馬。其中一個集市，大概是聖維克多吧，據幾位見證人[76]說，1667年
「集中了3千多匹馬，數量之多令人為之驚嘆，因為每週會有兩次集市」。
馬匹交易其實遍布全城：除了來自外省或外國的「新」馬外，還有「業已
役使過的老馬」，也就是「市民有時想不上集市就脫手」的役馬。成群的
捐客和馬蹄鐵匠為馬販子和擁有馬廄的商人充當中間人。此外，每個街區
還有馬匹出租者[77]。

　　大規模的牲畜集市也能吸引大批買賣人，索鎮（每星期一）、普瓦西
（每星期四）以及小巴黎的四門（貴婦門、橋門、貢夫朗門、巴黎門[78]）都
屬於這種情況。在許多「包買人」（代客墊付貨款，隨後索回）、中間人、
收購人（在法國各地收購牲畜）和肉舖主（並非都是小零售商）的參與下，
牲畜交易十分活躍；其中有些人因此發財創業[79]。根據一項統計資料，在
1707年，巴黎市場上每星期出售的肉類約合1300頭牛、8200頭綿羊和將
近2千頭（每年1萬頭）小牛。控制索鎮和普瓦西牲畜集市的「包買人」於
同年抱怨說，「有的買賣在巴黎周圍的小蒙特勒等地成交（脫離了他們的
控制）」[80]。我們切莫忘記，向巴黎供應肉食的集市遍及法國廣大地區，這
與首都定期或不定期從各地獲取小麥[81]的情形相同。由此便產生了道路和
聯絡的問題，而這不是用幾句話就可以概括說明的。關鍵顯然在於利用河
道——與塞納河相連的揚河、奧布河、馬恩河和瓦茲河以及塞納河本身。塞
納河穿過巴黎市區的河段兩岸散布著兼作集市的碼頭，1754年達26個之
多，那裡的貨物尤其價廉物美。最重要的有上游貨物集散地格雷夫碼頭，
貨物是小麥、葡萄酒、木料、草料（草料供應似以杜依勒里碼頭為主）；
聖尼可拉斯碼頭[82]接受來自下游的貨物。無數船隻以及水上馬車在河面往

返。從路易十四時代開始，另有一些小船供乘客使用[83]，就像泰晤士河倫敦橋上游的上千艘輕舟一樣，可使人免受市內車馬顛簸之苦[84]。

巴黎的情形雖然複雜，但有10、20個其他城市與之類似。任何大城市都有一個與其規模相當的供應區。例如，在18世紀，為滿足馬德里的需要，卡斯提爾地區的大部分交通工具被佔用，以至打亂該地區的經濟[85]。據蒂爾索·德莫利納 (Tirso de Molina)（1625）說，在里斯本，一切都極其簡單，水果和雪來自塞拉-台斯特雷拉，食物則來自於大海的好心饋贈：「坐在桌旁就餐的居民眼看在自己家門口……撈起滿網鮮魚[86]。」1633年7月至8月的一篇遊記這麼說，在塔霍河上遙望成百上千的漁船，令人賞心悅目[87]。貪吃懶做，得過且過，里斯本城靠海吃海。但是這種描寫未免過分。里斯本其實單為籌集其日常食用的小麥就十分費勁。何況城市人口愈多，其供應愈得不到保證。威尼斯從15世紀開始不得不在匈牙利買牛，以保證城市的肉食供應[88]。伊斯坦堡於16世紀人口可能高達70萬人，它吞食巴爾幹各國的羊群，小麥則從黑海和埃及運來。然而，只要兇暴的蘇丹政府稍一鬆懈，這座大城市的供應就立刻會出毛病，即出現價格上漲和饑荒，而這類事情在歷史上也確實發生過[89]。

倫敦的情形

倫敦的情形相當典型。大體上講，凡發展過早的大城市可能遇到的問題，倫敦都曾遇到過。由於對倫敦歷史的研究比對其他城市更完善[90]，我們可以不局限於軼事趣聞而得出一些結論。格拉 (N. S. B. Gras)[91]正確地認為，倫敦提供了屠能關於經濟區域組織規律的典型例子。倫敦四周經濟 26 區的組成甚至比巴黎早100年[92]。幾乎整個英國的生產和貿易區域很快全都為倫敦服務。總之，在16世紀，這一經濟區北達蘇格蘭，南抵英吉利海峽，東接北海（其近海運輸對倫敦的日常生活至關重要），西連威爾斯和康瓦爾郡。但在這個大範圍內，有的地區經濟不夠發達，甚至落後，如布里斯托及其附近地區。如同巴黎四周一樣（屠能所畫的草圖），最遠的地區從事牲畜貿易：威爾斯從16世紀起已加入這一行列，蘇格蘭於1707年同英格蘭合併後也不例外。

倫敦的集市中心顯然是泰晤士河地區，那裡位置近便，水道四通八達，驛站星羅棋布（烏克斯布里治、布倫福、京斯頓、漢普斯特、沃特福、聖奧班斯、赫特福、克洛敦、達特福），它們全都為著首都忙碌，負責把糧食磨成麵粉，加工麥芽，把食品或製成品運往大城市。如果能就這

斯托 (Stow) 在《倫敦巡游》中描繪的 1598 年倫敦東便宜坊是個肉市。肉舖店主住在街道兩邊，還有一些出售熟肉的烤肉舖。

個城市的集市展示前後連續的圖片的話，人們將看到，集市跟著城市擴大的速度正逐年擴大（1600年至多有25萬居民，到1700年則上漲到50萬，甚至更多）。英國的總人口也不斷地再增長，但增長速度沒有那麼快。因此，一位女歷史學家的話說得再好也沒有了，她認為倫敦「正在吞食英國」[93]。詹姆斯一世也這麼承認：「天長日久，英格蘭將只剩下倫敦[94]。」這些說法顯然既恰當又不恰當。既有估計不足，又有估計過高。倫敦吞食的，不僅是英國內部，而且也可以說是外部，即對外貿易的三分之二或四分之三，甚至五分之四[95]。雖然王室、陸軍和海軍的胃口很大，倫敦消費不了一切，不能使一切都服從它的資金和高價的不可抗拒的吸引力。在倫敦的影響下，國民生產在英國鄉村和小城市中發達起來，雖然後者的「轉運職能勝過消費職能」[96]。雙方在某種程度上相互提供服務。

英國生活的現代化隨著倫敦的擴張而開始。倫敦附近鄉村的富庶已令旅行者矚目，旅店女僕「穿著整齊，頗有貴婦風度」，農民服飾也講究，吃白麵包，不像法國農民那樣拖木屐，他們出門甚至騎馬[97]。城市大章魚的觸手已伸展到整個英格蘭地區以及遙遠的蘇格蘭和威爾斯[98]。任何地區一旦受到倫敦的影響，無不朝著專業化和商業化的方向發展，雖然受到改造的部門還很有限，因為在現代化了的地區往往還保留著過去的鄉村制度

以及傳統的莊園和作物。例如，位於泰晤士河南面的肯特郡離倫敦很近，那裡經營的果園和種植的啤酒花都供應首都，但肯特郡仍保留其固有面目；農民、麥地、畜群、茂密的樹林（攔路劫掠的盜賊的巢穴），還有大批野物：錦雞、山鶉、松雞、鵪鶉、白眉鴨、野鴨……還有石鴴，狀似雪鴴，「肉不過一口，但其味鮮美無比」[99]。

倫敦集市的形成帶來了另一個後果，即傳統貿易不可避免的被破壞（由於承擔的任務很重），而所謂傳統貿易，即生產者兼銷售者與城裡的收購者兼消費者面對面的公開交易。二者之間的距離現在拉得太長，一般人走不完全過程。城鄉之間扮演第三者的角色——商人——早在13世紀前已在英國出現，他們最初主要從事小麥貿易。中間環節逐漸使大商人一方面與生產者，另一方面與零售商建立聯繫，黃油、奶酪、家禽、水果、蔬菜、牛奶等貿易大部分通過這些中間環節進行。為此，種種傳統、習慣和規定全都開始垮臺。有人會說，倫敦的肚皮或巴黎的肚皮怎能引起革命！城市只須壯大，革命便自會發生。

最好是要進行計算

28

如果我們能掌握一些數字、帳目和文書，我們對這些演變就會看得更加清楚。大量收集這些材料還是可能的，我們從阿蘭·埃佛利特（Alan Everitt）（1967）的著作裡借用的1500至1640年間英格蘭和威爾斯的集市分佈圖[100]，我們就1722年康城財政區集市狀況製作出的地圖，還有埃卡特·斯萊末（Eckart Schremmer）[101]就18世紀巴伐利亞集市所作的統計，都是有用的材料。但這些材料以及其他材料只是開闢了新的研究方向。

除5、6個村莊保留自己的集市外，16至17世紀的英格蘭約有760 31 個設有一至幾個集市的城鎮，威爾斯約有50個此類城鎮，合計約800個經常舉行集市的城鎮。兩個地區的人口約在550萬上下，每個設集城鎮的交易活動平均涉及6千至7千人，雖然其本身居民平均在1千人左右。可見城鎮商業活動涉及的人數大致等於其人口的6至7倍。在18世紀末年的巴伐利亞，我們找到相近的比例：一個集市平均涉及7300人[102]。我們不應從這一巧合引出某種規律。比例肯定視不同時代或不同地區而異。何況還必須注意每一種計算是怎樣進行的。

大家知道，13世紀英格蘭的集市可能比伊麗莎白時代多一些，雖然這兩個時期的人口幾乎相等。出現這一現象的原因，或係伊麗莎白時代每個集市的活動範圍更廣，或係中世紀英格蘭集市數量過多，領主們為了面子

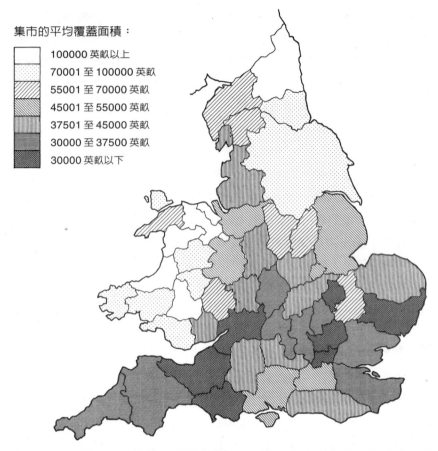

集市的平均覆蓋面積：

☐	100000 英畝以上
░	70001 至 100000 英畝
╱	55001 至 70000 英畝
╲	45001 至 55000 英畝
▦	37501 至 45000 英畝
▤	30000 至 37500 英畝
■	30000 英畝以下

表(2)　1500 至 1680 年間英格蘭和威爾斯設集城鎮的密度　按郡計算每一設集城鎮平均覆蓋的區域面積，埃佛利特得到的數字從北端和西端的 4 萬多公頃到最低的 1 萬 2 千公頃。人口愈多的地區，市場的覆蓋面愈小。見埃佛利特：《英格蘭和威爾斯農業史》，1967 年版，第 497 頁，《設集城鎮》圖。

或利益竭力開設集市。總之，在兩個時代之間，有些集市已經「消失」[103]，歷史學家近來起勁地談論「消失的村莊」，這樣做固然有道理，但是「消失的集市」同樣值得重視。

　　隨著 16 世紀的經濟高漲，尤其在 1570 年後，新的集市紛紛出現，也有的是舊集市從沉睡中甦醒或者死灰復燃。由此引起的爭執不計其數。人們搬出了舊契約，證明誰有權收取市場雜稅，由誰負擔市場設施的開支：燈、鐘、十字架、秤、店舖、供出租的地窖或貨棚，如此等等。

　　與此同時，在全國範圍內，根據供貨的性質、距離以及運輸的難易，根據生產和消費的地理狀況，集市之間開始實行分工。埃佛利特列出的 800 來個城鎮集市平均涉及方圓 7 英里（11 公里）的範圍。 1600 年前後，小

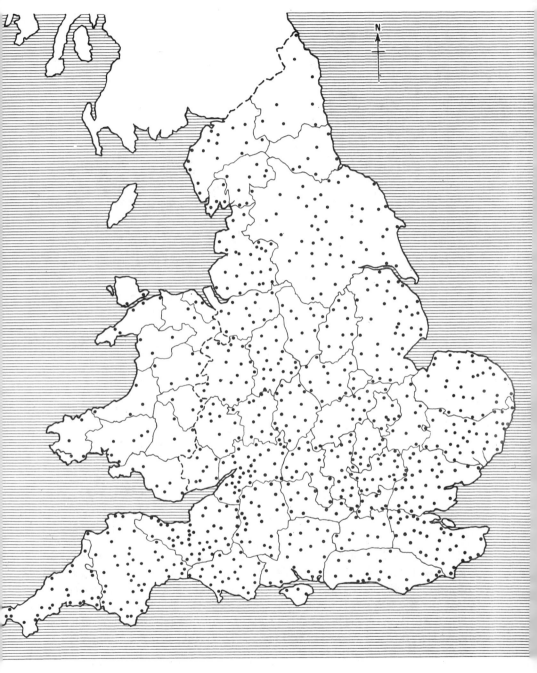

表(3)　1500至1640年間英格蘭和威爾斯的800個設集城鎮　每個城鎮至少有一個集市，通常包括幾個。除集市外，還應加上交易會。同見上書第468-473頁。

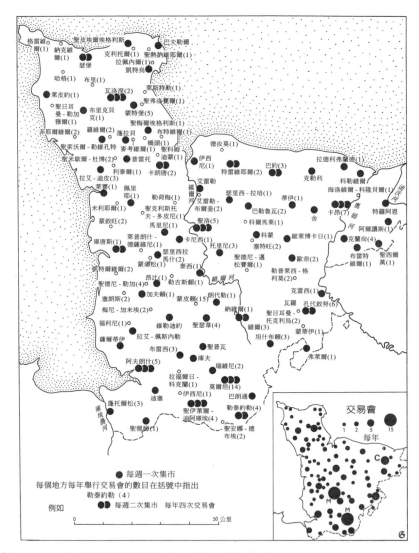

表(4)　1725年康城財政區的集市和交易會　該圖係阿爾貝洛 (G. Arbellot) 根據卡爾瓦多斯州檔案館檔案繪製。尚 - 克洛德‧佩羅 (Jean-Claude Perrot) 又給我指出該圖未標出的 6 個交易會（聖讓 - 迪瓦爾 1 個，柏利 2 個，莫爾坦 1 個，瓦西 2 個），共計 197 個交易會，會期多數僅 1 天，間或有 2 至 3 天，康城大交易會長達 15 天。每年逢會日共 223 天。此外，每週有 85 個集市，即每年共 4420 個集市日。財政區當時人口約在 60 至 62 萬之間，面積約 1 萬 1524 平方公里。如有類似的統計資料，就能對法國各地進行有益的比較研究。

麥陸路運輸路程不超過 10 英里，甚至低於 5 英里；牛的運輸距離可達 11 英里；綿羊 40 至 70 英里；羊毛和毛織物為 20 至 40 英里。頓卡斯特是約克郡最大的羊毛市場之一，在查理一世時代，顧客來自於根茲堡（21 英

里）、林肯（40 英里）、瓦索普（25 英里）、普萊斯利（26 英里）和 布
蘭克尼（50 英里）。林肯郡凱爾拜地方的約翰·哈切爾 (John Hatcher) 把
他的綿羊賣往斯坦福、牛賣往紐瓦克，又去斯匹爾斯比、波士頓和伯恩分
別購買小牛、魚和葡萄酒，至於奢侈品，則往倫敦採購。這種分散情形說
明集市的專業化程度在提高。在英格蘭和威爾斯 800 個城鎮中，至少有 32
300 個城鎮的活動是單一的：133 個城鎮從事小麥貿易；26 個蔬菜集市；
6 個水果集市；92 個牛市；32 個羊市；13 個馬市；14 個豬市；30 個魚
市；21 個家禽和野味市；12 個黃油和奶酪市；30 多個城鎮經營羊毛或毛
線買賣；27 個城鎮出售呢絨；11 個出售革製品；8 個出售亞麻，至少有 4
個推銷黃麻。那些令人意想不到的更細的專業姑且不計在內，例如懷蒙丹
僅限於出售木匙和木旋塞。

　　集市的專業化當然在 18 世紀日趨加劇，而且不僅在英格蘭。因此，如
果我們有可能用統計數字標出歐洲其他地區的各個階段，我們將得到一張
歐洲發展圖，這張圖將比我們現有的純敘述性材料有用得多。

　　然而，這也正是埃佛利特著作中得出的最重要的結論，隨著英格蘭 16
世紀和 17 世紀的人口增長和經濟發展，定期集市的組織形式顯然已不再適
應，儘管集市交易更趨集中和更加專一，儘管還有交易會補充集市的不
足。關於交易會這另一種傳統工具，我們後面再談[104]。交換的高漲有助於

農婦前來市場出
售活家禽。大不
列顛博物館一份
1598 年手稿的
插圖。

採用更加自由、更加直接的新流通渠道。我們已經看到，倫敦的擴張對此
有所促進。埃佛利特所說的「私下交易」開始盛行了。採用「私下交易」這
種說法，是因爲找不到更好的說法，其實無非是繞開受嚴密監視的公開交
易的一種方法而已。從事這種私下交易的人往往是流動的大商人，乃至小
販或經紀人：他們爲預購小麥、大麥、綿羊、羊毛、家禽、兔皮和羊皮，
不憚進入村民的廚房，也就是說把買賣從集市移到村莊中去成交。這些新
來的客商往往在旅店安營紮寨，旅店因此取代集市，開始發揮巨大的作
用。他們風塵僕僕，從一城市趕到另一城市，從一郡趕到另一郡，這裡與
一店舖主掛鉤，那裡又與一商販或批發商聯繫。他們有時也扮演大批發商
的角色或充當種種形式的中間人，不但能向尼德蘭的啤酒釀造業主提供大
麥，而且能在波羅地海收購黑麥，以滿足布里斯托的需要。他們間或二、
三人合夥經營，分擔風險。

　　這個以多種面目出現的新人因其狡猾、無情和冷酷而遭人厭惡和仇
恨，有許多訴訟案可作佐證。這種新的交換方式是以一紙文書預約購貨
（出售者往往不識字），導致種種誤會甚至令人啼笑皆非的鬧劇。但對緊催
駄馬趕路或在岸邊監督裝載糧船的商人來說，他那辛苦的旅行生涯也自有
其迷人的魅力：從蘇格蘭到康瓦爾郡橫穿英格蘭，在沿途旅店中巧遇朋友
或同行，自信買賣做得聰明而大膽，除了以上這一切，還能賺大錢。這場
革命已超出經濟範圍，而涉及社會行爲。埃佛利特認爲，這些嶄新活動的
發展與獨立派的政治團體同時出現決非偶然的巧合。內戰結束之後，大小
道路於 1647 年左右開始暢通，康瓦爾郡一位名叫休‧彼得 (Hugh Peter)
的佈道士感嘆說：「多麼可喜的變化！人們重新暢行無阻地從愛丁堡來到
康瓦爾郡的每個角落，不必到了家門口還被擋回去；大路重又活躍起來，
聽到車伕吹著口哨驅車前進，看到信差每週在固定路線上奔走，山崗爲之
欣喜，河谷爲之歡笑[106] ！」

英國如此，歐洲亦然

　　私下交易並非在英格蘭所僅見。在大陸上，商人似乎也對出門遠行感
興趣。巴塞爾人安德雷奧‧里夫 (Andreas Ryff) 是位勤奮謹慎的商人，
他在16世紀後50年內不斷在外奔忙，平均每年旅行30次，他談到自己時
說：「我很少休息，幾乎雙腿不離馬鞍[106]。」限於現有資料，我們確實不
容易把忙於趕交易會的流動客商同希望直接在產地購貨的商人區分開來。
但可以肯定，在歐洲各地，公開交易幾乎到處都顯得不敷需要和受到太多

蔬菜商和驢子。「新鮮的甜菜，水靈的菠菜」。16世紀的木刻。

的監視，無論我們觀察哪個地區，都能看到有人採用或將要採用迂迴曲折的途徑。

　　德拉馬爾 (Nicolas Delamare) 在其論著的一個註釋中指出1693年4月巴黎行商的舞弊行爲，「他們不在中央菜場或公開市場出售貨物，而是在旅店內外成交」[107]。此外，他還歷舉磨坊主、麵包商、肉商以及囤積居奇者爲低價採購、不惜損害集市正常供應所採用的種種手段[108]。1385年左右，在諾曼第的埃甫勒，公共秩序保護人揭發生產者和商販相互串通，「咬耳朵、打手勢和講切口」。另一違反法規的做法，是小商販趕在農民「來到中央菜場」之前，截下他們的物品[109]。同樣，在16世紀的卡潘特拉斯，蔬菜商用低價攔路買下運往集市的貨物[110]。這在所有城市都是常見的事[111]。儘管如此，直到18世紀，即在1764年4月，這在倫敦還被當作舞弊而遭到檢舉。一份外交函件敘述，政府「至少應關心食品昂貴在百姓中造成的不滿情緒，特別是引起這些怨言的流弊可歸罪於執政者，因爲物價昂貴的主要原因是麕集在首都的壟斷商貪得無厭。他們近來在途中截住農民，奪下各種食物，再以他們認爲合適的價格在集市上轉手倒賣」……[112]我們的見證人還說，這是一種「無賴行徑」。不過，類似這種行徑到處都存在。

　　眞正的走私也到處滋生，法規、關卡和稅務部門對走私毫無辦法，即使追查也是白費力氣。所有貨物都可走私：印花布、鹽、煙草、葡萄酒和燒酒。在法蘭西康提地區的杜耳（1728年7月1日），「走私商品公開交

易……因有一名商人爲索取這類貨物的價款而敢於打官司」[113]。尼古拉·德馬雷 (Nicolas Desmaretz)（路易十四晚年最後一任財政總監）的一名下屬向他報告說：「閣下即使在布列塔尼和諾曼第沿海一帶佈置軍隊，也阻止不了走私活動[114]。」

形形色色的市場：勞動力市場

多種形式的交換，無論是直接交易或間接交易，不斷使各地經濟出現動蕩，即使在最平穩的地區也不得安寧。交換造成經濟動蕩，有人甚至會說：交換促使經濟活躍。無論如何，一切都要被投入市場，不僅是農產品和工業品，而且是地產，還有流通速度比任何商品都快的金錢，還有人的勞動，且不說人本身[115]。

當然，無論在鄉村或市鎮，歷來存在著房地產買賣以及住宅、店舖或空房租賃之類的事。我們這裡不想拿著文件確認 13 世紀熱那亞有房屋出售，在同時期的佛羅倫斯，一般是先租得土地，然後建造房屋[116]，重要的是應該看到這些交易正成倍增加，房地產商場開始形成，並最終暴露出投機盛行。投機盛行意味著交易數量已達到相當的規模。巴黎16世紀後房租的變化（包括店舖的租金）可證明這一點：租金確定無誤地隨著商情和物價起伏波動[117]。一個簡單的小例子便足以爲證：策捷納位於農業富饒的埃米利亞地區，該地市立圖書館碰巧保存的一張店舖租契（1622 年 10 月 17日）是事先印的：只要填滿空白，然後再簽字就夠了[118]。投機活動具有近代的特徵，但其「倡導者」及其主顧並不始於今日。就巴黎而言，早在16世紀，我們已能追蹤當時針對塞納河附近長期荒廢的教士草場的投機活動[119]；圖內爾宮原址的地皮也同樣空著，以哈雷 (Achille de Harlay) 院長爲首的財團於1594年起建築大批華麗的住宅，這些位於今天伏日廣場的住宅將出租給大貴族家庭[120]。 17 世紀，這類投機在聖日爾曼關廂一帶以及其他地方發展很快[121]。路易十五和路易十六在位期間，首都布滿了建築工地，不動產更加走俏。到1781 年 8 月，一位威尼斯人寫信回國說，巴黎羅亞爾宮最美的人行道遭破壞，樹木被砍伐，「所有市民對此嘖有煩言」，沙爾特公爵打算「在那兒建造房屋，然後出租……[122]」

地產方面也發生相同的演變：「土地」終於進入了市場。在布列塔尼以及其他地區，從 13 世紀末[123]或更早的時候起，領地能夠出售和倒賣。我們擁有關於歐洲土地價格[124]及其定期上漲的一系列很能說明問題的數字。例如，在 1558 年的西班牙，據一位威尼斯大使[125]說：「慣常定其收

益爲價値的 8% 或 10%（就是說以土地收益的 12.5 或 10 倍）而出讓的產業（土地），如今定其收益爲價値的 4% 或 5%（就是說以土地收益的 25 或 20 倍）；「隨著錢財的充裕」，土地的價格翻了一番。到了 18 世紀，布列塔尼領地的地租由聖馬羅大商人代爲徵收，這些中間人網絡的中心設在巴黎，稱作「包稅人公所」[126]。各式的新聞出版物都樂於刊登地產出售啓事[127]。廣告業在這一領域並不落後。總之，不論有無廣告，在整個歐洲，　36 土地正通過買賣不斷改變主人。這一運動顯然到處都與經濟和社會的演變相聯繫，原來擁有土地的領主和農民在這一演變中失去土地，獲益的則是城市的新富人。早在 13 世紀，法蘭西島地區的「無地領主」（馬克·布洛赫 (Marc Bloch) 語）或居·富爾幹 (Guy Fourquin) 所說的「僅剩零頭的領地」大批激增[128]。

　　短期的和長期的信貸市場是歐洲經濟發達的核心，關於這個問題，我們在後面將長篇論述；值得注意的是，信貸市場並非到處都以相同的速度或效率發展起來。但是，借貸關係和高利貸網的建立卻是普遍現象，無論是猶太人，倫巴第人或加和人操縱其事，或像在巴伐利亞那樣，由修道院專門向農民放債[129]。每當我們找到一些資料，總能看到高利貸旺盛的生命力，世界各個文明地區無不如此。

　　反之，信貸市場只能存在於經濟活動十分活躍的地區。13世紀，它在義大利、德意志和尼德蘭初露頭角。當時具備各種有利條件：資本積累，遠程貿易，匯票的使用，早就發明的公債券，對手工業和工業活動或對造船業和航運業的投資。早在15世紀前，航運的規模變得過大，船隻不再是個人的財產。巨大的金融市場接著遷往荷蘭，後來又移到倫敦。

　　根據本書的觀點，在這麼多的市場中，最重要的是勞動力市場。同馬克思一樣，我把奴隸制的情形暫且擱在一邊，雖然這個制度注定還要延續下去和重新抬頭[130]。但我們認爲，問題在於觀察人或至少人的勞動怎樣變成商品。一位像托馬斯·霍布斯 (Thomas Hobbes)（1588-1679）這樣有頭腦的思想家曾指出，「每個個人的體力（我們說勞動力）是一種商品」，是市場競爭中可供正常交換的一種東西[131]，雖然這種概念在當時還不十分通行。我比較喜歡一位無名之輩的感慨，這位法國駐熱那亞領事的思想顯然落後於時代，他說：「大人，我頭一次聽說人可以用貨幣論價。」李嘉圖 (David Ricardo) 後來籠統地說：「勞動，就如同一切可以買賣的東西一樣……[132]」

　　毫無疑問，勞動力市場的現實不是工業時代的新創造，姑且說這一概

念來自工業時代。假定人原來曾擁有生產資料：土地、織機、馬匹、駄車，一旦他被剝奪了這些傳統的生產資料來到市場時……他可供出賣的只剩他的雙手、胳臂和「勞動力」，當然還有他的能力。以這種方式出租或出售自身的人，穿過市場的小孔，脫離傳統的經濟。中歐礦工的情況表現得尤其明顯。他們長期是分小組勞動的獨立工匠，於15和16世紀被迫接受商人的控制，因爲唯有商人才能拿出巨款購買開採深層礦脈所需的器材。這些工匠於是成了僱傭勞動者。猶亞琴斯塔是波希米亞的一個小型礦業城市，當地行政官員於1549年說了一句關鍵的話：「一方出錢，另一方做工。」難道還有更好的說法能表明勞資間初期的對立[133]嗎？僱傭制確立後雖然可能被取消，如匈牙利葡萄種植業就出現過這樣的事情：杜凱於1570年間，納治包尼恩於1575年，聖喬治盆地於1601年，分別恢復了農奴制[134]。但這是東歐的特殊情形。在西歐，向僱傭制的過渡往往開始較早，尤其是其實例也比人們所說的更多，這種現象而且是不可逆轉的。

在13世紀，巴黎的格雷夫廣場及其附近朝聖保羅·台尚方向的朱累廣場和聖熱爾萬教堂後方「靠近看守所」的廣場，都是約定的僱工市場[135]。1288至1290年間倫巴第亞琴察附近的某一家磚廠的勞動契約得以保存至今[136]。1253至1379年間，葡萄牙農村使用僱傭勞動者，這也有文書爲證[137]。1393年勃艮第的奧沙[138]，葡萄種植工人舉行罷工（我們須記得，在當時的城市裡有一半人以農業爲生，葡萄又是工業的原料）。我們從中得知，在大忙季節裡，雇主和僱工每天清晨在城市的一個廣場上會面，雇主往往由包工頭作代表。這是我們憑確鑿證據找到的最早勞動市場之一。在1480年的漢堡，零工前往「安慰橋」尋找雇主，那兒已是「一個公開的勞動市場」[139]。在塔爾芒·德雷奧 (Gédéon Tallemant des Réaux) 時代，「薦身爲僕者佇立在亞威農的橋頭」[140]。其他市場同樣存在，如交易會上的「零工市」（「從聖約翰節、聖米歇爾節、聖馬丁節、諸聖瞻禮節、聖誕節、復活節開始」[141]，男女僕役任雇主隨意（大農莊主或如古伯維爾爵士一類的領主[142]）挑選，像牲畜一樣被人評頭品足。「1560年前後，下諾曼第的每個鄉鎮都有零工市，起著奴隸市場和傳統集市的雙重作用[143]。」埃甫勒聖約翰節（6月24日）的驢市同時是雇用僕役的場合[144]。每逢收穫季節，許多零工從各地擁來，按照習慣，以勞力換取現金或實物報酬。我們可以肯定，這是大規模的人口運動：統計數字[145]不時提供有力的證據。我們還可以通過精確的微觀觀測，就安朱的一個小城市干提堡17和18世紀的情形來作例子[146]，看到大批零工前來從事「砍伐、鋸劈木材；修剪和採摘葡

萄；鬆土除草，培植蔬菜；收割飼草並入倉；割麥、捆把、脫粒和清理」。根據巴黎的一份資料[147]記載，僅僅在乾草碼頭，就有「起岸工、掛鉤工、套圈工、裝車工、捆草工等零工」。我們對這類工種的名稱頗費思索，因為在每個詞背後，都必須想像出過去城市或鄉村社會中的一種相當持久的雇傭勞動。當時的多數居民生活在農村，因此可以設想，勞動市場多數也在農村。隨著近代國家的發展，出現了另一巨大就業途徑：充當雇傭兵。在這方面，買賣雙方都按市場規律行事，在一定場所成交。同樣，對於不同性質和不同等級的僕役，巴黎於14世紀已有不同的薦頭店或職業介紹所，紐倫堡在 1421 年肯定已有了這類勞動市場[148]。 38

　　勞動市場隨著歲月流逝而逐漸正規化，其規則也變得更加明朗化。阿勃拉姆·杜·普拉台爾 (Abraham du Pradel)（尼古拉·德·勃雷尼 (Nicolas de Blégny) 的化名）編寫的《1692 年巴黎地址便覽》給巴黎人提供有關這方面的情況[149]：若要雇女僕，請去篋筐街找薦頭店，您應去新市場雇男僕，去格雷夫廣場找廚師。假如想找幫工，商人就去坎崗普瓦街，外科醫生去科特里埃街，藥劑師去拉於歇特街；在格雷夫廣場可雇到利茅辛的泥水匠和小工，但「鞋匠、鎖匠、細木匠、製桶工匠、造槍工匠、燒烤師傅和其他小工都上店舖登門自薦」。

　　總的來說，雇傭勞動的歷史並不清楚，但從一些抽樣調查看來，雇傭勞動的規模在不斷擴大。在都鐸王朝時的英格蘭，「一半以上乃至三分之二的家庭至少有部分收入來自工資」[150]。到17世紀初，在漢薩同盟，特別在施特拉桑，雇傭勞動者的人數不斷地上升，發展到約佔居民的一半以上[151]。大革命前夕的巴黎，數字竟超過50%[152]。

　　早已開始的這一進化過程當然遠遠沒有結束。杜爾哥偶而曾有抱怨，他說：「只有貨幣流通，卻沒有勞動流通[153]。」其實，流通已經開始，並且將孕育未來的所有變化、適應機制和痛苦。

　　向雇傭勞動的過渡，且不說其原因如何，也不論它在經濟上有何益處，毋庸置疑地總是伴隨著社會風氣的某種敗壞。18 世紀眾多的罷工[154]以及工人明顯的焦躁不安足以為證。尚 - 賈克·盧梭 (Jean-Jacques Rousseau) 談到工人時說：「誰若得罪他們，他們立即捆好鋪蓋走人[155]。」這樣的敏感，這種覺悟難道真是同大工業的前題一起誕生的嗎？當然不是。在義大利，粉畫工匠歷來是親自勞動並雇有幫工的手工業者，幫工往往就是他們自己的孩子。他們像商人們一樣開店記帳，我們還有羅倫佐·洛托 (Lorenzo Lotto)、巴薩諾 (Peintre Bassano)、法利納蒂 (Paul Farinati)

和桂爾契諾 (Guerchin) 的帳本[156]。唯獨鋪主才是商人，他與顧客打交道，接受活計。幫工的地位再高也不過是傭工，他們動輒鬧事，包括鋪主的孩子在內。因此就不難理解粉刷工貝爾納蒂諾·莫蒂亞對他的客戶奇皮翁·切博 (Scipione Cibo) 所說的話：兩位很有地位的畫師亞歷山卓·阿喬利 (Alessandro Acciaioli) 和巴爾都維尼 (Baldovini) 都想雇他爲他們幹活，他拒絕了，寧願保全自己的自由，不肯「爲微不足道的工資」而丟開自己的營生[157]。這件事情發生在 1590 年！

市場是一條可以移動的界線

市場實際上是條像分水嶺那樣的界線。根據你處在這條界線的一側或 39 另一側，你就有不同的生活方式。除了美西納的絲織工人[158]外，還有成千種其他行業的工匠，注定只能從集市取得供應。他們遷入城市後依賴集市的供應（其依賴程度遠遠勝過貴族或資產者，這兩種人往往在市郊擁有一塊土地，一個菜園或果園，因而有自己的食物來源）。如果這些工匠對用海路運來的劣質小麥製作的價格既高、且有霉味的麵包厭煩了，他們至多前往卡塔尼亞和密拉卓（他們於1704年左右決定這樣做）去另找工作和換個食品市場。

對於那些通常不去或少去集市的人來說，逛市場簡直就像過節，像是出門旅行，甚至像去冒險。正如西班牙人所說，這恰是「出風頭」的一次機會。15 世紀中葉的一本商業教程[159]說，海員一般都很粗俗；他們的「頭腦是那麼遲鈍，每當在小酒舖喝上一杯酒或在集市買點麵包，就自以爲了不起」；同樣，這位西班牙士兵[160]利用戰鬥間隙來到薩拉戈薩的集市（1645），面對成堆的新鮮金槍魚，鱒魚以及上百種海魚和河魚，竟驚訝不已。他口袋裡有的是鑄幣，但結果又買了什麼呢？只是幾條醃製的沙丁魚，他請街頭小酒舖的老板娘煎熟，當作下酒菜，這就算是他的盛宴了。

42   農民的生活當然還停留在市場之外（至少有一半在市場之外），這是典型的自給自足的封閉性經濟。農民一生中滿足於消費用自己的雙手生產的產品或用食品和勞務向鄰居換來的產品。他們去城鎮集市的人雖然很多，但在集市只買他們不可缺少的鐵犁頭，而把出賣雞蛋、黃油、家禽或蔬菜所得的錢留著納稅，他們不能算真正投入市場交換，而只是來去匆匆的過客。例如這些諾曼第農民，他們「帶著15至20蘇的食品去趕集，不能上酒館把這點錢統統花光」[161]。一個村莊與城市的交往，往往靠城市裡某位商人或當地農莊主充當中間人[162]。

在 18 世紀的匈牙利，抬豬前往德布勒森中學。

任何人都不否認，並且經常有人指出，農村中存在著這種局處一隅的生活。但畢竟還有程度的不同，還有例外。許多富裕農民充分利用市場：英國農莊主每年多天不必從事毛麻紡織，而能把他們的收穫化爲商品，他們同時向市場採購和供貨。聯合省的農民生產牛奶、肉、油、奶酪和經濟作物，購買小麥和燒柴，他們的村莊很大（居民有時達 3、4千人），雖然佈局有疏密的不同。匈牙利的農民向德國和義大利出售他們餵養的家畜，並購買他們缺少的小麥。經濟學家特別重視的市郊菜農已被納入大城市的生活，並依靠大城市致富：巴黎附近的蒙特勒因其桃園而使路易-塞巴斯蒂安·邁爾西埃 (Louis-Sebastien Mercier)（1783 年）神往不已[163]。在倫敦、波爾多或是安古拉母周圍，誰能知道有多少興旺的農產品集散地[164]！在世界範圍內，以上情形顯然屬於例外，農民約佔世界人口80%至90%。但不應忘記的是，即使貧困的鄉村也受到無孔不入的市場經濟的傳染。鑄幣還通過市場以外的不同渠道來到鄉村。流動商販，村鎮高利貸者（我們想到義大利北部鄉村的猶太人[165]），鄉村實業家，資產者以及爲開發其土地而尋找勞動力的農莊主，甚至村莊中的店舖主，他們都促進市場的發展。

儘管如此，在古代經濟史學家看來，狹義的市場仍是一種檢驗標誌，不能低估它的價值。比斯特拉·切維科娃 (Bistra A. Cvetkova) 藉此制定

安特衛普的市場。 16世紀末無名氏畫作。安特衛普皇家美術博物館。

一種比例尺，根據對市場徵收銷售稅的多少衡量保加利亞多瑙河沿岸各城市的經濟實力，同時指出，稅款用銀幣支付，已有專業市場的存在[166]，這些都是正確的。關於摩達維亞雅夕市的兩三條註釋指出，該市在17世紀已有「7個商品市場，其中有的就是以其主要的商品來命名，如靴市、麵粉市等⋯⋯[167]」這表明了商業活動中有一定的分工。阿瑟‧楊 (Arthur Young) 走得更遠。他於 1788 年從阿拉斯出走時，遇到「100 多頭驢，負載看來很輕，以及幾群男女」，就足以保證市場供應充足。但「一大部分鄉村勞動力在收穫季節也因趕集而不勞動，若在英格蘭，為同樣大小的城市提供給養的人要少 40 倍。」他最後說：「既然有那麼多人在集市游手好閒，我敢保證土地的所有權一定極其分散[168]。」照那麼說，集市上閒逛與玩樂的人少難道就是現代經濟的特徵？

在市場的下面

隨著市場經濟的擴展並日益侵佔鄰近的低級活動區域，市場的規模變得更大，界線開始移動，基本活動也發生變化。金錢在農村很少成為真正的資本，它被用於購買土地，從而企求提高社會地位；此外，它更多地是被積攢起來的，我們想到中歐婦女的鑄幣項圈，匈牙利鄉村的金銀器皿[169]以及大革命前法國農婦的金十字架[170]。金錢對舊的價值和平衡起著破壞作用。受雇傭的農民習慣於用貨幣算帳，雖然帳目由雇主在記，實物預支又很多，以致到了年底幾乎沒有現金可拿到手[171]。但時間長了，心理狀態也就發生變化。勞動關係也發生變化，這種變化使人們容易適應現代社會，但總是對窮人不利。

一位名叫埃米利奧諾‧費南德茲‧德‧皮內杜 (Emiliano Fernandez de Pinedo) 的青年人專攻巴斯克地區的經濟史[172]，他比任何人都更清楚地說明，鄉村的人口和產權受到市場經濟必然發展的重大影響。巴斯克地區於 18 世紀時確實趨向於形成一個「民族市場」，地產因此日益商品化；教會的土地以及原則上同樣不可觸動的長子世襲土地，最後都進入了市場。於是，土地逐漸集中到少數人的手裡，原來就很貧困的農民變得更窮，被迫越來越多地通過狹小的缺口流向城鄉的勞動市場。勞動市場的壯大導致了後果不可逆轉的動蕩。這一演變基本上重複了早先英格蘭大莊園的誕生過程。

市場就是這樣配合著歷史的發展。初級集市是經濟階梯的一級，雖然是最低的一級。每當市場不存在或幾乎不起作用時，每當現金因數量過少

而價值猛增時，我們對人類活動的觀察肯定停留在零平面，也就是說，每個人被迫生產幾乎是自己生活所需的一切。歐洲前工業時期的許多農業社會還停留在這個水平上，處於市場經濟之外。去那裡旅行的人花幾個銀幣就能用低廉的價格買到所有的產品。其實，要碰上這類奇遇，不一定非得像曼里克大師[173]那樣於1630年左右前往阿拉干，花4里亞爾換30隻雞，或用2里亞爾換100個雞蛋。只要離開大路，進入山間小道，來到薩丁尼亞島，或在伊斯特里亞海岸的偏僻港口停留就夠了。總之，十分活躍、隨處可見的市場活動往往擋住歷史學家的目光，使他看不到下層平凡但又獨立和自給自足的經濟。這是另一個世界，另一種經濟，另一種社會及另一種文化。米歐爾·莫里諾 (Michel Morineau)[174]或馬可·卡蒂尼 (Marco Cattini)[175]的嘗試的意義就在這裡，他們試圖揭示處在市場下面、不受市場控制的鄉村自給自足經濟的地位。這兩位歷史學家的思路完全相同：糧食市場一方面是依附於該市場的居民區，另方面又是可按已知標準事先計算出來的居民消費需求。如果我另外還了解當時的糧食產量、價格、市場出售數量、居民消費數量和進出口數量，我就能想像出市場下面發生的或應該發生的事。莫里諾爲進行這項研究，選定了夏理維這個中等城市，卡蒂尼則從莫德尼斯地區一個比較偏僻，因而更接近鄉村生活的小市鎮出發。

　　伊芙 - 瑪麗·貝爾賽 (Yves-Marie Berce)[176]最近發表的關於17世紀亞奎丹窮漢起義的論文是以不同手段進行的類似探索。借助這些起義，他再現了民眾的精神面貌以及思想動向，這恰巧正是歷史學家往往忽略的事。我特別欣賞他對鄉村小酒舖中狂暴酒徒的描寫，這些酒舖的氣氛總是一觸即發。

　　總之，道路已經打通，方法和手段可能千變萬化（這已是眾所周知的事）；我們可以肯定，假如不能系統地探測市場之下的人群生活，就談不上完整的歷史，更談不上名副其實的鄉村史。

店舖

　　集市最早遇到來自店舖的競爭（交換因此得益）。數量眾多、規模有限的店舖是交換的另一基本工具。二者既相同，又有不同，因爲集市的開放時斷時續，而店舖卻幾乎從不停止營業。這至少在原則上是如此，因爲說到規律，總伴隨著許多例外。

　　爲此，人們往往使用marche（集市、市場）一詞翻譯穆斯林城市所特有的「蘇克」。其實，「蘇克」通常是條街道，沿街的店舖屬同一行業，

這種現象在西方各城市也很常見。早在12世紀，巴黎聖艾蒂安‧杜蒙教堂附近的肉舖使聖熱納維埃夫山街改稱爲肉舖街[177]。 1656年的巴黎，「在聖嬰堂的堆屍所旁邊……開有各式各樣的五金舖」[178]。 1634年的里昂，「家禽在聖約翰街雞市的專門店舖中出售」[179]。有的街道聚集奢侈品商店（見下面的馬德里地圖）。據一位旅行者（1680）說，里亞托橋頭聖馬克廣場的服飾用品市使人對威尼斯嘆爲觀止[180]。勃洛斯 (Charles de Brosses) 院長的記載，在馬賽舊港的北岸，許多店舖出售來自勒旺地區的商品，「這些店舖的生意是那麼地興隆，一塊20尺見方的地皮竟以高達150里佛出租」[181]。這些街道也是專業性市場。

　　另一個例外：歐洲以外曾出現兩種新奇現象。據旅行家說，中國人於17世紀大力開發揚子江上游的四川，那裡與人口集中的內地不同，居民點極其分散；但儘管分散，卻出現了一些小店舖的群落，發揮固定集市的作用[182]。又據旅行家說，17世紀的錫蘭島亦復如此：沒有集市，僅只有商店[183]。再者，如果回到歐洲，巴黎街頭搭起的臨時攤棚，1776年的敕令

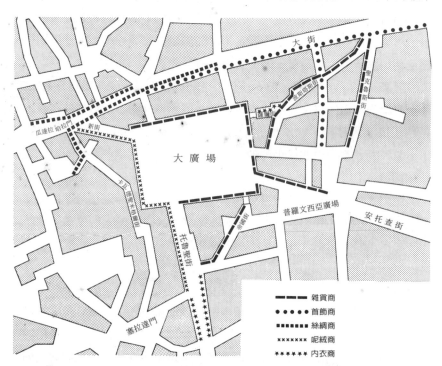

表(5)　馬德里及其奢侈品商店　馬德里自1560年被選爲西班牙首都後，在17世紀已變成一個引人注目的城市。商店成倍增加。在大廣場四周，奢侈品商店分別按行業集中。見科倍拉 (M. Copella) 和馬蒂拉‧塔斯孔 (M. Matilla Tascon)：《馬德里的五大行業》，1957年版。

對這類建築禁而不止，又該給它們什麼名稱？這些攤棚的流動性與集市相像，但它們每天營業，這又與店舖相同[184]。我們的懷疑是否到頂了？不，因為在英格蘭，像韋斯特罕這樣的商業集鎮在有集市以前早就出現了成排的雜貨店和衣料店[185]。何況許多店舖就設在集市所在地；逢集之日，店舖繼續營業。這與在里耳商場佔一席之地，以便在鮮魚市樓下賣鹹魚的情形完全相同。集市以及店舖不是很難分開嗎[186]？ 46

　　儘管有這些不確定因素，店舖顯然不同於集市，而且二者的區分逐年變得更加清楚。

　　在11世紀，當城市在西方各地誕生或復興時，當集市重新復活時，市鎮的擴展使城鄉區分變得更加明顯。城市中集中了新興的工業以及大批手工工匠。當時出現的第一批店舖其實就是麵包師傅、屠戶、鞋匠、鐵匠、成衣工以及其他小手工業者的作坊。這類工匠最初不得不離開店舖，到集市或商場去出售產品，他的工作使他同店舖保持「蝸牛與外殼」的關係[187]。市鎮當局為保護消費者而強迫工匠這樣做，因為集市便於監視，而在店舖裡，每人都能自己作主[188]。但工匠很快就在自己的店舖營業，即在集市歇業的日子在「自家門口」售貨。由於這種交錯活動，最早的店舖同集市有點相像，也是一個斷續的售貨地點。在葡萄牙的艾佛拉，1380年前後，屠戶在自己的店舖裡賣肉，而每週三次集市，他只去一次[189]。在1643年間，一位史特拉斯堡人看到格勒諾布爾的屠戶在家裡割肉賣肉，而不去商場，「像其他商人一樣在店舖裡」[190]出售，感到十分驚奇。巴黎的麵包師傅在其店舖中出售普通麵包和高級麵包，而把粗麵包於每星期三、六送往集市[191]。1718年5月，國王的敕令又一次造成貨幣混亂（建立約翰·勞體系）；於是，據一位為我們充當見證的托斯卡尼大使說，「麵包師傅或者因為害怕，或者出於狡猾，不再按慣常的數量送麵包上市[192]；每到中午時分，公共廣場上就見不到麵包；更糟糕的是，逢集那天，他們把每磅麵包的價格抬高2至4蘇。在這方面，當地沒有別處那種良好的秩序」。

　　可見最早開設店舖的是手工匠。真正充當交換中間人的「坐商」後來才出現；他們周旋於生產者和購買者之間，僅從事買賣，而從不親手（至少不是全部）製造他們提供的商品。打從一開始，他們就像馬克思所說的商業資本家，從金錢A出發，取得商品M，然後再依照AMA的公式定期重新取得金錢，「資本家放棄貨幣，僅僅是為了取回貨幣。」農民則相反，他來市場出售物品，往往是為了立即購買他需要的東西；他沿著MAM的路線，從商品出發，又回到商品。工匠也是一樣，他要向市場購

阿姆斯特丹麵包舖和呢絨店相鄰。17世紀荷蘭畫派畫家雅各布斯‧佛雷爾 (Jacobus Vrel) 的畫作。

買食物，沒有存錢的條件。當然也可能是有些例外。

這位獨樹一幟的中間人不久即將興旺發達，他的前途已經預先注定。我們所關心的正是這一前途，而遠不是中間人的起源；起源問題很難搞清楚，雖然中間人的發展過程顯得比較簡單：在羅馬帝國崩潰後依然存在的行商從11世紀或更早的時候起，突然遇到了城市的興起；其中有些人便開始定居和加入城市行會。就特定的地區而言，這一現象不能用某個確切日

期來規定。比如說，對德國和法國來講，這一現象肯定是從13世紀開始，　48
但不一定就發生在13世紀[193]。早在路易十三時代，就有一些「灰腳板」告
別浪跡生涯，開一家小舖定居，與工匠為鄰；他的店舖與工匠的店舖看來
相似，其實不同，而且這一差別與日俱增。18世紀的麵包舖與15世紀或
更早以前的舖子沒有什麼不同，而在15和18世紀之間，商業店舖及其經
營方法轉眼就發生變化。

　　商人在城市落戶的同時，加入了行會，他們一開始並不與行會相分
離。他們為自己的出身感到羞愧，這對他們像是一個污點。直到1702年左
右，法國的一份報告說：「商人在工匠中確實可能被認為高人一等和佔據
首位，但僅此而已」[194]。但這是法國的事。法國商人即使變成了「批發
商」，他的社會地位問題也並不就此得到解決。商人代表在1788年還在
抱怨說，直到那個時候，批發商仍被認為「社會地位低下」[195]。阿姆斯特
丹、倫敦甚至義大利就沒有這類怨言[196]。

　　最初，往往直到19世紀以後，商店出售各種商品，不論它們是來自第
一手、第二手或第三手的商品。這些店舖最早通常被稱作雜貨店，這很說
明問題。雜貨店（mercier）一詞來自拉丁文的merx，mercis，即一般商
品。俗話說：「雜貨商什麼都賣，但什麼也不生產。」每當我們對雜貨店
的存貨有所了解，我們就不難發現各種各樣的商品，無論在15世紀的巴
黎[197]，在普瓦捷[198]在克拉考[199]或者在美恩河畔的法蘭克福[200]，或在亞伯
拉罕‧丹特（Abraham Dent）的店舖，此人於18世紀在英格蘭北部威斯
特摩蘭郡的小城市刻比斯提芬開店[201]。

　　這家雜貨店裡什麼貨物都賣，我們根據該店保存下來的文件可了解它
1756至1776年間的經營情況。首先出售各種等級的茶葉（紅茶或綠茶），
價格較高，因為刻比斯提芬位於內地，從走私得不到好處；其次還出售精
糖、粗糖、麵粉、葡萄酒以及白蘭地、啤酒、蘋果酒、大麥、啤酒花、肥
皂、西班牙的石膏、炭黑、灰粉、蜂蠟、油脂、蠟燭、煙草、檸檬、乾杏仁
與葡萄乾、小豆、胡椒、常用香料、桂皮、八角等等在丹特的店裡，還有絲
織品的棉毛織品和以及種種縫紉用品。甚至書刊、曆本和紙張也應有盡
有。總之，店裡不賣的東西很少，主要是鹽（原因不明），還有雞蛋、黃
油和奶酪，大概因為這類貨物在集市上供應充足。

　　顧客自然主要是小城市及附近村莊的居民。貨物來源（見下圖[202]）分
散於相當廣闊的區域。刻比斯提芬並沒有水路可通，陸路運輸雖然貴些，
卻有班期可循，承運人在運來貨物的同時，接受丹特用於付款的期票和匯

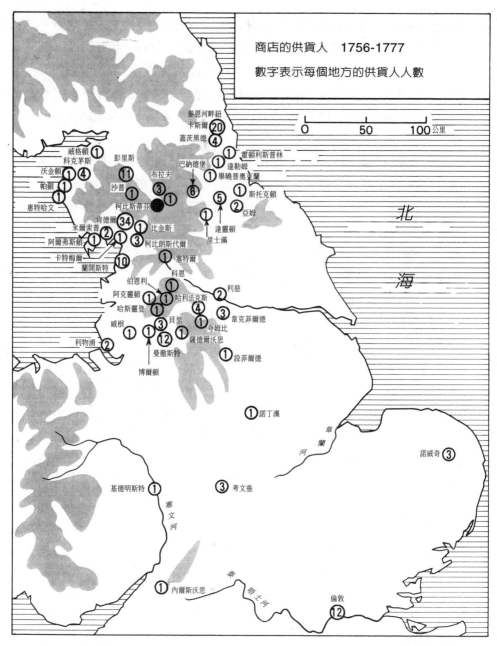

商店的供貨人　1756-1777

數字表示每個地方的供貨人人數

0　　　50　　　100公里

泰恩河畔紐卡斯爾 ⑳
蓋茨黑德 ④
霍頓利斯普林
達勒姆 ①
畢曉普奧克蘭 ①
斯托克頓 ②
亞姆 ②
達靈頓 ①
里士滿
威格頓 ①
科克茅斯 ④
彭里斯
沃金頓 ① ④
帕頓 ①
惠特哈文 ①
沙普 ①
柯比斯蒂芬 ③ ①
布拉夫
巴納德堡 ⑥
⑪
肯德爾
米爾索普 ②
阿爾弗斯頓 ②
卡特梅爾 ①
蘭開斯特 ⑩
柯比朗斯代爾 ①
比金斯 ①
㉞
塞特爾 ①
科恩
利慈
伯恩利 ①
阿克靈頓 ①
哈斯靈登 ①
哈利法克斯 ④
韋克菲爾德 ③
貝里 ③ ①
夸姆比 ①
薩德爾沃思
設菲爾德 ①
威根
利物浦 ②
曼徹斯特 ⑫
博爾頓 ①

北
海

諾丁漢 ①

諾威奇 ③

考文垂 ③

基德明斯特 ①

塞文河

內爾斯沃思 ①

泰晤士河

倫敦 ⑫

韋蘭河

表(6)　刻比斯提芬的雜貨商丹特的供貨人。見維倫 (T. S. Willan)：《刻比斯提芬的亞伯拉罕‧丹特》，1970 年版。

票。信貸已得到廣泛的應用，不僅商店的顧客可以賒帳，店主對他的供貨人也如法炮製。

50　　　丹特並不滿足於店舖本身的營業。他還收購織襪，並在刻比斯提芬一

站在櫃檯後邊的蘇格蘭女雜貨店主（1790 年前後），她出售的商品有糖塊、綠茶、衣料、檸檬和蠟燭等。她戴的金耳鐶和煤玉項圈表明她的生活相當富裕。

帶推廣加工業務。於是他搖身一變成了工業家，出售自己的產品，這些產品一般經倫敦批發商的介紹賣給英國軍隊。由於批發商在結算時允許他在他們那裡取得匯票，丹特也就變成了匯票商人：他掌握的票據實際上大大超過其營業額。使用匯票就是開展信貸。

從維倫 (T. S. Willan) 的書看來，似乎丹特是個非凡人物，幾乎所有事物都要插上一手。這也許是眞的。1958年在西班牙加利西亞的一個小城市，我曾遇到過一個坐商，同他極其相像：在他開的舖子裡，可以買到或訂購你所要的一切，甚至領取銀行支票。雜貨舖不就是要滿足地方的各種需要嗎？能否做到這一點，就看舖主的本事了。我們這裡有15世紀中葉一位慕尼黑雜貨商的帳本[203]，他似乎也是位非凡人物。他光顧各個集市和交易會，前往紐倫堡、諾德林根採購，有時甚至遠行威尼斯。但從他的住房來看，僅一間屋子，家具少得可憐，大概只能算是一個普通的小商人。 51

商店的專業化和等級化在發展

除了無所不包的雜貨店以外，經濟發展還製造了商店的其他專門形

式。人們逐漸把商店分成幾種：按斤兩出售的食品店：按尺寸出售的綢布店；按件數出售的五金店；專買舊衣服舊家具的估衣店。最後一種佔著重要的地位，1716年里耳一地就有1千多家[204]。

由於各種「服務項目」的興起，出現了一批特殊的商店，如藥店、當舖、錢莊、銀行和旅店，旅店往往代客介紹車馬運輸，還有小酒店，「這些酒商在自己家裡擺上桌椅，招徠客人前來吃喝」[205]，酒店在18世紀遍布各地，引起正派人的種種非議。有些小酒店確實名聲不佳，如巴黎「熊街」的那一家，那裡「不像規矩人的住所，更像個賊窩」[206]，雖然鄰近的燒烤店傳來的味道很香。在前面這張單子上還應加上「代筆人」以及公證人。據1643年一位路過里昂的旅行者說，他在街上看到代筆人和公證人像鞋匠一樣坐在自己的舖子裡等待主顧」[207]。但從17世紀開始，有的公證人地位已經很高。而有的「代筆人」卻窮得開不起舖子，只能在巴黎聖嬰堂的廊檐下擺攤，好歹賺上幾個子兒，幸虧不識字的男女僕人和窮人數量很多[208]。另外還有妓院，如西班牙的「窯子」。蒂爾索‧德莫利納在《比拉都爾》[209]中說，在塞爾維亞的蛇街，「可以見到亞當像眞正的葡萄牙人一樣尋花問柳……即使嫖一次只花一個杜加，錢袋也轉瞬就被掏空」。

商店終要分門別類。商人與商人也不全都一樣。金錢很快強制劃分等級；它幾乎從一開始就給雜貨店分出檔次；最上面是幾個專門從事遠方貿易的富商，最下面是只賣針線、油布的小店主，即諺語正確而無情地嘲弄的那種「一籃提雜貨店」，他們窮得連女僕也不肯下嫁，特別是稍有積蓄的女僕。一般情況下，總有一批商人力圖爬到其他商人的頭上。在佛羅倫斯，大行業與小行業相分離。在巴黎，從1625年法令到1776年8月10日敕令，最體面的行業就有6個，其排列次序如下：呢絨業、食品業、錢莊業、首飾業、雜貨業、皮貨業、在馬德里，高踞首位的五大行業在18世紀起著舉足輕重的作用。倫敦有12個大行業。在義大利以及德意志的自由城市，區分更加明顯：大商人實際上已成爲貴族，他們掌握著治理大商埠的權力。

52　商店征服世界

在我們看來，根本問題在於各種類型的商店正在征服所有的城市，並很快要吞噬鄉村；因陋就簡的雜貨舖、小客棧和小酒館於17世紀，尤其於18世紀，在鄉村立足。小酒館兼營小額借貸，又是「集體娛樂的組織者」，這種狀況在19以及20世紀的法國鄉村還可見到。人們到村子的小

酒店去「賭錢、談話、喝酒和消遣……處理債務和商務，談交易和訂租契……」這幾乎是窮人的集會場所！小酒店在村莊裡是教堂之外的另一個中心[210]。

　　成千上萬份見證表明商店的蓬勃發展。在17世紀，店舖簡直氾濫成災。洛佩‧德‧維加 (Lope de Vega) 於1606年談到剛成為首都的馬德里時說：「一切都已被改造成店舖」[211]。店舖而且變成流浪漢小說中騙子無賴的理想活動場所。巴伐利亞的商人「數量與麵包師傅相等」[212]。1673年，法國大使「為建新樓」需要拆毀在倫敦的寓所，一時竟找不到住房，他寫道，「你很難想像，在這樣一個大城市裡，自從我到達以後，許多高大的房屋被拆掉，改建成商店以及商人的小屋，出租的屋子很少」，而且價格奇昂[213]。據丹尼爾‧笛福 (Daniel Defoe) 說，店舖數量猛增，簡直「駭人聽聞」[214]：1663年這座大城市總共不過50、60家雜貨舖；到了17世紀末，已達300、400百家；商店大事修飾，爭相安裝鏡子、金色廊柱以及青銅的掛燈和壁燈，以致笛福認為過分豪華了。但一位法國旅行家（1728）對這些早期的櫥窗讚嘆不已，他寫道：「在我國一般罕見的，是此間用華美明亮的玻璃裝飾店舖，商品通常就陳列在玻璃後面，既防灰塵，又便於行人從各個角度看到其漂亮的外表[215]。」與此同時，隨著城市的擴展和富人的遷居，商店逐漸向西發展。佩特‧諾斯特路長期是倫敦的商業中心，突然一天之內，店舖全都搬到科芬花園街；此後不到10年，時髦又轉往路德門高地；後來，商店又朝著朗考特、芬丘奇街或郝茲狄契方向集中。但是所有的城市都有類似的經歷。商店不僅數量增多，而且貨攤逐漸侵佔街道，或者從一個街區遷往另一街區[216]。請看看咖啡館怎樣在巴黎普及[217]：高乃依 (Corneille) 的時代[218]，充滿商業嘈雜聲的羅亞爾宮長廊曾是巴黎的一大奇景，如今已被塞納河兩岸的咖啡館所替代，特別是「小敦克爾克」的五光十色使伏爾泰[219]眼花繚亂。小城鎮也經歷類似的變革。在18世紀初的馬爾他，據一份詳細的報告[220]說，「雜貨舖和零售商數量增加之多，以致任何人都不能完全有生活保證。他們只得欺詐顧客，要不就會迅速破產。由於生意清淡，許多青年人為了這一足不出戶的懶漢行當，葬送了從妻子那兒得來的嫁妝或從父母那兒得到的遺產，這種情形委實慘不忍睹。」報告又氣憤地說，馬爾他的各家商號中金銀物件成倍增加，使資本「陷於無用和死亡」，小戶人家的男女老少居然也以呢絨花邊裝飾。更加令人氣憤的是妓女竟身穿絲綢，坐著馬車招搖過市。報告直截了當地說，既然禁娼已有了明文規定，至少應對她們「徵收一筆穿衣稅」。從

18世紀下半葉馬德里的奢侈品店舖：古玩店。其裝修堪與笛福描繪的18世紀初倫敦新商店相媲美。路易斯‧帕累 (Luis Paret) 和阿爾卡薩爾 (Alcazar) 作畫，馬德里拉札洛博物館。

相對意義上講，難道這不是說，消費社會已經誕生了嗎？事情畢竟是循序漸進的：1815年，當尚-巴蒂斯特‧薩伊 (J.-B. Say) 在別離20年後重返倫敦時（他於1796年第一次去倫敦），他感到眼花繚亂：一些古怪的店舖廉價拋售商品，江湖騙子遍地皆是，還有固定的或活動的招貼，「可供行人隨時瀏覽」。前胸和後背都掛著廣告牌的「三明治人」在倫敦剛剛出現[2221]。

54 興旺的原因

用我們今天的語言作結論，可以說，供應部門猛烈擴張，交換加快（集市和交易會都可作證），第三產業（店舖的營業，服務業的發展）興旺發達，而這最後一項與整個經濟發展不是沒有關係的。

如果計算人口數和店舖數之間的關係[2222]，或手工作坊和商店各自的比例，或一個店舖的平均規模和平均收入，這一興旺可以用許多數字來表示。威爾納‧桑巴特 (Werner Sombart)[2223]特地引證了尤斯圖斯‧默澤爾 (Justus Moser) 的話；這位優秀的歷史學家於1774年在談到奧斯納布台

克城時，有點傷感地說，「近百年來，雜貨店的數量增加了二倍，手工工匠卻減少了一半」。另一位歷史學家名叫漢斯‧毛埃斯貝爾（Hans Mauersberg)[224]，他在發表類似看法時向我們提供了有關德國大城市的一系列數據。我們不妨隨便找幾份調查材料（死亡者財產清單），其中一份涉及腓力四世時代的馬德里[225]，另外二份關於 17 世紀的加泰隆尼亞和熱那亞的零售商在西西里島情形[226]，人們看到這些小本經營的店舖岌岌可危，清帳時往往會留下一大堆債務，破產更是家常便飯。人們有這樣的印象——雖然僅是一個印象——如果當時的小商人心直口快，那麼「布熱德運動」恐怕在 18 世紀早已形成。在倫敦，當福克斯內閣於 1788 年試圖向小店主徵稅時，他面對「人民的普遍不滿」[227]，很快後退了。小店主顯然不等於人民，但他們在人民中有煽動力。1793和1794年巴黎的無套褲漢有相當一部分來自小店主[228]。由此可以相信一份初看起來有點偏頗的報告，該報告聲稱，1790 年左右的巴黎有 2 萬名零售商皆處於破產的邊緣[229]。

以上表過不談，根據我們目前了解的情況，我們可以肯定：

（一）長時期的人口增長以及經濟活動的高漲，零售商希望安頓下來的心理，這些因素在在決定了供應環節的膨脹。中間人過多，這至多證明，經濟活動的高漲超過了經濟本身的增長，前者對後者期望過高；

（二）銷售網點的固定，店舖營業時間的延長，廣告的出現，討價還價　56 以至隨意閒談對店舖的生意大概都有好處。走進店舖，既可購物，又可聊天。這裡像是小型戲院。請看《彬彬有禮的市民》一書的作者於1631年所想像的那種風趣而逼真的對話[230]。亞當斯密難得一次詼諧地把會說話的人同不會說話的獸類作了比較：「交換東西的意向大概是交談的可能後果」[231]。普通百姓喜歡閒聊，即使買賣不一定成交，拉上幾句話總也是好的；

（三）商店興旺發達的主要原因是信貸。處在零售店之上的批發商實行賒帳，零售商必須開出我們今天所說的期票。佛羅倫斯的大商人古齊亞迪尼‧科西（Guicciardini Corsi)[232]有時兼營西西里小麥進口（他們曾借錢給伽利略，這個大家族至今引以為榮），向食品零售商銷售胡椒，付款期限長達18個月，這有帳本可以作證。何況這也不是他們的新發明。店舖也對顧客賒銷，尤其對富裕的顧客，裁縫實行賒帳；麵包舖實行賒帳（每天在兩塊相連的木板上刻道道[233]，舖主和顧客各執一塊）；小酒店實行賒帳制[234]：酒客用粉筆把欠帳記在牆上；肉舖也賒帳，笛福說：「我認識一家人，他們每年收入達幾千鎊。每次給肉舖、麵包舖和奶酪舖付款以100鎊計，經常積欠 100 鎊[235]。」《地址便覽》（1692 年[236]）上登錄了在中央榮　57

巴黎的一家麵包舖破產——1770年6月28日 巴黎的麵包舖主人蓋斯內先生謹向巴黎商事裁判所遞交資產負債概況，按照當時的規定，他列出的債務有順逆之分，我們今天則稱之為破產人的資產和負債。文件共4頁，這裡翻印的第1頁清楚地表明有一系列賒銷。有的大債務人竟是高等法院顧問。外欠債務皆因賒購麵粉。這家店主除舖子外還擁有一些「工具」，一輛車和一匹送貨的馬，估價共6600里佛，其餘動產約值7400里佛。讀者請放心，麵包舖主已同其債權人訂立了協議。但願他的主顧能及時付清欠帳。（塞納省檔案館，D4B6，11，案卷526）

場開估衣店的符爾納拉先生，他自稱能夠「提供體面成衣，每人每年收 4
個皮斯托爾」，我們可以這麼打賭說，這位供應成衣的商人並不始終要求
事先收費。此外，巴黎聖瑪麗區新街這三位合夥的估衣商「出租各種喪
服，包括大衣、黑紗、翻領，甚至於喪禮時穿的黑禮服」[237]，也未會必當場
收錢。

　　處於資本主義萌芽狀態的商人在借款人和貸款人之間求得生存。他的
地位很不穩定，隨時可能栽跟頭。供貨人（指與批發商相聯繫的中間人或
批發商本人）一旦向他逼債，他就大難臨頭了。碰到一位富裕顧客賴帳，
女魚商簡直就走投無路（1623 年），她說，「我剛開始能掙錢糊口，現在
突然只剩下白板」[238]，這裡說的「白板」是指面值十德尼埃的小角幣，等於
說落到只剩最後一個角幣的地步。所有店舖主都可能遇到拖欠或賴帳這類
倒霉事情。一位名叫法蘭索瓦·波姆羅爾 (Francois Pommerol) 的製槍工
匠開來喜歡做詩，他於 1632 年抱怨生計艱難：「出門討帳，煞費苦心／趕
上拖欠，得有耐心」[239]。

　　我們只要有機會讀到小商人、中間人、供貨人的信札，就會看到這種
抱怨極其普遍。 1669 年 5 月 28 日：「我們再次寫信給您，想知道您究竟
何時願意付款」。 1669 年 6 月 30 日：「先生，我相當地驚訝，我一封接
一封地給您寫信，竟得不到任何回音。正派人至少也應該懂得給人回信
吧……」1669 年 12 月 1 日：「我們從沒有想到，您在答應來舍下結帳以

藥舖：奧斯塔河谷的依索涅古堡的壁畫，15 世紀末。

後，竟然不打招呼就溜了」。 1669年7月28日：「我眞不知道該怎麼對
您寫信爲好，我給您寫的信已不計其數，看來您對我的信絲毫不在意。」
1669年8月18日：「我請您付款，迄今已過6個月」。 1676年4月11日：
「我看您的來信只爲逗樂」。所有這些信件出自里昂不同商人的手筆[240]。有
一位債權人氣急敗壞地在信中通知賴帳的債戶，他將親自前往考勒諾布
爾，採用強硬手段討帳。在路易十四時代，蘭斯一名商人不輕易借錢，他
引用一句諺語爲證。「借錢時稱兄道弟，還債時罵婊子養的[241]。」

由於信貸法規很不完備，便產生連鎖性的依附關係和困難。 1728年
10月，在第戎聖奧斯迪交易會，布料銷售很旺，絲毛織品則不然。「據說
原因在於，零售商抱怨他們本小利微，遇到顧客不能付款，他們也就不能
重新進貨。另一方面，由於大部分零售商無力付款，前來交易會的批發商
拒絕再次賒帳[242]。」

我們不妨把以上的形象同笛福的解釋作個比較。笛福指出，信貸環節
是貿易的基礎，債務相互抵銷，商業活動和商業收益因此倍增。檔案材料
有個缺點，它不能展示交易的正常發展，僅爲歷史學家收集破產、訴訟和
災難這類事例。和幸運的人一樣，一帆風順的交易並沒有引人注意的特殊
事故。

58　商販的繁忙活動

商販也是商人，通常比較貧苦，脖子上掛個貨筐或者乾脆背馱少量商
品。他們卻是從事貿易的一支可觀的機動力量。他們填補城鄉供應網的空
白，尤其在鄉鎮。由於空白很多，他們便滋生繁殖，成爲時代的標誌。他
們在各地的名稱眾多（法國稱 colpor-teur， contreporteur， porte-balle，
mercelot， camelotier， brocanteur；英國稱 hawker， hucktser， petty
chapman， ped-lar， packman；德意志的每個地區又有不同的名稱：
Hocke， Hueker， Grempler， Hausierer， Ausrufer， Pfscher， Bonhasen；
義大利叫 merciajuolo，西班牙叫 buhonero）。在東歐，小販的名稱也各不
相同：土耳其語的 seyyar satici 同時具有商販和舖主的含義，保加利亞語
的 sergidzyja（從土耳其文 sergi 演化而來），塞爾維亞以及克羅埃西亞語
的 torbar（從土耳其語 torba 演化而來）， torbar i srebar 以及 Kramar 或
者Kramer（該詞顯然是來自於德語，兼指小販、商旅領隊或小市民[2431]），
如此等等。

產生這麼多名稱的原因在於，商販遠非一種相對固定的社會類型，而

是包括難以合理分類的一系列職業。在 1703 年的史特拉斯堡[244]，薩瓦磨刀匠是一名「販賣」其勞務的工匠，他像許多通煙囱的、修椅子的工匠一樣到處流浪；馬拉加台利亞腳夫[245]是坎塔布里亞山區的農民，他在舊卡斯提爾高原地區和大西洋沿岸地區之間往返販運小麥、木料、木桶板料、鹹魚和粗呢；用一個形象來表達，他們是流動商販[246]，因爲他們一身兼任採購、銷售和運輸三職。克拉考附近安德雷胡夫村半耕半織的農民無疑是商販，至少那些前往華沙、格但斯克、利沃夫、塔諾波爾，或去盧布令和杜布諾的交易會，甚至到過伊斯坦堡、斯麥納、維也納和馬賽推銷本村生產布料的農民是商販。這些不惜離鄉背井的農民有時「率先在涅斯特河和黑海航行」（1782 年[247]）。曼徹斯特的富商或約克郡和科芬特里的製造商親自爲客戶送貨，足跡遍布整個英格蘭，又該稱他們是什麼？笛福[248]說：「如果不計其財富，他們就是商販」。商販一詞也適用於所謂趕交易會的商人[249]（即來自外地的商人），無論在法國或在別國，他們中有的相當富裕。

　　不管是窮是富，商販維護、促進和推廣交換。事實證明，但凡商販佔首位的地方，經濟一般比較落後。波蘭的經濟落後於西歐，商販在波蘭自然最爲興旺。販賣難道是過去幾百年裡正常貿易方式的殘餘？下羅馬帝國的「希利人」（Syri，操希臘語的猶太教徒或基督教徒[250]）以販賣爲生。中世紀風塵僕僕、行蹤不定的西方商人，是活脫的小販形象。1622年有一篇雜文[251]描寫這種商販，說他們「肩背挎包，穿著鞋尖包皮的鞋子」；他們的妻子隨後緊跟，頭戴「一頂後簷下垂齊腰的大帽子」。不過這對四處漂泊的夫妻總有一天要開舖子安頓下來，改變裝飾，顯得不那麼窮困潦倒。在從事販賣的商人中，至少那些擁有車輛的，難道就沒有殷實富戶？只要碰上機會，他們的地位就會上升。我們曾談到過的鄉村小店，幾乎都是商販於 18 世紀建立起來的。他們甚至向商業堡壘發起攻擊：慕尼黑 18 世紀有 50 家義大利或薩瓦商行都是商販發家後創辦的[252]。在 11 和 12 世紀，當時歐洲城市的規模與村莊相差無幾，可能也曾產生過類似的現象。

　　總之，商販的活動如果加在一起，影響就很大。平民文學和歷史幾乎完全由他們負責推廣[253]。波希米亞在18世紀生產的玻璃[254]，無論在鄂圖曼帝國或在斯堪地那維亞各國，在英格蘭或在俄羅斯；完全由商販銷售。17世紀和18世紀的瑞典，一半以上的國土空無一人：稀少的居民點分散在廣袤的原野。但韋斯特洛戈荃或斯莫蘭的小商販，依靠他們堅忍不拔的韌勁，居然能在那裡同時販賣「馬蹄鐵、釘子、鎖、別針……曆本以及宗教類圖書」[255]。猶太客商佔波蘭貿易額的 40% 至 50%[256]，他們在德意志地

區也取得成功，並在盛極一時的萊比錫交易會上居重要地位[257]。

販賣並不始終甘居末位，它曾多次試圖擴大地盤，侵佔集市。1710年
9月[258]，巴黎商事院拒絕了莫伊斯‧德‧瓦拉布里奇 (Moyse de
Vallabrege) 和伊斯萊爾‧德‧雅齊爾 (Israel de Jasiar) 的要求：這兩位
亞威農的猶太人希望「在一年四季中有6個星期能在王國的所有城市銷售
絲綢呢絨織品和其他商品，而不必開設舖子」。他們顯然並不是普通的
小販，他們的申請被認爲「有損於貿易以及王國百姓的利益」，是對當地
店舖和商人的一種不加掩飾的威脅。相反，在一般情況下，總是大商人和
大店舖主，乃至不起眼的店主，在背後操縱小販的行動，把堆在店裡礙事
的「存貨」交給他們銷售。小販的本領在於：起售數量小，深入交通不便
的地區，說動猶豫不決的顧客。他們像巴黎大馬路上兜售劣質商品的販子
一樣，不辭勞苦和肯費唇舌。他們機靈、圓滑、逗趣，在舞台上就以這種
形象出現；如果說1637年上演的那個劇本裡[259]的寡婦最後沒有下嫁給花
言巧語的小販，她並非沒有動心：

> 此人倒也聰明乖巧，
>
> 我若有意他也有情，
>
> 但他整年到處賣投，
>
> 收益不夠買副眼鏡。

不論合法與否，小販四處闖蕩，甚至來到威尼斯的聖馬克拱廊和巴黎
的新橋。阿博橋（芬蘭）被店舖佔據了，那又有什麼關係，小販們在橋的
兩頭聚集[260]。波隆納大教堂對面的廣場上，每星期二、六逢集，爲防止小
販把廣場變成常川集市，不得不制訂專門的規定[261]。科隆街頭叫賣的小販
有36種之多[262]。1643年的里昂城，叫賣聲此起彼伏：「小販無貨不售：
煎餅、水果、木柴、木炭、葡萄乾、芹菜、煮豆、柑桔等等。生菜和青菜
用小車推著車叫賣。蘋果和梨煮熟後出售。櫻桃則過秤論磅計價[263]。」巴
黎、倫敦、羅馬的市聲進入了文學作品和風俗畫。大家知道，卡拉齊
(Carrache) 或朱瑟培‧巴伯里 (Giuseppe Barberi) 所畫的羅馬街頭小販銷
售無花果和甜瓜、香菜、柑桔、鬆餅、餅乾、蔥頭、麵包、舊衣服、成捆
的布疋和口袋裝的煤塊、野味、田雞……人們能否想像，18世紀優美的威
尼斯城竟然充斥叫賣玉米餅的商販？1767年7月，玉米餅的的確確在威尼
斯到處大量出售，「每個只值一蘇。」據一位觀察家說，這是因爲「城內
飢餓的平民越來越窮」[264]。又有什麼辦法能擺脫這群流動商販呢？任何城市
對此都一籌莫展。吉‧巴丹 (Gui Patin) 於1666年10月19日[265]談到巴

莫斯科街頭賣發麵煎餅的商販。1794年版畫。

黎時說：「此間開始對妨礙公共交通的各種攤販進行整頓，希望使巴黎街道從此變得十分整潔；國王說，他要把巴黎改造成爲奧古斯都時代的羅馬……」這些努力當然猶如驅趕成群的蒼蠅，徒勞無功。不辭辛勞的商販足跡遍布城鄉所有道路。晚到1778年，甚至荷蘭還有成群的行商走販，他們「把無數外國貨物賣給每年在鄉村別墅過一段時間的富人」[266]。這種生活方式很晚才成爲人們瘋狂追求的目標，但在當時的聯合省，富人對此已相當熱中，商販蜂擁而來與此可能不無關係。

行商走販往往與人口的季節遷移相結合：例如薩瓦人[267]和多菲內人定期前往法國和德國；奧文尼山區[268]，特別是聖弗盧爾高地的居民，有去西班牙走串的習慣。一些義大利人來法國「過季」，有的滿足於在那不勒斯王國轉上一圈；也有法國人步行到德國去的。從馬格朗[269]（今天的上薩瓦省）的商販來往信件中，我們可以看到一些流動「手飾匠」（其實是鐘錶商）在1788至1834年間的往返情況，這些父子相傳的工匠沿著幾乎相同的路線，把他們的商品送到南德意志的店舖出售或去參加瑞士的交易會（盧森和組爾札赫[270]）。運氣有好有壞：1819年5月13日，在盧森交易會，收入「勉強只夠晚上喝半公升酒」[271]。有時會出現小商販突然入侵的現象，這與危機年代人們外出謀生有關。1783年的西班牙[272]曾採取全面的措施，禁止一切流動商販入境，特別是「馴獸表演者」和「脖子上掛著大十字架、

自稱能藉著祈禱爲人畜治病」的江湖庸醫。這裡所說的流動商販，習慣上指馬爾他人、熱那亞人以及本地人，但不指法國人，這大概完全出於疏忽。這些有業游民與無業游民在途中邂逅相遇，自然會拉上關係，前者有時也參與後者的坑矇拐騙活動[273]。他們自然也合夥搞走私。樞密官托馬斯·羅 (Thomas Roe) 爵士指出，1641年間的英格蘭，有大批法國商販，致使王國貨幣緊缺[274]！他們大有可能幫助海員在英國海岸私自運走羊毛和漂白土，並運來燒酒。

販賣是否屬於過時現象？

　　人們通常斷言，當一個國家達到一定發展階段時，販賣活動便自動衰亡。這在英國發生於18世紀，法國則是19世紀。但到19世紀，販賣活動又在英國重新抬頭，至少見於一般銷售網無力顧及的工業城市郊區[275]。在20世紀的法國民俗調查中可以找到販賣的痕跡[276]。有人認爲，現代交通工具對販賣活動是個致命的打擊（這也是先驗的邏輯推理）。但馬格朗的鐘錶商使用車輛販運，到1834年，還心滿意足地在利曼湖使用蒸汽船[277]。應該看到販賣是一種適應性極強的手段。每當銷售系統出現故障，每當走62　私、偷盜、窩贓等地下活動有所擴大，或每當競爭、監視等正常商業手段意外地有所放鬆時，販賣便又重新冒頭。

　　大革命和帝國期間，法國曾是商販滋生的場所，請看麥次商務法庭這位愛嘮叨的法官向巴黎商事院提交（1813年2月6日）的長篇報告[278]吧！他寫道：「今天的商販與過去身背包裹的單幫客不可同日而語。他們雖然四海爲家，沒有固定的居住地，但從事的交易爲數相當可觀。」總的說來，他們坑矇拐騙，對天眞的顧客是災難，對臨街開業的店舖是禍害。爲社會安全計，必須立即予以取締。商業在社會上不受重視，自從革命政權解除禁令和發行指券以後，任何人只要付小筆開業稅就能成爲商人。這位法官認爲，唯一的辦法就是「恢復行會」。他接著補充說，「同時應避免舊制度的陋習」！我們且別作更多的引證。當時做小生意的確實到處結幫抱團。在1813年的巴黎，警察局長被告知，一些小販當街擺攤，「從馬德蘭大街直到丹普爾大街」，到處都是。他們毫無顧忌地把攤子搭在店舖門口，不顧舖主的憤怒，零售相同的商品，尤以玻璃器皿，陶瓷、搪瓷和珠寶爲主。維護秩序者對此無能爲力：「攤販不斷被趕來趕去，最後又回到原地，人數眾多幫了他們大忙。怎麼能把他們統統逮捕？」何況他們都是窮人。警察局長又說：「這種非正規的貿易對商人的損害也許並不如人們

想像的那麼嚴重，因爲擺攤出售的商品幾乎全都是從商人那裡批發來的，小販往往爲他們代銷」[279]。

從最近的情況看，隨著黑市的出現，不正常的販賣活動在1940至1945年間飢餓的法國再次興起。在俄國1917至1922年的困難時期，由於當時時局混亂，流通不暢，又重新出現了倒騰買賣的流動中間商，或用當時人輕蔑的說法，出現了所謂「單幫客」[380]。今天，被中央菜場的批發商撇下不管的布列塔尼菜農開著卡車前來巴黎直接出售他們生產的萊薊和菜花，暫時也可算作商販。喬治亞和亞美尼亞一些有趣的農民帶著成袋的蔬菜水果，網兜裡裝著活家禽，利用蘇聯國內航班票價低廉，坐飛機前往莫斯科，他們也是現代的商販。如果「尤尼普里」這類超級市場的專橫統治有一天讓人難以忍受，那也難說販賣活動不會重新氾濫。販賣歸根到底是蔑視既定權威、繞開神聖不可侵犯的市場秩序的一種方式。

歐洲：交換上限的齒輪

63

處在集市、店舖、販賣之上，交換還有其強有力的上層建築。它們掌握在一些傑出活動家的手裡，屬於大齒輪和大經濟的層次，因而必定也是資本主義的層次；沒有大經濟，資本主義便不能存在。

在以往的世界裡，遠距離貿易的基本工具是交易會和交易所，雖然它們並不集中所有的大筆交易。法國和大陸各國的公證人事務所——英國不然，那裡公證人的作用僅是驗明正身——可以關起門來解決許多重要交易事項，根據歷史學家讓-保羅·普瓦松 (Jean-Paul Poisson) 的說法[281]交易數量之多足以衡量商業的一般水平。同樣的，作爲逐漸存儲金錢的金庫，銀行的地位不斷在提高[282]，雖說從銀行取出金錢並不始終審慎，或有獲益的可能。法國的商事裁判所(有關破產爭端的問題後來也交它處理)是爲解決商業爭端特設的、最快捷的和旨在保護階級利益的司法機構。因此，勒普維(1757年1月17日[283])和珀里格(1783年6月11日[284])分別要求設立商務裁判所，以方便這兩個地區的商業活動。

至於18世紀時的法國商會(第一個於1700年在敦克爾克建立[285])以及隨後仿效的義大利商會(威尼斯建立於1763年[286]，佛羅倫斯則於1770年[287])，它們旨在犧牲其他人的利益而加強大商人的權威。敦克爾克一名商人(1710年1月6日)直截了當地說：「所有這些商會只利於航運業和商業的5、6個巨頭，而讓一般商人破產[288]。」商會辦得是否成功往往因地而

異。馬賽商會是商業活動的心臟；里昂設有市政公署，商會並不十分重
要，往往忘記開會。財政總監（1775年6月27日[289]）寫道：「據悉，里
昂商會不開會或很少開會，1702年御前會議的決定未能實施，該市的貿易
事務竟全部由行會理事研究決定」，也就是說，由市政公署決定。可是，
僅僅提高嗓門，難道就能激起一個機構的活力嗎？聖馬羅於1728年請求國
王准予成立商會，未能如願[290]。

　　顯然，大商業的工具在18世紀不但數量增加，而且形式多樣，但交易
會和交易所仍然是廣大商業活動的中心。

交易會是不斷改進的舊工具

　　交易會是個老機構，歷史或許（恐怕未必）不如集市悠久，但畢竟可
64　稱源遠流長[291]。法國的歷史研究把交易會的起源追溯到古羅馬以前，直到
克爾特人從事大規模朝聖活動的遙遠時代。西方11世紀的復興並非如人們
所說從零開始，城市、集市、交易會和朝聖地殘跡猶存，只要恢復原有習
慣就夠了。聖丹尼的朗迪交易會據說至少可追溯到9世紀（禿子查理在位
時[292]）；特魯瓦交易會[293]在古羅馬時代就已經存在；里昂約在公元172年
設置交易會[294]。這些說法雖說缺少根據，但又似乎不無道理，反正交易會
的歷史很可能比這些說法確指的時期更加久遠。

　　交易會的古老並不妨礙它適應環境和保持活力。它的作用是要突破普
通交換的狹隘範圍。謬斯省的某個村莊於1800年[295]要求開辦交易會，以
引來該地短缺的五金用品。許多小鎮的交易會似乎只是讓附近鄉鎮的工匠
有個喜慶日子，即使如此，它們實際上也衝破交換的習慣範圍。大型交易
會調動廣大地區的經濟力量；有時整個西方都蒞臨參加，享受各種自由與
免稅優惠，因為交易會期間臨時取消許多稅卡障礙。各種有利條件促使交
易會成為一次非凡的盛會。王公們很早就插手這些聚會（法國國王[296]，英
國國王，神聖羅馬帝國皇帝），紛紛賜予恩惠、豁免、保證和特許。但我
們順便指出，交易會並不一開始就是免稅的，即使波凱爾交易會也並不實
行完全的自由貿易。例如，索木爾有三次盛大交易會，每次延續三天，據
一份材料說，它們「好處不大，因為不能免稅」[297]。

　　所有的交易會，單就參加的人數而言，都可被認為是城市，當然是曇
花一現的城市。它們定期搭攤開張，一待熱鬧過去，立即收攤走人。過了
一、二、三個月後，它們又重振旗鼓，每個交易會因而都有自己的節奏、
日程和信號，與鄰近的交易會不相一致。何況，舉行頻率最高的交易會，

並不是最重要的交易會，而是普通的牲畜市，或者說「葷市」。奧爾良附近的羅亞爾河畔蘇利[298]，布列塔尼的蓬蒂尼，聖克雷，博蒙-德洛馬涅每年分別舉行8次交易會[299]；蒙托班財政區的列克圖爾有9次[300]；奧士有11次[301]；「在奧文尼上拉馬什的謝內拉耶大鎮舉行的肉食交易會以牲畜成交額高而聞名，大部分牲畜都送往巴黎」。這些交易會在每月第1個星期二舉行，也就是說，每年共12次[302]。同樣，在勒普維城，「一年有12次交易會，出售各式的牲畜，特別是大量驢騾，許多毛皮，朗格多克的呢絨（批發），奧文尼的白布和橙黃色布、麻、紗、毛和各種皮貨」[303]。諾曼第的莫爾坦每年舉行14次交易會，能否算是最高記錄[304]？我們這裡先別過早就下結論。

　　對交易會顯然不可一概而論。有的鄉村交易會，如離錫耶納不遠的托

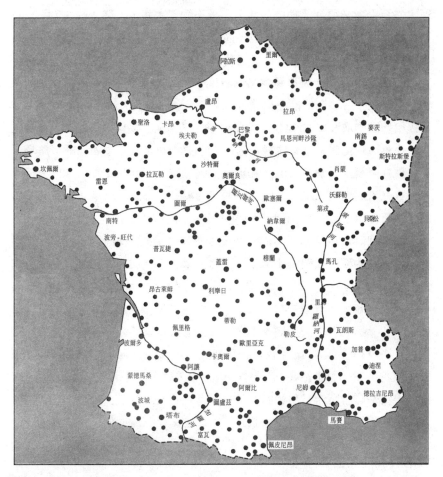

表(7)　1841年的法國依舊布滿著交易會　引自《貿易和商品辭典》，1841年版，第1卷，第960頁。

斯卡內拉小型交易會不過是個羊毛集市，每當冬季過長，農民不能及時剪羊毛時（如1652年5月），該交易會就被取消[305]。

65　　　真正的交易會要求城市為它廣開大門。因此，或交易會鯨吞一切，征服和取代城市，或城市有足夠力量與交易會保持相當距離，關鍵在於力量對比。里昂因其4大交易會受累不淺[306]。巴黎對交易會嚴加控制，使之限於大型集市的規模；如古代傳下的朗迪交易會始終在聖丹尼關廂舉行。南錫的聰明辦法[307]是把交易會推出城外，雖然就在離城不遠的聖尼古拉・杜博爾。諾曼第地區的法來茲鎮把交易會擠到吉布萊村舉行。著名的交易會過後，寂靜代替嘈雜，這個大村莊又變成林中睡美人的宮室。如同其他城
68　市一樣，波凱爾特地把使它名利雙收的馬德蘭交易會安排在城區和隆河之間。那也純屬徒勞：通常有5萬名參觀者擁入城市，為了維持起碼的秩序，省騎警隊必須全部動員，甚至還嫌不夠。尤其，人群一般在7月22日交易會開幕前的兩星期就已到達，而那時間治安部署尚未妥善安排。1757年就有人建議提前於7月12日派遣騎警隊，以保證旅客和居民的「安全」。

　　一個城市若完全被交易會壓倒，便不再是城市。於16世紀致富的萊比錫把廣場和建築全部推平重建，以便交易會在市內不致感到侷促[308]。卡斯提爾地區的坎波城[309]是個更好的例子。城市與交易會密切配合，每年三次，交易會佔據夾在兩排木柱房屋中間的長街以及大教堂對面的大廣場，神父就在陽臺上做彌撒；商人和顧客望彌撒時不致耽誤交易。聖尚・德・拉克魯瓦 (Saint Jean de la Croix) 在童年時代大概曾面對廣場上五彩繽紛的木房而浮想聯翩[310]。在今天的坎波城，只能看到古老交易會的場景和外觀。美因河畔法蘭克福[311]在16世紀還把交易會拒之城外，但到了17世紀，交易會的繁榮衝破一切阻礙。一些外國商人在城裡安頓了下來，分別代表義大利、瑞士聯邦和荷蘭的公司。由此開始一個漸進的適應過程。這些外國人一般像是家裡的次子和幼子，剛在城裡安頓時，只有居住權，這是第一步；接著獲得公民權；不久更發號施令。萊比錫就經歷了這樣一個過程，1593年反對喀爾文教派的暴動[312]不就是「本國」國民與荷蘭商人的一種對抗嗎？如紐倫堡[313]這樣一個大商業城市，於1423-1424和1431年獲得皇帝關於開辦交易會的特許後，卻並不真正著手去組織：是否應該認為這是明智之舉？明智或失誤且不去管它，反正紐倫堡仍是老樣子。

城市沉浸在節日氣氛中

　　交易會意著味嘈雜聲、音樂聲和歡樂聲攪成一片，意謂著混亂、無秩

阿納姆附近一年一度的交易會。胡格 (P. de Hooghe)(1645-1708) 的版畫。

序乃至騷動。佛羅倫斯附近的普拉托[314]於14世紀已有交易會，每年9月，托斯卡尼所有城市的喇叭手在該城的大街和廣場上盡興吹奏，互不相讓。在卡潘特拉斯，每逢聖馬蒂約或聖希弗蘭交易會開幕前夕，尖利的喇叭聲先在城市四門吹響，接著轉到廣場，最後來到華麗大廈前面。「市府給吹奏者每人每次付7蘇」，從早晨4時開始，鐘聲響個不停；焰火齊放，鼓聲隆隆，城市捨得破費。玩雜耍的，賣偏方假藥的，算命看相的，翻跟斗演魔術的、走鋼絲的、拔牙齒的以及跑江湖的歌手樂師統統向城市擁來。旅館中人滿爲患[315]。巴黎在封齋節後舉行的聖日耳曼交易會也集中了首都的輕薄之徒；一名賣笑女郎說：「這是摘葡萄的季節」。賭博對賭徒和蕩婦同樣有吸引力。所謂「摸彩」十分風行：彩票中大量爲白票，少數黑票，白輸黑贏。多少女僕會將自己的積蓄和結婚嫁奩在「摸彩」中輸得一乾二盡[316]！這樣的博戲同眞正的賭場還不可同日而語，儘管當局口說監督，交易會期間必有幾家店舖暗中開設賭場。萊比錫的賭場吸引了許多賭客，其中以波蘭人居多[317]。

最後，交易會還毫無例外地是戲班的會集地點。聖日耳曼交易會在巴黎中央菜場舉行那時，總附有一些戲劇表演。《傻瓜王子》和《傻大媽》是1511年的劇目，代表著淵源於中世紀的鬧劇與傻劇的傳統。聖伯夫(Sainte-Beuve) 指出：「這已是我們的通俗笑劇」[318]。隨後出現的是義大利喜劇，當這種喜劇不再流行後，在交易會上還找到最後的退路。在1764年的卡潘特拉斯交易會，「蓋塔諾·梅拉尼及其佛羅倫斯劇團」演出「喜劇」，梅爾希奧爾·馬蒂約·德·皮奧朗表演「騎術」，喬凡尼·格雷西主演「話劇」，並利用幕間休息賣藥[319]。

節日活動也會在街頭展開：頭戴風帽的（卡潘特拉斯）「市政官在身穿長袍、佩帶銀飾的執事們引導下」[320]走在隊伍的前面；官員的行列：在海牙有聯合省執政[321]在亞力山卓-德拉帕依交易會有撒丁尼亞國王和王后[322]，在艾米利亞地區交易會則有莫德納公爵「及其隨從」，如此等等。托斯卡尼的經紀人喬凡尼·巴迪 (Giovanni Baldi)[323]動身去波蘭收取拖欠的商業債務，於1685年10月到達萊比錫交易會。關於當時欣欣向榮的交易會，他的信件給我們透露了什麼？他僅僅談到薩克森公爵殿下親自蒞臨，「眾多德意志王公貴族及貴夫人扈從隨行，對交易會的奇珍異寶摩不一睹爲快。此輩貴人服飾之華美令人讚嘆稱羨」，這可算是交易會的節目之一。

遊藝、娛樂、社交是否合乎邏輯地屬於交易會眾多活動中的一項？有時是的。在勉強維持其荷蘭政治中心地位的海牙，交易會爲聯合省執政提

17世紀初荷蘭瞻禮節的遊藝活動。大衛・芬克波恩 (David Vinckboons) 作畫，細部。

供了宴請「名人貴媛」的有利機會。威尼斯從升天節起爲期半月的桑薩交易會[324]也是舉行戲劇性儀式的場合：外國商人在聖馬克廣場搭起臨時的帳篷；男女上街出門均戴面具，按照傳統，總督面對聖尼古拉大教堂娶大海爲妻。請想一想，每年都有十幾萬外國人前來桑薩交易會玩樂以及觀光[325]。同樣的，波隆納每逢波爾契塔交易會[326]，平民和貴族共度佳節；17世紀時，人們在大廣場上佈置臨時戲臺，裝飾年年不同，保存在檔案館中的工筆彩畫足以表現異想天開的構思。在劇場旁，還有爲數不多的「小賣部」，這些顯然僅僅爲遊客增添遊興，而並非爲了成交大筆買賣。倫敦的巴托洛繆交易會[327]無非是民間娛樂場所，「並不當眞做什麼生意」。凡此種種皆係舊時代的陳跡，但也足以表明，所有的交易會都籠罩在狂歡、放浪的氣氛之下，雖然活躍的程度各地有所不同。諺語說得對：「逛交易會和趕集不是一碼事[328]。」

71　　　相反，巴黎的聖日耳曼交易會[329]是首都唯一能在玩樂的氣氛下——我們想到著名的火炬晚會，這是遊人十分喜愛的節目——仍然保留其商業活動的交易會：當場大量出售布疋、呢絨和其他紡織品，前來採購的富人將他們的馬車停在專設的「停車場」。這一圖像比前面幾種圖像更能符合交易會的一般實際，即它首先是商人會面的地方。看得眼花繚亂的兩名荷蘭旅客（1657年2月）寫道：「置身其中並看到種類繁多的高價商品後，不能不承認巴黎是個商品中心，世界上最稀少的東西在那裡都能找到。[330]」

交易會的演變

人們常說交易會是僅在商人之間交易的批發市場[331]。這個說法指出了交易會的主要活動，卻忽略了下層廣大群眾的參加。任何人都能進入交易會。里昂的酒店老闆對此有精明的判斷，「前來參加交易會的商人中，如果有一人騎馬和住大旅館，就有另外10人步行和住小客棧」[332]，在沙勒諾或那不勒斯的其他交易會，成群農民趁機賣掉一頭豬，一包生絲或一桶葡萄酒。亞奎丹的牛倌和雜工去趕交易會純粹只爲了玩樂：「爲逛交易會，大家天不亮就動身，在路邊的小酒舖歇夠腳後，到天黑才回來[333]。」

實際上，在一個還以農業爲主的世界裡，所有的交易會（甚至很大的交易會）都對廣大鄉村開放。萊比錫交易會同時也是大規模的馬匹和牲畜交易會[334]。安特衛普和卑爾根奧松姆1567年間共有4個主要交易會（每個城市各舉行2次、每次3星期），但另外還有兩次馬匹交易會，一次在聖靈降臨節，另一次在9月的聖母節，爲期各是三天。所出售的都是主要

來自丹麥的良種駿馬，「漂亮而又耐用」，——其情景宛如今天的汽車展銷會[335]。如果說交易會在安特衛普還分門別類，在威尼西亞共和國的大城市維羅納[336]就一鍋煮了；據專家說，1634年4月交易會的成功不靠外來的商品，而靠「牽來的各種牲畜的數量」。

雖然如此，從經濟上講，交易會畢竟以大商人的活動爲主。大商人把交易會當作工具而加以完善，使之成爲做大買賣的場所。交易會究竟發明了還是復活了信貸？奧利維・柯克斯 (Oliver C. Cox)[337]認爲，信貸的發明權只屬於眞正的商埠，與交易會這種人爲形成的臨時城市無關。由於信貸的歷史大概與世界同樣悠久，爭論這個問題將是徒勞的。至少有一個事實可以肯定：交易會促進了信貸的發展。沒有一個交易會不以「清帳」收場。奧地利的林茲交易會就是如此[338]。萊比錫交易會從其興旺初期就確定最後的一個星期爲清帳圖[339]。即使位於教皇領地的小城市蘭查諾[340]，那裡定期舉行小型的交易會，閉幕時也留下大批舊匯票。同樣，佩吉納和蒙塔尼亞克的交易會，是作爲波凱爾交易會的中間站，具有類似性質，一系列匯票從這裡流向巴黎或里昂[341]。交易會確實使各項債務匯總，並通過巧妙的劃帳辦法，互相抵消。在里昂，只要有10萬個埃居，即眞正的金幣，就能通過劃帳辦法，結清幾百萬埃居的交易。留下的一大部分債務或者用匯票（即於某地付款的許諾）償付，或者變成存款（留待下次交易會付款），在後一種情況下一般年息爲10%（每季度爲2.5%）。交易會可見創造了信貸。

如果把交易會比作金字塔，眾多細小的活動位於塔基，那裡交換的商品是價格低廉和不易保存的本地產品，往上是價格昂貴和來自遠方的奢侈品，塔頂則是活躍的貨幣交易；沒有貨幣，其他活動便不能進行，或不能以同樣速度進行。從各大交易會的演變看來，大體上總是塔頂的信貸越來越佔優勢，而塔基的貿易則相應失勢。

無論如何，古老的香檳區交易會所畫出的命運曲線堪稱爲典型[342]。交易會於1260年前後達到高峰，商品和金錢保證了貿易的興旺。當低潮開始出現時，商品交換首先受到影響。資本市場久盛不衰，直到1320年間仍保持著活躍的國際交往[343]一個更有說服力的實例是16世紀的皮辰札交易會，或稱柏桑松交易會。皮辰札交易會是熱那亞商人因法蘭索瓦一世不准他們進入里昂交易會，而於1535年在柏桑松設立的交易會[344]（柏桑松當時係神聖羅馬帝國的城市，目的爲了同里昂交易會競爭）。後來，熱那亞商人又把交易會從柏桑松先後搬到倫索、蒙呂埃勒和善貝里，最後遷到皮辰

札（1579[345]），其興旺繁榮直到1622年才告停止[346]。我們不要從表面去判斷它。交易會在皮辰札只剩下金字塔的尖頂，每年舉行4次重要而並不顯眼的聚會，頗像今天巴塞爾國際銀行會議。商人們前往該交易會時不帶任何商品，只帶很少一點現金和大量匯票。這些匯票幾乎代表著歐洲的全部財富，其中尤以西班牙帝國的付款方式最爲活躍。約有60名商人出席交易會，多數爲熱那亞銀行家，有幾人來自米蘭，其他是佛羅倫斯人。他們像是一個俱樂部的成員，不付一筆巨額押金（3千埃居）是進不去的。每次交易會結束時，他們有權確定結算的匯率。事關重大，貨幣兌換商和大公司代表暗中操縱這些會議的決策[347]。據熱那亞人多米尼各·佩里(Domenico Peri)（1638）[348]的記載，總共有200名熟悉內情但又不露聲色的商人在每次交易會上談妥巨額買賣，價值達3000、4000萬埃居，甚至更多。

　　熱那亞商人推行的劃帳辦法雖然巧妙和有效，但遲早也會有行不通的時候。必須有足夠數量的美洲白銀運到熱那亞來，劃帳方能進行。1610年左右，白銀到港數量下降，立即就出現危機。爲確定一個日期，我們可以

73　不太武斷地選定1622年[349]爲出現危機的日期，交易會於那一年遷往諾維，米蘭和托斯卡尼商人予以抵制，這都是情況惡化的標誌。關於這個問題，我們後面再談。

交易會和流通渠道

　　交易會之間互有聯繫，互通信息。不論普通的商品交易會或信貸交易會，都是爲了便於流通而組織的。如果用地圖表示某個特定地區的交易會（如倫巴第[350]或15世紀的那不勒斯王國[351]，或以多瑙河畔林茲爲中心的交易會網：克連斯、維也納、夫來斯塔、格拉茲、維也納、薩爾茲堡、波爾察諾[352]，這些集會的日程次序表明它們是互相依賴的，商人們車載馬馱或自己背著商品趕一個又一個交易會，周而復始。這簡直是一種循環運動。特魯瓦、奧布河畔的巴爾、普羅溫和拉尼在中世紀是平分香檳區和布利大交易會的4個城市，它們在一年內不斷輪著舉行交易會。昂利·勞倫(Henri Laurent)[353]認爲，最早的交易會循環出現在法蘭德斯，香檳區交易會隨即效法。情況可能是這樣。不然的話，除非循環運動在各地都自動產生，由某種類似產生普通集市的邏輯必然性所促成。正如同集市一樣，在舉行過一次交易會以後，一個地區需要有休整的時間，以期恢復其供求能力。此外，不同交易會的日程應便於商旅安排逐一光顧的路線。

　　商品、貨幣和信貸無不參與這些循環運動。信貸同時還引向更大的循環，並通常匯集在一個中心點，然後再出發，開始新的運動。西方從11世紀起開始商業復興，整個歐洲的支付體系終於形成一個中心。這個中心在13世紀是香檳區交易會，該交易會於1320年之後便日趨衰落，其影響波及各地，直達遙遠的那不勒斯王國[354]，中心於15世紀在日內瓦四周[355]，接著在里昂[356]重新形成；到了16世紀末，又以皮辰札交易會，即以熱那亞爲中心。在這些先後更替的交易會系統的職能中，最值得人們注意的是，此中心向彼中心的過渡以斷裂爲標誌。

　　然而，在1622年後，不再有任何交易會成爲左右整個歐洲經濟生活的必然中心。阿姆斯特丹並不是一個眞正的交易會城市，它逐漸取代以往安特衛普的有利地位，開始確定其優勢，並建成一個兼顧貿易和金融的永久性商埠。阿姆斯特丹的崛起即使不等於歐洲商業交易會的衰落，至少標誌著主要的信貸交易會的衰落。交易會的鼎盛時代已經過去。

交易會的衰落

74

　　到了18世紀，人們不能不承認，「政府近年來採取種種措施，允許大部分製成品不付關稅，自由運往外國，並免稅運進原料，以致交易會貿易額逐年下降，因交易會的優點恰巧是提供免稅條件；人們愈益習慣於不經過交易會而從事直接貿易」[357]這是財政總監1756年9月在談到波凱爾交易會的一封信裡發表的見解。

　　就在那個時候，杜爾哥[358]爲1757年出版的《百科全書》撰寫了關於交易會的條目。他認爲交易會並不是買賣雙方爲尋求方便和互利而「天然」產生的集市……「因此，這些花費很大開支、集中歐洲部分地區產品，並使各國商人會面的交易會誠然令人眩目，卻有背於自由貿易的發展方向。交易會的收益與付出的龐大開支相抵銷，而且收益的得來並不合乎常理，這是對特定時間和特定地點的貿易給予的優惠和特許，而在別的場合，貿易要承受沉重的捐稅」。或是取消優惠，或是對所有的商業活動和機構都實行優惠。杜爾哥接過德·古爾奈 (M. de Gournay) 的問題，同樣問道：「難道就該飽食幾天而挨餓整年嗎？」

　　但是爲了天天吃飽，僅僅抛棄這些舊機構，難道就夠了嗎？交易會在荷蘭確實正趨消滅（海牙的反常現象不足爲憑）；英格蘭的斯托布里治過去曾經是「無與倫比」的大交易會，於1750年後[359]首先衰落，喪失其大宗貿易。可見杜爾哥確實言之有理：交易會是陳舊的交換形式；它能炫耀

一時，甚至起某些積極作用，但在交易會盛行之地，經濟便止步不前。在17和18世紀期間，開始走下坡路而仍不乏生氣的法蘭克福交易會和新開辦的萊比錫交易會[360]，都因此可得到解釋；波蘭的各大交易會[361]——盧布令、桑多梅日、托倫、波茲南、格涅茲諾、格但斯克（但澤）、利奧波德（利沃夫）、布茲赫格[362]、加利西亞（在17世紀，這裡可一次見到2萬多頭牲口）——，令人難以置信的俄羅斯交易會（19世紀出現的更不可思議的諾夫哥羅德交易會）都因此可得到解釋。這個道理對新大陸也完全適用，因為這裡的交易會不過是歐洲交易會在大西洋彼岸[363]的翻版。試舉一例：位於達連地峽的農布雷 - 德迪奧斯交易會是個普通的大交易會，於1584年遷往鄰近的、同樣骯髒不堪的貝約港。歐洲商品在這裡換取來自秘魯的白銀[364]。「一分契約的成交額可達8千至1萬杜加⋯⋯[365]」愛爾蘭修道士托馬斯・蓋奇 (Thomas Gage) 於1637年參觀了貝約港，他說在集市上曾看到銀塊堆積如山[366]。

通過這些差距和落後，我想說明位於通往南德意志的阿爾卑斯山隘口的波爾察諾交易會何以久盛不衰。至於義大利南部地區活躍的交易會[367]，這正是該地區經濟狀況不良的表現！如果經濟生活加快步伐，交易會這只舊鐘錶就會跟不上節拍；但一旦經濟生活放慢腳步，交易會又恢復其存在的理由。我正是這樣來解釋波凱爾交易會的所謂「例外」的表現，因為該交易會「在經濟發展時（1724-1765）停滯」，「在百業凋零時（1775-1790）卻又興旺」[368]。在這個蕭條時期，朗格多克（也許還有別的地方）的氣氛簡直不像在18世紀，人們把無用的剩餘產品扔到馬德蘭交易會，開始了一場西蒙・德・西斯蒙第 (Jean Charles Leonard Simonde de Sismondi) 所說的「流通不暢」的危機。這些存貨當時能在哪兒找到銷路？關於波凱爾的逆向發展，我以為責任不在外國商人，而首先在於朗格多克和普羅旺斯的經濟本身。

或許應該朝這個方向去理解特雷穆耶 (Tremouillet) 於1802年提出的未免過於簡單化的計畫[369]。這位好心腸的法國人說，目前百業凋敝，成千上萬的巴黎小商處在破產邊緣。但是有一個辦法（又是那麼簡單！）：在巴黎城邊緣的、革命廣場開辦盛大交易會。他還憑空設想，在這大塊空地上按棋盤格局修路，路邊開設店舖，牲畜馬匹另留空地安置。可惜的是，對於此舉有何經濟效益，計劃未能陳述充分理由。作者也許認為，此事已是那麼顯而易見，不必再多囉嗦。

堆棧、貨房、倉庫、糧庫

交易會緩慢的、不易察覺的（有時大可商榷的）衰落還存在許多問題。理查·愛倫堡 (Richard Ehrenberg) 認為，交易會敗於交易所的競爭。安德列·賽約 (Andre-E. Sayous) 則生氣地回答道，此說毫無根據[370]。然而，在 16 世紀末以及 17 世紀初，皮辰札交易會曾經是商業活動的中心，但新的世界中心將是阿姆斯特丹交易所：一種形式，一種齒輪壓倒了另一種。交易會和交易所共存達幾個世紀之久確是事實，但這並不重要。後者代替前者決非一朝一夕之功。更何況，阿姆斯特丹交易所控制了廣大的資本市場以後，也居高臨下地操縱商品運動（亞洲的胡椒或香料，波羅的海的糧食和其他產品）。桑巴特認為[371]，必須朝商品的運輸、儲存和轉運方向尋找正確的解釋。交易會的作用歷來是集中商品，到18世紀仍然如此。商品在交易會上貯存起來。但隨著人口的增長、城市無節制的擴張以及消費的逐漸改善，大宗貿易必然急劇發展，突破交易會的範圍，並獨立組織活動。這個像店舖一樣正規的獨立組織，在倉庫、糧庫、堆棧或貨棧的幫助下，逐漸替代日趨衰落的交易會。

以上說法似乎很有道理。但桑巴特可能走得太遠。在他看來，關鍵是要知道，大商人在離顧客只有幾步路的地方經常堆存商品的庫房究竟將發揮其自然職能——僅作為堆放地點——或者商業職能。在後一種情況下，這便是一家高級店舖，不過舖主是大商人，或用不久以後產生的更高貴的稱呼，叫做「批發商」[372]。商品在倉庫門口批給零售商，「連繩帶捆」[373]，從不開包。這類大宗貿易到底始於何時？也許是始於羅杜維科·圭哈爾迪尼 (Lodovico Guicciardini) 時代的安特衛普（1567）[374]？在這個問題上，任何確切日期都會有爭議的。

不可否認的是，到了 18 世紀，尤其在與大西洋貿易相聯繫的北方國家，大宗貿易獲得空前的發展。倫敦的批發商主宰著交換的所有領域。在18世紀初的阿姆斯特丹，「由於每天都有大批船隻到達……不難理解，也就有許多倉庫和地窖，以存放船隻運來的各種商品：城裡倉庫很多，在有的街區，5層到8層的樓房都是庫房，大部分沿河房屋有2、3間庫房和一所地窖」。這些設施並不始終夠用，貨物有時仍壓艙過久。人們因而在舊房的宅基上建起許多新倉庫，「收益頗豐」[375]。

實際上，商品集中於貨棧和倉庫已成為 18 世紀歐洲的普遍現象。例如，來自中美洲的籽棉集中在加地斯；來自巴西的，則在里斯本（按價格高低共分以下等級：珀南布科棉、馬蘭約棉、帕拉棉[376]）；印度的棉花集

一位佛羅倫斯商人把他在巴勒摩港卸下的商品存入貨棧。一位名叫羅倫・德・普勒米埃費 (Laurent de Premierfait) 的法蘭德斯畫家為《十日談》法譯本（1413）所畫的插圖。

中在利物浦[377]，勒旺地區的棉花集中在馬賽[378]。萊因河畔美因茲[379]是法國葡萄酒在德國的集散地。早在1715年以前，準備運往尼德蘭的燒酒全都集中在里耳的大倉庫裡[380]。馬賽、南特、波爾多是法國海島貿易（蔗糖、咖啡）的主要貨棧，在路易十五時代，這一貿易導致了整個王國的商業繁榮。甚至在默路斯[381]、南錫[382]這樣的中等城市，大小貨棧也成倍增多。以上實例掛一漏萬。從此，貨棧開始在歐洲各地取代交易會的地位。

桑巴特的說法用在18世紀似乎完全合理。但對18世紀以前又如何？區分「自然」和「商業」這兩種職能方式，難道能說得通嗎？倉庫和貨棧歷來存在（無論在英格蘭、德意志、尼德蘭、義大利、近東地區或是莫斯科公國[383]。有的城市還是商品集散地（阿姆斯特丹就是典型），具有聚集貨物後再行發送的職責以及特權。在17世紀的法國[384]，盧昂、巴黎、奧

爾良、里昂都屬於商品集地，敦克爾克的「下城」[385]也是貨棧。任何城市都設有公共或私人倉庫。在16世紀，一般的商場（如在第戎或朋城）「似乎兼營批發、國貨和轉運業務」[386]。更早的年代，又有多少公共倉庫專門用於存放小麥或食鹽！大概在15世紀以前，西西里島各港口很早就有一些堆放小麥的小倉庫，貨主只取一紙收據，單憑收據進行交易[387]。從14世紀起，巴塞隆納商人用蒙特惠奇山石建造漂亮房屋，底層「充當倉庫，貨主即住在相應的樓上」[388]。1450年左右的威尼斯，在城市商業中心里亞托廣場四周，街道各司其業，店舖鱗次櫛比；「每家店舖樓上都有一間類似修道院宿舍的屋子，因而每個威尼斯商人都有自己的倉庫，滿貯香料、珍貴織品、絲綢等商品」[389]。

　　這些細節的任何一項單獨都並非不容置辯。任何一項細節都不能斷然區分單純的堆放和大宗貿易，二者顯然很早已經混在一起。貨棧既是改進了的工具，勢必早已存在，但其形式各不相同，有的規模較小，有的性質混雜，因為它適應某些顯而易見的需要，其實也反映了經濟的某些弱點。貨棧之成為必需，是由於生產週期和商業週期太長，交通和信息太慢，遠程貿易總有風險，生產很不穩定，季節更迭的影響較大⋯⋯何況事實上已 78 證明，當運輸活動在19世紀加快速度和擴大規模時，當生產集中在大工廠時，陳舊的貨棧貿易只能大大改變，有時徹底改變乃至消失[390]。

交易所

　　薩繆爾・里卡爾 (Samuel Ricard) 於1686年出版的《新商人》說交易所是「銀行家、大小商人和經紀人等會面的地點」。據說，「布魯日市曾有一位名叫范・德・布爾什 (Van der Bourse) 的人，出身名門望族，建造了一座『布爾什公館』，並用畫有三個錢袋的家族紋章裝飾建築物的正面⋯⋯這一裝飾今天還能看見。由於上述集會就在布爾什公館附近舉行，交易所便由此得名。」這種解釋是否有人懷疑，並不重要。交易所（Bourse「布爾什」）一詞隨後流行起來，雖然沒有完全取消其他名稱。里昂的交易所稱作 place des changes；漢薩同盟稱作 college des marchands；馬賽稱作Loge；巴塞隆納以及瓦倫西亞是Lonja。交易所不一定都有自己的建築物，因而交易所本身的名稱常與商人聚會地點的名稱相混淆。塞維爾的商人每天在大教堂的階梯會堂舉行集會[391]；里斯本商人在市內最早開闢以及最寬的諾瓦街集會[392]，據文字記載，該街於1294年業已存在；加地斯的新街大概是在1596年大劫掠以後開闢的[393]；威尼斯

商人的集會地點在里亞托的柱廊下[394]以及廣場上的哥德式建築「商人會堂」（1459年初建，1558年重建）內；佛羅倫斯的地點位於「新市場」[395]，即今天的芒塔那廣場[396]；熱那亞[397]的地點則是位在龐齊廣場，距「新環路」400公尺遠[398]；里耳[399]的地點在博勒加爾；而列日[400]的地點在建於16世紀末的「公秤所」，或在比奇碼頭，或在主教宮寬敞的長廊，甚至在附近的一家小飯館；拉羅歇爾的商人在露天會面，地點就在「小渡船街和阿特米羅街之間」的所謂「法蘭德斯區」，這種狀況一直延續到1761年建造了專門大樓才停止[401]。在曼恩河畔法蘭克福[402]，商人們也在露天會面，地點在「魚市」。萊比錫交易所[403]於1678至1682年間在「糖果市」建成，是座美奐美侖的建築物；在那以前，商人們往往在廊下或一家店舖裡，乃至交易會的公用磅秤邊露天會面。在敦克爾克，「所有批發商每天正午在市政廳廣場集會。大人物之間先說一番粗話……繼之當眾爭吵」[404]。在巴勒摩，位於今天加拉費羅廣場的會堂是商人的集會地點，1610年曾經規定，「在聖安東尼教堂的祈禱結束前」[405]，商人不得前往那兒。巴黎交易所長期設在大理院前的匯兌廣場，後來根據1724年9月24日御前會議的決定，遷往維維亞納街的納費爾宮。倫敦交易所是由托馬斯・格雷欣 (Thomas Gresham) 創建，後稱之為「皇家交易所」，地處市中心。一名外國人在信件中[406]談到，1670年5月，在對公誼會教徒採取鎮壓措施時，部隊就在那裡集結，以便必要時奔赴不同地點。

79　　　　任何商埠都有自己的交易所，這其實是正常的。一位馬賽人在周遊各地後（1685）寫道：各地名稱不同，「許多地方稱『市場』，勒旺地區各港稱『商場』」[407]，其實性質完全相同。一位名叫利茲・博茨 (Leeds Booth) 的英國人，後任俄國駐直布羅陀領事[408]，在他致奧斯特爾曼伯爵的報告（1782年2月14日）中這麼描述：「我們這裡不像大商埠那樣有一個專供商人聚會談買賣的場所；坦率地說，本地商人為數不多。雖然地方很小，又無特產，和平時期的貿易卻十分興旺。」對於他的驚奇，我們可以理解。直布羅陀是個走私盛行的城市，它要交易所又有什麼用呢？

　　　最早的交易所始於何時？有關的年表可能有誤：房舍的建造日期與商業機構創立的日期並不恰相重合。在阿姆斯特丹，房舍建於1631年，而新交易所於1608年創立，舊交易所更可追溯到1530年。因此只得滿足於一些並不完全正確的傳統說法，但切莫相信不恰當的日期排列，從而以為交易所最早誕生於北方國家：布魯日於1409年，安特衛普於1460年（房屋建於1518年），里昂於1462年，土魯斯於1469年，阿姆斯特丹於1530

年，倫敦於1554年，盧昂於1556年，漢堡於1558年，巴黎於1563年，
波爾多於1564年，科倫於1566年，但澤於1593年，萊比錫於1635年，
柏林於1716年，拉羅歇爾（建造）於1761年，維也納於1771年，紐約
於1772年。

　　撇開表面現象，這張光榮榜不能確定北方國家的優先地位。實際上，
至少從14世紀起，交易會已在地中海沿岸的比薩、威尼斯、佛羅倫斯、熱
那亞、瓦倫西亞、巴塞隆納等地繁榮起來。經向「拘泥虛禮的佩德羅四世」
請求建造的巴塞隆納交易所於1393年竣工[409]，它那哥德式大廳至今巍然
屹立，表明其歷史之悠久。在1400年前後，「成群的經紀人在大柱之間來
回穿梭，同各幫商人聯絡，他們是所謂『耳報神』，其任務是聽人開價，
轉達意見和牽線搭橋。巴塞隆納的商人每天騎騾前往交易所，做完買賣後
便與一位友人前往會堂的果園，那裡是休息的好去處」[410]。毫無疑問，這類
活動比習慣用來判斷交易所出現的事物更早。例如在1111年的盧加，貨幣
兌換商已在聖馬丁教堂附近會面；而他們四周又圍著許多商人和公證人，
這難道不是一個無名有實的交易所嗎？隨著遠程貿易的開展，雖然最初只
涉及香料和胡椒，後來又涉及北海的桶裝鯡魚[411]，交易所也就應運而生。
地中海歐洲這種原始的交易所活動本身不是一種從零開始的創造。交易所
的名稱或許由來未久，但其實際存在已很古老，可追溯到東方和地中海各
大中心很早就有的商人集會，而公元2世紀末的羅馬似乎已證明有類似的
集會[412]。奧斯提亞有個奇怪的廣場，鑲嵌的地面標明留給外國商人和外國
船主的位置。人們目睹此景，怎能不想起當年的商人集會呢？

　　交易所彼此相似。至少從17世紀開始，在短暫的開放時間內，但見人
頭濟濟，但聞人聲鼎沸。馬賽大商人於1653年時要求「有一個見面的地
點，以避免躑躅街頭產生的諸多不便，雖然很久以來，他們一直把街頭當
作他們談買賣的場所」[413]。到了1662年，他們終於進入布熱宮，使用底層
一間「4門與碼頭相通的大廳，門的兩邊都貼有出港船期公告」。但這間屋
子很快就顯得太小了。蓋當騎士對他的朋友蘇瓦爾寫道：「必須有蛇那樣
的本領才能鑽進去，裡面嘈雜擁擠不堪！應該承認，普路托斯的神殿確實
與眾不同[414]。」這是因為正經的買賣人每天臨近中午時都要去交易所走一
圈。不去那裡，不打聽那些往往捕風捉影的傳聞，就有喪失良機的危險，
並且可能授人以柄，散播關於你的生意不佳的謠言。笛福[415]鄭重警告貨棧
經營者說：「交易所是你的市場所在，當一般零售商去那裡採購時，你卻
偏偏缺席」，那可真是自找災難。

　　阿姆斯特丹交易所大廈於1631年落成，位於丹姆廣場，與銀行和東印度公司遙遙相望。在尙-彼埃爾·里卡爾 (Jean-Pierre Ricard) 那時（1722），每天從正午一直到二時，交易所內濟濟一堂，估計可達4500人之多。星期六來人略爲減少，因爲猶太人那天不到[416]。交易所秩序井然，每個行業都在指定的編號位置就坐；經紀人共１千來人，宣誓的和未宣誓的都在內。然而，此起彼落的高聲報價與無休止的私下談話形成可怕的喧譁，人們在這裡很容易就昏頭轉向。

　　不論其規模大小，交易所是交易會的最高階段，而且它的活動從不停頓。大商人以及許多中間人聚集在交易所，並在那裡洽談商品交易、匯兌、入股、海事保險等業務，海事風險由許多保證人均攤；交易所也是一個貨幣市場、金融市場和證券市場。這些活動自然要趨向於各自爲政。例如，自17世紀初起，阿姆斯特丹成立了單獨的糧食交易所[417]，每週集會3次，從10時至12時，地點是借用一所木材的商場；每名商人都有其代理人，「後者注意帶著準備出售的糧食樣品……裝在容量爲１至２磅的口袋裡。由於糧價同時取決於重量大小和品質好壞，交易所背後備有各式各樣的小秤，只要秤上３、４把糧食，就可知道口袋的分量」。阿姆斯特丹進口這些糧食既供當地消費，也倒賣或轉運一部分。看樣購貨很早就是英格蘭以及巴黎四郊的規矩，購買軍糧的大筆交易尤其如此。

阿姆斯特丹的證券市場

　　17世紀初出現的新鮮事：阿姆斯特丹成立了一所證券交易市場。公共資產以及東印度公司信譽卓著的股票都成爲活躍的、完全現代化的投機活動的對象。人們往往說它是第一家證券交易所，但這並不完全正確。威尼斯很早就有公債券買賣[418]，佛羅倫斯在1328年前也有過這類業務[419]，熱那亞有拋售和收購聖喬治銀行有價證券的活躍市場[420]，且不談德意志地區於15世紀就在萊比錫交易會上出售的礦業股票[421]，西班牙的「債券」[422]，法國的市政廳公債（1522年[423]），以及15世紀時漢薩同盟的年金證券市場[424]。維羅納的1318年法規確認了期票的交易[425]。法學家巴托羅繆·德·博斯科 (Bartolomeo de Bosco) 於1428年對熱那亞的期票出售提出異議[426]所有這些都證明，證券交易在地中海地區早已存在。

　　阿姆斯特丹的新鮮之處在於，交易不但數額大，而且有流動性、公開性和投機性。狂熱的爲賭博而賭博的僥倖心理在這裡起作用。我們記得，在1634年前後，鬱金香狂熱曾經席捲荷蘭，一顆「毫無實際價值」的鱗莖

竟能換取「一輛新車，以及用全套馬具裝備的兩匹灰馬」[427]！但內行人搞股票買賣，所得收益勢必可觀。一位名叫約瑟夫・德・拉維加 (Joseph de La Vega) 的買賣商人（1650-1692），是西班牙裔猶太人，他於1688年在阿姆斯特丹出版了一本題爲《混亂中之混亂》[428]的怪書，由於文筆的過事雕琢（當時西班牙文學崇尚的風格），該書十分難懂，但其生動細膩的描寫堪稱一絕。作者暗示，他因玩這種地獄遊戲接連破產 5 次，我們對此當然不能完全置信；他津津樂道的事有的並不新鮮：早在1688年以前，「人們在捕到鯡魚前已經把魚作爲期貨來出售，或者在多種尚未發芽前和在商品尚未收到前就以期貨形式出售」；伊薩克・勒美爾 (Isaac Le Maire) 在 17 世紀初從事印度股票投機曾轟動一時，這已意味著他耍了許多花招乃至詐騙手段[429]；經紀人很早參與交易所事務，當商人紛紛訴窮時，經紀人便可大發其財。在馬賽、倫敦、巴黎、里斯本、南特、阿姆斯特丹等大商埠，由於交易所規章不嚴，經紀人得以對商人恣意妄爲。

阿姆斯特丹的交易所活動確實達到了精巧絕倫的程度，因此阿姆斯特丹將長期成爲歐洲絕無僅有的城市。在這裡，人們不滿足於買賣股票，賭漲賭跌，而且通過一些複雜的訣竅，在既無本錢又無股票的情況下照樣也搞投機。這正是經紀人樂於做的事情。他們分幫結派，即所謂「幫派」。如果一派做「多頭」，另一派相應就做「空頭」。雙方力圖把大批猶豫不決的投機者引向自己一邊。經紀人若改變陣營——有時會出現這種情況——便是一種背叛行爲[430]。

然而，股票是記名的，證券當時由印度公司保存，買主把自己的名字登上專門帳本後，就算擁有股票。印度公司最初以爲這能阻止投機（後來才使用不記名股票），但是不擁有股票未必不能進行投機。從事股票投機，其實是空手賣出和空手買進，即所謂的「買空賣空」。收盤時結算盈虧。雙方交割小筆差額之後，活動便繼續進行。溢價是另一種交易，略爲複雜一點而已[431]。

實際上，既然股票遠期見漲，投機活動勢必是短期行爲。投機者窺測時局的暫時波動，而一項可靠的消息或一個謠言很容易引起這種波動。路易十四駐聯合省的代表於1687年首先感到驚奇，當爪哇島的萬丹被收復的消息傳出後，局勢竟然毫無進展，似乎這是謠言。他在 8 月 11 日寫道：「我現在對此不覺得奇怪了；這是爲了使阿姆斯特丹的股票下跌，一些人借機謀利」[432]。過了十來年後，據另一位大使講，海牙的猶太富商胡阿索子爵向他自誇「在當天能賺 10 萬埃居」，「假如他能在阿姆斯特丹公佈消息 5、

1668年阿姆斯特丹交易所的内景。約伯・貝克海德 (Job Berckheyde) 作畫。

6個小時以前獲悉，西班牙國王業已去世，(可憐的查理二世當時正命在旦夕)」[433]。大使接著說：「我對此深信不疑，因爲他和另外二名猶太人泰克賽拉和平托是最大的股票投機商。」

當時，這些投機活動還沒有達到下個世紀那麼大的規模。7年戰爭以後，投機範圍擴大到英國東印度公司、英格蘭銀行、南海分司的投票，特別是英國的政府債券，用伊薩克・品托 (Isaac de Pinto)(1771)[434]的話說：「年金券之多不計其數」。股票行市只是從1747年起才正式公布，而阿姆斯特丹交易所自1585年起即公布商品的行市[435](1585年有339種商品，1686年爲550種[436]) 。

　　阿姆斯特丹的投機活動一開始就有相當大的規模與聲勢，那是因為不僅大資本家，而且普通百姓也始終參與其事。某些情景使人想起我們今天的賭馬！拉維加於 1688 年說：「投機者光顧某些舖子，那裡出售一種飲料，荷蘭人稱之為『考啡』，勒旺地區的人稱之為『咖啡』。」這些咖啡館「冬季十分舒適，有暖和的火爐，還有消磨時間的妙法：讀書，賭錢，聊天；有人喝咖啡，也有的喝茶、牛奶或巧克力，幾乎人人抽煙……他們就這樣取暖、消遣和款待自己，惠而不費，順便聽點消息……在交易所開盤時，一名做『多頭』的經紀人走進咖啡館。人們向他打聽股票的行情，他在當時的價碼上多加1%、2%，拿出一冊記事本，寫下他只在頭腦中有過的打算，使人以為他果真這樣做了，借以刺激別人買進股票的願望……因為擔心股票還會上漲[437]。」

　　這個場景究竟說明什麼？如果我沒有弄錯，它說明交易所怎樣掏空買賣小筆股票的人的腰包。事情之所以可能成功，這是因為，讓我們再說一遍，當時還沒有正式的行市，一般人很難了解價碼變化；其次還因為，一般人必須由經紀人作媒介，無權進入交易所的聖殿，儘管交易所離那些名叫法蘭索瓦、羅歇魯瓦、英格蘭或雷德的咖啡館不過幾步路遠[438]。用我們今天的話來說，這就叫「小額證券交易」，「上門兜售股票」。

　　在阿姆斯特丹搞投機的，不單有大批小人物，大投機商也十分活躍。據一位名叫米凱萊·托爾切 (Michele Torcia) 的義大利人不偏不倚的見證，直到1782年，阿姆斯特丹交易所仍執歐洲之牛耳[439]，勝過倫敦交易所。巨額的股票交易（在當時人的眼裡）顯然是一個因素，尤其當時湊巧又出現了對外國債券的投機狂熱，這在歐洲也是首屈一指的；關於這個問題，我們還會談到。

　　路易·格雷夫勒 (Louis Greffulhe)[440]1778年接管了阿姆斯特丹一家大商行的產業[441]，他的文書相當生動地展示了以上兩種投機活動的擴大情況。我們下面將經常談到這位新富人既冒險又謹慎的所作所為，以及他那清醒的見證。 1778 年，當法國即將站在美洲殖民地的一邊參加反英戰爭時，投機在阿姆斯特丹瘋狂氾濫。當時似乎是在中立的掩護下獲利的大好 84
時機。但究竟應該買預計將出現短缺的殖民地商品，還是買英國和法國的債券，或借款給起義者？格雷夫勒給巴黎的加亞爾 (A. Gaillard) 寫信說：「您原來的代理人布林格萊一屁股完全坐在英國人的一邊[442]。」至於他自己，格雷夫勒抓到什麼好買賣就插上一手，接受委託大搞投機。他不但為自己賭，也為別人賭：魯道夫·艾瑪努埃爾·哈勒 (Rodolphe Emmanuel

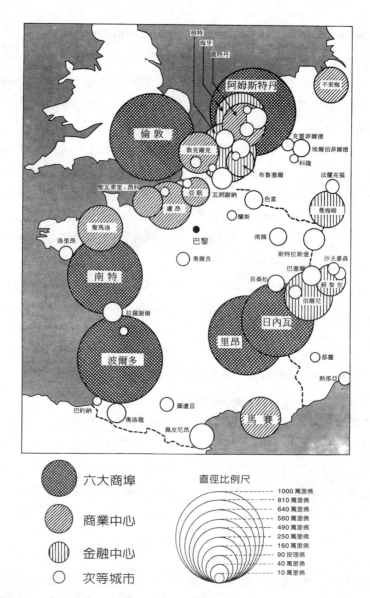

圖中標註文字：

根特
海牙
鹿特丹

阿姆斯特丹

不來梅

倫敦

敦克爾克

克雷菲爾德
埃爾伯菲爾德
科隆

聖瓦萊里－昂科

亞眠
瓦朗謝納
布魯塞爾

法蘭克福

盧昂
色當
蘭斯

曼海姆

聖馬洛

巴黎
奧爾良
南錫

斯特拉斯堡
沙夫豪森

洛里昂

貝桑松
巴塞爾
蘇黎世
伯爾尼

南特

拉羅謝爾

日內瓦

里昂

都靈

波爾多

熱那亞

巴約納
奧洛龍
佩皮尼昂

圖盧茲

馬賽

圖例：

六大商埠

商業中心

金融中心

次等城市

直徑比例尺

1000 萬里佛
810 萬里佛
640 萬里佛
560 萬里佛
490 萬里佛
250 萬里佛
160 萬里佛
90 按理佛
40 萬里佛
10 萬里佛

表(8)　法國銀行業的高漲　地圖由居伊・安東尼埃第 (Guy Antonietti) 繪製。見《格雷夫勒・蒙茲股份公司（1789 至 1793 年），17 世紀巴黎的一家銀行》，1963 年版插圖。順便指出，格雷夫勒銀行當時是巴黎最大的銀行，法國首都都已成為歐洲具有廣泛影響的金融中心，根據安東尼埃第有趣的分類方法，圖中 6 個布滿網格的圓圈恰好反映了大商業的六角形：即倫敦、阿姆斯特丹、日內瓦、里昂、波爾多和南特 6 大商埠，給人的印象不正是 6 角形 6 角之間的平衡嗎？

Haller)（首先為他，是他掌握了原來的泰呂松－內克銀行）、讓－昂利・加亞爾 (Jean-Hesnri Gaillard)、佩雷戈 (Perregaux)、巴黎銀行家伊薩克・

潘肖 (Isaac Panchaud)、日內瓦的亞歷山大‧皮克泰 (Alexandre Pictet)、菲力貝爾‧克拉默 (Philibert Cramer)、杜累提尼 (Turrettini)，這一些全都可算是新教銀行家的大亨！埃貝爾‧呂蒂 (Herbert Luthy) 的巨著曾對他們作了專門研究[443]。投機既不容易，又帶風險，出入金額爲數甚大。但格雷夫勒竟處之泰然，這是因爲進出的主要是別人的錢。即使投機失利，他會遇到一點麻煩，但不必爲此絕望。他對哈勒寫道：「如果做英國公債買賣能像做其他事一樣未卜先知，那就穩操勝算了。」他解釋說：「事情可能有反覆，價格還會有很多起落。」然而，他無論買進或延期交割都經過深思熟慮。他不像潘肖那樣膽大妄爲和不顧一切，而是執行客戶的指令。克拉默指示他「同馬爾賽和皮克泰先生一起，以 144 至 145 里佛 1 股的標價」購買「1 萬里佛的英國東印度公司股票，由 3 人平分」，格雷夫勒回答說（1779 年 5 月 4 日）：「不可能，因爲這種股票儘管跌價，8 月份還值 154 里佛，5 月值 152 里佛。我們目前看不到收進的可能，但我們自當留心[444]。」

在阿姆斯特丹搞投機這檔事，就是在了解倫敦行市的同時，猜測荷蘭本地的未來行市。因此，爲在郵班之外得到倫敦的直接信息，格雷夫勒捨得犧牲。他在英國首都用他自己的錢投機，與其妻兄經紀人薩爾托里（執行命令的小腳色）保持聯繫，也與亞伯拉罕‧加西亞兄弟 (J. et Abraham Garcia) 的猶太商號聯繫，但他在利用後者時存有戒心。

格雷夫勒如此活躍的通信只給我們打開了可以望見阿姆斯特丹高級投機活動的一扇小窗口。但這使我們看到，在一定程度上，荷蘭的投機活動對外開放，國際資本主義已在該地形成。從格雷夫勒的二冊沖帳帳本[445]更可以看到這些複雜業務的盈利是如何計算的。所謂沖帳「是指股票經紀人每季度的聚會，屆時對期票交易和濫價交易的盈虧加以抵銷和實行分攤。 86 格雷夫勒的二冊帳本記錄了他爲客戶完成的各項業務。今天的經紀人能正確無誤地看懂這些帳目，而一名歷史學家卻會不止一次地搞錯。因爲一項交易往往必須從這筆帳轉到那筆帳，經過幾次沖帳才有希望出現盈餘，而事情並不就此結束。我承認沒有耐心看完這些計算。

在倫敦，一切從頭開始

在長期羨慕和模仿阿姆斯特丹的倫敦，投機活動很快發展了起來。自 1695 年起，皇家交易所已開始買賣公債券以及東印度公司和英格蘭銀行的股票。它幾乎立即成爲兩種人的「碰頭地點，一種是有點錢還想掙更多錢

的人，另一種人爲數更多，自己沒有錢，卻希望把有錢人的錢拿過來」。在1698至1700年間，證券交易所從場地狹小的皇家交易所搬到對面著名的交易所街。

直到證券交易所新址於1773年建成前，交易所街的咖啡館是期貨交易的投機中心，或如人們所說，是「交易所街的賽馬賭博場」[446]。加拉維和喬納森咖啡館是做股票和國家證券交易的經紀人的會面處，海事保險專家光顧愛德華‧勞埃德咖啡館，火災保險專家成了湯姆或卡爾賽咖啡館的熟客。一位雜文作家在1700年時寫道：交易所街可以「用一分鐘半走完。您在喬納森咖啡館門前站定之後，面對南方，往前走幾步，然後再向東轉彎，您就到加拉維咖啡館。您從那兒再走向下一個門面，就可到達……別爾辛街……您把您的指南針放回盒子，投機世界便已走完一圈，您又回到喬納森咖啡館的門口」。這個小世界平時有一批喜歡吵吵嚷嚷的常客，高峰時間更是爆滿，它是陰謀的策源地和權勢的中心[447]。英國女王和法國國王不久前（1713）在烏特勒支簽訂了和約，法國新教徒激怒之餘，企圖挑動商人反對法國國王和幫助輝格黨人。他們到哪兒去表示抗議呢？是到交易所去：因此，「咖啡館裡響徹他們的叫喊聲」（1713年5月29日[448]）。

這些敏感的小世界影響著外部世界，而外部世界反過來又不斷影響這些小世界。如同在阿姆斯特丹一樣，導致這裡行市漲跌的各種消息並不總是內部編造的謠言。西班牙王位繼承戰爭富於戲劇性的變化當時似乎決定著股市的行情。一位名叫梅迪那的猶太富商曾打算派人隨同馬爾伯勒出征，每年向這位吝嗇的英國名將報效6千英磅；這樣，他通過專差首先獲悉拉米伊、烏德納爾德、布萊尼姆等戰役[449]的結果，因此得到的補償遠遠超過支出。據說，滑鐵盧之戰消息傳出，羅思柴爾德（Rothschild）獲利頗豐！又據說，波拿巴故意壓下馬倫戈大捷（1800年6月14日）的消息，以便在巴黎交易所製造某種出奇不意和效果[450]。

87　　如同阿姆斯特丹交易所一樣，倫敦交易所也有其習慣和行話：期貨交易中的「拋」和「收」；實際上並不真做買賣，僅僅爲了投機目的而從事的期貨買賣是在做「多頭」和做「空頭」；「騎黑馬」則是搞政府彩券之類的投機[451]。但總的說來，荷蘭的各種做法都在倫敦再現，只是略爲晚一點而已，包括「沖帳日」在內。當政府於1734年下令禁止買空賣空，使「拋」和「收」的業務至少暫停時，「沖帳」便如阿姆斯特丹一樣興盛起來，無非是以另一種形式助長同樣的投機。倫敦或阿姆斯特丹的經紀人自薦爲交易雙方充當中間人，不論是貨物交易（小麥、染料、香料、大麻、蠶絲）

1666年火災後重建的倫敦交易所。

或是證券交易。托馬斯‧莫蒂默 (Thomas Mortimer) 於1761年強烈指責
了這夥敗類，並以《每人都是自己的經紀人》為標題寫了一本書。 1767年 88
的一場訴訟案導致了這方面的自由化措施；官方正式宣佈：不必凡事都要
通過經紀人[452]。但以上種種只能說明經紀人在交易所活動中的重要性，雖
然其收費標準相當低：自1697年後為八百分之一。經紀人受大商人和銀行
家的操縱；在經紀人之下，還有成群忙忙碌碌的非正式中間人不容輕視的
活動，用行話來說，幹這種行當叫作「炒賣股票」。喬治‧懷特 (George
White) 責備「這夥被稱作『炒賣股票者』的昆蟲任意抬高或壓低股票價格，
以達到損人利己的目的，在我們的交易所，他們像當年吞噬埃及牧場的蝗
蟲一樣害人」。也許是笛福，他於1701年匿名寫了一本小書，題目為《炒
賣股票者劣行錄》[453]。

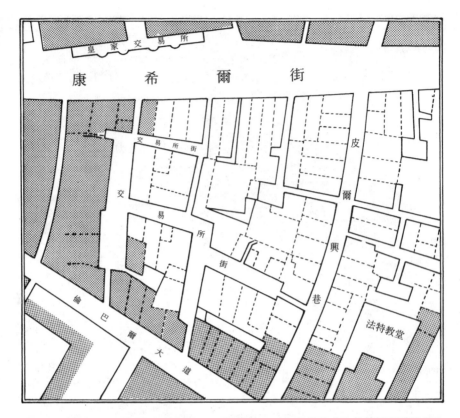

表(9)　倫敦：1748年的商業中心　這張根據1748年圖樣畫成的草圖標出了著名的地點和建築物：倫巴爾大道，康希爾街上的皇家交易所，以及著名的交易所街。虛點部分代表1666年毀於火災的房屋。

89　　　　幾年以後（1718）上演題為《對妻子的粗暴打擊》的一齣戲，觀眾被領到喬納森咖啡館，與商人、有照經紀人和無照經紀人耽在一起。請聽他們的一次對話：　經紀人甲：按面值八分之七的南海公司股票，哪位想要？經紀人乙：南海公司彩票，1718時年聖米歇爾節到期。　經紀人丙：要不要東印度公司的股票？　經紀人丁：都是拋出，沒有人收進！先生們，我買進1千鎊，下星期三，按面值四分之三。　侍應生：涼咖啡，先生們，要嗎？　貨幣兌換商特拉德洛夫：別忘了，加布里埃爾，你得結清我們前天交易的差額。　加布里埃爾：成呀，特拉德洛夫先生，這裡是一張刃具公司的票據。　侍應生：要茶嗎？先生們[454]？

　　　　也許應該指出，投機的對象還有國庫券、海軍券以及60來家公司（主要是英格蘭銀行以及於1709年最後建成的印度公司）的股票。笛福寫道：「東印度公司位居要津。」在這個劇本上演時，南海公司的肥皂泡尚未被戳

破。刃具公司則是一家武器工廠[455]。

1748 年 3 月 25 日，大火燒毀了交易所街一帶的著名咖啡館。必須另擇新址。經紀人的活動區域本來就顯得狹窄。經多次籌劃並募得必要資金後，才於1773年在皇家交易所背後造了一所新建築。人們本想稱它為「新喬納森」，但它終於以「證券交易所」命名[456]。四周環境改觀了，變得更正式了，但不用說，投機活動一如既往。

是否有必要前往巴黎？

如果經考慮再三後，人們仍堅持要去巴黎，那就必須前往維維埃納街，交易所於 1724 年設在原來的納維爾公館，這裡曾經是印度公司的所在地，也是今天國立圖書館的基址。各方面都不能同倫敦和阿姆斯特丹相比。在約翰‧勞 (John Law) 那時，坎崗普瓦街[457]一度能與倫敦交易所相媲美，但在曇花一現過後，只留下一派衰敗景象。更何況，出於某個難以解釋的偶然原因，有關維維埃納街的文件竟已丟失殆盡。

巴黎交易所在其成立50年後變得活躍起來，路易十六時代的巴黎沉迷在賭博的狂熱之中。「上流社會熱中於玩紙牌，推骨牌，下跳棋或象棋」，從不是單純為了娛樂[458]。「自 1776 年起時興賭馬；平民爭先恐後地購買彩票，僅巴黎一地，售票處達 112 家之多。」賭窟所在皆是。警察當局對此瞭如指掌，但是避免干預，甚至在交易所四周和在羅亞爾宮，也聽任許多走投無路的投機商、冒險家、詐騙犯去做投機得手的美夢。在這 90
種氣候下，阿姆斯特丹和倫敦的投機榜樣變得不可抵抗。內克 (Jacques Necker) 和卡洛納 (Charles Alexandre de Calonne) 的借款政策更使國家債台高築，債券持有人約在 50 至 60 萬之間，多數為巴黎人。交易所正是理想的公債市場。在維維埃納街上這所狹小的房屋裡，中間人、經紀人的地位已經發生改變。無所不能的經紀人在臺上就坐，即所謂經紀人席；在他們與客戶之間，有條勉強能過一人的通道，稱作過道。可見，當時開始即形成了一套新詞彙，足以證明出現了新的活動，在交易所開價上市的，除公債券外，還有印度公司的股票（劃分為份額）以及法蘭西銀行的前身貼現金庫的股票。應該承認的是，即使有馬利 - 約瑟夫‧台齊雷‧馬丹 (Marie-Joseph Desire Martin) 這位聰明的嚮導[459]，我們也不能一眼弄清「每天佔《巴黎日報》和《公告》一整頁」的行市價目表[460]。

交易所投機既然業已形成，貼現金庫於1779年經過改組，向公眾發售股票。國務會議指出：「貼現金庫的證券交易混亂不堪，以至銷售量超過

發行量的4倍[461]。」也就是說，一再轉手倒賣。蒂利伯爵[462]莫名其妙地獲
得成功的那筆投機生意（是他的情婦給他出的主意，這名女優還同一位富
有的郵務總管相好），我想就發生在這個時候。據他說，其結果是，「數
給我貼現金庫的22張股票」，價值2萬2千里佛。總而言之，在買空賣空
推動下發展起來的期貨交易當時已不再處於征服巴黎的初期。凱薩琳二世
派駐巴黎的大使西穆蘭[463]向其君主轉呈的1785年8月7日決定十分說明
問題。該決定指出，最近以來，「首都出現一種對買賣雙方都危險的交
易：一方答應提供他並不擁有資產的遠期證券，另一方在毫無資金的情況
下同意付款，但保留可以通過貼現要求先期交割的權利⋯⋯這類承諾引起
了一系列的欺詐行徑，大有搞亂國家有價證券市場，使一些證券價格猛
漲，又使得另一些證券價格下跌之虞⋯⋯因此，任何明智的商人不肯貿然
去搞這種投機，使自己的產業蒙受危險；這種投機使資金不再用於促進國
家工業發展的正當投資，激發人們追逐來路不正的巨額收益的貪婪之心，
並能損害巴黎金融中心在歐洲各地享有的信譽」。該決定發佈後，接著又
重申了1723年1月的命令（交易所由此建立）和1724年9月24日命令。
違令者根據情節處以3千至2萬4千里佛的罰款。這些命令當然留於一紙
空文，米拉波 (Honore Gabriel Riqueti de Mirabeau) 接著於1787年撰寫
了「向國王檢舉投機活動」的奏疏。君主制既然對投機不能負責，取消投
機難道就能挽救君主制嗎？

　　雖然如此，法國人在交易所投機方面仍是新手。當內克於1781年發行
公債時，阿姆斯特丹的銀行家兼代理人格雷夫勒[464]不但大批認購——確切
地說是代客戶認購——而且於1782年2月11日寫信給他的朋友和幫手潘
肖：「可惜公債沒有立即停止發行，真是令人遺憾。否則公債會上漲5%至
6%。你們那裡對使用這些金融手段還不在行，其實這對投機和資金流通所
起的作用，猶如給鐘錶上油潤滑。」所謂資金的「流通」，意思就是倒賣
證券。在公債停止發行以後，阿姆斯特丹或倫敦往往有人出高價收進別人
認購的債券，牌價隨之上漲，他們放手抬價，直到價格漲到十分有利時，
才拋出他們為看漲而保留的大筆債券。在搞投機方面，巴黎確實還有許多
東西要學。

交易所和貨幣

　　股票投機作為一項新事物從17世紀起曾引起議論紛紛。但如果把阿姆
斯特丹和倫敦交易所，以及遠遠落後於它們的巴黎交易所，統統貶低為荷

蘭人自己所說的買空賣空，那是荒謬的。道德家們往往跨過這條界線，把信貸、銀行、紙幣和投機混淆起來。在法國，後被1791年立法議會任命爲內政部長的羅蘭‧德‧拉普拉蒂埃 (Roland de La Platiere)[465]並不喜歡拐彎抹角，他簡單地說：「巴黎無非是商人、錢販、銀行家與坑害民眾從事公債證券買賣的投機者天堂。」米拉波和艾蒂安‧克拉維埃爾 (Etienne Claviere) 也批評了投機活動，據古迪克 (Couedic)[466]於1891年說：「爲了讓幾個無名之輩飛黃騰達，金融投機導致了成千上萬名公民的破產。」事情儘管確實如此，但阿姆斯特丹和倫敦的大交易所也有其功績，它們保證了各種紙幣逐漸確定自己的勝利地位。大家知道，沒有貨幣，便沒有活躍的市場經濟。貨幣在流動，在「傾瀉」，也在循環。全部經濟生活都力圖抓住貨幣。作爲交換的乘數，貨幣歷來顯得太少：貴金屬礦產量不敷應用，劣幣陸續驅逐良幣，積蓄更是一個無底洞。解決的辦法最好是創造一種商品貨幣，充當衡量其他貨幣的鏡子和反映其他貨幣的符號。中國於9世紀初就首先這樣做了[467]。但創造紙幣是一回事，使之適應環境又是另一回事。紙幣在中國並未像在西方那樣起到加速資本主義發展的作用。

　　歐洲很早也找到了辦法，甚至好幾個辦法。例如，在13世紀，熱那亞、佛羅倫斯以及威尼斯的一項重大發明是讓匯票逐步進入交換領域。波微地方辦理的遺產繼承中包括匯票，最早也不早於廢除南特敕令的1685年[468]。但波微僅是一個外省城市。另一種起貨幣作用的票據很早在威尼斯出現，即公債券。在阿姆斯特丹、倫敦和巴黎，印度公司的股票在交易所掛牌應市。還應加上各種不同來源的銀行券。所有這些票據數額極大。審慎者當時主張，紙幣額不得超過鑄幣額的3至4倍[469]。但就荷蘭和英國而言，在不同的時期，1與15之比乃至更高都是可能的[470]。在法國這樣一個較難適應使用紙幣的國家裡（約翰‧勞的試驗失敗後，紙幣更加信譽掃地），法蘭西銀行的鈔票後來僅在巴黎流通，而且還有困難；即使如此，「衡量信貸規模的商業期票額在1789年前約等於流通鑄幣量的5至6倍左右」[471]。

　　交易所（以及銀行）爲把必要的票據引入交換起了重要作用。交易所在把公債券或股票投入市場的同時，能使這些票據立即兌現。在這個問題上，歷史和經濟現狀完全一致，我就不必多作解釋。但我認爲，18世紀初的一份法文文件值得注意，這是一份未注日期的陳情書[472]，可能寫於1706年，即在交易所復興前的20年。1522年創設的市政廳息金原本可以在法國起著相當於英國年金的作用。然而它卻成爲家長留給後代的一筆雖然可

靠但往往不可轉讓的投資。出售時需納付一筆捐稅，並由公證人當面辦理繁雜的手續」。因此，陳情書解釋說，「市政廳息金在商業上是一筆死資金，並不比房產和地產能給商人更多的幫助。這意謂著未被正確理解的私人利益損害了公共利益。」陳情書接著說，在義大利、英格蘭和荷蘭，「國家的證券同所有不動產一樣，都可出售和轉讓，不費任何周折」。

迅速兌現票據或轉化現金為票據，這肯定是證券交易所的主要好處之一。英格蘭年金不單為買空賣空提供機會，它也是一種有保證的輔助貨幣，同時兼有生息的好處。票據持有人需要現金時，可以隨時去交易所換取。兌換容易，流通方便，這難道不是促使荷蘭或英國買賣興隆的一個秘密嗎？一名義大利人於1782年興奮地說，英國人在交易所街「有一個比西班牙在墨西哥的波托西更大的銀礦」[473]。比這早了15年，即在1766年，阿卡里亞斯‧德‧塞里翁 (J. Accarias de Serionne) 在其《歐洲各民族之利益》[474]一書中寫道：「公共證券投機是維持英國信貸業的重要手段之一；倫敦當地的投機行市確定著證券在外國商埠的價格。」

93

歐洲以外的世界

與世界其他人口稠密地區——它們同歐洲一樣得天獨厚——相比，歐洲在交換領域是否處於同一個發展階段，這是我們需要回答的關鍵問題。但就我們迄今描繪的情況而言，歐洲的生產、交換和消費還停留在對所有人都必不可少的起碼水平上，它們不取決於有關文明以往或現今的選擇，不取決於人與環境保持的關係，同社會性質、政治結構以及不斷影響日常生活的人類歷史都毫無關係。這些起碼的規律沒有國界。在這個水平上，相似性一般應該大於相異性。

處處都有集市和店舖

但凡有人居住的文明地區，都散佈有集市的店舖。即使地廣人稀的北非或歐洲人佔領不久的美洲，也莫不如此。

在西屬美洲，有關的寫照多不勝數。巴西聖保羅最早幾條街道的十字交匯點在16世紀末已設有店舖。1580年後，葡萄牙中間商利用西葡兩國的聯合，大舉侵入西屬美洲，到處設置商業網點。坐商和行販紛紛來到最富饒的地區以及利馬、墨西哥等新興城市。他們的店舖同歐洲最早的雜貨店一樣，各種商品應有盡有，從麵粉、乾肉、荬豆、進口紡織品等最低級

的一般商品，直到黑奴或寶石等高價商品。即使在18世紀草莽未闢的阿根廷，也有以高卓人為對象的安裝鐵柵欄的雜貨店，那裡什麼都賣，尤其是燒酒，供應來往客商和車隊[475]。

在伊斯蘭地區，集市中人群熙來攘往，湫隘的店舖分門別類地集中在不同的街道，這個特徵今天在各大城市著名的阿拉伯市場依舊可見。那裡有著各種各樣的市場：大批貨攤設在城牆外面，使高大的城門不時出現堵塞，「那是一個中立地帶，既不在城裡，農民可大膽前來，又離城不遠，城裡人感到安全」[476]；其他市場設在城內，有的佔有大片房舍，如伊斯坦堡的伯澤斯坦，有的則擠在街頭巷尾或公共廣場。城裡的市場各有專門行業。在穆斯林統治時期的塞維爾和格瑞那達以及在巴格達，很早就出現勞動力市場。普通的小麥市場、大麥市場、蛋品市場、生絲市場、棉花市場、羊毛市場、鮮魚市場、木材市場、酸奶市場等，更是多不勝數。邁克里齊曾說，開羅市內至少有35個市場[477]。據一部近著（1965年[478]）指出，其中有一個市場，至少對貨幣兌換商說來，起著交易所的作用。 95

總之，歐洲集市的特點在這裡都可看到：農民進城是想獲取納稅所需的現金，在市場並不久留；小販無孔不入地進行倒賣活動，甚至不顧禁令，攔截前來趕集售貨的農民；集市熱鬧誘人，商人出售種種吃食，提供顧客隨時享用：「肉丸、煮豆或者是油餅」[479]。 印度很早出現貨幣經濟，那裡沒有一個村莊不設集市，這說來似乎奇怪，但仔細想想，也就覺得十分合理。因為村莊對住在城裡的地主和大蒙兀兒皇帝——二者同樣都貪得無厭——繳納的貢賦應折成現金計算。必須賣掉小麥、稻米或者植物染料，婆羅門商人常川下鄉收購，趁機謀利。城市裡集市和店舖多如牛毛。走街串巷的工匠上門服務。直到今天，還有流動鐵匠攜家帶口，趕車去各地找活，換取一點大米或其他食物[480]。印度本地的或者來自外國的流動商販人數眾多。喜馬拉雅山區的夏爾巴人以刻苦耐勞著稱，販運活動竟遠達麻六甲半島[481]。

但是，整體而言，我們對印度的普通市場了解不多，對中國的各種市場反而比較清楚。同其他許多社會相比，幅員廣大的中國保存著成千上萬種以往生活的特徵，至少在1914年前肯定如此，甚至在第二次世界大戰後仍然如此。今天再去尋找這些歷史陳跡，顯然為時已晚了。威廉·斯基納(G. William Skinner)[482]於1949年在四川進行了觀察，他的詳實記載是了解傳統中國極好的材料。

中國同歐洲一樣，村莊中很少有或者是幾乎沒有集市。所有的市鎮相

伊斯坦堡的小市場。威尼斯科雷市立博物館收藏的細密畫。

反都會有集市，理查·坎提龍 (Richard Cantillon) 的名言[483]——無集不成鎮——對中國和18世紀的法國同樣適用。集市每週2至3次，中國南方每旬3次，每旬10天。次數不能更多，因爲顧客的財力有限；集鎮四周有5至10個村莊，一般在5個農民中有一個趕集，即每家1人。幾家小舖子

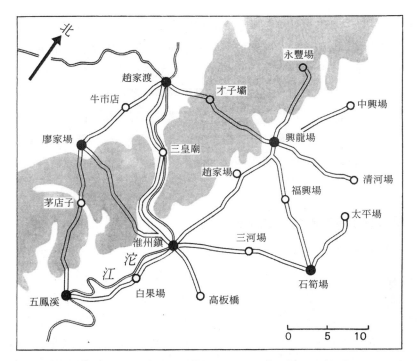

表(10)　中國市場範例　位於四川成都東北35至90公里處的一個地區，共19個集鎮（其中6個為中心集鎮）。這張地圖以及後面的兩張圖都轉引自斯基納：《中國鄉村的市場和社會結構》，見《亞洲研究雜誌》，1964年11月，第22至23頁。

供應鄉村需要的小商品：針線、火柴、燈油、蠟燭、紙張、掃帚、肥皂、煙草等等。此外還有茶館、酒店，以及雜耍藝人，說書先生和拆字攤；如果地方豪紳不兼營高利貸，便有人開設錢莊。

　　這些初級市場互有聯繫，根據排列精確的傳統日程表的規定，各鎮集市盡可能不相重疊，不在所屬縣城有集的日子舉行。由於日期交錯，流動商販和工匠得以相應安排自己的日程。販夫走卒不停地往返各集鎮之間，賣掉肩扛揹負的商品後，再考慮適當買進，賺取微小的差價。勞動力市場 96 經常在流動；工匠的舖子幾乎不停地在四處搬動。鐵匠、鎖匠、粗細木匠、理髮匠等都在集市受僱，然後插空在「非集日」前往工作地點。總之，定期舉行的集市決定著鄉村生活的節奏和忙閒。某些經濟活動的經營者外出流動，乃是迫不得已：在工匠居住的集鎮或村莊沒有足夠的顧客，他不能全日開工，只得外出「謀生糊口」。有的工匠還因為自產自銷，需 98 要有一定的時間積貯存貨，他們根據集市的間隔日期，預先便可知道備貨的期限。

　　在作為中心集鎮的城市，交換以另一種規模出現。商品和食品來自集

鎮。但城市也與其他城市相聯繫，並受它們的控制。城市是開始與地方經濟分道揚鑣並脫離其狹小範圍的單位，它與外界的廣闊運動相聯繫，從外界取得當地稀少珍奇或根本沒有的商品，並把它們轉銷給集市和低一級的店舖。集鎮是農民社會、農民文化和農民經濟的產物，而城市則由集鎮穎而出。斯基納因此可以說，中國文明的構成基礎不單是村莊，而且包括集鎮在內、以集鎮為首和在一定程度上由集鎮調節的村莊群。我們雖不宜過分推廣這種矩陣分析的應用範圍，但是這種分析方法畢竟只能說明一定的問題。

商場的基本覆蓋面是可變的

斯基納最重要的見解是認為，基本因素，即集鎮的平均覆蓋面，是可變的。他就中國1930年前後的情形進行了普遍論證，他指出，如他這一基本模式應用於全中國版圖，則可看出六邊形或準六邊形的面積隨人口密度而變化。假設每平方公里的人口密度在10人以下，集市的覆蓋面就在185平方公里左右，這至少在中國是如此；如人口密度達20人，六邊形的面積則在100平方公里左右，依此類推。這種對應關係能說明許多問題；它顯示出不同的發展階段。集市中心之間的距離根據人口密度及經濟活動（我尤其想到運輸）拉長或縮短。曾使維達爾・德・拉布拉什 (Paul Vidal de la Blache) 和呂西安・加洛瓦 (Lucien Gallois) 時代的法國地理學家百思不得其解的問題，如以這種方式提出或許更為恰當。法蘭西可分成一定數量的「地區」，這些作為基本單位的地區實際上是多個六邊形的集合，其特點一方面是根深蒂固，另一方面卻是它們的界線不定並且移動。既然它們的人口密度隨著時代的變化而變化，那麼，認為它們的面積也隨之變化，難道不是合乎邏輯的嗎？

販夫或是巨商的世界

偉大的歷史學家凡勒爾 (J. C. Van Leur)[484]正值青春年華，便被戰爭奪去了生命，他筆下描繪的商人把我們引向一個十分不同的世界；在他看來，這些商人是往返於印度洋和南洋群島的普通販夫；而我則認為他們肯定屬於更高一級的經營者，有時甚至是巨商。兩種判斷的差異如此之大，可能令人驚奇：這有點像人們在西方竟然辨認不出鄉村集市與露天交易所的區別。但行販與行販也有不同。在季風的幫助下，這些揚帆橫跨遼闊印度洋的太平洋沿岸海域的商人，在半年以後回到他們的出發點，不是發了

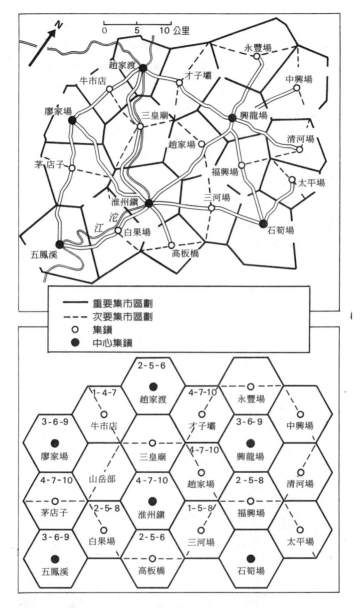

圖表一（上圖）：由實線構成的多邊形中每個頂端代表一個村莊，是位於多邊形中心的城鎮的主顧。在這個初級幾何圖形之上，6個大鎮佔據由虛線圍出的各個更大的多邊形，中心，這些大多邊形的每個頂端只是小集鎮。

圖表二（下圖）：圖表一的簡化形式。沃特·克里斯塔萊 (Walter Christaller) 和奧古斯特·羅許 (August Losch) 認為，這是說明數理地理學理論模式的佳例。

大財就是破產，他們難道如凡勒爾所斷言，眞是一些普通販夫？難道能夠
進一步推論，說南洋群島和亞洲的貿易數額很小，甚至處於停滯狀態？人
們有時很想作出肯定的回答。這些商人的形象在西方並不常見，很容易被
人比作小本經營的販夫。例如，1596年6月22日[485]，荷蘭人寇納留斯‧
豪特曼 (Cornelius Houtman) 的4條船繞過了好望角，經過長時間航行後，
駛入爪哇的萬丹港。大批商人登上船來，攤開貨品後即在一旁蹲下，「就
像在集市上一樣」。爪哇人帶來的是新鮮食品、家禽、雞蛋和水果；中國
人則是華麗的絲綢以及瓷器；土耳其人、孟加拉人、阿拉伯人、波斯人、
古吉拉特人出售各種東方產品。其中的一名土耳其人搭乘荷蘭船隊返回他
在伊斯坦堡的老家。凡勒爾從中看到亞洲貿易的形象，即每個商人帶著自
100　己的小包商品，販運到離家很遠的地方，與羅馬帝國時代的情形相同，沒
有任何變化發生，再過很長時間後也不會發生任何變化。

　　這一形象大概是虛假的。首先，它不能概括印度洋貿易的全部活動。
從16世紀起，這些所謂停滯不前的交換有了令人矚目的增長。印度洋船隻
運輸越來越多的低價壓艙商品，如供應單一耕作區農民的小麥、大米、木
材和普通棉織品，不再僅僅是交托給一個人的幾件貴重商品。何況，葡萄
牙人、荷蘭人以及後來的英國人和法國人在當地定居後，高興地找到了利

爪哇的帆船。注意木質錨，竹簾帆以及側舵的二把槳。

用印度洋貿易發財致富的各種可能。布里姆斯 (D. Braems)[486]曾爲荷蘭公司在印度工作了35年，他從印度回國後在所寫的報告中講述了互相交錯和互爲依賴的各條商業路線的詳細情形。荷蘭人打進了這個廣大而多樣的交換系統，但這個系統並不是他們的發明。

　　我們也不能忘記，遠東商人的運行有一個簡單而確切的理由：季風提供巨大的免費能源，自動安排帆船的航行和商人的會見，其可靠性勝過當時任何其他海上運輸手段。

　　最後還要注意這種遠程貿易的資本主義形式，不論人們是否願意這麼認爲，豪特曼在萬丹港看到的蹲在船甲板上的各國商人並不屬於同一範疇。有些商人自負盈虧──這部分人較少，嚴格地說，他們或許屬於凡勒爾設想的那一類，即所謂中世紀早期的「灰腳板」（從幾個特定例子看來，他們也使人想起另一種商人類型，關於這個問題，我們下面再談）。另一些幾乎始終具有凡勒爾指出的一個特點：在他們背後還有與他們訂有契約的大股東，但契約的類型又各不相同。

　　印度和南洋群島的行販在踏上漫長的旅途時，都要借到經商所需的本錢，貸款人一般是婆羅門或穆斯林富商、船主、封建主或高級官吏。行販通常承諾加倍償還，除非船隻在海上遇難。他們以自身和家庭作保，根據契約規定，如經商失利就得在償還債務前充當債權人的奴隸。這種契約與義大利等地的借貸契約相近，但條件要苛刻得多，旅行的路程相當長，借款的利息很高。然而，這些苛刻的條件之所以被接受，顯然是因爲價格差異高得出奇，一般情況下獲利十分豐厚。這是遠距離大宗貿易的路線。

　　亞美尼亞商人也搭乘季風船往返於波斯和印度之間，他們往往是伊斯法罕大商人在土耳其、俄羅斯、歐洲和印度洋雇用的夥計。在這種情況下，契約不同於前者：出門經商的夥計最初交託給他的資本（金錢和貨物）做各項交易，利潤的四分之一歸夥計，其他屬於雇主。這種分配方式表面上看十分簡單，其實相當複雜，里斯本國立圖書館保存的一位夥計所記的流水帳和旅途箚記說明了這一點。1967年出版了該文件的節譯本[487]。原件可惜不完整，缺少最後的結帳部分，否則將使我們確切了解利潤分成情況。但就其現狀而言，這份文件的價值已異乎尋常。

　　這位夥計是亞美尼亞人，名叫霍夫哈內斯 (Hovhannes)，大衛的兒子。有關他的旅行的一切，我們認爲都很奇特：

　　──路程：我們跟隨他從伊斯法罕郊區亞美尼亞人聚居的朱爾法動身到蘇拉特，然後前往西藏的拉薩，再回到蘇拉特，全程幾千公里，途中經

101

歷了許多間歇和曲折；

——時間：自1682至1693年，計11年多，其中連續5年在拉薩度過；

——旅行的性質倒很平常：他與雇主訂立的契約很典型，將近100年後，即在1765年，阿斯特拉汗的亞美尼法典還提到這種契約；

——旅途所經之地，不僅在設拉子、蘇拉特和亞格拉，而且在尼泊爾的中心加德滿都以及在拉薩，他都得到其他亞美尼亞商人的接待和幫助，同他們進行交易，與他們合夥做買賣；

——貨物的品種格外地繁多：包括金銀、寶石、麝香、靛藍和其他染料、呢絨棉布、蠟燭、茶葉，等等；交易額很大：有一次從北方運2噸靛藍到蘇拉特，再發往設拉子；另一次是100公斤上下的白銀；再一次是在拉薩從亞美尼亞商人處購得5公斤黃金；亞美尼亞商人不憚路途遙遠，前往中國的邊域西寧用白銀換取黃金，此舉極其有利可圖，因為銀價在中國比歐洲高得多；霍夫哈內斯的箚記中記下的金銀比價為1：7，這意味著利潤頗豐。

最令人奇怪的是，他並不單靠雇主交給他的資金做買賣，雖然他與雇主保持著雇傭關係，並且把每筆交易都記在帳上。他與其他亞美尼亞人訂有私人契約，使用自己的資金（也許是他的利潤分成），經常借錢，偶爾也放款。他不斷把現金換成商品和匯票。匯兌等於是託辦財產空運，收費有時較低，月率僅0.75％，因為路程較短，經辦人又是與他有往來的商人；收費有時很高，如把資金送回國內，路程很長，從蘇拉特至伊斯法罕一次即須20％至25％。

這個典型的事例，加上精確的細節，使我們猛然認識到印度在貿易和信貸方面的便利。霍夫哈內斯作為一位忠實的夥計和精明的商人，輕易就打進了各式各樣的地方交換網，從事輕重貴賤的各式商品的交易。他誠然經常出門，但說他是行販，又該從何說起？如果一定要進行比較，我更多地會想到那種從事「私下交易」的新型英格蘭行商，他們從一家客店到另一家客店活動，遇到合適的價格和機會便做成這筆或那筆交易，或與某個同行合作，或者自行其是。人們歷來認為，這種商人是動搖中世紀英格蘭市場陳規舊例的革新者，而在我看來，這種形象也最接近人們在霍夫哈內斯旅途箚記中看到的商人，差別無非是英格蘭的疆域沒有波斯、印度北部、尼泊爾和西藏加在一起那麼大。

通過這個例子，我們也能更了解16至18世紀期間，在波斯、伊斯坦堡[488]、阿斯特拉汗[489]或莫斯科[490]定居的印度商人的地位，他們肯定不能

算是行販。還能進一步了解自16世紀末開始來到威尼斯[491]、安科納[492]乃至佩薩羅[493]，以及於下個世紀前往萊比錫和阿姆斯特丹的東方商人的活動，他們並不全是亞美尼亞人。1589年4月[494]，一批客商乘坐「非拉拉號」船從威尼斯的外港馬拉莫科港啟航，其中除義大利人外（威尼斯、倫巴第和佛羅倫斯商人），還有「亞美尼亞人、勒旺人、賽普勒斯人、干地亞人、羅馬尼亞人、敘利亞人、喬治亞人、希臘人、摩爾人、波斯人和土耳其人」。所有這些商人肯定以歐洲人的方式進行貿易。在威尼斯和安科納的公證人事務所以及阿姆斯特丹交易所的柱廊下，我們重睹這些商人的身影，他們在異國他鄉毫無人地生疏之感。

印度的銀行家

在印度的各個居民點，都有被稱作「薩拉夫」的貨幣兌換人，他們大多屬於婆羅門富商階級。一位名叫伊方·哈比勃 (Irfan Habib) 的傑出歷史學家（1960年）[495]把印度貨幣兌換體系同西方作了比較。形式可能不同：據我們所知，這是商埠與商埠、兌換人與兌換人之間保持的一種純屬私人性質的聯繫，而不依靠交易會或交易所這類公共機構。但同樣的問題以相似的手段來解決：匯票、貨幣兌換、現金支付、信貸、海事保險。

早在16世紀，印度已有相當活躍的貨幣經濟，這種貨幣經濟將不斷沿著某種資本主義道路前進，雖然這一資本主義並不控制整個社會。

這個貨幣兌換系統效率極高，因而英國公司的捐客——他們有權為自己和為公司從事印度洋貿易——不斷利用「薩拉夫」的信貸，正如荷蘭人（以及在他們以前的葡萄牙人[496]，向京都的日本人[497]借錢，銀根緊的基督教商人求助於阿勒坡或開羅的穆斯林和猶太放款人[498]一樣。印度的「薩拉夫」雖然是商人，他們卻往往像歐洲的「銀行家」一樣發放「風險貸款」以及經營運輸。有的「薩拉夫」富可敵國：例如，在1663年左右[499]，蘇拉特的維吉·伏拉 (Virji Vora) 擁有800萬盧比；在下個世紀，穆斯林商人阿布杜爾·嘉夫爾 (Abdul Ghafur)[500]以同樣的資本擁有噸位自300至800噸的船隻20條，據說僅他一人的營業額能與強大的印度公司匹敵。婆羅門富商還充當經紀人，歐洲人在印度經商，必定由他們從中撮合；此外，他們組織運輸，有時甚至從事製造業，如17和18世紀亞美達巴得出口的大批印度紡織品。 103

法國寶石商尚-巴蒂斯特·達維尼葉 (Jean-Baptiste Tavernier) 曾在印度和南洋群島長途跋涉，他就印度的商業組織及其成功提供的見證，與

印度的貨幣兌換人。拉利－托朗達爾藏畫中的著色畫，1760 年。

曾經使用過「薩拉夫」體系的霍夫哈內斯同樣可信。這位法國商人談到，在印度，人們在國內外旅行十分方便，幾乎不必攜帶現金：需要時就地借用即可。這對出門在外的商人說來，真是再也簡單不過的了；例如，他在哥康達借款，約定在蘇拉特償還，他到蘇拉特再次借款，把債務轉到另一個商埠，依此類推。債務隨著借款人一起旅行，而債權人（或應該說互相作保的債權人連環）只是到最後一站才得到償還。這就是達維尼葉所說的「借新償舊」。當然，每次臨時結帳都需要債務人墊付一點錢，這項墊款結果同歐洲的匯兌利息十分相像：借款人離出發點和習慣路線越遠，墊款費用越積越多，代價自然也變得越來越大。印度的匯兌網遍布印度洋沿岸各大商埠，並向更遠的地方延伸；達維尼葉說：「我在旅途中算了筆帳，在

哥康達借款，通過匯兌轉到利佛諾或威尼斯，匯價起碼爲95％，往往達100%[501]。」100％也是前往爪哇、印度或中國南方經商的商人付給出資人的利率。這種驚人的高利率僅僅適用於經濟生活的高壓線以及遠程交換體系。在18世紀末的廣州，商人間通行的融資利率爲18％至20%[502]。英國人在孟加拉當地借款，利率與霍夫哈內斯支付的幾乎一樣低。

我們因此更有理由不把印度洋行商看作次等角色：如同歐洲一樣，遠程貿易位於遠東最高一級資本主義的中心。

交易所少，交易會多

在東方和遠東，見不到阿姆斯特丹、倫敦或西方大商埠那種交易所機構。但在大商人之間，卻經常舉行聚會。這類聚會的性質並不十分容易辨認，但威尼斯大商人在里亞托廣場廊柱下的會面，難道就惹人注目的嗎？附近市場傳來一片嘈雜，他們卻似乎安靜地散步。

交易會則相反，可正確無誤地被認出。它們在印度數量眾多，在伊斯蘭地區和南洋群島起著重要作用；奇怪的是，中國雖然也有交易會，但數量很少。

據一部近著（1968）斷言，「伊斯蘭國家基本上不存在交易會」[503]。雖然如此，但在整個穆斯林地區，通行 mausim 一詞，既指交易會和季節性節日，又指印度洋上的季候風[504]。在遠東的熱帶海域，難道不正是季風決定著海上旅行的往返日期，安排或中止商人的國際性會晤嗎？

1621年的一份詳盡報告[505]介紹了在莫卡的一次會面，前來赴會的商人不多，但都極其富有。季風每年把印度、南洋群島和非洲附近海岸的一些船隻帶到紅海的這個港口（莫卡將成爲重大的咖啡市場），船上滿載著商人以及貨物（這些船隻今天還在同一條路線上航行）。就在那年，達布爾（印度）的兩艘船抵港，一艘有旅客200人，另一艘則有150人，都是來當地出售少量珍貴物品的行商，胡椒、橡膠、漆、安息香、織入金線或手工著色的棉布、煙草、肉豆蔻、八角茴香、樟腦、檀香、瓷器、麝香、靛青、藥物、香料、鑽石、阿拉伯樹膠……另一方僅一艘船，從蘇伊士前來交易，船上長期裝的僅是西班牙本洋；隨後又加上羊毛絨、珊瑚和羽紗（山羊毛製成）。每當蘇伊士的船未能準時到達，原定的交易會便要告吹。印度和南洋群島的商人既然失去了顧客，只得削價銷售，因爲即使交易會尚未舉行，無情的季風決不等人。類似的交易會還在巴斯拉或奧木茲舉行，來自蘇拉特或默蘇利珀德姆的商船回程時僅僅裝載設拉子的波斯酒

105

或白銀。

　　在摩洛哥以及整個馬格里布地區，有許多朝聖場所。一些交易會便得以托便舉行。北非最大的交易會之一是位於外亞特拉斯山以南的古佐拉部落[506]，面對著空曠的金色大沙漠。人稱非洲人為萊翁 (Léon L'Africain) 的阿拉伯地理學家於16世紀初曾蒞臨參觀，指出了它的重要性；這個交易會大概至今還存在。

　　伊斯蘭地區最活躍的交易會在埃及、阿拉伯和敘利亞的會合處舉行，這原在我們意料之中。從12世紀開始，伊斯蘭的整個商業不再以波斯灣和巴格達為習慣中心，開始朝紅海方向發展，終於找到發展貿易並取得成功的重要路線。駄幫貿易的發達更為敘利亞的穆宰里卜交易會增輝生色，來自各地的駄幫在此會合。1503年，一位名叫魯道維科・德・瓦爾塔馬 (Ludovico de Varthema) 的義大利行商[507]從穆宰里卜出發前往麥加，隨行駱駝達3萬5千匹！麥加朝聖是伊斯蘭最大的交易會。同一位見證人還說，人們去麥加「一半為了長途旅行，一半是為了經商」。早在1184年時[508]，一位見證人描寫了麥加非凡的富庶：「全世界沒有任何一種商品不來這裡會聚。」除此之外，朝聖交易會很早就確定貨物的付款日期，安排劃帳事宜[509]。

　　埃及尼羅河三角洲各城市舉行的地方小型交易會上科普特人的古風猶存。它們的起源遠在基督教傳入埃及以前，可追溯到異教時代。宗教的改變只是使保護神改變了名稱；以保護神命名的節日往往繼續標誌著重大的集市。例如在尼羅河三角洲的坦塔，每年一度的聖阿赫馬德・巴達維節今天仍是人山人海的盛會[510]。但大型的商業集會是在開羅和亞力山卓舉行的[511]，那裡的交易會取決於地中海和紅海的航行季節，同時又適應朝聖和駄幫的交錯日程。亞力山卓港9月和10月風調雨順，「宜於出海航行」。在這兩個月裡，威尼斯、熱那亞、佛羅倫斯、加泰隆尼亞、拉古沙和馬賽的商人紛紛前來購買胡椒和香料。正如 S・Y・拉比勃 (S.Y. Labib) 所指出的，埃及蘇丹與威尼斯或佛羅倫斯簽訂的協議規定了一種與西方交易會法規類似的集市法。

106　　　儘管如此，交易會在伊斯蘭地區的重要，相對而言，不如在西方那麼突出。把這歸咎於經濟落後看來是錯誤的，在香檳區交易會時代，埃及和伊斯蘭地區肯定並不落後於西方。這難道與穆斯林城市的規模和結構有關？穆斯林城市的大小市場乃至超級市場——如果可以用這個詞——難道不比任何西方城市更多？那裡的外國人居住區更是各國商人會面的常設地

亞洲的一個「交易會城市」，其活動節奏隨船隻到港日期而定。阿巴斯港是奧木茲島對岸最優良的港口，印度船隻運往波斯和勒旺的商品在這裡卸貨。達維尼葉那時，在波斯佔領奧木茲（1622）後，城裡建起許多漂亮的倉庫以及東方和歐洲商人的住宅。但是這個城市每年只活躍3、4個月，照達維尼葉的說法，這是「大宗買賣的時間」，也就是我們所說的「交易會的時間」。此後，從3月起，天氣奇熱，商人和居民紛紛出走，直到12月船隊返回時才歸來。

點。亞力山卓的「法蘭克人」市區，開羅的「敘利亞人」市區曾是威尼斯「條頓商館」效法的榜樣：威尼斯人硬要德國商人像他們自己在埃及那樣困守在指定的商業區內[512]。不論強制與否，這些固定的商業區在穆斯林城市中起著「常設交易會」的作用；盛行自由貿易的荷蘭大概就有這類商市，交易會因此變得多餘而在該國絕跡。能否得出這樣一個結論：在文明初開的西方，香檳區交易會是一帖猛藥，迫使當時還不發達的國家發展交換。

在穆斯林佔一半的印度，情況便不同了。交易會是那麼有力和普遍，已成爲日常生活的組成部分：即使對旅行者說來，這也是司空見慣、不足爲奇的事。這些印度交易會的缺點，或許可以說，正是與朝聖相重合。成群的善男信女爲洗滌身心湧向大河兩岸，同顛簸的牛車擠成一團。印度是個多民族、多語言和多宗教的國家，它不得不在敵對區域的邊緣長期保留這些原始的交易會；交易會被置於神力和聖跡保護之下，因而可避免種種地方糾紛。總之，事實是在許多交易會上，甚至在有的村莊之間，依舊保持物物交換的古老風尚，很少使用貨幣。

恆河流域的哈德瓦、安拉阿巴德、松浦或賈馬河畔的姆圖拉和巴特沙

等大交易會的情況當然就不是如此。每個宗教各有自己的大型交易會：印度教徒有哈德瓦和貝那拉斯交易會，錫克族有阿木里查交易會；穆斯林的交易會則設在旁遮普的巴克伯登。一名英國人（斯立曼將軍[513]）不無誇大地說，在寒冷的旱季初期，當浴禮行將開始時，從喜馬拉雅山坡到科摩令角的大部分印度居民都集中在什麼東西都賣（包括馬匹和大象）的交易會上。在這些日子裡，人們祈禱禮拜，歌舞歡慶，日常生活的規律全被打亂。每隔12年，當木星進入水夫星座時，這個天象帶來朝聖的熱潮，以及與之相聯的交易會。時疫也隨之猖獗。

各國船隊在南洋群島各沿海城市及其近郊的逗留，為商人提供了長時間會面的機會，這些聚會逐漸帶有交易會的性質。

一直到荷蘭人真正佔領大爪哇並建造巴達維亞以前（1619），甚至在後來，爪哇的重要城市是位於該島西端北海岸的萬丹[514]。該城市地處沼澤，四周圍有紅磚的城牆，雉堞間大炮林立，其實誰也不會使用。城內房舍低矮醜陋，「大小與阿姆斯特丹相同」。從皇宮出發，三條街道向外延伸，通向商販雲集的廣場，那裡出售的物品有家禽、鸚鵡、鮮魚、大肉、熱的糕餅、粕酒、絲綢、棉絨、稻米、寶石、金絲……再往前幾步路，便到了中國區，那裡另有商店、磚房和特殊的市場。在城東的大廣場上，天色剛亮，就擠滿了小商人；再晚些時候，那裡又成為大批發商、船隻保險商、胡椒貨主、風險借款人的會面地點，他們熟悉多種語言和貨幣。據一名旅行者說，大廣場成了他們的交易所。但是，外國商人每年困在城內等待季風的到來，參加長達幾個月的交易會。早已來到爪哇並準備長期定居的中國人在其中扮演重要角色。一名旅行者（1595）記述說：「這些人孜孜求利，因放高利買而贏得與歐洲的猶太人相同的名聲。他們手提秤桿，去各地收購胡椒，只消秤過一部分貨物[請注意根據樣品出售這個細節]便能大致判斷數量[顯然必須讀作「重量」]然後他們根據出售者的需要一次付款。通過這種手段，他們買下大量的胡椒，足以裝滿來自於中國的船隻，把成本不到12貫的貨物以50貫賣出。這些船隻約8至10艘，載重為45至50噸，每年一月到達萬丹。」由此可見，中國人也擁有他們的「勒旺貿易」，在遠程貿易方面，中國長期不比歐洲遜色。馬可波羅說，中國那時候消費的香料比遙遠的歐洲多百倍[515]。

人們會注意到，作為固定中間商的中國人是在船隻到達前下鄉收購的。船隻到達也是交易會的開始。其實，整個南洋群島地區的特點正是：根據季風的安排來舉行長時間的交易會。戴維斯 (John Davis)（1598）[516]

在蘇門答臘島的亞齊看見「三個大廣場，每天都有各種商品在那裡交易」。你或許認為，這不過是說說而已。但聖馬羅的法蘭索瓦·馬丁 (Francois Martin)（1603）面對同一景象，在堆滿奇異水果的普通集市中找出一個大集市，他寫道，在商店裡見到來自印度洋各國的商人，「一色土耳其裝束」，「在當地逗留約6月，以出售商品」[517]。6個月過後，「其他商人繼之而來」。因此可以說，這是一種持續的和定期更新的交易會，時間懶懶散散地拖得很長，從來沒有西方交易會那種急促景象。丹皮爾 (William Dampier) 於1688年到達亞齊，他作的介紹更加精確[518]：「在這裡經商的各國商人中，以中國人居多；有的中國人整年留在這裡，其他每年只來一次。後者有時在6月抵達，乘坐10至12艘裝載大量稻米以及其他食品的帆船……他們在城市一角，靠海邊租屋住下，相互毗鄰，當地人稱這個區域為中國區……隨同船隊來到的還有幾名工匠，如粗細木匠和油漆匠；他們到達後便立即開始工作，製造箱、櫃、櫥以及各種中國用具。」接連兩個月就是「中國交易會」，所有人都去購買東西或賭博。「貨物陸續脫手，他們佔的地方和租的房屋相應減少……他們出售的貨物愈少，賭博的進出愈大」。

荷蘭人關於東印度遊記的插圖（1598）。中間是一名中國商人，他在商業活動期間居留萬丹城；左側是一名爪哇婦女，在中國商人逗留期間充當他的妻子；右側是長駐當地的中國代理人，他利用淡季在島內收購胡椒。

中國本身的情況又當別論[519]。那裡的一切都受無孔不入的和原則上反對經濟特權的官僚政府所控制，集市比較自由，而交易會則受到嚴密監督。但早在唐朝末年（公元 9 世紀），隨著貿易和交換的急劇增長，交易會開始出現。它們一般與佛寺或道觀相結合，在仙佛的誕辰舉行，因而以「廟會」作統稱。它們帶有民間節日的性質。但也常有其他名稱。例如在清代（1644-1911），每逢新絲上市，在江浙兩省交界處的南潯鎮舉行的交易會稱作「會場」或者「闖會」。「年市」一詞相當於德語的 Jahrmärkte，即一年一度的集市，該詞也許主要確指季節性的大集市（鹽市、茶市、馬市），而並非完整意義上的交易會。

109　　艾蒂安・巴拉世 (Etienne Balazs) 認爲[520]，這些大集市或不尋常的交易會主要是在中國分裂爲敵對王朝時出現的；由於各塊地盤當時需要互相開放，交易會和大集市便如在中世紀的歐洲一樣應運而生，也可能爲了類似的理由。但一旦中國重新實現政治統一，它便恢復其官僚機構，大小集市和交易會在內地便隨之消失，而僅在邊境保留。例如偏安中國南方的宋代（960-1279），就對被外番征服的北方開放「交易市」。在明（1368-1644）清（1644-1911）時代，中國恢復了統一，僅僅對四周的外部世界開設窗口。例如，從1405年開始，在與滿洲的接壤處，馬匹交易會的開閉取決於邊境與咄咄逼人的番族保持的關係。趕上來自莫斯科的駝幫到達，交易會有時就在北京城門口舉行。這類事情究屬例外，因爲來自西方的駝幫寧願去趕蘭州和成都交易會。同樣，人們將看到於 1728 年[521]在伊爾庫次克以南舉行的恰克圖交易會，中國商人那裡取得珍貴的西伯利亞皮貨。在18世

110　　紀，廣州爲與歐洲人貿易設立了二個交易會[522]。如同對國際貿易多少開放的其他大海港（寧波、廈門）一樣，廣州當時每年有一個或幾個貿易「季節」。但這裡的交易會與伊斯蘭或印度自由洽談的大交易會不同，交易會在中國仍限於某些特殊貿易，主要是與外國人的貿易。這也許因爲中國害怕交易會而存心避免；也可能因爲中國不需要：中國行政統一，集市網十分活躍，完全可以無求於交易會。

　　至於在日本，集市和店舖於13世紀正式形成，隨後又有擴大和增加，交易會在該國似乎沒有建立。但在1638年後，日本關閉了對外貿易，每當荷蘭東印度公司的船隻和中國帆船「獲准」來到長崎時，總有一些交易會在長崎舉行。這類交易會數量很少，但它們對日本至關重要。就像莫斯科公國在阿干折斯克爲接待英國和荷蘭商船而舉辦的交易會一樣，它們具有恢復平衡的作用：這對實行閉關鎖國的日本是呼吸外界空氣的唯一途徑。

這也是它對外部世界施加影響的唯一方式，因爲它通過這些船隻輸出貨物，特別是銀和銅，影響著世界經濟的週期：1665年前的白銀週期，1665至1668或1672年的黃金週期，最後是銅的週期。

歐洲與世界其他地區並駕齊驅嗎？

形象只是形象。但多次反覆的相同形象不可能完全是假象。它們在一個千差萬別的世界裡揭示出類似的形式和成果：城市、道路、國家、交換畢竟是相似的。人們常說，有多少種生產手段，就有多少種交換手段。但交換手段的數量畢竟是有限的，因爲它們解決的都是到處都相同的基本問題。

因此，我們的第一個印象是：直到16世紀，世界各人口稠密地區，苦於人口太多，相互間似乎很接近，不說平起平坐，也差別不大。一點微小的差距大概足以使一方產生和確立優勢，相應地在另一方便出現劣勢和依附。歐洲同世界其他地區之間難道就發生了這樣的事？這個問題很難用是或否直接回答，也很難用幾句話解釋清楚。歐洲和世界其他地區之間確實

羅馬的野味商販。

存在一種「歷史學」的不平衡。歐洲在發明了歷史學家的職業後，便用歷史學家爲自己效力。歐洲自己的來龍去脈既已弄清，就隨時準備提供證據和提出要求。非歐洲的歷史學才剛起步。在知識和解釋的平衡尚未恢復時，歷史學家將始終難以解開世界史的難題，即歐洲優先的起因。這正是中國史學家李約瑟 (Joseph Needham)[523]的苦惱。他研究的科技史相對說

111 比較明朗，然而他爲確定中國在世界舞台上的位置也很費勁。我以爲有一點可以肯定，西方和其他大陸間的差距是很晚才拉開的，把這歸結爲市場經濟的「合理化」，顯然過分簡單了，儘管我們今天持這種傾向的還大有人在。

　　總之，解釋這種隨著流逝逐漸加大的差距，就要涉及近代世界史的基本問題。本書勢必要涉及這個問題，但是不抱斷然解決它的奢望。我們將試圖從各個角度去提出問題，並且像過去把大砲靠近想要攻打的城市的城牆那樣，使我們的解釋接近提出的問題。

112 # 假設性結論

　　我們已介紹了從初級市場到交易會的各種交換齒輪，它們是容易被認出和被描繪的。但要確定它們各自在經濟生活中的地位，從整體上去考察它們的證詞，卻並不那麼簡單。它們的年齡相同嗎？它們之間有無聯繫，怎樣聯繫？它們是不是經濟發展的工具？對於這些問題，大概還沒有絕對的答覆，因爲在經濟浪潮的推動下，這些齒輪有的轉動較快，有的較慢。轉動較快和較慢的齒輪似乎在輪流起主導作用。每個世紀因而就有自己的特殊風貌。如果我們並未受到一種簡單化假象的欺騙，這種級差歷史應能說明歐洲經濟發展的意義，並可能成爲對世界其他地區進行比較性解釋的一種手段。

　　15世紀是14世紀下半葉災難困苦的延續。然而過了1450年後，開始有復甦的氣色。西方要花好些年才能重振以往的雄風。如果我沒有搞錯，聖路易時代的法國同路易十一時代仍有痛苦但已煥發精神的法國不可同日而語。除個別特殊區域（義大利某些地區以及精力充沛的整個尼德蘭）外，所有的經濟聯繫都放鬆了；從事經濟活動的個人或集體似乎處於放任自流的狀態，他們自覺或不自覺地利用了這一切。在此條件下，交易會和集市，尤其是集市，足以使交換重新活躍起來。西方城市壓倒鄉村的方式使人猜想到城市集市已恢復了活動，單靠這些集市，就能夠使鄉村屈服。

「工業品」價格上漲，農產品價格下跌，城市便佔了上風。

至於16世紀，歷來從不輕易下斷言的雷蒙‧德‧羅維爾 (Raymond de Roover)[524]認爲，這是交易會的鼎盛時期。似乎一切都能從交易會得到解釋。交易會興旺發達，到處舉行，數以千百計。其所以如此，根據我的假設，這是因爲16世紀的前進運動是在各交易會上貨幣和信貸優先流通的影響下，自上而下地安排就緒的。一切似乎取決於這些在相當高的水平上——簡直在「半空」中——進行的國際流通[525]。這些流通後來放慢了速度或變得複雜起來，機器便開始轉動不靈。自1575年起，從安特衛普到里昂再到坎波城的流通路線出現了故障。熱那亞商人用所謂柏桑松交易會勉強補綴，但也維持不了多久。

到了17世紀，正是依靠商品，一切才重新起步。我認爲這不能僅僅歸功於阿姆斯特丹及其交易所，雖然它們曾經起過作用，我更主張，這是因爲在較小的或很小的經濟範圍內進行的基礎交換成倍增加：其有力因素和決定性動力恰恰就是店舖。在這種情況下，或許可以說，價格上漲（16世紀）反映了上層建築佔統治地位；17世紀的價格下跌和停滯則意味著下屋基礎佔主導地位。這種解釋不能保證完全正確，但看來卻是言之成理的。

那麼，啓蒙時代又怎樣起跑乃至飛奔的呢？在1720年後，各個層次顯然都有發展。但重要的是現存體制出現日益擴大的裂痕。處在市場之外的反市場（我至今用「私下交易」一詞，但我更傾向使用「反市場」的說法）空前活躍；與交易會相對立，倉庫和貨棧日趨膨脹；同樣，與交易所相對立，銀行如雨後春筍般到處破土而出。銀行或許不是新發明，但至少它們越來越多，越具獨立性。我們也許需要有一套明晰的語彙，以確指所有這些包圍和打碎舊內核的外力，這些平行的活動，這些在上層和下層都清晰可見的加速因素：在上層，有橫貫歐洲並有效地控制歐洲的銀行以及交易所大動脈；在下層，則是起著革命作用的廣大流動商人，行販尚且不計算在內。

如果這些解釋像我設想的那樣有一定的眞實性，我們就需要弄清經濟生活的上層建築和下層基礎不斷互爲消長的奧秘。上層的運動是否能影響下層，影響些什麼？相反，初級市場和初級交換活動是否影響上層？怎樣影響？爲簡單起見，我們試舉一例。在18世紀的20年代，同時發生了英國的南海醜聞以及法國的約翰‧勞體系破產，這個體系雖然總共只維持了18個月，但也確實曾使舉國若狂。應該承認，坎康普瓦街的試驗與倫敦交易所街的嘗試十分相像；二者都已經證明，當時的整個經濟雖然有可能受

到高空的影響之下，資本主義還不能到處發號施令。但我贊同雅各布·范·克拉夫倫 (Jacob Van Klaveren)[526]的見解，即約翰·勞的失敗顯然與部分高級貴族出於個人利益對他持敵對態度有關，同時也與法國經濟本身不能飛速跟上有關。從經濟上講，英國擺脫醜聞的做法比我們成功，不像在法國那樣，約翰·勞體系破產在幾十年內使公眾對紙幣和銀行有反感。這難道不適以證明英國在政治、社會、經濟方面已相當成熟，金融和信貸的現代進程已相當發達，不容重新後退了嗎？

以上描繪的模式僅適用於西方。但在圖樣畫好以後，它或許能幫助我們更清楚地認識世界？西方發達的兩個基本特徵是：高級齒輪的形成，以及在18世紀交換渠道和交換手段的增多。從這個觀點看，歐洲以外的情況又如何？中國的情況最令人驚奇，那裡的官僚體制阻止經濟活動以任何形式從低級向高級發展。唯有城鎮的店舖和集市作為基本齒輪有效地轉動。伊斯蘭地區和日本的情況最接近歐洲。當然，我們後面還將就世界歷史進行比較研究，只有這樣才能解決或至少正確提出我們的問題。

市場與經濟

L'économie Face aux Marchés

115　　　第二章不脫離交換的範圍，試圖提出幾個模式和幾條傾向性規律[1]。我們在第一章裡把集市、店舖、交易會、交易所比作一系列不相連續的點，這裡卻要違背這個一成不變的形象。問題是要說明這些點怎樣匯合成交換路線，商人怎樣組織這些聯繫，這些聯繫又怎樣構成嚴密的平面，儘管在貿易之外還保留許多空缺。我們在很不完善的語彙中用約定俗成的市場一詞確指這些平面。該詞勢必有詞義模棱兩可的缺陷，但也無可奈何了。

　　我們將會先後從兩個不同的角度來進行觀察：首先從商人方面，我們將設想他可能如何經商，通常採用什麼策略；接著我們再看處在商人之外的不依個人意志為轉移的商業活動，即廣義上的市場。不論是城市市場、地區市場、國內市場或國際市場，商人必須面對這些現實，在它們的範圍內行動，享受優待或者遭到限制。此外，市場隨著時代的演變而變遷。這種市場地理，這種變化的市場經濟（我們將在第三卷仔細研究這個問題），自然不斷在重新塑造商人的特殊行為方式，並調整其行動方向。

117　# 商人和商品流通渠道

　　對商人的眼光和活動，我們是熟悉的：商人的文書可供我們查閱[2]。我們不難設身處地，為他起草、拆閱來往信件，檢查帳目，關注買賣的進展。但我們這裡主要是想弄清經商的規律，商人憑經驗就懂得這些規律，但既然懂了，平時也就並不十分在意。我們必須把有關情形加以系統化。

來和回

　　交換既然是相互的，任何一條從 A 到 B 的路線，必有一條從 B 回到 A 的路線相對應，不論後者如何迂迴曲折。交換因此自為起迄，形成循環。商品流通渠道與電路相同：必須閉合才能暢通。路易十四時代的一位蘭斯商人寫下了一個不錯的公式：「以銷定購[3]。」他顯然想說，這樣做才有利可圖。

　　假如說 A 是威尼斯，B 是埃及的亞力山卓（反正要舉例，不如舉顯例），從 A 運送貨物去 B，必須接著從 B 回到 A。如果我們的例子涉及的是1500年左右住在威尼斯的一名商人，我們設想他最初手中可能有名叫格洛比的銀幣、鏡子、玻璃珠、呢絨等。這些在威尼斯買進的貨物將運抵亞力山卓出售；反過來在埃及購買的貨物大概是成包的胡椒、香料或藥物，運回威尼斯出售，地點往往就在「條頓商館」。

商人喬治‧吉茲 (Jeorg Gisze) 的雙手。漢斯‧霍爾本 (Hans Holbein) 的一幅畫作的細部。

　　假定一切都按這位商人的願望進行，買進賣出的 4 道手續先後完成，沒有太多耽擱。切莫耽擱：早在「時間就是金錢」成爲英國諺語之前，這一道理已盡人皆知。切莫留下「死錢」[4]，貨物應盡快脫手，即令減價也在所不惜，以便「貨幣迅速進行另一次旅行」[5]，這就是威尼斯巨商米歇爾‧

達萊茲 (Michiel da Lezze) 在16世紀初給他的經紀人下達的指令。總之，不能誤了時間，剛在威尼斯買進的貨物立即裝船；船隻如期出發，不過這在實際生活中相當少見；貨物在亞力山卓馬上找到買主，希望購買的回程貨物立等可取；貨物在威尼斯卸下後，毫無困難就銷了出去。我們以上設想的順利情形並非常規。呢絨有時堆放在亞力山卓的一位親戚或代理人的倉庫內，一壓就是幾個月：或者因為顏色不討人喜歡，或者因為質量太差。也可能是運輸香料的馱幫沒有按時到達。還可能在回到威尼斯後，市場上的勒旺產品已經飽和，價格自然一落千丈。

118　　　這且表過不談，我們這裡關心的是：

（1）在這條循環路線中，有4個前後銜接的階段，任何往返貿易必定由這4個階段組成；

（2）據人們處在A或在B的位置，勢必經歷該過程的不同階段；但無論在A或B，總共都是二次供應和二次需求：在威尼斯出發前購貨一次，在亞力山卓售貨一次；再一次採購，貨物在威尼斯銷售，過程到此結束；

（3）過程以循環一周而告終。商人的命運在過程告終前總是懸著，他時刻為此擔心，旅程結束，盈虧才見分曉。利潤、開支、挫折和損失，在過程開始時和在整個過程中，都按這種或那種貨幣逐日記載，最後再折合成同一個貨幣單位，例如威尼斯的里佛、索鎮和德尼埃。那時候，商人才能軋帳，了解剛結束的這次往返給他帶來多少收益。可能僅在回程才有賺頭，這是常有的事情，如18世紀的對華貿易就往往如此[6]。

這一切都很簡單，甚至過分簡單。但沒有任何理由不讓事情變得複雜起來。商品流通過程不一定僅僅就是一來一回。在17和18世紀，大西洋的三角貿易十分普遍，例如從利物浦到幾內亞海岸，經由牙買加回到利物浦；又如從波爾多到塞內加爾海岸，再到馬丁尼克，然後回到波爾多；再如「聖路易號」船主於1743年向拉羅什‧庫維爾 (La Roche Couvert) 船長下達的荒唐指令：前往阿卡迪亞裝載鱈魚；運抵瓜德魯普出售，再裝上食糖，運回哈佛[7]。威尼斯人則由於市政當局經常為裝備「帆槳商船」提供方便，早在15世紀前已經進行這樣的旅行。如在1505年（貴族達萊茲[8]對塞巴斯蒂安‧道爾芬 (Sebastien Dolfin)（將隨柏柏爾船隊旅行）作了詳盡的佈置：首程自威尼斯到突尼斯，他將攜帶現金，即銀幣；在突尼斯把白銀換成金屑；或在瓦倫西亞市造幣所把金屑鑄成金幣，或用於在當地購買羊毛，或帶回威尼斯，視情況而定。同一位商人的另一個方案是把在亞力山卓港買進的八角茴香在倫敦賣出，又把從倫敦帶來的呢絨在勒旺地區

出售。17世紀從泰晤士河出海的某條英國船，滿載鋁、銅和鹹魚前往利佛諾出售，換得現金後在勒旺地區的贊特、賽普勒斯或敘利亞的的黎波里購買葡萄乾、棉線、香料（如果還有），或者生絲乃至於莫念瓦西亞的葡萄酒[9]，這也是一種3站貿易。人們甚至可以設想有4站或更多站頭的旅行。從勒旺回來的馬賽船隻有時在義大利各港口逐一停靠[10]。

到了17世紀，荷蘭人從事的「貨棧貿易」一般設有許多分支機構，他們的印度洋貿易顯然也按同一模式進行。荷蘭公司[11]在南洋群島之所以不惜一切代價要保住帝汶島，因爲在該島採伐的檀香木在中國很受歡迎，可換取中國貨物；該公司還運大批商品去印度的蘇拉特，換取生絲、棉布以及銀幣，後者是它同孟加拉貿易所不可缺少的；該公司並用它獨佔的摩鹿加香料和日本銅在科羅曼德換取大批織物；它在舉人口密集的暹羅出售這些織物，幾乎無利可得，但它在暹羅可買到日本需要的鹿皮，又包銷里戈爾的錫，運到印度和歐洲脫手，「利潤頗豐」，如此等等。在18世紀，荷蘭人[12]爲在義大利取得「勒旺貿易所需的比亞斯特和色庚」，把印度、中國、俄羅斯、西利西亞的貨物，或者馬丁尼克的咖啡以及在馬賽裝船的朗格多克呢絨一視同仁地運往熱那亞或利佛諾。這些事例可以表明「來和回」的簡單化公式實際上能夠包含的內容。

流通渠道和匯票

「來和回」很少以一次循環的簡單形式出現，不可能始終以貨易貨，甚至不可能始終以商品換取金屬貨幣。人們必定會經常使用匯票。匯票作爲劃帳手段，在教會禁止有息貸款的基督教國家已成爲最通用的信貸方式。信貸和劃帳於是便緊密聯繫。爲了弄清這一點，只舉細小的例子就夠了，這些例子以畸形的居多，因爲我們掌握的文件表明，不正常的總比正常的多，打偏的總比正中目標的多。

我在本書第一卷[13]曾就信貸問題詳細談到，1590年後，已屆晚年的坎波城商人西蒙‧呂茲 (Simon Ruiz) 怎樣採用完全合法的「商業高利貸」手段賺錢，不冒風險又不費力氣。這頭老狐狸向本地商界收買西班牙羊毛生產者換兌的匯票。他們把羊毛發往義大利後，不等正常的運輸和付款期限屆滿，就急於支取貨款。呂茲向他們提前兌現一般由羊毛買主開出的至遲三月爲期的匯票。他盡可能以低於票面的價值買進匯票，把票據寄給住在佛羅倫斯的同鄉兼代理人巴塔札爾‧蘇亞雷茲 (Baltasar Suarez)。後者在向付款人取款後，又買進一張新的匯票，由呂茲過三個月後在坎波城取

款。羊毛商人和他們的佛羅倫斯顧客之間的交易過了6個多月才在呂茲手中最終完成。正因爲買賣雙方不願或不能採用通常的商業往返方式，呂茲才能代辦一切，從半年信貸中獲得5%的純利。

失利有時也難免會發生。匯票換現金的行市高低是根據供求關係確定的。現金充足時，票據的價格見漲，反之則下跌。直接寄回第二張匯票有時很難甚至不可能獲利，因爲佛羅倫斯的匯票價格過高。蘇亞雷茲於是只得把錢劃到自己帳上（即呂茲劃在他名下的帳上）或「轉開」在安特衛普或柏桑松取款的匯票：票據因此將進行三角旅行，時間增加三個月。這勉強還能說得過去！但是在過程結束之後，當呂茲發覺他沒有賺得他希望得到的利息時，便狂怒不已。他想作買賣，但必定要賺錢。他於1584年寫道：「如果作匯票買賣有一錢不賺或損失資本的風險，那還不如勒緊錢袋口」[14]。只要呂茲認爲自己的利益受到損害，流通線路便自動切斷。

周轉不靈，交易不成

如果在某種情況下，一條商業流通渠道由於某種原因而不再暢通，這條渠道勢必會消失。戰爭一般不足以阻塞流通，但有時也造成阻塞。試舉一例。

天青石是一種鈷質礦物染料（始終混有閃閃發亮的砂子，品質低下者尤其如此），用於瓷器上的藍色裝飾；也可作坯布的漂白之用。康城的這位商人（1784年5月12日）對他的批發商抱怨最近一批到貨：「我看這批天青石的顏色不如平常那麼深，裡面攙雜的砂子太多[15]。」美因河畔法蘭克福的本薩兄弟公司係天青石供應商，他與盧昂的一位代銷商小杜加爾(Dugard Fils) 之間長達30年的書信往返極其單調，每年的信件幾乎逐字逐句地重複。除日期外，唯一不同的是船長的姓名，這些船隻通常在阿姆斯特丹，有時在鹿特丹，偶爾在不來梅把本薩公司自產的天青石運送給小杜加爾。難得發生意外事故：一條船遲到了，另一條船則是在盧昂附近的河中擱淺[16]（這更屬意外），或者出現了競爭對手。在正常情況下，貨物存進小杜加爾的倉庫後，分銷迪耶普、埃爾伯夫、倍內、盧夫耶、波爾貝、楓丹白露、康城等地。他照例實行賒銷，按貨價收取匯票、期票或欠單。

在本薩兄弟公司與小杜加爾之間，本可以用貨物還帳，因爲杜加爾經營多項批發業務：織物、塞內加爾樹膠、茜草、書籍、勃艮第葡萄酒（桶裝或瓶裝）、長柄鐮刀、鯨鬚、靛藍、斯麥納棉花等等。但根據德國供應商的要求，貨款以期票和匯票方式支付。這裡有個舉一反三的例子：1755

洛多維科・貝內迪托・布翁維奇商行繼承人1575年3月23日在里昂致坎波城維克多・魯伊茲 (Victor Ruys) 的繼承人佛朗西斯科・德・拉普萊薩 (Francisco de la Pressa) 的信（於4月13日收到）。該信涉及匯票的結算（下方的算式轉錄匯票的金額）。信末簽字前列舉了各商埠的匯價。巴利亞多利德市的西蒙・呂茲檔案。

年10月31日[17]，雷米・本薩 (Remy Bensa) 在法蘭克福就他發往盧昂的貨算了一筆帳。他說：「在按通常貼水率扣除15%後[18]，我算出應收貨款4470里佛10蘇，請您將其中的三分之二計2980里佛於當日開出巴黎3期付款的記名本票。」按照當時慣例，每個付款期限約爲兩星期。在票據到

期那天,小杜加爾將付給巴黎一位銀行家2980里佛,由他把款子轉到法蘭克福。杜加爾同他的法蘭克福客戶之間的分期付款照例在年底結清尾欠。雙方都是誠實商人,但前者表現殷勤恭順,後者則顯得盛氣凌人。清帳最終取決於巴黎和美因河畔法蘭克福之間的匯票聯繫。一旦聯繫中斷,清帳便不再能正常進行。大革命初期,恰好曾發生過這樣的事情。

1793年3月,本薩不能再抱幻想:荷蘭朝法國方向的貿易全遭禁止,法蘭克福商人對這場逐漸在歐洲蔓延的戰爭不知應持什麼立場。本薩在致小杜加爾的信中寫道:「我不知道他們是否把我國居民視為敵人,儘管我們對他們沒有敵意,萬一他們與我們為敵,那可就糟糕了,因為我們的交易將突然停頓[19]。」事態果然這樣發展,而且十分迅速,因為本薩致杜加爾的最後幾封信中有一封提到:「巴黎的匯票在這裡不斷跌價,可以預見還將大跌特跌。」這就等於說,返回的路線已無可挽救地被切斷了。

關於回程的困難

解決回程的困難,通常採用匯票,金融流通渠道是否可靠顯然至關重要。這種可靠既取決於客戶的個人信譽,又取決於聯繫是否有效。任何商人都難免遇到意外事故,但住在阿姆斯特丹比住在聖馬羅條件總要好些。

曾為派往秘魯的「百合花號」貨船提供資金的聖馬羅大商人皮戈·德·聖比克 (Picot de Saint-Bucq),當貨船於 1747 年返回西班牙時,希望收取他應得的本利。他於 7 月 3 日自聖馬羅寫信給加地斯的若利公司:「請貴公司將款項用可靠的匯票交付,我特別提請注意,不論出於任何理由,此事均切莫委託法國東印度公司及其經紀人辦理[20]。」法國東印度公司經紀人在加地斯的出現並不令人驚奇;該公司同其他公司一樣來這裡裝運遠東貿易所必需的比亞斯特銀幣(原稱本洋)。如有法國商人願交付比亞斯特,該公司可隨時願意開具巴黎取款的匯票。至於聖比克為何表示拒絕,可能他與公司已有帳面往來,不願幾筆交易混在一起,也可能聖馬羅人與該公司相處不睦,還可能這家大公司準時付款的信譽不佳。可以肯定的是聖比克聽任客戶作出選擇。其重要的和實際的理由在於,正如他在另一封信中承認的:「聖馬羅不是一個經營匯兌業務的商埠」[21]。這個解釋十分寶貴,它能說明聖馬羅人為何在商務往來中偏愛現金。

對一家公司來講,能夠與大金融市場取得直接聯繫總是有利的。彼埃爾·佩雷 (Pierre Pellet) 於1728年娶了讓娜·奈拉克 (Jeanne Nairac) 為妻,波爾多的佩雷兄弟公司從此一帆風順,因為他們與當時在大商埠阿姆

斯特丹的妻兄季堯姆 (Guillaume Nairac) 有了業務往來[22]。在那裡，貨物易銷，現金易存，存放條件比別處更加優厚，借款的利率則是歐洲最低的。由於對外聯繫廣泛有效，從這個商埠出發，轉手貿易相當容易，這對自己固然有利，對別人也有利，其中包括荷蘭富商。

同樣的原因產生同樣的結果，塞特的馬克・弗雷西內公司於1778年時在阿姆斯特丹的寇納里斯・范・卡斯特里孔建造的荷蘭船「雅各布・卡塔里納號」於1778年11月到達塞特時，船長蓋格爾被介紹到當地的弗萊西內公司[23]。該船為包稅所運來644筐煙草，包稅所立即付運費16353里佛。船主請求幫助的事很簡單：運費盡快匯達。殊不知，(1)蓋格爾船長把包稅所的「付款證」交給了弗萊西內公司，後者當即收下；(2)阿姆斯特丹的弗萊西內子公司於1778年底破產，連累了塞特的馬克・弗萊西內公司。倒楣的蓋格爾船長立即著手司法訴訟，先是勝訴，然後又輸掉一半。不但馬克・弗萊西內顯然缺乏誠意，而且破產者的債權人到處作梗。所有人都聯繫起來，對付了上了圈套的外國債權人。款子最後還是返回阿姆斯特丹了，但是拖延很久，而且七折八扣。

當時收益最大的貿易是前往各海島或印度洋的遠程貿易，但回程往往存在問題。有時需要臨時拿主意和冒點風險。

格雷夫勒把他的兄弟安置在聖厄斯塔什島，顯然懷有投機的意圖。這是荷屬小安地列斯群島中的一個小島。商業投機好處雖多，但不無風險；格雷夫勒的活動以災難告終。從1776年4月起，隨著英國同殖民地發生戰爭，國際生活中陰雲密佈，與美洲的聯繫變得困難，而且招致嫌疑。那麼，怎樣把資金送回本國？在萬分無奈下，島上的格雷夫勒讓他的合夥者杜穆蘭（路易的妻兄）前往馬丁尼克，「設法把款子匯往」尚未與英國交戰的法國，然後再轉匯阿姆斯特丹。住在阿姆斯特丹的哥哥大發雷霆，指責事情辦得荒唐。「結果將會是什麼？或者他找不到合適的商號，事情將拖延更久；或者接受馬丁尼克最可靠的商戶開出的波爾多期票或巴黎期票，這種票據在歐洲幾乎總是被拒絕承兌，到時候天曉得這筆錢還能不能找回來。上帝保祐他交匯時不屬於這種情況[24]。」常言說得好，匯票確實是「劃帳」的巧妙工具。但這個工具還必須近在手邊，質量與效率俱佳。

馬赫・德・拉波多內 (Mahe de la Bourdonnais) 於1729年10月[25]在朋迪樹里（他那時放棄了印度公司的海員職業，改營冒險商業）。他想在當地創辦一家新公司，聖馬羅的幾位朋友已同意投資入股。他們提供的資金和貨物將用於莫卡、巴達維亞、馬尼拉乃至中國等地的印度洋貿易。

波爾多市尚‧佩雷 (Jean Pellet) 的記名本票（1719）。

至於如何收回投資和利潤，馬赫的主意可真不少。一個穩當的辦法是使用東印度公司的匯票；或者收回貨物（有一位股東想立即收回資金，便寄給他700件印度布襯衣，馬赫指出：「這不冒被沒收的風險」。人們知道，當時在法國禁止使用的印花布便不屬這種情形）；或者托一位肯幫忙的船長把黃金帶回法國（用這個辦法可不必付運費，即節省約2.5%，並多賺20%的利潤）。相反的，馬赫對於在印度的英國人和歐洲人所偏愛的鑽石並不熱中。他寫道：「我願老實對您承認，我對此並不內行，不敢過於自信，又不願盲目相信行家，以免上當受騙」。如果不成立新公司，馬赫會把手頭的資金和貨物隨身帶回法國。但他將乘坐一艘葡萄牙船前往巴西，印度產品在那裡出售將有利可圖。這還順便告訴我們，拉波多內在他居留過的巴西沿海有朋友和熟人。對像他這樣的大旅行家說來，世界正變成一個隨處都有熟人的村莊。

彼埃爾‧布朗卡爾 (Pierre Blancard) 船長的《東印度和中國貿易教程》於1806年在巴黎出版，該書指出了住在法蘭西島（今稱模里西斯島）的法國商人從前的生財之道。他們致富往往是靠為住在印度的英國人提供有償服務，幫助他們把合法或不合法取得的財產隱蔽地送回國內。法國商人給英國人開出「為期半年的巴黎期票，匯票按每個星塔金幣為9法郎計算，這就等於每盧比折合2法郎50生丁」[26]（這裡表明，布朗卡爾在拿破崙時代寫書時，把上個世紀的商業活動折算成當代貨幣）。這些期票當然不是憑空開出的，法國在印度的貿易收入定期送回到巴黎銀行家的手中，後者得以支付向英國人開出的期票。為使法蘭西島的商人能完成其金融流通，必須做到以下各項：英國人不能使用自己的資金回收網，由我國商人從事的印度印花布貿易能順利進行，盧比對里佛的折算每次在商業上和匯兌上都對他們有利。我們可以肯定，他們對維持這種局面不遺餘力。

125 商人間的合作

交換就這樣在世界上縱橫交錯，星羅棋布。在每個交叉點，在每個接

力站，必須設想有一個商人，不論是行商或坐商。商人的作用由其地位所決定：「告訴我你住哪裡，我就知道你是誰。」如在1526至1548年間以經商爲業的克萊蒙·科布勒 (Clemens Korbler)，出身、祖產和其他機遇使他在上斯蒂利亞的猶登堡定居，他理應經營斯蒂利亞的鐵以及雷歐本的鋼，並光顧林茲交易會[27]。如果他是批發商並住在馬賽，他就能在當地提供的3、4種可能中進行選擇，當然這是往往由環境決定的一種選擇。19世紀前的批發商總是兼營幾項業務，這僅僅是出於明智嗎（正如人們所說，不把所有雞蛋放進同一隻籃子」）？或者他必須在各種的機遇（不由他創造）經過他門口時予以充分利用？單靠一種機遇不足以維持他的地位。這裡所說「多種可能」來自外部，產生於交換數量的不足。總之，批發商位於車來人往的十字路口，他能參與重大的商品流通，因而不像零售商那樣搞專門的經營。

任何商業網都把一定數量的經營者個人聯繫在一起，他們可屬於或不屬於同一家公司，分布在一條或幾條流通路線上。貿易得以進行全靠這些中轉站，這些互助和聯繫，商人的事業愈成功，互助和聯繫便愈多。

波爾多的批發商尚·佩雷 (Jean Pellet) 的一生事業（1694-1764）爲我們提供了一個極好的例子。此人生於魯埃格，早年曾在馬丁尼克經營普通零售商業，日子過得頗爲艱難，他的哥哥在他們發跡時還提醒說，他曾以「霉木薯粉、酸葡萄酒和隔頓熱過的牛肉」[28]爲食。他於1718年回到波爾多，與大他兩歲的哥哥彼埃爾合夥，由他哥哥去馬丁尼克定居。這是一家資本微薄的公司，專營波爾多和該島之間的貿易。兩兄弟各管一頭，直到約翰·勞體系大危機爆發之前，生意一直做得不壞。住在島上的哥哥寫道：「從你來信看到，全靠我們互相支持，今年幸而沒有虧本；所有批發商人都以信譽爲本[29]。（1721年7月8日）」一個月後，即8月9日[30]，彼埃爾又寫道：「對於法國的可悲事態以及那裡迅速喪失財產的種種風險，我同你一樣感到驚詫；幸而我們處境比別人有利，皆因我們在此地（馬丁尼克）銷路不錯。你必須注意不留現金和期票」，總之只做貨物交易。兩兄弟的合夥關係於1730年後停止，以後僅保持商業往來。兩人積聚並巧妙地隱藏了巨額利潤，從此發跡並大展鴻圖。自1730年後，我們只了解兩兄弟中更富冒險精神的尚·佩雷的商業活動；在1733年後，他已相當富有，不再需要正式與人合夥，他的貨物交人代銷，他的船隻則由船長經營。他的商業關係之多和營業額之大簡直令人目瞪口呆：他身兼造船主、批發商、金融家、地產主、葡萄酒生產與銷售者、食利者等職業，並且與 127

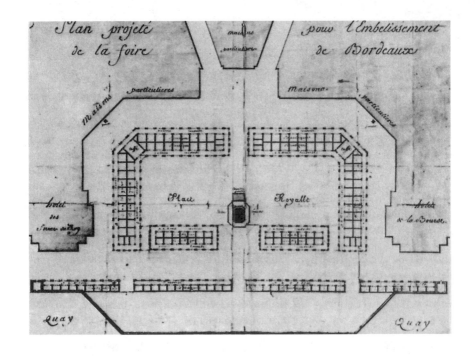

波爾多：加布里埃爾 (J. Gabriel) 繪製的皇家廣場草圖（1733）。下圖為目前的交易所廣場，右側與主樓成斜角相交的樓宇已於 1743 年拍賣給尚‧佩雷，與銀行家彼埃爾‧波利卡爾購置的宅基為鄰。

馬丁尼克、聖多明哥、卡拉卡斯、加地斯、比斯開、貝雲、土魯斯、馬賽、南特、盧昂、迪耶普、倫敦、阿姆斯特丹、米德爾堡、漢堡、愛爾蘭（購買鹹牛肉）、布列塔尼（買布）等地皆有商業上的聯繫……自然還與巴黎、日內瓦和盧昂的銀行家有往來。

　　必須指出，這一雙份家產是靠聯姻而奠定的（彼埃爾・佩雷雖然比他的兄弟膽小、謹慎，只經營造船業和對殖民地貿易，卻也成了百萬富翁）。彼埃爾於1728年娶季堯姆・奈拉克的妹妹爲妻，而季堯姆曾是兩兄弟在阿姆斯特丹的客戶[31]。經營商業不能沒有一個可靠的合夥人相配合，聯姻確實是最自然，也是人們最樂意尋求的解決辦法。這是我們重視商人家族史的一個決定性理由，正如王族系譜史對研究政治波動十分重要一樣。路易・代爾米尼 (Louis Dermigny)、埃貝爾・呂蒂 (Herbert Luthy) 和赫曼・凱倫本茲 (Hermann Kellenbenz) 的著作都說明了問題。羅繆德・西侖凱維茲 (Romuald Szramkiewicz) 研究執政府和帝國時期法蘭西銀行董事名單的專著[32]也是佳作。法蘭西銀行的史前史更引人入勝，創建該銀行的各家族幾乎都與白銀和西屬美洲有聯繫。

　　聯姻顯然不是唯一的辦法。富格爾家族在16世紀曾利用受他們僱用的代理人。這是用命令解決問題的辦法。原籍格里摩的阿費塔迪家族[33]寧肯開設分公司，必要時也與當地公司合夥。在他們以前，麥迪西家族已建立了子公司體系[34]，當情況需要時，可用一紙文書使它們獨立，以免某個地方分公司的破產由整個公司承擔責任。到了16世紀末，靈活、簡便、開銷省、效率高的代理制日趨普及。所有的商人——例如在義大利或在阿姆斯特丹——都爲其他商人充當代理人，反之亦然。商人爲他人代理業務時提取一小筆佣金，委託他人代理自身的業務時則同意支付佣金。這裡顯然不是合夥，而是相互地服務。另一項普及的做法是合夥制的退化形式，即所謂參與制，參與各方僅爲一項業務進行合作，下次合作需另行訂約。關於參與制，我們後面還會談到。

　　商人間實行合作，不論採什麼形式，都需要忠誠、信任及恪遵指令。由此形成一種相當嚴格的商業道德。阿姆斯特丹批發商赫本斯特萊父子公司與盧昂的小杜加爾訂立了對半拆帳的參與契約。1766年1月6日[35]，他們給小杜加爾寫了一封語氣十分生硬的信，因爲小杜加爾把他們運去的塞內加爾樹膠「低價」出售，「既無任何必要，又違背我們的明確指令」。結論相當清楚：「我們要求您把如此不恰當地賣掉的我們這一半[36]，按原售價算在您的名下補回。」這至少是他們建議的「妥商」方案，「以免就此事再

向第三者寫信」。這就表明，針對上面那件事而言，即使在盧昂，商人間的
128　互助精神也對阿姆斯特丹的批發商有一定的利益。

　　給予信任意味著要求服從。呂茲於1564年在塞維爾有一位名叫傑羅尼
莫・德・瓦拉多利德 (Geronimo de Valladolid) 的代理人，此人肯定比他
年輕得多，大概是他的卡斯提爾同鄉[37]。不論有理無理，呂茲突然發怒，
責備年輕人挪用款項或犯了其他錯誤。向老闆告發此事的第二名代理人，
樂得藉機落井下石。傑羅尼莫當即不辭而別，因爲塞維爾警察當局已在追
捕他。但他不久就在坎波城露面，跪在主人的腳下，懇求他的寬恕。我偶
然在1570年的文件裡又找到瓦拉多利德的名字。在上面談到的事件過後6
年，他已成爲塞維爾專營布疋呢絨的商人，事業上大概有所成就。上面這
件小事雖說語焉不詳，卻能說明一個至關重要的信任問題：商人要求，也
有權要求其代理人、合夥人和店員配得上他的信任，同時也說明，他們之
間的關係有主僕、上下這樣的封建色彩。在 18 世紀初，法國的店員還談
到，他們剛擺脫了主人的「壓迫」和「統治」，並爲此感到高興[38]。

　　一個外鄉人經過介紹來到塞維爾這樣一個令人迷惘的世界，後來又爲
相同的理由，在同樣令人迷惘的加地斯，參加原則上由西班牙人從事的美
洲貿易，絕對信任是他唯一的行事方式。作爲美洲貿易的橋頭堡，塞維爾
和加地斯是兩個與眾不同的城市，這裡秩序混亂，欺詐盛行，規章被踐
踏，地方當局對不法行徑甚至曲意包庇。但是，在這一片腐敗之中，商人
之間有一種「行規」，正如在特里亞那市郊或聖路卡巴拉港這兩個西班牙
黑社會的巢穴，警官與無賴之間也有戒條一樣。作爲一名外國商人，總有
錯處可被別人抓到，如果你的心腹背叛了你，嚴厲的法律社會無情地落到
你的頭上，而且由你一人承當。這種情況十分少見。荷蘭人（從16世紀末
開始）往往託別人乘坐西班牙船隻把貨物帶往美洲，又把那裡的貨物帶
回，每次都順順當當。在加地斯，所有人全都認識「帶貨船員」，他們往
往出身於沒落貴族，專門夾帶金條或者私運海外貴重商品乃至一般煙草，
他們對此並不隱諱。這夥亡命之徒一有錢便盡情揮霍，雖說遭人鄙視，卻
很講義氣，他們在加地斯這重要的商業城市結成幫派。更重要的是「押運
員」[39]，不論是西班牙人或歸化西班牙的外國人，他們攜帶別人託付的私
貨，登上開往印度的船隻。外國商人依賴他們的信義。

129　**商業網、分區控制和征服**

　　商人間的團結在一定程度上是一種階級團結；這當然並不排除個人與

個人、城市與城市或「國家」與「國家」之間的商業競爭。16世紀的里昂
並不像人們所說的那樣，簡單地由「義大利」商人所控制，盧加、佛羅倫
斯和熱那亞的商人集團形成了對立和割據的局面[40]（1528年出現的困難使
他們離開該地）。義大利城市具有這樣一種特殊本領：它們互相爭吵，互
相厭惡，必要時卻又互相支持，對付外敵。可以想像到，與這些商人集團
相聯繫的還有他們的親戚朋友，僕人客戶以及帳房店員。阿爾芒多・薩波
利 (Armando Sapori) 告訴我們，早在13世紀，當吉安費格里亞齊家族遷
居法國南部時，隨他們一起前來的「有大批其他義大利人，大批其他的義
大利商人」[41]。

　　這裡因此可以用上征服、控制、滲透這樣的字眼。流通路線和商業網
有規律地被一些集團控制，它們力圖獨佔，必要時禁止其他集團利用。在
歐洲，甚至在歐洲之外，只要細心去找，就不難發現這些集團。山西的錢
莊系統從黃河到珠江橫穿中國。中國的另一條線路以南方海岸為起點（特
別是福建海岸），朝日本和南洋群島的方向，發展中國的對外經濟，其形
式在長時期內與殖民擴張相接近。大阪商人於1638年實行鎖國政策後全力
發展日本國內貿易，他們體現著整個日本列島的經濟活動。我們已談到婆
羅門商人在印度國內和國外的廣泛擴展：據達維尼葉[42]說，伊斯法罕有許
多婆羅門銀行家；他們還前往伊斯坦堡、阿斯持拉罕和莫斯科。1723年，
一名印度商人在莫斯科去世，其妻子要求獲准在焚燒丈夫遺體的柴堆上自
焚，這個要求遭到拒絕。「印度商團當即決定推帶財產離開俄國，以示抗
議」。俄國當局面對這一威脅作出讓步。同樣的事情於1767年再次發生[43]。
信奉異教或伊斯蘭教的印度商人在印度洋到南洋群島一帶的擴張更加顯
著，更加驚人，他們的商業網抵禦了葡萄牙人的偷襲和荷蘭人的暴行。

　　在歐洲和地中海，在西方和東方，到處都能見到義大利人！在1204年
君士坦丁堡陷落之前，特別在這以後，難道還有比拜占庭帝國更好的獵物
嗎[44]？義大利的商業征服很快將到達黑海沿岸：義大利的商人、船員和公
證人在那裡就像在家裡一樣。他們緩慢的、長達幾個世紀的對西方的征服
更加了不起。早在1127年時[45]，他們已參加伊普爾交易會。「13世紀下
半葉，他們已在法國各地設立強大的商行，如在布列塔尼（自1272至
1273年起）、干岡、迪南、坎佩爾、坎佩雷、雷恩和南特……波爾多、亞
仁、加和等，而這些商行只是佛羅倫斯、皮辰札、米蘭、羅馬和威尼斯各
大公司的分號[46]。」他們先後賦予香檳區的交易會，布魯日的貿易活動，
後來的日內瓦交易會，以及更往後的盛極一時的里昂交易會以新的活力；　130

他們一手締造了塞維爾和里斯本最初的繁榮；開闢安特衛普港，促使法蘭克福的興盛，都有他們的一份；他們是以柏桑松命名的熱那亞交易會的主人[47]。他們精明機靈、四出活動，既招人嫌惡，也引人歆羨。在北海、布魯日、南安普頓、倫敦，從地中海艨艟巨舟上下來的水手遍布碼頭及鄰近的酒館。義大利商人則直接進入城內。新教和天主教之間的主戰場恰恰在大西洋，這難道純屬偶然？北方海員與南方海員為敵，這一往事可以說明許多深仇宿恨。

在可被認出的其他商業網中，還有漢薩同盟諸邦商人間的牢固聯繫。「富格爾時代」[48]上德意志的商業網野心過大，難以為繼；它其實只維持了幾十年，但其成就何等輝煌！荷蘭人、英格蘭人、亞美尼亞人、猶太人以及西屬美洲的葡萄牙人都各有其商業網。法國沒有對外的大商業網，馬賽人在地中海和勒旺地區的貿易，他們在18世紀與巴斯克人和加泰隆尼亞人平分伊比利半島的市場[49]，這些都是例外。法國的商業成就不大具有深遠的意義：不能統治別人，就被別人統治。

威尼斯駐開羅大使多梅尼科‧特雷維奇亞諾 (Domenico Trevisiano) 的招待會，尚蒂勒‧貝里尼 (Gentile Bellini) 於 1512 年作畫。

亞美尼亞人和猶太人

有關亞美尼亞商人和猶太商人，我們擁有許多材料。但要從大堆的細節和專題研究中綜合出幾條整體特徵，這些材料卻又嫌不夠。

亞美尼亞商人征服了波斯全國。阿拔斯大帝曾限定他們在伊斯法罕寬廣、活躍的市郊朱爾法定居，他們正是從朱爾法出發，前往世界各地。他們很快走遍了整個印度，特別是從印度河到恆河和孟加拉灣一帶[50]，如果我們沒有誇大某些材料的話；他們也朝南來到葡屬果亞。如同法國或西班牙商人一樣，他們在1750年左右向「聖洛士的聖克雷爾修女院」借款[51]。亞美尼亞人還越過喜馬拉雅山，來到拉薩，他們的貿易甚至到達遠在1500公里之外的中國邊界[52]。但他們並不深入中國。奇怪的是，中國和日本對他們總是關門[53]。他們很早就已在西屬菲律賓立足生根，繁榮發達[54]；他們遍布遼闊的土耳其帝國，是猶太人和其他商人強勁的競爭對手。在歐洲方面，亞美尼亞人來到莫斯科公國，在這裡開辦公司和經銷伊朗生絲，經過一再轉手，生絲橫貫俄羅斯國土，抵達阿干折斯克（1676）和俄羅斯的鄰國。他們在莫斯科公國定居，經過長途跋涉，把貨物運到瑞典，他們也借道阿姆斯特丹前往瑞典[55]。整個波蘭被他們走遍，德意志更是如此，他們在萊比錫交易會上尤其活躍[56]。他們前往尼德蘭，後來又去英格蘭和法國。他們於17世紀在義大利安頓，16世紀末開始的東方商人不斷入侵是當時的重大事件，而亞美尼亞商人則自威尼斯出發加入這一壯舉[57]。他們到馬爾他的時間更要早些，文件談到「可憐的亞美尼亞基督徒」。他們確實相當可憐，但他們「人人都做生意」（1552-1553[58]）。毫無疑問，他們的到達並不始終都受歡迎。1623年7月，馬賽行政官致函國王，抱怨大批亞美尼亞人和大宗生絲進入該地。這對本市的貿易是個危險，行政官指出：「世界上再沒有更貪得無厭的民族，他們在阿勒坡、斯麥納等地出售生絲相當方便，盡可以誠實謀利，但為了多賺一點，竟不惜來到天涯海角（直到馬賽）；他們的生活方式十分下賤，多數時間食草為生」[59]，就是說，吃的是蔬菜。亞美尼亞人並不因此而被排擠出去，四分之一個世紀過後，即在1649年1月，波爾騎士的法國艦隊在馬爾他附近還截獲了一艘英國船。該船從斯麥納向利佛諾和土倫運送400包生絲，其中大部分屬於乘坐該船的64名亞美尼亞客商」[60]。亞美尼亞人也曾到葡萄牙、塞維爾、加地斯以及美洲的沿海港口。1601年，一位名叫喬治·達·克魯茲 (Jorge da Cruz) 的亞美尼亞人到達加地斯，聲稱直接來自果亞[61]。

總之，亞美尼亞人出現在世界所有的商埠。一位名叫路卡·瓦南台斯

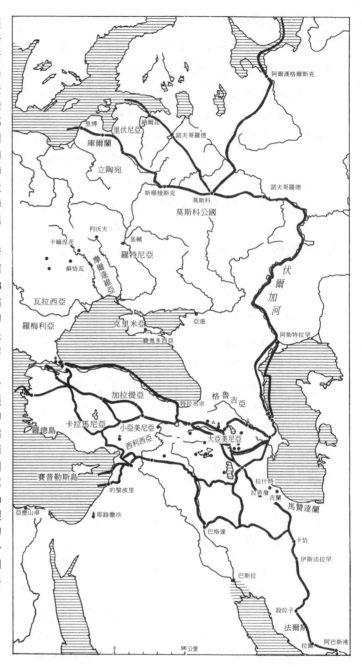

表(11) 亞美尼亞商人17世紀在伊朗、土耳其和莫斯科公國的經商路線。這張地圖僅表現亞美尼亞商人陸路營業網的一部分：與土耳其帝國的阿勒坡、斯麥納和伊斯坦堡的聯繫，通過裏海和伏爾加河與俄國的聯繫。從莫斯科出發，有通向里博、納爾瓦和阿干折斯克的三條路線。阿拔斯大帝於1603年至1605年間給亞美尼亞人指定的流放地新朱爾法是亞美尼亞人向世界擴展的活動中心。新朱爾法的大部分商民來自亞美尼亞境內阿拉斯河畔的舊朱爾法。順便指出，他們均係大商人和批發商。本圖由克拉姆·克沃尼昂（Keram Kevonian）製作，見「17世紀的亞美尼亞商人」一文，載《俄羅斯和蘇維埃世界手冊》，1975年，插頁。

蒂 (Loucas Vanantesti) 的亞美尼亞人用亞美尼亞語寫下了一本商業用書，該書於1699年在阿姆斯特丹印刷，鮮明地反映了這一輝煌業績[62]。朱爾法的富商貝特羅資助該書的出版，提供「我們的商人同胞」使用。作者開宗明義引用福音書「切莫對人如何如何」的訓誨。該書的首要目的是向商人

提供有關各商埠使用的度量衡和貨幣的知識。涉及哪些商埠？不僅有所有的西方城市，還有匈牙利的城市以及伊斯坦堡、克拉考、維也納、莫斯科、阿斯特拉汗、諾夫哥羅德、海得拉巴、馬尼拉、巴格達、巴斯拉、阿勒坡、斯麥納等地。有關市場和商品的部分詳細介紹了印度、錫蘭、爪哇、安汶、望加錫、馬尼拉等商埠。在這些值得過細分析和篩選的大量材料中，最稀奇的還是對歐洲各城市生活費用的比較，或是對從埃及到安哥拉、莫諾莫塔帕和桑吉巴的非洲敘述，雖然其中漏洞百出。這本小書使我們看到亞美尼亞人商業活動範圍之大，卻並不告訴我們他們成功的原因。他們的商業技術其實僅限於鼓吹三率法的好處（三率法是否足以解決一切問題？）。該書沒有涉及有關簿記的問題，尤其沒有揭示簿記對發展商業和資本主義有何重要意義。這些無可數計的貿易怎樣互相連接和形成循環？它們全都與朱爾法這個中心相聯繫，或者如我所想，還有其他中間聯絡站？波蘭的利沃夫是東西方之間的橋樑，那裡的亞美尼亞人被稱爲波斯人，他們的集居地不但有自己的法院、印刷所和眾多的商業聯繫，而且控制朝鄂圖曼帝國出發的車隊。這些車隊的主人總是亞美尼亞人。朱爾法商人掌握的東西方兩大塊地盤就是靠這車隊相焊接的嗎？利沃夫亞美尼亞人的「窮奢極侈」[63]，難道不正是結論性的象徵嗎？

　　猶太商業網也遍布全世界。他們的成功比亞美尼亞人更早：在古羅馬時代，信奉猶太教的和不信猶太教的「希利人」（Syri）都四出經商；到公元9世紀，利用穆斯林征服打通的道路，納博訥的猶太人「經紅海或波斯灣到達廣州」[64]；秘庫文件[65]告訴我們，從伊弗利加、開爾萬到埃及、衣索比亞和印度半島之間的商業聯繫，十之八九由猶太商人進行。在10到12世紀，埃及（以及伊拉克和伊朗）的猶太富商經營遠程貿易、銀行業和稅收，範圍有時達好幾個省[66]。

　　猶太商人就這樣千百年來一脈相傳，其歷史之久遠勝過我們剛才爲之 134 驚嘆的義大利商人。除開歷時最久以外，他們還開創了大起大落的記錄。朱爾法是集中亞美尼亞人金錢和凝聚他們的感情的秘密故鄉，與此相比，這是他們的悲劇所在，也是他們頑固地不願與別人融合的結果。我們當然不能僅僅看到災難，或把災難過分集中起來，雖說這些災難事件粗暴地斷送了久已適應環境的商號，摧毀了正健康成長的商業網，從而鑄成一些悲劇性的命運。他們在13世紀的法國曾取得相當的成功[67]，在15世紀的波蘭，在義大利的不同地區，中世紀的西班牙和其他地方，可說成果輝煌。

　　猶太人於1492年被逐出西班牙和西西里，於1541年又被迫離開那不

勒斯[68]，他們朝兩個方向流亡：地中海沿岸的伊斯蘭國家和大西洋各國。
猶太商人於16世紀作為批發商或包稅商[69]在土耳其的塞薩洛尼克、布爾
薩、伊斯坦堡、亞得里亞堡等地發了大財。葡萄牙於1492年後仍允許猶太
人居住，成了他們四出經商的另一出發點。阿姆斯特丹和漢堡是已經或即
將致富的猶太商人愛去的地點。他們無疑推動了荷蘭對伊比利半島的商業
擴展，不論是里斯本或是塞維爾、加地斯和馬德里。他們也促進了朝義大
利方向的商業擴展：猶太人在皮德蒙、威尼斯、曼圖亞、非拉拉很久以來
就有活躍的商業基地，利佛諾17世紀的興旺發達也有猶太人的功勞。他們
無疑參與了對美洲的殖民開發，特別是發展巴西和安地列斯群島的甘蔗種
植和食糖貿易。他們在18世紀曾到波爾多和馬賽經商；他們於1290年時
被逐出英格蘭，又在克倫威爾治下（1654-1656）回到那裡。凱倫本茲講述
了分散在大西洋沿岸各國的地中海猶太人這股興旺的歷史[70]。隨著美洲的
白銀生產出現轉折，猶太商人受到波及或有早晚，但他們的成功因此受
挫；這個說法很成問題。如果某個事態變化能使得他們從此一蹶不振（事
情是否真的如此？），他們肯定不如人們設想的那樣充滿活力。

　　由於地中海猶太人的勢力消隱，以色列開始了一個相對退縮的時期。
如果不是沉默的時期，另一次高潮將隨中歐猶太行商的興起而逐漸形成。
18世紀將是中歐猶太人成功的時代，他們首先獲得了德意志王公們的寵
信，成為「宮內猶太人」[71]。事情並不是由某些出類拔萃的「活動家」自發
地辦成的，儘管有的傳記這樣說[72]。經歷過30年戰爭危機的德意志喪失了
一大部分資本主義骨幹，猶太商人得以在17世紀末填補由此造成的真空，
他們的興起早已顯而易見，例如在萊比錫交易會上。但19世紀才是德系猶
太人的鼎盛時期，羅思柴爾德家族那時成了世界矚目的富翁。

　　此外還應補充，假定（我對此並不相信）資本主義在某日某地被某人
所發明，我們要反對桑巴特的說法[73]，猶太人肯定沒有發明資本主義。如
果硬說猶太人發明了或重新發明了資本主義，那是與許多其他人一起發明
135　的。不能因為猶太商人處在資本主義的熱點上，便說熱點由他們所創造。
猶太人的智慧今天在世界各地都是超群的。我們難道因此說，他們發明了
核物理學？猶太人在阿姆斯特丹肯定成了股票買賣的行家，但是最早做這
類交易的人中間不也有像勒美爾這樣的非猶太人嗎？

　　桑巴特談到有一種資本主義精神恰好與以色列的宗教指導原則相符
合，這種說法與馬克斯·韋伯(Max Weber)關於新教的解釋不謀而合，其
論據的優劣也在伯仲之間。人們還可以進一步推論到伊斯蘭教，其他社會

理想和法律框架「在其起源時即與新興商人階級的思想和目標協調一致」，但這些思想和目標「並不因此與伊斯蘭宗教發生聯繫」[74]。

葡萄牙人和西屬美洲：1580 至 1640 年

關於葡萄牙商人在遼闊的西屬美洲所起的作用，不久前因出現新的研究成果而得到澄清[75]。

從1580到1640年，葡萄牙和西班牙的王冠落在同一位國王頭上。兩國的聯合雖說更多地停留在名義上（葡萄牙保留廣泛的自主權，類似「自治領」），兩國卻因此在美洲取消了邊界，儘管這也只是名義上的邊界。葡萄牙在遼闊的巴西佔有大西洋沿岸的幾個據點，西班牙領地則遠在安地斯山深處的波托西。何況西屬美洲在商業上幾乎絕對地真空，它對冒險前來的外國商人自動開放，葡萄牙的海員和商人早已私下深入西班牙轄區；舉一漏百，我想以1558年的一個孤立事例爲證：事情發生在安地列斯海中的聖馬格里塔島，該島因盛產珍珠而備受覬覦。就在那年，「幾艘葡萄牙王國的船隻駛達該地，船員和旅客均係葡萄牙人」。他們自稱前往巴西，但一場風暴竟把他們偶然送到小島。報告接著又說：「看他們人多勢眾，我們擔心他們不懷好意」[76]。葡萄牙的勢力後來順理成章地逐漸增強，以至深入整個西屬美洲，特別是墨西哥、利馬等首府以及聖多明哥、喀他基納、巴拿馬、布宜諾斯艾利斯等主要門戶。

布宜諾斯艾利斯最初建於1540年，遭破壞後，在葡萄牙商人的幫助下於 1580 年重建[77]。從巴西到拉布拉他邦，載重約 40 噸的小船不斷偷運糖、米、布以及黑奴，也許還包括黃金，回程則滿載里亞爾銀幣。與此同時，一些商人帶著現金從秘魯前來，經過拉普塔邦，前往珀南布科、巴伊亞、里約熱內盧購貨。據一位名叫佛朗西斯科·索雷斯（Francisco Soares）的商人（1597）說，這些非法交易的利潤爲 1 至 5 倍，據說甚至能高達10倍。他還說：「如果商人早知道有這種交易，他們決不會運那麼多貨物經喀他基納去冒險了。所以，拉布拉他邦生意興隆，這是前往秘魯最近便的道路[78]。」對一小批熟悉情況的葡萄牙商人說來，在1622年前，拉布拉他邦確實是偷運波托西白銀的一道暗門。根據1605年的估計，白銀走私每年可達 50 萬克魯薩鐸（金幣[79]）。只是在哥多華設置了關卡以後（1622 年 2 月 7 日），走私才似乎有所收斂[80]。

葡萄牙人的滲透並不僅限於西屬大西洋沿岸地區。一位葡萄牙商人，若昂·達伽馬（Joao da Gama）[81]，於1590年自澳門穿越太平洋，前往亞

136

18世紀墨西哥城食品店的貨架：顧客都是歐洲人。

加普科，因時運不佳而未果。葡萄牙人在墨西哥城和利馬開設商店，什麼都賣，「從鑽石到普通的枯茗草，從最下賤的黑奴到最珍貴的珍珠」[82]，還包括了來自於遙遠故土的物品，如葡萄酒、食油、麵粉、毛料等等，這些在殖民地都成爲奢侈品，再加上隨著與歐洲或與菲律賓大宗貿易而來的東方香料以及絲綢，外加推動所有這些交易的秘魯白銀走私[83]。即使在智利聖地牙哥這樣一個不大的城市裡（17世紀可能有1萬居民），也常住著一位名叫塞巴斯蒂安・杜亞特的葡萄牙商人。此人過去曾在非洲的幾內亞居

住，後與其同鄉璜‧巴蒂斯塔‧佩雷茨合夥，於1626至1633年間前往巴拿馬和喀他基納購買黑奴、各種貨物和珍貴木材，帳戶的透支金額高達1萬3千比索[84]。

但這種繁華只是曇花一現。葡萄牙店舖主兼高利貸者發財委實太快了。城市平民往往鬧事反對他們，如1634年的波托西騷動。公眾輿論指控他們信奉新教（事情往往眞是如此）或秘密奉行猶太教的儀式（這也很可能）。宗教裁判所終於出面干預，一連串的起訴和火刑中止了這來得太快的繁榮。著名的事件包括1646、1647和1648年的墨西哥訴訟案以及1649年4月11日的火刑判決，其中就有好幾位葡萄牙籍大商人[86]。這當然是另一碼事。

葡萄牙的體系以里斯本爲中心，擴展到大西洋和非洲沿岸和美洲沿岸，與太平洋和遠東相聯繫，這個龐大的商業網10、20年間在新大陸廣泛發展。這一迅猛發展勢必具有國際意義。沒有這件大事，葡萄牙也許在1640年不能「復國」，即不能恢復對西班牙的獨立。人們通常用巴西的糖業發達來說明葡萄牙的復國，這種解釋無論如何是不夠的。何況，我們沒有任何理由說，巴西糖業的「盛衰」[87]本身與這些富商沒有聯繫。也沒有理由說，這些富商在地中海猶太人商業網的短期繁榮中以及在阿姆斯特丹、里斯本和馬德里沒有發揮作用。由於葡萄牙新教徒向「世界之王」腓力四世貸款，從波托西私運出來的白銀才能與通過正規途徑在塞維爾碼頭卸貨的白銀相會合。葡萄牙這一龐大而脆弱的體系僅維持了幾十年時間。

互相對抗的商業網，正在滅亡的商業網

商業網互相補充、聯繫和銜接，但也互相對抗。對抗並不始終等於互相破壞。有「相反相成的對手」，也有注定要長期延續下去的敵對共存。幾百年中，基督教商人與敘利亞和埃及的商人固然進行面對面的對抗，但天平沒有偏向互相不可缺少的兩個對手中的任何一個。歐洲人幾乎從不越過阿勒坡、大馬士革、開羅等位於沙漠邊緣的城市。在另一邊，駝幫世界是穆斯林和猶太商人的禁臠。只是由於十字軍東征，伊斯蘭喪失了廣闊的地中海的水上運輸。

在遼闊的土耳其帝國，資料告訴我們，在布爾薩或安哥拉採購山羊毛製品的威尼斯或拉古沙商人並不特別引人注目。進入土耳其境內的西方人以拉古沙人居多，但他們大體上不超過巴爾幹半島。黑海於16世紀又一次成爲伊斯坦堡的內湖，直到18世紀末俄國征服克里米亞以後（1783），才 138

重新對基督教商人開放。在土耳其帝國境內，反西方的情緒對猶太商人、亞美尼亞商人或希臘商人有利。

　　類似的抗衡在別處也可見到。在 1720 年後的廣州，中國商人設立的「公行」是與東印度公司相對抗的一個組織[88]。據說，在英國佔領印度後，婆羅門商業網仍堅持抵抗。

　　當然，敵對和仇恨伴隨著這些對抗和競爭。最強大的對手總是眾矢之的。曼德爾斯羅 (Johann Albrecht Mandeslo)[89]客居蘇拉特時（1638）寫道：「這些穆斯林真是飛揚跋扈，他們自己往往也是商人，對婆羅門商人簡直像對奴隸一樣，其鄙視態度與那些容忍猶太人居住的歐洲地區對猶太人的排擠完全相同。」換個地點和時間，在 16 世紀的西方，人們注意到，對熱那亞人也是這種態度，照呂茲及其朋友的說法[90]。熱那亞人能含垢忍辱，串通起來算計別人。對於 17 世紀的荷蘭人，以及對後來的英國人，情形亦復如此。

　　所有的商業網，即使最強大的商業網，它們的發展遲早會出現曲折或後退。商業中心的任何衰落必定影響商業網的各個據點，邊緣地區所受的影響比別處更大。所謂義大利「衰敗」在整個歐洲造成的種種影響正是一個例子。義大利衰敗是個模糊而有爭議的說法。「衰敗」一詞顯然並不恰當；但從 16 世紀末起，義大利確實遇到一些麻煩和困難；它失去在德國、英國和勒旺地區的商業據點。類似事件在 18 世紀的波羅的海地區出現，面對英國勢力的興起，荷蘭的影響日漸退縮。

　　凡在佔統治地位的商人逐漸退縮的地方，必定會出現替代的結構。所謂「法國的托斯卡尼」是指在法國定居的義大利人，他們的衰退出現在 1661 年前後，也許更加早些，始於 1648 年的金融危機；荷蘭商人在法國可說是盤根錯節，但於 18 世紀初遇到了困難。恰巧在 1720 年[91]，更多的法國批發商引人注目地到處興建起港口，奠定了大規模的法國資本主義的初步結構。法國批發商業的興盛，一部分有賴於殖民地貿易，另一部分有賴於過去從法國出走的新教徒突然又回國定居。同樣的替代現象，在德國則是表現為「宮內猶太人」，在西班牙表現為加泰隆尼亞和巴斯克商人的崛起，以及馬德里顯赫的「五大行業」，甚至國家也要向這些馬德里富商借款[92]。

　　所有這些進步顯然只是在經濟增長的條件下才可能實現。法國、德國和西班牙的繁榮使富甲一方的巨商，或不如說富可敵國的巨商，在 18 世紀有了新的發展。但在這三個國家，假如事先沒有破除外國商人的統治，18

世紀就不會如此順利地發展，大概會增加一些困難。

一個活躍的商業網在遭受挫折以後總是試圖彌補自己的損失。它在某個地區被排擠，便把其資金和利益轉到別的地區。這是個規律，至少在資本主義相當強大、資本家已積累雄厚資金時，必定是如此。熱那亞商人15世紀在黑海的情況就是這樣。在攻克君士坦丁堡（1453）後25年，當土耳其人又佔領了他們在克里米亞的據點，特別是卡法這一商業重鎮（1479）後，熱那亞人並不因此從勒旺地區完全撤退，例如他們將留在希俄斯島，直到1566年。但是他們的主要活動則是加強和發展他們在西方、西班牙、摩洛哥，接著又在安特衛普和里昂的商業網。他們失之東隅，便得之西隅。葡萄牙由於在它曾經稱雄一時的印度洋和南洋群島到處挨打，損失慘重，於16世紀末和17世紀初向巴西和西屬美洲退去。同樣，在17世紀初，儘管佛羅倫斯大公司的勢力一落千丈，義大利商人卻以威尼斯為起點，經由對他們開放的各條道路向中歐發展。對於1600年後的局勢[93]給他們帶來的挫折，這算是一個微薄的，但也確實的補償。原住柏加摩，因而也是威尼斯臣民的巴托洛繆·維亞梯斯 (Bartolomeo Viatis)[94]遷居紐倫堡後成了該地的富商（甚至首富）；義大利人在萊比錫、紐倫堡、法蘭克福、阿姆斯特丹和漢堡等地十分活躍；義大利的商品和時裝繼續來到維也納，尤其通過克拉考和利沃夫的活躍轉運站來到波蘭；所有這一切，當然都不是偶然的。波蘭檔案中保存的一些信件[95]表明，在17世紀，波蘭各城市和交易會都有義大利商人出現。他們人數相當多，因而一般人都能注意到。下面這個小故事可以作證：1643年，一名西班牙士兵從尼德蘭出差到華沙，給波蘭王后送禮，禮品除了花邊，還有王后自己要的一個穿著法國時裝的玩偶，「以便裁縫按照時裝式樣為她縫製衣服，波蘭服裝聳肩縮頸，不合她的心意」。使者到達時受到大使般的接待。他說：「幸好懂得拉丁文，我勉強還能應付，否則，我對他們的語言一竅不通，而他們對我們的語言，只知道錯用義大利文稱你老爺，因為義大利商人在當地很多。」在返程途中，他在「波蘭國王加冕地」克拉考停留，在這個商業中心，他注意到「許多義大利商人從事生絲買賣」。事情雖小，卻很能說明問題。

具有進取性的少數人

前面所舉的幾個例子表明，控制流通渠道和商業網的大商人往往屬於少數非本地人的集團，或者因為他們是外國人（義大利人在美男子腓力和法蘭索瓦一世時的法國，或在腓力二世時的西班牙），或者因為他們的特

殊信仰,如猶太教徒、亞美尼亞教徒、婆羅門教徒、祅教徒和俄國的分裂
派教徒、穆斯林埃及的科普特派基督徒。為什麼產生這種傾向?十分明
顯,任何少數派都有團結、互助和自衛的天然傾向:在國外,熱那亞人與
熱那亞人,亞美尼亞人與亞美尼亞人,總是比較談得攏。查理·威爾遜
(Charles Wilson)(在他最近發表的文章裡)頗有興味地指出,法國胡格諾
派流亡者竟然打進了倫敦工商界的最上層,實在令人驚奇,因為以前人們
總說他們的作用是傳播手工業技術。他們在英國首都歷來抱成一個緊密的
團體,注意保持自己的特性。另一方面,由於不受多數派歡迎,少數派集
團容易有受壓迫的感覺,因而對多數派也較少顧忌。一名完美的資本家必
定應該無所顧忌嗎?加布里埃爾·阿爾當 (Gabriel Ardant)[97]寫道:「經
濟人(他這裡指的是完全贊同資本主義制度的人)對於其他人沒有友愛的
感情。他只顧面對顧客、賣主、債務人、債權人以及其他經濟活動主體,
他與他們原則上只保持純經濟的關系。」根據同一條思路,桑巴特認為,
猶太人在構成「資本主義精神」方面之所以領先,是因為他們的教規允許
他們對「異教」做那些對本教教徒禁止做的事。

這種解釋是不攻自破的。在一個有特殊禁忌的社會裡,例如把借貸和
金融行業——它不僅是商業財富,而且是許多其他財富的源泉——視作違
禁,難道不正是社會在強制「非正常人」去做那些讓人討厭但對整個社會
需要的事?亞歷山大·格爾申克隆 (Alexandre Gerschenkron) 認為[98],
俄國東正教出現分裂派正是這個原因。分裂派的作用可比作猶太教派或亞
美尼亞教派。如果當時沒有現成的分裂派存在,那就還得促使這一派人的
出現。威尼斯貴族馬林·薩努鐸 (Marino Sanudo) 對採取反猶措施表示憤
慨,並且指出「在一個國家裡,猶太人如同麵包師傅一樣必不可少」[99]。

在這場辯論中,與其談到「資本主義精神」,不如說是社會起了作
用。中世紀和近代歐洲歷史上的政治糾紛和宗教狂熱促使許多人離鄉背
井,他們流亡國外,結成少數人集團。如同古代的希臘城邦一樣,義大利
城市就像是個馬蜂窩:有公民權的住在城內,無公民權的被逐出城外,後
者是個十分普遍的社會範疇,因而被統稱為「放逐者」。在熱那亞、佛羅
倫斯、盧加等城市中,被逐出城市的人家十之八九保留了他們在城內的財
產和商業聯繫,因為他們遲早總要返回城內。這些「放逐者」若是商人,
放逐使他們走上了發財致富的道路。大宗貿易也是遠程貿易。他們被迫離
鄉背井,而遠離家鄉使他們財運亨通。例如在1339年,一群熱那亞貴族拒
絕剛建立的被稱作永久督政府的平民政權,離開了城市[100]。這些流亡貴族

布魯日交易所廣場：交易所大樓兩側分別為熱那亞會館和佛羅倫斯會館，這是義大利商業勢力擴張及高踞統治地位的有力證據。

就是所謂「老貴族」（nobili vecchvi），而留在熱那亞接受平民政權的貴族則稱作「新貴族」（nobili novi）。在流亡貴族返回城市後，二者的隔閡依然存在。湊巧的是，後來從事對外貿易的巨頭，多數是老貴族。

其他的流亡者還有：在阿姆斯特丹恢復了猶太教信仰的西班牙或葡萄牙猶太人。法國的新教徒也曾流亡國外。撤消南特敕令（1685）固然沒有從無到有地創立了後來控制法國經濟的新教銀行，但至少確保了該銀行的發展。這些新類型的「放逐者」保留了他們在國內乃至在王國的心臟巴黎的聯繫。他們自有很多機會把留在國內的大部分資本轉移到國外。如同熱那亞的舊貴族一樣，他們終於回國，而且十分富有。

總之，少數人集團像是一個事先業已織成的相當牢固的網。義大利人來到里昂後，只需要一張桌和一頁紙便能開業，法國人對此大惑不解。問題在於，義大利人在歐洲各商埠擁有現成的合夥者、保證人、客戶以及必要的信息來源。總之，為確立一個商人的信譽所需的一切已應有盡有，而這往往需要幾年功夫才能達到。同樣在萊比錫或維也納——隨著18世紀的經濟發展，在人口稠密的歐洲邊緣出現的新興城市——人們不能不對外國商人的富有感到震驚：尼德蘭人，南特敕令撤消後的法國難民（最早一批於

1688年到達萊比錫），義大利人、薩瓦人、蒂羅爾人。外國人幾乎毫無例外地都交好運。他們前往異鄉客地從事大宗貿易，但與遙遠的故鄉仍保持聯繫。是否應該由此認爲「壞事能變成好事」？不過，假如事情果眞如此，那未免也就太簡單了。

商品增值以及供求關係

142

　　網絡和渠道構成一個體系，正如在鐵路上，鐵軌、懸吊裝置、行車設施、人員等等形成一個整體。一切佈置都爲了運動，但如何運動本身卻還是個問題。

商品增值

　　商品在流通過程中顯然必須提高價格，這就是我這裡所提到的「商品增值」。這是一條沒有例外的規律嗎？是的，或者差不多是的。在16世紀末，西班牙本洋在葡萄牙值320瑞斯，在印度則值480瑞斯[101]。17世紀末，一瓦拉府綢在勒芒的工廠裡值3里亞爾，在西班牙值6里亞爾，在美洲值12里亞爾[102]。如此等等。由此可見，來自遠方的稀有商品在特定地點的價格貴得驚人。1500年前後的德國，1磅番紅花（義大利或西班牙產）價值一匹馬，1磅糖等於3頭乳豬[103]；1519年的巴拿馬，一匹馬值24.5比索，一名奴隸值30比索，一羊皮袋葡萄酒可值100比索[104]。在1248年的馬賽，30米法蘭德斯呢料的價格大約等於2至4名撒拉遜奴隸[105]。老普林尼曾經指出，胡椒、香料等印度產品在羅馬的售價比生產價格高百倍[106]。在這樣一條路線上，爲使流通得以進行，並且有人承擔流通費用，顯然必須使商人們有利可圖。除開貨價以外，還應加上運費，而在當時，運費尤其昂貴。1318年及1319年，爲把在香檳區交易會購買的呢絨運到佛羅倫斯，所付的運費，包括賦稅、包裝和其他開支在內，分別等於（共運6次）貨價的11.80%、12.53%、15.96%、16.05%、19.21%、和20.34%[107]。路線和貨物相同，而運費卻不同，相差幾乎一倍。這些比例並不高，何況織物是分量輕、價格貴的商品。分量重、價格賤的商品，如麥、鹽、木、酒等，原則上不經陸路長途運輸，除非有絕對的必要；在這種情況下，必要性意味著追加運費。基安蒂酒1398年係一種廉價葡萄酒，一弗羅林可買到100公斤（莫念瓦西亞葡萄酒價值10至12弗羅林）。從格雷韋運達佛羅倫斯（27公里），酒價提高25%至40%；如果繼續運往米蘭，酒價等於原價

1640至1650年間的紐倫堡，番紅花和香料到貨時的情景，從左到右：交割，登記，過秤，檢查，重新發運。

的3倍[108]。1600年前後，把一大桶葡萄酒從拉貝拉‧克魯斯運到墨西哥，運費等於貨物在塞維爾的原價[109]。後來，在坎提龍時代，「把葡萄酒用車從勃艮第運抵巴黎，運費往往比當地貨價還高」[110]。

我們在本書第一卷中強調了運輸系統費用昂貴和運轉不靈這類困難。費德里哥‧梅利斯 (Federigo Melis)[111]指出，14和15世紀期間曾在海上運輸方面作出巨大努力，擴大了船身和貨艙，並建立了按貨價推算的運費累進制：讓高價商品為低價貨物償付部分運費。但這個辦法的普及很慢。在16世紀的里昂，陸路運費仍按貨物重量計算[112]。 143

總之，在商人看來，問題仍舊一樣，必須使商品在運輸的終點——不論使用的運輸工具是帆船、車輛或馱畜——能夠增值，以便償付貨物的買價加上運輸費，再加上商人希望得到的利潤，各種意外開支還不算在內。否則，又何必費錢又費力呢？商品增值不難做到。對那些「俏貨」來說——呂茲稱胡椒、香料和胭脂紅為「俏貨」，我們還可加上本洋——這顯然成問題：旅程雖遠，但利潤確有保障。如果對行市不夠滿意，我可耐心等待，一切都會就緒，因為俏貨從來不缺買主。每個國家，每個時代，都有一些比其他商品更加可望增值的「俏貨」。

賈巴蒂斯塔‧熱梅利‧卡勒里 (Giambattista Gemelli Careri) 的遊記不但引人入勝，而且出色地顯示了這條規律。這位那不勒斯人於1694年開始進行環球旅行，主要為了玩樂而不是為了利潤，他找到了一個解決旅費的辦法：在甲地購買預知能在乙地增值的商品。在波斯灣的阿巴斯港，他

讓人裝載「椰棗、葡萄酒、燒酒,以及波斯的各種水果,曬乾或醋泡後帶往印度,能有很大賺頭可得」[113];在馬尼拉坐船前往新西班牙,則攜帶中國
144 的水銀,據他說:「足有三倍之利」[114]。如此等等。攜帶商品旅行,商品便成為一筆資本,它在旅程中增值,支付旅費,並且使旅行家回到那不勒斯時,還得到豐厚的利潤。幾乎在 1 0 0 年前,佛朗西斯科・卡萊提(Francesco Carletti)[115]於1591年也曾進行環球旅行,他選擇的第一批商品是黑奴,當時的「俏貨」,在聖多美島買下後,去喀他基納倒賣。

普通商品的增值顯然沒有那麼容易;商業活動必須十分謹慎小心,才能獲利。從道理上講,一切都很簡單,至少對孔狄亞克 (abbe Condillac)[116]這樣一位經濟學家說來:遠程交易的規律是把貨物從供應充足的甲地運到貨源匱乏的乙地。在實際運用中,必須既謹慎從事又消息靈通才能駕馭這些條件。商業通信充分地證明了這一點。

現在是 1 6 8 1 年 4 月,我們就在利佛諾的吉安巴蒂斯塔・薩迪(Giambattista Sardi) 的店舖裡[117]。作為托斯卡尼的主要港口,利佛諾對地中海和整個歐洲敞開胸懷,其商業往來遠屆阿姆斯特丹。原籍盧加的班傑明・布拉馬奇 (Benjamin Burlamacchi) 在阿姆斯特丹開辦一家商行,經銷波羅的海、俄羅斯、印度等地產品。當這兩位商人開始業務往來時,東印度公司的船隊剛剛到達,致使桂皮價格下降。利佛諾的那位商人想就這批「俏貨」做筆生意。他打著種種算盤,發信給布拉馬奇,說明他希望「獨做」這筆生意,也就是說,不與他的客戶平分盈虧。事情結果失敗。下一次,薩迪同意與布拉馬奇合夥了,他認為只有一種商品從阿姆斯特丹運往利佛諾會有利可圖,那便是即將充斥義大利市場的俄國皮革。在1681年,俄羅斯皮革在利佛諾有定期標價,有時甚至連同成桶的魚子醬從阿干折斯克直接進貨。於是,他對布拉馬奇說,如果這些皮革「裡外顏色俱佳,皮張寬而薄,重量並沒有超過9至 10 佛羅倫斯磅」,則可以酌情備貨,分裝於兩船(以便分擔風險),兩條「武裝良好」的船(因為「沒有良好的護航」),趕在北海冬季封凍前運出。皮革在阿姆斯特丹的原價為12,在利佛諾市場的標價為26.5 和18,比原價高一倍多。薩迪寫道,必須使運達利佛諾的皮革成本不超過24,他預期的利潤為10%。6 箱皮革在德克塞島裝船,布拉馬奇根據薩迪的囑咐,從威尼斯一家銀行開出匯票,償付購貨款的半數。真可謂算無遺策,但事情結果並不順利。1682年5 月,利佛諾皮革行市因到貨眾多而下跌至 23;質量較差的皮革銷售不暢;同年 10 月 12 日,還有存貨留在倉庫。這一切對薩迪商行關係並不太

大，在1681和1682年間，薩迪商行做的生意很多，特別是出口熱那亞管轄的里維耶拉地區生產的植物油和檸檬，與阿姆斯特丹和英格蘭進行廣泛貿易，有時獨家包下幾條貨船。講述上面這段經過是想說明，安排遠程貿易和促成商品增值殊非易事。

商人經常不斷的工作是反覆算計，要想做成一筆生意，先要想好10個方案。阿姆斯特丹一位精明的批發商[118]想在法國做生意，便寫信給在盧昂的代理人小杜加爾，「請函覆貴地一般貨物的價格，並惠賜一份模擬銷售帳單（即對各種開支的預測）……尤盼列出鯨鬚、鯨脂、茜草、未剝皮的細藤、斯麥納棉花、黃木、鋼絲、綠茶的價格」。另一方面，一名法國商人[119]向一名阿姆斯特丹商人詢問（1778年2月16日）：「由於不了解燒酒在貴地的銷售情況，甚盼告知200小韋爾特（計量單位）在法國值多少錢，我將據此進行計算，如能獲利，我擬向貴處發運該項貨物」。

商品增值是任何商品交換的必要動力，此理不言自明，再三強調似乎愚蠢。不過，它所涉及的問題實際上很多。特別是，商品增值是否自動對生活費用高昂的國家有利？這些國家是最明亮的燈塔，召喚的中心。商品受高價所吸引。地中海的霸主威尼斯長期生活費用高昂，直到18世紀仍然如此[120]。荷蘭變成了一個高物價的國家：當地居民相當吝嗇，窮人自奉甚薄，富人也不闊綽[121]。自從查理五世皇帝時代以來，西班牙的生活費用即貴得嚇人[122]，一位法國旅行者（1603）指出：「我在這裡聽到一句諺語，西班牙除錢以外一切都貴[123]。」到了18世紀，情況還是這樣。但過後不久，英國開創了不可打破的記錄，它是日常生活開支最高的國家：租房、僱車、一日三餐，住旅館，都讓外國人叫苦不迭[124]。生活費和工資的提高在1688年革命前已露端倪，難道這是為確立英國霸主地位所必需的條件，顯示的徵兆或付出的代價？一位名叫法因斯‧莫里遜 (Fynes Moryson) 的英國旅行家於1599至1606年間在愛爾蘭任蒙喬伊勛爵的秘書，他早先曾於1591至1597年在法國、義大利、尼德蘭、德意志、波蘭等國旅行，這位注意觀察的旅行家發表了這樣一個令人驚訝的感想：「我在波蘭和愛爾蘭發現，各種食品在市場上應有盡有，而白銀卻因匱乏而愈顯貴重；這些觀察使我得出一個與通常見解相反的看法：東西越貴，越能表明國家的繁榮和富裕」[125]。品托曾有類似的斷言。這也是法蘭索瓦‧魁奈 (Francois Quesnay) 的「悖論」：「充足以及昂貴即所謂富裕[126]。」楊[127]於1787年路過波爾多時指出：「住宅和套房的租金每天在漲；自從和平（1783）以來，儘管許多房屋業已建成和正在建造，租金提高幅度很大，與物價的普

遍上漲相一致；人們抱怨說，生活費用僅在 10 年內便提高了 30% 。這是進步和繁榮的最好證明。」早 20 年前，青年教士加里亞尼在他論述貨幣的著作中，已發表過類似的見解：「商品價格高昂是引人找到最大財富所在地的最可靠的指針」[128]。人們會想到萊昂·杜普里埃 (Leon Dupriez)[129] 對當代「直線上升國家」的理論思考，他指出這些國家的工資和物價水平

146　「明顯高於發展遲緩的國家」。但我們必須回過頭來，研究為什麼會形成這些落差。說是結構和組織的優越，這未免太過簡單。其實，應該說與世界的結構[130]有關。

　　人們顯然容易把英國異乎尋常的命運歸諸這一基本現實。高物價，高工資，這些對島國的經濟既是助力，又是阻力。呢絨工業在廉價的羊毛生產基礎上發展起來，自能渡過這些困難。但其他工業活動是否同樣如此？應該承認，18 世紀末年的機械革命為解決困難神奇般地找到了出路。

供求關係：原動力

　　當然，交換的基本推動力來自供求關係：供和求卻為人們所熟知，但它們並不因為平凡無奇而容易被確定或被辨認。它們成百成千次出現，攜手合作，結成連鎖；它們是電路中的電流。古典經濟學用供求關係說明一切，曾把我們引入無結果的爭論之中，關於供和求作為動力因素各自所起的作用的爭論至今仍十分活躍，並在各種政治經濟學學說的原理中佔一席之地。

　　大家知道，無求便無供，無供便無求；二者即是交換的產物，供求創立了交換，交換又創立了供求。同樣的說法可用於買和賣，商業上的來和往，贈與和回贈，甚至勞動和資本，消費和生產，因為消費在求的一方，生產則在供的一方。杜爾哥認為，我所以把我擁有的東西給人，這是因為我想得到我手頭暫時沒有的東西。如果我要求得到我沒有的東西，我就得甘心或決心作為回報向對方提供某個商品，某項服務或一筆錢。杜爾哥歸納說，這裡有 4 個成分：「兩件擁有的東西，兩件希望得到的東西[131]。」今天有一位經濟學家寫道：「供和求無疑每次都意味著各有其對立面[132]。」

　　我們不要把這些意見輕易當作詭辯或天真。它們有助排除某些虛假的斷言和區分。它們使那些提出關於供和求哪個更重要，或者換一個說法，哪個是原動力問題的人，在尋求答案時謹慎小心。這個問題不會有真正的答案，但它把我們引向交換問題的中心。

　　我頭腦中經常浮現出彼埃爾·謝努 (Pierre Chaunu)[133]研究的有關「印

度之路」的事例。1550年後，一切都很明了，在廣大範圍內，用機械術語來講：皮帶按順時針方向轉動，從塞維爾到加那利群島，到美洲各港口，到佛羅里達以南的巴哈馬海峽，再到亞速群島，然後回到塞維爾。航行的路線把流通路線具體化了。謝努無疑認爲，16世紀「各種因素協力促成的運動」是從西班牙「前往」美洲。他明確指出：「船隊出發時，等待準備運往西印度的歐洲產品是塞維爾居民關心的頭等大事之一」[134]：伊德里亞的汞，匈牙利的銅，北方的建築材料以及整船的呢絨布疋。最初，甚至還有　147
食油、麵粉、葡萄酒等西班牙自己的產品。可見，西班牙並非獨自推動跨越大西洋的貿易。歐洲幫助西班牙，並在船隊返回時分得一份好處。法國人認爲，沒有他們提供的貨物，這一貿易體系便不能運行。從開始到1568年，熱那亞人[135]貸款資助路程遠、周轉慢的新大陸貿易，他們同其他人一樣都是不可缺少的。當船隊從塞維爾出發時，需要動員西方的許多力量，這是在其本源上超出西班牙範圍的廣大運動，其中包括熱那亞商人的金錢，伊德里亞的礦藏，法蘭德斯的織機以及出售布列塔尼紡織品的20來個半城半鄉的集市。相反的證據是，只要「外國人」願意，塞維爾以及在後來加地斯的一切隨時都可能停頓。這一條規律後來繼續有效：1730 年 2 月[136]，據一份刊物說，「啓航日期被一再推遲，直至 3 月初，以便外國人能把因逆風而未能及時運到加地斯的大批商品裝上遠航船隻。」

　　是否應該說這就是原動力？一條「連動帶」原則上可由其任何一個部位所帶動：正向運動，逆向運動或停止。1610至1620年間首次發生持久的減速 ，其原因似乎是美洲銀礦生產下降。生產下降可能與效應遞減律有關，但作爲不可缺少的勞動力，印第安人的減少肯定與之有關。到了1660　148
年左右，當波托西以及新西班牙的銀礦恢復生產時——那時的歐洲似乎還處在停滯狀態——衝力來自美洲，在「現代化」大型採礦設施復活前，土著礦工重又使用傳統的鐵千[137]。總之，帶頭的角色至少兩次（一次反面，一次正面）由大洋彼岸的美洲扮演。

　　但這並不形成規律。在1713年後，當英國人利用販賣黑奴的特權和走私打開西屬美洲的市場時，他們的產品很快佔領了市場，尤其是呢絨，以賒銷形式大量批發給新西班牙的零售商。現金在售貨後收回。作爲強勁的推動力，英國的壓力這次便是大洋此岸的原動力。笛福在談到葡萄牙的相同過程時，天眞地稱之爲「武力外銷」[138]。這裡還有一個條件，即呢絨在新西班牙滯銷的時間不能太久。

　　如果不用杜爾哥關於 4 個成分的公式，又怎樣對供和求作出區分呢？

17世紀的裝飾圖案：圖解一位經營對外貿易的德國青年批發商所應注意的事項。

在塞維爾，大批商品堆積在即將啓航的船隊的貨艙裡，商人們爲此耗盡了自己的現金和信貸儲備，或者不得已簽發了外國期票（在船隊每次啓航到返回這段時間裡，別想在當地借到一個銅板），這種由西方多種生產推動的供給伴隨著一種迫切、含蓄、但又毫不掩蓋的需求：投資進行這些出口貿易的企業和商人願意由船隻帶回的白銀償付。同樣，在韋拉克魯斯、喀他基納或在農布雷-德迪奧斯（後在貝約港），對歐洲工農業產品（一般價格很貴）的需求伴隨著一種明顯的供給。在1637年貝約港的交易會上，人們可以看到銀錠像石塊一般聚集成堆[139]。可以肯定，沒有這種「企求之物」，一切都無法進行。在這裡，供給和需求也是同步進行的。

我們是否還堅持說，兩次供給，即雙方各自進行的生產，勝過兩次需求，即對「我沒有的東西」的企求？難道不應該說，供給與可以預見的需求相對存在？

總而言之，問題不能僅僅從經濟學的角度去提出（何況供求關係遠不是「純」經濟關係，但這是另一碼事）。顯然還應從力量對比方面去提出問題。一個指揮體系從馬德里延伸到塞維爾，再飄洋過海，延伸到新大陸。所謂西印度的法治，如果以爲天主教國王在大洋彼岸眞正享有權威，這通常只會惹人恥笑。我也以爲，在這些遙遠的土地上，一切並不依西班

牙國王的意志為轉移。但他們的意志能達到某些目標，而且由並不只考慮自身利益的大批軍官所體現。他們畢竟以國王的名義定期收取「五一稅」，歷史文件表明，在船隊帶回的白銀中，除商人所得以外，總有一份屬於國王。國王的份額在初期還相當大，當時船隻返回時所用的壓艙物竟是銀條。殖民征服尚未深入進行，尚不需要從歐洲運來許多商品。當時的情況是偏重開發，交換居次要地位，開發事業後來並沒有停止或取消。據1703年的一份法國報告說：「西班牙習慣於（指1701年西班牙王位繼承戰爭前）運去4000萬（圖爾里佛）貨物，帶回價值1億5000萬（圖爾里佛）的金銀或其他商品」，是指每5年一次[140]。這些數字當然僅代表交換的毛值。考慮到往返費用，不論為確定真正的利潤額應作怎樣的扣除，這是不平衡交換的一個明顯例子。從這種不平衡中，人們可以猜想到與此有關的各種經濟和政治因素。

　　當然，為使開發以及不平衡的或強迫的交換得以進行，不一定需要有國家或國王從中插手。從貿易的角度看，馬尼拉大帆船代表著一條特殊的流通路線，不過請不要誤會，在這裡每次都是墨西哥商人佔有利地位[141]。他們匆匆光顧短暫的亞加普科交易會，卻在事隔數月或數年後遙控馬尼拉的商人（後者轉而牽制住中國商人），正如荷蘭商人長期牽制著利佛諾代銷商一樣。那麼，當存在力量對比時，「供給」和「需求」這兩個術語究竟意謂著什麼？

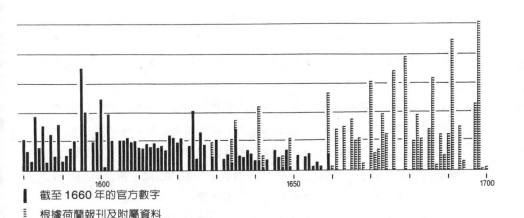

■　截至1660年的官方數字

┇　根據荷蘭報刊及附屬資料

表(12)　美洲白銀運往歐洲　莫里諾參考荷蘭刊物的原始資料以及外國駐馬德里使館提供的數據，重新繪製了17世紀貴金屬進口的圖表（見《經濟和社會史年鑑》，1969年，第257至359頁）。人們清楚地看到：最初逐漸增加。自1620年起突然下跌，又於1660年猛烈回升（比例尺單位：千萬比索）。

單說需求

　　在作出以上的說明後，我想讓需求本身暫時脫離它所在的環境，就不
再有什麼妨礙了。一些經濟學家的見解也鼓勵我這樣做，他們目前正關心
著發展中國家的情形。雷格那爾·努克斯 (Ragnar Nurkse)[142]斷言：如果
想發動馬達，就必須拉緊需求這根繩。僅僅想提高生產將導致失敗。我完
全懂得，適用於今天第三世界的事情不一定適用於舊制度下的經濟和社
會。但比較在兩方面都能給人啟示。魁奈的這個看法（1766）是否適用於
過去？總有「一些消費者不能稱心如意：以黑麵包的清水果腹的人希望能
吃白麵包和喝葡萄酒；沒有肉吃的人要想吃肉；只有壞衣服的人希望有好
衣服；沒有木塊取暖的人希望能夠購買，等等」[143]。何況，這些消費者群眾
不斷在增加。我甚至要說，差不多總有一個潛在的「消費社會」。只是社
會收入總量限制著消費，消費輕而易舉地吞噬收入的十分之九。絕大多數
人都感到這個無情的限制。如同今天第三世界的經濟學家一樣，18世紀的
法國經濟學家意識到這個限度，尋找可能增加收入和消費的經費來源，波
阿吉貝爾 (Pierre Le Pesant Boisguilbert) 已經說過，「所謂破產……是
指收入的破產」[144]。總之是要增加需求。

　　不過需求與需求顯然並不全都一樣。反對「奢侈鋪張」的魁奈提倡「實
質性消費」[145]，即擴大「生產者階級」的日常需求。他沒有錯：這種需求是
基本的，因為它持久而又龐大，能夠在時間上保持其壓力和要求，因而能
正確無誤地指導供給。這種需求的擴大對經濟發展始終是極其重要的。

　　大家知道，這些基本需求既來自某種古老的、帶來眾多後果的選擇
（或小麥、或稻米、或玉米[146]），又來自人不可或缺的需要：鹽、木、織物
等。這些首要需求的歷史至今很少有人去寫，但我們顯然必須從這些首要
需求出發，去判斷廣大的基本需求以及為滿足它們而完成的壯舉偉業。例
如，中國通過大運河水道把南方各省的稻米、食鹽和木材成功地向北運往
北京；在印度，孟加拉稻米由海道轉運，或在陸路使用成千頭牛組成的馱
幫運輸；在西方各地，小麥、食鹽、木材暢行無阻；朗格多克地區該貝的
鹽沿隆河逆流而上，直到塞塞勒[147]，加地斯、塞圖巴爾、新鎮灣的鹽取道
大西洋前往北海以及波羅的海。因此，在16世紀末年，切斷食鹽供應，便
能使聯合省不戰而降。這正是西班牙夢寐以求的事[148]。

　　至於木材，我們在本書第一卷已經指出，它的使用量很大，在歐洲和
中國的大河上，木材運輸堪稱壯觀：木排，木筏，漂放的樹幹，到達目的
地後立即拆毀的木船（如在羅亞爾河以及許多其他河流的下游），滿載厚

薄木板的或者爲把北方的優質桅桿運往西方和南方而專門建造的海船。
煤、柴油、電替代木材需要100多年的適應時間。作爲歐洲基礎文明的組 151
成部分，葡萄酒可說是源遠流長。謝努說，葡萄酒船在舊制度時代的經濟
地位，相當於18世紀以至19世紀的煤炭運輸[149]，這種說法未免誇大。小
麥分量重而價格低，既然到處都有種植，人們就儘可能減少其流通。但遇
到歉收，小麥供不應求，那就必須進行大批運輸了。

除開這些笨重的大路貨外，還有玲瓏剔透、光彩奪目和令人稱羨的奢
侈品。金錢對奢侈品的追求尤其強烈，於是在正常貿易外，又出現了超需
求及其特有的貿易方式和急劇的價格波動。慾念難得持久，時尚瞬息即
變，它們製造出一些強烈而可變的虛假「需求」，這些需求隨時爲讓位於
同樣無理的其他狂熱而消失：糖、燒酒、茶、煙草和咖啡。雖然許多家庭
仍爲日常應用而自行紡紗織布，但在最先進和最商品化的領域內，決定紡
織品需求的卻往往是時裝和奢侈。

在15世紀末年，富人拋棄金銀線挖花的呢絨織物，轉而愛好絲綢。後
者逐漸傳播，在一定程度上得到普及，並成爲某種社會身分的標誌。絲織
業在100多年裡帶動了義大利的最後一次繁榮，接著又在歐洲遍地開花。
在17世紀的最後幾十年內，英國呢絨曾經風行一時。到了18世紀，所謂
「印花布」又異軍突起，最初從印度進口，後在歐洲仿造。法國當局爲保護
民族製造業，拚命阻止這種細布的侵入。但無論監視、搜查、關禁、罰
款，以及種種匪夷所思的對策——如巴黎布爾都內街商人布里翁·德·猶伊
建議指定三名下級警官，給他們每人發500里佛，「當街脫去婦女所穿的
印度布衣服」，如果這個措施顯得過分可笑，則讓「妓女穿上印度布衣
服」，然後當眾脫下，以有裨世道人心[150]。致總督察德馬雷的一份報告
（1710）對這類活動感到擔心：值此食品昂貴、鑄幣短缺、政府的紙幣使用
不便之際，難道還要強迫人改換衣著？何況又有什麼辦法對付時髦[151]？至
多是嘲笑一番。笛福1708年在《每週評論》的一篇文章寫道：「人們看到
一些上等人，竟把一些印度地毯披在身上，而在不久前，他們的妓女還嫌
這種布料過分粗俗；印花布身價日高，從腳下升到人的背上，眾地毯變成
襯裙，甚至女王自己也穿著中國和日本的織物露面，我說的是中國的絲綢
和細布。不僅如此，我們的住宅、書房或臥室裡，帘膜、墊子、椅子乃至
床，全都離不開細布和印花布。」

無論可笑與否，作爲一種堅持不懈的、多種多樣的和令人捉摸不透的
需求，時髦最後總會佔上風。在法國，35條以上的禁令未能「治好走私

路易十五時代的中國絲織物（錦緞）。里昂紡織歷史博物館。

（印花布）痼疾」；根據1717年12月15日的法令，對買賣該物品者，除 153
沒收貨物和罰款1千埃居外，另處長期苦役等刑罰，情節嚴重者加重處
分」[152]。禁令於1759年終於撤消，國內建立起印花布工業，與英國、瑞士
各州或荷蘭競爭，甚至與印度的印花布工業抗衡。

單說供給

　　研究前工業化時期世界的經濟學家在一個問題上意見一致：供給地位
低下。它缺少彈性，不能迅速適應任何一種需求[153]。何況還要區分農業供
給和工業供給。

　　當時的經濟以農業活動爲基礎。在世界的某些地區，特別在英格蘭，
在某些技術因素和社會因素的配合作用下，土地的生產和生產率無疑取得
了「革命般」的增長。但即使在英國，歷史學家往往注意到，1730至1750
年間接連豐收[154]，這個偶然因素對島國的經濟起飛具有廣泛的作用。一般
說來，農業生產是個惰性領域。

　　相反，另兩個領域的進步顯而易見，首先是工業，其次是商業，儘管
在機器出現前，由於居民中太多的人依靠一半自給自足的小農經濟爲主，
任何飛躍發展都有一個內在的和外在的界限。在工業方面，根據一些籠統
的和尚有爭議的認識，我以爲在1600至1800年間歐洲工業產量至少增長
4倍。我還認爲流通渠道也有改變和擴展。各種經濟之間的隔閡有所打破，
交換成倍增加。從這個角度看，法蘭西的廣大地域是個很好的觀測場，歷
史學家注意到，18世紀最突出的事實是經濟隔閡的被打破[155]。

　　因此，我想說的是，在18世紀末，面對胃口特大的消費，供給的表現
不再如人們首先想像的那樣虛弱和膽怯。當然，它將隨著工業革命的進步
而壯大。在1820年前後，供給已扮演重要的角色。經濟學家自然而然地，
以欣羨的目光，注視它的作用。隨著所謂薩伊法則[156]的提出和運用，供給
的地位更得到了提高。

　　馬克思指出，薩伊（1767-1832）不算是「天才」的經濟學家，卻是擅
長普及的經濟學家；如同格雷欣不是以他命名的法則的發明者一樣，薩伊
不是這一著名法則（也稱「市場法則」）的創造者。由於人們輕信權威，薩
伊給人一個印象，似乎他是當時最傑出的經濟學家。其實，市場法則的一
些成分在亞當斯密，尤其在詹姆斯‧史都華（James Stewart）（1712-1780）
那裡已經得到闡述。杜爾哥已初步提出了公式，聲稱約書亞‧柴爾德
（Josiah Child）發現一個「無可爭議的準則，即一人的工作能給另一人提

154 供工作」[157]。法則本身說來很簡單：在正常情況下，市場上的一種供給會引
起對它的需求。但這種簡單總是隱藏著一種內在的複雜，每個經濟學家都
對此任意發揮。約翰·斯圖亞特·穆勒 (John Stuart Mill)（1806-1873）
認爲：「生產的增加如果正確無誤地按照私人利益規定的比例分攤給各種
產品，便創造或者構成它自身的需求」[158]。他想說清楚，反而使人莫名其妙
了。不明內情的讀者也一下子弄不懂夏爾·吉德 (Charles Gide) 的話，他
說：「其他產品愈豐富多樣，各種產品的銷路就愈好」[159]。總之，各種供給
愈充實，某一供給就愈容易找到需求。昂利·居通 (Henri Guitton)（1952）
寫道：「伸出雙手，一手爲了給予，另一手爲了取得⋯⋯供和求也是同一
現實的兩種表現[160]。」事情確實如此。有另一種解釋更合邏輯：遲早將供
應市場的任何產品，在其生產過程中，帶動了金錢的分配：必須買原料，
付運費和發工資。分發的金錢在正常情況下遲早將以需求的形式，或者
說，以購買的形式重新出現。供給與自己訂下約會。

　　這條薩伊法則一直保持到1930年，除個別例外，幾代經濟學家對他的
解釋沒有提出異議。但所謂經濟法則是經濟時代的鏡子和代言人，相當忠
實地反映這個時代的現實和願望。不同的時代會帶來不同的法則。1930年
左右，凱因斯 (Lord John Maynard Keynes) 輕而易舉地推翻了歷時百年
的薩伊法則。除其他理由外，凱因斯指出，正在創造的供給的得益者不一
定願意立即作爲需求者出現在市場上。金錢的用途，可作以下選擇：儲
蓄、支出或投資。我們這裡不打算花去更多篇幅介紹凱因斯的評論，這在
當時肯定是符合實際並成效卓著的。我們並不想評判凱因斯在1930年是
否有理，也無意探討薩伊在1820年是否正確。他的論證（薩伊法則）是
否適用於工業革命以前的時期？唯獨這個問題與我們有關，但我們是否能
作出使自己滿意的答覆，卻還沒有把握。

　　工業革命以前的經濟經常出現故障，各經濟部門不相協調，在任何情
況下都不能同步前進。一個部門動了起來，其他部門不一定受它帶動。各
部門甚至能輪流扮演瓶口的角色，阻礙進步走上正軌。我們明白，當時的
商人難免抱怨和誇大其辭，但他們並不一貫說謊，並不假造他們的困境以
及諸如斷裂、故障、破產這類厄運，即使在最高級的金融界也是如此。在
此情況下，薩伊設想的工業生產部門不能期待其供給得到自動的、持久的
熱烈歡迎。生產費用的分配在工具以及原料供應部門、運輸部門和工人之
155 間並不平衡。工資佔支出的很大份額。但工人是獨特的經濟活動主體。俗
話說得好，金錢到了工人手裡，立即「送進嘴裡」。品托則做了如下的解

釋：「現金流通由於通過下層階級而變得更加迅速」[161]，零錢的流通最為活躍。德國財政學家馮‧史洛特 (F. W. von Schrotter)[162]提倡把發展製造業作為加強貨幣流通的手段（1686）：把錢分發給手工業者，這只是暫時放棄了錢，錢在普遍的流通中將迅速跑回來。人們對此深信不疑，直到1817年，李嘉圖仍認為，工人的「通行工資」通常環繞「自然工資」左右搖擺，而「自然工資」則是給工人提供維持生存和延續後代的手段[163]。工資所得只夠支付必需消費品，首先用於食物需求：工人主要對農產品供給作出反應，何況正是食物價格決定著工人工資。可見，工人不是他生產的製成品的需求者，因製成品往往是奢侈品。在這裡，我們所考察的供給至多只為製成品創造一種間接的需求。至於不定期的農業生產過剩，其數量不足以使食物銷售在佃農、零工或小地主方面帶來對製成品的巨大間接需求。

　　簡單地說，對於我們往往誤認為是荒唐的重農主義思想，我們必須在這個歷史背景下加以理解。把農業生產和農業財富放在第一位，在農產品總是供不應求、不能適應人口增長的時代，難道是錯誤的嗎？反過來看，工業經常出現故障，其原因難道不正是農村居民以及城市手工業者和工人的需求過於微薄嗎？費歇爾 (F. J. Fisher)[165]對農業的供給不足和工業的需求不旺之間所作的區分，正是對舊制度下經濟的簡明扼要的描繪。

　　在這些條件下，我擔心薩伊法則對大革命前的幾個世紀遠不如對當今的 20 世紀那麼適用。更何況，18 世紀的製造商只是在事先取得補貼、無息貸款和壟斷權的條件下才創辦大企業。人們或許會說，這些企業家未免苛刻。可是，即使享有如此優惠的條件，他們也遠非人人取得成功。供應增長能製造新需求的情形是未來的事，是由機器生產促成的斷裂現象。米希勒 (Jules Mechelet) 說得好，產業革命歸根到柢就是一切需求的革命，用杜爾哥的話來說，是所謂「俗念」的改變，今天的某些哲學家或許喜歡聽到談論「慾念」。米希勒於1842年寫道：「紡紗業到了窮途末路，行將窒息的地步；倉庫裡貨物充斥，找不到任何銷路。驚慌失措的製造商既不敢繼續開工，又不敢讓這些消耗巨大的機器停下來……價格下跌，仍無濟於事；一跌再跌之下，棉花已跌到6蘇……於是發生了1件意外之事。6蘇一詞終於使人覺醒。成百萬顧客，一些從不購物的窮人，開始行動起來。一旦人民插手其事，就可以看到他們的購買力該有多大。倉庫一下被搬空。機器重又狂熱地運轉……法國發生了一場悄悄的但又偉大的革命；這是一場清潔革命：窮人家裡得到了美化：有史以來許多人家從未有過的內衣、床單、桌布、窗簾，一下子就應有盡有了」[166]。

市場的地理分布

　　我們在前面一節只考察了經濟規律和經濟制約的作用，卻把商人遺忘了。我們在下一節將再次忘記他，而只考察市場本身：市場所佔的地域，它們的規模和分量，總之，回顧它們的地理分布。因為任何交換都佔一塊空間，而任何空間都不是中立的，也就是說，都由人加以安排或調整的。

　　就歷史來講，有必要弄清楚一個民族，一個商埠、一家公司所控制的可變地域，有必要弄清楚某種貿易——如小麥、鹽、糖、胡椒乃至貴金屬——所佔的可變地域。只要採用這個辦法，就能揭示市場經濟的影響及其經常出現的缺陷和不足，以及持續的活力。

商行的活動地盤

　　一名商人總與一些顧客、供貨人、借款人、債權人相聯繫。請把他們的地址標在一張地圖上：一塊地盤便顯示出來，這塊地盤決定著商人的興亡成敗。地盤愈大，商人的地位原則上愈重要，事實幾乎也始終如此。

　　13世紀下半葉在法國定居的佛羅倫斯商人吉安費格里亞齊家族，他們的經商範圍包括整個阿爾卑斯地區，尤其是多菲內和隆河谷，影響往西可達蒙貝里耶和喀卡孫。三個世紀以後，即在1559年前後，安特衛普的卡波尼家族[167]——系出世界著名的托斯卡尼望族——以北海到地中海的比薩和佛羅倫斯的狹長形紡錘狀區域（其分支再朝南延伸）為貿易範圍（他們的信件和帳冊皆足以為證）。正巧是連接荷蘭以及義大利的這個紡錘狀區域，在16世紀上半葉，支配著和包含著比薩的薩維亞第家族的活動，這個家族的大批檔案幾乎尚未得到利用。到了17世紀，義大利商業網在喪失對北海的統治的同時，逐漸向整個地中海地區擴展。托斯卡尼的薩米尼亞提公司[168]已把其經營中心轉到利佛諾，他們的一本帳冊（1652-1658）表明存在一個以地中海為主的商業網：威尼斯、斯麥納、的黎波里、的黎波里、美西納、熱那亞和馬賽佔著首位；君士坦丁堡、亞力山勒達、巴勒摩、阿爾及爾也經常被提到。北方的連接點為里昂，尤其是阿姆斯特丹。使用的船隻往往屬於荷蘭或英國。但利佛諾畢竟是利佛諾，公司的帳本曾提到，兩艘船在阿干折斯克裝載俄羅斯的紅色皮革。例外正好證實規律！

　　如果我們擁有幾百或幾千份這類資料，就能繪出關於商業布局和商行布局的有用圖表。人們將學會就「買的地域」和「賣的地域」進行逐個對比，讓它們互為解釋，學會區分聚合和擴散，區分向一根主軸收縮的、近

乎線狀的紡錘形區域和反映經濟高漲、交換發達時期的圓球狀擴張。在舉出第二個或第三個例子後，人們將不再懷疑，當商人在大商埠已站穩腳跟時，他必定發財致富。15世紀的拉古沙人貝奈迪托・科楚格利 (Benedetto Cotrugli) 曾說過：「在大湖裡釣大魚」[169]。我還喜歡厄里克・馬什克 (Eric Maschke)[170]講的關於奧格斯堡那位商人的故事，此人早年生活困頓，只是到達維也納後，才開始改變入不敷出的情形。同樣，富格爾發家史上有兩個特別重要的日期：1367 年 9 月，漢斯・富格爾 (Hans Fugger) 離開了故鄉格拉本，前往附近的奧格斯堡，在那裡安家定居，充當絨布織工；1442年，他的繼承人成爲從事遠程貿易的商人，與附近各大城市和威尼斯保持聯繫[171]。這些都是眾所周知的事實。梅利斯曾舉博洛梅爲例，這個家族原籍比薩，於 15 世紀遷往米蘭，並因此發了大財[172]。

　　商人的地盤是某個特定時代的民族地域或國際地域中的一塊。在經濟 159 高漲的時代，批發商活動的地盤有可能迅速擴大，尤其如果他同大宗貿

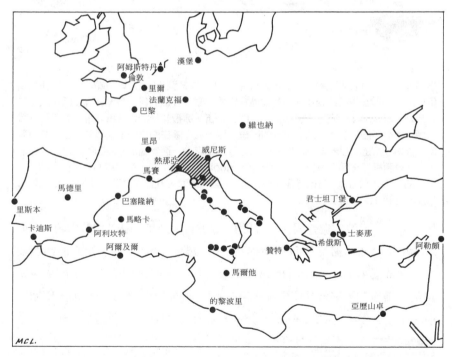

表(13)　薩米尼亞提公司 17 世紀的商業聯繫　薩米尼亞提公司設在佛羅倫斯和利佛諾，薩波利在最後關頭搶救出該公司的大批文件，現在博科尼保存（米蘭）。影線區（義大利中部和北部）係與公司往來密切的區域。公司影響遍及整個地中海沿岸、加地斯、里斯本以及北方（巴黎、里昂、美因河畔法蘭克福、里耳、倫敦、阿姆斯特丹、漢堡和維也納）。地圖由拉佩爾 (M.-C. Lapeyre) 小姐繪製。

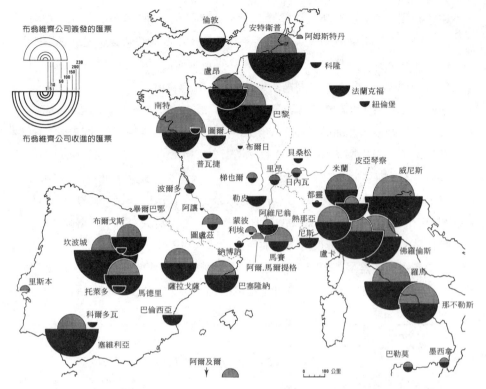

表(14) 布翁維齊家族征服了整個歐洲 自1575至1610年，盧加商人布翁維齊 (Buonvisi) 設在里昂的公司通過其親戚和客戶聯繫，在歐洲各大商埠建立了四通八達的商業網。匯票織成的交易網包括著五花門的業務。這裡涉及的是匯票數量；而不是匯款金額，因而不能完全相信圖表給人的印象，以為公司除在南特和土魯斯外，到處都有盈餘。值得了解的是里昂本城的匯票往來何以如此之少，而向盧加簽發的匯票何以出奇地多。（地圖根據法蘭索瓦茲·巴亞爾 (Francoise Bayard) 的草圖繪製：「布翁維齊，里昂的商人兼銀行家，1575至1629年」，載《經濟、社會、文明年鑑》，1971年，第1242和1243頁）

易、匯兌、貨幣、貴金屬、「俏貨」（如香料、胡椒、絲）和時尚趨向（如為織單面絨布所必需的敘利亞棉花）相聯繫。經查閱普拉托的佛朗西斯科·達蒂尼 (Francesco Datini) 的部分檔案，我得到這樣一個印象，即1400年前後的大宗貿易使佛羅倫斯的匯票流向熱那亞、蒙貝里耶、巴塞隆納、布魯日和威尼斯。在這14世紀末和15世紀初，金融活動莫非比商業活動成長更早，更富外延性？

　　如果16世紀的進步果真像我所說的那樣導致交易會和商埠這類上層建築的異常活躍，人們將容易懂得，奧格斯堡的富格爾家族和韋爾瑟家族所在的多種商業領域何以能有突然的擴展。在16世紀那時，這些企業規模之龐大使其他商人和公眾輿論感到害怕。奧格斯堡韋爾瑟家族的勢力遍布整

個歐洲及地中海，進入新大陸，於1528年抵達委內瑞拉，由於西班牙人惡意破壞和當地的凶殘暴行，終於導致眾所周知的失敗。韋爾瑟家族難道樂於前往風險大的地方一賭成敗嗎？倒是富格爾家族百倍地通情達理，他們取得的成就更大，也更加紮實。他們支配中歐、匈牙利、波希米亞和阿爾卑斯地區的大採礦企業。他們通過代理人在威尼斯建立鞏固據點。他們控制著16世紀初世界的活動中心安特衛普。他們早就來到里斯本和西班牙，站在查理五世皇帝的一邊；他們於 1531 年在智利出現，雖然他們很快於 1535 年撤出[173]。他們於 1559 年在非尤梅（里耶卡）和杜布羅夫尼克[174]打開了一扇面對地中海的專用窗戶。 16 世紀末，正當他們遇到極大困難時，他們仍一度參加了設在里斯本的國際胡椒財團。最後，他們通過同鄉費迪南·克隆 (Ferdinand Cron) 為中間人，把勢力伸入到印度。克隆於 1587 年到達那裡，年僅28 歲，充當富格爾家族以及韋爾瑟家族駐科欽和果亞的代表。他在印度一直留到1619年，那時他已發了大財，並給遠在西班牙的主人和他在當地的葡萄牙主子辦了許多事情，但在1619年後，葡萄牙人的忘恩負義使他身陷囹圄，備受折磨[175]。總之，大商行的影響之大超出了查理五世和腓力二世的帝國版圖，大家知道，這在當時是兩個永遠不見日落的帝國。

不過，歷史上的這些大人物並不最能說明問題。我們更關心的是平均值，即大小不等的各商行以及它們作為整體發生的變異。在17世紀，商行的平均規模似乎有所縮小。到了18世紀又重新變大，金融勢力伸展到歐洲乃至世界的各個角落。富商的國際體系業已建立。為進一步說明這種情況，必須多舉例子和多作比較。這項細緻的工作還有待去做。

城市的活動地盤

160

一個城市是相互聯繫的若干地域的中心：城市食物供應圈；貨幣及度量體系適用圈；手工業者和新市民來源圈；信貸貿易圈（這個圈範圍最廣）；商品購銷圈；消息傳入城內和傳出城外的逐層推進圈。如同商人的店舖或倉庫一樣，城市佔據的經濟地盤是由其地位、財產和長期經歷所決定的。城市的地位每時每刻由其四周的包圍圈所確定。但這些包圍圈的使命還有待解釋。

紐倫堡可為我們作證， 1 5 5 8 年左右，紐倫堡人羅倫茲·默德爾 (Lorenz Meder) 出版了《貿易須知》。在這本不久前由凱倫本茲再版和評注的商業著作裡[176]，默德爾打算給他的同胞提供一些實用信息，而不想解

決我們這裡關心的問題，即對紐倫堡的商業地盤作出正確的考證和解釋。但根據他提供，並經凱倫本茲補充的情況，人們得以畫出下面那張資料相當豐富的地圖。地圖很能說明問題。紐倫堡作為工商業和金融業的頭等城市，在16世紀的30至60年代，還處於上升態勢，這股衝勁在幾十年前曾使德意志成為推進歐洲發展的動力之一。紐倫堡與一個活動範圍廣大的經濟地區相聯繫，它的產品經過轉手，遠銷近東、印度、非洲和新大陸。但它本身的活動仍限於歐洲地區。以它為中心的中短程貿易，其範圍大致可覆蓋整個德意志。威尼斯、里昂、坎波城、里斯本、安特衛普、克拉考、布勒斯勞、波森、華沙是它遠程貿易活動的邊沿，在某種程度上，也是接力棒的交接站。

約翰·彌勒 (Johannes Muller)[177]指出，紐倫堡在16世紀初曾是歐洲活躍的經濟中心。這決不是出於鄉土觀念而誇大其辭。但根據何在呢？理由之一顯然是陸路運輸的發展。理由還在於，紐倫堡地處威尼斯和安特衛普的中間，一頭通向歐洲財富的舊場所地中海，另一頭連接歐洲財富的新場所大西洋（及其所屬海域）。威尼斯——安特衛普軸心在整個16世紀無疑是歐洲最活躍的樞紐。阿爾卑斯山固然橫在中間，但那是不斷出現運輸奇跡的地點，困難似乎反而製造了一種優良的交通體系。因此，當我們看到，在16世紀末，胡椒同時從安特衛普和威尼斯運到紐倫堡，也就不足為奇了。胡椒從南方和從北方運到這裡距離相等，貨物可經海路和陸路從安特衛普運往威尼斯或從威尼斯運往安特衛普，中間不再停留。

當然，這是德國經濟在特定時代的特殊情況。從長期看，天平向最具大陸特徵的德意志東部傾斜，東部的興起在16世紀具體地表現為萊比錫及其交易會的繁榮，特別在紐倫堡和奧格斯堡於1570年發生破產事件之後。

161　萊比錫終於躍居德國礦業之首，成為最重要的礦業股票市場，並不經馬德堡中轉，直接與漢堡和波羅的海取得聯繫。但萊比錫與威尼斯仍保持緊密聯繫，「威尼斯商品」代表整整一個活動部門。萊比錫此外還是東西方之間最方便的貨物轉運站。貿易額逐年提高。到1710年，可以說，萊比錫交易會已比美因河畔法蘭克福交易會「重要得多」，至少就商品而言，因為後者當時仍然是一個其地位比萊比錫更加重要的金融中心[178]。金錢的優勢不是在朝夕之間就能改變的。

由此可見，城市的活動地盤是個很難作出解釋的問題，特別是我們所掌握的資料並不能符合我們的要求。尚-克洛德·佩羅 (Jean-Claude Perrot) 的近著《近代城市的誕生：18世紀的康城》，其研究之細致精闢

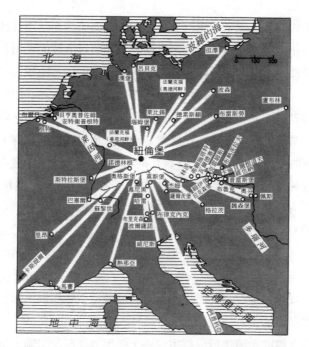

表(15)　城市的地盤：紐倫堡 1550 年間的影響如光芒四射　根據凱倫本茲再版的默德爾著《貿易須知》，1974 年版。

堪稱爲典範，卻仍不能解決所有的問題。馮・屠能 (Johann Heinrich von Thunen) 的理論公式對康城適用，這並不值得奇怪：在緊貼城市的四周，人們不難劃定一個供應蔬菜和牛奶的「腰帶狀區域」，然後則是一個產糧區[179]和一個畜牧區。但是，要弄清城市製造的工業品的銷售區，弄清城市賴以推銷其商品的集市和交易會，就困難得多。關鍵在於，城市應在地區和國際這雙重範圍內展開活動；也就是說，進行兩種不同的流通：第一種是連續的，纖細的和短程的；第二種是間歇的，在發生食物危機時，需要利用塞納河的水上運輸，或從倫敦和阿姆斯特丹爲起點的海上運輸。這兩種體系互相調整，互相對立，互爲補充，或互相銜接。國際生活對一個城市的影響等於甚至超過該城市與鄰近城市的持續聯繫。世界通史凌駕於地區史之上。

162

原料市場

費爾南・莫雷托 (Fernand Maurette) 曾寫過一部關於本世紀 20 年代世界的原料市場的教科書[180]。照著這部經典著作來寫 15 至 18 世紀主要原料的歷史，大概不會有太多的困難。如果我們願意安分守己地僅舉一些能

夠說明問題的例子，例子會俯拾皆是：所有銷路廣的商品都可作證，這些證明雖說五花八門，至少有一點是共同的：如同最活躍的城市和最受人看重的商人一樣，最引人注目的貿易勢必涉及大塊地域。地域面積是財富和成功最執著的象徵。香料——該詞「泛指多種產品」，從「用於調味的佐料」到「藥材和染布必需的材料」[181]——這個例子已爲大家如此熟悉，似乎不宜再作典型舉出。這個例子的好處是介紹一種長時段的發展，其中分幾個互相銜接的階段，繼之以在 17 世紀的明顯退潮[182]。關於這次退潮，我們已經作過解釋[183]。相反，食糖相對地是一種新產品，從15世紀到20世紀，食糖的消費和供應區域不斷在快速擴展。除開幾個細小的例外（楓葉糖、玉米糖），到大陸封鎖和使用甜菜製糖時爲止，這一寶貴產品歷來從甘蔗中榨取。我們已經指出[184]，甘蔗從印度向地中海和大西洋（馬德拉島、加那利群島、亞速群島、聖多美、太子島、然後美洲大陸和熱帶海岸、巴西、安地列斯群島）遷移。這一進展特別引人注目，因爲在當時條件下，需要昂貴的投資才能辦到。

於是，食糖除繼續作爲藥材出現外，逐漸進入廚房和端上餐桌。在15和 16 世紀，它還是王公們用於餽贈的高級奢侈品。1513 年 10 月 18 日，葡萄牙國王向教皇贈送其等身糖人像，四周站著12名主教和300枝蠟燭，每枝均高1.5公尺，全部由一位耐心的甜食商製作[185]。德國於1544年流行的一句俗語這麼說道：「任何菜餚都不怕放糖」[186]。巴西開始提供食糖：16世紀平均每年1600噸。在1676年，400艘船載糖離開牙買加，平均每艘裝 180 噸（共計 7 萬 2 千噸[187]）。聖多明哥 18 世紀產糖量如果不是更多，至少也是這個數目[188]。

我們要不以爲歐洲市場被大西洋食糖所淹沒。製糖業的發展決不是大西洋經濟發展以及歐洲日益現代化的首要原因。把這種說法顛倒過來，卻毫無困難：正是歐洲的發展，促成對食糖咖啡的嗜好，並使食糖和咖啡的生產飛速發展起來。

這裡不可能逐個研究促使糖業發展的所有因素：黑奴、種植園主，生產技術，粗糖提煉，向不能自給自足的種植園供應廉價食品，與歐洲的海路聯繫，以及歐洲的倉庫和轉售系統。在 1760 年前後，當一切都已就緒時，人們向巴黎和別地的食糖市場推銷「粗糖、粗紅糖、7 磅食糖、細砂糖、粗砂糖、冰糖、紅糖或稱賽普勒斯糖。優質粗糖應呈白色，不沾手，不帶焦糊味。粗紅糖又稱「群島糖」，以色白、質乾、呈顆粒狀、味帶紫羅蘭香味者爲上品，以巴西所產的爲最佳；但此項貿易業已中斷，卡宴所

巴西榨糖作坊。據認為波斯特 (F. Post) 於 1640 年作畫。注意前方裝有實心車輪的牛車,以及推動榨糖裝置的牲畜馱套。

產者次之,各島所產者復次之。甜食商製作果脯時大量使用巴西和島嶼生產的粗紅糖,甚至評價比細糖更高,因為粗糖漬製的果脯質量更好,並且不易結晶」[189]。在當時,食糖顯然已喪失物以稀為貴的地位,變成了食品雜貨中的一種。

我們這裡關心的是糖業經驗對商人的意義。首先,地中海剛開始迷戀食糖時,食糖生意即生財之道。這方面,威尼斯和賽普勒斯糖的例子十分清楚,因為它表明,號稱「糖王」的寇納家族對食糖已建立起不可動搖的壟斷。威尼斯於 1479 年佔領了賽普勒斯,它贏得的是一場食糖戰爭。

我們對寇納家族的糖業經營了解不多。但已知的其他經驗給人一個並不出人意外的印象,就是說,在有關糖業的系列活動中,生產從不是高利潤部門。在 15 和 16 世紀的西西里,由熱那亞資本支持的榨糖作坊並不十分景氣,甚至日子難過。同樣,人們指望16世紀初大西洋島嶼的食糖起飛能夠帶來豐厚的利潤,但當大資本家韋爾瑟 (Welser) 於 1509 年在加那利群島買地和建立種植園時,他們發現這筆生意的賺頭不大,並於 1520 年放棄了[190]。16 世紀巴西種植園的情形也是如此:種植園主可賴以生活,但發不了財。聖多明哥雖然產量最高,但給人的印象並沒有什麼不同。難道由於這個不容置辯的原因,生產竟被置於低下的地位嗎?只是在這種情況下,糖業生產才能找到自己的平衡。

不僅如此,任何資本主義市場都有一系列鏈環,愈是靠近中心的環節,地位和報酬便愈高。例如,在胡椒貿易中,這一制高點長期是威尼斯

的條頓商館：胡椒在那裡堆積如山，然後就向德國的大主顧發送。到17世
紀，胡椒的中心是東印度公司的大倉庫。就食糖而言，由於它完全被納入
歐洲交換網，聯繫環節要複雜得多，因爲必須掌握了生產才能掌握貿易的
制高點。大西洋食糖只是在17世紀下半葉，當安地列斯群島發展（各個島
嶼發展的日期不盡相同）起來後，才取得重要的地位。荷蘭人於1654年丟
失了巴西東北部，他們遭受的這個失敗，加上英法兩國食糖生產的決定性
進步，導致荷蘭的處境更加惡化。總之，首先瓜分了甘蔗生產，接著再瓜
分食糖的提煉（主要操作），最後瓜分市場。

　　這裡僅概略地談談主要的食糖市場：安特衛普在 1550 年前後共有 19
家煉糖廠；1585年後安特衛普市場日漸衰落，荷蘭企圖取而代之。阿姆斯
特丹於1614年禁止煉糖廠使用污染空氣的泥炭；但煉糖廠的數量仍不斷增
多：1650年共計40家，1661年達61家。當時正值典型的重商主義時代，
各國經濟皆力圖保住自己的市場。以法國爲例，柯爾貝爾通過1665年的關
稅法令保護民族市場，煉糖廠在敦克爾克、南特、波爾多、拉羅歇爾、馬
賽、奧爾良等地開始繁榮發達。因此，從1670年起。外國細糖不再進入法
國；相反卻有煉糖廠將進口的粗糖加工後出口，可於事後享受減收進口關
稅的優待[191]。利於法國出口的另一因素是本國消費量小（佔其殖民地產量
的十分之一，英國則佔十分之九），種植園從本土獲得的供應又比牙買加
便宜（法國物價水平較低），牙買加雖然也在北美購買，但主要是依靠英
國供應。《貿易日報》[192]寫道：「在戰前（指 7 年戰爭），以同等質量相
比，英國殖民地生產的食糖在倫敦的售價比較起法國殖民地生產的食糖在
法國港口的售價貴70%。價格相差如此之大，沒有別的原因，只是英國向
殖民地提供的食品價格過高。英國糖價既高，剩餘的食糖又作何用處？」顯
然用作消費，應該說，英國國內市場已能消費得了。

　　總而言之，儘管食糖主要生產國的出口和轉銷，通過購買粗糖和建立
煉糖廠的辦法實行食糖市場民族化已在歐洲各地推廣。從1672年起，漢堡
利用荷蘭的困難，發展煉糖業，採用新工藝，並設法保密。此外，普魯
士、奧地利和俄羅斯也紛紛開設由國家壟斷經營的煉糖廠。若要確切了解
食糖市場的動向和眞正得益的基點，就必須復原在產區、控制生產的財界
和部分掌管批發業務的煉糖廠之間的複雜聯繫網。無數零售店位於這些糖
廠之下，向我們展現利潤微薄和受競爭制約的普通市場。

　　在整個聯繫網內，最有利可圖的環節是什麼？從倫敦的情況看，我以
爲批發市場是個高利潤場所。倉庫裡堆積著成桶成箱的糖，根據煉糖廠

主、甜食店主或普通顧客的要求，分別供應白糖或棕糖（煉糖餘渣）。製造白糖原屬本土糖廠的特權，後來禁令撤消，各島嶼終於開始製造。但這一進步不正好表明產糖島嶼所經歷的困難嗎？照我們的見解，批發市場的地位不如煉糖，但後者似乎沒有使大商人動心。為了要有把握，還必須深入了解批發商和煉糖廠主之間的關係。

貴金屬

我們暫且把糖放下，以後另有機會再談。我們先談一個更好的題材：貴金屬。貴金屬涉及全球，使我們登上交換的最高層；在必要時，貴金屬將顯示出經濟生活逐級上升的趨勢，因為經濟生活竭力要創造超過自身的業績和記錄。這種無所不在、不斷受追逐和周遊世界的商品，其供應和需求可說到處都可遇到。

貴金屬一詞寫來十分容易，其含義卻一點也不簡單。它確指幾種不同

熱那亞的錢箱，裝有複雜的鎖，用於從西班牙往熱那亞運送銀條和銀幣。

的東西：

（1）從礦山或金砂中採出的粗金屬；

（2）半成品，包括錠、條或塊（不規則的金屬塊，帶細孔，質輕，呈蜂窩狀，在發送市場前一般均改鑄成錠和條）；

（3）成品，即鑄幣，不斷需要更新鑄幣：例如在印度，在成色和重量
166　相等的情況下，盧比的價值隨發行日期而變化，前幾年發行的盧比較當年發行的盧比價低。

以這些不同形式出現的貴金屬在不斷移動，而且速度很快。波阿吉貝爾已經說過，金錢只是「在不間斷運動中」方才產生作用[193]。實際上，貨幣不停地在流通。坎提龍指出：沒有任何東西比貨幣「更易搬運，更少損耗」[194]，熊彼得 (J. Schumpeter) 認為，坎提龍是談到貨幣流通速度的第一人[195]（此說尚存在著爭議）。貨幣流通速度之快，有時竟打亂了鑄錠和造幣之間的先後次序。早在16世紀中葉，這類事情已經發生，後來則更甚：到 18 世紀初，一些聖馬羅船隻沿著秘魯海岸，私下運載本洋以及「未納
167　稅」的銀塊（指未向國王繳納五分之一稅的走私白銀）。銀塊總是用於走私。合法的白銀，若不是鑄幣，往往以錠和條的形式在歐洲流通。

但更加靈活的還是鑄幣。交換使鑄幣「如滾滾白浪，一往無前」，走私使它能闖過種種障礙。戴米尼說得好，對鑄幣來說，「沒有翻不過的庇里牛斯山」[196]。在1614年的尼德蘭，有400種不同的鑄幣在流通；法國同期有 82 種[197]。在歐洲任何一個地區，即使是窮鄉僻壤，有時也能碰到最出乎意外的鑄幣，如在 14 世紀阿爾卑斯山區的昂布蘭[198]，或在 14 和 15世紀閉塞的熱伏唐地區[199]。儘管紙幣早就被用於多種用途，但硬幣，「現銀」，仍保留其特權。西歐人慣於到中歐去解決或試圖解決他們自身的衝突，就在中歐，敵對的雙方——法國或是英國——以發放現金相較量。威尼斯 1742 年的公告表明，英國艦隊帶著大筆現金，準備交給「匈牙利女王」瑪麗・德蕾莎[200]。1756年強大的英國為與腓特烈二世結成同盟所付出的代價，是把滿載鑄幣的34輛小車送往柏林[201]。當1762年春宣佈和平時，俄國轉而得到好處。一位外交官寫道：「倫敦 3 月 9 日經由驛站送往阿姆斯特丹和鹿特丹幾張匯票，準備把15萬塊鑄幣的巨款交給俄國皇宮[202]。」1799年2月，價值500萬英鎊的銀錠和鑄幣從萊比錫過境，這筆錢來自漢堡，運往奧地利[203]。

這且說過不談，唯一的、真正的問題是如何認識貨幣在世界各主要經濟實體中的流通方式，或可能的話，認識貨幣流通的原因。我以為，如能

區分生產、轉移、積累這三個明顯的階段，流通的原因和方式也就容易得到認識。有粗金屬的生產國，有貨幣的經常出口國，還有金屬或貨幣只進不出的國家。當然還有混合型國家，進出口兼有的中國和歐洲的情形最能說明問題。

黃金和白銀的產地幾乎總是些原始的蠻荒之地，無論是婆羅洲、蘇門答臘、海南島、蘇丹、西藏、蘇拉威西的黃金，或者是 11 至 13 世紀以及 1470 至 1540 年第 2 個興盛時期的中歐礦區。一些淘金者直到18世紀後仍在歐洲一些河流附近徘徊，但所產極為有限。在 15 和 16 世紀，阿爾卑斯山、喀爾巴阡山和厄爾士山的採礦營地完全與世隔絕，在那兒勞動的人生活極其艱苦，卻有人身自由。

非洲則相反，在蘇丹的採金中心邦布，「礦山」受村莊首領的控制。那裡至少是半農奴制[204]。新大陸的情形更加明朗，歐洲為開採貴金屬，大規模地重建古代的奴隸制。礦區的印第安人以及後來18世紀在巴西中部從事淘金的黑人，與奴隸又有什麼不同？一些奇怪的城市拔地而起，最奇怪的是上安地斯山中的波托西城，海拔 4 千公尺，10 萬礦工全麇集在這座龐大的人間地獄裡[205]。那裡的生活程度，即使在富人看來，也荒謬透頂：一隻雞值 8 里亞爾，一個雞蛋值 2 里亞爾，一磅卡斯提爾蠟燭 10 比索，其他可想而知[206]。這意味著什麼？無非說明白銀不值錢。在這裡賺錢的不是礦工，甚至也不是礦產主，而是商人，他們預借礦上需要的貨幣、食物和汞，然後穩穩當當地要求用白銀償還。18世紀巴西的黃金生產也是同樣的情況。從聖保羅出發的所謂「季風船隊」[207]沿著河流，向米納斯傑拉斯和哥亞斯的採金主及其黑奴供應物品。只有這些商人發了大財。礦工剩下的錢，當他們返回城市時候，往往被賭博奪走。墨西哥是個十足的賭城。在利潤的天平上，金銀的砝碼結果比木薯粉玉米及巴西乾肉還輕。

事情又怎能不是如此？在世界範圍的勞動分工中，讓我們再說一遍，礦工這個行當總是落在最貧困、最不幸的人頭上。金銀採礦業十分重要，世界各地的強權無不從中插手。出於相同的理由，他們不能讓鑽石或寶石的勘探脫離他們的控制。達維尼葉[208]於 1652 年以顧客身分參觀了「離哥康達 5 天路程、被稱作勞康達」的著名金剛石礦。一切都安排得井然有序，不僅對王公和商人有利，而且對顧客方便。但礦工卻赤身露體，備受虐待，動輒被懷疑——倒也不無理由——有偷盜行為。巴西18世紀尋找鑽石的「淘金者」[209]是些行蹤不定的冒險家，但冒險所得的利潤最終都歸商人、里斯本的君主以及鑽石包買人。如有一座礦山開始經營時顯得比較獨

168

立（如中世紀的歐洲），可以肯定，它遲早要受商業環節的控制。礦產世界是工業世界及其無產階級的先導。

另一個範疇是吸收貴金屬的國家，特別在亞洲，貨幣經濟在一定程度上業已建立，貴金屬的流通不如歐洲那麼快捷。整體傾向是把貴金屬留下和積儲起來從而降低其效用。這些國家就像海綿一樣，或用當時的說法，像是貴金屬的「墓地」。

貴金屬的兩大蓄池爲印度和中國，二者的情況又各不相同。印度對黃金和白銀兼收並蓄，黃金指的是康特拉科斯塔（即莫諾莫塔帕地區）的金屑，白銀先後來自歐洲和日本。據印度歷史學家說，美洲白銀的湧入導致印度價格上漲，時間比歐洲 16 世紀的價格革命晚 20 來年。這再次證明，進口白銀留在當地。這還證明，進口白銀並未盡歸大蒙兀兒皇帝傳奇般的寶庫，因爲物價上漲了[210]。難道不正是依靠美洲白銀，印度才能不斷新鑄和改鑄貨幣嗎？

對中國的情況，我們顯然了解不多。有一個突出的事實大家都知道，中國不把黃金當作貨幣，而是用於出口以換取白銀，兌換率極低。在歐洲人中，葡萄牙人最先於16世紀注意到中國人對白銀的古怪偏愛，並予以利用。一名葡萄牙人於1633年斷言：「中國人只要一嗅到銀子的氣味，就把山一般的貨物帶來」[211]。安東尼奧‧烏勞 (Antonio de Ulloa) 的說法並不可信，這位西班牙人於1787年硬說：「中國人不斷勞動爲取得本國所沒有的白銀」，而中國又是「最不需要白銀的國家之一」[212]。恰恰相反，銀子是中國交換中常用的高級貨幣（購貨時把銀子剪成薄片，結清貨款），用銅和鉛混合鑄成的銅板或銅錢是低級貨幣。一位中國歷史學家最近認爲[213]，美洲 1571 至 1821 年間生產的白銀至少有半數被運到中國，一去而不復返。謝努[214]曾說有三分之一的美洲白銀流向中國，新西班牙經太平洋向菲律賓的直接出口包括在內，這個數目已經很大。兩種算法都不完全可靠，但也有許多理由令人置信。首先，在中國用銀換金有利可圖[215]（利潤逐年減少，但那是在 18 世紀下半葉以後），這項貿易甚至以印度和南洋群島爲起點。其次，美洲白銀在1572年開始一次新的分流，馬尼拉大帆船橫跨太平洋[216]，把墨西哥的亞加普科港同菲律賓首都連接起來，運來的白銀被用於收集中國的絲綢和瓷器，印度的高級棉布，以及寶石、珍珠等物。這種貿易往來時興時衰，一直維持了整個18世紀，乃至更久。最後一艘大帆船於1811年返回亞加普科[217]。整個東南亞無疑都與以上貿易有關。這裡可舉一件小事爲例，它不能完全說明問題，但能幫助我們理解。英國大帆船「印

度斯坦號」送馬戛爾尼 (Macartney) 專使前往中國，於 1793 年允許一交
趾支那老頭搭乘。此人本不富裕，「但人們把西班牙比亞斯特銀洋放在他
手裡時，他似乎知道其價值，並且把這些錢幣細心地藏在他襤褸的衣衫的
一角」[218]。

伊斯蘭地區和歐洲的地位特殊，處於生產國和積累國之間：它們起著
轉運站的作用。

從這個角度看，伊斯蘭地區的地位與歐洲相同，我們不必長篇大論去
細說。這裡僅談遼闊的土耳其帝國的情形。人們歷來把土耳其帝國看作是
一個經濟中立區，歐洲貿易可以暢行無阻：16世紀通過埃及和紅海，或者
經過敘利亞，利用馱幫到達波斯和波斯灣；17世紀通過斯麥納和中亞。勒
旺貿易的所有這些道路看來是中立的，就是說，白銀匆忙地經過這裡，既
不停留，又不起任何作用，前往波斯換取絲綢或前往印度換取花布。尤其
因為土耳其主要使用黃金——黃金產自非洲的蘇丹和阿比西尼亞，通過埃及
和北非轉到這裡。奧梅爾·呂脫菲·巴爾肯 (Omer Lutfi Barkan)[219]及其
學生的研究成果業已確定，在16世紀的大範圍內，價格有所上漲。這個事
實足以證明，土耳其帝國也出現了通貨膨脹，並在國內引起了「阿斯普爾」
的危機，這種白色小硬幣被用於支付近衛軍士兵的餉銀，關係到人們的日
常生活。由此可見，土耳其帝國是個中間站，卻不是中立區。

170

與歐洲承擔的職責相比，土耳其帝國在世界範圍內所起的作用顯得微
不足道。在美洲被發現前，歐洲勉強在本土拼湊必要的金銀，彌補在勒旺
地區的貿易虧空。隨著新大陸銀礦的開採，歐洲扮演的貴金屬再分配者的
角色從此確定。

在經濟史學家看來，貨幣的這種單向流通似乎對歐洲不利，似乎使歐
洲大傷元氣。這種想法難道不正是重商主義的偏見嗎？同樣用個形象的說
法，我寧願說，歐洲在用它的金幣和銀幣去轟開其他國家的大門，否則這
些門戶就會對它關閉或很不情願開放。任何勝利的貨幣經濟無不用自己的
貨幣去取代他人的貨幣，這對它來說無疑是勢在必然，而並非深思熟慮的
行動。例如，早在 15 世紀，威尼斯杜加（當時真實的貨幣）取代了埃及的
金第納爾；勒旺地區很快布滿了威尼斯造幣所鑄造的白色硬幣，接著到16
世紀後期，西班牙本洋氾濫，這種後來改稱比亞斯特的銀幣是歐洲經濟對
付遠東的武器。拉波多內[220]（1729年10月）要他在聖馬羅的朋友和合夥人
克洛里維埃爾籌集資金，換成比亞斯特運往朋迪榭里交給他，以便從事印
度洋貿易。拉波多內解釋說，如果股東寄他大筆資本，他將準備作中國之

行，這就需要許多錢，馬德拉斯的英國總督一般把這種旅行當作可靠的生財之道。由此可見，大筆銀幣是打開或擠進一條流通渠道的手段。拉波多內又說：「手上掌握大筆款子總比較有利，你因此能主宰貿易，小溪終究要流入大河」。

在17世紀，西班牙本洋已成爲攝政統治下的突尼斯的標準貨幣[221]，怎麼能視而不見這樣的斷裂效應呢？在俄羅斯，財政赤字導致了荷蘭貨幣、英國貨幣大批進入國內。其實，如果沒有外來貨幣的進入，俄羅斯的廣大市場將不能或不願滿足西方的要求。到了18世紀，英格蘭商人的成功在於他們向莫斯科商人貸款，後者負責收購或採備英國需要的產品。相反，英國東印度公司的起步相當困難，因爲它堅持要運來呢絨，並且在向代理商支付現金時極爲吝嗇，致使代理商萬分無奈，被迫在當地舉債。

歐洲注定要出口一大部分白銀儲備，有時甚至售出部分金幣，雖然並不十分爽快。但是在某種程度上，這又由它的內在結構所決定；早在12世紀，歐洲已處於這個地位，隨後又維持了幾個世紀。最早有固定疆域的國家都竭力阻止貴金屬出境，這在今天來看似乎滑稽。1646年，埃昂 (Eon) 指出，任何「大政治家」的格言是「找到阻止金銀出境的手段」。他接著說，不幸的是，「帶到法國的金銀似乎被裝進了一個漏底的口袋，而法國只是一條流水不停的運河」[222]。當然，在這裡，走私或地下交易扮演著這一必要的經濟角色。貨幣外流現象到處都存在，但是涉及的都是小數。凡在貿易上升到經濟活動首位的國家，大門遲早會被打開，金屬就像商品一樣自由地、猛烈地流通。

15世紀的義大利已承認了這種必要。威尼斯至少已經在1396年[223]作出一項同意攜帶貨幣出境的開明決定，1397年又再次重申[224]，1407年5月，市政會議通過的措施[225]只包括一項限制：攜帶金錢（大概指勒旺貿易所需的白銀）出境的商人必須事先曾經帶進，並把其中的四分之一交給市政會議的造幣所。在這以後，他可把剩餘部分自由地攜往「別的地方」。威尼斯向勒旺地區和北非出口白銀的興趣如此之高，因而市政會議總是提高金價，致使變成「劣幣」的金幣充斥當地市場，作爲良幣的銀幣顯然遭到排擠。這難道是有意想達到的目的嗎？人們同樣可以指出，拉古沙或馬賽也組織這些必要的、有利可圖的貴金屬輸出。在君主制度的監視下，馬賽遇到的盡是不理解的麻煩。馬賽於1699年竭力解釋，若比亞斯特在市內禁止自由定價，又不准把它們帶往勒旺地區，如果硬要把它們在造幣所改鑄，它們會自動流往熱那亞或利佛諾。聰明的辦法是允許它們出口，不僅在馬

1471年的威尼斯鑄幣：尼古洛‧特隆 (Niccolo Tron) 總督的里拉。他是唯一一把自己的頭像鑄在貨幣上的威尼斯總督。

賽，而且在「土倫」、安提伯等需要支付海運費用的其他沿海城市[226]。

在商業主宰一切的荷蘭，便沒有這類困難：金銀鑄幣自由出入。隨著經濟的發展，英國也終於實行了貴金屬進出口自由。到17世紀末，儘管存在激烈的爭論，國家的大門對貴金屬愈益敞開。印度公司的生命有賴於此。正是在印度公司的壓力下，英國國會於1663年通過一項法律，其序言明確指出：「經驗告訴我們，金錢（指貨幣）總是大批流往承認其出口自由的地方[227]。」頗有權勢的喬治‧唐寧 (George Downing) 爵士斷言：「過去充當商品本位的金錢本身已變成一種商品[228]。」從此，貴金屬便在眾目睽睽之下流通。到了18世紀，一切抵抗全告瓦解。例如，根據在倫敦海關的申報，報紙宣佈（1721年1月16日）有2315盎司黃金運往荷蘭；3月6日，有288盎司黃金運往同一目的地，2656盎司白銀運往東印度；3月20日，1607盎司黃金運往法國，138盎司黃金運往荷蘭[229]，如此等等。向後倒退已不再可能，即使在1763年巴黎協定簽訂後發生尖銳的金融危機期間也是如此。在倫敦，人們本想利住「金銀在短期內過多流往荷蘭和法國」這股勢頭，但「企圖阻止，就等於給公共信貸致命的打擊，而公

印著查理二世頭像的金幣幾尼，1678年。

共信貸又必須時刻維護，不受侵犯」[230]。

　　大家知道，歐洲各國政府並不都持這種態度。開門政策不能旦夕之間得到普及，思想遲遲趕不上潮流。法國在這方面肯定並不一馬當先。一名法國流亡貴族埃斯潘夏伯爵於1789年12月到達熱那亞時，認為有必要指出，「在熱那亞共和國，金銀屬於商品」[231]，似乎這是值得一提的奇事。重商主義長期受到眾多指責，日子很不好過。

　　但是，就整體而言，值得注意的是，歐洲並不盲目地出清其貴金屬。問題要更加複雜些。必須看到金銀之間的不斷抗爭，法蘭克·斯普納 (F. C. Spooner) 很久以來就提請注意這個事實[232]。歐洲放走白銀，讓它周遊世界。但歐洲提高黃金的價格，這卻是把黃金留在家裡，讓它為在歐洲這個經濟世界內部服務，以結清歐洲商人間和國家間的重要帳目。這也是從中國、蘇丹和秘魯進口黃金的可靠手段。作為歐洲國家，土耳其帝國以自己的方式推行相同的政策、保存黃金，讓白銀如大河一般匆匆流過。在最大限度內，為說明這個過程，必須換一種方式表述所謂格雷欣法則：劣幣驅逐良幣。其實，每當一些貨幣的價值對於某一經濟的相對水平而言被高估

時，它們便驅逐現有的那些貨幣。法國於18世紀提高銀價，直到1785年10月30日改革，才把金銀的比價從1：14.4改爲1：15.5[233]。結果是18世紀的法國變成了中國的縮影：白銀紛紛趕來。威尼斯、義大利、葡萄牙、英格蘭、荷蘭，甚至西班牙[234]，都提高金價。只要有細小的差價，黃金便跑向高價地區；黃金於是變成一種「劣幣」，既然它趕走白銀，迫使白銀周遊世界。

白銀大批外流在歐洲經濟內部畢竟造成了頻繁的故障。但它也有助於紙幣的抬頭，以彌補鑄幣的不足；它推動遠方的礦藏探測；它促使商界尋找貴金屬的代用品，向勒旺地區運送呢絨，向中國運送印度棉花或鴉片。正當亞洲竭力用棉織品，特別用香料、藥物、茶葉等植物產品，換取白銀時，歐洲爲取得進出口平衡，就加倍開發工礦業產品。從長期看，歐洲在這個問題上遇到的挑戰最終不正是對它有利嗎？總之，可以肯定，我們不能像人們經常所說的那樣，把此事當作是歐洲的一次惡性放血，似乎歐洲是用自己的血去購買香料、中國古玩等奢侈品！

民族經濟和貿易盈虧

174

這裡不要是研究規範意義上的民族市場。民族市場發展相當緩慢，其發展程度視不同國家而異。在下一卷裡，我們將詳細論述民族市場逐漸形成的重要性。民族市場在18世紀尚未最後形成，而現代國家的建立有賴於民族市場的最後形成。

我們暫且只想指出，流通怎麼樣使不同的民族經濟（避免說民族市場）——落後的或進步的——劈面相逢，彼此對抗和決出高低。平等交換和不平等交換，貿易的平衡和不平衡，統治和隸屬，所有這些畫出了一張世界大地圖。貿易盈虧能夠描繪這張地圖的大致輪廓，並非因爲這是著手研究問題的最佳方案或唯一途徑，而是因爲我們實際上僅掌握這些數字，何況它們本身還很粗略和很不完備。

「貿易盈虧」

就一個特定的經濟而言，貿易盈虧幾乎可比作一名商人在年終結帳時算一算究竟是盈是虧。在據說是托馬斯‧史密斯 (Thomas Smith) 所寫的《論英格蘭王國的公共福利》（1549）一書中，人們讀到以下的話：「我們應始終注意，與外國人做生意，買進不能超過賣出[235]。」這句話道破了盈

虧問題的根本奧秘，也可能概括了古今以來對這個問題的全部認識。作為至理名言，此話並不新鮮：早在1549年前，英國政府就要求英國商人必須把他們在國外的部分銷售所得以鑄幣形式帶回國內，至於外國商人，他們在離開島國之前，必須用他們的銷售所得購買英國商品。托馬斯・孟(Thomas Mun) 寫於 1621 年的《貿易論》提出的盈虧平衡理論不但是正確的，而且反映一種思想覺醒。他的同時代人愛德華・米塞爾登 (Edward Misselden) 於 1623 年寫道：「我們曾有預感，現在我們得到了科學的說明」[236]。這自然是一種起碼的理論，與現代概念相距甚遠，因為有關盈虧問題的現代概念同時涉及一系列領域（貿易、結算、勞動力、資本、國際支付）。在當時，貿易盈虧只是衡量兩國間商品交換的價值，是雙方進出口貿易額的結算，甚至是雙方的債務結算。舉個例子來說，「如果法國欠西班牙 10 萬皮斯托爾，而西班牙欠法國 150 萬里佛」，每皮斯托爾價值 15 里佛，則兩筆欠款相等。「由於這種相等情況很少見，欠得多的國家就必須用貴金屬償付未能抵銷的那部分債務[237]。」虧空暫時可用匯票補足，也就是說，延期兌現。如果虧空持續下去，勢必要動用金屬。作為歷史學家，每當我們可以觀察這一動用金屬現象時，我們就找到了我們尋求的那個指示器，它明確顯示兩個經濟單位之間的關係，一方強制另一方放棄其部分貨幣儲備或金屬儲備，不管後者情願與否。

176

　　重商主義的全部政策是要至少達到進出口平衡，不惜一切手段避免貴金屬外流。例如，1703 年 1 月至 2 月，在荷蘭作戰的英國軍隊不在當地採辦軍需品，而從英國運來「糧食、製成品和其他產品」，相應的貨款「可留在」島上。只有當一個政府總是提心吊膽，害怕丟失其金屬儲備時，才會出現這樣的念頭。同年 8 月，根據梅休因爵士所簽訂的協議，英國應該用現金向葡萄牙支付業已許諾的援助，但英國建議改作出口穀物和小麥，「以便既履行其義務，又不使現金流向國外」[238]。

　　「務求盈虧相抵」[239]，平衡出口和進口，這只是起碼的要求。最好還要有順差。重商主義政策的政府視貨幣儲備為國民財富，無不對此夢寐以求。所有這些主張十分合乎邏輯地與領土國家同時出現：國家才剛形成，就必須保衛自己的領土。路易十一於 1462 年 10 月採取措施，限制「金銀以鑄幣或其他形式」流向羅馬，「以免本王國因該項外流而蒙受損失」[240]。

有待解釋的幾個數字

　　內行人都明白，解釋貿易順逆變化的原因並不始終十分簡單。沒有能

表(16) 18世紀法國和英國的貿易盈虧

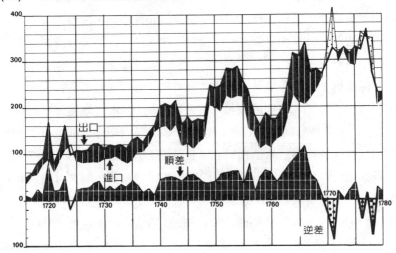

1715 至 1780 年法國的進出口

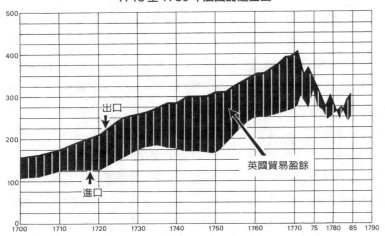

1700 至 1785 年英國的進出口

從貿易盈虧狀況看來，直到 1770 年前後，英國和法國在世界處於順差地位。接著出現了持平式逆差 。原因究竟是當時的經濟形勢，是由於商業資本主義的運轉失靈，或者更可能是美國獨立戰爭帶來的動亂？有關法國的情況，係根據魯吉羅·羅曼諾 (Ruggiero Romano)：「關於1716至1780年間法國貿易盈虧的文獻資料及初步看法」，見《關於阿爾芒多·薩波利信用之研究》，1957 年版，第 2 卷，第 1268 至 1279頁。以上引用的未發表過的材料見第1268頁注2。至於英國，這裡僅粗略顯示英國的貿易狀況，指示曲線系借用英國著名統計學家威廉·普萊費爾 (William Playfair) 關於英國貿易、金融和債務的線性算術圖表（1789），以及關於英國的進出口貿易和一般貿易、國家債務（1786）等有關材料。

適用每種情況的規律。例如，在看到西屬美洲大量出口貴金屬時，你不能
就說是貿易逆差。梅卡圖神父 (Pere Mercado)（1564）說得對：「在所有
這些美洲地區，金條和銀條都被認為是一種商品，其價值升降的原因與普
通商品相同」[241]。關於西班牙，杜爾哥解釋說：「銀是一種貨物，既然這種
貨物不能換銀，那就必須用銀去換其他貨物[242]。」在權衡利弊以前，人們
不能說1786年俄國和英國的貿易對前者是順差，對後者是逆差，因為俄國
通常向對方銷售多於購買。但也不能像約翰·紐曼 (John Newman) 在1786
年10月那樣，硬說事情恰恰相反。紐曼是俄國駐赫爾的領事，當時滿載貨
物從俄國返回的英國船隻經過丹麥海峽後都來到赫爾，他在這個大海港進
行觀察，自以為親眼看到了問題所在。他引用了眾所周知和不容置辯的數
字：在1785年，俄國發往英國的貨物價值130萬英鎊；走相反方向的貨物
為50萬；對於凱薩琳二世的俄羅斯帝國來說，順差為80萬英鎊。他接著
寫道：「儘管俄國表面上似乎賺了錢，我始終堅信並仍然認為，在這場貿
177　易中，得利的不是俄國，而只是（正是在這裡說過頭了）英國。」他解釋
說，請大家想一想交換以後發生的事，其中包括將近400艘英國船的運
費，「每艘平均載貨300噸，行程應在7千至8千海里之間」，俄國商品
登上英國口岸後價格提高了15%，這些貨物給予英國工業以及其再出口帶
來的種種利益[243]。由此可見，紐曼隱約猜到，兩國間的貿易平衡只能從一
系列因素出發方可衡量。他憑直覺認識到了現代的貿易盈虧理論。孟
（1621）說得更加簡明扼要：「向印度出口的白銀最後將增值五倍」[244]，他
這句話的 內容與前者大致相同，但並不完全相同。

　　此外，個別的貿易盈虧只是被置於一個商業總體中。當同一個民族經
濟的各項貿易盈虧加在一起計算時，方才有意義。英國和印度或俄國和英
國之間的一次貿易並不真正說明盈虧問題。我們需要了解的是俄國、印度
或者英國的所有貿易的盈虧。今天，各國的民族經濟每年都用這個辦法結
算外貿總帳。

　　可惜的是，我們對歷史上國與國之間的貿易盈虧只有部分的了解。有
些情形已成典型事例，另一些情形尚需進一步歸納：15世紀，英國通過對
義大利出口羊毛，貿易處於順差地位；但是義大利以法蘭德斯為起點的貿
易都是順差；法德貿易長期對法國有利，但後來變得對德國有利，其原因
如果不是帝國議會於1676年發佈了第一次禁運令，至少是因為在撤消南特
敕令後（1685），法國新教徒紛紛遷居德國。另外，法國對尼德蘭的貿易
長期處於順差地位，與西班牙的貿易始終對法國有利。法國的一份官方文

件於 1700 年說：「切莫在我國各港口給西班牙人製造麻煩[245]；此事關係到「普遍的和私人的利益」，因爲「西法之間的貿易始終對法國有利」。在上一個世紀（1635），不是有人已經說過，法國人是「西班牙人身上的虱子」[246]？話雖說得難聽，事情卻是眞的。

這裡或那裡的貿易差額總在左右搖擺。我們僅僅指出：在1693年，法國在與皮德蒙貿易中處於順差地位；在1724年，西西里與熱那亞共和國的貿易，後者爲逆差；1808 年，據我國一位匆匆路過的旅行家作證，波斯「與印度的貿易對波斯有利[247]。」

從羅馬帝國直到19世紀，唯有一種貿易的盈虧狀況似乎一成不變：大家知道，歐洲對勒旺地區的貿易始終處於逆差地位。

1700 年的法英貿易盈虧

我們停下來看一看法英貿易盈虧的典型事例（是否盡人皆知還成問題）。關於 17 世紀的最後 25 年和 18 世紀初期的貿易，人們斷定天平十之八九側向法國一邊。法國從其對英貿易往來中平均每年約得利潤150萬英鎊。 179

這正是 1675 年 10 月在下議院宣佈的數字，暫住倫敦的熱那亞商人卡洛·奧托於 1676 年 9 月和 1678 年 1 月的信中也是這麼說的[248]。他甚至指出，這些數字是他從聯合省大使的談話中得來的，而大使對法國人並無好感。法國貿易出現順差的理由之一是其製成品「在島上的售價比在當地製造更便宜，因爲法國工匠以薄利爲滿足」。事情實在奇怪，這些法國產品其實被英國政府禁止，全靠走私才偷運進來。這位熱那亞人接著又用一句名言來解釋，英國人更加希望「貿易收支相抵」，他們於是強制法國人廣泛使用英國的呢絨[249]。

在此情況下，一旦戰事發生，便可趁機制止法國商業的可惡入侵。駐倫敦特任大使德·塔拉爾 (De Tallard)[250]於 1699 年 3 月 18 日給蓬夏特朗 (comte de Jérôme Pontchartrain) 寫信說：「英國人戰前（指1689至1697年的奧格斯堡同盟戰爭）從法國購買的東西，據他們的看法，其數額比我們向英國的定貨高得多。他們充滿這種偏見，堅信我們的財富來自英國，因而戰爭一開始，便首先阻止法國葡萄酒和其他商品直接或間接地進入他們的國家。」爲了明白該信的含意，必須提醒，在過去，交戰雙方並不斷絕一切商業聯繫。因此絕對禁止法國商品入境在某種程度上是違背國際慣例的。

倫敦市長就職慶典，卡納萊托 (Canaletto) 作畫，1750年前後。每年10月29日，泰晤士河上舳艫相接。除市內各行會的大船外，還有許多小船，無疑是1728年訪問倫敦的一名法國遊客所說的「划槳小船」（見第一章，第84注），因為它們如同威尼斯的划槳小船一樣，在泰晤士河上發揮出租交通工具的作用。

　　時間一年又一年地過去。為著西班牙查理二世的王位繼承問題，再次發生戰爭（1701）。後來隨著敵對行動的結束，必須重建商業關係，因為兩國貿易往來在這次戰爭中受到嚴重破壞。於是，1713年夏，商事院派遣里昂代表阿尼松 (Anisson) 和巴黎代表費內隆 (Fenellon) 以專家身分前往倫敦。由於討論很不順利，曠日持久，阿尼松有閒暇查閱下議院的辯論記錄和英國海關的報表。他發現，有關兩國貿易盈虧問題所說的一切卻是錯誤百出，不由大吃一驚！比如說：「50多年以來，英國貿易額比法國高幾百萬」[251]。這裡顯然是說幾百萬圖爾里佛。事情實在太突然，太出人意外。

能夠相信這是事實嗎？難道應該相信，官方出於虛僞，竟處心積慮地掩蓋明白記錄島國貿易順差的有關數字？爲此，似乎有必要在倫敦和在巴黎的檔案中進行過細的調查。但即使進行調查，也沒有把握能把問題弄個水落石出。解釋官方數字難免包含一些錯誤。商人和下級執行人員都竭力欺騙政府，政府則自欺欺人。我完全懂得，1713 年的眞理到了 1786 年就未必是眞理，反之亦然。但在艾登協定簽訂後不久（法英兩國於 1786 年訂立），一封從倫敦發出的俄國信件（1787 年 4 月 10 日）根據一般消息指出，數字「只能不完全地反映法英之間貿易的性質和規模，據了解，兩國間的合法貿易至多佔整個貿易的三分之一，其他三分之二都以走私形式進行，這個貿易協定正是爲著兩國政府的利益去解決走私問題」[252]。既然如此，爲什麼去討論官方數字？我們還必須額外了解有關走私貿易的盈虧。

　　1713 年英法兩國的商業談判一波三折，曠日持久，問題始終沒有得到澄清。英國輿論界議論紛紛，充分暴露了隱藏在重商主義背後的民族主義狂熱。 1713 年 6 月 18 日，當協定草案以 194 票對 185 票在下議院被否決時，平民中爆發的歡樂比慶祝和平更加熱烈。倫敦燃放焰火，張燈結綵，舉辦種種慶祝活動。科芬特里的織工列隊遊行，一根長杆上高挑綿羊的毛皮，另一長杆上懸掛小半瓶酒和說明書文字：「不要用英國羊毛換法國葡萄酒！」所有這些舉動生動地反映了民族狂熱，卻並不符合經濟理性[253]，因爲只有互相開門才是兩國的利益所在。 40 年過後，大衛·休謨 (David Hume) 用譏諷的口吻指出，「多數英國人認爲，如果法國葡萄酒大量運到英國，國家將會破產……於是我們去西班牙和葡萄牙尋找比法國向我們提供的更加昂貴卻質地不佳的葡萄酒。」

英國和葡萄牙[254]

　　談到 18 世紀的葡萄牙，歷史學家便異口同聲地舉出梅休因勛爵的大名，道理說來也對，此人於 1702 年西班牙王位繼承戰爭前夕，尋求與小國葡萄牙結盟，以便從背後牽制忠於安朱公爵腓力五世和法國人的西班牙。締結的同盟協定引起了轟動，但沒有任何人說同時簽訂的貿易協定是個奇蹟，以爲只不過例行公事而已。倫敦和里斯本之間不是於 1642、1654 和 1661 年訂立過類似的協定嗎？此外，在不同的時間和按不同的條件，法國人、荷蘭人和瑞典都曾得到過相同的好處。英葡關係的命運，功勞不能完全算在這一著名協定的帳上。它是一系列經濟過程的產物，而這些經濟過程最終給葡萄牙帶來了沒頂之災。

　　葡萄牙在18世紀初幾乎已放棄了印度洋。它間或派一艘裝載犯人的船前往那裡。葡屬果亞的地位與法屬卡宴和英屬澳大利亞相似。在葡萄牙看來，只是在列強開戰時，這一古老的聯繫才恢復商業意義。於是，別國的商船便掛著葡萄牙旗陸續繞好望角前進。從事這項危險賭博的外國商人返回時往往破產；葡萄牙人已有豐富的經驗，不肯再魯莽行事了。

181　　相反，葡萄牙密切關心著遼闊的巴西，重視並且推動當地的生產發展。巴西的主人是葡萄牙王國的商人，首先是國王，其次是里斯本和波土的批發商以及他們在雷西非、帕拉伊巴、巴西首都巴伊亞、1763年後的新首都里約熱內盧所設立的商業經營點。這些讓人討厭的葡萄牙人戴著碩大的戒指，使用銀製餐具，矇騙他們該是巴西人莫大的樂趣。但要騙過他們卻不容易。每當巴西開闢新的富源：食糖、黃金、鑽石、咖啡，葡萄牙的商業貴族總是從中漁利，他們的日子也更加好過。大批財富經塔霍河口運來：皮革、食糖、粗紅糖、鯨油、染料、棉花、煙草、金屑、裝滿鑽石的首飾盒……據說葡萄牙國王是歐洲最富有的君主；他的城堡宮殿除簡樸以外絲毫不讓凡爾賽。里斯本像寄生植物一樣滋長蔓延；四郊原有的耕地被棚戶所替代。富人變得更富，窮人卻淪爲赤貧。然而，高工資把「許多加利西亞省的西班牙人」引來葡萄牙，我們這裡稱之爲「雜役」，「他們像在巴黎和法國大城市中的薩瓦人一樣，在葡萄牙首都和主要城市充當僕役、小工和搬運工」[255]。到18世紀末，經濟開始蕭條，氣氛變得壓抑：夜間襲擊行人或住房，殺人越貨竟已成爲家常便飯，甚至一些體面的市民也參與其事。里斯本和葡萄牙漫不經心地接受大西洋的風雲變幻：如果勢態有利，人人都得過且過；如果勢態惡化，也就只能聽之任之。

　　葡萄牙的繁榮和懶惰給英國人提供了有利條件。英國人能隨意左右這個小國：在北方發展葡萄的種植，波土酒因此得享盛名；負責向里斯本供應小麥和桶裝鱈魚；運進成包呢絨，使葡萄牙農民都有衣穿，並使遙遠的巴西市場呢絨氾濫。黃金和鑽石用以支付所有這些貨物，巴西黃金在到達里斯本後繼續向北旅行。葡萄牙本可以不這樣做，可以保護民族市場，建立本國工業：蓬巴爾侯爵 (marquis de Sebastien Pombal) 後來也曾這樣想過。但英國人的辦法確實方便，貨物比價也對葡萄牙有利：英國呢絨價格在下跌，而葡萄牙出口產品卻漲價。英國人用這種手段逐漸控制了市場。對巴西貿易是葡萄牙的財源所在，但這需要資金，而且因爲流通週期長，該項資金不易周轉。英國人在里斯本扮演的角色相當於過去在塞維爾的西班牙人：他們以賒帳形式提供運往巴西的商品。法國缺少一個像倫敦

或者阿姆斯特丹那樣能提供大筆長期貸款的商業中心，這大概就是「法國
商人最嚴重的不利因素」[256]，儘管法國商人在里斯本也組成一個重要的團
體。令人費解的是荷蘭人對這個市場似乎興趣不大。

　　總之，早在18世紀開始眞正的經濟起飛以前，局面已經定了下來。一
名法國人於1730年[256]寫道：「英國人在里斯本的生意做得最大，據不少人
的估計，其規模與其他各國加在一起同樣大。」這個成就既應歸諸葡萄牙人
的懶散，也要歸諸英國人的堅韌不拔。未來的制憲議會議員馬魯埃 (Pierre-
Victor Malouet)[257]於 1759 年路過葡萄牙，親眼見到一個英國居留地。他
解釋說：「英國卡住了葡萄牙的脖子，巴西的所有黃金都流向英國。我舉
一個例子，以抨擊蓬巴爾的治國之道：波土葡萄酒是該國唯一值得重視的
出口產品；由一家英國公司大量收購，每個葡萄園主必須按英國代理人規
定的價格出售產品。」我以爲馬魯埃很有道理。當外國商人插手生產和初
級市場時，這個國家便成爲外國商人的殖民地。

　　到了1770至1772年間，巴西黃金的偉大時代似乎已一去不復返了，
但仍有少數船隻運來黃金和鑽石，總的形勢朝不利於歐洲的方向轉變，英
葡貿易盈虧狀況開始出現變化。順逆方向是否將顛倒過來？這還需要時

182

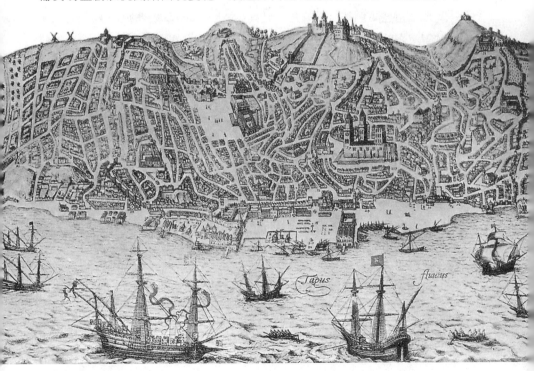

17 世紀的里斯本。

間。在1772年，里斯本通過與摩洛哥貿易，試圖減輕英國的控制，「儘可能制止黃金外流」倫敦[258]。這個辦法成效不大。但10年過後，一個方案粗具輪廓。葡萄牙政府決定「鑄造大量銀幣和少量金幣」。英國人對此極其惱火，因為「他們的利益是帶回黃金，而不是白銀」，駐里斯本的俄國領事最後說：「這是葡萄牙悄悄地在同他們搗亂」[259]。據這位名叫博爾歐的領事（是個為凱薩琳二世效力的德國人）說，英國船停靠里斯本，卻不裝載黃金上船，這一令人驚愕的場面必須再等10年才能看到。他於1791年寫道[260]：「『飛馬號』三桅船也許是兩國通商以來不帶黃金回國的第一艘船。」其實，貿易盈虧剛剛顚倒了過來：「來自英國的每艘船艦」把「將近100年來英國取走的部分葡萄牙鑄幣」（歷史學家認為，從1700到1760年間，不少於2500萬英鎊[1161]）帶回里斯本。就在1791年12月，僅一艘船就卸下1萬8千英鎊[262]。這個問題本身還有待討論，或不如說，還有待從通史的角度進行研究，因為英國不久將開始反對革命法國的戰爭，我們這裡且不談這個問題。

東歐和西歐[263]

以上這些事例都相當清楚。另有些情形較難解釋。例如，總的說來，西歐對波羅的海的貿易處於逆差地位，這個北方的地中海把瑞典、莫斯科公國、波蘭、易北河彼岸的德意志和丹麥連成經濟相似而人民敵對的一個整體。這一貿易逆差提出不止一個難以回答的問題。

確實，自從尼爾森（S. A. Nilsson）於1944年發表了那篇轟動一時和今天才為西方歷史學充分認識的文章以來，尤其是在亞瑟・阿特曼（Arthur Attmann）的著作（已於1977年譯成英文）和其他研究成果發表後，人們開始看到，西方的貿易逆差通過直接支付金屬僅得到局部的彌補[264]。換句話說，根據歷史學家的估計，最終返回波羅的海沿岸各城市（例如納爾瓦）的白銀，其數量不足以平衡西方的貿易虧空。貨物交割時並無白銀在場，不清楚究竟用什麼別的手段使貿易收支恢復平衡。歷史學家在尋找一種解釋，但至今沒有找到。

這裡，除開尼爾森的解釋，沒有其他道路可走，就是說，把北方貿易的盈虧納入東歐的交換和貿易整體中去。尼爾森認為，波羅的海的部分出超經由東歐、中歐和西歐間的連鎖交換而返回歐洲，但返回的途徑卻通過波蘭和德國的大陸貿易。西方在北方貿易中的部分入超被陸路貿易中的出超所抵銷；根據瑞典歷史學家頗為迷人的假設，返回是借助萊比錫交易會

來實現的。米羅斯勞‧赫洛克 (Miroslaw Hroch)[265]針對這個論點反駁說，只是從18世紀開始，東歐商人才經常不斷地（特別是波蘭猶太商人不斷增多）光顧這些交易會。把萊比錫置於平衡貿易收支的中心地位，這就搞錯了時代。根據赫洛克的看法，至多可以認為，經由波茲南和洛治勞進行的　184　某些貿易對東歐國家是逆差，但這只是涓滴細流而已。

尼爾森的假設其實也並不錯。也許僅僅需要擴大其適用範圍即可。例如[266]，人們知道，產銀國匈牙利看到本國質優量重的鑄幣不斷外流，其中有部分流向西方。留下的空白，由攙有白銀的波蘭小硬幣填補，不妨說這些波蘭貨幣擔當了匈牙利境內的全部貨幣流通任務。

此外，除開貨物，還有匯票。從16世紀起，匯票事實上已在東歐地區存在；到下一個世紀，其數量變得更多。在這種情況下，萊比錫交易會上少見乃至不見東歐商人還能成為不容置辨的論據嗎？我們順便指出，同赫洛克所說的相反，已有不少波蘭猶太人於17世紀光顧萊比錫交易會[267]。在克拉考開業的義大利雜貨商馬科雷利渥‧費德里科 (Marc'Aurelio Federico)[268]並未親自蒞臨交易會，卻於1683至1685年間簽發匯票，讓人去他在萊比錫的朋友處取款。最後，在波羅的海和阿姆斯特丹之間直接往來的期票，往往屬於借款以及賒購商品的性質。這些帶息預付款不就是

18世紀下半葉華沙的猶太人。卡納萊托作畫《維奧杜瓦街》的細部。

185　從東歐國家已經或應該取得的剩餘鑄幣中扣除的嗎？請讀者參照我後面就荷蘭及其所謂「承諾貿易」所說的話[269]。還請大家不要忘記，波羅的海是個受西歐控制和剝削的地區。阿姆斯特丹和格但斯克之間的價格密切相關，但確定價格、操縱貿易和佔到便宜的乃是阿姆斯特丹。

　　歸納起來說，傳統的波羅的海貿易不再能被認爲是一條封閉的流通渠道。這是調動著貨物、現金和信貸的多頭貿易。信貸的渠道不停地在擴散。爲了懂得這一切，必須去萊比錫、洛治勞、波茲南旅行，還應去紐倫堡、法蘭克福，如果我沒有搞錯的話，甚至去伊斯坦堡或威尼斯。作爲經濟整體，波羅的海的貿易不是遠及黑海或亞得里亞海嗎[270]？無論如何，波羅的海貿易與東歐經濟之間有著相互聯繫。這是一種二重奏、三重奏或四重奏。1581年後，俄國人失去了納爾瓦[271]，波羅的海的活動大大減少，莫斯科公國的貨物當時改從陸路出口。後來，由於30年戰爭突然爆發，中歐的坦途歧路全遭切斷，隨之產生了波羅的海的貿易的膨脹。

貿易的總體平衡

　　我們且把法英、英葡、俄英、東西歐等雙邊關係擱下不談。關鍵是要觀察各經濟單位在對外關係中的整體表現。大西洋沿岸港口的代表1701年在商事院反駁里昂代表時曾強調，在貿易差額問題上，他們的原則決不是要「一國一國地單獨計算，而要弄清法國與所有國家貿易的普遍情形」；在他們看來，正是普遍情形應該影響貿易政策的制訂[272]。對這些整體進行的考察，其實只能向我們揭示一些事先就很容易戳穿的秘密。我們可以看到，同整個國民收入相比，對外貿易額佔很小的比例；即使你硬說對外貿易是進出口的總和，情況也是一樣，而按照合理的規定，進出口運動應該兩數相抵。至於貿易差額，在國民經濟中眞是微乎其微，無論順差或逆差都影響不了國民收入。正是在這個意義上，我能理解尼古拉·巴蓬 (Nicholas Barbon)(1690)的一句話，他是英國經濟科學賴以誕生的眾多雜文作家之一，他寫道：「國家的積累無窮無盡，永遠不可能被消耗光」[273]。

　　然而，問題其實只是變得更加複雜和更加引人矚目。我不想就18世紀英國或法國的整體貿易差額問題再多嚕嗦，這兩國的情形已相當清楚（參見第165頁的圖表和解釋）。我寧願談談16世紀中葉法國的情形，這並不
186　因爲我們掌握了有關資料，也不因爲這些數字爲我們描畫民族市場的一個雛型，而是因爲我們在18世紀英法兩國看到的一般眞理，在啓蒙時代的統計學形成前200年，已經有所暴露了。

　　亨利二世的法國與周圍鄰國的貿易，除一國以外，肯定都有盈餘。葡萄牙、西班牙、英格蘭、尼德蘭和德國在對法貿易中都有虧空。法國用小麥、葡萄酒、棉布、呢絨換取金銀鑄幣，在貿易上得到好處，定期前往西班牙的移民帶回的錢還不計在內。相反，在義大利方面，法國卻出現持續的虧空，貨幣外流主要通過里昂及其交易會。法國貴族過分貪戀絲綢、高級天鵝絨、胡椒、其他香料和大理石，過多地需要義大利工匠和阿爾卑斯山彼側兼營大宗貿易和匯兌業務的批發商爲他們服務，而這些服務從不是免費的。里昂交易會成爲義大利資本主義吸取金錢的有效唧筒，就像上個世紀的日內瓦交易會一樣，古老的香檳區交易會在很大程度上可能也是如此。於是，貿易順差的全部利益幾乎被集中起來拱手交給義大利人，供他們從事有利可圖的投機活動。當查理八世1494年準備越過阿爾卑斯山時，他必須做到能使在法國經商並與半島的商業貴族保持聯繫的義大利商人同他合作，並甘願爲他效力[274]。義大利商人們及時得到通知，紛紛擁往宮廷，很爽快地同意合作，但「作爲交換條件，獲准恢復一年4次的里昂交 187 易會」，此事足以證明，交易會是爲這些商人服務的。這還證明，由於里昂落入外國上層經濟界的掌握之中，它的地位十分特殊，很難再說它是法國的一個財富中心。

　　一份非同尋常的文件流傳至今，可惜並不完整：它介紹了1556年法國進口的細節[275]，但記載出口情況的「下冊」已經丟失。第176頁的圖表概括了列舉的各項數字。進口總額約在3500萬至3600萬里佛之間，由於法國貿易當時肯定出超，出口總額要比3600萬的數目大幾百萬。進出口合計至少達7500萬，這是一個大數目。這兩股結伴同行的潮流，雖說終究要在貿易結算中相抵消，它們匯合起來，製造出各種迂迴曲折的和循環的運動，成千上萬次不斷重複的交換和活動。但讓我們再說一遍，這一活躍的經濟並不代表我們稱之爲國民收入的法國全部活動；當然，對於這全部活動，我們還不了解，但是我們仍然可以藉想像來獲知。

　　經過計算（這些計算在我們的解釋中還會出現一、二次），我估計威尼斯城1600年前後的人均收入爲37杜加，威尼西共和國大陸領土（即屬於威尼斯的義大利領土）約爲10杜加。這些數字顯然很不可靠，關於威尼斯城本身的數字大概太低。但它們畢竟表明，一個佔統治地位的城市的收入同被統治領土的收入有很大差距。此外，如果我同意法國1556年的人均收入與威尼西亞大陸領土相近（10杜加，即23或24圖爾里佛），人們可以算出，法國2000萬人的收入爲4億6000萬里佛，數目很大，但不能動

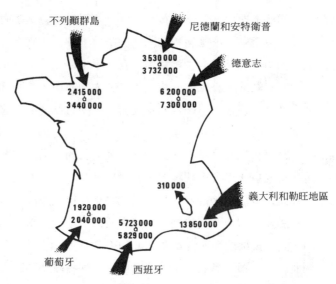

表(17)　16世紀中葉法國進口圖　根據國立圖書館手稿2085和2086（阿爾貝·尚伯蘭 (Albert Chamberland)：16世紀中葉法國的進口貿易，載《地理雜誌》，1892至1893年）。

用，因爲這裡把大部分非貿易性生產也計算在內。爲了計算國民收入，我也可以從王國的財政收入出發。財政收入約在1500萬至1600萬上下[276]。如果認爲這個數字約等於國民收入的二十分之一，國民收入約等於3億至3.2億里佛。我們現在低於第1個數字，卻高於對外貿易額。我們這裡又回到歷來爭論不休的，關於廣大的生產領域（以農業爲主）與相對較小的對外貿易額各自的重要性的問題，在我看來，對外貿易額比較小不等於說在經濟上不重要。

總之，但凡一個經濟相對處於先進地位，它的貿易一般總是出超。熱那亞、威尼斯等稱雄一時的城市肯定是這樣；15世紀的格但斯克（但澤）也是這樣[277]。在18世紀，請看英國和法國的貿易差額；兩國在整整100年內幾乎始終處於出超地位。我們不要感到奇怪，瑞典經濟學家安道爾·希德紐斯 (Anders Chydenius)[278]所估量的瑞典對外貿易也是出超：瑞典當時海運有長足發展，出口額達7200萬達列爾（銅幣），進口額爲6600萬。可見國家賺進500多萬。

當然，不是所有人都賺。安托尼·德·蒙卻斯蒂安 (Antoine de 188 Montchrestien) 的一句話說得有道理：「沒有人賠，就沒有人賺」。別人的確在賠帳：殖民地遭到搜括，一些地區淪爲附屬國。

甚至在一些似乎免遭苦難的「發達」國家，也可能蒙受厄運。我想到

17世紀的西班牙就屬於這種情況，由於治理不善和為形勢所迫，西班牙因銅幣發行過多而損失慘重。革命時期的法國，情況也大致如此，俄國在義大利的一名代理人說：「法國用自己的本錢在打仗，她的敵人卻用他們的收益在作戰」[279]。這些情況值得深思，西班牙為維護其政治威望，不惜濫發銅幣，並因對外支付而導致白銀短缺，它從內部使自己解體了。早在1792至1793年的苦難以前，革命法國的對外失敗對它的命運具有沉重的影響。從1789到1791年春，法國貨幣匯價在倫敦一落千丈[280]，法國資金同時又大量外流。在上述兩種情況下，似乎都是貿易差額和支付赤字導致經濟從內部發生破壞，至少造成損害。

印度和中國

如果貿易處於逆差地位，即使局面不算十分嚴重，長久發展下去勢必會對經濟造成結構性損害。具體地說，1760年後的印度，以及1820或1840年後的中國，都出現過這樣的情況。

歐洲人接連到達遠東沒有立即帶來突變，沒有立即危及亞洲貿易的結構。很久以前，即在繞過好望角前幾個世紀，已有一個廣闊的流通網覆蓋印度洋及太平洋沿岸海域。1511年攻佔麻六甲，葡萄牙人在果亞定居，在澳門開設商業機構，所有這些並沒有打破以往的平衡。歐洲人最初從事劫掠，奪取船貨，而不必付款，但借貸規律迅速得到恢復，正如雨過必定天晴一樣。

按照歷來的規矩，香料及其他亞洲貨物只能用白銀換取，有時也用銅，但次數較少，印度和中國使用很多銅幣。歐洲人的出現絲毫沒有改變原來的狀況。葡萄牙人、荷蘭人、英國人和法國人向穆斯林、婆羅門、京都的高利貸者借貸白銀，沒有白銀，長崎到蘇拉特的任何生意都做不成功。為了解決這個難題，葡萄牙人以及隨後的各家印度公司從歐洲運來銀幣，但香料價格在產地不斷上漲。歐洲人，特別是在澳門的葡萄牙人或荷蘭人，試圖打進中國市場，他們看到堆積如山的貨物卻無力購買。一名荷蘭人在1632年寫道：「迄今為止，我們見到的商品可真不少……倒是我們沒有錢去購買[281]。」歐洲人最後想到的辦法是打進地區貿易中去，拚命從事近海貿易，即所謂「印度洋貿易」。自從葡萄牙人抵達中國和日本後，他們從貿易中獲利頗豐。在他們之後，荷蘭人比任何人都更能適應這套辦法。

189

為使所有這一切成為可行，需要付出巨大的代價，在當地扎下根來。

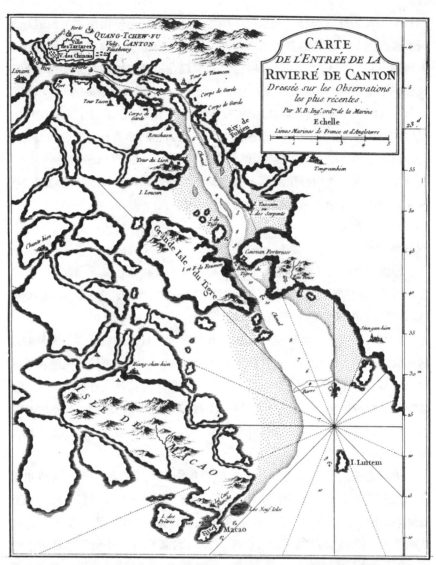

廣州三角洲（1萬平方公里）。東江、北江、西江3條河流挾帶泥沙注入這個岩島密佈的海灣。如同布列塔尼的沉降海岸一樣，整個這塊地方是由古代一次海水入侵所造成的。1個沙洲，幾個淺灘。吃水深3公尺的大船沿一條主航道（深1.949公尺，長5.4公里或3海里），幾乎能直達廣州。但河流有枯水期，航運還受潮汐影響。廣州位於珠江口，包括兩個城市（滿城和漢城）。由葡萄牙人控制的澳門地面侷促（16平方公里），位於一個大島的頂端。往前多走一步，他們就會跌進大海。

葡萄牙人因爲人手過少，難以守住他們的堡壘。爲了進行印度洋的貿易，他們必須在當地造船，在當地招募船員——果亞附近的這些水手「慣於隨帶妻室」。荷蘭人也在爪哇安頓下來，他們於1619年興建了巴達維亞；他們

甚至佔領了福爾摩沙，後來未能耽下去。適應的目的是爲了統治。但說是統治，未免過分。甚至貿易雙方往往地位不平等。請看住在孟買的英國人是多麼的謙卑自抑，該島由葡萄牙作爲禮物贈送給凱薩琳王后（查理二世1662年娶葡萄牙公主爲妻）。在馬德拉斯附近租讓給英國的幾個村莊裡（1640[282]），在英國最初佔領的孟加拉小塊土地上（1686）[283]，英國人的表現也同樣謙恭。東印度公司最早的一名經理以什麼姿態對大蒙兀兒作自我介紹？「草芥賤民約翰・羅素，忝爲該公司經理」竟毫不猶豫地「伏地跪拜」。請想一想英國人和葡萄牙人聯合進攻卡諾日・安格里亞，於1722年打了敗仗，荷蘭人於1739年試圖在特拉凡科王國登陸，慘遭失敗。印度歷史學家潘涅卡爾 (K. M. Panikkar) 正確地指出：「在 1750 年不可能預見，過50年後，一個歐洲強國，即英國，將征服印度的三分之一，並準備從馬拉塔人手中奪取對國家其餘部分的統治[284]。」

然而，從1730年起（大致日期），印度的貿易收支開始逆轉。從歐洲前來的船隻、貨物和白銀成倍增加。行動靈活的歐洲商船發展壯大了歐洲人的商業網，終於破壞了大蒙兀兒帝國的政治結構。在奧朗則布 (Aureng Zeb) 去世後（1707），這個帝國已名存實亡。歐洲商人在印度王公身邊安插了活躍的代理人。貿易天平的緩慢傾斜早在 18 世紀中葉業已開始[285]，雖然在那些年代並不引人注目，因爲英法兩家印度公司的爭吵佔領著當時的舞台，唱主角的是杜普累 (marquis de Dupleix)、布西 (Bussy)、戈特厄 (Godeheu)、拉利-托朗達爾 (comte de Lally-Tollendal)、羅伯特・克萊武 (Robert Clive)。

實際上，印度經濟當時正逐漸解體，普拉賽戰役（1757 年 6 月 23 日）加快了這一進程。敗在克萊武手下的冒險家博爾茨 (Bolts) 說：「英國東印度公司不費吹灰之力就奪得了孟加拉：環境幫了它大忙，砲兵接著把剩下的事情全部完成[286]。」這個判斷未免輕率，缺乏說服力，因爲東印度公司不僅征服了孟加拉，接著又賴在那裡不走。此事不能沒有後果。對孟加拉的劫掠（據說在 1757 年至 1780 年間，運往倫敦的財富達 3800 萬英鎊[287]），誰敢說在英國的「原始積累」中無足輕重？第一批新富人和「闊佬」（當時還沒有這個名稱）帶著他們的金銀、寶石、鑽石等財產回國。1763 年 3 月 13 日的一家刊物說：「可以肯定，其他貨物不計，1759 年以來從東印度帶回英國的金銀寶石，價值高達 60 萬英鎊[288]。」

這個數字雖然是信口而說的，但它證明英國的貿易結算有巨額順差，歐洲可能也是如此：1722至1754年法國東印度公司出現利潤[289]，表明日

子變得好過了。但從中得到好處的首先是英國。品托說，任何觀察家都能

191　看到，「東印度公司的所有派出人員，和各色人等都在這個國家賺得巨額
財富。他們在亞洲不擇手段地進行榨取，定期把部分印度珍寶帶回國
內」。1764年3月，孟加拉出現騷動的消息傳到阿姆斯特丹。當他對事件
的評論毫不寬容，說這是對某些人賴以大發橫財的一系列舞弊行為的天然
答覆。孟加拉總督簡直「富埒王侯」。「他的朋友為顧及他的體面，顯然
不肯誇大，但據他們估計，財產至少有120萬英鎊[290]。」英國人把家裡的
幼子交給東印度公司派往印度，這些年輕人到達後，在他們的同事以及婆
羅門商人的一手指導下，不知不覺地腐化墮落，他們有什麼舞弊行為會幹
不出來呢？與荷蘭東印度公司不同，英國公司允許其職員為自己做生意，
以僅限於印度洋貿易為條件。這就為各種舞弊行為大開方便之門，而吃虧
的只是當地土著。這裡，對喬治·薩維伊 (George Saville) 騎士表示同情
又多了一層理由，他於1777年4月怒斥東印度公司在亞洲侵城掠地，從事
茶葉貿易，「他無論如何不願與這些公開的盜竊者同流合污」[291]。可是，主
持公道的人又何時佔過上風？拉斯卡薩斯 (Barthelemy de Las Casas) 未
能拯救美洲的印第安人，反而變相地推進了黑人奴隸制。印度從此無可挽
救地聽任命運的擺布，從享有盛名的生產和商業大國淪為購買英國產品
（甚至紡織品！）和提供原材料的殖民地。而且幾乎持續200年之久！

　　印度的命運預示著中國的命運，中國的衰落比較晚，因為中國離歐洲
比較遠，機構比較嚴密，防禦力比較強。但「對華貿易」在18世紀開始深
入中國的腹地。隨著歐洲需求迅速增長，茶園的面積不斷擴大，這就往往
損害棉花種植，造成棉花的匱乏。到19世紀，棉花需由印度供給，這對於
印度，即對於英國而言，是個平衡對華貿易差額的機會。致命的打擊從
1780年開始，印度鴉片運到中國[292]。中國貿易收入從此化為裊裊青煙。可
這是什麼樣的煙哪！大致在1820年左右，貿易盈虧顛倒了過來，那時的世
界形勢（1812-1817）也出現轉折，直到19世紀中葉，始終處於風雨飄搖
之下，鴉片戰爭(1839-1842)確定了這一演變方向，從此開始的多災多難
的「不平等條約」時代將延續整整一個世紀。

　　19世紀中國的命運是18世紀印度命運的翻版。在這方面，內部軟弱也
起了作用。滿清王朝需要對付眾多的衝突，這些衝突對國勢的衰落都有影
響，都有責任，正如大蒙兀兒帝國的緩慢肢解對印度的淪喪有其影響和責
任一樣。無論在印度或在中國，外來的衝擊因內部的無能和動亂而增強
了。但反過來說是否同樣正確呢？如果沒有來自歐洲的外力推動，國內的

動亂肯定會朝另一個方向發展。隨之產生的經濟後果也會不同。雖說我們不想過分追究道義上的責任，顯而易見，歐洲爲著自己的利益，破壞了遠東的交換體系，打破了它原有的平衡。

確定市場的位置

192

作爲前面兩章的結論，我們能否試圖「確定」市場的眞正位置？事情沒有看起來那麼簡單，因爲市場一詞本身十分含混。一方面，在廣義上，它能適用於超過自給自足的所有交換形式，適用於我們剛描繪的所有初級和高級的齒輪，適用於涉及商業表層的所有範疇（城市集市、民族市場）以及這樣或那樣的產品（食糖市場，貴金屬市場，香料市場）。該詞因此是交換、流通、分配的同義詞。另一方面，市場一詞往往確指一種相當廣泛的交換形式，即所謂市場經濟，也就是說，一種體系。

困難還在於：

（一）市場的複雜性只有被納入到經濟生活及社會生活的整體中去才能被理解，而經濟生活與社會生活是逐年變化的；

（二）這種複雜性本身不斷在進化和演變，因而隨時會改變其意義或者影響。

爲了在具體實在中確定市場，我們將通過三條道路來考察它：經濟學家的簡單化理論；廣義的即最長時段的歷史見證；當今世界提供的混亂的但可能有用的教訓。

自動調節的市場

經濟學家首重市場的作用。亞當斯密認爲，市場是勞動分工的調節者。市場的容量決定著分工所能達到的水平，而分工是加速生產的手段。市場更是「看不見的手」的活動場所；供給和需求在市場會面，並通過價格自動平衡。奧斯卡・朗吉 (Oscar Lange) 的公式更美妙：市場是供人使用的第一台電子計算器，是一架自動調節的保證經濟活動平衡的機器。喬治・達夫內爾 (Georges d'Avenel)[293]生活在自由主義自我感覺良好的時代，他用那個時代的口氣說：「當國家中一切都不自由時，價格卻依舊自由，並且不受任何奴役。金錢、土地和勞動的價格，各種食品和商品的價格始終是自由的，任何法律的約束，任何私人協議都奴役不了價格。」

這些判斷其實等於承認，不聽任何人指揮的市場是整個經濟的動力裝

置。歐洲的發展，甚至世界的發展，無非是市場經濟的發展，市場經濟不斷擴大自己的領域，把越來越多的人，越來越多的遠近貿易納入理性秩序，而所有這些貿易加在一起就趨向於創造一個有整體性的世界。交換通常同時促進供給和需求的產生，從而指導生產，帶動廣大經濟區的專業

193　化，使這些經濟區從此休戚與共，爲著自己的生存進行已成爲必不可少的交換。難道還需要舉幾個例子嗎？亞奎丹種植葡萄，中國種茶，波蘭、西西里或烏克蘭種植穀物，殖民地時代的巴西經濟的幾次改變（染料、食糖、黃金、咖啡）。總之，交換把各種經濟牢牢地焊接在一起。交換是連接的圓環以及合頁。在買主和賣主之間，價格決了定一切。在倫敦交易所，價格的起落決定客戶做「多頭」或是「空頭」，在交易所的行話裡，做多頭是賭價格上漲，做空頭則賭價格下跌。

　　在活躍經濟的邊緣乃至在其中心，也可能會有幾塊大小不等的地區很少受市場運動的影響。只有個別特徵，如貨幣，外國稀有產品的到達，表明這些小天地並不完全與世隔絕。在喬治王朝時代的英國或在經濟十分活躍的路易十六時代的法國，這類停滯不前的地區依然存在。經濟發展恰巧是要減少這些孤獨的區域，使之逐漸加入一般的生產和消費，產業革命最終將普及市場機制。

　　經濟發展的歷史可歸結爲以下一句話：市場通過自動調節，征服全部經濟，並使之合理化。卡爾‧布林克曼(Carl Brinkmann)[294]曾說過，經濟史是要研究市場經濟的起源、發展以及可能的解體。這個簡單化觀點同幾代經濟學家的教誨是一致的。而歷史學家卻不能這麼看，對他們說來，市場不是一個單純自生自長的現象，更不是經濟活動的總和，甚至不是經濟活動演變的一個特定階段。

貫穿幾百年時間看市場

　　既然人類有史以來就有交換，對市場的歷史研究理應擴展到迄今以來人類生活過的、可被測定的全部時間，並同時接受其他人文科學的幫助，利用它們作出的可能解釋，否則歷史研究就抓不住長時段的演變和結構，抓不住創造新生活的環境。但是，如果我們同意這樣的擴展，我們的考察勢必將無邊無際，永無結束之日。所有的市場都可作證：第一層是一些落後的交換場所，這些古老的實在如同大洪水前的世界留下的物種，在這兒或那兒依然可見。我特別喜歡的有卡拜利亞的集市，它們在一塊低窪空地上定期舉行，四周是聳立在高處的村莊[295]；也有達荷美五光十色的集市，

它們也設在村外[296]；還有紅河三角洲的簡陋集市，彼埃爾·古魯 (Pierre Gourou) 曾作過仔細的觀察[297]。還有很多其他集市，例如巴伊亞內地與處於半野蠻狀態的牧民接觸的集市[298]，或者英屬新幾內亞東南部初布蘭群島更古老的交換儀式，馬林諾斯基 (Bronislaw Malinowski) 對此作了一番考察[299]。古今以來的歷史，史前史，人類學的實地調查，社會學的回顧，古老的經濟學都在這裡聚會。

　　波拉尼[300]及其門生和忠實追隨者對這批見證表示懷疑。他們勉勉強強 194 作了一番研究，便提出一種解釋，幾乎是一種理論：經濟只是社會生活的一個「次集合體」[301]，它受社會生活的包圍和約束，只是很晚才擺脫這種種束縛。按照波拉尼的說法，必須等到資本主義在19世紀充分擴張，才能產生「偉大的轉變」，「自動調節」的市場才發揮其眞正的威力，制服在這以前始終佔統治地位的社會因素。在這場轉變發生前，幾乎可以說，只存在一些被牢牢控制住的市場，一些不算市場的假市場。

　　作爲不屬於所謂「經濟」行爲的交換，波拉尼舉出的例子是：在對等條件下的禮儀性交換；原始國家在沒收產品後進行的再分配；在一些中立商埠進行的交換，商人在那裡不能發號施令：最典型的例子是腓尼基人的

達荷美傳統集市的現狀，在村外的大自然中。

殖民地，在地中海沿岸的特定地點圍出特定場所，進行沉默的貿易。總
195　之，必須在貿易（交換）和市場（自動調節價格的市場）之間作出區分，
市場的出現在上個世紀是頭等重要的社會大變化。

　　可惜的是：全部理論要求作出的區分竟建立在幾份雜亂的抽樣調查的
基礎上。在一場關於 10 世紀「大變革」的討論中談論「波特拉奇」或「庫
拉」(而不提及17和18世紀十分多樣的商業組織)，這當然沒有什麼不好。
但這同在談到維多利亞女王時代英國的婚姻規則時使用李維史陀 (Claude
Levi-Strauss) 關於親緣關係的解釋一樣不倫不類。其實，波拉尼沒有作任
何努力去研究歷史那具體而多樣的實在，並以這一實在爲出發點。隻字也
不提厄內斯特·拉布魯斯 (Ernest Labrousse)，或者威廉·阿貝爾
(Wilhelm Abel)，或者關於價格史的許多經典論著。爲了解決所謂「重商
主義」時代的市場問題，他總共只寫了 20 行字[302]。以往的社會學家和經
濟學家，今天的人類學家不幸已使我們習慣於他們對歷史幾乎一無所知。
唯其無知，他們的任務便變得容易了。

　　此外，人們爲我們提供的「自動調節的市場」概念[303]——它是這樣，
是那樣，它不是這樣，不是那樣——使人感到有點神學裡下定義的味道。
所謂在市場中沒有任何「外來成分」，「唯有需求、成本以及價格在產生作
用，而三者是互相協調的產物」[304]，這樣的市場純粹由精神所虛構。稱這種
交換形式是經濟的，那種是社會的，也未免過分容易。事實上，所有交換
方式都是經濟的，也都是社會的。幾百年中，存在過許多種社會—經濟的
交換形式，它們的多樣性不妨礙它們共存，或者正是由於它們的多樣性，
它們才能共存。互惠或再分配也是經濟形式(道格拉斯·諾斯 (Douglas C.
North)[305]在這方面的見解完全正確)，很早出現的有償交易也同時是一種
社會實在和經濟實在。交換始終是一種對話，價格隨時都是個變量。它受
到某些壓力（王公的，城市的或資本家的，等等），但它除了服從需求的
命令外，也必定服從供給（匱乏或充裕）的命令。作爲否認 19 世紀前出現
「眞正」自動調節的市場的主要論據，限價的做法過去存在，現在也存在。
但就前工業化時代的世界而言，如果以爲市場價目表能取消供求的作用，
那就錯了。在原則上，嚴格管理市場，這是爲了保護消費者，也就是保護
競爭。說到底，反而是所謂「自由」市場，如英國的「私下交易」，趨向
於取消監督和取消競爭。

　　依照我的看法，在歷史上，當某地區各集市的價格基本一致並同起同
落時，我們就必須談到市場經濟；以上的現象如產生在不同的司法區和不

同的主權國家，就顯得尤其突出。在這個意義上，19 和 20 世紀前早已存在市場經濟，而根據瓦爾特‧尼爾 (W. C. Neal) 的意見[306]，在整個歷史過程中，只是 19 和 20 世紀才有自動調節的市場。從古代開始，物價總在波動；到 13 世紀，歐洲已出現整體性的物價波動。後來，在日益嚴格的界限內，物價明顯地變得協調一致。薩瓦的福西尼地區高山阻隔，交通不便，在 18 世紀，那裡各個小鎮上集市的物價根據收成的豐歉，根據供給和需求，每星期都隨行就市，有所波動。

此外，我認為這種趨向競爭的市場經濟不能覆蓋全部經濟。這在昨天　196
做不到，今天也做不到，雖然在程度上完全不同，其理由也大不相同。市場經濟之所以有局限性，原因可能是自給自足部分很大，可能是國家權力機關使部分產品不進入商品流通，同樣也可能是金錢在起作用，金錢能以各種方式人為地干預價格。在經濟落後或經濟十分先進的國家裡，市場經濟可能從下面或者從上面遭到破壞。

可以肯定的是，除波拉尼愛說的「不算市場的假市場」以外，還有純屬貨幣支付的交換，不論這些交換的數額如何微薄。在一個村莊或幾個村莊範圍內，存在幾個即令微不足道的市場，這是古已有之的事。為幾個村莊服務的集市可被視為一個流動的村莊，就像交易會是一種虛假的和流動的城市一樣。但在這漫長歷史過程中邁出的關鍵的一步，那便是由城市兼並至此微不足道的集市。城市一口吞下這些集市，使它們按城市的規模擴大，而反過來，城市自己卻又受它們的統治。主要的原因肯定是城市作為一個重量級單位進入了經濟流通。城市集市是由腓尼基人所發明的[307]，這非常可能。與腓尼基人幾乎同時代的古希臘城邦都在它們的中央廣場設置集市[308]；這些城邦也發明了，至少推廣了貨幣的使用，雖說貨幣不是市場的先決條件，但它顯然推動市場的發展。

古希臘城邦甚至已有從遠處取得供應的大型集市。捨此能有什麼別的辦法？一旦城市擴大到相當規模，它就不能依賴乾旱、貧瘠、多石的附近鄉村為生。它不得不向別處求助，正如後來 12 世紀前後的義大利各城邦一樣。究竟靠誰養活威尼斯？這個城市歷來只擁有從沙土上開闢的小塊園地。後來，為了適應遠程貿易的長週期，義大利商業城市越過大型集市的階段，創立了富商每天聚會這個行之有效的制度。雅典和羅馬不是早已建立銀行，以及舉行可以稱之為「交易所」的定期聚會了嗎？

總之，市場經濟是逐步形成的。馬賽爾‧莫斯 (Marcel Mauss) 說得好：「正是我們的西方社會最近把人變成一個經濟動物[309]。」這裡，「最

近」一詞如何理解，還有待討論。

今天的情形能否作證？

自動調節的市場在經歷了繁榮興旺的昨天以後，並沒有停止演變。幅員廣闊和人口眾多的社會主義體系由於對價格實行強制監督，取消了市場經濟；即使市場經濟繼續存在，它也不得不以迂迴曲折的形式，滿足於細小的活動。這些做法使布林克曼所畫的曲線就此告終。不僅如此，在今天的某些經濟學家眼裡，「自由」世界正經歷一種奇怪的變革。隨著生產的不斷增長，許多國家——非所有國家——已超過匱乏的階段，那裡的居民對日常生活不再過多擔心，大企業和跨國公司奇蹟般地壯大，所有這些變革推翻了市場至上、顧客至上和市場經濟決定一切的舊秩序。市場法則對大企業不再起作用，大企業能通過高效廣告影響需求，並任意確定價格。加爾布雷思 (J. K. Galbraith) 不久前在一部論證清楚的著作中就他所說的「工業體系」[310]作了詳細的說明。法語國家的經濟學家寧願談論「組織」。法蘭索瓦·佩魯在《世界報》的一篇文章（1975 年 3 月 29 日）裡甚至提到：「組織，這個比市場更重要的模式……」但市場繼續存在：我能去一家店舖或去一個普通市場「驗證」作為顧客和消費者微薄的至上權利。同樣，對一個小製造商來說——舉服裝製造商為例——市場法則完全存在，因為他必定置身於許多競爭者之中。加爾布雷思在他的近著中不是提出要「仔細研究小企業和工業體系的並存」[311]嗎？他在這裡說的小企業就是我所說的市場體系，而他說的「工業體系」則是大企業的庇護所。不過，列寧曾經有過類似的見解。他談到所謂「帝國主義」（或在 20 世紀初新誕生的壟斷資本主義）和一般資本主義的共存，並認為建立在競爭基礎上的一般資本主義是有用的[312]。

我完全同意加爾布雷思和列寧的見解，但有一點不同：在我看來，我所說的「經濟」（或市場經濟）和「資本主義」之間的差別不是一個新特徵，而是歐洲從中世紀就有的經常因素。還有一點不同，即在前工業化的模式上，必須加上一個第三部分——非經濟的底層，即是市場札根其間但又不全部控制的沃土。這個底層還很龐大，在它上面是典型的市場經濟區域，成倍地增加市場之間的橫向聯繫。供給、需求和價格之間通常有一種自動調節機制。最後，在這平面的邊緣或上面，是盛行巧取豪奪的所謂「反市場」區域。資本主義的領域不折不扣地就在這裡，今猶昔比，產業革命前或產業革命後都是這種情形。

生產部門或資本主義在別人家裡

La Production ou le Capitalisme Chez les Autres

199 　　究竟是出於審慎，或者由於疏忽？或者因為這個詞用在這裡不恰當？資本主義一詞在我的筆下至此只出現過5、6次，而且我本可以不用它。對於這個「挑戰用語」[1]，對於這個詞義含糊、不夠科學以及使用不當的詞[2]，主張把它徹底拋棄的人都大聲疾呼：那你為什麼又非用它不可！尤其在前工業時代，這個詞不用則已，一用就會犯顛倒時序的錯誤。

　　就我個人而言，經過長期嘗試，已決定不再驅逐這個討厭的詞。不用資本主義一詞，從而逃避進行有關的討論，這並沒有什麼好處，因為討論這個問題具有一定的現實性。對一名歷史學家來說，理解昨天和理解今天是同一個過程。人們怎麼能夠設想，歷史學的興趣應與現時保持一定距離，不得越雷池一步，否則將有損體面，甚至招惹危險。無論如何，事情也防不勝防。你把資本主義從大門逐出，它仍會從窗戶回來。不管人們願意與否，即使在前工業時代，就存在這種經濟活動，它不可抗拒地使人想到資本主義，卻不能接受任何其他名稱。這種經濟活動雖然還幾乎用不著

200 工業「生產方式」的幫助（我認為工業生產方式不是一切資本主義不可缺少的基本特點），它與慣常的市場交換不相混淆。我們將在第4章試圖為它下個定義。

　　既然資本主義一詞有著眾多爭議，我們將先從詞義開始研究，以便弄清資本、資本家、資本主義這三個互相關聯和不可分離的詞的歷史沿革。這也是事先排除某些混淆的一個辦法。

　　作為投資的場所和資本高產出率的場所，資本主義應被放回到經濟生活中去，雖然它並不佔據經濟生活的全部容積。資本主義處在經濟生活的兩個區域：一個是歸它掌握的和常住的區域；另一個是它旁敲側擊和乘虛打入，但始終控制不了的區域。當19世紀的革命發生時，資本主義把擢升到巨額利潤地位上的工業生產據為己有，但在這以前，流通領域才真正是資本主義自身的活動領域，雖然它有時也侵入其他領域。資本主義甚至不對全部流通領域都感興趣，既然它並不控制所有的流通渠道，而只是力求控制某些渠道。

　　簡單地說，我們在本章中將研究不同的生產部門（資本主義在那裡就像在別人家裡），然後在下一章再看資本主義得其所哉的活動場所（資本主義在那裡就像在自己家裡）。

資本、資本家、資本主義

首先要查查辭典。根據昂利‧貝爾 (Henri Berr) 和呂西安‧費弗爾 (Lucien Febvre) 的建議[3]，在使用歷史語彙的關鍵詞以前，總是多提幾個問題爲好：這些詞從何而來？怎樣流傳至今？是否會使我們誤入歧途？在按照列舉的順序談到資本、資本家和資本主義三個詞以前，我願意遵守這項要求。我承認，這樣做略嫌煩瑣，但也不容規避。

讀者應該知道，這是一項複雜的研究，下面的概括只說出研究結果的1%[4]。每個文明，包括巴比倫文明，古希臘文明和古羅馬文明，以及曾想解決交換、生產和消費的必要性問題和處理其爭端的其他文明，都不得不創造一套特殊的語彙，而其中的詞隨後又不斷改變意義。我們這裡的三個詞也逃不過這條規律。甚至三個詞中資格最老的「資本」一詞，也只是在1770年由18世紀法語國家最偉大的經濟學家杜爾哥使用後，才開始具有我們所理解的含義（繼理查‧瓊斯 (Richard Jones)、李嘉圖、西斯蒙第、洛貝爾圖斯 (Rodbertus) 之後，特別在馬克思之後）。

「資本」一詞

資本（源自後期拉丁語 caput 一詞，作「頭部」講）於12至13世紀出現，有「資金」、「存貨」、「款項」或者「生息本金」等含義。當時並沒有立即下一個嚴格的定義，論爭主要涉及利息，經院學家、倫理學家和法學家終於找到一條使自己心安理得的理由，據說是貸款人冒有風險。揭開現代序幕的義大利是這場論爭的中心。資本一詞正是在義大利被創造，被馴化和逐漸成熟的。它於1211年肯定已經問世，於1283年以商行資本的含義出現。在14世紀已普遍使用，見諸喬伐尼‧維拉尼 (Giovanni Villani)、薄伽丘 (Boccace)、多納托‧維呂迪 (Donato Velluti) 的作品中。1399年2月20日，達蒂尼從普拉托寫信給他的一位客戶：「當然，如果您願買些天鵝絨或呢絨，您得先就資本和利潤作出擔保，其餘則悉聽尊便[5]。」資本一詞及其確指的可在錫耶納的聖貝納迪諾 (Bernardin de Sienne)（1380-1444）佈道詞中見到：「這種繁衍不息的賺錢手段，我們通常稱之爲資本」[6]。

該詞含義逐漸發展爲某家商號或某個商人的資金，義大利往往還用 corpo 一詞，即是「本錢」，16世紀的里昂也用 corps 一詞[7]。經過長期而混亂的論爭，在整個歐洲範圍內，腦袋（capitale）終究比軀幹（corpo corps）稍勝一籌。資本一詞於是從義大利出發，接著在德意志和尼德蘭廣爲傳播，最後到達法國，在那裡與 caput 的其他派生詞 chatel、cheptel、 cabal[8]發生衝突。巴汝奇說：「現在的問題是如何保本（cabal），利息之類且不必顧及」[9]。總之，capital（資本）一詞已收入尚‧尼古 (Jean Nicot) 的《法語寶鑑》（1606年）。但我們不要以爲該詞的含義在當時已經確定。它被一大堆與它競爭的詞所淹沒：sort（債務）richesse（財富）、facultés（財力）、argent（金錢）、valeur（價值）、fonds（資金）、biens（財產）、pécunes（銀錢）、principal（本金）、avoir（資產）、patrimoine（祖產），凡在我們期待capital一詞露面的地方，以上這些詞往往都能取代它。

「資金」（fonds）一詞曾長期大出風頭。拉封登 (La Fontaine) 在他的墓誌銘中說：「約翰赤條條來光身子去，連本帶利吃光用光。」我們至今使用這樣的詞組：preter a fonds perdus（沒有希望收回本金的借款）。我們讀到以下的話，並不會感到特別奇怪：馬賽的一條船在熱那亞「提取比亞斯特作爲前往勒旺地區的資金」[10]（1713）；忙於清帳的商人只需「把他出借的資金收回」[11]（1726）。相反，維隆‧德‧福爾邦奈 (Veron de Forbonnais) 於1757年寫道：「唯有能在眼下坐得收益的資金才稱得上是財富」[12]，這裡不用資本（capital）而用財富（richesse），我們覺得並不恰當（這在下文中再作說明）。其他的表達方式更出人意外：一份有關英國的文件[13]（1696）認爲，「該國的土地和其他資金的固有價值尚有6億」（指6億英鎊，與格雷戈里‧金 (Gregory King) 提出的數字大致相同）。杜爾哥於1757年提到「各種企業中的流動墊款」[14]，換了我們，必定會說是可變資本或流動資金。在杜爾哥那裡，墊款一詞（avances）帶有「投資」的含義：這裡雖未用上資本一詞，卻包含了它的現代概念。有趣的是，賈克‧薩瓦里‧德布呂斯龍 (Jacques Savary des Bruslons) 1761年版《辭典》關於商行的詞條就曾經談到它們的資金（fonds capitaux[15]）。資本（capital）一詞在這裡被用作修飾語。該詞組當然不是薩瓦里‧德布呂斯龍的發明。40多年前，商事院[16]的一份文件說：「印度公司的資金高達1億4300萬里佛」。但幾乎在同期（1722），亞布維的商人凡洛貝老大[17]因他的船隻「洛林查理號」失事，在書信中估計說，損失「佔資本的一半以上」。

隨著其他用詞的地位逐漸削弱，資本一詞終於被公眾接受，這裡所說的地位削弱意謂著概念更新，用米歇爾‧傅柯 (Michel Foucault) 的說法，叫做「知識的斷裂」。孔狄亞克（1782）說得更簡單：「每門科學都需要有種特殊的語言，因爲每門科學有自己獨特的思想。研究科學似乎應從創

造獨特語彙開始；但人總是要先說話和先寫作，語彙留待以後創造[18]。」古典經濟學家們去世已經很久，他們信手拈來的說法至今還有人在使用。薩伊談到（1828年），財富（richesse）一詞是個「至今沒有正確定義的術語」[19]，但他也照用不誤。西斯蒙第毫無保留地使用「土地財富、國民財富、貿易財富」等術語，貿易財富甚至是他第一篇論文的標題[20]。

　　然而，資本一詞逐漸被人們所接受。福爾邦奈曾用過「生產資本」[21]的說法；魁奈曾經斷言：「任何資本都是生產工具」[22]。在日常用語裡，已開始有形象的用法：「伏爾泰先生自從到巴黎後，不惜動用資本」，就是說，一味拚體力消耗；特隆香大夫在名作家去世前幾個月，即在1778年2月，曾正確指出，他的朋友們倒是「希望他僅靠利息生活」[23]，換句話說，

貿易圖，15世紀的掛毯。

要他量力而行。20年後，在拿破崙遠征義大利期間，一名俄國領事在思考
203 革命法國異乎尋常的局勢時說：法國「用自己的資本打仗」，而敵方卻僅
僅「用收益」作戰（我已引用過這段話）！人們將注意到，在這明晰的判
斷中，資本一詞確指的是國家財富和民族遺產，而不是一筆錢、一筆債款
或一筆商業資金，這類傳統含義在尚‧克雷斯潘 (Jean Crespin) 的《三語
言寶鑑》(1627)、安東‧富爾提埃爾 (Antoine Furetiere) 的《萬有辭典》
(1690)、1751年版《百科全書》或《法蘭西學士院辭典》(1786) 都可
找到。但這些含義是與人們一直不加思索就接受的貨幣價值概念相聯繫
的。用生產性貨幣和勞動價值的概念取代貨幣的價值概念將需要很長時
間。但在上面引證的福爾邦奈和魁奈的話裡，已能看到這層含義；莫雷萊
204 (abbe Morellet)(1764) 曾對閒散資本和能動資本作過區分[24]；杜爾哥更
進一步認為，資本不單純是貨幣。再往前一步，我們就遇到「馬克思賦予
該詞的明確的和排它性的含義：資本就是生產資料」[25]。我們暫且時在尚不
確定的界線上停下來，關於這條界線，我們以後還會談到。

資本家

資本家（capitaliste）一詞大概產生於17世紀中葉。《荷蘭信使報》在
1633年曾用過一次，1654年又用了一次[26]。法國的一份備忘錄於1699年
指出，聯合省三級會議制訂的新稅則把「資本家」同其他人作出區分，前者
必須納稅3弗羅林，後者付30蘇[27]。盧梭於1759年給他的一位朋友寫信
說：「我既非貴族又非資本家，並且安貧樂道[28]。」可見資本家一詞早已
眾所周知。但在《百科全書》裡，該詞僅作為形容詞出現。作為名詞，它
的競爭對手委實很多。確指富人有成百種說法：有錢人、大戶、闊佬、趁
錢的、百萬富翁、新富人、交大運的（雖然喜歡對用詞挑剔的人拒不接受
最後一詞）。安妮女王在位時的英國，輝格黨人都很富有，人們稱他們是
「財主」（moneyed men）。所有這些詞都帶有一點貶意：魁奈於1759年
曾談到「目無君主和國家」的「大富翁」[29]。莫雷萊認為，資本家在社會中
構成一個集團，一個範疇，幾乎一個獨立的階級[30]。

「大富翁」是18世紀下半葉資本家一詞的狹義，它確指公共債券、有
價證券或現金投資的擁有者。一家投資主要來自巴黎的船運公司於1768年
把公司本部設在首都的科克隆街，翁夫勒的有關人員得到解釋說，因為
「寓居巴黎的資本家覺得公司以設在身邊可供隨時察看為好」[31]。一位在海
牙的那不勒斯經紀人（用法文）寫信（1769年2月7日）給政府說：「戰

爭的勝敗難以逆料，該國的資本家們很不情願拿錢去冒險」[32]，這裡說的是俄土戰爭。未來的制憲議會議員馬魯埃於1775年想到，荷蘭人在蓋亞那建立蘇利南殖民地時，曾對營造商和資本家作了區分：前者在當地規劃種植園和排灌溝渠，他們「接著同歐洲的資本家聯繫，請他們提供資金合夥經營」[33]。資本家逐漸等於是貸款人和出資者。1776年法國有一篇雜文，其標題是：《關於英國債務向資本家進一言》[34]：借錢給英國人當然首先是商人的事。1783年7月，法國曾提到給商人經營批發業務充分自由的問題。由於巴黎警察總監薩亭的反對，巴黎例外地未能實行這項措施。據說，不然的話，首都就會被「置於大批資本家的貪欲之下，他們將囤積居奇，使巴黎的供應脫離警察當局的監督」[35]。由此可見，資本家一詞已經聲名狼籍，確指那些不但有錢，而且還想用錢掙得更多錢的人。正是在這個意義上，1799年在米蘭出版的一本小冊子把地主同「動產擁有者或資本家[36]作了區分。1789年，德拉吉昂司法區的幾份陳情書對資本家頗有抱怨，聲稱「那些把錢裝進口袋的人」[37]逃避了納稅。結果是：「該省的大地主把他們祖產賣掉，換作資本，從而不但不再納付巨額地產稅，而且毫無顧忌地以5%的利率放款[38]。」1790年洛林的情況恰好相反，根據一位見證人說：「大部分的土地為一些巴黎居民所有：其中有些土地由資本家在不久前購進；他們的投機活動轉到了這個省，因為與土地收益相比，這裡的地價最為便宜[39]。」

　　人們對資本家可見從未有過友好的口吻。尚-保羅·馬拉 (Jean-Paul Marat) 早在1774年已措詞激烈，他甚至說：「在商業國家裡，資本家、食利者幾乎都與包稅人、金融家以及投機商同流合污[40]。」隨著革命到來，調門提得更高。1790年11月25日，庫斯丁伯爵在國民議會的講壇上聲色俱厲地說：「議會業已推毀了形形式式的貴族，難道它將對資本家讓步嗎？在這些人看來，凡能積累財富的地方，便是他們的祖國[41]。」約瑟夫·康蓬 (Joseph Cambon) 1793年8月24日在國民公會的講話更加直截了當：「所有倒騰銀錢的老財目前正在與共和國決一死戰，力阻其鞏固。因此，為了建立自由制度，必須消滅這夥破壞公共信貸的壞蛋[42]。」這裡沒有出現資本家一詞，顯然因為康蓬想用一個更帶貶意的用語。大家知道，金融家最初曾擁護革命，接著受到革命的意外打擊，最後又擺脫了困境。因此，流亡中的里瓦羅爾 (Antoine Rivaroli Rivarol) 狂怒之下竟然寫道：「6萬名資本家和多如蟲蟻的投機者決定了革命的命運[43]。」這顯然是對1789年革命的一種草率和隨意的解釋。可以看到，資本家一詞並不

確指企業主和投資者。同資本一樣，資本家一詞仍與金錢、財富的概念相聯繫。

資本主義：一個新近出現的詞

在我們看來，資本主義是三個詞中最值得討論的詞，但它也是最抽象的詞（沒有另外二詞，該詞能否存在還成問題），更是歷史學家和詞彙學家拚命追查的對象。多扎 (Albert Dauzat)[44]提到，資本主義一詞出現在《百科全書》（1753），但其含義十分特別：「富人的地位」。這個說法似乎有毛病，因為引文的出處至今無從找到。該詞見諸里沙爾 (J.-B. Richard) 的《法語新辭典》[45]（1842 年版）。大概是路易・白朗 (Louis Blanc) 在與巴師夏 (Frederic Bastiat) 的論戰中賦予資本主義一詞以新的含義；他寫道：「我所說的『資本主義』，是指一些人在排斥另一些人的情況下佔有資本[46]。」但該詞在當時很少被使用。蒲魯東曾用過幾次，而且用得完全正確。他寫道：「土地依舊是資本主義的堡壘」，並為此作了長篇論證。他為該詞下了極其妥貼的定義：「資本主義是一種經濟和社會制度，根據這種制度，作為收入來源的資本一般說來不屬於通過自己勞動使資本發揮效用的人[47]。」但在 10 年以後，即在 1867 年，馬克思還從未用過資本主義一詞[48]。

其實，直到本世紀初，該詞才作為社會主義的天然反義詞，在政治論爭中猛然冒了出來。自從桑巴特的傑出著作《論現代資本主義》（1902 年第一版）發表後，該詞在科學界就走紅了。儘管馬克思自己從未用過，該詞卻相當自然地被納入馬克思主義的模式，以致人們常說：奴隸制、封建制、資本主義制是《資本論》的作者為社會劃分的幾個重大階段。

資本主義是一個政治術語，這也許正是它交上好運的奧秘所在。它長期受到本世紀初的經濟學家吉德、坎瓦斯 (Canwas)、馬歇爾 (Alfred Marshall)、塞利格曼 (Edwin Robert Anderson Seligman) 或卡塞爾 (Karl Gustav Cassel) 的排斥，直到 1914 年的大戰結束後，才在《政治科學辭典》出現，到 1926 年才列為《大不列顛百科全書》的條目；到 1932 年才被吸收進《法蘭西學士院辭典》，帶著一個怪癖的定義：「資本主義即是資本家的整體」。1958 年的新定義只不過略為好些：「資本主義作為經濟制度主張生產資料歸私人或私營公司所有」。

其實，自從本世紀初和 1917 年俄國革命以來，該詞不斷在增加新的含義，而使太多的人感到為難。傑出的歷史學家赫伯特・希頓 (Herbert

Heaton) 主張予以絕對排斥，他說：「在所有以主義結尾的詞中，資本主義一詞最容易招惹是非。它的含義和定義是如此混雜，因而一切懂得自重的學者應該把它同帝國主義一起從詞彙中擯棄[49]。」費弗爾也認爲該詞已用得太濫，主張把它取消[50]。如果我們聽從這些合理的建議，取消該詞當然未嘗不可，但是眞的取消了以後，我們立即會感到缺憾。安德魯・松費爾特 (Andrew Shonfield)（1971）[51]說得對，「繼續使用該詞的一個很好的理由是，任何人都沒有提出一個更好的詞來代替它，包括對它批評最嚴屬的人在內」。

在這個新詞還沒有引起太大爭議的時候，一度對歷史學家最有誘惑力。如果不考慮時序顚倒，他們將試圖對資本主義進行全面的歷史考察，從古代巴比倫到古希臘、古代中國、古羅馬、我們西方的中世紀和印度。泰奧多爾・蒙森 (Theodor Mommsen) 和昂利・比蘭納 (Henri Pirenne) 等最有名的史學前輩都與這一嘗試有關，但後來卻惹出一場風波。不愼受牽連者無不遭到指責，蒙森首先受到馬克思的批評。其實也並非毫無道理：怎麼可以隨便把貨幣和資本混爲一談？可是保羅・韋納 (Paul Veyne)[52]認爲，只要一句話就足以駁倒熟知古代經濟的學者米歇爾・羅斯托夫策夫 (Michel Rostovtsef)。凡勒爾在東南亞經濟中只肯看到行販。波拉尼對歷史學家談論亞述商人一事肆意嘲諷，雖然成千塊書版記錄著商人間的信件往來。在許多場合，這是讓一切都屈從於馬克思後的一種正統觀念：在18世紀末工業生產方式形成前，不可能存在資本主義。

就算如此，這不過是用詞問題。無需指出，研究舊制度下各社會的歷史學家，特別是古代史專家，當他們說出資本主義一詞時，決不會想到格 207 爾申克隆平心靜氣地所下的定義：「資本主義是現代的工業體系」[53]。我曾經說過，昨天的資本主義（不同於今天的資本主義）在經濟生活中僅僅佔據一個狹窄的平臺。那麼，怎麼能夠說資本主義是個擴張到整個社會的「體系」？資本主義畢竟是個與它四周的社會和經濟整體不同的，乃至異質的獨立世界。它被確認爲資本主義，不僅是同後來出現的資本主義新形態相對而言，而且也是同社會和經濟整體相對而言，其實就是同範圍廣闊的「非資本主義」相對而言。藉口「眞正的」資本主義將在19世紀產生，從而拒絕承認昨天經濟的這種二重性，也就不能懂得所謂資本主義前期拓撲學的意義，而這對分析過去的經濟至關重要。如果資本主義選定某些地點作爲它的居住場所——並非一時疏忽，那是因爲這些地點有利於資本的再生產。

資本的實在

以上種種問題說過不談。關鍵是要說明，在杜爾哥和馬克思之間，資本一詞（以及其他二詞）在含義上產生的演變；是要知道該詞的新內容是否絲毫不能包含以往的狀態，要知道資本主義的實在是否確實作為新事物與產業革命同時出現。今天的英國歷史學家認為，產業革命的開端至少應在1750年，甚至比這再早一個世紀。馬克思把「資本主義時代」的開端定在16世紀。他還承認，「資本主義生產的雛型」（不單是資本的積累）最早見於中世紀的義大利城市[54]。可是，一個新誕生的機體，即使還遠沒有充分發展它的特性，本身已包含著發展的潛力，並有一個屬於它的名稱。反覆斟酌的結果，資本的新概念對理解本書研究的幾個世紀的歷史將是不可缺少的理論範疇。

50年前，人們說資本是一筆「資產」（biens capitaux），這個說法已不再時行，卻有其優點。因為資產可以用手觸摸得到，可以毫不含糊地給它下個定義。首先，資產是「以往勞動的成果」，是「積累起來的勞動」；例如村莊管轄的耕地，儘管耕地中的石子何時被清除已無人知道，又如古老磨坊的輪子，也因建造的年代太久而無從查考；再如兩旁種著黑刺李的村間小道，據加斯東・羅普內爾 (Gaston Roupnel) 認為[55]，這些鋪碎石的小道肇始於原始高盧時代。資產的另一個特點是它在生產過程中被重新取得，資產存在的條件恰恰在於，它必須參加、促成、至少便於人們反覆更新的勞動。

參加新的勞動使資產得以重建和新生，從而產生收益和增值。生產不斷在吸收並再造資本。我播下的麥種是資本，使用煤的能量會產生一定的結果；但我吃的麵包，我爐子裡燒的煤是供直接消費的物品，與生產相脫離。同樣，不加開發的森林，守財奴保存的錢也與生產相脫離，因而不是資本。但不斷轉手、刺激交換並用於償付房租、地租、收益、利潤和工資的金錢，進入流通渠道、突破流通的大門和加快流通速度的金錢，則是資本。金錢的這種流通是為了重返出發點。休謨說得對，金錢是「對勞動和對物品的一種支配權」[56]。維拉隆於1564年曾說過，某些商人是用金錢賺得金錢[57]。

從此，作為一種智力游戲，人們愛問此物或彼物是否是資本。一條船肯定是資本。1701年到達聖彼得堡的第一條船是荷蘭船，彼得大帝給予它永不交納關稅的特權。聰明的船主讓這條船繼續航行了將近一個世紀，時間比起當時的正常情形長約3至4倍[58]。這是多好一筆資產。

森林是一種資本。在特龍賽森林（阿列省）中，今天仍有柯爾貝爾於 1670 年下令種植的橡樹。照柯爾貝爾的想法，這些橡樹應在19世紀為法國船隊提供優質桅桿。柯爾貝爾預見到了一切，唯獨沒有蒸汽輪船。

同樣的，位於塞森、巴特哈次堡、哥斯拉和策勒費爾德之間的哈次森林[59]，於1635至1788年期間曾是漢諾威和沃爾芬比特爾兩王室的未分割產業，並因此以「哈次公產」命名。這些森林是向當地高爐供應木炭的不可缺少的能源基地，因此很早便採取措施，阻止附近農民的亂砍濫伐。第1項採伐法規在1576年制訂。根據不同樹木生長的快慢，林區被分爲幾個小區。在繪製地圖的同時，還就漂放木排、森林監察和騎馬巡視制訂了計畫。因此，林區不但得到可靠的保護，而對森林開發和市場供應也作出了安排。這是保護和改善資產的一個典型例子。

鑑於木材當時用處甚多，哈次森林的遭遇並非獨一無二。布豐(Buffon) 經營他在勃艮第的蒙巴爾林場。在法國，12世紀已對森林實行合理採伐；可見此事並非由柯爾貝爾所首創，雖然他曾起了促進作用。在挪威、波蘭和新大陸的廣大森林地帶，西方人力圖使森林立即變成資產，至少在水路可通的地方，他們做到了這一點。英國1783年在與西班牙締約時附加一項條件，即自由進入坎佩奇地區熱帶森林的染料林地。英國終於得到300法里長的森林海岸。一名外交官說：「只要好生經營這塊地方，可望永遠不缺木材[60]。」

我們不必再舉更多的例子。所有的例子都直截了當地證實了經濟學家關於資本本質的既有認識。

固定資本和流動資本

資本或資產（是一碼事）可分爲兩個範疇：固定資本是爲人類勞動充當支撐點的具有較長職能時間的物品：道路、橋樑、堤壩、渡槽、船舶、工具、機器；流動資本則投入和淹沒在生產過程中：麥種、原料、半成品以及用於清償多種帳目（收益、利潤、年金、工資）的貨幣，特別是工資以及勞動。所有經濟學家都對二者作出了區分：不論是亞當斯密和杜爾哥（他談到「原始資金」和「年度投資」），或者是馬克思（他提到不變資本和可變資本）。經濟學家昂利·施托爾希 (Henri Storch)[61]1820年在聖彼得堡宮中對他的學生尼古拉和米歇爾大公就此問題作了解釋。這位家庭教師說：「假定有一個極富有的國家確定用一筆巨額資本來改良土壤，建造住房，興建工廠、車間，及製造工具。再假定在收穫後立即出現蠻族入侵，把全部流動資本，包括食物、材料和成品在內，統統作爲戰利品奪走，但他們並不破壞房屋和車間；在這種情況下，任何工業勞動（即人的勞動）將立即停止。因爲，若要耕種土地，必須有牛馬犁地，有糧食下種，尤其

必須有麵包養活工人，直到下次收穫。為使工廠能夠工作，磨坊必須有糧食，鐵匠爐必須有金屬或煤，織機必須有原料，各處都要有供工人吃的食物。不能工作的原因與土地面積、工廠和織機數量以及工人數量無關，而是未遭蠻族劫掠的流動資本太少。經歷這樣一場災難後，這個民族如能挖出他們出於恐懼而事先埋在地下的珍寶，他們就有福了！如同固定資本一樣，貴金屬和寶石不能替代真正的流動資本；但是貴金屬和寶石也有用處，可全部出口，從外國再買回需要的流動資本。企圖阻止這種出口，等於捆住居民的手腳，使之無所作為，從而陷於飢餓的境地。」

從所用的語彙和所反映的古老的俄羅斯經濟生活（馬、牛、織機、飢餓、埋在地下的珍寶）來說明，這篇講話確實是值得一讀。「蠻族」的行為竟像循規蹈矩的學生，他們居然不觸動固定資本，僅帶走流動資本，目的似乎為了證實後者不可替代的作用。萬一他們改變打算，國家被征服、經歷騷擾和重獲解放後，恢復經濟生活恐怕同樣困難。

生產過程是一種二衝程內燃機，流動資本在用完後立即得到補充，甚至有所增加。至於固定資本，它不斷在消耗，雖然消耗的速度或快或慢：道路會損壞，橋樑會坍塌，船的下場是給威尼斯一家修道院當柴燒[62]，木製機器的傳動裝置因磨損而不能使用，犁鏵會破碎。這些材料必須重加整修；固定資本的損耗是一種從不停止的惡性經濟頑症。

通過一系列計算看資本

211

今天，資本在國家的各項帳目中都算得清清楚楚；一切都經過測算：國民產值（毛產值和淨產值）的變動，人均收入，積蓄比例，資本再生產率，人口運動等，目的是要為經濟增長算筆總帳。歷史學家當然沒有任何條件把這個計算範圍擴大應用於過去的經濟。但是，即使數字不足，只要透過現在的理論範疇考察過去，我們也勢必會改變認識和解釋的方法。

認識方法的這種改變已見於為數不多的定量研究及追溯性計算，但作 212 此嘗試的往往是經濟學家，而並非歷史學家。例如，阿里斯・漢森・瓊斯(Alice Hanson Jones) 在最近的一篇文章和一部著作中[63]，相當真實地計算了1774年新澤西、賓夕法尼亞和德拉瓦的全部財產或現存資本。他的研究從收集遺囑開始，接著計算遺囑揭示的財產，再估測無遺囑的繼承。結果使人感到相當驚奇：資本 C 的總額等於國民收入 R 的 3 至 4 倍，這大致意味著，國家的經濟擁有相當於 3、4 年國民收入的積累，可供它立即支配。就在本世紀的30年代，凱因斯進行計算時始終採納了 C=4R 的比例。

德國船，方帆，艉舵。勃倫登巴赫 (Brendenbach) 作《航海志》的插圖，美因茲，1486 年。早在那個時代，船已是一種資本，按「股份」出售，歸幾名船主共有。

這表明昨天和今天恰相巧合。確實，獨立初期的美國經濟給人的印象是它已完全自成體系，不僅因爲勞動生產率很高，而且平均生活水平（人均收入）比歐洲乃至英國更高。

　　這個出人意外的巧合與西蒙・顧志耐 (Simon Kuznets) 的認識和計算相一致。大家知道，這位美國經濟學家專門研究19世紀末至今的各國經濟增長[64]。他碰巧靈機一動，想到從19世紀向上追溯，並利用菲力斯・迪安 (Phyllis Deane) 和柯爾 (W. A. Cole) 關於英國增長的可靠圖表[65]，以追蹤或猜測18世紀的可能演變，接著又逐步過渡到1500年，甚至更早的時候。這一歷史考察的目的，主要是想從中找出問題，爲與現代的發展中國家進行有益的比較研究提供素材，而並非把一些專橫結論強加於人；關於

這一考察的手段和條件，我們且不去進行詳細的研究。

總之，這位一流的經濟學家對長時段研究的價值深信不疑，試圖通過追溯歷史來解釋經濟；他的嘗試只能使我感到喜出望外。他的研究促使我們全面地重新審查舊制度下的各種經濟問題。但我們將只關心資本問題，這也正是爭論的核心問題。

顧志耐認為，從現時的經濟關係出發，可以大致推算歷史上的經濟關係（根據19世紀末以來十幾個國家80至100年間的精確統計數字，他研究了經濟關係的運動和演變）：這就證明，在他看來，在遙遠的過去和現時之間，不僅有劃時代的斷裂和不連貫，而且有聯繫、相似和連貫。他尤其不相信劉易斯 (A. Lewis) 和羅斯托夫 (W. W. Rostow) 的推測，說現代經濟增長的根源在於積蓄比例的急劇變化。他經常注意到，即使在一個高收入國家裡，積蓄的比例似乎永遠超過不了一個封頂的上限。他寫道[66]：「不論理由如何，根本的問題是在於，即使在當今世界最富有的國家中——其財富和潛力遠遠超過18世紀末和19世紀初可能想像的一切——資本形成的比例也超不過一個低水平，而在許多舊社會中，如果考察純積蓄額，這些低水平卻並非不可能達到，甚至不難達到。」積蓄或者資本的再生產，其實是同一個問題。如果消費達到生產的85%，餘下的15%則記在積蓄的帳上，在可能情況下，記在再生產資本形成的帳上。這些數字純屬 213
假設。如果放寬一點，可以假定積蓄的比例在任何社會中都不超過20%。或者說，只是在迫不得已的情況下，才暫時超過這一比例，而以往的社會並不屬於這種迫不得已的情況。

我們現在再來看看馬克思的公式：「任何社會不能停止消費，也不能停止生產」，這裡還必須另加上「不能停止積蓄」。積蓄的多少既取決於特定社會的人數、技術以及達到的生活水平，同時也取決於劃分社會收入分配的階梯。從顧志耐根據1688年的英國或根據15和16世紀德國城邦的社會階梯所設想的情形來看，5%左右的居民（大概為最高數字）被歸於社會上層，擁有總收入的25%，絕大多數居民（佔95%）僅支配國民收入的75%，生活水平因而低於嚴格計算的人均收入。他們必定遭受特權階級的剝削，因而生計窘迫（阿弗列·蘇維 (Alfred Sauvy) 很早以前就對此作了極好的論證[67]）。總之，只是在社會的特權階層中，才能有所積蓄。假定特權者的消費等於一般人的3至5倍，積蓄在第一種情況之下將佔國民收入的13%；在第二種情況下，則為5%。舊社會中雖然人均收入很低，積蓄卻能照常進行；社會桎梏不但不影響積蓄，反而促成其事。

在這些計算中，兩個基本成分在變化：人數以及人的生活水平。在整個歐洲地區，1500至1750年間人口的增長率估計每年爲0.17%，而從1750年至今，則爲0.95%。從長遠看，人均生產增長率均爲0.2%或0.3%。

所有這些數字以及其他數字當然都是假定。毫無疑問，在1750年前的歐洲，資本再生產率停留在低下的水平，但有一個特點，我以爲這個特點觸及問題的核心。社會每年生產一定數量的資本，其中一部分用以彌補固定資產在經濟活動進行過程中的損耗，純資本值大致相等於毛資本值減去損耗的部分。顧志耐的假設——毛資本值和純資本值之間的差額在舊社會比在近代社會要大得多——在我看來是個沒有討論餘地的基本命題，即使作爲命題的依據，更多是定性分析，而不是定量分析。舊經濟確實產生數量可觀的毛資本，但在某些部門，毛資本卻像太陽下的雪一樣迅速消融。生產設備不足是個先天性弱點，爲彌補這個缺陷，必須投入大量額外勞動力。土地本身是一種很不可靠的資本，肥力逐年減少，因而必須不斷實行輪作，必須施肥（但又從何製造足夠數量的肥料），因而農民拚命地增加犁耕的次數——通常約爲5、6次，根據基克朗·德·博熱 (Quiqueran de Beaujeu) 描述[68]，普羅旺斯可達14次——因而從事土地勞動的人在居民中佔很高的比例；大家知道，這最後一項條件本身是個妨礙經濟增長的因素。房屋、船隻、橋樑、灌渠、工具以及人爲便於勞動和使用能源所發明
215 的各種機器，所有這些都不能使用很久。例如，布魯日的城門於 1337 至1338年進行修理，於1367至1368年重建，於1385、1392和1433年改建，至1615年再次重建，我認爲這樣的小事也不宜完全忽略；瑣碎小事織成日常生活的經緯[69]。在 18 世紀的薩瓦，波尼維總管的信件內容十分單調，經常談到整修堤堰、重建橋樑以及道路不通一類的話題。請讀當時的報紙：不斷有村莊和城市被一場大火化爲灰燼：1547 年的特魯瓦，1666年的倫敦，1701 年的諾夫哥羅德[70]，1755 年 9 月 28 和 29 日的君士坦丁堡，最後一場火災「在商業區留下方圓二法里多的一片廢墟」[71]。類似的例子數以千計。

簡單地說，我以爲顧志耐的以下論斷完全正確：「不怕極而言之，人們可以懷疑，除『宏大建築』外，1750 年前是否真有什麼持久的固定資本形成，是否真有資產的相當積累——這些資產壽命很長，不需要花大筆經費進行經常的維修或更替。如果絕大部分設備的壽命不超過5、6年，如果爲保持大部分土地的肥力而需要進行的土壤改良每年耗資約等於其全部價值的五分之一，如果大部分房屋的折舊率相當於在 25 至 50 年內徹底損

城市生活之大患：火災。迪博・席林 (Diebold Schilling) 在《伯恩大事記》（1472）
中的這張插圖表現了婦孺和教士帶著可搬動的財物逃離火場。當時除梯子和在護城河
裡提水的木製水桶外，不再有其他救火工具。伯恩幾乎全遭焚燬，據《大事記》稱，
大火在一刻鐘內席捲全城。

壞，那就沒有太多有東西可算作是固定資本了……固定資本的全部概念也許僅僅是近代經濟和近代技術的產物[72]。」換句話說，如果極而言之，產業革命主要使固定資本發生了變革，它從此變得更加昂貴，但又更加完善和更加持久，固定資本將徹底改變生產率。

部門分析的意義

這一切當然對整個經濟都有影響。但只要在慕尼黑的日耳曼博物館兜上一圈，參觀許多木製機器的模型——這些200年前的動力機由極其複雜和精巧的齒輪所組成，各組齒輪環環相和，傳遞水力、風力乃至畜力——，就能懂得經濟結構中設備最差的部門恰巧是所謂「工業」生產部門。在這種情況下，我們就不能像剛才所說的那樣，僅僅認爲社會階梯使5%享有高收入的特權者有條件積蓄；應該看到社會結構和技術結構限制了某些部門，特別是工農業生產部門，使它們只能積累少量的資本。因此，以往的資本主義是商業資本主義，它集中最大力量在「流通領域」，這也就不足爲奇了。本章開端即宣佈要對經濟生活按部門進行分析，這一分析能毫不含糊地說明，資本主義作出的選擇及其理由都是正確的。

216　　　這一分析還說明舊經濟的一個顯而易見的矛盾，就是說，在一些經濟明顯不發達的國家裡，某些享受保護和優惠的部門容易積累資本，這種純資本有時很多，但不能全部轉化成有效的投資。攢錢的習慣始終存在。金錢因停止流通而「腐敗」，資本沒有得到充分的使用。在有機會時，我將介紹18世紀初法國的幾份有趣的文字材料。我們不必過甚其詞，硬說最不缺的東西是金錢。無論如何，由於種種原因，最困難的還是如何找到機會，使資金投入到眞正生息豐厚的活動中去。16世紀末依然光輝燦爛的義大利正是這種情況。義大利那時剛經歷了一個經濟活躍時期，鑄幣和白銀多得成災，似乎超過了本國經濟對資金和貨幣的消費額。於是，人們開時紛紛購買收益不多的地產，建造漂亮的鄉間別墅，到處大興土木，推進文化事業的繁榮。如果這個解釋能站得住腳，它就能部分地解決洛佩斯和哈利·米斯奇明 (Harry A. Miskimin)[73]指出的美男子勞倫時代佛羅倫斯的繁華與周圍經濟不景氣之間的矛盾。

根本的問題是要知道舊社會的一個部門——我毫不猶豫地稱之爲資本主義部門——爲什麼要對外封閉，甚至作繭自縛；爲什麼它向四周的擴散十分困難，因而不能征服整個社會。其實，這也許與該部門的生存條件有關，因爲在舊社會，只是某些部門，而不是當時整個市場經濟，可能有

較高的資本積累率。資本試圖走出這個富饒地區去冒險，即便不落個本利兩空，也總是收益甚微。

確切了解舊時代資本主義的活動場所有一定的意義，因爲對於資本的這一拓撲學分析也是從反面對於舊社會某些脆弱的、不獲利的部門的分析。但在找出資本主義眞正的活動場所以前，我們先考察資本主義以迂迴曲折的方式所達到的部門：農業、工業和運輸業。資本主義往往侵佔這些異鄉客地，但也往往自動撤離那裡，每次撤離都說明一定的問題：例如，卡斯提爾各城市從16世紀中葉後不再在附近鄉村的農業中投資[74]，而威尼斯的商業資本主義在50年後卻相反轉往鄉村，與此同時，南波希米亞的貴族在黑麥地裡開挖池塘，餵養鯉魚[75]；自1550年後，法國資產者不再向農民放款，改爲把錢借給貴族和國王[76]；早在16世紀末以前，由於國家強制收回中歐礦業的經營管理權，大商人紛紛從這些企業退出。在以上似乎互爲矛盾的事例中，以及在許多其他事例中，人們都看到，被拋棄的企業已經不再有足夠的經濟效益，因而還是易地投資爲上策。一名商人說得好：「與其白幹，不如不幹」[77]。追求最大限度的利潤已是當時資本主義的金科玉律。

土地和金錢

217

資本主義或城市的金錢（來自貴族和資產者）很早便開始進入鄉村生活。歐洲沒有一個城市的金錢不向鄰近的土地漫溢。城市愈大，涉及的範圍愈廣，任何障礙都阻止不了城市財主們的擴張。不但在近郊，他們還通過訂立契約，向很遠的地方發展：請看熱那亞商人，他們於16世紀在遙遠的那不勒斯王國購買領地，在18世紀的法國，不動產市場遍及全國；人們在巴黎可以購買布列塔尼的領地[78]和洛林的土地[79]。

購買土地往往爲了滿足虛榮。那不勒斯的一句諺語說：「有錢可以買地捐爵」。擁有土地不等於就是貴族，但這是晉升貴族的必經之路，是社會地位提高的標誌。經濟因素畢竟在起作用，雖然不是唯一起作用的因素。我在城市附近購置一塊土地，目的可能是爲保證家裡的日常供應；聰明的家長都存這分心機。也可能是爲保全資本，俗話說：土地不會讓人上當，商人都明白這個道理。1408年4月23日，盧卡·德爾賽拉 (Luca Del Sera) 從佛羅倫斯寫信給普拉托的商人達蒂尼：「我曾囑托您購買地產，如果今天還有可能，我買地的熱情將會更高。買地至少不冒海上的風險，不

阿姆休夫。紐倫堡博物館的兩幅無名畫作。顯示了17世紀鄉村別墅的擴展。上圖展現16世紀的情形。下圖則表現同一圍牆內在17世紀發生的變化。

主人原來的住所不大，如今一部分已改為管理人用房，另一部分被攔腰拆毀，改作平臺；主人的新住所規模宏大，頂上鐘樓高聳，頗有古堡風度。

會像商業公司那樣蒙受詐騙，更無破產之虞。因此，我建議您並要求您這樣做[80]。」對商人來說，麻煩在於土地買賣不如股票交易那麼方便。當威尼斯的提埃波羅・比薩尼銀行於1584年破產時，清理地產既費時間，折價

時還要吃虧[81]。在18世紀，拉羅歇爾的商人願意把資金用於購置葡萄園[82]或種植葡萄的小塊土地，他們確實認為，以這種方式存下的錢隨時可以收回，沒有太多困難，也不受太大損失。但這裡說的是葡萄園，又是在一個大量出口葡萄酒的地區。一塊如此特殊的土地頂得上一家銀行！安特衛普商人於16世紀的市郊購買的土地無疑屬於以上情況。他們能用土地抵押，從而取得更多的貸款，再說土地的收益也很可觀[83]。

　　此外，城裡人（首先是資產者）購買的土地，無論出於什麼原因，不一定就是資本主義產業，尤其從 16 世紀開始，土地往往不由地主直接經營。即便有的地主是名副其實的資本家和不容置疑的金融家，那也無濟於事。奧格斯堡的富豪富格爾家族在其鼎盛時代的後期在士瓦本和弗蘭肯購置大批領地。他們自然按照行之有效的會計原則管理領地，但並不因此改變領地的結構。領地保留了原有的封建賦稅，農民另行交納免役稅[84]。里昂的義大利商人或那不勒斯的熱那亞商人在購得莊園和貴族頭銜後，同樣也不經營土地。

　　但資本家掌握土地，推行資本主義經營方式和對土地實行徹底改造的情形也可遇到。我們下面將舉例加以說明。資本主義農業的例子很多，有的存在爭議，有的確定無疑，但同傳統農業相比，它們只佔少數，以至直到 18 世紀，只是恰好證實規律的例外。　218

資本主義誕生的前提

　　在當時的西歐，鄉村中居住著領主和農民。改造鄉村殊非易事。領主制到處頑強地存在著。為了建立資本主義的經營管理制度，必須具備許多先決條件：領主制已經廢除，或至少已受到排斥或改造（有時是從內部進行的改革，在這種情況下，領主本人或當地的首富扮演資本家的角色）；農民的自由已被取消，或至少已受到限制，或名存實亡（村社的土地是個大問題）；土地經營被納入從事遠程貿易的強大商業網內——出口小麥、羊毛、菘藍[85]、茜草、葡萄酒、食糖；以提高產量和改良土壤為指導方針，建立一套合理的經營管理制度；由行之有效的技術指導投資和固定資產的建設；最後，必須有雇用無產者作基礎。

　　這些前提條件如果不能全部滿足，土地經營即使走上資本主義道路，也還算不上是資本主義農業。這麼許多條件，有正有反，的確很難全部實現。為什麼10次機會中有9次要失敗？毫無疑問，這是因為鄉村不容外人隨便進入，領主制作為上層建築是個有生命力的抵抗力和實在，特別因為　219

農民寧願阻礙革新。

1816年，一位法國領事看到，撒丁尼亞雖然地處「歐洲文明中心」，卻陷於「驚人的荒涼和貧困」狀態[86]。妨礙開發的主要阻力來自落後的、未開化的農民，他們身受國家、教會和封建主的三重剝削，他們「不論放牧牲畜或犁耕土地，總是腰間插著匕首，肩上背著槍支」，完全沉浸在家族和氏族的爭鬥之中。任何新事物都很難進入這個陳舊的世界：即使被譽為「救荒塊莖」的土豆在試種成功後也「未能及時推廣」。這位法國領事指出：「試種土豆遭人反對和恥笑；試種甘蔗〔一名喜愛農藝學的撒丁尼亞貴族曾作此嘗試〕引來忌恨，無知歹惡之徒更指控此事為犯罪；花錢招募來的工人先後被暗殺。」一名馬賽人路過奧利亞斯特拉時對該地區的柑桔林讚美不已，林中樹木「健壯茂密，落英鋪地厚若裀褥，當地居民竟絲毫不加利用」。他與幾名同鄉合辦了一家煉糖廠，並在那裡工作了整整一個季度。不幸的是，第二年，當利用空閒返回法國的全班人馬準備重新開工時，車間已被洗劫一空，工具和器材全被偷走。他們不得不放棄。

當然也有些農民能接受別的生產技術，表現得比較開明。我們舉一個極端的例子：撒丁尼亞今天仍是一個落後地區。但熱那亞斯皮內利家族的這名商人在那不勒斯王國成為卡斯卓維拉尼的領主後，當他想由著自己的意思安排外地幫工的抵達日期以及居留期限時，卻得罪了整個村莊。最後還是村莊說了算。村裡人對領主說明：不宜對外地幫工過分苛刻，否則他們會不願如往常那樣來我們的葡萄園幹活[87]！

由此可見，新農莊往往設在沼澤或林莽地帶絕非事出偶然。最好還是不去驚擾傳統習慣和更改土地制度。1782年，一位名叫德爾波特的革新家，為了按英國方式開辦一個牧羊場，在濱海布倫選定一塊林地，親自開荒，並通過大量施放泥灰石進而改良土壤[88]。一個細節：必須保護羊群不受狼的襲擊。至少，這裡能免受別人的干擾！

廣大農民的人數、惰性和生產率

農民人口眾多，活著的人絕大多數是農民。他們擠在一起生活，有可能形成積極或消極的抵抗力量。人數過多是生產率不高的標誌。土地只提供微薄的效益，這是一條相當普遍的規律，因而必須擴大耕地面積，強化勞動，通過追加勞動量，使一切恢復平衡。弗拉索的阿爾帕亞是那不勒斯後面的兩個窮村莊，離它們不遠處有另一個比較富的村莊，名叫蒙特薩喬。在兩個窮村莊裡，生產率是如此低下，為得到同等數量的產品，耕作

面積必須等於蒙特薩喬的三倍多。結果是這些窮村莊出生率較高，村民早婚成俗，因為必須製造相當充足的勞動力[89]。由此可以解釋舊制度下經濟的持久矛盾；一方面農村人口相對過剩，處於匱乏和飢餓的邊緣，另一方面又不得不定期向成群的季節零工求援：這些收割的糧食、採摘葡萄和冬日從事打麥的零工，這些持鎬開溝挖渠的壯工都來自更加窮困的外地和魚龍混雜的失業大軍。1698年的一項統計為奧爾良財政區提供以下數字：犁地農民 2 萬 3812 人，葡萄種植者 2 萬 1840 人，磨坊師傅 2121 人，菜農 539 人，牧羊者 1360 人，零工 3 萬 8444 人，女僕 1 萬 3696 人，男僕 1 萬 5千人。這些數字加在一起還不等於整個農民人口，因為除女僕外，婦女兒童都不算在內。在將近12萬人的就業人口中，受雇充當男僕、女僕、零工的就有 6 萬 7 千人[90]！

令人迷惑不解的是，這過多的人口對生產率的進步是個障礙：人口如此眾多的農民，收入只夠勉強糊口。他們被迫無休止地勞動，以應付頻繁的歉收和繳納各種苛捐雜稅，他們的全部精力都消耗在日常勞作上，難得出門走動。在這樣一個社會環境裡，怎能設想技術進步會容易得到推廣？怎能設想有人會甘冒風險去種植新作物，開拓新市場？在人們的印象裡，這是一個因循守舊、沉睡不醒的群體，但他們並不安穩和馴服。農民有時會覺醒過來，投入罕見的猛烈行動。中國的起義農民於1368年以排山倒海之勢推翻了蒙古政權，建立了明朝。雖然這麼大的規模在歐洲十分少見，但各地也都經常爆發農民起義。

這些熊熊烈火先後熄災了：1358 年法蘭西島地區的農民騷動，1381年英格蘭的農民起義，1514年多札領導的、以幾千人被處絞刑而告終的匈牙利農民戰爭[91]，1525年的德意志農民戰爭或者 1647 年的那不勒斯大騷動。作為鄉村社會的上層，領主得到王公的幫助以及需要農民勞動的城鎮居民自覺或不自覺的支持，因而始終處於優勢地位。農民雖然經常遭到失敗，但從不放棄鬥爭。戰爭或明或暗地交替進行。研究奧地利農民問題的歷史學家喬治·格呂爾 (Georg Grull)[92]認為，即使在1525年德意志農民戰爭失敗後，潛在的社會鬥爭直到1650年乃至以後仍未停止。農民戰爭是由當時社會結構所決定的一場永無休止的戰爭，其延續的時間比百年戰爭要長得多。

貧困和苟且偷生

馬克西姆·高爾基 (Maxime Gorki) 好像曾說過：「農民到處都一

樣[93]。」這話說得完全正確嗎？所有農民都成年累月地過著貧困生活，他們有經得住任何考驗的耐心，有委曲求全的非凡能力，他們反應遲鈍，但必要時卻以死相拼；他們在任何場合總是慢吞吞地拒不接受新鮮事物[94]，但為維持始終岌岌可危的生計，卻表現無比的堅韌。他們的生活水平肯定低下，雖然有時候也會有例外；仍舉幾個例子：16世紀日德蘭半島南部迪特馬欣的畜牧區[95]；黑森林及巴伐利亞、赫森或圖林根等地區的某些「農民福地」[96]；後來與城市大集市毗鄰的荷蘭鄉村；法國勒芒地區西部[97]；相當一部分英國農村；各地的葡萄種植者。但如果作一次全面調查，畫面上大塊面積都是陰影，貧困地區數以萬計。

關於這些實在的陰暗面，我們不必多說。農民好歹能糊口活命，這也是普遍的事實。但一般要靠種種額外工作[98]，如經營手工業，種植葡萄（這堪稱一種「工業」）和從事運輸。瑞典或英國的農民同時是礦工、採石工或煉鐵工；斯卡尼亞的農民也充當水手，活躍於波羅的海和北海的近海航運，所有的農民不同程度地自己織布，間或從事運輸。在16世紀末，當二期農奴制的浪潮席捲伊斯特里亞時，許多農民逃離故土；他們朝亞得里亞海各港口販運貨物，建造鄉村高爐，發展低級的煉鐵工業[99]。在那不勒斯王國，《要聞簡報》的一份嚴肅報告指出，「零工人數很多，他們不完全靠打工謀生，此外每年還播種 6 石小麥或大麥種子，種植蔬菜和把蔬菜送往市場，伐木出售以及帶著牲口跑運輸；但是他們只肯作為零工繳納捐稅」[100]。不久前，一份研究報告表明，他們還借債放帳，收取高利貸，或者精心經營畜牧業。

長時段不排斥變化

以上例子足以表明高爾基的話什麼地方說得不對。農民有成百上千種生活方式，挨窮受苦的方式也遠不是千篇一律。費弗爾想到外省間的差異時往往說「法國以多樣性著稱」。但 世界也以多樣性著稱。不僅土地、氣候、文化、歷史「派生物」和古老選擇是多樣的，所有權以及人的地位也是多樣的。農民可以是奴隸、農奴、自由農、分成制佃農和租金制佃農；他們可以附屬於教會、國王、大貴族、次等或末等貴族以及大農莊主。他們的人身地位也隨之而異。

這種在地域上的多樣性不會使任何人提出異議。但在每個特定體系內部，研究農民生活的歷史學家今天趨向於設想一些在時間上靜止不動的、不斷重複的狀況。研究托斯卡尼的傑出歷史學家埃利奧·孔蒂 (Elio Conti)

222

認爲，托斯卡尼的農村情形只能藉由1千年的連續觀察才能得到解釋[101]。一位歷史學家在談到巴黎四周的鄉村時斷言，「在美男子腓力和18世紀之間，農村結構幾乎沒有發生變革」[102]。連續性居一切之首。桑巴特很久前便說過，從查理曼大帝到拿破崙，歐洲農業沒有發生變化：這無疑是爲了與當時某些歷史學家抬槓而說的氣話。這句氣話今天已不再刺激任何人。研究奧地利農村社會的歷史學家奧托‧布魯納 (Otto Brunner) 走得更遠，他毫不猶豫地說：「從農民開始形成的新石器時代起，到19世紀止，農民始終構成歐洲社會的基礎結構，幾千年以來，上層建築政治形態的演變幾乎沒有觸動農民的皮肉[103]。」

　　但我們不能盲目相信農民的歷史完全靜止不動。從路易十四到今天，某個村莊的景色確實沒有變化。福雷茲一位女歷史學家的老姑表兄弟「在立遺囑的行事方式方面與14世紀時代的人還十分相像」[104]。1914年鄉村中的畜群與「1340年那時的情形」沒有多大不同[105]。田地、廬舍、牲畜、人物、言談、諺語全都相同。但也有許多事情不斷在變化！亞爾薩斯北部的山村米佐查夫於1760至1770年間由種植傳統的似雙粒小麥改爲良種小麥[106]，這是無足掛齒的小事嗎？同一個村莊在1705至1816年期間（約在1765年前後）順利地完成了三年輪作制到二年輪作制的過渡[107]，這也是微不足道的小事嗎？讀者或許會說，這是一些細小的變化，但也有巨大的變化。任何長時段總有一天會破碎，但從不是一下就被打得七零八碎，總是首先出現一些裂痕。在布朗歇‧德‧卡斯提爾和聖路易的時代，巴黎附近的農民由農奴（從領主對他們擁有的以下三項追認權可以證明：人身主宰權、婚姻支配權、身後財產支配權）和自由民組成，他們從領主那裡爭得自由和大批解放農奴（因爲與農奴混在一起的自由民隨時有被降爲農奴的危險）：此事具有決定性意義。另一件重要事情是，如果經濟生活準備了足夠的條件，農民就集資贖買各項封建權，這一運動從奧利、敘西昂布利、布瓦西等地開始，並得到廣泛發展[108]。重要的事還在於，農民的自由運動如發瘟疫一般在歐洲某些地區蔓延，首先是經濟活躍的地區，接著輪到條件較差的鄰近地區。那不勒斯王國曾被波及，甚至加拉布利亞也受到影響，雖然這裡肯定不是一個先進地區；希諾波利伯爵於1432年要求找回最後一批逃亡農奴，但沒有得到任何結果[109]。農民的人身依附和對土地的依附都已消失。一些古字（adscripti、villani、censiles、redditici）從此在加拉布利亞語言中不再出現，代之以vassalli（附庸）[110]。還有更重要的事，上奧地利被解放的農奴可戴紅帽子，表明他已獲解放[111]。此事也重

223

要：農民和領主瓜分公產在18世紀的法國往往失敗，而同一過程在英國則產生了圈地運動。在相反的方面，16世紀的波蘭出現了二期農奴制，使已同城市市場和外國商人直接打交道的農民重新淪爲農奴[112]。以上這一切都是具有決定意義的大事：一次轉折足以徹底改變千萬人的境遇。

因此，布洛赫[113]有理由反對費迪南‧盧 (Ferdinand Lot) 的看法，後者認爲法國農民是個「嚴絲合縫的集體」。縫隙、磨損、斷裂、顛倒都可能發生。這些斷裂不但源自領主和農奴的關係，而且也來自城鄉共存，因爲城鄉共存在自動發展市場經濟的同時，打破了鄉村的平衡。

原因並非全在市場。城市不是往往把織布機送往農村，以逃避城市中的行會束縛嗎？在條件有利時，城市又把機器運回城內。農民不是一貫受城市高工資的吸引而擁向城市嗎？領主不是在城市建造住宅，乃至華麗的宮殿嗎？義大利比歐洲其他地區更早出現農村人口擁入城市現象。領主前來城市定居，隨帶他們在鄉下的成群親屬，這些人接著又影響城市的經濟和生活[114]。最後，城市裡還住著一些包攬訴訟、招搖撞騙和胡攪蠻纏的法律界人士，甚至一些根據債據重利盤剝和侵吞抵押財物的高利貸者。從14世紀起，倫巴第人開設的當舖是舉債農民的陷阱。他們開始當碗盞、酒甕和農具，接著當牲畜，最後是土地[115]。趕上荒歲凶年，利率之高令人難以置信。1682年11月，亞爾薩斯財務總管揭露農民遭受的重利盤剝：「資產者迫使他們同意付三分利」，一些資產者要求用土地作抵押，至於利息，竟佔「收成的一半……可見每年的利息等於本金」。毫無疑問，這是對本利的貸款[116]。

領主制在西歐並未死亡

領主制紮根於農民生活之中，並與農民生活相結合，領主既是農民的壓迫者，又是農民的保護人。這種雙重關係的遺跡今天在西歐各國還依稀可見。在巴胡瓦和香檳區之間，我認識兩個村莊，過去都在同一塊小領地的範圍內。古堡仍然聳立在其中一個村子的附近，大概在18世紀經過了修繕，此外還有花園、樹木、水面以及一個岩洞。水磨（已不能使用，但仍留在原地）和池塘（不久前還在）當年歸領主管理。至於農民，他們擁有自己的菜園、大麻田、葡萄園、果園以及村莊四周阡陌成行的土地。耕地不久前還實行每年變一次的三區輪作（小麥、燕麥、休閒）。鄰近的山坡頂上的樹林以及兩塊「保留地」——一個村子一塊——直接歸領主管理。當地有個地名叫「勞役」，本是這兩大塊地中一塊的名稱；在第二塊地上，

出現了一個大農莊，其耕地連成一片，同四周農民的小塊土地在一起，顯得很不相稱。唯有遠處的樹林對村民開放。給人的印象是一個閉關自守的小天地，那裡的農民兼工匠（鐵匠、車匠、鞋匠、馬具皮件匠、木匠）堅持自己生產一切，甚至葡萄酒。在視野之外，還有其他緊挨著的村莊群；再往遠去，還有人們不熟悉的其他領地。根據古老的民間習俗，當地居民對外地人有著種種嘲諷和譏誚。

這裡還應該補充一句：說到領主，究竟是什麼樣的領主？以現金貢賦、實物貢賦和勞役形式出現的封建權又是什麼？在我所舉的這個普通例子中，1789年時的封建權負擔較輕，勞役不多，每年二至三天（耕地和運輸）；只是在林木使用問題上有比較尖銳的糾紛。

但許多情形因地而異。必須多旅行：與安德列‧普萊斯（Andre Plaisse）一起去諾曼第的納布爾[117]；與傑拉‧德利爾（Gerard Delille）同往那不勒斯王國的蒙特薩喬[118]；跟隨著依馮娜‧貝扎爾（Yvonne Bezard）前往勃艮第的熱莫[119]；我們過一會兒將在喬治‧多里亞（Giorgio Doria）的陪同下參觀蒙塔爾多。專題研究往往極其出色，它們提供的直接和精確的觀察顯然比任何推論都更有說服力。

但我們的問題並不僅僅在這裡。我們不妨提個一般性問題：最晚可追溯到下羅馬帝國時代的領主制為什麼能頂住第一次現代化浪潮的衝擊？

領主制經受的考驗確實不少。領主在上面受到封建關係的束縛。這些束縛並不是虛假的，除繳納不輕的地租外，在遞交「效忠書」時還有一番挑剔；還得向王公繳納雜稅和奉送節敬——這有時也是沉重的負擔。尚‧梅耶（Jean Meyer）認為，18世紀貴族的收入（但這裡說的是布列塔尼貴族，情況較特殊）每年應削減10%至15%[120]。沃邦（marquis de Vauban）曾經指出，「如果各方面的研究都做得很好，人們會發現，貴族的負擔不比農民輕」[121]，這當然未免言過其實。

至於他們取自農民的地租和雜稅，其數目可惜在日趨減少。於13世紀確定的現金雜稅已變得微不足道。勞役在西歐一般都已實行贖買。一座普通烤爐的收入，不過是從農民每週一次拿來烘烤麵包的發麵上抓上幾把。有些實物雜稅變得徒具空名：作為年貢，有的農民僅僅送了四分之一、八分之一乃至十六分之一隻閹雞[122]！領主法庭審理小案件倒是毫不拖延，但訴訟費和罰款不高，以致領主任命的法官難以為生：在勃艮第的熱莫，1750年的領地收益為8156里佛，訴訟費和罰款僅佔132里佛[123]。這種演變後來發展得更加迅速，因為最富有的領主，即那些能有效地維護地方權

羅什博是按勃艮第風格用金色瓦片蓋頂的古堡，居高臨下，俯視全村，古堡前的大道通向科多爾省的阿爾奈勒迪克。

利的領主，基本上已不再依靠土地爲生。

　　現代生活不斷向奢侈方向發展，而領主又不惜一切代價要過奢侈生活，這個因素對領主十分不利。同農民一樣，領主也向資產者舉債。多虧擁有廣闊無際的地產，勃艮第的索爾斯-塔瓦恩家族歷來還能安然度過不景氣的年分。18世紀下半葉的繁榮卻給他們製造了意想不到的困難。他們的收入有所提高，但他們隨意花銷，結果栽了跟斗[124]。這類故事其實十分普通。更嚴重的是政治和經濟的危機給領主帶來慘重的損失。在查理八世、路易十二、法蘭索瓦一世和亨利二世的時代，他們夏季隨法蘭西國王的大

軍前往義大利，冬季再返回家鄉，這樣的日子勉強還能過得下去！但在1562年後，宗教戰爭簡直就像無底洞。16世紀90年代的經濟衰退終於促使危機加劇。無論在法國、義大利、西班牙或在別處，往往是最顯赫的大貴族落進陷阱，從此銷聲匿跡。此外還得加上農民的憤怒反抗。領主雖予鎮壓，但也不得不多次作出讓步。

既有那麼多的弱點，又有那麼多的敵對力量，領主制居然得以倖存。這裡面原因很多。破產的領主讓位給別的領主，後者往往是富有的資產者，而原來的制度仍保持不變。農民的反抗和暴動頻仍，但是領主作出反應的次數同樣多。法國大革命前便是這種情況。如果說不能輕易剝奪農民的權利，要使領主放棄其權利也同樣不容易。確切地說，每當領主失去一些權利，他總設法保全別的權利或爭得新的權利。

確實，並非一切都對貴族不利。在1789年前，法國貴族約佔王國地產的20%[125]。土地轉讓稅依舊很重（在諾曼第的納布爾，高達售價的16%和20%）。領主不僅向自由農收取土地年貢，而且自己就是大莊園主，他支配靠近村莊的大部分良田，或者自己經營，或者出租。他擁有大部分森林、灌木林、荒地或沼澤。納布爾男爵的采邑收入，54%來自林木，這在1789年前是一筆不小的款項[126]。荒地開墾後可以出租，收取實物地租，相當於什一稅。最後，每當領地出售，領主享有優先購買的權利。凡農民放棄其年貢地，或者由於種種別的原因，年貢地無人耕種時，領主可採用租金制或分成制形式出租該地，或者重新分封給下屬。在某些情況下，他甚至能強制收回。他還有權對集市和交易會徵稅，在其領地內收取通行稅。有人在18世紀曾對法國境內的各種通行稅作過一次調查，企圖通過購買以便利貿易，結果發覺許多通行稅竟是領主不久前隨意設卡徵收的。

227

可見領主權有很大的伸縮餘地。帕脫內沼澤地的領主在16世紀[127]從合併地塊著手，成功地建立起分成制租地，這些租地四周圍有灌木叢，形成一種嶄新的景觀。這是一次具有決定意義的改造。在那不勒斯王國，雖然具備種種有利條件，封建領主兼併自由農耕地的手段十分巧妙，但卻沒有取得更大的成功。

最後，不管農民的自由是多麼重要，我們對它的經濟後果切莫抱太多幻想。不再是農奴意味著能夠出售其年貢地和自由行動。上奧地利一位傳教士於1676年在致詞稱頌盛世時說：「讚美上帝，現在這裡不再有農奴了，人人今天都能夠而且都應該在他願意的地方出力做事」[128]。值得注意的是，「應該」一詞被用來加強「能夠」和削弱「願意」的含義！農民獲得

了自由，但應該出力耕種始終屬於領主的土地；國家向他徵稅；教會向他收取什一稅，領主向他收取封建貢賦。結果不難猜到：在 17 世紀的波微濟，由於以上種種扣除，農民收入減少了 30% 至 40%[129]。其他考證揭示的百分比與此不相上下。統治集團到處都擅長根據自己的利益調動和增加剩餘農業品。如果以為農民木然無知，那麼就錯了。諾曼第的「光腳漢」起義（1639）在他們的宣言中譴責稅官和包稅人：「這夥暴發戶對我們巧取豪奪……過著錦衣玉食的生活」[130]。在1788年時，據農民揭發，格勒諾布爾附近的聖摩里斯教堂執事「大吃大喝，只想養得肥肥胖胖，賽過該在復活節宰殺的公豬[131]。在當時的社會裡，正如那不勒斯的經濟學家加朗迪 (G. M. Galanti) 所說，「農民像是一頭負重的牲畜，社會給他的食物只夠他付出的體力消耗」[132]，即只夠他維持生命、繁衍後代和繼續勞作。對這樣一個社會，農民還能期待什麼呢？在這個始終面臨飢餓威脅的世界裡，領主的生活相當富裕：他們保衛自己的特權，同時也就維護社會的安全和穩定。不論這個社會表現得怎樣不偏不倚，它實際上支持領主，用李希留的話來說，農民像是「習慣於負重的驢，與其讓他們因長時間休息而寵壞，不如讓他們去幹活」[133]。因此，領主社會雖然不斷經受動搖、打擊和破壞，卻能在幾個世紀裡維持下來和重新組合，阻擋鄉村中一切異己力量的生長。

228　蒙塔爾多

讓我們暫時離開正題，假設自己在義大利的一個小村莊生活。一位名叫喬治·多里亞的歷史學家是蒙塔爾多領主的後代，繼承了這個熱那亞望族的文書檔案，他津津有味地對我們講述了以下的故事[134]。

蒙塔爾多是個相當貧困的村莊，村民 300 多人，土地不到 500 公頃，位於米蘭和熱那亞共和國的邊境，與倫巴第平原和亞平寧山脈接壤。這個小小的丘陵是直屬皇帝的一塊「采邑」。多里亞家族於1569年從格里馬爾迪家族手裡購置了這塊領地。多里亞家族和格里馬爾迪家族都是熱那亞的商業貴族，他們樂意充當「封臣」，以便在外妥善存放資本和為自己覓得一棲身之地（這種謹慎很有必要，當時的政治生活十分動盪）。儘管如此，他們用商人的精明處理采邑事務，毫不揮霍，但也不開創新業。

喬治·多里亞的著作生動地描繪了農民和領主的相互立場。獲得自由的農民去留隨意，能按自己的心願婚配，可他們的生活又是何等貧困！作者為一個 4 口之家確定的最低消費量是每年吃 9.5 公石的穀物和板栗，喝

560公升葡萄酒，而在54個家庭中，只有8家達到或超過這個標準。至於其他家庭，則長年處於半飢半飽的狀態。他們住在木板和粘土搭成的窩棚裡，即使趕上災荒年景，依然添丁進口，「因爲荒年似乎推動生育」，但等到一個家庭只剩下一公頃壞地可種時，就必須到別地去尋找食糧，必須爲領主和村裡3、4名土地兼併者種地，或者前往平原地區，在收穫季節出賣勞力。難免還會趕上不幸的意外：收割者應自帶口糧，有時吃食開支竟超過所付的工資。1695、1735和1756年就是這樣的情況。或者他們到達目的地後找不到工作，於是必須向更遠處走去；在1734年，有的一直走到科西嘉。

除開以上倒霉的事，還應加上領主及其代理人──首先是管家──的貪得無厭。全體村民及其民事仲裁對這些過分行爲無能爲力。人人都應繳納封建雜稅和地租，不得不聽任領主低價買下地裡的收成，然後高價轉手倒賣，領主還壟斷了高利貸以及行政和司法方面的利益。罰款愈來愈重，一個巧妙的花招即便是提高對常見輕罪的處罰。同1459年相比，扣除貨幣貶值的因素，1700年傷人罪的罰金增加了11倍，謾罵罪的罰金增加了72倍，賭博罪（當時禁止賭博）93倍，狩獵罪156倍，畜禽侵入他人土地罪179倍。領主的司法權在這裡不能不說是個可觀的財源。

同經濟發展的大趨勢相比，小村莊顯得落後一段距離。然而，村裡的農民在17世紀一度被剝奪財產和喪失自由。在啓蒙時代的推動下，村莊不再閉關自守，開始與外界聯繫：葡萄逐漸發展爲村莊的單一作物；交換已成慣例，促進了騾幫運輸。村內開始出現一些殷實富戶。於是形成某種反抗的風氣，雖說還不敢揭竿起義。但在一個看重自己種種特權的貴族的眼裡，這些窮鬼居然有的擺脫了原來的社會地位，那還成什麼體統；假如此人竟桀驁不馴，那更被認爲大逆不道。蒙塔爾多有一個名叫貝托多的新富人招致了喬治·多里亞侯爵的嫉恨。此人從事騾幫運輸，把村裡的葡萄酒運往熱那亞，發了一筆小財（那是1782年），像普通的趕騾人一樣，貝托多大概脾氣十分暴躁。侯爵給他的管家寫信說：「貝托多的傲慢無禮和罵罵咧咧使我深感不安⋯⋯尤其他還不服管教，更加必須嚴加處罰⋯⋯總之要解除他在我們這裡的一切工作；或許飢餓將使他變得不那麼可惡。」

事情沒有那麼簡單，因爲破口大罵，挪揄譏諷或罵罵咧咧是一種慾望和需要。人受了屈辱，即使只能低聲發洩怨氣，也是很大的寬慰，倫巴第當時流行的一句俏皮話：「吃麵包屑，喝陰溝水，你來幹活罷，老闆，我可受夠了！」幾年以後，即在1790年，只要提到喬治·多里亞，就有人

說：「除了當他的侯爵，別的事他一概不管。」與此同時，蒙塔爾多的本堂神父感嘆世風日下，於1780年給侯爵寫信說：「近年來，欺詐、仇殺、高利貸、舞弊和其他邪念愈益囂張。」在當時的義大利，到處都能聽到類似的議論，甚至像詹諾韋西 (Antonio Genovesi) 這樣的自由派經濟學家，也對那不勒斯勞動者的精神狀態感到懊喪。他於1758年認為只有一個治病藥方：軍紀以及棍棒[135]！在這以後，那不勒斯王國的形勢便不斷惡化，抗命犯上像瘟疫一般到處傳佈。從1758年起，食品價格有所下降，而農業零工索取的報酬卻要加倍。他們延長工間休息時間，以便去小飯鋪花錢喝酒和賭博[136]。

越過障礙

在某些情況下，資本主義能越過或繞過領主和農民設置的障礙。實行這些結構性變革的創議有時來自領主制內部有時來自外部。

創議來自內部，可能是領主本人試圖發明、模仿和推行資本主義；也可能是由經營大農莊取得成功的農民力圖發展資本主義。

但最主要的創議還是來自外部。城市的金錢不斷流向鄉村。其中一半用於購買奢侈品和提高社會地位，因而不具效用。但有時候，即使不能立即導致典型的資本主義經營，也能促成一些翻天覆地的變革。關鍵始終在於農業生產對一般經濟的依附。正是為了滿足有利可圖的外部市場的要求，熱那亞商人於15世紀在西西里島引進甘蔗種植和設置甘蔗壓榨機；土魯斯商人於16世紀在本地區促進工業作物菘藍的種植；波爾多或勃艮第的葡萄園在17世紀發展成大農莊，這是波爾多和第戎高等法院的院長和顧問們的生財之道。結果是，實行分工協作，建立資本主義的經營系統，這在波爾多十分明顯[137]（「莊頭」負責整個經營管理，「管事」領導葡萄種植部門，配以兩名助手，一人管耕地，另一人照管葡萄的生長和釀酒，他手下還有若干專職工人）。至於談到勃艮第[138]，演變不如波爾多深入，在17世紀初，山坡上生長的良種葡萄還是教會的產業。但第戎法院的老爺們肯出好價錢，西多修道院的教士便出讓葡萄園；類似的例子不勝枚舉。新主人善於為自己莊園的產品創牌子，打開銷路。他們甚至親自住到建在半山腰的村子裡來（村裡的街巷湫隘，房屋破舊，「食物儲藏室不容轉身」，山腳下有幾家店舖和手工作坊）。主人的漂亮住宅轉眼間拔地而起；在布洛雄和日弗萊兩個小村莊裡，分別建起了36幢和47幢新房。主人意在直接監督、控制和管理葡萄酒生產，因為這是一種銷路好、利潤高的產品。

昂利・卡提耶 - 布雷松 (Henri Cartier-Bresson) 攝影。博若萊的葡萄種植（索恩河畔貝爾維爾附近）。

從歐洲的邊緣到中心

我們在尋找這最早的土地資本主義時，可能會在成千上百個特殊事例中迷失方向。倒不如選準幾個典型例子，當然還是留在歐洲經驗的界限內：或者在歐洲本土，或者在歐洲的東方邊界，或者在歐洲的西方邊界，即在爲歐洲充當實驗室的美洲。我們將在不同的場合看到，資本主義在多大程度上能打進結構與它相異的體系，或者它滿足於抓住銷售這個瓶口，從而間接地控制生產。

資本主義和「二期農奴制」

本段的標題並非故意危言聳聽。「二期農奴制」是東歐農民的親身經歷。東歐農民在 15 世紀還是自由的，但從 16 世紀開始卻時運不濟。這以後，在從波羅的海到黑海、巴爾幹、那不勒斯王國和西西里島，從莫斯科公國（情況十分特殊）經波蘭和中歐到漢堡及維也納和威尼斯一線的廣大地域上，各種因素都促使恢復農奴制。

在這些地域上，資本主義起著什麼作用？似乎不起任何作用，因爲人232 們談到這個時期，照例都說封建制度的復辟。庫拉的著作[139]有條不紊地分析了 16 至 18 世紀波蘭農奴和農奴主的「經濟打算」，說明爲什麼領主不是「眞正的」資本家，而且直到 19 世紀也始終不是。

16世紀初，具有雙重或三重後果的經濟形勢使東歐淪於原料生產者和殖民地的命運，而二期農奴制只是這一命運最明顯的表現。從此被束縛在土地上的農民，在法律上和在事實上不再享有行動自由，不再享有婚姻自主的權利，不再能用金錢贖買實物雜稅和勞力貢賦。這種情況到處都能看到，只是隨時間和地點而有程度的不同。勞役變得極其苛刻。在1500年的波蘭[140]，勞役原來微不足道；1519和1529年的法規確定爲每週一天，即每年52天；接近1550年，增加到每週二天；在1600年，竟達6天。匈牙利經歷了同樣的變化：1514年每週1天，接著2天、3天，不久又改爲二週中的一週，最後取消一切規定，勞役完全由領主隨意決定[141]。在外西凡尼亞，規定每週了服勞役4天，農民除星期天外，只剩二個工作日屬於自己。但是在1589至1590年間的利伏尼亞[142]，「每個應服勞役的農民則是天天帶著一套牛或一套馬去做工」。200年過後（1798），在下西利西亞，官方的說法仍然是「農民的勞役沒有限制」[143]。在薩克森，青年必須爲領主服勞役二至三年，猶如服兵役[144]。在俄羅斯，無力償清債務的農民被迫與貴族訂立契約，規定他們不能離開土地，這可以說是一種「自願農奴

糧食經維斯杜拉河運到格但斯克（但澤），散裝在尖底或平底的木船上，有時甚至裝在簡單的木排上。圖左下方可見船的一角及其縴夫。

制」，後來更取得了合法的形式[145]。

　　總之，一週服勞役6天的規定，雖然有的形式比較緩和，組織方式也有所不同，但幾乎毫不例外地在各地建立起來。王公領地和有限的城邦領地上的農民或許應算作例外。波希米亞和東普魯士農奴的負擔也許較輕。實際上不存在任何統計數字，因而也不可能繪製任何圖表，勞役根據各地社會和農民勞動的實際情況不斷進行調整。服勞役時使用的牲口由經營土地最多的農戶提供，他們為此多養幾頭力畜，並派一個兒子或一名男僕專門承擔這些工作。牲畜勞役不能免除人力勞役，由於村莊裡總有一些小農戶和無地的零工，人力勞役有一系列特殊的使用和計算方法。何況所有工作都能由勞役充任：家務勞動，馬廄、穀倉和牛欄的雜活，耕地，割草，收穫，運輸，土方工程，伐木。所有這些加在一起，需要調動大量鄉村勞動力，事情似乎天經地義。把螺栓旋緊一圈並不困難，只消改變工作時間，扣下役畜，加重運輸量和延長路程。必要時可進行威脅。

　　勞役在東歐國家普遍加重既有外部原因，也有內部原因。外部原因：西歐對食物和原料的大量需求好比是對東歐國家發出強烈的召喚，要求它們出口產品。內部原因：在國家、城市和領主的競爭中，領主幾乎到處234（俄國除外）佔領先地位。伴隨著城市以及城市市場的衰落，伴隨著國家的削弱，封建領主通過控制勞動力（以及最好的土地）取得成功。勞役是為所謂「地主」（Gutsherrschaft）服務的巨大動力，德國歷史學家使用「地主」一詞，以有別於傳統的「封建領主」（Grundherrschaft）。在18世紀的西利西亞，據統計，某年提供雙馬套車的勞役共計37萬3621日，提供牛車的勞役共計49萬5127日。以上二種勞役在摩拉維亞分別是428萬2千日和140萬9114日[146]。

　　這一壓迫制度的建立並非一日之功，而是逐漸習慣使然；有時也不免使用暴力。在匈牙利，正是在多札起義（1514）失敗後不久[147]，韋爾伯齊約法宣佈對農民實行永久農奴制。一個世紀後，即在1608年豪伊杜人起義失敗後，國民會議再次宣佈實施農奴制，所謂豪伊杜人是依靠偷竊和搶劫（受害者為土耳其人）為生的逃亡農奴。

　　農奴反抗過事誅求的農奴主，一個有效的武器就是逃亡。農奴半夜裡帶著妻兒財物和牲畜車輛逃跑，怎麼可能抓住他？只消車輪滾上幾圈，逃亡者便沿路得到窮困夥伴的幫助，最後或者在另一個領主莊園中受到接待，或者入夥為盜。30年戰爭結束後，勞西茨地區的領主因農奴逃亡，紛紛向地方議會訴說他們的憤怒和怨言[148]。他們要求至少應懲罰幫助、窩藏

逃亡農奴的人；被抓回的逃亡農奴應處以剕刑，或割掉他們的鼻子，或在額頭打上烙印。人們不是可以從德累斯頓的薩克森選侯處得到一份詔書嗎？禁止農奴自由流動的詔書一再頒發（1638、1658、1687、1699和1712年在摩拉維亞；1699、1709、1714和1720年在西利西亞），恰好證明法律的軟弱無力。

相反，領主成功地把農民納入到對外封閉的、有時甚至規模很大的經濟實體中去：例如波希米亞的切爾尼伯爵，波蘭的拉濟維烏家族或查托里斯基家族，匈牙利經營葡萄酒和牲畜貿易的大貴族。這些經濟實體實行自給自足。農民基本上不去城鎮的集市，集市上商品寥寥可數。農民去集市只做小筆生意，換一點錢繳納某些雜稅，或在領主開設的客店裡喝杯啤酒或燒酒。

這種經濟實體其實不是真正的自給自足經濟，因為實體的上層對外開放。領主同過去一樣仍然是農奴主和土地主，他根據遠方顧客的要求，生產穀物、木材、牲畜、葡萄酒以及後來的番紅花或煙草。領主的穀物沿維斯杜拉河順流而下，抵達格但斯克。匈牙利輸出葡萄酒以及活畜群；多瑙河流域各省盛產小麥，並源源不斷地向伊斯坦堡供應羊肉。在實行二期農奴制的地區，莊園經濟包圍、壓倒和制服城市，多麼奇怪的鄉村對城市的報復！

此外，有的莊園擁有自己的鄉鎮，並為工業企業充當基地：製磚廠、燒酒廠、啤酒廠、磨坊、陶瓷廠、高爐（在西利西亞）。這些製造廠使用農奴的強迫勞動，原料也往往無償取得，因而在嚴格的會計制度中不應列入收支項目。在18世紀下半葉的奧地利，領主出資創辦紡織廠。他們表現特別積極，對自己的能力頗有信心；他們不斷擴張、歸併自己的莊園，蠶食王公的森林和司法權，推廣煙草等新作物，控制鄰近的小城市，利用入市稅為自己謀利[149]。

我們現在回到我們的問題上來：在二期農奴制的眾多表現中，究竟哪一種表現屬於資本主義的範疇？維托德‧庫拉 (Witold Kula) 的書回答說，任何一種都不是，他的論據相當中肯。如果你以資本家的傳統畫像為依據，如果你接受這幀標準畫像——合理化，精打細算，投資，獲取最大限度的利潤——那就可以說，匈牙利貴族和波蘭領主都不是資本家。在他們企圖達到的貨幣經濟層面和他們立足的自然經濟層面之間，一切對他們都太方便了。他們不用精打細算，因為機器會自己轉動。他們不必努力降低生產成本，不必考慮改善和保持土地生產率，雖然土地是他們的資本，他們不

肯進行任何實實在在的投資，盡可能使用農奴的無償勞動，並以此爲滿足。只要地裡有出產，他們總會有收益；他們在但澤出售產品，自動換取西歐的製成品，通常是奢侈品。到1820年左右[150]（作者不能確切測定發生的變化），形勢出現了轉折：許多地主開始認識到，土地是他們的資本，迫切需要加以維護和改良，不論該付出多高的代價；他們要儘快拋棄被認爲吃口太多而勞動效能很低的農奴，寧可雇用農業工人代替。他們的「經濟計算」已不再是老樣子了，他們的經營規則終於要求權衡投入、成本以及純產出的相互關係。這一鮮明對照本身是個不容置辯的論據，證明18世紀的波蘭領主仍是封建領主，而不是企業家。

　　我這裡不想反駁這個論據。我只是覺得，二期農奴制是商業資本主義的一種變態，它在東歐找到了有利的發展條件，甚至在一定程度上找到了自身的存在理由。大地主不是資本家，但他是爲阿姆斯特丹或別處資本家服務的工具，他與資本家合作共事，是資本主義體系的組成部分。波蘭最大的領主從格但斯克的商人那裡取得貸款，也就是通過他們，從荷蘭商人那裡取得貸款。在某種意義上，波蘭大領主所處的地位相當於16世紀塞哥維亞的牧民（他們在開剪羊毛前就把羊毛賣給熱那亞商人），或者相當於整個歐洲歷來都有、爲尋求貸款而出賣青苗的勤懶不一的耕作者，而買下青苗的大小商人都能夠避開市場規律和市價，藉以獲取非法利潤。資本主義根據自己的愛好和需求，對它通過海上、河道和有限的陸路運輸所能調動的一切，間接進行遙控；既然如此，我們能不能說，波蘭貴族屬於資本主義的受害者，而不是資本主義的推動者或參與者？

236　　　能說又不能說。深受高利貸盤剝之苦的塞哥維亞牧民和糧食耕作者與波蘭領主不同，後者在格但斯克雖然處於不利地位，但在自己的莊園裡，卻能爲所欲爲。他利用這種權勢組織生產，以滿足資本主義的要求，而他之所以滿足資本主義的要求，只是出於他自己對奢侈品的要求。有人於1534年給尼德蘭的女攝政寫信說：「波蘭和普魯士的所有大領主和大地主25年來始終設法通過某些河流把他們的小麥運往但澤，以賣給該城的貴族。波蘭王國和波蘭大領主因此變得十分富有[151]。」如果把以上的話當眞，人們將能設想，他們是英國式的經營田莊的紳士，亦即熊彼得所說的企業家。但事實並非如此：正是西歐的企業家前來敲他們的大門。當然，只有波蘭領主能夠讓農民和一大部分城市爲他服務，並控制農業和製成品生產，也就是說幾乎全部生產。當他調動所有這一切去爲外國資本主義服務時，他自己就變成資本主義體系的一個活躍成員。沒有波蘭的貴族，也

就沒有二期農奴制，可供出口的穀物產量也就會非常低。假如貴族沒有壟斷所有的生產資料，假如他沒有扼殺業已活躍的市場經濟，獨佔所有的交換資料，農民本會更願意把小麥留著自己吃或在市場上換取其他物品。這不是一種封建制，因爲正如庫拉自己承認的，波蘭當時所實行的遠不是一種自給自足的經濟，貴族用各種傳統的辦法，爭取增加商品小麥的數量。這當然也不是英國式的近代資本主義農業，這是一種壟斷生產、壟斷銷售並使一切都爲一個國際系統服務的壟斷性經濟，而這個國際系統毫無疑問帶有強烈的資本主義性質[152]。

資本主義和美洲種植園

　　歐洲在美洲需要從頭做起，這對於歐洲而言是個極好的機會。它在重新發展自己多樣性的同時，又加上新大陸的多樣性。

　　結果是開展了一系列試驗。在法屬加拿大，一個自上而下建立的領主制立足未穩便遭到失敗。在英國的殖民地，北部是個同英國一樣的自由國家，它將有遠大的前程。南部卻實行奴隸制：所有的種植，特別是安地列斯群島和巴西漫長的海岸線上的種植園，實行奴隸制。自發的領主制在委內瑞拉、巴西內地等牧區繁榮起來。在土著人口居多的西屬美洲試行的封建制遭到失敗。印第安農民雖然承認西班牙領主的特權，但領主所得的「封地」不是采邑，而是只及個人的終身收益：西班牙政府不願讓這些難以駕馭的領主成爲封建主，因而長期把封地抓在自己手裡。

　　在以上這些試驗中，我們所關心的只是種植園。同東歐二期農奴制下 237
的莊園相比，美洲種植園更不折不扣地是資本主義的直接產物：貨幣、信貸、貿易和交換都把種植園同大洋的東岸聯繫起來，因而一切都由塞維爾、加地斯、波爾多、南特、盧昂、阿姆斯特丹、布里斯托、利物浦和倫敦遙控。

　　爲了創辦這些種植園，一切都要從舊大陸運來：白人種植園主；非洲黑人勞動力（沿海地區的印第安人同新來的人始終格格不入）；乃至作物本身，煙草除外。甘蔗必須引進，與此同時，製糖技術先由葡萄牙人介紹到馬德拉島以及幾內亞灣的遙遠島嶼（太子島、聖多美），這些小島可被認爲是美洲和巴西的前驅。1555年，有心想做一番大事業的海軍上將科利尼帶領一批法國人進入里約熱內盧海灣，這些毫無經驗的法國人竟把甘蔗漚在水裡，結果得到的是一種醋；確實，再也沒有別的例子能比這件事更說明問題了[153]！

珀南布科省的一個種植園：住所和煉糖廠（水力壓榨機、磨盤、運輸甘蔗的大車、鍋爐）。遠景可見「大屋」，更遠處為木棚。1647年阿姆斯特丹出版的一本書中的插圖。

　　美洲最早的甘蔗地以及甘蔗壓榨機和有關器械於1550年前後在巴西北部海岸和南方的聖維森島出現。這批最早的製糖作坊（engenho de assucar）景色相同：窪地裡一汪積水，船隻在沿海河道中繁忙運輸，土路上木輪車吱吱咯咯地響，以及不久前在雷西非和聖薩爾瓦多附近還可見到的「三合一」：主人住的「大屋」；奴隸住的木棚；甘蔗榨房。種植園主騎馬出門，耀武揚威；至於在家裡——由於他行為佻達，不因女奴膚色而卻步，家庭大得出奇——他稱王稱霸，言出法隨，簡直像在拉塞達埃蒙或在塔尼烏斯時代的羅馬[154]。

239

　　由於我們掌握詳盡的帳目，我們立即可以說，巴西製糖作坊本身不是十分有利的投資。根據相當可信的計算，利潤僅為4%或5%[155]。何況還有意外事故。在這個一切都按古老方式行事的世界裡，唯獨糖廠主進入了市場經濟：製糖作坊買來奴隸，借款建造榨房，出售產品，有時包括受它庇護的小糖廠的產品。但它本身依附於住在聖薩爾瓦多的下城或在距奧林達不遠的雷西非的商人。通過這些商人，製糖作坊與里斯本批發商取得聯繫，後者向糖坊提供資金和商品，就像波爾多或南特的批發商對待聖多明哥、馬丁尼克的瓜德魯普的種植園主一樣。正是歐洲的貿易決定著海外地區的生產和銷售。

　　安地列斯群島的甘蔗種植和製糖工業大概是在1654年荷蘭人離開後，由被從巴西東北部逐出的葡萄牙猶太人所建立[156]。但只是在 1680 年前

後，食糖才傳到在17世紀中葉後由法國佔領的聖多明哥西部（法律上確定歸屬須待1697年賴斯韋克和約的簽訂）。

加布里埃爾·德比安 (Gabriel Debien)[157]詳細描繪了島上的一個種植園，這個不算最出色的種植園位於西面的利歐干和東面的太子港之間，離海有段距離，從建有主要住房的小山上可以望見海面。尼古拉·加爾博·杜福爾 (Nicolas Galbaut du Fort) 於1735年變成了這所破敗的製糖作坊的主人。他親自到當地從事整頓，修復了建築物、壓榨機和鍋爐，補充了黑奴，重開了甘蔗種植地。於1753年繪製了一份平面圖（見下圖），可使讀者對種植園有大致的了解，雖然該圖的界線不很精確，地形顯得粗略，比例也欠準確。用水由一條名叫「急水江」的小溪提供，漲水時相當危險，但「旱季」幾乎總是乾涸。種植園主的住所不是一幢「大屋」：三間小房，白灰粉刷的磚牆，一扇甘蔗柵門，一大間廚房。不出兩步就是倉庫。再往遠去是帳房，會計兼督察的筆和數字對管理莊園不可缺少，接著是花園、製糖間、精煉室、榨機、鐵匠爐、燒酒房[158]。這個種植園不設「漂白」裝置，就是說，它只生產未經漂白的粗糖，但在燒酒房裡清除浮渣和提煉糖漿：那裡製造的燒酒供本地出售，比向法國出口能更迅速地回籠資金。圖上還可見到「車棚」（運輸割下甘蔗的大車），召喚奴隸祈禱和上工的大鐘，以及公共廚房、醫院和奴隸宿舍（他們有100多人），最後是甘蔗田（每塊略大於一公頃）和留下種植糧食（紅薯、香蕉、大米、小米、木薯、山藥）的地塊，糧食種植有時完全交給奴隸，其部分收成賣給種植園。在小山四周的草地上，牛、馬和騾自由放牧，必要時可在那裡建立新的甘蔗種植園。

種植園再次陷入困境，杜福爾爲扭轉局面，在第二次寓居利歐干期間（1762-1767），曾試圖進行革新：養好牲畜，增施肥料，實行精耕細作。　240
這項對策在原則上值得商榷，但相反的對策同樣可以受到指責：擴大耕作面積勢必要增加奴隸的數量，而奴隸的價格又很高。尤其，在「總管」或「經理」應聘代替種植園主時，他們的收入根據產量提成，因而他們只顧增加產量，而不關心成本；結果是種植園主破產，總管或經理發財。

無論生產食糖、咖啡、靛藍或棉花，種植園主一般不可能發大財。殖民地產品在歐洲售價很高。但收成每年只有一季；產品銷售和收取貨款又頗費時日。日常開支卻特別大。種植園主的生活用品和經營種植園所需的物品都來自海上，加上運費以及大小商人隨意確定的利潤，價格自然很高。由於「專利貿易權」禁止各島嶼同外國通商，島嶼貿易便處在本土的

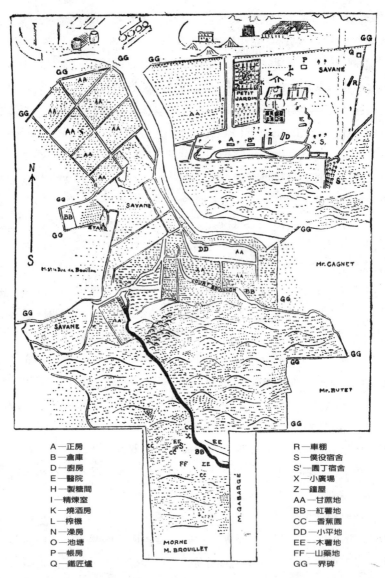

A—正房	R—車棚
B—倉庫	S—僕役宿舍
D—廚房	S'—園丁宿舍
E—醫院	X—小廣場
H—製糖間	Z—鐘屋
I—精煉室	AA—甘蔗地
K—燒酒房	BB—紅薯地
L—榨機	CC—香蕉園
N—澡房	DD—小平地
O—池塘	EE—木薯地
P—帳房	FF—山藥地
Q—鐵匠爐	GG—界碑

1753年住房平面圖　聖多明哥要塞圖製圖員德封登 (P.Deffontaine) 繪製（在杜福爾伯爵家保存）

表(18)　聖多明哥的一家製糖作坊

杜福爾種植園平面圖繪製得並不十分清晰。必須用放大鏡細看，才能找到圖解指出的和本書正文涉及的詳細情形。花這點功夫還是值得的。

壟斷控制下。西方移民不免採用走私、廉價傾銷和有利可圖的以貨換貨等辦法。但這類舞弊既不容易，又不解決問題。在1727年，一支法國艦隊出人意外地在海域游弋。一名馬丁尼克商人寫道：「居民感到十分惱火；相反，批發商們大爲高興，因爲他們的利益同居民簡直水火不相容[159]。」何況，又怎麼可能逃過狡詐的船主這一關呢？他們知道（薩瓦里·德布呂斯龍的書公開爲他們出謀劃策）應在哪個月前來購買廉價的糖，什麼時候熱帶的高溫可能已經使葡萄酒變質，應該運來許多桶葡萄酒，「那時一手交錢，一手交貨，銷路肯定很好」[160]。此外，從18世紀初開始，物價大漲特漲。各島嶼當時百物昂貴：食品、五金、熬糖的銅鍋，波爾多葡萄酒，紡織品，最後則是奴隸。杜福爾於1763年寫道：「我沒有任何的開銷。」在下一年又說：我的晚飯「是麵包加果醬」[161]。形勢後來變得更加嚴重。一位年輕的歐洲移民寫道（1782年5月13日）：「戰爭以來〔意指美國獨立戰爭〕，鞋匠賣一雙鞋要收3塊大洋〔比亞斯特〕，等於24里佛15蘇，而我每個月需要一雙……粗線襪，每雙售價9里佛，粗布襯衣值6里佛，定做則需要12里佛15蘇。一頂不算漂亮的普通帽子值16里佛10蘇……請裁縫定做的工錢：一套禮服爲60里佛，一件上裝15里佛，一條短褲也是15里佛。至於食品，一桶麵粉值330里佛，一桶葡萄酒值600至700里佛，一桶牛肉值150里佛，火腿每磅值75里佛，蠟燭每磅值4里佛10蘇[162]。」這當然是戰時環境，但是戰爭和掠奪商船事件在美洲海域都並不少見。

種植園主如在當地推銷產品，在食糖大批上市的季節，要受12%、15%到18%的差價損失。如果他請本土商人代銷，由於交通不便，貨款要等幾個月乃至幾年才能收回。至於預計的價格，殖民地產品的行情在歐洲各港口，例如在波爾多，是投機最凶的一種。商人慣於或者看漲或者看跌，有的是囤積居奇的藉口。於是，貨物長期被壓庫待售，對種植的園主來說，這往往意味著資金積壓，被迫舉債。如果因求富心切，他一開始就借債買下種植園和奴隸的全部或一部份，他很快便受債權人的隨意擺布。 241

波爾多的批發商、代銷人和船主把他們的船隻、船長（往往受託出售所載貨物）、倉庫和應急的貸款強加給殖民地，他們才是製造殖民地財富的機器的主人。我們從一些歐洲移民的信件裡可逐日了解他們的行動，這些信件無不說明他們的被動處境。拉比家族和道爾家族在聖多明哥最好的一個地區合夥經營巴斯種植園，於1787年不得不完全聽憑布魯塞爾的弗雷德烈克·隆貝爾父子公司的擺布，這個公司在波爾多的分公司被認爲（其

實不然）掌握這個大商埠的命脈[163]。

　　所有這些同我們掌握的總體數字不相符合。法國殖民地貿易一半在波
爾多進行，這裡的出口額只佔從聖多明哥、瓜德魯普和馬丁尼克進口產品
的三分之一，後為四分之一，最後又重新回到三分之一[164]。馬賽與殖民地
的貿易額也有同樣差距[165]。這裡沒有矛盾嗎？如果進出口貿易的結算對島
嶼如此有利，島嶼理應興旺繁榮。為補足貿易差額，貨幣應從法國流往島
嶼。可是，只拿聖多明哥來說，當地的比亞斯特總是被蒐羅一空。這些鑄
幣從附近的西屬美洲通過走私來到聖多明哥，在島上像匆匆過客一般，接
著就不尋常地轉往波爾多，1783年後的數額尤其巨大[166]。出現這個表面
矛盾的原因在於，法國各港口都按本地價格計算進出口貿易。如果站在島
嶼的立場進行同一種計算，在島上出售的大批法國產品的貨款要比波爾多
高得多，而出口的殖民地產品，在運往本土前，其價值則要低得多，運
費、代銷費等都將包括在到岸價格中。兩個數字之間的差距因此縮小了。
還必須指出計帳貨幣之間的人為差別，「殖民地里佛」同本土里佛相比，
價格要低33%。最後，留在法國的移民家眷和不在島嶼的種植園主收到的
匯款，對匯兌結算都有影響。然而，在這方面，金融的因素，即債款的還
本付息，佔著最重要的地位。

　　總之，種植園主所參與的交換體系使他們不可能獲取巨額利潤。卡梅
洛・特拉賽利 (Carmelo Trasselli) 指出，15世紀西西里島的製糖廠，儘
管有熱那亞資本家的支持，或者正是由於他們插手，竟成了賠錢的無底
洞。事過境遷，後世人對那些懷抱幻想購買種植園的人，其中包括了一些
富商，多少還帶有一點同情。格勒諾布爾商人馬克・道爾寫信給他的兄弟
說：「我親愛的朋友，為了給你寄這筆錢，我把錢袋都掏空了，我已不再
有餘款……我相信，借這筆錢給你〔購買一個大種植園〕，既能讓你發
財，相對也會增加我的財產（1785年2月10日)[167]。」幻想終於破滅。我
們曾提到過的佩雷兄弟在馬丁尼克發了大財，但並非作為種植園主，而是
由於經商：最初開店舖，最後成了大批發商。他們懂得趨長避短，及時返
242　回波爾多，重新佔有統治地位。阿姆斯特丹的某些貸款人以為能像對待本
埠批發商那樣，萬無一失地向丹麥殖民地或英屬島嶼的種植園主發放貸
款，他們終於倒了大楣，成了抵押了的種植園的主人[168]。

牙買加的種植園

　　英屬牙買加的種植園與我們談到的聖多明哥的情況大致相同。在英屬

牙買加，「大屋」、黑奴（與白人相比較，爲9：1或者10：1）、甘蔗種
植園也比比皆是，還有商人和船長的剝削，殖民地貨幣價格低於本土貨幣
（1英鎊值1.4牙買加鎊），海盜和劫掠（這裡是法國人侵犯英國人，但無
論英國人或法國人，在加勒比海都沒有絕對控制權）。此外還有逃亡奴隸
造成的創傷和危害，躲進山裡避難的黑奴有時來自鄰近的海岸或島嶼。在
1730至1739年的「黑奴戰爭」期間，整個局勢一度相當危急[169]。

　　以當時的標準來衡量，牙買加可算是一個不小的島嶼，特別從1740年
至1760年起，隨著糖業開始高漲，一些大種植園在島上欣欣向榮地發展起
來[170]。如同法屬各島嶼一樣，往往在煙草、棉花和靛藍等小種植園躬親勞
作的第一批歐洲移民，當時已降到次等地位。甘蔗需要大筆投資。資本家
和大莊園主的時代已經到來。從統計數字得到的印象是，同聖多明哥相
比，牙買加的種植園規模更大，奴隸更多，也許更加富有。然而，事實表
明，牙買加島從英國或英國在美洲的殖民地取得鹹肉和麵粉供應，負責提
供英國需要的食糖的半數，價格比聖多明哥和其他法屬島嶼高些。

　　總之，如同其他產糖島嶼一樣，牙買加是爲有錢人製造財富和資本的
機器[171]。同等的原因產生同等的結果，牙買加的經歷與聖多明哥大致相
同，也就是說，在殖民地創造的巨大財富轉變爲本土的財富。種植園主的
利潤至多爲8%至10%[172]。進出口貿易（這裡不談奴隸買賣的利潤，這種
買賣僅僅以英國爲出發點）基本上「以王國的利益爲轉移」，給王國帶來
與國民貿易同等的利益，「似乎美洲殖民地在某種程度上附屬於康瓦爾
郡」。以上引用的是柏克 (Edmund Burke) 的原話[173]，他強調西印度群
島對英國經濟生活的重要，並強烈提請人們注意，有關貿易差額的數字帶
有欺騙性。

　　實際上，牙買加的商業結算，即使按牙買加鎊計算，也是該島略有順
差（1,336,000對1,335,000）；但進出口貿易額至少有一半無形地轉到本 243
土（運費、保險金、傭金、利息、向不在島上的種植園主匯款）。在1773
年，英國的利潤接近150萬英鎊。在倫敦同在波爾多一樣，殖民地貿易和
利潤被轉化成爲掌握在大家族手中的商行、銀行和國有資金，這些大家族
最活躍的代表在下院和上院佔有議席。然而，也有幾個移民家族很富，但
湊巧的是，他們並不僅僅經營種植園，卻同時向其他負債的種植園主貸
款，扮演銀行家的角色；他們通過戚誼與在敦商人相聯繫，或派自己的兒
子在倫敦出售種植園產品，採購必需物品，並爲在牙買加的英國移民充當
代理人。這些大家族兼得食糖生產、批發、經銷以及銀行的利潤。它們在

安地列斯群島的英國批發商正在包裝貨物。安地列斯群島地圖的卷首畫，赫爾曼·莫爾 (Herman Moll) 的皇家地圖集，1700 年。

倫敦設立據點，經營或倒賣遠方的種植園，有能力在英國的商業、現代農業和各種工業部門進行廣泛的投資，也已經不足爲奇了[174]。如同佩雷家族一樣，這些種植園主懂得，爲了能夠在殖民地賺錢，他們必須在本土立足！

是否要就維吉尼亞的煙草、古巴的畜群或者1728年隨著卡拉卡斯公司的成立而出現的委內瑞拉橡膠，重新作一番論證[175]？再次論證只會重彈老調。如果想避開這千篇一律的故事，我們就必須遠離歐洲商人出於利益而關注的地點，前往美洲的各個野蠻地區，並進而去了解那裡的種種獨特經歷：在巴西，探險隊從聖保羅出發，去內地尋找黃金和奴隸；在巴伊亞的後方，沿著號稱「牛欄河」的聖佛朗西斯科河谷，漫山遍野的牛群擁向畜欄；在阿根廷的潘帕斯草原，歐洲「新紀元」初露曙光；或在委內瑞拉南部奧利諾科河流域的平原，西班牙裔貴族，鋪天蓋地的牲畜和騎馬牧民（印第安人或印第安人和白人的混血兒）正在創立一個以主人的大家族爲核心的眞正的領主社會。對於這種古代型或原始型資本主義（牲畜等於貨幣），韋伯一度曾爲之神往。

回到歐洲的中心

我把漢堡至威尼斯一線西側的大陸稱作「歐洲的中心」。得天獨厚的西歐地區便於城市、資產者、富人和有進取心的貴族廣泛經營事業，因而資本主義必定以多種方式影響古老的西歐農村的活動和結構。

爲了畫一幅清晰的簡圖，我們不妨像數學家那樣先假設問題已經解決。資本主義以新秩序的姿態出現在領主和農民的歐洲，雖然它遠不是常勝將軍，但總能在某些特殊地區奏凱告捷。讓我們首先考察這些獲得成功經驗的地區，因爲我們設法要解決的問題在那裡已經得到解決。

英國是人們首先想到的範例。我們這裡不想多談英國，因爲以後還有機會。從粗線條看，英國僅可充當藉以確定特殊情形的參照坐標。毫無疑問，英國革命未能改造整個大不列顛，除大商業區外，還有某些落後的、古風猶存的地區，即使在1779年的埃塞克斯郡和蘇佛克郡等比較發達的地區也是如此[176]。

我們且舉東英格蘭的諾福克郡爲例，新事物在這個地區肯定佔了上風。福爾邦奈[177]在《百科全書》的「文化」條目中恰恰把諾福克郡的情形當作出色的農業經濟的範例加以介紹：施加石灰和泥灰石、削皮（即焚燒草皮肥地），引種飼草，開拓草地，興修排水渠，施優質廄肥，重視畜牧選種，發展圈地和擴大地產，地塊四周植以樹籬爲界，從而普及和突出了英國這部分鄉村草木蔥蘢的特殊景色。值得注意的其他特徵有：工具量多質佳，土地貴族樂於助人，大土地租佃制歷史悠久，資本主義經營環節建立較早，信貸便利，政府十分寬容，對市場很少監督管理，更多關心效益和城市供應，通過比例增減制促進和資助糧食出口。

其中，產生最重大後果的準則是：

（一)早已開始削弱的領主制在英國鄉村的先進地區終於被徹底清除。馬克思有力地指出[178]：「在斯圖亞特王朝復辟時期，土地所有者……取消了封建的土地制度，也就是使土地擺脫了對國家的貢賦，以對農民和其他人民群眾的課稅來補償國家，他們要求對地產的現代私有權（他們對地產只有封建權利）。」也就是說，要清除傳統生活。

（二）農村土地出租給資本主義農場主，由他們全權負責經營。

（三)啓用以無產者面目出現的雇傭勞動者：他們向雇主出售的只是他們的勞動力。　245

（四)垂直式分工：地主出租土地，取得地租；農莊主扮演企業主的角色；雇工殿後。如果我們同意這些準則，我們在大陸的歷史上可找到一些同英國相似的例子，這就順便證明，農業革命如同將要伴隨它來臨的工業革命一樣，也是整個歐洲的現象。

這些例子將按以下的順序逐個研究：布利（17世紀）。威尼西亞（18世紀），羅馬鄉村（19世紀），托斯卡尼（15至16世紀；這個順序本身並不重要，我們的意圖既不是研究這些不同情況本身，也不是爲歐洲開列一份詳盡的清單。我們僅僅希望借此理出一條思路。

路易十四時代巴黎附近的布利

幾個世紀以來，城市的產業主不斷在巴黎的四周侵吞農民和領主的土地[179]。擁有一所鄉間別墅；由此取得經常的供應：小麥，冬季到來前的木柴，雞鴨以及水果；在城門口不納入市稅（地產按規定登記之後，可以免納入市稅）——所有這些在傳統的家政教科書上全都寫著。這類教科書風行各國，特別在德國，《家長必讀》嚕囌冗長，法國也是如此。夏爾‧達斯蒂安 (Charles d'Estienne) 於 1564 年出版的《農業和鄉間別墅》，經其女婿尚‧里埃博 (Jean Liebaut) 修訂後，在 1570 至 1702 年間曾再版 103 次[180]。大城市的資產者莫不在四郊購買土地，有時是零碎小塊，或者是果園、菜地、草地乃至真正的莊園。

但在巴黎城外肥沃的布利高地，這種現象更非同尋常。城裡人（不論是貴族或資產者）的產業，特別是大地產，早在 18 世紀以前就已經引人矚目[181]。維拉爾公爵「攝政時代住在沃勒維康特古堡，擁有 220 弓丈土地，但他本人僅經營其中的 50 弓丈……康妙恩（埃克萊恩教區）的采邑主擁有 332 弓丈土地，但他只經營 21 弓丈草地」[182]。可見這些地產實際上並不由地主經營；而是交給大農莊主經營，後者管理 5、6 個乃至 7、8 個地主的土地。大農莊聳立在這些耕地的中央，我們今天還能見到「令人想起以往動亂年代的高牆大院……一些建築物分佈在中央大院的四周……每座農莊周圍集結著一些小屋，小屋本身由菜園的小塊土地圍著，那裡住著向農莊主出售勞動力的零雜小工」[183]。

人們從這些跡象能辨認出英國革命所建立的「資本主義」組織形式：地主、大農場主、農業工人。但有一點重要的不同，即一直到 19 世紀為止，農業技術絲毫沒有產生變化[184]。另一點不同：不完善的組織，單一的糧食生產，低下的商品率以及高額的地租，使這些生產單位對小麥的行市極其敏感。默倫市場上糧價下跌二至三個百分點，農莊主立即會陷於困境。如果接連幾年歉收或糧價過低，更會導致農莊主的破產[185]。但農莊主畢竟扮演一個新角色，由於擁有慢慢積累起來的資本，他是個類似企業主的經營者。

總而言之，麵粉戰爭（1775）中的叛亂者沒有搞錯：他們把滿腔怒火向巴黎附近和其他各地的大農莊主發洩[186]。至少有兩條理由：一方面是大農莊幾乎總由一名農莊主經營，容易引起嫉妒；另一方面農莊主如同住在領地的領主一樣，是鄉村世界的真正主人，他的權勢可能比起領主的統治更加有效，因為他更接近農民的生活。他囤積糧食，安排勞動，發放貸款，並往往受領主委託「收取現金租稅、實物租稅、雜項租稅乃至什一

稅……在整個巴黎地區，他們在大革命到來時，興高采烈地買下他們以往主人的產業」[187]。這是一種試圖從內部生長起來的資本主義。再等一段時間，它將在各方面取得成功。

如果我們能更了解這些大農莊主的為人和日常生活，親眼目睹他們對僕人、馬夫、車伕和農民的態度，我們的判斷將更加清晰。在庫瓦涅隊長(capitaine Coignet) 的《筆記》以及開頭部分[188]，我們看到有趣的介紹，可惜後文不再提及。庫瓦涅隊長1776年生於德呂萊貝勒方丹，即今天的揚省；在革命前和革命初，他為古洛米耶的一名大販馬商人服務；這位商人不久將與革命軍的軍馬部門建立聯繫。他擁有草場、耕地和農莊，但我們從庫瓦涅隊長的講述中還不能判斷商人的真實地位。他究竟應該算是商人、自有土地經營者或出租土地的食利者？也許三者兼而有之。他大概是富農出身。他對傭工們的慈愛態度，夫婦倆與傭工一起圍著大桌吃「雪白的麵包」，這些都很說明問題。年輕的庫瓦涅參觀了本地的一個大農莊，對那裡的乳品廠讚嘆不已，「到處都是水龍頭」；食堂裡窗明几淨，廚房的桌椅器皿潔淨無塵。女主人說：「每隔半個月，我出售一車奶酪；我有80頭奶牛……」這些形象可惜過分簡單，老軍人在寫這些回憶時急於告一段落。

威尼斯和威尼西亞共和國

在征服整個威尼西亞的領土後，威尼斯於 15 世紀初成為一個農業大國。在這以前，威尼斯貴族已在布倫塔河對岸富饒的帕多瓦平原佔有土地。但在 16 世紀末，尤其在 17 世紀最初幾十年的危機後，貴族富豪一反常態地放棄商業，全力投入農業經營中去。

貴族往往從有地的農民那裡奪取土地，這一過程相當普遍，並且由來已久，因而從16世紀起，針對地主及其家屬或財產的犯罪案件十分頻繁。　247在進佔整個威尼西亞時，威尼斯市政會議曾沒收部分土地，後予以拍賣，貴族才乘機佔有土地。此外，通過開溝建閘、窪地排水等水利工程，還開墾了一些新的土地。在國家的支持或監督下，依靠村民的實際配合，這些工程不折不扣地具有資本主義性質[189]。綠色蔥鬱的威尼西亞既然擁有這個長期的經驗，難怪到了啟蒙時代，它將經歷一場致力於發展畜牧業和肉類生產的農業革命[190]。

例如，在阿第及河彼岸和羅維哥的對面，靠近安圭拉臘村，古老的特隆家族擁有一塊500公頃大的土地。1750年，有360人在那裡勞動（其中

的 177 人爲固定工，183 人是臨時雇用的短工），分小組工作，每組至多
15 人。這是一個資本主義農莊。關於「資本主義」一詞，尚·喬治蘭 (Jean
Georgelin) 寫道：「我們並沒有犯顚倒時序的錯誤。在 18 世紀的威尼西亞
（和皮耶蒙），這是一個常用詞。柏加摩最高行政官在一項調查中提問：
『你們是這裡的資本家嗎？』半文盲的村長——他們的筆跡足以證實他們的
文化程度——都毫不猶豫地作了肯定的回答。根據他們的理解，所謂資本家
意謂著從外地帶著資本而前來雇用農民爲他勞動的人[191]。」

　　安圭拉臘可被認爲是個農業工廠。一切都置於管家監督之下。小組長
寸步不離地催促雇工幹活，雇工每天僅有權休息一小時：監工手裡拿著鐘
看管。各項工作都有條不紊地進行：清溝，清掃鴿房，植桑，釀造果酒、
養魚，1765 年試種土豆，修整堤壩以預防阿第及河洪水氾濫或奪河造地。
「農莊像是一個蜂巢，即使冬季也不停工作」[192]：不僅用鋤頭、鎬和犁鏵淺
耕，而且深翻土地；作物以小麥（每公頃產量爲 10 至 14 公石）、玉米以
及大麻爲主；牛羊實行廄養。產量很高，利潤也高，當然每年總有上下波
動。1750 年趕上壞年景，利潤（未扣除折舊費）佔 28.29%。但在 1763
年的好年景，竟高達 130%！在布利的肥沃土地上，如果計算正確，1656
至 1729 年間好年景的利潤勉強超過 12%[193]。

　　這些最近確證的事實迫使我們修改對威尼斯的看法。城市貴族重返鄉
里經營米麥桑麻，並不完全因爲在 16 世紀末以後，地中海上海盜猖獗，大
宗貿易的困難和風險變得太大，他們需要尋覓一個穩妥的投資場所。何
況，外國船隻依舊經常停泊威尼斯，因而威尼斯於 17 世紀可能仍是地中海
最繁忙的港口。威尼斯的貿易並未在朝夕之間停止。農產品的價格和高額
利潤促使威尼斯的資本轉到土地方面去。在這裡，購買土地不是爲了取得
貴族身分，僅是爲了投資謀利。

　　興趣大概也起作用：哥爾多尼 (Carlo Goldoni) 時代的威尼斯，富人
捨棄城裡的華麗公館，住進講究的鄉間別墅，這部分地也是個時尚問題。
每當秋季來臨，威尼斯城內富人出走一空，「去外地度假，野地舞會和露
248 天晚餐都是人們孜孜以求和深受好評的活動」。眾多繪聲繪色的敘述使我
們不能不相信：在這些奢華的別墅裡，一切都「巧奪天工」，室內裝飾精
美，餐桌富麗堂皇，不時舉辦音樂會和演戲，花園中曲徑通幽，樹籬修剪
齊整，塑像聳立道旁，僕役成群結隊。所有這些電影畫面使我們爲之陶
醉。請看最後一個鏡頭：貴夫人攜帶僕役和愛犬，夜半訪客歸來，「嬌軀
斜靠在提燈照明的教士的胳臂上」[194]。但是我們對豪華別墅的觀察，至此只

三人行。提埃波羅 (G. Tiepolo) 的威尼斯油畫。 18 世紀。

是看到了一面。它們還有穀倉、壓榨機房和地窖,因為它們也是鄉村的經營中心和勞動監督場所。 1651 年的威尼斯曾出版一部標題相當醒目的著作:《市民在別墅的治家須知》。作者文森佐·塔納拉 (Vincenzo Tanara) 是名醫生,他寫了一部前所未見的關於鄉村生活的好書。他向去鄉下踏看地產的地主提供許多合理建議:要選好別墅的位置,注意附近的氣候條件和水源情況。要考慮挖個水塘養條魚、鱸魚和鯰魚:這的確是個好主意,既能減少居家夥食開支,又能輕而易舉地為農業工人找到必要的「下飯」食物。可見鄉下別業主要還是要雇人幹活。

　　因此,在安得列·特隆 (Andrea Tron) 給他的朋友基里尼 (Andrea Quirini) 的那封奇怪的信(1743 年 10 月 22 日)裡,有相當的部分屬於錯覺。執筆的那位年輕貴族曾在荷蘭和英國久居。「我將告訴你……他們〔威尼斯的政府人士,同他一樣是貴族〕可以制訂他們願意的各種法令,在我國的國內貿易方面,他們總歸一事無成……在任何國家裡,只要頭等富豪不去經商,就不可能有對國家有用的貿易。在威尼斯,必須說服貴族向大宗貿易投資……這正是目前不可能做到的事。荷蘭人全都經商,這是荷蘭貿易興旺的主要原因。一旦這種精神引進我國,人們將很快看到大商業重振雄風[195]。」威尼斯貴族何必放著安全舒適、收入豐厚的日子不過,非要去從事利潤較小和風險較大的海上冒險?好位置既然不再空著,勒旺貿易的各條路線又都掌握在外國人、猶太商人及本市資產者的手裡,威尼斯貴族便很難重新控制這一貿易。然而,特隆有一句話說得對:把大宗貿易和貨幣貿易交給非頭等富豪去經營,這就等於退出威尼斯曾經扮演主角的國際大舞台。如果就威尼斯和熱那亞的命運作個比較,從長時段看,聖馬克城的資本主義選擇肯定不是最好的選擇。

19 世紀初羅馬農村的奇景

　　幾個世紀來,遼闊的羅馬農村曾多次改變面貌。原因何在?大概因為那裡的建設都從無到有地進行。西斯蒙第1819年曾就此問題作過觀察,並把羅馬農村描繪為分工的極好例子。

　　幾個衣衫襤褸、身披羊皮的騎馬牧民,幾群牛羊,幾匹母馬和馬駒,以及彼此相隔很遠的少數孤立農莊,這便是在一望無際的鄉野通常所能見到的全部有生命的東西。沒有作物,沒有村莊;芟除不盡的荊棘和野草侵占空地,緩慢而堅持不懈地取代牧草。農莊為了與這種植物瘟疫作對抗,不得不定期進行開荒,並播種小麥。這是使牧草得以重新生長幾年的一個辦法。但

是在一個沒有農民居住的地區，從開荒到收割的沉重勞動又如何進行？

解決的辦法是向外國勞動力求助：「共有10幾個不同的工種」，在任何一種語言裡，「都沒有名稱可稱呼它們……〔有的工作〕由來自薩比納山區的零工去做；〔另一些工作〕由來自馬爾凱和托斯卡尼的工人承擔；大多數工作主要交給阿布魯齊的山民；最後，堆麥垛時，也雇用羅馬的游民，他們除了會幹這件活外，幾乎一無所能。這種勞動分工便於推行農業的精耕細作：小麥至少鋤草二次，有時更多，由於每人各做一項特殊工作，工作進行得更加迅速和精確。幾乎所有這些工作都實行承包，並由許多大小包工頭監督；農莊主始終提供膳食，因為在這荒涼地帶，工人不可能自備食物。供應的食品包括：每週有一定數量的葡萄酒，價值40個拜約克銅幣的麵包和3磅其他營養食品，如鹹肉或奶酪。在冬季工作時，這些工人回到位於大農莊中心的一座沒有家具的空曠大房屋內睡覺……在夏季，他們在勞動地點過夜，往往露宿。」

畫面顯然尚不完整。這是一些旅途印象。西斯蒙第看到了一種異乎尋常的景色，驚奇之下便忽略了畫面上的陰影，甚至看不到瘧疾，這在荒野之地是種致人死命的疾病。西斯蒙第也沒有認真探討所有制問題。這裡的土地所有制十分奇特，由此產生的問題超出了羅馬農村的範圍。羅馬四周的土地歸大封建主和60來個宗教機構所有，往往是些大產業，如博蓋塞親王、斯福薩公爵、帕特里齊侯爵等的產業[197]。但封建主和宗教機構都不直接經營自己的土地。一切都由幾個被奇怪地稱作「鄉下商人」的大農莊主包辦。他們不過12、13人，組成一個行會，這個行會到19世紀依然存在。他們的社會出身很雜，有商人、律師、經紀人、收稅吏以及產業管理人等，他們其實同英國大農莊主並不相像，因為他們往往把好地留下直接經營，一般還把土地轉讓給許多小農莊以及外國的牧民和農民。為求得行動自由，他們千方百計把原來擁有租地權的農民統統趕走[198]。

這是在18世紀中葉逐漸形成的一種明顯的資本主義入侵，羅馬農村不過是義大利許多例子中的一個。托斯卡尼的某些地區，倫巴第和皮德蒙在18世紀正處在變革中，那裡可見到同樣的現象。這些農莊主在地主、農民和國家方面的名聲都不佳：人們把他們看作唯利是圖的投機家，只想盡快從地裡撈得最多的錢，很少考慮保護能力。但他們預示著未來，是19世紀義大利大農莊的創始人，也是18世紀末利弊參半的土地改革的幕後策劃者。他們想擺脫所有權、租讓權、長子繼承權和永久管業權等束縛，想武裝自己，既對付特權者和農民，也反抗嚴密監視商品化發展的國家。當

252

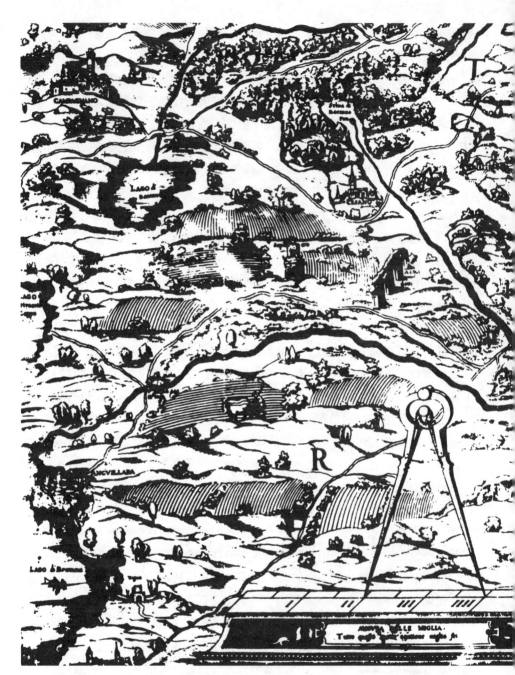

厄弗洛齊諾‧德拉‧沃爾巴亞 (Eufrosino della Volpaia) 所畫的羅馬鄉村地圖
（1547）。這是羅馬西北部一個耕作比較精細的地區。從圖上可以看到幾塊耕地，犁
地的一套牲口，還有大塊空地，間或還有古羅馬廢墟和灌木叢。

「法蘭西時期」開始時，原特權者的大批財產在市場公開出賣，而顧客恰恰以大農莊主居多[199]。

西斯蒙第的這番描述，其意義在於它以羅馬農村為例子，說明存在一種真正的和不容置疑的農業分工，而人們通常很少談到這種分工。亞當斯密談到這個問題時顯得匆忙[200]：分工適用於工業，而不適用農業，在他看來，同一隻手又播種又耕地。其實，舊制度下的農業活動簡直五花八門，即使在不發達地區，農民也不能不對村莊的全部經濟活動實行專業化分工。無論如何，總該有個鐵匠，有個車匠，有個皮匠，有個木匠，還有不可缺少的鞋匠。同一隻手不一定能兼顧播種、耕地、牧畜、葡萄剪枝和森林活計。從事砍樹、劈柴和捆柴的農民趨向於成為一個特殊人物。每年收割、打場和採摘葡萄的季節，總有一些多少帶點專業性的補充勞動力前來幫忙。請看，在「葡萄總管」的指揮下，還有「採摘工、運輸工和壓榨工」之分。再就奧利維埃‧德‧賽爾 (Olivier de Serres) 在朗格多克地區所看到的開荒情形[201]來說，工人被分成幾個隊伍，分別負責伐木，燒荒以及用牛耕地，另有專人再用棍子「粉碎過分板結的土坷垃」。最後，農村自古以來就有畜牧和種植的重大分工：亞伯和該隱代表兩個不同的天地，兩個互相憎恨、隨時準備衝突的民族。牧民幾乎被當作賤民。這種觀念在民間習俗裡至今留有痕跡。如在亞布魯齊山區，對愛上了牧民的農家少女，民歌唱道：「改變主意吧，我的小妞，假如你要嫁人，就嫁一個有身分、有教養的莊戶人，千萬別找那些就餐不用盤子的可惡的牧羊人」[202]！

托斯卡尼的農莊

在佛羅倫斯富商的影響下，托斯卡尼農村逐漸發生了深刻的變化。以往的村莊，貧困農戶分散經營的小莊園僅在一些山區和偏僻地區得以保存。早在 1400 年前，在平原的丘陵地區，已建立起實行分成制地租的農莊。農莊的土地連成一片，面積則因土質優劣而異，一般由佃農及其家庭耕種。農舍位於土地中央，附有穀倉、牛廄、麵包爐和打穀場；農舍的四鄰可有耕地、葡萄樹、枝條稀疏的柳樹樁、橄欖樹、牧草地和林地。農莊的規模必須保證其收入等於農民及其家庭生活所需的一倍，因為總收入的一半歸地主，另一半歸佃農。地主在農舍附近有一所未必奢華的別墅。喬凡尼‧迪‧帕哥洛‧莫雷利 (Giovanni di Pagolo Morelli)[203]在他於1393至1421年間所寫的《回憶錄》中，勸他的兒子說：「你們要牢牢記住，必須親自到別墅去，同佃農一起逐塊視察地產，對敷衍了事的活計要求重

做，估算小麥、葡萄酒、食油、糧食、水果等收成，並把當年收成同往年數字進行比較。」這種一絲不苟的監督能否算是「資本主義合理化」？這至少是為最大限度地提高生產率而作出的一種努力。在佃農方面，他不斷對老闆提出要求和表示不滿，迫使老闆同意投資和進行修繕，甚至存心找碴。唐納台洛拒不接受別人送他的一個農莊；如果接受的話，他本可以生活得「很舒適」。這是他的愚蠢或者明智？他無非不願每週三天總有一個鄉下佬跟在他的背後[204]。

在這種農莊制度下，農民畢竟具有一定的主動性，他專心致意地從事生產，最有效地利用土地，選擇最有利可圖的生產：油料，葡萄酒等。所以人們說，托斯卡尼農莊的競爭力保證了它對舊耕作方式的勝利。這也許言之有理，但成功還有另一個原因，即佛羅倫斯有在西西里購買小麥的條件，因而能在本地經營收益較高的作物。西西里小麥為具資產階級性質的托斯卡尼農莊的成功助了一臂之力。

正如孔蒂所說，托斯卡尼農莊在一意義上「是一種藝術品，是合理化精神的一種體現，這種精神浸透在共和國時代佛羅倫斯的經濟、政治和文化等各個方面」[205]。誰會不同意這種說法？托斯卡尼農村曾是世界最美的農村，可惜今天正在消失。在那裡所能看到的，如果徑直說是資本主義的勝利，那未免誇大其辭，但至少是金錢的勝利；這是一些注重利潤、懂得根據投資和效益進行計算的商人所使用的金錢。作為地主的對立面，並不是被剝奪了生產資料的農民；這裡的佃農不是雇工。他同土地保持直接聯繫，熟悉土地，細緻入微地照料土地，在幾百年中代代相傳；他一般還算富有，吃得很好，住得不算闊氣，倒也舒適宜人，用家織土布自製的服飾和用品綽綽有餘。關於業主和經營者、金錢和勞動之間的這種少見的平衡，見證材料相當豐富。但是不和諧的聲音也經常可以聽到，一些義大利歷史學家甚至聲稱，分成地租制是農奴制的鄰近形式[206]。實際上，分成地租制在18世紀上半葉已經衰退，也許由於稅收加重、糧食投機等一般性原因。

托斯卡尼經驗的一個明顯特點吸引人們的注意：每當耕作實行專業化254（托斯卡尼生產油料和葡萄酒，倫巴第種植水稻、灌溉草場、植桑，威尼西亞各島嶼生產葡萄乾，甚至在一定程度上提供大批出口的小麥），農業便趨向於走資本主義「企業」的道路，因為產品一旦作為商品，就勢必受制於國內外的大市場，後者遲早要求提高生產率。另舉一例，與以上情形既相同，又有明顯的不同：在17世紀，當匈牙利牧民認識到向西歐出口牛的

托斯卡尼農村的典型景色：葡萄園、橄欖樹和小麥。裝飾錫耶納市藝術宮的壁畫《精心管理》。

利潤和這一市場的重要時，他們便放棄對土地的精耕細作，不再自己生產小麥，轉而向別國購買[207]。他們所作的選擇可見已具有資本主義性質。同樣，荷蘭的養牛農戶，由於沒有別的選擇，便向生產奶製品和大量出口奶酪的專業化方向發展。

先進地區只是少數

255

可見存在一些先進地區，它們是未來資本主義的雛型。但在歐洲，落後的地區，或者能否說停滯不前的地區，在數量上佔有優勢。正因為如此，農民世界的絕大部分離資本主義及其要求、秩序和進步仍有相當的距離。被傳統牢牢控制、因循守舊的地區多不勝數。

如果來到義大利南部，人們所能看到的情景便是封建制的無情復辟：

猛烈而持久的農民騷動於1647年隨著馬薩尼埃洛被野蠻鎮壓而告終[208]。就在18世紀最初的幾十年，當時有一位名叫保羅・馬蒂亞・多里亞 (Paolo Mattia Doria) 的見證人，他並不攻擊封建制，但批評對封建制的濫用：「男爵有權讓他的屬下變窮和破產，有權把屬下關在獄中，不讓行政長官或村法官進行干預；由於他有赦免權，他派人殺害他不喜歡的人，然後赦免殺人犯……他濫用權力侵犯屬下的財產和損害其榮譽……證明一名男爵有罪是不可能的。政府本身……對強橫的男爵只能曲爲寬容……所有這些都表明了某些男爵在他們的領地上簡直是土皇帝[209]。」統計數字也證實這種不正常的強權，直到啓蒙時代，那不勒斯王國中的封建司法權竟對半數以上的居民行使，而在某些省份，甚至可達70%、80%乃至88%[210]。

在西西里，直到1798年，當加朗迪出版《西西里歷史和地理新說》時，毋容置疑地存在著二期農奴制。在法國革命前夕，改革派總督（卡拉齊洛、卡拉馬尼科）只完成了一些無關緊要的改革[211]。另一個農奴制或準農奴制地區爲亞拉岡，至少在18世紀前是這種情形，以至德國歷史學家講到該地區時用了「地主家族」的提法，即在易北河彼岸推行二期農奴制的那種領主類型。西班牙南部在被天主教征服後，建立了大地主制度，那裡也同樣停留在過去的軌道上。還應指出，蘇格蘭山區和愛爾蘭顯而易見地處於落後狀態。

總之，除亞拉岡情況比較特殊外（必須看到，在情況比較複雜的伊比利半島，亞拉岡在幾個世紀中曾是一個例外的、邊緣性現象），西歐的落後正是在其邊緣地區表現得最爲明顯。如果想畫一張展示先進地區（只有少數幾塊，相當狹窄）和落後地區（被排斥在邊緣）的地圖，那就還要用專門的顏色標誌停滯不前的或發展緩慢的區域，這些在領主制和封建制統治下的地區是落後的，但在某些方面也正在變化中。歸根到底，在整個歐洲，農業資本主義所佔的比重畢竟不大。

法國的情形

歐洲所有這些混雜的和矛盾的現象在法國一國範圍內都能看得到。別國曾經發生的事，一般也在法國這個或那個地區發生。就法國的情形提一個問題，等於是問某個鄰國的情形如何。18世紀的法國開始出現土地資本主義，其發育程度肯定不如英國，但超過萊因河和易北河之間的德意志，總的來說，義大利農村的先進地區與法國的同類地區不相上下，但有時略爲領先；然而，伊比利半島比法國落後，於18世紀處在深刻變革中的加泰

隆尼亞是個例外，雖然領主制在那裡還保持有力的地位[212]。

　　法國之所以堪充榜樣，主要由於18世紀下半葉法國的持續進步以及國內衝突的激化和演變。當時，法國人口肯定大增（路易十四時代約2000萬人，路易十六時代可能達2600萬人[213]）。農業收入肯定提高。一般地主，特別是貴族領主，都想沾惠受益，這也極其自然。經過1660至1730年的長期苦難以後，土地貴族渴望盡快得到補償，忘卻「穿越沙漠」的艱難歲月[214]。由此引出了可能是法國近代史上最猛烈的領主反撲。他們不擇一切手段：合法手段如提高租金，以致成倍增加；不合法手段如找出舊地契，重新解釋各項含混不清的權益（模糊之處很多），挪動地界，試圖瓜分公共產業，故意挑起爭執，以致憤懣的農民只看到封建主想方設法為他設置的障礙。農民看不到，地主之所以發動進攻，是因為社會發生了變化，正是社會的變化給農民也帶來可怕的後果。

　　這場領主反撲主要不是傳統的復歸，而是時代精神的產物，是因為法國出現了一種我稱之為資本主義誘惑或資本主義精神的新氣氛：商業詐騙，交易所投機，投資騙局，貴族參與遠程貿易和開礦。真正的土地資本主義，英國式的現代管理，在法國十分少見。但事情正朝這個方向發展。人們開始相信土地是利潤的源泉，開始認識現代管理方法的有效。1762年出版的一本暢銷書是台斯波米埃 (Despommiers) 的《通過農業迅速致富的訣竅》；1784年是亞諾 (Arnaut) 的《保存和增加財產的訣竅，或土地經營的一般規律》。農莊的買賣日益增多。地產成為普遍的投機狂熱的對象。艾伯哈特‧魏斯 (Eberhard Weiss) 最近的一篇文章（1970）[215]分析了法國的當時情況，認為這既是貴族的反動，又是資本家的反動。領主從「直接經營的領地」出發，通過農莊主和領主自己的持續努力，企圖恢復大地產，於是在農民中引起了反感和騷動。魏斯認為法國情況與萊因河和易北河之間德國農民的情況恰成鮮明對照；在這些所謂「土地統治」的地區，即在典型的領主制地區，德國貴族確實沒有試圖憑藉「保留地」或「直接經營的領地」，進而把土地經營直接抓到手裡。他們滿足於依賴地租為 257
生，並為巴伐利亞選侯等王公效命，以俸祿彌補收入的不足。「保留地」分散租給農民耕種，後者也就沒有法國農民的那種擔憂和不滿。何況，法國革命的宣傳和對貴族特權的揭露，在德國沒有喚起似乎理所當然的反響。一位外國歷史學家，具體地說是位德國歷史學家（如同盧欽斯基 258
(Loutchinsky)、波里斯‧鮑什涅夫 (Boris Fedorovitch Porchnev) 等具有革新精神的俄國歷史學家一樣），能及時糾正法國歷史學的偏見，我們對

此再次表示欽佩。

勒魯瓦·拉杜里 (Emmannuel Le Roy Ladurie) 在最近一篇的文章（1974）[216]裡，利用一些專題研究成果，其中包括他自己寫的專題論文，對魏斯的觀點提出一些細小的不同意見。他力圖搞清楚貴族的反動在法國哪些地區以嶄新姿態出現。我們已經知道，確實有一些農莊主以及領主野心勃勃地企圖擴張。彼埃爾·德·聖雅各布 (Pieere de Saint-Jacob) 的傑出著作已爲這一事實在上勃艮第範圍內提供了充足的根據。我們且看他舉出瓦倫·德·隆伏瓦 (Varenne de Lonvoy) 的情形[217]，這位略帶漫畫色彩人物拼命兼併地產，排擠農民和奪取公共產業，但他也努力進行革新，如灌漑土地、發展人工草場等。不過，有一個敢作敢爲和敢於革新的貴族，就有 10 至 20 個貪圖安穩、坐吃地租甚至麻木不仁的貴族。

這種隱秘的資本主義的興起，其規模能否根據農民的不滿、請願和騷動而加以測定和判斷？大家知道，農民的騷動實際上從無休止。但在17世紀，農民騷動與其說是反抗領主，不如說是反抗捐稅，騷動地區主要是在法國西部。到了18世紀，農民起義的矛頭針對領主，並且出現了一個新的反抗區域：東北部和東部，也就是人口稠密、農業技術進步（使用馬拉犁的地區[218]）和盛產穀物的地區。法國革命將更加清楚地表明，這是全國最活躍的農村。那麼，能不能認爲，法國農民之所以使用反封建這套舊語彙，其部分原因是他們面對出乎意外的新局面，還沒有找到反資本主義的新語彙？確實，在1798年的陳情書裡，充滿著反封建的語彙，並且僅僅是這套語彙。

最後再甄別與上述情況有點矛盾的幾個實例，並且檢驗 17 和 18 世紀截然對立這個過分簡單的說法是否成立。從表面上看，反領主運動（例如在普羅旺斯）似乎有三分之一導致了農民的起義[219]。但有一個確鑿不移的事實應該看到：法國的廣大地區，如亞奎丹、中央山地、阿摩里干丘陵等，在舊制度末期都很平靜，因爲自由在那裡業已存在，因爲農民所有制的好處得以保持，或者因爲農民早已被壓得服服貼貼，像在布列塔尼地區那樣。人們肯定會問，如果法國革命沒有發生，法國的土地問題將如何解決。謝努承認，在路易十六當政的反動時期，農民所有的土地下降到法國地產的50％至40％[220]。沿著這條道路走下去，法國是否會迅速經歷一場有利於普及土地資本主義的英國式演變？這類問題總是不可能找到答案的。

一位富有的農莊主接待其領主。雷提夫 (Retif)：《古今服裝》，根據小莫羅 (Moreau le Jeune) 的畫作而作的版畫，1789 年。這裡一點不像領主與農民之間的關係。滿可認作是英國場景。

資本主義和前工業

　　工業（industrie）一詞約在 18 世紀——並不到處盡然——取得它那為我們熟悉的專門含義，但也很難擺脫它的舊含義：工作、活動、技巧，而工藝（art）、製作（manufactrue）、製造（fabrique）等詞又長期在同一範圍裡與它競爭[221]。工業一詞在 19 世紀獲得成功，趨向於確指大工業。因此，我們這裡將往往談到「前工業」（雖然我們並不十分喜歡這個詞）。

這並不妨礙我們筆鋒一轉，毫不後悔地使用「工業」一詞，說「工業」活動，而不說「前工業」活動。只要我們的立足點是在蒸汽機發明以前，在紐可門 (Thomas Newcomen)、瓦特 (James Watt)、居紐 (Joseph Cugnot)、朱弗若瓦 (Jouffroy) 或富爾頓 (Robert Fulton) 以前，在「大工業從四面八方包圍我們」的 19 世紀以前，就不可能出現任何混淆。

四種類型

在工業領域，我們幸而不用創造爲我們的初步說明所需的類型範例。很久以前，于貝爾‧布爾讓 (Hubert Bourgin)[222]於1924年已提供一個分類方法，由於很少被使用，它至今使人感到新鮮。布爾讓認爲，15 至 18 世紀的全部工業活動必定能分別列入他先驗地作出區分的 4 個範疇。

第一類：形同星雲的無數家庭小作坊：一名師傅，兩三名幫工，一兩名學徒，就像是同一個家庭的成員那樣。例如村莊裡的釘匠、刀匠和鐵匠，他們不久前在我國依然存在，今天在黑非洲或印度可以看到，師傅帶著助手在露天工作。製鞋匠或者補鞋匠，備有精細工具和珍奇材料的首飾匠，工作場所擁擠的鎖匠，不在門口忙忙碌碌就在室內幹活的花邊女工，都屬於這個範疇。或者，在18世紀的多菲內，城裡城外都能見到的「眾多家庭手工業小作坊」：在收割穀物和採摘葡萄後，「男女老少一齊開始工作……這家紡紗，那家織布」[223]。在每個「單細胞」的基本單位內，「各項活計不加區分地連續操作」，以致往往不實行分工。這種家庭式結構一半脫離市場，脫離習慣的利潤準則。

另外一些活動，如麵包師傅製作麵包，磨坊師傅磨麵，做奶酪，釀酒，屠戶從宰殺到剔肉的全套程序，我把它們也同樣歸到這個範疇中來；有人稱以上活動爲非手工活動，這個斷言似乎下得太快。關於屠戶承擔的工作，1791年的一份英國文件說：「他們不僅應該懂得宰殺、切割和用最能吸引顧客的方式陳列肉塊，而且還應該知道選購活牛或活羊[224]。」

前工業時期這種手工業的基本特徵，一方面是它在數量上佔多數，另一方面是它以不變應萬變地抗拒資本主義的革新(資本主義有時包圍某個專門行業，這個行業總有一天像成熟的果子一樣，落在大企業家的手裡)。必須經過一番調查，才能開列往往直到19世紀，甚至到20世紀依舊保留下來的傳統手工行業的單子。在1838年的熱那亞農村裡，仍有天鵝絨織機[225]。手工業在法國長期佔領先地位，一直到1860年才被現代工業超過，屈居第二位[226]。

第二類：位置分散、但互有聯繫的工廠。布爾讓稱它是「分散的製造廠」（他從卓阿基諾·沃爾普 (Gioacchino Volpe) 那裡借用的這個詞在這裡用得很恰當）。我更喜歡用「分散的手工工廠」這個名稱，但這並不重要。無論是 18 世紀勒芒四周的精梳平紋毛織物製造業，或者是幾個世紀前，即在1350年前後，維拉尼時代的佛羅倫斯羊毛加工業（在佛羅倫斯城內及方圓50公里之內，有6萬人[227]），這是一些相隔很大跨度但又互有聯繫的單位。總其事的商人身兼協調、聯絡、領導等項職責，他負責提供原料，主持從紡到織，從縮絨、印染和整修直到完成最後一道工序，付清工資，最後把遠程或短途貿易的利潤留給自己。

這種分散的製造廠從中世紀起已經建立，不僅在紡織業，而且在「製刀、製釘和鐵器製造等行業，諾曼第、香檳區等地區至今還保留了它們最初的面貌」[228]。 15 世紀科隆附近或者 16 世紀里昂附近的冶金工業是如此，布雷西亞附近的冶金工業也是如此：鐵匠工廠設在卡莫尼卡河谷，終端產品在城裡的武器舖裡出售[229]。這是一系列互為制約的工作，直到產品最後完成，進入商業領域。

第三類：「集中的製造廠」建立較晚，具體日期隨不同的行業和國家而異。14世紀的水力煉鐵爐已是集中的製造廠：不同的工序集合在同一個場所。啤酒釀造、製革、玻璃製造也是如此。18世紀下半葉在歐洲數量成倍增多的各種製造廠——國營的或私營的，以紡織廠居多——更屬於這個範疇[230]。它們的特點是勞動力集中在大小不等的廠房內，以便對勞動進行監督並進一步實行分工，總之促使生產率的提高和產品質量的改善。

第四類：擁有機器設備以及用水和蒸汽為動力的製造廠。在馬克思的語彙中，簡單地稱之為「工廠」。其實，在 18 世紀，工廠和製造廠往往混用[231]。但為更好地說明我們的意圖，我們也完全可以對二者作出區分。我們可以明確指出，機械化工廠將使我們離開本書討論的歷史時間，並使我們通過工業革命的道路進入 19 世紀的現實。不過，我認為阿格里科拉 (Georg Agricola)《冶金論》（1555）的圖樣展示的 16 世紀中歐典型的「現代化」礦場是機械化工廠的一個重要範例，即使蒸汽要等兩個世紀以後才慢條斯理地被逐漸採用。在坎塔布連地區，「16世紀初用水作動力曾引起一場真正的工業革命」[232]。其他的例子還包括了 17 世紀阿姆斯特丹附近薩爾丹的造船工地，鋸木、起重、豎桅桿等工作都採用機械；許多小工廠利用水力，如造紙廠、縮絨廠、鋸木廠等，還有維也納的製劍小廠，多菲內的磨麵機和鼓風機[233]。

刀匠的家庭作坊。巴塔扎爾‧比海姆 (Balthasar Behem) 的《典則》。

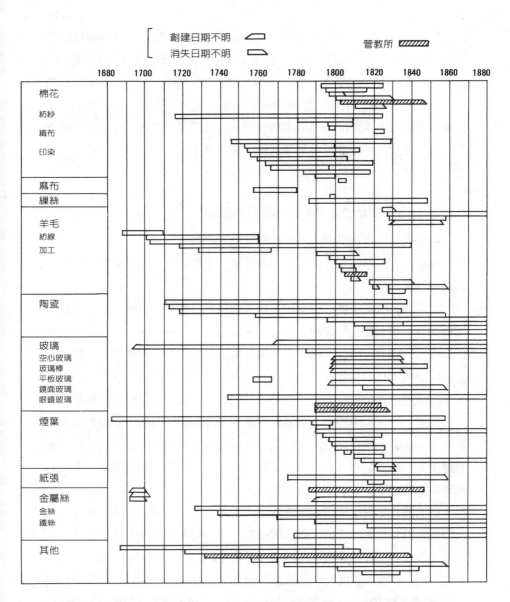

表(19)　手工工廠和製造廠　安斯巴哈和拜律特是德國法蘭肯地區兩個人口十分稠密的小公國，其領土於1806至1810年併入巴伐利亞。列表說明將近100個手工工廠的情形具有抽樣調查的價值，有助於解決桑巴特和馬克思關於手工工廠不能變成（桑巴特的意見）或能夠變成（馬克思的意見）現代化工廠的爭執。約有20來個手工工廠在1850年左右仍然存在，相當於五分之一。如同常見的情況那樣，真理不站在爭執雙方的任何一邊。圖表由路特 (O. Reuter) 繪製，見《法蘭肯地區的手工工廠》，1961年版，第8頁。

以上 4 個類型，大致按著出現的先後順序排列，雖然「不同結構的更替並不突然發生」[234]。尤其不存在從手工工廠到製造廠自然的和合乎邏輯的過渡，在這個孤立的問題上，桑巴特贏了馬克思一個回合[235]。我借用路特 (O. Reuter)[236]關於 1680 至 1880 年間安斯巴赫和拜羅伊特兩公國的手工工廠和製造廠的圖表；通過這個具體例子，我們可以看到，從手工工廠到製造廠的過渡有個相當長的延續過程，而不是後者必定理所當然地取代前者。

布爾讓的分類對歐洲以外的地區是否適用？

這種簡明分類法不難應用於世界其他人口稠密地區。

歐洲以外的地區主要處在前兩個階段：人體作坊和互有聯繫的工廠，製造廠純屬例外。

黑非洲完全處在第一個階段，那裡的鐵匠有時兼操巫術，紡織和製陶技術還很原始。美洲殖民地在這方面也許更差。不過，凡在印第安人社會得以維持的地方，紡紗、織布、制陶等手工業仍十分活躍，工人能建造教堂和修道院，我們今天在墨西哥和秘魯還能見到這些宏偉的建築。佔領者甚至利用這些建築，設立從事強迫勞動的棉麻毛絲紡織工廠。還有最高等級的工業，即龐大的銀礦、銅礦和汞礦，以及在巴西內地組織較差的黑人採金場。此外，還是在巴西，以及在西屬美洲各島嶼和赤道地區，榨糖廠也是手工工廠，集中人力、水力或畜力，製造粗紅糖、其他糖品、蘭姆酒和塔菲亞酒。

但美洲的殖民地受到本土壟斷資本的壓迫，禁令層出不窮！各「工業」部門不能得到和諧的發展。在工業基礎方面，美洲缺少歐洲那種豐富多采的手工業及其往往出類拔萃的成就。請聽 17 世紀下半葉的一名旅行家[237]如何說吧：「在西印度，無論製造作戰武器或許多其他用具，只有蹩腳的工匠[我們再補充一句，沒有工程師]。例如，任何人都不會製造精良的外科器械。人們對製造數學和航行儀器也一無所知。」肯定也不知製造用處更大的許多其他工具。只舉一個例子，糖廠的銅鍋和鐵鍋以及釘子都來自海外。美洲之所以沒有歐洲那種繁榮的手工業作基礎，人口較少顯然是個原因，土著居民的極度貧困也不無關係。1820 年，當為沙皇服務的海軍軍官科策布 (Kotzebue)（他是被德國學生卡爾‧桑 (Karl Sand) 於 1819 年刺殺的那位詩人的兒子）到達里約時，他認為巴西「本身是個窮國，人口不多，備受壓迫，不能接受任何精神文化」[238]，而在當時，葡萄牙人的黃金和

鑽石都來自巴西。

　　中國和印度的情況恰恰相反，那裡有人數眾多、技藝高超的城鄉手工業，這是一個很好的基礎。另一方面，在古吉拉特和孟加拉，小型紡織工廠星羅棋布。第三類工業在兩國都有一定發展。北京以北的煤礦雖然受國家控制和投資不多，卻已表現明顯的集中趨向[239]。中國的棉花加工主要是在於農民的家庭手工業，但從17世紀末開始，位於上海以南的松江，各手工工廠常年雇用的工人超過了20萬，家庭加工尚不計算在內[240]。江蘇首府蘇州約有3、4千臺絲織機[241]。一位歷史學家不久前說，可把蘇州比作里昂和圖爾，「或者比作盧加更加恰當」[242]。同樣，1793年的景德鎮擁有「瓷窯3千……一齊點火開工。夜半望去，猶如火城」[243]。

　　令人驚奇的是，中國和印度的手工業者極其心靈手巧，卻未能製造出優良的工具，與我們熟知的歐洲的情況大相逕庭。這種情形在印度比中國更為明顯。一位於1782年橫貫印度的旅行家寫道：「我們覺得印度人的工藝比較簡單，因為他們一般很少使用機器，我們需要用上百件工具所幹的話，他們全用手工或只用兩三件工具做成[244]。」同樣，歐洲人見了中國鐵匠只會感到驚訝，中國鐵匠「不論去何處工作，總隨身帶著工具和爐子。他把爐子設在雇他幹活的人的家門口，用碎泥砌一小牆，牆前安放爐床，牆後則是由學徒操作的一對皮風箱，交替緊壓便能鼓風；一塊石頭充當鐵砧，鐵匠的全部工具是一把鉗子，大小錘各一個，外加一把銼刀」。中國的織工也會使歐洲人驚奇，不過這裡所提到的織工大概是鄉村的，因為中國也有所謂漂亮的織機：「他清早起來在大門口的樹下搭起織機，到太陽下山時再拆掉。織機的結構十分簡單，只是用插在地裡的4塊木片架起2根滾筒。貫穿經線的滾筒分別用繩子固定其兩端，其中一根滾筒繫在樹上，另一根則繫在工人腳下，以便他撐開經線，穿引緯線[245]。」這些原始的平面織機，黑非洲至今還用於編織帳蓬毛毯。

　　為什麼有這種只會讓人更加費勁的不完善的工具呢？難道是因為印度和中國的人太多、太窮和太賤嗎？工具和勞動力之間有著連帶關係。從機 265 器誕生那天起，工人就意識到這一點；早在19世紀初工人搗毀機器的自發運動前，當局和知識界也已經意識到這一點。當巴丹獲知有人發明一種神奇的機械鋸時，他對發明者說，如果想活命，就別讓工人知道有這一發明[246]。孟德斯鳩悲嘆不該去建造磨坊：在他看來，所有機器主要都是促使減少用工的「壞招」[247]。布洛赫[248]指出，《百科全書》中的某一段話正是從反面來表達同樣的一種見解：「凡在勞動力昂貴的地方，必須用機器代

替勞動力；唯有採用這個方法，才能做到與勞動力便宜的地方並駕齊驅。
英國人很久以來就把這個道理教給歐洲。」歸根到底，這種見解並不出人
意外。不能滿足我們的好奇但更使我們感到驚訝的事，是一個世紀前熱那
亞駐倫敦領事在1675年8月的兩封信中簡短敘述的一則消息：1萬絲織工
人在首都起義，反對引進使一人能同時織10至12條花邊的法國花邊編織
機；新織機被付之一炬，如果沒有士兵和市民保安隊的干涉，事情會鬧得
更糟[249]。

農業與前工業並不絕對分割

　　布爾讓的分類法把重點放在技術方面；因此，這個方法比較簡單，但
又不盡完善。我們應該把它的內容進一步充實，使之變得更加複雜。

　　首先必須指出：前工業雖然有自己的特點，但它不是一個界限分明的
領域。在18世紀前，它同無所不在的農業活動很難分清楚，它有時與後者
並存，有時被淹沒。甚至還存在一種為家庭或為本村服務的最起碼的農民
工業，其產品嚴格說來只具有使用價值。我童年時代曾親眼見過謬斯省的
一個村莊裡人們怎樣為車輪加鐵箍。鐵箍被火燒得通紅，待其擴展後即套
在木輪上，木輪立即燒著；人們把它們扔進水裡，冷卻的鐵箍便緊緊壓住
木輪。這項操作當時動員了全村。在每個村莊，甚至在富裕的村莊[250]，尤
其在貧窮的村莊，農民過去都製造無數供自己使用的產品：床被單，粗布
襯衣，家具，植物纖維編的馬具，椴木皮搓的繩子，藤柳枝條編的籃筐，
工具把和犁柄。在東歐的不發達地區，如烏克蘭或立陶宛，這種自給自足
比西歐更加突出[251]。西歐的鄉村工業除生產家庭自用的產品外，還生產供
應市場的產品。

　　這種手工業並不陌生。在歐洲的集鎮、村莊和農莊中，一到冬天，大
量「工業」活動便代替農業活動。即使窮鄉僻壤也是如此：例如，諾曼第
地區30來個「交通十分不便」的村莊和聖東吉地區的一些村莊分別於1723
和1727年把一些不合行會規定的產品送往市場[252]。是否應該予以禁止？
266　工廠督察認為最好還是前往當地，對住在偏僻農村因而不知有關規定的人
進行解釋。在1780年的奧斯納布律四周的農村，所謂麻紡工業，那就是農
民加上妻子、兒女和雇工。這項副業的效益如何，那並不重要，問題是在
冬季，「不論他工作與否，總得養活雇工[253]。」於是，最好讓他幹活。朱
瑟培・帕隆巴 (Giuseppe Palomba) 說得對，寒暑更替，季節變換，決定
著各項活動。在16世紀，每年8月，即使煤礦礦工也會離開坑道，參加秋

收[254]。任何職業幾乎都不例外。 1601年6月1日從佛羅倫斯發出的一封商業信件說：「羊毛銷售進入淡季，不過這並不奇怪：目前開工不足，工人短缺；所有的人都已下鄉[255]。」在任何工業城市，無論在洛德夫、在波微或在安特衛普，每逢夏季來臨，農活便壓倒一切。隨著冬季到來，手工業活動又重新抬頭，甚至不怕引起火災，點著蠟燭趕夜工。

當然還有一些不同的，甚至相反的例子值得指出。人們正試圖使工業活動不被農活所打斷。在1723年的盧昂，「工人過去下鄉參加收割，如今不再離開織機，因為他們繼續生產呢絨和其他織物，能得到更多的利潤」。結果是，「由於沒有工人參加拔麥」，麥子差一點在地裡發芽。高等法院打算禁止工廠「在小麥和其他穀物收割季節」開工[256]！是打斷好，還是不打斷好？我們不要忘記沃邦所作的計算，他把手工工人每年的工作日算作120天；眾多的假日和季節性農活反而佔去大半年。

農業和前工業因此難以分開，二者很晚才分開。古達爾 (Goudar)[257]談到工業和農業的地理分界，這種說法無疑是錯誤的。我也不同意羅傑·迪翁 (Roger Dion)[258]的主張，他從拉瓦爾到盧昂、坎布累和福密劃一條線，把法國一分為二，北部是傳統的手工業地區，南部為葡萄種植地區。據巴維爾財務總管稱[259]，種植葡萄的朗格多克在1680年前後約有45萬紡織工人。奧爾良財政區也是葡萄種植區，據1698年的統計，那裡有葡萄園主2萬1840人和「分佈各村鎮的工匠1萬2171人」。不過應該承認，在一般比較富有的葡萄農家庭裡，不會有許多人願意從事家庭手工業。在盛產葡萄酒的阿特瓦地區，紡織工業因為勞動力不足而未能建立[260]。在19世紀的萊登，毛紡織工業蓬勃發展，但過分富裕的附近農民不能給它任何幫助。到了8世紀，當萊登必須得到幫助時，它只能向遠離該市的貧困鄉村地區求援。十分奇怪的是這些貧困地區後來竟變成荷蘭現代化的紡織中心[261]。

工業救世主

工業的發展確實要有許多因素的敦促。奧當西歐·蘭第 (Ortensio Landi) 在其《悖論篇》(1543)[262]中聲稱，早在13世紀，絲城盧加「由於土地〔指屬於該城附近的鄉村〕不足……專事發展工業，以致被稱作螞蟻共和國」。英格蘭的諾福克郡於16世紀建立了彩色織襪工業。事情出人意外，但並非偶然。諾福克郡沿海有許多小漁港，港口堆滿漁網，漁民或遠航冰島，或在北海追捕鯡魚、鯖魚和西鯡魚。醃貨行雇用大批婦女勞動力

醃製鹹魚，過了捕魚季節他們便無事可做。正是這些半失業的勞動力引起了有創業精神的商人的注意，他們因此興辦了新工業[263]。

　　貧困往往是前工業的嚮導。有人認為，正是柯爾貝爾說服了倔強和不守紀律的法國人努力工作，其實，當時的經濟蕭條和稅收的加重足以迫使法國投入工業活動。儘管工業往往收益不大，它畢竟是一個「二等救世主」，是一條擺脫困境最好的出路。薩瓦里·德布呂斯龍（1760）用格言的口吻聲稱：「工業奇蹟[請注意，他毫不猶豫地用了這個詞]總是誕生於困境。」「困境」這個詞值得我們記住。在俄羅斯，自由農民的份地是壞地，他們為了活命有時不得不購買小麥，但手工業也往往首先在他們中間發展起來[264]。同樣的，從 15 世紀起，康士坦茲湖附近、士瓦本侏羅地區或西利西亞的山民從事紡麻，也是為了彌補土地的貧瘠[265]。蘇格蘭高地的英

17 世紀威尼斯的印染工人

國農民由於收成微薄，不足以維持生計，便充當礦工或織工，藉以擺脫困境[266]。英格蘭北部和西部的農民把帶著油脂的家織呢絨送往集市，相當一部分產品由倫敦商人收購，經加工後，再在呢絨商場出售[267]。

手工業者的流動性

與土地聯繫較少的手工業者往往留在城裡，並且很少固定在一個地點。農村勞動力（特別在貧困地區）也會流動，但相比之下，手工業者的流動性超過農村勞動力，他們在全體居民中最具流動性。其原因在於前工業生產的本質，這種生產不是急劇上升，便是直線下降。本書251頁的圖表可給人一個初步的概念。繁榮只維持一段時間；接著，一切都變了樣子。手工業者的遷移逐漸創造了英國的前工業，這個事例是極好的證明。手工業者歷來報酬都相當低，為了吃飽肚皮，不得不忍受市場的屈辱，對工資的變動和需求的減少十分敏感。由於萬事都不如意，他們如轉蓬浮萍，「一有風吹草動，便易地而居」[268]。1715年馬賽有人寫道，如果手工工廠破產，就有「工人遷往外國」[269]。「平民之友」米拉波解釋說，工業之所以脆弱，是因為「工業全靠工人靈巧的手，而工人卻隨時準備流向物質充裕的地區」，工人「沒有生活保障」[270]。「我們能不能擔保手工業者也像我們的土地一樣固定不動？」杜邦・德・納穆爾 (Pierre-Samuel Dupont de Nemours) 回答說，當然不能[271]；福爾邦奈進一步說：「工匠總要流動。這是毋庸置疑的事[272]。」

他們的流動既來自幫工制的傳統，也由於生活所迫；每當生活條件惡劣到不可忍受時，他們只能遷移。蘭斯的一名資產者（他不喜歡工匠）在他的日記（1658）中說：「不妨說他們的生活朝不保夕」。5年以後，由於時世艱難，他指出：「平民出賣勞動力，但價格很低，因而只有會想辦法的人才能維持生計」；其他人或被濟貧所收容，或沿街行乞。到了下一年，1664年，工人們放棄自己的行業，「改當小工或返回本村」[273]。倫敦的情況似乎好不了多少。據一家法國刊物[274]1730年1月2日的報導，那裡的麵包降低2蘇（約9%），「工人現在能依靠工資生活。」在1773年左右，據工廠視察員報告，朗格多克的許多織工」由於沒有麵包，又無力購買」（當時正失業），不得不「出外謀生」[275]。　269

每當出現突然事故，外流現象更加嚴重。例如：南特敕令撤消後法國的人口外流（1685）；在1749年以及1785至1786年，由於不再運來玉米，新西班牙北方礦區出現饑荒，人流湧向南方和墨西哥城，這一「腐敗

墮落的淵藪，流氓無賴的巢穴，正人君子的地獄，善良人士的煉獄」。當時的一位好心人於1786年建議圍住城市的入口，防止這夥烏合之眾進入城內[276]。

在另一方面，任何工業凡要發展，都能在其他城市，甚至在遠方的和外國的城市，招募它所需要的專業工人。任何人都不會不這麼做。早在14世紀，法蘭德斯各城市曾試圖抵制英國國王吸引法蘭德斯織工的引誘政策。英國國王向他們許諾有「好啤酒、好牛肉、好床鋪和好女伴，英國姑娘素以貌美著稱」[277]。在16以及17世紀，勞動力的流動往往會全部打亂國際勞動分工。因此有時採用殘暴的政策，阻止工人外流，在邊界和途中把他們攔住，強制遣送回鄉，或者與外國城市進行談判，要求把他們送回本國。

在1757年的法國，這種政策已經行不通了。巴黎發出命令，要求里昂、多菲內、魯西永和波巴內的騎警隊停止追查外流工人，以免徒耗國家錢財[278]。時代確實已經改變。在18世紀，工業活動逐漸普及。聯繫日益增多。手工工廠和鄉村工業遍布各地。不論大小城市和集鎮村莊（尤其是集鎮），都有織機、鐵匠爐、磚瓦窯和鋸木場。同重商主義這個名詞字面上的含義相反，各國實際上推行工業化的政策，工業自行發展起來，並已暴露其給社會帶來的危害。大規模的工人集中開始形式：紐塞的煤礦達3萬人[279]；我們已經說過，1680年朗格多克的織工為45萬人；據前往海諾、法蘭德斯、阿特瓦、坎布累齊和皮卡第執行特別任務的人民代表倍爾說，上述5省於1795年共有紡織工人150萬人。也就是說，工業和商業的規模十分龐大[280]。

隨著18世紀的經濟高漲，工業活動日趨普及。在16世紀那時，工業活動主要局限在尼德蘭和義大利，如今已發展到烏拉為止的整個歐洲。由此產生了許多新的起步，迅猛的衝刺和宏大的計劃，以及種種有真有假的發明。陰謀和舞弊也跟著沉渣泛起。

270 從鄉村到城市，再從城市到鄉村

從整體來看，手工業者的流動不是偶然的：連漪底下隱藏著巨浪。例如，在17世紀，絲織工業幾乎一下子從義大利南部地區轉到義大利北部，重大工業活動（以及相應的貿易）於16世紀末離開地中海沿岸，轉而向法國、荷蘭、英國和德國發展，每次都有一種產生重大後果的傾斜運動在起作用。

　　但也有一些其他變動相當有規模。尚‧凡伍特 (Jan A. Van Houtte) 的研究成果[281]提請人們注意從中世紀到18乃至19世紀中葉這10至12個世紀期間尼德蘭工業的城市、集鎮和鄉村之間的往返遷移。最初，尼德蘭的工業分散在鄉村各地，在人們的印象裡，這種工業是自發的，很有特色，根深柢固。到了13和14世紀，新興工業普遍遷往城市。在1350至1450年漫長的經濟蕭條時期後，這種城市工業經歷了一次大倒退：各種手工業重返農村，因為城市勞動在行會的限制下不但困難重重，而且成本過高。到16世紀，局部地出現了城市工業的復興，農村接著在17世紀進行反撲，到18世紀又再次開始喪失陣地。

　　上面概括的幾次重要轉折說明，在整個歐洲，也許在全世界，工業有城市和鄉村兩個活動領域，因而以往的經濟為興辦實業的商人和國家提供一種交替機制，即某種程度的靈活性和機遇。凡伍特指出，根據王公只對城市徵稅或也對鄉村徵稅，不同的稅收制度決定著鄉村工業的興衰；這個見解是否正確呢？需要進行具體研究，才能把問題弄清楚。但有一個事實不存在爭議：價格和工資都起一定的作用。

　　在16世紀末和17世紀初，義大利城市工業開始衰落，工業逐漸遷往二等城市、小城市、集鎮和村鎮，這一過程與上述過程難道不十分相似嗎？義大利1590至1630年間的工業衰退，原因就在於北方廉價工業品之間的競爭。多米尼哥‧賽拉 (Domenico Sella)[282]指出，在工資高得驚人的威尼斯，大致有三個辦法可供採納：工廠遷往農村；專門製造高檔產品；依靠水力機，以彌補勞動力的不足。由於形勢緊迫，三個方案全都採用了。可惜，第一個方案，即恢復鄉村手工業，未能完全成功：威尼西亞鄉村沒有剩餘勞動力；那裡於17世紀開始種植桑樹、玉米等新作物，農業收入很高。威尼西亞向巴爾幹和荷蘭出口大米的數量不斷增加。自1600至1800年，生絲和絲線出口翻了4番[283]。由於勞動力不足，第二和第三個方案，即生產高檔產品和使用機器，取得一定的進展。卡洛‧波尼 (Carlo Poni) 不久前就使用機器的問題發表了精闢的見解[284]。我們再次看到，17世紀的義大利並不像一般歷史學家所說的那樣暮氣沉沉。

　　西班牙工業在16世紀中葉依舊繁榮，但到16世紀末便一蹶不振，難道是掉進同一個陷阱裡去了嗎？在1558年，工業開始從城市向鄉村轉移，而農民卻未能為它提供落腳點。這個事實從反面說明英國手工業的強大，它在農村的地位十分鞏固，並且通過羊毛很早與呢絨大工業取得聯繫。

17世紀哈倫農村棉布漂白工業。在使用氯漂白前，布疋都經過以下工序：浸泡（用乳清）、洗濯（用黑肥皀）和在草地上晾曬。

有沒有先導工業？

解釋到這裡，我們開始看見前工業複雜而又模糊的輪廓。在當今世界的啓示下，人們勢必會提出一個很難回答的問題，在舊制度下有沒有先導工業？這個問題可能現在回答還爲時過早。在今天，也許在昨天，先導工業是吸引資本、利潤和勞動力的工業部門，它們的發展（原則上）能在鄰近部門引起連鎖反應——僅僅能夠而已。舊經濟缺乏內部協調，甚至往往支離破碎，如同在今天的不發達國家一樣，因而一個部門的發展不一定超越該部門的界限。初看起來，前工業世界沒有也不可能有現代工業的那種起伏不平的地貌，沒有先導部門和低谷行業。

272

進一步看，就其整體而言，這種前工業雖然在相對意義上十分重要，卻不能使整個經濟倒向它的一邊。直到工業革命時爲止，前工業不但遠遠決定不了經濟增長，反倒是經濟增長的不穩定運動，即在經濟發展過程中出現的故障和停頓，決定著前工業的猶豫不前和迂迴曲折。這裡涉及到標準生產值的全部問題或幾乎全部問題。如果能說明19世紀前真正的「主導」工業，我們對這個問題也可以作出更好的判斷；在19世紀前，正如人們反覆指出的，主導工業首先是範圍廣闊的門類繁多的紡織業。

　　今天的人對紡織工業一枝獨秀的情形可能會感到驚奇。但昨天的社會十分看重衣料、穿著和豪華的服裝。房屋內部要用布料、窗簾、帷幔、花毯以及裝滿呢絨細布的衣櫃來裝飾。虛榮心在這裡暴露無遺，時髦居支配地位。巴蓬爲此感到高興（1690），他寫道：「講究時髦和花式翻新是推動貿易的重要因素，因爲它促使人們不等舊衣服穿破就花錢買新衣服：時裝是商業的靈魂和生命；它使整個商業機構轉動不息；這是一種發明，使人的穿著四季如春，永遠見不到秋季[285]。」紡織品本身包含著大量勞動，同它的價值相比，它的重量較輕，這爲商人提供了運輸之便，因此應該高呼：紡織品萬歲！

　　我們是否贊同由喬治・馬賽 (Georges Marcais)（1930）提出，並被威廉・拉普 (William Rapp)（1975）[286]採納的見解，認爲過去的紡織品工業大體上相當於今天的鋼鐵工業？不同的是，當時作爲工業品出現的紡織品絕大多數還是奢侈品。即使質量中等的產品也價格昂貴，農民寧肯自己製造，購買時也總要精打細算，不會如巴蓬所說的花樣翻新。只是隨著英國工業的興起，特別是18世紀末棉布業的發達，普通百姓才終於下決心購買紡織品。眞正的先導工業必定以廣大的需求爲前提。讓我們認眞讀一讀有關紡織品的歷史。紡織品發展史上出現的幾次高潮不僅僅反映時尚的變更，而且也反映生產在交換之上的歷次滑動和調整，從種種情形看來，似乎一些競爭者不斷在爭奪紡織品的霸權。

　　13世紀的呢絨產地爲尼德蘭和義大利[287]；到了下一個世紀，則以義大利爲主。吉諾・巴比里 (Gino Barbieri) 不久前在一次討論會上強調：「所謂義大利復興，說穿了是羊毛的復興！」隨後，蠶絲幾乎獨領風騷，使義大利的工業繁榮一直維持到16世紀。絲綢工業不久開始朝北向瑞士（蘇黎士）、德國（科隆）、南特敕令撤銷後的荷蘭和英國發展，尤其在里昂，至今仍是重要的絲織中心。但到17世紀，又出現新的變化；根據法國服飾商人的說法[288]，英國製造的細毛料成功地打進市場，取代絲綢，新風尙竟　273
一直傳到埃及[289]。最後登臺的競爭者和勝利者是棉花。棉花在歐洲早已存在[290]。但在印花布（歐洲原來沒有這種印染技術）的推動下，人們對棉織品產生了強烈的偏愛[291]，以至棉織品一躍而居首位[292]。印度棉織品大批湧入歐洲市場，各種障礙全被沖垮。歐洲不得不模仿印度，開始建立自己的棉織業和印染業。法國從 1759 年起，製造印花布的道路已完全暢通[293]。運抵馬賽的原料 1788 年達 11 萬 5 千公石，等於 1700 年的 10 倍[294]。

　　確實，在18世紀下半葉，經濟的普遍活躍導致了紡織業各部門產量激

增。技術革新的浪潮當時席捲各手工工廠。幾乎每天都有新的工藝、新的品種問世。請看紡織工廠眾多的法國：在土魯斯、尼姆、卡斯特及朗格多克的其他地方，「製造花邊、粗布、細布和粗呢」[295]；在香檳區，西班牙粗呢遭到查禁，因為它的長度和寬度不合沙隆地區所定的規格[296]；勒芒出產以白色經線和褐色緯線織成的新式毛料[297]；至於「紗羅」，則是一種很輕的絲織品，印製時利用一種媒染劑摻入「棉線和澱粉細屑」（一個嚴重的問題：究竟應作為棉織品或作為線織品納稅？因為該織品中絲的比重僅為六分之一[298]）；康城生產的棉麻混紡「石榴花布」在荷蘭銷路很好[299]，此外還有亞眠生產的「羅馬嗶嘰」[300]和諾曼第的教士法衣[301]等。所有這些名稱畢竟不是沒有意義的。里昂絲織業的眾多發明或英國接連出現的新機器也同樣如此。人們可以理解，技術史的最優秀的專家之一約翰·貝克曼 (Johann Beckmann)[302]在讀到達朗伯 (d'Alembert) 以下一段話時感到高興：「無論在什麼領域裡，有人想出了比織天鵝絨更精巧的辦法嗎？」

雖然如此，在我們看來，紡織業在前工業活動中所佔的領先地位總有一點不合道理。這是「源自遙遠的中世紀」的一項實業「倒退的」優勢[303]。然而證據俱在。從紡織業的規模和運動來看，這個部門能與現代化的採煤工業媲美，甚至與法國煉鐵業不相上下，1772年和1788年兩次調查的結果表明，法國煉鐵業在此期間有所後退[304]。最後，不論是第一原動力與否，棉花對英國實現產業革命曾經起了十分重要的作用，關於這個關鍵的論據，我們就不必多說了。

商人和行會

我們已把工業活動放回到不同的背景中去。現在需要確定資本主義在工業活動中所佔的地位，這可不是一件簡單的事。當時的資本家主要是城
274　市商人。但這些商人，無論經營大宗貿易或開辦企業，從一開始便加入城市為組織整個手工業活動而創立的行會。商人和手工業者陷進同一個網罟，永遠不能完全擺脫。於是便產生種種矛盾和衝突。

行會（法語作 corps de métiers，corporations 一詞係使用不當，該詞只在1791年宣佈廢除行會的勒沙佩列法中方才出現）於12至15世紀在整個歐洲發展，不同地區有早有晚，西班牙排在末尾（傳統認定的日期：巴塞隆納在1301年；瓦倫西亞在1322年；托雷多在1426年）。但行會（德國的 Zünfte，義大利的 arti，英國的 guilds，西班牙的 gremios）在任何地方都未能無限制地推廣。一些城市受行會控制，另一些城市不受約束。

在同一座城市內，例如在巴黎或在倫敦，可能兩種情況並存。在15世紀的西歐，行會的鼎盛時代業已過去。但殘餘勢力仍很頑強，特別在德國：德國博物館今天還堆滿行會師傅們的遺物。17世紀法國行會的發展主要反映了國王力圖統一法規、加強控制和徵收捐稅的意願。各行會爲繳納捐稅，275莫不負債[305]。

　　行會在其鼎盛時代曾承擔交換、勞動和生產等方面的一大部分職責。隨著經濟生活和市場的發展，當勞動分工要求成立和劃分新的行業時，顯然便出現了界線不清的糾紛。儘管如此，爲跟上發展趨勢，行業的數量還在增加。在1260年的巴黎，共有101個行業受市長的密切監督，這100來個行業表明，專業化當時已達到一定的程度。新的蜂房接著陸續建立。在實行嚴格的貴族統治的紐倫堡，金屬行業從13世紀開始被分成幾十個獨立的行業[306]。在根特、史特拉斯堡、美因河畔法蘭克福和佛羅倫斯等地，羊毛加工業也與別處一樣分化成幾個行業。由於新行業的形成和發展，便出現了13世紀的經濟高漲。但經濟高漲又迅速威脅各行會的結構，因爲商業發展使它們的處境岌岌可危。這種劇烈的對抗勢必激成爭奪城市權力的內戰。

18世紀威尼斯船廠木工行會的會徽。監工便是一個工匠組織的頭頭。威尼斯歷史博物館藏品。。

這就是德國歷史學家所說的行會反對城市貴族的「行會革命」。在這個過分簡單的公式背後，誰還會辨認不出商人和工匠之間存在的又聯合又對抗的鬥爭呢？這是又一場長期的和反覆的階級鬥爭。但是，劇烈的騷動爲時不久，在隨後的暗鬥時，商人終究將取得勝利。商人和行會之間的合作不可能是平等的，因爲通過合作，即便不說是資本主義，也是商人將奪得勞動市場和經濟優勢。

行會的職責是要協調本行業成員間的關係，並在瑣碎的涉及日常生活的爭執中，保護本行業成員的利益免受其他人的侵犯。行會首先牢牢盯住城市集市，每個行業都企圖想保全自己的利益。也就是說，要保障就業和利潤，以及享受種種特權和自由。但是，金錢、貨幣經濟、遠程貿易，一句話，商業活動，從來就不是簡單的事，早在12世紀末，普羅溫（曾在市郊舉辦香檳區交易會的小城市之一）的呢絨向那不勒斯、西西里、賽普勒斯、馬約卡和西班牙出口，甚至遠銷君士坦丁堡[307]。在同一時期，離萊因河不遠的一個小城市斯派爾——該市在河上竟沒有一座橋——製造一種相當普通的呢料，分黑色、灰色或白色（即本色）三種。但是這種中等產品在呂貝克、聖加爾、蘇黎士、維也納等地行銷，甚至遠達外西凡尼亞[308]。與此同時，金錢佔領了城市。1292年巴黎人頭稅冊表明，納稅額（稅率爲50抽1）在4里佛以上的小康之家爲數不多，在20里佛以上的富豪只少數幾家，最高記錄爲114里佛，據說此人是「倫巴第人」。窮富行業之間和同一行業內部的對立表現得更加明顯，還有窮困的街道與特別富裕的街道之間的對立。一幫高利貸者兼商人，米蘭、威尼斯、熱那亞和佛羅倫斯的商人，高踞在各行會之上。由於種種情況尚不清楚，我們很難斷定，在店舖兼作坊的混合商業制度（靴鞋舖、雜貨舖、衣飾舖、呢絨舖、掛毯舖、馬具皮件舖）之上，是否已存在一種微型資本主義，但看來有這種可能[309]。

總之，貨幣已經存在，已經能夠積累，而且一旦有所積累，就能起資本的作用。力量對比開始失去平衡：某些行會變得富有，其他大多數仍陷於貧困。在佛羅倫斯，行會竟公開地分成大行會和小行會，也就是「胖子」和「瘦子」。不平衡和差異到處都在加劇。大行會逐漸被大商人所掌握，行會制度於是僅僅成了控制勞動市場的一個手段。它掩蓋著一種組織形式，即歷史學家所說的「包買商制度」。一個新紀元開始了。

包買商制度

包買商制度（Verlagssystem）或包買商活動（Verlagswesen）開始

在整個歐洲出現，這兩個詞是由德國歷史學界所創造的，後來不脛而走，為所有歷史學家所接受。英語中用「外包工制」（putting out system）的說法，法語中稱「家庭勞動」（travail à domicile）或「來料加工」（travail à façon）。最好的說法也許是米卡埃爾·科爾 (Michael Keul) 最近建議使用的「兩合勞動」（travail en commandite）一詞，但是commandite一詞還有兩合公司（société en commandite）的含義，容易產生誤解。

　　包買商制度是一種生產組織形式，根據這種形式，商人在分發活計時，向工人提供原料，並預付部分工資，其餘部分在交付成品時結清。這種制度很早出現，比人們通常所說的要早得多，肯定於13世紀經濟擴張時已經存在。否則，怎麼解釋巴黎市長於 1275 年 6 月的一項決定[310]，「紡絲工不得抵押、出售或交換店主委託其加工的蠶絲，違者則處以流刑」？隨著時間的推移，可資證明的文件也就更多；由於近代經濟的發展，包買商制度逐漸得到推廣，例子之多早已不勝枚舉。 1400 年 1 月 13 日，絲商保羅·巴爾巴尼 (Paolo Balbani) 和彼得羅·秦梯利 (Pietro Gentili) 在盧加合辦一家商行。合作契約明確規定，「他們的主要業務是安排綢緞生產」（il trafficho loro sera per la maggiore parte in fare lavorare draperie di seta，如果直譯，「Fare lavorare」的意思是「讓人工作」），這本是企業家的職司，有個常用的拉丁語說法qui faciunt laborare，也就是指這個意思。同織工訂立的契約往往請公證人登記入檔，契約條款各有千秋，有時在事後會出現爭議。1582年，一名熱那亞雇主想讓一名繰絲工人承認欠了他的債，並請一名證人作證；證人聲稱曾是阿戈斯蒂諾·科斯塔 (Agostino Costa) 的幫工，曾在後者的店舖裡見過這位雇主，因而了解事情經過；證人說，商人巴蒂斯塔·蒙托里奧 (Battista Montorio)，即雇主，「給他送來需要加工的絲，取走已加工的產品」[312]。話已經說得再也清楚不過的了，蒙托里奧是個包買商。同樣，1740年在小城市勒普維，商人也讓女工在家加工花邊；他「論斤」供給荷蘭紗線，再「取回相同重量的花邊」[313]。同一時期，于澤斯的25名工廠主讓市內和附近村莊中的60臺織機為他們織造嗶嘰[314]。塞哥維亞的歷史學家迪戈·德·科姆納萊斯（Diego de Colmnares) 在談到腓力二世時代的呢絨工廠主時說：「稱他們商人並不恰當；他們像是大家族的家長，因為他們在工廠內外讓別人為他們製造各種漂亮的呢絨，使許多人[200至300人]得以謀生」[315]。其他的例子還有索林根的刀剪商或倫敦的製帽商[316]。

　　在實行來料加工的情況下，行會師傅自己往往也成為雇傭勞動者。他

依附於商人，商人向行會師傅提供往往需要從遠方進口的原料，隨後又確保呢絨綢緞等製成品的出口和銷售。各行業的手工工廠都可能被觸及，行會制於是解體，從此只是徒具虛名。商人通過提供服務，得以支配他選中的行業活動，不論是鋼鐵加工、紡織或造船。

在15世紀的威尼斯，木工行會和捻縫工行會的師傅隨帶幫工（每位師傅帶一、二人）前來私營造船廠（市政會議開辦的大造船廠除外），為合夥造船的商人工作。他們本質上也是普通的雇傭勞動者[317]。1600年前後，布雷西亞的市面很不景氣。怎樣才能恢復武器製造業的活力呢？通過招引一些商人進城，使行會師傅和工匠有工作可做[318]。資本主義又一次進入別人家裡。商人有時會包攬整整一個行業，如波希米亞和西西里的布業，這就是所謂「行會商業系統」[319]。

所有這些演變在城市行會內得到某些默契配合。但有更多的情況下，卻會遇到激烈的對抗。但包買商制度在農村有廣闊的天地，商人也不放過這個好機會。商人不但是原料生產者和工匠之間的中間人，工匠和購買成品的顧客之間的中間人，以及近地和遠地之間的中間人，而且是城市和鄉村之間的中間人。為了與城市的不合作態度和高工資作鬥爭，商人必要時能廣泛利用鄉村工業。佛羅倫斯的呢絨業是城市和鄉村的共同活動。在勒芒（18世紀的居民為1萬4千人）四郊，同樣也分散存在著許多精紡毛料工廠[320]。維爾四郊的造紙工業也是如此[321]。

1775年6月，在厄爾士山區，一位善於觀察的旅行家從弗賴堡前往奧古斯特堡，在途中經過的許多村子裡，他到處看到人們紡棉花和用麻線、金線和絲線編織黑色、白色或金黃色的花邊。那時正值夏季，所有的婦女都在屋門口一棵椴樹的樹蔭下工作；姑娘們在一名老擲彈兵四周圍成一圈。人人都專心致意，包括那位老兵在內。這是為生活所迫。編織花邊的婦女只是為了吃一塊麵包或者沾一點鹽調味的煮土豆，才放下手裡的活計。她在週末把成品或者送往鄰近的市場（這是例外情況），或更經常地交給「花邊老爺」（spitzenherr），後者供給來自荷蘭或法國的原料和圖樣，並事先訂購其產品。到了這時候，她才買回食油，肉和大米，準備做週末美餐[322]。

278　　家庭勞動於是在商人的主持、推動和組織下，導致了一系列家庭作坊和行會作坊的形成。一位歷史學家說得好：「分散只是一種表面現象；種種事實表明，家庭勞動已陷入一張無形的蛛網之中，而蛛絲則掌握在幾個包買商手裡[323]。」

雖說如此，所謂蛛網還遠沒有把一切都包括進來。還有廣大的地區，生產仍脫離商人的直接控制。英國許多地區的羊毛加工業無疑處於這種狀態；在朗格多克地區，貝達里約四郊的製釘工業可能也是如此；特魯瓦的亞麻加工業在18世紀肯定還不受包買商的控制。而在許多其他地區，甚至到19世紀，情況還沒有變化。這種自由生產必須有個前提條件：在附近的市場，容易取得原料，成品一般也是在那裡銷售。在16世紀的西班牙，每逢冬末春初，呢絨織工帶著自己的產品參加交易會；直到18世紀，英國的許多村民還把他們的織物直接送往市場。

1740年前後，位於中央山地的特別貧窮的熱伏唐地區還不存在包買商。在這個生活條件十分艱苦的地區，每年「有6個多月冰封雪鎖」，大約5千農民只得耽在家裡從事紡織。他們每織完一疋，「便立即送到最近的市場⋯⋯因為市場上售貨的人數同布疋數一樣多；貨款始終用現金付清」，這對窮苦的農民顯然具有吸引力。他們的呢料雖然都用當地的優質羊毛織成，卻「售價很低，除愛斯考特嗶嘰外，約在10至11蘇之間，最高不超過20蘇⋯⋯顧客一般是熱伏唐省的商人，他們分布於設有縮絨工廠的7、8個小城市。如馬維索、朗戈涅、拉卡努卡格、聖謝利、索格和曼德等」。貨物在交易會和集市出售。「在二、三小時內，貨物出售一空，顧客來到店舖門口，舖主向他介紹貨物，任憑顧客挑選」，交易做成後，顧客用尺子複核長度。每一筆交易都會入帳，記下工人的姓名和所付的價款[324]。

就在同一個時期，一位名叫考爾松的企業主開始在風氣未開的熱伏唐省試行包買商制度和製造燈芯絨。他在致朗格多克三級會議的呈文[325]中講述了他的努力和成功。並指出如果要他堅持下去，就必須給他幫助。考爾松是個包買商兼企業主，竭力要推廣他特有的織機、染缸和織染工藝（特別是由他發明的一種用酒精火焰「燒灼」布上細毛的機器）。但他的根本任務是要建立一個高效率的家庭勞動網，特別要推動紡紗女工紡出「又細又勻的紗線」。這一切都要付出很高的代價，尤其因為「在熱伏唐，一切都用現金交易，紡紗和織布都要預支一半定金，當地居民的貧困使他們在短期內不能改變這一習俗」。關於報酬問題，呈文中隻字未提；但我們就是不知道也可以起誓保證，肯定很低。否則，他又何必到一個落後地區去作這些努力！

包買商制度在德國

織工的休息，范·奧斯塔德 (A. van Ostade)(1610-1685年) 作畫。典型的家庭勞動，織機安放在堂屋裡。

　　包買商制度雖然由德國歷史學家在談到他們本國情形時首先予以披露、命名、查考和解釋，但它並不在德國誕生，然後再傳到國外。如果一定要找到包買商制度的故鄉，最可能的不是尼德蘭（根特、伊普爾），便是義大利的工業地區（佛羅倫斯、米蘭）。這個制度迅速遍布西歐各國，在德意志地區更廣爲繁衍，從歷史研究的現狀來看，該地區是觀察包買商制度的最佳場所。凱倫本茲在一篇尚未公開發表的論文裡對此作了全面、詳盡和有說服力的介紹，我在這裡僅概述此文。包買商制度是旨在控制，

而不是改造手工業生產的商業資本主義不可否認的首要特徵之一。包買商最關心的乃是銷售。因此，只要商人有利可圖，包買商制度就能觸及任何生產活動。各項條件都推動包買商制度的發展：技術的全面進步，交通的加速，資本業已積累並掌握在善於理財的金融家的手裡，最後是從1470開始的德國採礦業的高漲。

德國經濟的活躍具有眾多的標誌，如價格上漲早於其他地區，經濟中心從一個城市向另一個城市的轉移。在15世紀初，經濟中心是多瑙河上的雷根斯堡；紐倫堡接著異軍突起；然後是奧格斯堡及其商人金融家在16世紀取而代之。各種跡象表明，似乎德意志不斷在帶動歐洲鄰國，不斷在適應歐洲鄰國命運的同時，適應自身的命運。包買商制度在德國利用了這些有利條件。如果把包買商建立的所有聯繫畫在一張地圖上，德意志全部地域便被許多橫七豎八的細線所覆蓋。各項活動陸續通過包買商網發展起來。呂貝克早在14世紀建立了呢絨手工工廠；集中在威斯馬的啤酒作坊裡的「男女僕役」已以雇傭勞動者面目而出現；羅斯托克的麵粉工廠和麥芽製造業的產品也歸包買商收購。但是就15世紀而言，從尼德蘭（其集中程度比德意志高得多）到瑞士（巴塞爾和聖加爾的棉布）廣大的紡織業是包買商制度最好的活動領域。製造棉麻混紡的粗斜紋布需要通過威尼斯進口敘利亞的棉花，因而在這個部門，商人既然掌握來自遠方的原料，勢必起著舉足輕重的作用，無論在烏爾姆或在奧格斯堡都是如此，家庭勞動將推動奧格斯堡單面絨布製造業的發展[326]。包買商制度此外在製桶業、造紙業（紐倫堡的第一個水力造紙工廠於1304年出現）、印刷業乃至念珠製造等方面都有一定的發展。

採礦業和工業資本主義

隨著採礦業在德國以及在廣義上的中歐（即包括波蘭、匈牙利和斯堪地那維亞各國在內）的興起，資本主義的發展已跨出了決定性的一步。商人掌握了礦山生產，並著手加以改進。採礦業的革新發生在15世紀末。這個關鍵時期其實並沒有發明採礦業和礦工，但它改變了經營條件和勞動條件。

採礦業是個歷史悠久的行業。中歐地區早在12世紀已發現有採礦團體的存在[327]；在13和14世紀，隨著許多德國礦工遷往東歐地區，採礦組織的規劃得到了普及。對這些小集體來說，只要能在土地表層達到礦藏，一切就很順利。但一旦需要深入地下，開採便遇到一些困難問題，挖掘坑道

281

和支撐木架，從井下到地面的提升工具，時刻不停抽走積水；爲了解決這些問題，技術困難（工人往往自動會想出新辦法）不如經費困難那麼大。採礦活動需要安裝以及更新相當多的設備。15世紀末的這個轉變爲富商打開大門。他們利用資本的力量，從遠處控制礦井及其附屬的工業企業。

這一演變在各地幾乎都於15世紀同時完成：哈次和波希米亞的銀礦；歷史悠久的銅礦中心蒂羅爾地區的阿爾卑斯山；下匈牙利從科尼斯堡到諾伊索爾，沿著陡峭的格蘭河谷之金礦以及銀礦[328]。因此，原來獨立經營的自由礦工都變成依附資本的雇傭工人。工人（Arbeiter）一詞也正是在這個時期方纔出現。

資本的投入導致了生產的飛速進步，這種情形並不僅僅在德國發生。在克拉考附近的維利奇卡，農民用鐵製淺口器皿蒸發鹽鹵提取岩鹽的方法已經過時。挖掘的坑道和鹽井深達300公尺。用馬力鉸車推動的龐大機器把大塊岩鹽提升到地面。鼎盛時期（16世紀）的年產量達4萬噸；礦上雇用3千工人。從1368年起，開礦已得到波蘭國家的合作[329]。離克拉考不遠，但在上西利西亞境內，奧爾庫什四周的鉛礦在15世紀末年產約300至500噸之間，到16和17世紀則達1千至3千噸。在這裡，困難不是礦井過深（井深僅50至80公尺），而是地下水太多。必須挖很長的用木架支撐的坡狀坑道，使水流往低處，同時還必須增添馬拉唧筒和人力。由於岩石堅硬，一名工人8小時工作僅掘進5公分。所有這些困難需要增加投資才能解決。礦井自動落到資本家的手裡：五分之一的礦井歸波蘭國王西吉斯蒙特·奧古斯都；另一個五分之一歸貴族、國王軍官和附近新城市的富裕居民；剩下的五分之三歸克拉考的商人；這些商人控制波蘭的鉛，如同遠在奧格斯堡的商人佔有波希米亞、斯洛伐克、匈牙利或蒂羅爾的金礦、銀礦和銅礦一樣[330]。

對於如此重大的收入來源，商人們巴不得實行壟斷。但他們力有未逮：即使富格爾家族也功敗垂成，未能建立對銅的壟斷；赫希斯泰特爾家族力圖實行對汞的壟斷，終於在1529年破產。由於需要投資的金額很大，任何商人一般不能獨立承擔一個礦。富格爾家族確實曾長年主持西班牙阿馬丹汞礦的全部經營，這種情形究屬例外。在通常情況下，正如一艘船的所有權分爲若干「開」，一個礦的所有權分爲若干「股」，往往是64股或128股。這種股份制能夠通過贈送乾股讓王公成爲企業的股東，王公對地下礦藏保留實際權利。薩克森的奧古斯特一世於1580年擁有2822股[331]。國家因此始終在採礦企業中佔一席之地。

　　礦業史上這個輝煌的時期，或者說平穩發展的時期，並沒有持續很久。效益遞減律將不可避免地起作用：採礦業在經歷了繁榮以後，接著便逐漸衰落。1525至1526年間下匈牙利曠日持久的工人罷工無疑是衰落的先兆。10年過後，種種跡象表明採礦業更江河直下。有人把原因歸諸美洲礦業的競爭；另有人則認爲，經濟萎縮一度打斷了16世紀的發展勢頭。無論如何，在15世紀末躍躍欲試的商業資本主義很快變得謹愼起來，並且放棄那些不賺錢的行業。投資的增減是任何資本主義活動的典型特徵：經濟環境決定著資本主義活動的前進和後退。一些著名的礦產被交給了國家：賠本買賣歸國家，這早有先例。富格爾家族留在蒂羅爾地區的施瓦茨，是因爲他們在那裡同時開採銅礦以及銀礦，還能得到豐厚的利潤。富格爾家族在匈牙利的銅礦先後交給奧格斯堡的其他商行去經營：朗格努埃商行，豪格商行，林克商行，魏斯商行，帕累商行，斯坦尼格商行，最後還有亨克爾‧馮‧多納斯馬克商行和雷林格商行。銅礦後來又出讓給義大利人。這一系列更替使人想到必定有過失敗和挫折，或至少利潤微薄，因而礦主寧可放棄。

　　然而，商人雖然把大部分礦產交給王公，卻依舊扮演著礦產品和金屬產品銷售者這個風險較小的角色。人們於是不再借用雅各布‧施特列德的內行眼光去認識礦業史和資本主義的歷史[332]。如果以上提出的初步解釋是正確的——這個解釋應該是相當正確的——經營採礦業的資本家只是撤出了原料生產者這個危險的或不可靠的崗位；他們退一步從事半成品製造和金屬冶煉，或者僅僅負責推銷。他們與開礦保持一定的距離。

　　這些前進和後退也許需要大批具體例子作證明。但對我們來說，根本問題不在這裡。隨著採礦工業的發展壯大，我們不是看到了眞正的無產階級——工人——的出現嗎？這些工人是單純的勞動力，「赤裸裸的勞動」，或按資本主義的傳統定義來講，是確保資本主義存在的第二要素。礦業的發展造成了勞動力的大規模集中（就當時而言）。在1550年前後，施瓦茨和法肯史坦（蒂羅爾地區）的礦山有職業工人1萬2千人，用於在井下坑道抽水的工人即達500至600人。這批工人不全是雇工，還有一些例外：如負責運輸的小業主，還有獨立的礦工小組。但所有人或幾乎所有人都依賴大雇主推行的食品供應制，這種供應制對工人是另一種額外的剝削，因爲供應的小麥、麵粉、油脂、衣服以及其他便宜貨的價格都對賣方有相當利益。礦工性格暴躁、動輒辭職不幹，這種交易在他們中間經常引起爭執。總之，勞動的世界正在形成。在17世紀，杭斯律山煉鐵廠四周開始出　283

15世紀庫特納霍拉（波希米亞）的銀礦砂市場。礦砂在代表國王的礦山負責人監督下出售。礦砂陳列在桌子上，顧客圍桌而坐。庫登貝格・格拉杜瓦爾 (Kuttenberger Gradual) 作畫，細部。

現工人住宅。煉鐵廠通常是資本主義企業，但鐵礦仍實行自由開採。最後，各地普遍建立了勞動等級制，最高一級是工長，代表商人；在他的手下有工頭。人們怎能看不到這些新生的事物在許多方面預示著未來的時代。

新大陸的礦山

從16世紀中葉開始，資本主義在採礦方面有所後退，這種緩和的而又明顯的後退是個不可輕視的事實。因爲歐洲正在發展經濟，它的後退行動似乎是爲了把採礦和冶金工業這個包袱卸給附屬它的邊緣地區。在歐洲本土，不僅效益遞減律限制利潤，而且「噴火的工廠」破壞森林資源，木柴和木炭價格飛漲，高爐不得不經常停工，徒勞無益地佔用固定資本。另一方面，工資在上漲，因而從整體來看，歐洲經濟需要同瑞典換鐵和銅，同挪威換銅，不久同遙遠的俄國換鐵，從美洲取得金銀，向暹羅買鋅（英國康瓦爾郡不計在內），從中國取得黃金，從日本取得銀和銅，這就不足爲奇了。

尋找替代並不始終是可能的。例如美洲銀礦所不可缺少的汞就是如此。秘魯宛卡瓦利汞礦於 1564 年被發現[333]，開發進度緩慢，產量不足，因而仍需歐洲阿馬丹和伊德里亞汞礦的供應。值得注意的是，資本對這些礦山並未喪失興趣。一直到 1645 年，阿馬丹礦仍是富格爾家族的一統天下[334]。伊德里亞礦於 1497 年被發現，在 1508 至 1510 年間著手開採，商人不斷同奧地利國家爭奪對該礦山的壟斷，國家於1580年終於把整個礦山抓到手裡[335]。

資本主義逐漸放棄了歐洲的礦山生產，那麼在遠方的礦山，資本主義是否全力投入到生產中去？在瑞典和挪威，基本上可說是全力以赴，但就日本、中國、暹羅或美洲而言，就不是如此了。

在美洲，秘魯基多附近手工業方式的黃金生產，巴西內地分散的淘金活動，與採用現代技術的白銀生產恰成鮮明對比，新西班牙於1545年，秘魯於1572年，開始使用從歐洲引進的汞齊煉銀法。在波托西山腳下，龐大的水輪把礦石碾碎，以便混合。那裡的設備和原料都十分昂貴。資本主義在這裡棲身，確有很大可能：無論在波托西或在新西班牙，據我們所知，一些交好運的礦工曾突然發了大財，但這是例外情形。一般規律仍然是商人獲得利潤。

首先是當地商人。礦工在杳無人煙的曠野住下，如在墨西哥北部或在秘魯和安地斯山的不毛之地。食物供應是個大問題，這比歐洲有過之而無不及。供應問題在歐洲已經存在，企業主向礦工提供必要的食物，並從這項交易中賺一大筆錢。在美洲，供應更成了壓倒一切的問題。巴西的淘金活動是如此。墨西哥北部礦區也是如此，需要從南部輸送大批食物。札卡特卡於 1733 年消費 8.5 萬法內格玉米（一法內格等於 15 公斤）；瓜納華

畫面遠景為波托西山丘：工人和馱畜在攀登山坡。近景為一個院子，這裡進行銀礦砂加工：一臺水輪把礦砂碾碎，錘子接著把碎砂錘成粉末，礦粉在鋪石圍場中與汞混合，由印第安人用腳踩成糊狀。與水輪相接的水渠，水源來自山上的溶雪和裝滿水庫的雨水。在山丘的一邊，印第安人的棚屋依稀可見；山丘的另一邊，在院子的前方，可以想像是 18 世紀常見的平直如砥的城市街道。瑪麗 · 海爾默 (Marie Helmer)：《18 世紀末的波托西》，載《美洲文化研究學刊》，1951 年，第 40 頁。

托1746年消費20萬法內格，1785年爲35萬[336]。但在這裡，不是礦產主親自保障供應。商人用食物、織物、工具和汞向礦山主換取金銀，用易貨體制或合夥體制捆住礦山主的手腳。商人或明或暗地成爲礦山的間接主人。但交換並不到此爲止，以後的步驟將由商業網的不同接力站承擔：利馬，巴拿馬，農布雷-德迪奧斯或貝約港的交易會，哥倫比亞的卡特赫納，最後抵達塞維利亞或加地斯，歐洲分銷網的首站。另一個商業網由墨西哥經韋拉克魯斯到哈瓦那，再到塞維爾。在礦砂生產這個階段，沒有多少利潤可得；而在交換的長過程中以及通過其中的欺詐，才有厚利可謀。

鹽、鐵和煤

歐洲仍保留某些採礦活動，如鹽、鐵和煤的生產。沒有任何一個鹽礦被放棄，而且由於採挖岩鹽需要眾多設備，鹽礦很快受商人的支配。另方面，鹽田開發是小本經營，商人僅集中控制運輸和銷售，葡萄牙的塞圖巴爾以及朗格多克的貝該都屬這種情形。可以想像，大西洋沿岸和隆河谷也有一些售鹽的大企業。

鐵礦、高爐和鍛鐵廠長期是規模有限的生產單位。商業資本很少直接介入。在1785年的上西利西亞，在243個廠（高爐）中，191個歸大地主（莊園主）所有，20個屬普魯士國王，14個屬不同的王公，2個屬教會事業，僅剩下2個屬布勒斯勞的商人[337]。這是因為冶鐵工業趨向於自成垂直的體系，而在這一體系的基層，擁有不可缺少的礦藏和森林的地主起著決定性作用。英國的鄉紳和貴族往往向設在他們土地上的鐵礦、高爐和鍛鐵爐投資。但這些企業長期歸個人所有，產品沒有穩定市場，技術簡陋，固定設施不太昂貴。最大的開支是原料、燃料和工資。這筆款子靠信貸解決。必須等到18世紀，大規模生產才有可能，技術進步和投資才能適應市場的擴大。1729年安布羅斯·克勞利 (Ambrose Crowley) 的大型高爐事實上比當時大啤酒廠的規模還略為小些[338]。

在採煤方面，中小企業也長期領先。在16世紀的法國，只有農民開採淺層煤炭，供自用或供外銷，如利用羅亞爾河或日伏爾至馬賽的運輸便利。同樣，紐塞的巨大財富也奠定了一個頑強而古老的行會組織。到了17世紀，在整個英國，「平均每有一個深井[用現代裝備開採]，就有12個用簡單工具採掘的……容易開採的淺層煤礦」[339]。如果說有革新、利潤以及商業手腕，那是在日益擴大的銷售領域的事情。南海公司於1731年準備派才剛捕鯨歸來的船隻去紐塞和泰恩河各港口裝煤[340]。 287

但到了18世紀，一切都已變樣。即使在落後於英國的法國，商事院和有關當局對開礦申請應接不暇，似乎法國沒有一個地區的地下不藏有煤炭或至少泥炭。泥炭的使用確實在增長，雖然增長速度不如英國快。朗格多克新建的玻璃工廠，諾爾地區阿拉斯或貝屯的啤酒釀造工廠[341]，阿勒斯的鍛鐵工廠都使用泥炭。因此，根據不同的環境和地區，商人和投資人對利用泥炭表現不同程度的興趣，特別是負責當局已經懂得，外行在這方面不能起重要作用。斯瓦松地區的財務總管於1760年3月在回答一份採礦申請時寫道：必須「求得博蘭和勒諾桑這類商行的幫助」，唯有它們才能籌集必要的開礦經費，而開礦又只能由行家來幹」[342]。安贊煤礦於是成立了，關

於這個煤礦的光榮歷史，我們只對初期感興趣。它很快取代了聖戈班的地位，成爲僅次於東印度公司的法國第二大企業。據說在1750年，那裡已有「火力唧筒」，即紐可門的機器[343]。不過，我們這裡不忙去深入探討工業革命的事。

手工工廠和製造廠

在大多數情況下，前工業以手工業和包買商制度的無數基本單位的形式出現。在這些分散的基本單位之上，又出現了更明顯地帶有資本主義性質的組織：手工工廠（menufactures）和製造廠（fabriques）。

這兩個名詞往往可以互相換用，不會因此引起誤解。在馬克思以後，一些歷史學家更多地用手工工廠一詞表現依靠雙手勞動的手工工匠的集中（特別在紡織業），而製造廠一詞則用來表明，礦井、冶金設施或造船廠已需要裝備和使用機器。法國駐熱那亞的一名領事曾談到，杜林建立了一個擁有 1 千織工的金銀線錦緞廠，他這樣寫道：這家「製造廠……久而久之……將給法國的手工工廠帶來巨大危害」[344]。對他說來，這是兩個同義詞。其實，按照傳統留給19世紀的工廠一詞（usine）對歷史學家所說的製造廠（fabrique）更加合適，該詞在18世紀已經存在，雖然並不常使用。1738年，有人申請批准，在艾宋附近創辦一家工廠（usine），「以製造爲制鍋業所需的各種銅線」[345]（這家工廠於 1772 年將被稱作銅線手工工廠）。 1768 年，色當地區的幾名鐵匠和磨刀匠要求在伊利磨坊附近[346]開辦「製造剪子的工廠」（這是一種用於修剪毛毯的大剪子）。又如，迪特里希男爵於1788年希望，禁止「建立數量太多的工廠」（也就是說，高爐、鍛造工廠、水力錘、玻璃工廠和鍛錘）的法令對他不適用[347]。可見沒有理由說，工廠一詞在 18 世紀不能使用。我還發現，企業主（entrepreneur）一詞在1709年已開始使用[348]，雖然比較少見。據多札的考證，「實業家」（industilel）作爲企業主的含義最初於 1770 年由加里亞尼教士使用；自1823年以後，由於聖西門伯爵的關係，該詞就變得通行起來[349]。

這些表過不談，爲敘述方便起見，我們且遵從關於手工工廠和製造廠的習慣區分。在兩種情況下，由於重點是要把握住生產集中的進展，我將略過不談細小的單位。手工工廠一詞有時適用於很小的企業。聖默努爾德有一家「嗶嘰手工工廠」， 1690 年前後僅集中 5 人[350]；茹安維爾則有一家「12名工人的粗呢手工工廠」[351]。據路特具有抽樣調查價值的研究[352]，在 18 世紀的安斯巴赫和拜羅伊特公國，第一類手工工廠的工人人數在 12

至24人之間。在1760年的馬賽，38家肥皂工廠加在一起，雇用的工人不過僅1千來人。這些工廠雖然字面上符合薩瓦里·德布呂斯龍的《辭典》（1761年）對「手工工廠」所下的定義：「多名工人和工匠爲加工同一件活計而集中工作的場所」[353]，但這種工廠恐怕就降低到手工作坊的水平。

　　肯定還有另一種規模的手工工廠；雖然一般說來，這些大單位未必一律集中，但它們的主要設施確實都安裝在一個中央建築內。早在1685年，一本題爲《發現金礦》的英國書[354]講述手工工廠怎樣「耗費大筆開支，興建高大廠房，使羊毛揀擇工、梳理工、紡車工、織機工、縮絨工和洗染工都在一起工作」。人們可以猜測的到，這裡所說的「金礦」就是呢絨手工工廠。不過，除了集中的工人以外，手工工廠總是——這幾乎已成了沒有例外的規律——在其所在城市和附近鄉村還有一些分散從事家庭勞動的工人。由此可見，手工工廠的確位於包買商制度的中心。凡洛貝家族在亞布維的細呢工廠雇用將近3千工人，但在這個數字裡，不知有多少人是附近的家庭勞動者[355]。奧爾良的一家織襪手工工廠於1789年在廠內雇用800人，但在廠外使用的勞力卻是這個數字的一倍[356]。瑪麗亞-德蕾莎在林茲創辦的呢絨手工工廠共有工人1萬5600（1775年達2萬6千人）。數字很大，但確實無誤；正因爲中歐工業落後，需要迎頭趕上，手工工廠的工人人數往往很多。但在這個數字中，三分之二的紡織工人從事家庭勞動[357]。中歐的手工工廠還經常在農奴中招收工人，例如在波蘭以及波希米亞，這順便又一次證明，一種技術形式對它遇到的社會環境並不在乎。何況，人們在西歐也能找到類似的奴隸勞動，因爲某些手工工廠使用貧民學藝所或收容懶漢、罪犯、孤兒的教養院的勞動力。除此以外，這些工廠仍照常使用家庭勞動，如同其他手工工廠一樣。

　　人們可能以爲，手工工廠的壯大過程是從內部到外部的延伸。但如果想到手工工廠的誕生，相反的情形或許更合乎事實。手工工廠在城市內往往是家庭勞動網的終點，是生產過程最後結束的場所。這項掃尾工作，笛福告訴我們，在羊毛加工中幾乎佔整個工作量的一半[358]。因此，有相當數量的掃尾工序需在同一廠房中完成，而該廠房今後還將不斷擴大。在13和14世紀，托斯卡尼的羊毛工業是個龐大的包買商網。達蒂尼在返回普拉托後（1383年2月）建立的羊毛加工公司是一個有10來個人工作的店舖，而分散在普拉托周圍500公里內的成千個其他人也都爲公司工作。但一部分工作逐漸趨向集中（機織、梳理）；一所手工工廠於是開始形成，雖然其發育過程極其緩慢[359]。

玻璃加工，《讓·德·曼特維爾遊記》的插圖，約 1420 年。

　　爲什麼許多手工工廠滿足於承擔最後的工序？爲什麼許多其他的手工工廠在幾乎包攬生產全過程的同時，又把一大部分工作交給家庭勞動完成？首先，終端工序，如縮絨、洗染等。需要精巧的技術和相當多的設備，必然超出手工業生產的階段並要求投資。另一方面，對商人來說，控制最後一道工序，就能掌握他最關心的事，即產品的商品化。城市和鄉村的勞動力價格差異也起一定的作用。例如，繼續在價格低廉的外省市場收

購呢絨毛坯，對倫敦只有好處，它從此僅僅負責能大大提高織物價值的整理和印染工序。最後也是最主要的原因：手工工廠使用家庭勞動，就可能根據變化很大的需求調節生產，而不致解雇熟練工人。每當需求發生變化，只要對家庭勞動有所增減就夠了。但手工工廠的利潤必定相當有限，發展前景很不穩定，這才使它不能完全依賴自身，而要求助於包買商制度。這顯然並非出於興趣，而是迫於無奈，歸根到底是由於力不從心。

手工工廠在工業中完全處於少數地位。各種統計資料都指出這個事實。佛雷德利希‧呂特格 (Friedrich Lutge)[360]認為：「手工工廠雖然經常被人提到，它在生產中所起的作用其實比人們設想的要小。」德國總共約有1千來家大小不等的手工工廠。就巴伐利亞而言[361]，估計手工工廠在國民產值中的比重應在1%以下。為了說明這個問題，肯定還需要舉出其他數字，但可以保證，得出的結論總是悲觀的。

儘管如此，手工工廠卻是技術進步的工具和典範。手工工廠產值份額的微薄畢竟證明一個事實：前工業在其發展過程中遇到困難。正是為了打破這一惡性循環，重商主義國家才經常出面干預，才從財政上給予資助和推行國家的工業化政策。也許除荷蘭外，包括英國在內，任何歐洲國家都可引以為例：英國工業發展初期也曾推行嚴厲的保護主義關稅制度。

在法國，國家的干預至少可追溯到路易十一在圖爾建立絲織工業：當時已需要通過在本國生產商品，不向外國購買，以減少貴金屬的外流[362]。所謂重商主義，「民族主義」，歸根到柢是「重金主義」。至於國家的座右銘，這裡可以借用政治經濟學之父蒙卻斯蒂安的名言：「自給自足」[363]。路易十一的繼承人盡可能按照老辦法行事。亨利四世尤其熱心，在他去世的1610年，全國共有47所手工工廠，其中40所是由他創建的。柯爾貝爾的熱心毫不遜色。克洛德‧普里 (Claude Pris)[364]認為，柯爾貝爾創辦手工工廠的附加動機是要同當時的經濟蕭條鬥爭。是否因為這些手工工廠在創建時就比較勉強，所以它們中的多數很快便消失了？後來只留下官辦的或享受國家優侍的手工工廠，如波微、奧巴松、薩沃納里、戈布蘭等，在所謂皇家手工工廠中， 1665 年建於亞布維的凡洛貝手工工廠將維持到1789年，建於同一年並於1695年部分地遷往聖戈班的製鏡工廠到1979年依然存在；在朗格多克地區的維勒諾弗皇家手工工廠於 1712 年仍十分活躍，共有 3 千工人，這證明勒旺貿易維持了該工廠產品的銷路[365]。 291

18世紀的經濟高漲使興辦手工工廠的計畫猶如雨後春筍般地出現。計畫負責人紛紛向商事院陳述意圖和申請特許，並且千篇一律地以捍衛普遍

利益爲理由。他們的胃口很大，往往超過地方的範圍，以全國市場爲目標，這也證明全國性市場開始存在。柏利地區一家製造廠，「生產鐵和退火鋼」[366]，居然申請一份適用於全法國的特許證。但對已經或將要誕生的手工工廠來說，最大的困難似乎是如何打開巨大的巴黎市場，而巴黎的6大行會則以全體行會的名義頑強地守住自己的陣地，這6大行會是行會中的佼佼者，它們本身代表著大資本家的利益。

　　商事院1692至1789年間的文書既不完整，又很雜亂，其中記載了許多申請，有的是手工工廠希望首次得到或再次得到某種優惠，有的是創辦手工工廠的申請。試舉若干例子，便能看到這個活動領域正日趨多樣化：1692年，通納爾和沙斯蒂永的針織花邊，1695年，博蒙昂費里耶爾的白鐵；1698年，里昂的勒旺式紅黑雙色皮革和英國式小牛皮；1701年，聖克勞的陶瓷；比埃芙爾河畔安東尼的細紗漂白；1708年，聖佛羅倫汀的嗶嘰；圖爾的澱粉；1712年，蓬德拉爾什的英國式和荷蘭式呢絨；1715年，安東尼的蠟燭；亞布維的割絨地毯；吉威的黑肥皂；沙隆的呢絨；1719年，蒙特羅市郊聖尼可拉斯的陶器；坡市的呢絨；1723年，馬賽的呢絨，塞特的煉糖和製皂；1724年，里耳的陶瓷；科恩的鋼鐵澆注；哈佛市郊賈貢維爾的蠟燭；1756年，勒普維的絲綢；1762年，勃艮第的福爾熱的鐵絲和鐮刀；1763年，莫雷附近聖馬梅的蠟燭；1772年，艾宋附近吉拉磨坊的銅；圖爾的蠟燭；1777年，日克斯的陶瓦；1779年，朗格爾附近聖賽爾格的紙；里耳的玻璃瓶以及窗玻璃；1780年，馬賽的珊瑚加工（三年之後，手工工廠宣布有300位工人）；薩路易的「德國式圓鐵、方鐵以及箍鐵；比奇的紙；1782年，納維爾的絨布以及棉布床單；1788年，聖維隆的棉布；1786年，圖爾的英國式手帕；1789年，馬賽的鋼鐵澆注。

　　手工工廠的申請書以及商事院在作出決定時陳述的理由都爲我們了解手工工廠的組織提供了寶貴的資料。我們因此知道，1723年的喀卡孫是法國「呢絨手工工廠最興旺的城市」，是「朗格多克手工工廠的中心」。柯爾貝爾五十年前在朗格多克創辦皇家手工工廠，以便向勒旺地區出口呢絨，制止貨幣外流；開創伊始就困難重重，儘管朗格多克三級會議大力相助。但在後來，手工工廠十分繁榮，因而一些未獲特許優惠的製造商也在朗格多克站穩了腳跟，特別在喀卡孫。單是這些製造商就佔去產量的五分之四。從1711年開始，決定就製造的每一疋呢絨發給他們一小筆的獎金，「以使他們與皇家手工工廠的企業主之間的不平等不致過大」。確實，皇家手工工廠繼續每年接受補貼，免受行會檢查的好處還不算在內，所謂檢查

是指核實織物的質量是否符合本行業的規格要求。皇家手工工廠另由工廠督察隔相當長時間才抽查一次，但它們每年必須製造合同規定的數量，而其他工廠則「有停工的自由，如果由於羊毛漲價，貿易被戰爭中斷，或其他原因，它們覺得無利可圖」。雖然如此，當喀卡孫的一名製造商設法進入皇家手工工廠的行列並且竟然取得成功，「其他製造商，以及漿紗工，絞合工，織工，印染工」必定群起抗議。決定被退回商事院覆議，終於被撤銷。我們順便得知，商事院認為「目前增加皇家手工工廠」沒有好處，尤其是巴黎的經驗已經證明，在城市興辦皇家手工工廠是眾多衝突和弊端的根源。假如聖台尼先生的申請得以批准，將會發生什麼事情？他所創辦的手工工廠將成為非熟練工人的集合場所，這些工人就會全靠優惠而就業謀生。由於這個原因，工人將紛紛被吸引過去[367]。可見，行會法規束縛的工廠和打著國王旗號的工廠顯然處於對立狀態，國王的旗號能使一個生產單位不受一般法規的約束。這種情況有點像特許航運公司，它們也不受一般法規的約束，但經營的規模要大得多。

凡洛貝家族在亞布維開設的手工工廠[368]

　　荷蘭人約斯・凡洛貝 (Josse Vanrobais) 於1665年根據柯爾貝爾的創議在亞布維創辦的皇家呢絨手工工廠是個實力雄厚的企業，直到1804年方才關閉。最初，約斯・凡洛貝從荷蘭隨身帶來50來名工人，但除了這一批以外，手工工廠的人員（1708年有3千工人）完全在當地招聘。

　　組成這一手工工廠的許多大型車間長期分散設在市內。1709至1713年間，才在城外建造了被稱作桿子房的大廠房（「桿子」係「三角長木桿……作曬呢絨用」）。建築物包括供主人使用的主樓以及充當機織車間和剪呢車間的兩座側樓。樓房背靠城牆，四周圍有水溝和籬笆，自成一個對外封閉的小天地：所有入口都由理應穿上皇家制服的「瑞士衛兵」看守（藍、白、紅三色）。這就十分便於進行監視、維護紀律和工廠場規（如禁止工人私帶燒酒入內。何況，老闆足不出戶，「就能對多數工人的活動一覽無遺」。但大廠房（價值30萬里佛）不包括倉庫、洗滌房、馬廄、鐵匠爐或磨刃砂輪。毛紡女工在市內各個車間分散工作，此外再加上相當數量的家庭勞動，因為必須有8名毛紡女工，才能供上一臺織機的需求，而手工工廠的織機卻有幾百臺之多。在遠離城市、水清如鏡的布雷勒河河邊，建造了一臺縮絨機，以清除毛織物的油脂。

　　手工工廠的生產集中雖已取得相當進展，但未臻完善。不過其勞動組

奧倫吉的印花布手工工廠（該城市一座私人住宅中的壁畫片斷，1764年由羅賽迪 (J.
C. Rossetti) 繪製）。在印花大廳中，有手工工廠創辦者瑞士人尚·魯道夫·維特及
其妻子，一名職員拿著一塊印刷模板給廠主的一位瑞士朋友看。左右兩邊是其他車

間。工人人數很多，1762年約有600人。但是該手工工廠並不像凡爾賽附近的朱伊昂若薩手工工廠那麼興旺。經過幾次改組後，它終於在1802年關門。

織肯定合乎現代化要求。分工已成慣例：企業主要製造精梳呢絨，其產品經過「52 雙不同的手」。手工工廠自己負責供應漂白土（一種被稱作「貝朗德爾」的小船從奧斯坦德地區運來）以及塞哥維亞的細羊毛，這是西班牙最好的羊毛；先是「洛林的夏爾號」，該船沉沒後則由「金羊毛號」在貝萊納或在畢爾包裝貨後，沿索默河逆流而上，抵達亞布維。

似乎一切都應順利進行，事實上，進展也相當順利。凡洛貝家族內部曾有過利益糾紛，我們且撇開不談。主要問題是借貸雙方互不相讓，步步進逼。在 1740 至 1745 年間，每年平均出售呢絨 1272 匹，按每匹 500 里佛計算，共 63 萬 6 千里佛。這筆款子等於流動資金（工資，原料，雜費）加利潤。難處在於既要騰出工資總額 15 萬至 20 萬里佛，又要定期維修和更新固定資產，價值 100 萬里佛，甚至更多。有時出現銀根緊缺，簡單的解決辦法是解雇工人。工人的第一次抗議在 1686 年爆發；接著是 1716 年一次鬧得很凶的罷工。其實，工人始終在半失業狀態下生活，手工工廠每次進行收縮，只留下它選中的人員──工頭和熟練工人。新企業的一個趨向正是拉開職務和工資的檔次。

1716 年罷工直到一支小部隊到達後方始收場。為首分子遭到逮捕──罷工總是有人領頭──後來又得到寬恕。亞布維的地方官吏對鬧事者顯然沒有好感，這些人「有錢時大吃大喝，不為饑荒時預留一點積蓄」，「不明白手工工廠不是為他們而開設的，倒是他們自己本應為工廠做工」。秩序斷然得到恢復，這從一名旅行家幾年以後的觀感中可以看出；這位旅行家於 1728 年經過亞布維，對手工工廠讚揚備至：「3500 名男工和 400 名女工」在荷蘭式廠房內工作，「按鼓樂的節拍操作」，女子「由女工頭帶領，別盡在一處工作」。他得出一個結論：「一切的安排都井井有條，一切的活動都循規蹈矩」[369]。

實際上，如果沒有政府的庇護，這個企業就不可能維持那麼長久。尤其是它恰好設在 10 個具有行會傳統的工業城市，這像是一塊巨石被扔進沼澤，勢必要被淹沒。對手工工廠的敵意不但普遍存在，而且花樣翻新，層出不窮。過去以及現在不能和平共處[370]。

297　資本與會計

我們需要了解 17 和 18 世紀大工業企業的收支概況。但除聖戈班製鏡手工工廠外，我們對其他工廠的情況了解缺少系統。有一點沒有疑問，固定資本和流動資本的作用逐漸增大。建廠投資往往需要巨款。根據紐斯鮑

從這塊印花布可以看到手工工廠欣欣向榮時代的廠房以及自 1760 年創辦以來先後發明的新機器。特別是布料的浸洗和銅板印花(不再用木板)。圖樣設計者是胡埃 (J. B. Huet)，朱伊昂若薩手工工廠創始人奧伯肯普的畫師。

恩 (F. L. Nussbaum) 的估計，1700 年在倫敦辦一家有 40 名工人的印刷廠，投資約在 500 和 1000 英鎊之間[371]；辦一家煉糖廠，投資在 5 千和 2 萬 5 千英鎊之間，而工人數則不過 10 至 12 人[372]；辦一家酒廠，投資至少應有 2 千鎊，可望得到的利潤一般很高[373]。1681 年，一家呢絨手工工廠在哈丁頓郡的新米爾斯開工，共有資金 5 千英鎊[374]。長期處於手工作坊狀態的啤酒廠逐漸擴大了規模，開始能生產大量啤酒，但是設備支出也很大：1740 年間向 75 萬倫敦居民供應啤酒的「惠特布雷德公司」，資金達 2 萬英鎊[375]。

耗資巨大的設備需定期更新。至於更新的週期，這要進行長時間的調查才能弄清楚。何況，根據不同的工業，主要困難有時來自固定資本方面，有時來自流動資本方面。但在更多情況下，流動資本方面的困難大於固定資本方面。大型手工工廠經常出現銀根短缺。柯爾貝爾在朗格多克創辦的維勒諾弗皇家手工工廠於 1709 年獲准延長特許優惠 10 年，該工廠卻於 1712 年 1 月遇到了困難[376]。為了能繼續交出荷蘭式和英國式呢絨的定貨，工廠要求貸款 5 萬圖爾里佛：「我需要得到這筆款子，以支付 3 千多名工人的工資。」一般說來，這是因為資金周轉不靈的緣故[377]。

1721 年 1 月，設在沙隆的一家已有 30 來年歷史的皇家呢絨手工工廠也瀕於破產。工廠主彼埃爾和喬弗瑞·達拉斯 (Pierre et Geoffroy Daras) 曾向商事院求助，商事院於 1717 年 7 月 24 日撥給工廠一筆 3 萬 6 千里佛的無息貸款，在 18 月個內付清，從 1720 年起分 10 年償還。雖然這些貸款沒有全部按期履行，達拉斯兄弟於 1719 年 10 月已把絕大部分領到了手。但這絲毫解決不了他們的問題。首先是由於羊毛價格「猛漲」。其次，他們把「全部資金」用於製造呢絨，並把產品「按照賒帳半年至一年的慣例賣給零售商，而零售商則利用銀行券喪失信用，在紙幣貶值前夕以此抵債」。他們因而是約翰·勞制度的受害者，他們不得不把銀行券「賤價」賣出，以償付工人每天的工資。最後，真是禍不單行，他們又被人從他們租了 30 多年之久的一所房屋中趕了出來，他們曾花了 5 萬里佛才把這所房屋改為手工工廠。在他們用 1 萬里佛買下（其中 7 千里佛暫且欠著）的新樓房中，他們還必須花 8 千里佛，重新安裝織機、染缸和其他的「生產必需用具」。他們為此請求並獲准延期償還貸款[378]。

另一個例子，1786 年正趕上經濟不景氣，色當的皇家手工工廠（正式名稱為洛倫·于松遺孀與卡萊兄弟公司）是由同一家族經營了 90 年之久的老字號，竟有 6 萬里佛的帳面虧空。出現虧空的原因是發生了一起火災；

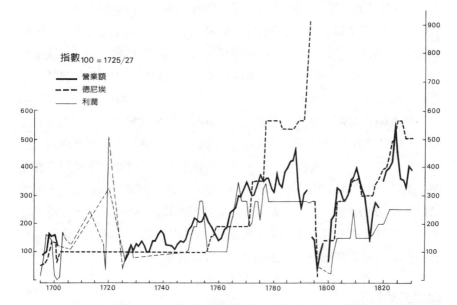

指數100 = 1725/27

—— 營業額
---- 德尼埃
—— 利潤

表(20)　聖戈班的成就　請參見正文的有關說明，特別是有關「德尼埃」的說明。圖表摘自克洛德·普里的論文《1665至1830年間的聖戈班皇家手工工廠》，打字稿共1297頁。論文如能出版，將有很大價值。

此外，在洛倫·于松死後，手工工廠不得不出讓部分舊廠房和另行建造新廠房（我猜想大概由於遺產分割）；最後，還因爲向新英格蘭——即獨立後不久的北美起義者——的出口不幸失算，致使資金「未能收回」[379]。

相反，聖戈班手工工廠[380]在1725至1727年後似乎一帆風順。工廠創辦於1665年，正值柯爾貝爾當政期間，它獲得的特許優惠一直被延長到法國革命，雖然主張自由興辦實業的人對此曾多次抗議，1757年那次尤其強烈。手工工廠一度經營不善，於1702年導致破產，儘管在前進的道路上出現了這個重大事故，企業在換了新的領導和新的股東後，又繼續辦了下去。由於法國鏡子的內銷和出口歸它獨家壟斷，也由於18世紀經濟的全面高漲，聖戈班手工工廠在1725至1727年後有了明顯的擴展。上面的圖表指示營業額和股東紅利的升降曲線以及「德尼埃」價格的演變（不應把「德尼埃」與在交易所掛牌的普通股票等量齊觀）。聖戈班手工工廠並不享有當時的英國合股公司或在法國根據1807年商法成立的股份有限公司那種行動自由。　299

手工工廠依靠巴黎的包稅人於1702年進行了改組，這裡的包稅人是指一些銀行家和金融家，他們當時想把資金穩妥地用於購買地產或股票。在手工工廠改組時，創辦資本分作24「蘇」，每「蘇」又分作12「德尼埃」，

總共有288「德尼埃」，歸13名新股東所有，各人所佔份額不等。這部分股份又隨著遺產繼承和出讓而分散到不同的人手裡。對戈班手工工廠於1830年共有204名股東，某些股東擁有的份額極小，僅爲八分之一或十六分之一「德尼埃」。由於分割遺產時要確定「德尼埃」的價值，我們得以看到「德尼埃」的行市不斷在提高。

資本顯然大大增加了。但能否把增資原因局部地歸因於股東們的態度呢？1702年時的股東是商人和包稅人；但在1720年後，大貴族也佔一定的份額，因一些貴族後裔同包稅人的財產繼承人締結了婚約。例如，若弗蘭小姐是手工工廠出納主任與因其沙龍而聞名的若弗蘭夫人的女兒，她嫁給拉費台-安博侯爵。手工工廠因而逐漸不再由眞正的商人控制，而是落到一些貴族的手裡，這些貴族滿足於定期的和有限的紅利，而並不索取全部利潤。這不正是保全和擴大資金的一個方式嗎？

關於工業利潤

想在工業利潤問題上作一個整體判斷，簡直是難上加難，如果不說完全不可能。這個困難嚴重地影響了我們對以往的經濟生活，特別是對資本主義的歷史認識。我們必須擁有數字、可靠的數字，系統的數字。歷史研究昨天已爲我們提供了大量價格曲線和工資曲線，如果它今天能爲我們按照規定的程式記錄利潤率，其結果將能對問題作出可靠的解釋。我們將更懂得：爲什麼資本在農業中除地租外不能指望得到別的東西；爲什麼前工業這個變化無常的世界對資本家似乎是個陷阱或危險地帶；爲什麼資本家還是留在這一散漫的活動領域的邊上比較有利。

可以肯定，資本主義的選擇只能加大工業和商業之間的距離。商業是市場的主宰，力量在它的一邊，工業利潤隨時遭受商人的踐踏。這在現代工業不難繁榮興旺的中心，如針織品工業或花邊工業，可以看得十分清楚。在18世紀的康城，花邊工業無非是開設徒工學校，使用童工，創辦作坊和手工工廠；這樣就使工人對集體勞動紀律開始適應，否則工業革命不會如此迅速地完成「痛苦的嫁接」。康城的這些手工工廠後來都衰敗了，只是其中的某一家公司，在一位兼營批發業務的青年企業家的主持下，得以恢復生產，他批發出售的商品包括他自己的工廠出產的花邊。因而當花邊工業重新繁榮時，也就不可能測定手工工廠在其中所佔的地位。

面對龐大的工業部門，我們的衡量手段更付闕如，說明這一點沒有任何困難。利潤率不是一個容易捉摸的量值；尤其它沒有利息率[381]那種能通

過抽樣調查而加以確定的相對規律性。它善藏多變，不輕易露眞相。佩羅那部頗多新意的著作指出，測量利潤率並非絕對不能做到，假如不能摸清企業的情形（我們並不是始終了解不到企業的情形），人們可以劃定一個範圍，甚至在必要時，選擇城市或省區作參照單位。至於整個國民經濟的情形，那就不必多想了。

總之，調查利潤率是可能的，但其困難之多，令人望而生畏。利潤是無數條線不完全的交叉點[382]；這些線還有待定位、描繪和重新構成，必要時甚至有待想像。它們無疑是許多變量，但佩羅已經證明，能夠根據一些相當簡單的關係畫出近似的曲線。應該有一些大致的相關係數可能被得出：已知X，就能對Y的量值有一定了解……可見，正如我們業已知道的，工業利潤處在勞動價格、原料價格的資本價格的交叉點上，處在市場的門口。佩羅因此指出，利潤，無比強大的商人的利潤，不停在侵蝕工業「資本主義」。

總之，歷史研究在這方面最缺少的東西，是一種方法的模式，也就是模式的模式。假如沒有法蘭索瓦·西米昂 (François Simiand)，尤其假如沒有拉布魯斯，歷史學家不久前對價格和工資問題進行的研究就不會如此輕鬆愉快。我們現在正需要找到一股新的衝勁。我們這裡即使不能明確說出一個可能適用的方法的要點，至少應指出這個方法需要滿足的要求：

（一）首先收集已知的利潤率，或至少是業已揭示的數據，暫且不論其可靠性（以後會有時間進行辨別），即使它們在時間上受到限制，甚至顯得時斷時續。我們因此可以得知：

——一家屬於克拉考主教「封建壟斷」的鋼鐵廠，位於克拉考附近，1746年達到150%的利潤率，但是在隨後幾年內又跌到25%[383]；

——默路斯印花布行業[384]在1770年間利潤高達23%至25%，但1784年則在8.50%以下；

——關於維達隆-萊-阿諾奈的水力造紙廠[385]，現掌握1772至1826年的一系列數字，以1800年劃界，前後呈鮮明對照（1800年前，除1772、1793和1796年外，利潤率低於10%，1800年後的利潤率迅猛上升）；

——據我們所知，當時德國的利潤率很高，奧格斯堡的棉花大王馮·舒勒 (von Schule) 於1769和1781年間曾實現現年利潤15.4%；克雷非的一家絲織手工工廠5年內（1793至1797年）的利潤在2.5%和17.25%之間搖擺；於1734至1735年在法蘭克福和赫希斯特建廠的博隆加洛兄弟煙草手工工廠於1779年擁有200萬塔勒爾……[386]

301

17世紀威尼斯的彈棉花工人。

——諾曼第地區離拜約不遠的利特里煤礦，其折舊投資爲70萬里佛，1748至1791年間每年實現的利潤總在16萬和19.5萬里佛之間。

我這裡暫且打住，不再——列舉指示性數字。數字將排列在一張適當的圖表中，我用紅筆劃出10%的線條，這條線將權充分界線：10%以上是最佳成績，10%左右表示基本成功，在零左右或在零以下則意味著徹底失敗。我們首先注意到，但並不感到驚奇，這群數字的變化幅度很大，有時出人意外。

（二）按照不同地區、新舊部門和經濟環境進行分類，並事先接受經濟環境中種種神秘莫測的因素，各工業部門的利潤並不同時起落。

（三）盡可能遠地向後倒退，即向16世紀、15世紀乃至14世紀追溯，努力取得較長的時間距離，也就是說，不讓18世紀末的統計數字壟斷一切，而用長時段的尺度考察問題。總之，根據物價史傑出的成功經驗，從頭開始研究工業利潤史。這是可能的嗎？我敢保證，在1600年的威尼斯，人們能夠算出呢絨製造商的利潤。在蒂羅爾地區的施瓦茨，富格爾家族的所謂「鐵以及動物脂貿易」（可以猜到這是工貿合一的企業）於1574年實現利潤23%[388]。一位名叫奧利韋拉·馬爾克 (A. H. de Oliveira Marques)

的歷史學家更加出色，他對14世紀末葡萄牙的手工勞動進行了相當深入的分析。對於一個特定的產品，他能夠區分出勞動T和原料M各自所佔的份額。就鞋靴而言，M＝68％至78％；T＝32％至22％；同一個比率適用於馬蹄鐵，鞍具（M＝79％至91％），等等。其次，在勞動T中再扣除留給工匠師傅的「餘額」（利潤加上資本），這一份額即爲利潤，佔勞動報酬的二分之一、四分之一、六分之一、和十八分之一不等，即在50％至5.5％之間。如果再把原料計算進去，利潤率很可能微乎其微。

霍夫曼定律（1955[390]）

總之，我們應該從生產出發。在這些尚未探測清楚的廣闊領域中，是否存在一些「傾向性規律」能多少說明我們的問題呢？

大約10來年前，在與斯普納合作共事時[391]，我曾經指出，據我們所知，16世紀的工業生產曲線通常呈拋物線形狀。美洲的礦山，翁斯科特的絲毛嗶嘰，威尼斯的毛料，來登的呢絨生產，這些都是很能說明問題的例子。當然，單憑這少數例子，不能得出普遍的結論：我們掌握的價格曲線很多，生產曲線卻很少。不過，在前工業經濟時代，某個城市工業或某種出口產品與時尚一樣驟起驟落，產品間的相互競爭以及優勝劣敗，工業中心地的不斷遷移，都使人想到這種迅速上升和急劇下降的曲線。

佩羅關於18世紀康城的近著，對先後在這個諾曼第城市的活動範圍內佔主要地位的4個工業部門——中高級呢絨；針織；棉布；以及「典型」的花邊行業——進行了仔細的研究，進一步豐富和證實了這些觀察。這在大體上就是短促成功的歷史，也就是說，一連串的拋物線。外來的影響自然也起作用，例如勒芒精紡織品的發展對康城紡織業是個沉重打擊。但就這4個工業部門在當地的命運而言，有一點不能不看到，即總是隨著一個部門的衰落，另一個部門方才興起，反之也然。例如，當羊毛工業因幾乎無利可圖而被放棄時，「織襪工業必定是競爭對手」[392]。針織品的興起和毛織品的衰退在1700至1760年間完全是同一時間發生的」[393]。針織工業又逐漸把主要地位讓給棉布業。印花布接著又被花邊所代替，花邊本身也完全沿著拋物線先進後退，似乎規律不容許任何例外。康城的種種情況確實表明，任何新興工業的繁榮必定損害衰敗工業的利益，爲使幾種工業活動能同時繁榮，似乎城市最感缺少的並不完全是資本，反倒是成品市場和原料來源，特別是勞動力的來源。在這種情況下，總是效益最高的生產部門被人們所選中。

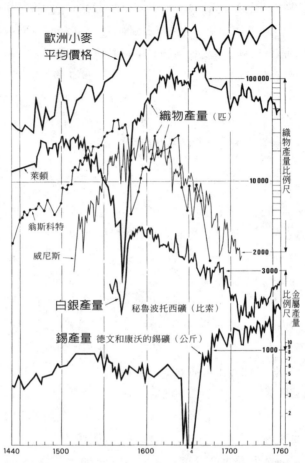

表(21) 工業生產曲線是不是拋物線？ 早在16世紀，工業生產曲線呈拋物線狀，與霍夫曼（《1700至1950年的英國工業》，1955年版）就當代情形得出的結論相同。請注意德文郡錫礦生產曲線異乎尋常的偏差。來登先後存在兩條拋物線。圖表由斯普納製作，《劍橋歐洲經濟史》第IV卷，第484頁。

在各經濟部門間的聯繫尚不緊密的當時，這一切似乎十分自然。令人感到意外的是，在瓦爾特‧霍夫曼(Walther G. Hoffmann)的著作中，引用許多統計數字為證，同樣的拋物線竟被當作適用於19世紀和20世紀發達國家的一條普遍「規律」而被提出。霍夫曼認為，任何特殊的工業（例外正證實了規律）都有三個必經階段：擴展、頂點、回降，說得更清楚些，「在擴展階段，生產增長率有所提高；在隨後的階段，增長率開始衰退；最後是生產絕對下降」。就18、19和20世紀的情況而言，霍夫曼遇到的例外是4種非典型工業：錫、紙、煙草和大麻。他指出，這也許因為4種工業的節奏比其他工業更長，所謂節奏是指拋物線起點到落點之間的時

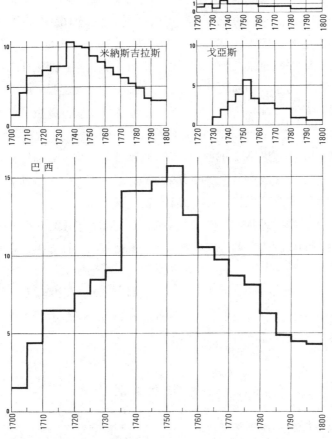

表(22)　18世紀巴西的黃金生產。

間距離，其長度視不同的產品以及不同的時代而異。湊巧的是，斯普納和
我都曾注意到，16世紀錫的生產並不遵循這條規律。

　　所有這一切都能說明一定的問題，但這不等於說，我們立即能把事情
解釋清楚。困難在於如何弄清這裡涉及的特殊工業同包圍該工業的並決定
其運動的經濟集合體之間的聯繫。

　　集合體可能是一個城市，一個地區，一個民族，或一組民族。同一個
工業部門可能在馬賽死亡，而在里昂壯大。17世紀初，當英國原來大批運
銷全歐和勒旺地區的厚呢突然在西歐不再流行，並在東歐變得過分昂貴
時，威特郡等地出現了生產過剩和失業現象。於是便轉產織造在當地印染
的薄呢，這就要求不僅改變鄉村中的織機機型，而且改變城市中的精加工
設備。根據不同的地區，這一轉產的完成很不平衡，因而在「新型毛織品」

問世後，區域生產狀況有所變更，有的地區重振舊威，有的從此一蹶不振。總的說來，英國呢絨生產的地域分布出現了徹底變化[394]。

但有的集合體包括的範圍比民族更廣。義大利於1600年喪失了它的一大部分工業生產，西班牙在同一時期也喪失了在塞維爾、哥多華、托雷多、塞哥維亞和匡卡等地區一大部分織機生產[395]，義大利和西班牙的這些損失相反卻變成聯合省、法國和英國的得益，這一切恰好證明：歐洲經濟是個用它自身邏輯便能加以解釋的協調的集合體；在這個協調體系具有世界經濟的流動性、結構性和等級性的情況下，成功與失敗之間有著緊密的聯繫。古魯[396]曾設想把個人的財產和財富按照人的年齡，亦即按青年期、壯年期、老年期分類。這是根據拋物線得出的想法。工業也分青年、壯年或老年：青年工業筆直上升，老年工業筆直下落。

然而，工業的壽命是否像人的壽命一樣隨著時間而延長？關於15至18世紀時期，假如我們也擁有許多類似霍夫曼繪製的拋物線，我們大概將能澄清一個重大差別：與今天的情形相比，當時的節奏更加短促、緊張，曲線更加狹窄。舊經濟時代的任何工業生產很快就會在原料、勞動力、信貸、技術、能源及內外市場等方面像在一個瓶口那樣被卡住。我們在今天的發展中國家每天都能看到這種情形。

運輸以及資本主義企業

306

與世界同齡的運輸工具往往幾百年固定不變。在本書第一卷裡，我曾談到過這種古老的基礎設施，它形式繁多，設備簡陋，如木船，帆船，手推車，馬拉車，馱重牲畜，「鈴鐺馬幫」（這些帶著鈴鐺的馬匹把斯坦福郡的陶瓷以及外省的呢絨運往倫敦），西西里式的騾幫（每頭牲畜被繫在前面一頭的尾巴上[397]），或者1815年前後沿著伏爾加河用人力拉縴前進的40萬名船夫[398]。

運輸是必不可少的、最後的生產過程；運輸速度加快了，一切都將暢行無阻。凱薩琳二世派駐倫敦的大使西蒙‧沃龍佐夫認為，英國的繁榮全靠交通在50年內至少增長4倍[399]。18世紀經濟開始起飛時，使用的交通工具還完全是舊式的，還沒有採用真正革命的新技術。在法國尚未建造寬廣的皇家大道前，坎提龍[400]已提出一個兩難推理：為了發展運輸，必須繁殖許多馬匹，而養馬太多，就會奪走人的口糧。

正如蒙卻斯蒂安、佩蒂、笛福或加里亞尼教士所指出的，運輸本身是

一門工業。加里亞尼教士描述：「運輸業是一種手工工廠」[401]。這是資本主義沒有深入其中的老式手工工廠。正因爲如此，只是幾條交通要道才眞正有利可圖。其他的道路，次等的、普遍的和差勁的，就留給滿足於蠅頭微利的人使用。可見，測定資本主義的影響，也就是測定各運輸部門的「效率」，看它們究竟是現代的或陳舊的；資本主義對陸路運輸影響很小，對「江河舟楫」影響有限，但對海上運輸則影響突出。但即使在這最後的部門，資本也是有選擇的，並不想把一切都抓到手裡。

陸路運輸

人們通常認爲陸路運輸效率不高。幾百年期間，道路停留於自然狀態，或差不多如此。所謂效率不高當然是相對而言：過去的交換與過去的經濟相適應。車輛、牲畜、專差、托運、驛站都根據某種需求而發揮自己的作用。總而言之，人們沒有足夠重視桑巴特過去的一個論據[402]，這個今天已無人知曉的論據一反常情地證明，陸路運輸的貨物比內河運輸的數量大得多。

桑巴特通過相當巧妙的計算，爲18世紀末的德國確定一個數量級。假定用於運輸的馬匹數量約爲4萬匹，就能確定車輛和駄畜的運輸量每年爲5億噸公里（順便指出，鐵路運輸量1913年在同一區域內竟等於前者的130倍，這表明鐵路的革命打破了重重阻隔）。由於船隻數量增多，加上平均裝載量和往返航程的增加，內河航運量每年約在8000至9000萬噸公里之間。在18世紀末和19世紀初的整個德國萊因河、易北河和奧得河的運輸業務十分繁忙，但內河運輸量和陸路運輸量卻是1與5之比，後者領先。實際上，所謂4萬匹馬僅指專門從事運輸的牲畜，農莊的大量馬匹還不計在內（拉瓦謝時代的法國有120萬匹）。農民利用這些馬匹完成大量經常性的或季節性的運輸任務。陸路運輸量可見是被桑巴特估計過低了，不過，爲數可觀的木排在計算內河航運時確實也被忽略了。

能否以德國爲例進行全面引伸？這在荷蘭肯定行不通，荷蘭的運輸大部分經由水路。英國可能也行不通，那裡可通航的小河和運河四通八達，桑巴特估計水陸運輸量恰好相等。相反，歐洲其他地區的水路不如德國便利。法國的一份文件於1778年不無誇大地說：「由於江河行船之艱難，運輸幾乎全靠陸路」[403]。值得注意的是，杜呑 (Joseph-Michel Dutens)[404]於1828年指出，在交付運輸的4600萬噸貨物中，480萬噸經水路，其餘的經陸路（近程佔3090萬噸；遠程爲1040萬噸）。大致上是1與10之比。

1800 至 1840 年間，車輛的數量增加了一倍[405]。

　　陸路運輸量增大的原因，一方面是短途運輸佔很大比例，路程既短，用車並不比用船更貴：如1708年從奧爾良向巴黎運輸小麥，無論經陸上大路或經奧爾良運河，費用相等[406]。此外，由於水路運輸並不連續，在不同水系之間需要銜接，而有時銜接又十分困難，相當於在西伯利亞或北美棄船上岸後採用的人力搬運。在里昂和洛安之間，也就是在隆河和羅亞爾河

勒德羅（士洛普郡）的托運業。阿加斯 (J.-L. Agasse)(1767-1849) 作畫。傳統的陸路運輸已臻完善：路面平整，轅馬增多。可與勃魯蓋爾畫中常見的那種往昔的道路作個比較。

之間，400至500套牛車常年從事轉運工作。

　　但根本的原因是經常存在一支龐大的農民運輸隊伍，既然這是農民的副業，所收的運費便低於真正的成本。這支後備運輸隊伍可供任何人使用。萊因河畔的杭斯律、赫森、圖林根等農村地區[407]專門從事運輸。某些村莊（如16世紀巴胡瓦地區的倫貝庫村[408]）村民的「手推車」遠屆安特衛普；阿爾卑斯山區農民早就經營從一村到另一村的接力運輸[409]。除開這些專業運輸人員外，還有大批農民以趕車為副業。法國1782年4月25日敕令聲稱：「車輛運輸應絕對自由；除創辦運輸公司[定期載運旅客及不超過一定重量的包裹]需經特許外，其餘不受任何限制……運輸自由為發展商業所必需，不得對它有絲毫損害：農民可使用其馬匹，臨時充當車把式，也可隨時放棄該項職業，不必辦任何手續[410]。」

　　農民從事運輸的唯一缺點在於其季節性。但人們對此多半還能遷就。例如，朗格多克的鹽從貝該啓運，在大商人的監督下編成船隊沿隆河逆流而上；鹽在塞塞勒卸船後，經陸路運住日內瓦附近的小村莊勒貢弗爾，再轉水運。一位名叫尼古拉‧布拉馬奇 (Nicolas Burlamacchi) 的商人於1650年7月10日自日內瓦寫道：「若不是秋收開始，我們在幾天之內將得到鹽」；7月14日又說：「運鹽事宜正在進行中，我們每天都收到一定數量，如果秋收不拖後腿，我希望在15天內全部運達……目前業已收鹽750車」；9月18日：「餘欠將在一兩天內運達，雖然目前正值播種季節，車輛往來並不十分頻繁。但一旦播種結束後，我們將很快把鹽收齊[411]。」

　　一個世紀過後，1771年7月22日，在福西尼地區的波尼維，由於小麥不足，財務總管決定緊急調運黑麥：「肚子一鬧饑荒，不挑麵包黑與白。」但他給薩朗什的行會理事寫信說：「目前正值秋收大忙季節……不能隨意抽調鄉村的車輛，否則就會影響收成」[412]。我們這裡不妨聽一名鍛鐵工廠主作何議論（共和6年風月23日）：「忙於犁耕土地的農民不能再出車去搞運輸」[413]。

　　在這種利用農閒時間自發從事運輸的勞動力和由國家早就陸續建立的定期運輸系統之間，還有一種逐漸組織起來的專業運輸，但在絕大多數情況下，這種專業運輸規模還很小。這是一些擁有幾匹馬和幾名車伕的小業主。漢諾威的一次有關調查表明，陸上運輸還照舊保留手工業性質。如同在16世紀一樣。德國從北到南都實行「自由的」或「不正規的」運輸（即瑞士所說的「strackfuhrbetrieb」），「如水手一般」遠行異鄉客地，數月不歸，有時不免會陷於困境之中。他們最興旺的時代是在18世紀，但到19

309

世紀也還存在。這些小業主似乎純屬獨立經營者[414]。

所有的運輸都依靠旅店作為驛站，這在16世紀的威尼西亞已經可以看到[415]，在17世紀的英國看得更加清楚，旅店在英國已成為一個商業中心，與今天的鄉村旅店沒有絲毫共同之處。沙利斯柏立是威特郡的一個小城市，那裡的旅店於1686年能接待548名旅客和865匹馬[416]。法國的旅店主實際上兼營運輸業，因而政府於1705年曾想創辦「車輛經理處」，並且一度在巴黎試辦成功。它把好處抓到自己手裡，而把種種罪過硬栽在旅店主頭上：「國內的趕車人全都抱怨說，近幾年來，巴黎和其他城市的客棧和旅店已把所有車輛運輸控制起來，因而趕車人不得不在旅店接受委託，不再認識通常托運貨物的貨主。至於運費，全憑旅店主的高興，說給多少便是多少；旅店主又故意讓趕車人淹留客地，迫使他們把賺得的運費花光，以致無以為繼[417]。」同一份文件指出，巴黎的車輛運輸最後歸50、60家旅店包辦。薩瓦里·德布呂斯龍[418]1712年在《商人大全》中曾經指出，作為真正的「車輛經理處」，旅店負責徵納各種的捐稅，向趕車人預付車資，再從商人那裡收取運費。這個畫像與前面的畫像相同，但顯得比較親切，雖然不一定更加符合面貌。

人們因此容易懂得，許多外省旅店何以這樣富有。一名義大利人於1606年對特魯瓦一家旅店設備的講究讚美備至，女店主及其女兒「端莊華貴」，「貌美如希臘女神」，餐桌上擺著豪華的銀器，床帷堪供主教享用，食物十分精美，核桃油拌魚的味道好得出奇，再配上勃艮第的白葡萄酒，像科西嘉酒一樣混濁，據說由純葡萄汁釀成，「品味比紅酒更佳」。這個義大利人順便補充說，「馬廄裡餵著40多匹駑馬」，他顯然不明白前面的事在很大程度上要用後面的事作解釋[419]。

私營運輸同公營運輸之間的衝突比趕車人同旅店主之間的矛盾更加嚴重。運送旅客和小包裹的皇家運輸處的車輛包辦人有心壟斷全部車輛運輸。但對他們有利的敕令頒發後從未見效，商人們始終強烈反對。其實，這裡的問題不僅涉及運輸自由，而且關係到價格。薩瓦里·德布呂斯龍指出：「車輛運輸的價格自由對商業至關重要，因而巴黎6大行會在1701年的呈文中稱它是貿易的股肱之倚，並且大膽地指出，他們需花25至30里佛的運費交皇家運輸處托運的貨物，如果改交普通馬車伕運輸，只需付6里佛，因為車輛包辦人的價格確定後從不降低，而與其他人找交道，價格的高低總好商量，商人與趕車人一樣作得了主[420]。」這段話的最後幾句應該重讀一遍，才能明辨它的實質內容，才能弄清趕車人和小業主的運輸自

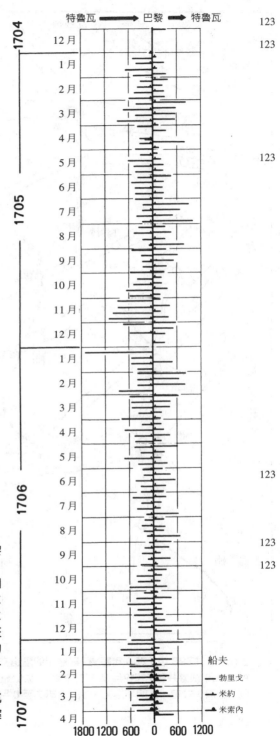

123
123

123

123

123

123

表(23) 馬拉駁船沿塞納河在巴黎
和特魯瓦之間的往返

賈克·柏丁 (Jacques Bertin) 的圖
表表明，如果單從收入來看，下水
的運輸收入比上水收入更多。下水
共 108 個班次，上水為 111 個班
次：2個方面的數量基本相等，平均
每月不到四次往返，每週將近一
次。由於 1705 年 12 月空缺了 1、
2 次往返，1706 年 1 月首次下水航
班的收入急劇增加。根據國家檔案
館 2209 號案卷。

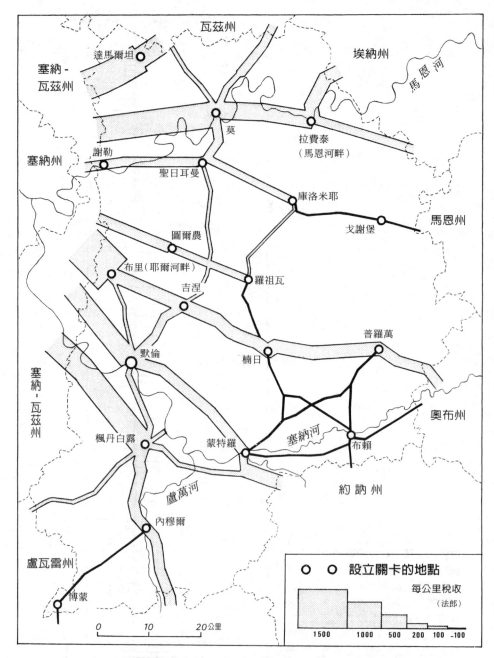

表(24)　1798 至 1799 年塞納 - 馬恩州的陸路交通　該圖由居伊‧阿爾貝洛 (Guy Arbellot) 根據共和 7 年牧月 30 日的養路捐收入情況而繪製，見《共和 7 年的稅卡》，載《經濟、社會、文明年鑑》，1975 年 7 至 8 月合刊，第 760 頁。

由何以得到保護和保存。蘇利《回憶錄》中有一段簡短的話，如果我沒有解釋錯，這是他請一些小車行主把投入薩瓦戰爭的皇家炮隊所需的炮彈運往里昂。他寫道：「我很高興看到這一切在16天內運達里昂；如果通過普通途徑進行這項運輸，將歷時二、三個月，並且開支巨大[421]。」

　　一些大運輸公司，如勒德雷公司、克蘭豪斯公司[422]、阿諾納公司、左爾內公司[423]等，開始在本國的或國際的交通幹線經營運輸業務，例如從安特衛普或漢堡前往義大利北部。從一些簡要的資料看來，一家運輸公司於1665年沿這條路線（或部分路線）活動，那就是費埃希公司。過了20多年後，為了謀求某些優惠，該公司為自己大唱讚歌，聲稱它每年在法國的開支達30萬里佛，「分享此款者，有公司指派在沿線各城市的職員，以及旅店主、馬蹄鐵匠、車匠、馬具皮件匠與國王的其他臣民」[424]。這些大公司多數在瑞士聯邦或南德意志設有基地，車輛在這裡起著決定性作用，因為要把阿爾卑斯山的南北兩側連成一片，實在很不容易。組織運輸涉及雷根斯堡、烏爾姆、奧格斯堡、科爾等城市，此外也許還要加上馬車、萊因河水路和山區騾幫的會合地巴塞爾。當地的一家運輸公司據說擁有上千頭騾子[425]。在阿姆斯特丹，自然已建立了現代化的運輸機構。小里卡爾[426]寫道：「我們這裡有些很富的人，商人有什麼貨物需要發送，都同他們聯繫，因而人們稱他們是送貨人。送貨人雇有趕車人，專門為他們從事運輸工作。」從倫敦發貨同樣方便，但在英國其他地區，車輛運輸的專業化實現較晚，商人和製造商直到17和18世紀仍在各條大道上忙碌奔波[427]。在德國，甚至到19世紀初，商人參加萊比錫交易會也自帶車馬商品[428]。法國的進步並不十分迅速：「專門從事車輛運輸的大企業直到1789年後方才誕生。1801年約有50家，1843年約有75家[429]。」

　　陸路運輸不但歷史悠久，而且四通八達，商人因而盡可坐享其成。在運輸系統中存在的大量競爭起著有利於資本主義的作用，或正如巴黎6大行會大膽指出的，在運輸方面，「他們同趕車人一樣作得了主」，他們又何必再按照資本主義的方式去組織（或者說改組）運輸系統呢？且不論他們究竟「同趕車人一樣作得了主」，還是更能作主。

內河航運業

　　人們對江河湖泊的舟楫之利頗多讚美，從小船、駁船、大船、木筏到漂浮的樹幹，走的都是水路，運輸方便，價格低廉。話雖說得不錯，但有一定的限度。

歐克索訥

索恩河畔沙隆

馬孔

馬奧蒂埃
羅什塔耶
約訥日
日沃爾　聖桑福里爾多宗
孔德里約

圖爾農
瓦朗斯

蒙特利馬爾

聖昂迪奧爾鎮

阿拉芒
博凱爾　塔拉斯孔
　　　阿爾勒

0　15　　　　　　　　105公里

表(25)　16世紀中葉索恩河和隆河沿岸的過境稅　夏爾·卡里埃爾 (Charles Carriere)
認為，隆河的稅卡不像當時人和歷史學家所說的那樣，對航運業構成重大的障礙。但
每天在河上運輸的船隻畢竟要在那麼多的稅卡停靠，手續又是那麼麻煩！以上簡圖摘
自里沙爾·加斯貢 (Richard Gascon) 的著作《17世紀的大商業和城市生活，里昂
及其商人》，1971年版，第1卷，第152頁。

　　內河航運業的一大缺點是速度緩慢。當然，下行的馬拉駁船可在24小
時內從里昂到達亞威農[430]。但為使一隊首尾相接的貨船從南特沿羅亞爾河
逆流而上，把布列塔尼的小麥運往奧爾良，奧爾良市的財務總管於1709年
6月2日「與船戶進行了協商，要他們在各種水流和風向條件下晝夜兼程，
否則花三個月時間也不能到達」[431]。這裡的行船速度還不到每天12公里，

低於桑巴特爲德國內河航運業估計的速度。里昂糧荒成災，等著從普羅旺斯運來小麥；財務總管十分擔心（1694年2月16日）船隊在6星期內不能到達[432]。內河航運本來速度不快，它還受枯水或者旺水、風向以及「封凍」等自然條件的制約。在洛安[433]每當因水流條件誤了船期，船主按規定應請公證人提供證明。還有很多其他障礙：尚未打撈的沉船殘骸，漁民設置的隔柵，水力磨坊的取水口，航標的丟失，不是始終都能避開的淺灘或礁石。最後還有無數稅卡，每條船都要停下繳納過境稅。似乎故意同內河航運作對，羅亞爾河上和萊因河上的稅卡達幾十處之多。法國在18世紀採取一系列措施，撤銷新設的和亂設的各種稅卡；對於因撤銷稅卡而引起的補償問題，國王感到左右爲難[434]。　314

開關運河是現代彌補內河運力不足的合理辦法：由於水閘的原因，運河航行仍然緩慢。奧爾良運河長18法里，有30個水閘；布里阿運河長12法里，有41個水閘[435]。呂貝克至漢堡的運河上水閘很多，因而據1701年　315的一名行人說，「從漢堡到呂貝克如走這條路，有時需要將近三星期，儘管如此，運河上來往的船隻仍如穿梭」[436]。

最後一個困難也不小：船夫都是些一觸即跳和不受約束的人，他們抱成團體，互相支持。直到19世紀，在這群與眾不同的人身上，還能看到以上的特點。各國政府當局都試圖馴服這夥惹禍生事之輩。各個城市都對他們進行監督和調查。巴黎從1404年開始就塞納河沿岸的各碼頭的船戶編製名冊。甚至把人和貨物從一岸送往另一岸的「擺渡人」也必須遵守巴黎市於1672年制訂的所謂船戶行規[437]。

國家還關心創辦駁船定期航班，並爲此頒發了一些特許狀，拉弗亞德公爵獲許在羅亞爾河經營駁船運輸（1673年3月[438]）；熱伏爾公爵獲得「在隆河經營駁船的特權」（1728），並以20萬里佛高價出售[439]。關於運輸的價目，在岸上和水上的接待條件，由駁船或由其他船隻承運，是否拉縴等等，開始制訂一系列的規定。在盧昂至巴黎的塞納河上，設置了具有壟斷性的運輸戶世職，每一世職價值1萬里佛[440]。在運輸經營者和旅客之間，在駁船和其他船隻之間，在商人和船戶之間，爭端幾乎層出不窮。

例如，在1723和1724年，索默河的船戶與亞眠、亞布維和聖瓦雷利的商人發生了尖銳的衝突[441]。這些船戶又稱做「格里邦尼埃」，得名於他們使用的船隻「格里邦」（gribanes），按照當時的規定，這種平底駁船載重不得超過18或20噸。船戶們抱怨運費自1672年確定後從未調整，而50年來，由於物價上漲，運費顯得太低，他們爲此要求增加一倍。皮卡第財

務總管肖夫蘭寧肯取消任何統一定價，而是如我們今天所說的那樣，讓船主和商人間的供求關係起作用，商人有「委託任何人運輸其貨物的自由，價格由他們同承運人商定」。如果交易單憑雙方的意願，船戶們將喪失一項得自行會的權益，即強制貨主按照船隻等候的順序裝貨。

我們從爭論中獲悉關於運輸行規的一些有用情況。特別是對運輸的貨物，如有任何侵吞或損害，肇事者將受到行會的懲罰。船戶在聖瓦雷利裝貨後前往亞眠，途中在亞布維停靠不得超過一個晚上，「否則將承擔由此造成的一切損失，駁船將首先被交給債權人扣押，不論債權人的身分，即使是駁船的主人」。這最後半句話提出了駁船主人的問題，駁船在這裡作爲「生產資料」由非主人使用[442]。

我們通過洛安的情形可以把問題看得更清楚[443]。洛安位於羅亞爾河上通航水道的起點，又有陸路與里昂相接，也就是說，與隆河相聯繫，因而在從里昂出發經羅亞爾河和布里阿運河把首都和地中海連接起來的中軸線上佔據關鍵位置。洛安的居民，包括商人、趕車人、木匠、船員、槳手、苦力等，他們的活動至少有一半與運輸直接或間接相聯繫；杉木船順水把
316 貨物運往下游（船隻到達終點後即予拆毀），櫟木船備有一間客房，接待富裕的旅客。在運輸戶中，迅速出現了分化，一方面是帶著幫工和徒工躬親勞作的船戶，另方面是商人，是小型的資本家，他們讓代理人和船工駕駛他們擁有的船隻。勞動者與勞動工具相分離已是常見的現象。經營水上運輸的商人住著講究的房屋，婚嫁都要門當戶對，他們是依賴他人的艱苦勞動爲生的少數壓迫者；在羅亞爾河從事運輸是項艱苦的營生，特別是從1704年開始，聖艾蒂安礦區的煤炭需從聖朗貝爾外運，洛安上游的河道水流湍急，行船需冒一定的風險。由於必須向巴黎運煤（特別是運住塞夫爾的玻璃工廠），由於博若萊的葡萄酒從陸路抵達洛安以及下游各港口，然後轉運巴黎，羅亞爾河的運輸業突然改變了面貌。在洛安、德希茲或第管經營水運的商人從這兩項好生意中獲得很大的利益。有的商人變成了名副
317 其實的運輸企業家。最大的一家運輸公司名叫貝利·拉巴爾，附設一個造船車間。該公司的重大成就是它幾乎完全確立了對煤炭運輸的壟斷。1752年9月25日，一些運輸小業主在洛安扣留了貝利·拉巴爾公司滿載煤的船隻，聲稱將由他們把船駛往巴黎；這個事件正是社會衝突的一個典型例子，這種衝突並不因事件結束而平息。確實，資本主義在一定程度上已經存在，但無數的傳統以及障礙，來自行政的或者行會的，使資本主義不能有一個廣闊的活動場所。

馬拉駁船，呂依斯達爾 (Ruysdael) 作畫。荷蘭的江河水道上，船隻往來繁忙。典型的馬拉駁船由一匹馬拉縴。但有的駁船更加寬敞和豪華，帶有供旅客過夜的艙房。

　　相比之下，英國將在自由的道路上走得更遠。對旅店主、商人或任何中間人說來，組織運輸眞是最簡單不過的事了。煤炭可在英國陸地和內河通行無阻，即使借道亨伯灣從一條河轉入另一條河也能順利通過，只是出海遠航才要納稅。煤炭抵岸價格之所以提高，僅僅因爲運費與轉駁費不輕：倫敦的煤價比紐塞礦場至少貴4倍多。當煤炭再從首都運往外省時，到達目的地後的價格爲離岸價的10倍[444]。荷蘭運河眾多，水上航運更加自由。馬拉駁船船身較小，載客60人，駕船者2人，外加1匹馬[445]，相隔一段時間從每個城市出發。駁船夜間繼續航行，船上有客艙出租。旅客可在晚間從阿姆斯特丹動身，在船上過夜，次日早晨到達海牙。

海上航運

　　從事海上航運，下的賭注和冒的風險都更大。大海意味著財富。不過，海上航運同樣不是資本的一統天下。無論在什麼地方，繁忙的低層次的海上活動：如數以百計的小船，有時甚至不裝甲板，從那不勒斯到利佛諾或熱那亞，從科斯岬到利佛諾，從加那利群島到安地列斯群島，從布列塔尼到葡萄牙，從倫敦到敦克爾克，運送各類貨物；又如英國和聯合省沿

海無數從事近海航行的貿易船；或如熱那亞和普羅旺斯的由內河入海的輕
帆船，專供不怕海浪的性急旅客作短途航行。

實際上，海上運輸的這個低層次與農民的內陸運輸相對應，屬於地方
性交換的範圍。農村與大海相通，二者之間有著基本的聯繫。請看瑞典、
芬蘭和波羅的海各國的海岸線，以及石勒蘇益格、霍斯泰因和丹麥的海
岸；再看漢堡到多拉特灣的海岸，始終活躍而命運多變的小港恩登就在這
裡；最後請看挪威至少直到洛佛坦群島的蜿蜒曲折的海岸，你將發現那些
地區（例外正證實規律）的都市化程度在 16 世紀仍然很差。沿著這些海
岸，麋集著眾多構造簡單的村民小船，它們運輸各種貨物（數量不多，而
品種多）：小麥、黑麥、木材（板條、厚木板、木箱板、橡檁、木板桶）、
318 柏油、鐵、鹽、香料、煙草和布料。沿著奧斯陸附近的挪威峽灣，這些船
隻排成長隊，浩浩蕩蕩地把木材等貨物運往英國、蘇格蘭或附近的呂貝克
港[446]。

當瑞典在哈蘭省站穩腳跟並控制海峽（通過1645年布倫奔布魯和約）
時，它把活躍的農民運輸船接收過來，向外國運送建築所需的石子和木
材，有時帶回整船的煙草；或者，這些船隻在挪威和波羅的海各港口之間
忙過一個夏天以後，帶著賺得的現金，在冬季壞天氣到來前返回海峽。這
些船隻將在斯卡尼亞戰爭（1675至1679年）中發揮作用，正是它們於1700
年把查理十二的軍隊運住鄰近的西蘭島[447]。

隨便翻開歷史資料，我們將能看到，芬蘭的農民兼顧水手和小商人的
營生，他們是光顧雷瓦爾（塔林）和赫爾辛福斯（建於1554年，即赫爾辛
基）的常客；還有呂根島和奧得河出海口各村莊的農民，他們常去但澤；
還有位於日德蘭半島隘口處的霍伯遜居民用小駁船運送小麥、當地豬油或
火腿前往阿姆斯特丹[448]。

以上例子以及許多其他例子，其中當然包括愛琴海，都展示一種古老
的航海活動，建造船隻的人也就是裝貨上船和出海航行的人，他們身兼海
上貿易所要求的各項任務和職責。

中世紀歐洲的情形真是最清楚不過的了。從卑爾根法規（1274）、厄
列倫案例彙編（1152）或奧龍「陳規」來看，商船出海航行採用「公帳
制」[449]。船隻歸使用者團體共有；厄列倫案例彙編指出：「船屬於幾名夥
伴所有」。他們在船上各有特定的位置，需要時在那裡裝載他們的貨物；
這就是所謂「區劃制」。小團體決定旅行路線和動身日期，每人先在自己
的「分區」裝完貨物，然後相互援手。每人在船上「各司其職」，輪流操

作、值夜、分擔勞務，雖然按照規定可以隨身攜帶一名雇來的「僕役」，僕役由雇主提供吃喝，代替雇主從事勞務，特別在到達港口後，使雇主能夠脫身「洽談商務」。船隻由三名海員駕駛：領航、駕長和大副，這三名雇傭人員受船長指揮，船長由合夥的商人選出，因而沒有言出法隨的權威。由於他本人也是入夥商人之一，他有事要與大家商量，只是因承擔這臨時任務而接受一些榮譽性禮物：一頂帽子，一雙鞋或一瓶酒。因此，滿載商品的船隻簡直像一個共和國，只要合夥商人之間能夠按照習慣要求同心協力。這種情形與礦山在受資本主義控制前實行的幫工制十分相似。合夥商人在計算和分配等問題上不費很多時間：他們不必付運費，因為每人都以實物或以勞務形式支付了；至於一般性開支，如旅途中的夥食供應和所謂「啓航費」，則從公帳中提取，這種公帳在馬賽被稱「公錢櫃」，在奧龍被稱作「大錢袋」，如此等等。可見，「各種開支都不記帳」，我從路易‧布瓦特 (Louis-A. Boiteux) 的著作中借用的這句話[450]把事情說得一清二楚。

可是，早在15世紀前，某些船隻的載運量已極度增加，以往的合夥制 319 在技術上已無力勝任建造、維修和駕駛這些船隻的任務。大船不再實行「區劃制」，而實行「份額制」在更多的情況下，一艘船可分成24「開」（這一規律並不普遍，根據1507年3月5日的一張契約，一艘馬賽的船「被分成11份，而這11份中的每一份有時還可分成2小份或4小份」）。船份持有人每年領取紅利，但他並不出海航行。如他在領取我們姑且簡單地稱之為「開票」的紅利時遇到困難，他便請法官進行仲裁。16世紀拉古沙的近千噸巨舶（少數甚至超過千噸）為我們提供了船份制的典型例子，這些大船的船東當時分佈在地中海沿岸各基督教國家的港口。一艘帆船剛到熱那亞、利佛諾或另一個什麼港口；「開票」持有人便試圖索取其應得的紅利，有時不惜使用威脅手段：船長於是應說明情況和提交帳目。

以上的例子很清楚說明了海上航運的演變過程，這一演變在北海、聯合省和英國反覆出現，並產生二倍、三倍的後果。

一方面，船隻和出資人之間的聯繫日益增多。據我們所知，有的出資 320 人是船東（17世紀的一名英國富翁在67艘船所擁有的股份[451]），有的供應給養，如向捕鱈船供給食物或工具，船隻返回時可得三分之一或其他份額的利潤。

另方面，必須想到，除開按照一定比例（船份）分擔風險和紅利的真正商業活動外，還有常見的所謂「風險貸款」，這種貸款與進行中的商業活動以及與船隻航運逐漸脫離，而幾乎成為一種單純的金融投機。寫於

JE *François Ledos* demeurant à *Cherbourg*
Maître après Dieu du Navire nommé *La Marie Joseph* du port
de *Cinquante* Tonneaux ou environ, étant de préſent à Cherbourg, pour du premier tems
qu'il plaira à Dieu envoyer, aller à droite route à *Roüen*
reconnois & conſeſſe avoir reçu & chargé dans le bord de mondit Navire, ſous le franc-Tillac
d'icelui, de vous Meſſieurs POTEL, Freres *La Quantité de Vingt huit*
Tonneaux ſoudes de Vareq, allant en Paſſedebout p.. la Verrerie
Pour Compte & Risques de qui Il appartiendra

le tout ſec & bien conditionné & marqué de la marque en marge ; leſquelles Marchandiſes je
promets & m'oblige porter & conduire dans mondit Navire, ſauf les périls & riſques de la Mer,
audit lieu de *Roüen* & là les délivrer à Meſſ: *Le Borgne et Comp.*
en me payant pour mon Fret, la ſomme de *Douze Livres par Tonneau, pour
toutes Choſes*
avec les avaries ſelon les Us & Coutumes de la Mer. Et pour ce tenir & accomplir, je m'oblige
corps & biens avec mondit Navire, Fret & Apparaux d'icelui. En témoignage de vérité, j'ai ſigné
trois Connoiſſemens d'une même teneur, dont l'un accompli, les autres de nulle valeur.
FAIT à Cherbourg, ce *Deuxième* jour de *Septembre* mil ſept cent *Soixante
et Quinze frs* qui Dit Etre *François Ledox*

瑟堡一船主的「載貸知照」。國家檔案館卷宗號62.AQ33。為作比較，請參看薩瓦里·德布呂斯龍的《辭典》，第2卷，第171至172頁。

1698年的《經商指南》一書[452]津津樂道地解釋了風險貸款究竟意味著什麼。大家知道，風險貸款是一種航海貸款，也就是從前所說的──請注意此詞──航海高利貸。貸款人採用的辦法是根據行程的長短確定利息為30%、40%或50%（如去印度，往返可能達三年多時間）。答應貸款後，你立即按正規手續辦理保險，投保的資金應是本金加利息，保險費率為4%、5%或6%。如果船隻在海上失事或遭海盜劫掠，你將能收回本金加預期的利益，減去保險費。你仍然賺得很多。《經商指南》接著說：「今天有些人十分精明，他們的貸款不僅要以船隻作抵押，而且要有信譽卓著的商人作擔保。」還有更精明的辦法，你先借進放出的貸款，如在荷蘭借款，那裡的利率比英國行市低二至三個百分點，如果一切順利的話，你就能不拿出資金而賺錢。這是把當時的交易所業務搬到海運方面來，而買空賣空正是交易所投機的精髓。

另一種演變正在同時進行。隨著海運事業的擴張，海運正分成幾個不同的部分，這首先在荷蘭是如此，接著在英國也是如此。第一個突出的事實是造船業開始作為獨立的工業而出現。在薩爾丹和鹿特丹[453]，一些獨立

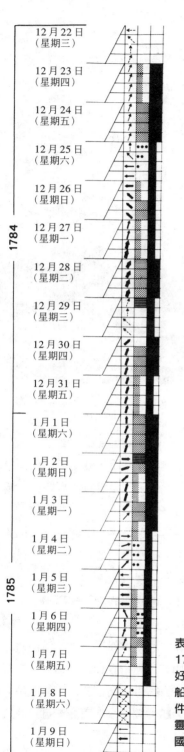

	上午
	下午
	傍晚
	夜間

風

	微
	小
	平
	大
	強

雨

	持續
	間斷

天氣

	多雲
	有雲
	少雲
	霧
	晴

海面

	巨浪
	多浪
	平靜

表(26) 駛出港口 法國的輕巡航艦「獵兔狗號」於1784年12月22日進入加地斯灣；該艦運氣很好，只等到1785年1月9日，便繼續航行。從船上記載的《風向日記》可以看到大西洋氣候條件的逐日變化。圖上的箭頭表明風力和風向。心靈手巧的柏丁繪製了這一傑出的圖表。資料來自國家檔案館，卷宗編號A.N，A.E，B1，292。

阿姆斯特丹造船廠。腐蝕版畫。貝寇森 (L. Backuysen)(1631至1708年)作畫。

的造船主接受商人和國家的定貨，並能相當出色地滿足要求，雖然造船業當時還處於半手工業狀態。甚至在17世紀，阿姆斯特丹不僅是訂造與出售新船的場所，而且是買賣舊船的龐大市場。此外，一些經紀人專門爲運輸者聯繫待運的貨物，或爲商人聯繫運輸的船隻。當然，還有一些保險人，他們已不再像過去那樣是兼營保險業務的商人。保險事業開始普及，但並非所有的運輸者和商人必定實行保險。即使在英國也是如此。雖然我在前面已經提到，英國的勞埃德公司經營保險業務取得很大成功。

可見在 17 世紀，特別在 18 世紀，遠洋航運方面的投資和活動十分活躍。由於「啓航費」數額很高，周轉時間長達幾年，投資者和造船主（雖然該詞很少出現）已成爲必不可少。甚至國家也從中硬插一手，這種情形本身並不新鮮：15和16世紀的義大利商船由威尼斯市政會議建造，然後交給貴族作遠程商業航行之用。同樣，葡萄牙的帆船，16世紀海上的龐然大物，是里斯本國王的財產；東印度公司的大船（我在後面再談）可以說具有資本主義性質，但也歸國家所有。

可惜的是人們對這些船東團體的細節及其資金來源（肯定來自很多方

322

面）了解甚少。下面的幾個例子顯然選擇不當，因爲都是失敗的例子。但是歷史學家受到資料的限制，失敗繼之以訴訟，留下的痕跡因而比成功的航行更多。

1787年12月，巴黎的二位銀行家還不知道「卡納特號」事件將如何收場，這艘船於12年前（1776）由貝拉爾兄弟公司在羅利安建造，準備前往法蘭西島（模里西斯）和波旁島（留尼旺島），然後去朋迪榭里、馬德拉斯和中國。借方以該船的船身和貨載作抵押，向銀行家借得風險貸款18萬里佛，利率爲28%，爲期30個月，爲謹愼起見，銀行家們在倫敦的朋友處投了保險。「卡納特號」從未到達中國，在通過好望角的時候，船身出現了漏水，無法繼續航行。經修理過後，終於從法蘭西島駛到朋迪榭里，在那裡，再次出現漏水現象。該船於是離開了朋迪榭里的敞開錨地，沿恆河駛往昌德納加進行修理，從1777年9月25日至12月30日在那裡　323
躲過多天的季風。隨後，在滿載孟加拉的貨物後，該船又前往朋迪榭里，然後再返航歐洲，一路平安。不料1778年10月，在西班牙海岸邊，該船被英國海盜所劫持。如果能讓倫敦的保險人給予賠償，事情倒也比較好辦，但保險人的律師在法庭上聲稱，「卡納特號」從法蘭西島開始便故意改變其航線，因而贏得了勝訴。銀行家們便轉身去找船東，「卡納特號」之所以偏離原定航線，責任應由船東承擔。於是又要打一場新的官司[454]。

另一件事是南特的哈爾洛-孟肯豪塞合股公司於1771年宣告破產[455]，但財產直到1788年9月尚未得到清理。在債權人中有一個名叫威爾海米（Wilhelmy）的「外國人」（我們對他沒有更多的了解），他在造船主已出海的5艘船上擁有六十四分之九的股份（約等於6萬1300里佛）。債權通常分爲優先（第一位）和普通（第二位）兩種。人們找到了一些正當的理由，推翻布列塔尼高等法院的裁決（1783年8月13日），而把威爾海米列入第二類，並得到商事院的認可（1788年9月25日）。威爾海米大概未能收回他的投資。至於他是否保了險，這也不清楚。總之，這個故事給人的教訓是，面對巧言善辯的律師，即使你把所有王牌都抓到手，你仍可能輸理。我得承認，對於律師從容不迫的推理論證，我懷有特別的愛好。

即使經過保險的風險貸款也並非毫無風險，只是風險較小，值得碰碰運氣，因爲遠程貿易投資大，時間長，紅利也就豐厚。風險貸款幾乎是大資本投資海洋運輸業的唯一途徑，這絲毫不令人奇怪，因爲風險貸款是一項複雜的投機活動，其目標實際上主要瞄準著商人的利潤，而並非運輸者的利潤。對於普通的短途運輸（或者對於那些在聖路易時代顯得很長，但

現在已變成十分普通的航程），大資本聽任小腳色去逞能。這同陸路上的
車輛運輸情況相同。

　　例如在1725年，一些英國小船在阿姆斯特丹和聯合省其他港口[456]爭
先恐後地接受遠屆地中海的運輸任務，運費開價大大低於慣常的行市，因
而使常走這條航線，裝有重炮，必要時可抗禦柏柏爾海盜的荷蘭船或法國
船無事可做。這個事實證明，大船不一定處處都勝過小船。如果我們擁有
藉以計算的資料，我們可以看到，凡在利潤較小的領域裡，小船有更多的
可能勝過大船。一位名叫威爾弗雷德·布呂萊茨 (W. Brulez) 的比利時歷
史學家就此問題寫信給我說：「我曾對16世紀末年幾艘荷蘭船的13次旅
行算過一筆帳，其中多數是在伊比利半島和波羅的海之間航行，另有一次
前往熱那亞和利佛諾。算帳結果表明，純利潤總計在6%左右。有幾次航行
的利潤當然較高，但另一些航行卻讓船主虧本，還有的是不賺不賠。」由
此可見阿姆斯特丹於1629和1634年籌建海運保險公司的計劃終告失敗的
原因。商人反對這種計劃，他們的理由之一是擬定的保險率超過了可預見
的利潤率，或者說負擔過重。在17世紀初，情形也確實如此。但在後來，
仍有許多小船爲小企業主工作，我們在以下事實中將找到證據：往往船主
只是一人，不是由幾名船東共有。在波羅的海從事貿易或參加「環行」（即
駛往盧昂、聖瓦雷利、倫敦、漢堡、不來梅等附近港口，每艘船輪流載貨）
的荷蘭船隻，絕大多數屬於這種情況。18世紀漢堡的船隻絕大多數也屬於
這種情況。

可以計算的實際情形：資本和勞動

　　如同對於工業活動一樣，爲了確切計算運輸的利潤，我們必須從內部
進行觀察，並試圖得出一個計算模式。既是模式，那就要拋棄次要的、非
典型的和偶然的因素。在涉及過去的航行時，偶然的和次要的可變因素簡
直不計其數。在成本方面，存在大量可變因素；如果說有規律可循，這些
可變因素恰巧躲開了規律。在「海上風險」這個名詞下面，可列出無數種
災害：其中有戰爭、劫掠、報復、徵用、查封；變化不定的風向有時使船
滯留港內，無所事事，有時則使船偏離航線；還有不斷出現的海損（船艙
漏水、桅杆折斷，船舵待修）；還有在岸邊或海面觸礁，貨物或能撈回，
或者無法打撈；風暴迫使船隻減少壓艙，並把部分載物扔進大海；船上發
生火災，使船面燃起熊熊大火，連吃水線以下也被火吞沒。甚至當終點港
已遙遙在望時，也可能大難臨頭：西印度航線有多少條船在通過聖路卡巴

拉沙洲時不幸失事，而那裡距塞維爾只差幾小時的平穩水路！有位歷史學
家曾說過，一條木船能維持 20 至 25 年。我以為，假如一切都很順利，這
是木船最長的壽命。

　　與其去設想一個模式，聰明的辦法還是滿足於研究具體實例，注意幾
條船的前後經歷。但是帳目對一條船的長期效益並不關心，更注意的是每
次往返航程的結算，而且對支出項目的分配不總是列得一清二楚。聖馬羅
的 7 艘船於 1706 年遠航至太平洋沿岸[457]，有關這次遠航的帳目總算提供
了幾個有價值的數字。試舉其中的「馬里波號」為例：按整數計算，啟航
費的支出達 23 萬 5315 里佛；旅途中的開支為 5 萬 1710；返回時為 8 萬
9386，合計支出 37 萬 6411。如果把這些支出按固定資本和流動資本分
類，就得到以下數字：流動資本（船員的食物和工薪）25 萬 1236 里佛，
固定資本（買船款，塢修費，裝備費，很少的一般費用）12 萬 5175 里佛，
差不多是 2 與 1 之比。除這些數字外，我們的圖表還提供另外 6 條船的數
字：所有這些見證有某些相似之處。我們對這個巧合雖然不必過分重視，　325
但是應該注意到，於 1465 年前往中國作遠程商業航行的一艘日本船的帳目
也提供了相同的見證[458]，並且有精確數字為依據。桅具和船身價值 400
貫；船員在預定的 12 個月航程中的夥食為 340 貫，工資為 490 貫；流動資
本和固定資本的比例是 2 與 1 之比。

　　可見，直到 18 世紀為止，無論對船隻或對大多數手工工廠，流動資本
的支出大大超過固定資本總額。只要想到航程很長及其帶來的後果——投資
周轉緩慢，需支付船員許多個月的工資和夥食——就會覺得這個結果很合邏
輯。但正如手工工廠一樣，流動資本和固定資本的比例關係在 18 世紀趨向
於顛倒過來。以下是 18 世紀下半葉南特的三艘船的航行總帳，它們是「雙
諾通號」（1764），「瑪格麗特號」（1776，聖多明哥），「蘇弗朗大法官
號」（1787，安地列斯群島）。對這三次航行來說，流動資本和固定資本的
比例分別是 47,781：111,517；46,194：115,574；28,095：69,827（順
便指出，它們的航程沒有聖馬羅幾艘船那麼長，後者遠至秘魯沿岸[459]）。　326
在以上三種情況下，比例關係大致是 1 與 2 之比，與 1706 年時的情況恰好
顛倒過來。

　　這些抽樣調查既不完善，又很局限，因而問題並未解決。但問題卻已
被提了出來。固定資本的比重有了很大增加。人不再在支出帳上佔第一
位。機器開始領先，而船隻也是機器。這個認識目前尚立足未穩，如果它
能得到證實，將具有很大的意義。我們將能把它同拉爾夫·戴維斯（R.

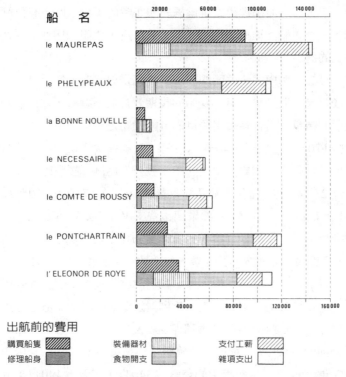

船　名

| | 20 000 | 60 000 | 100 000 | 140 000 |

le MAUREPAS

le PHELYPEAUX

la BONNE NOUVELLE

le NECESSAIRE

le COMTE DE ROUSSY

le PONTCHARTRAIN

l' ELEONOR DE ROYE

0　　40 000　　80 000　　120 000　　160 000

出航前的費用

| 購買船隻 | 裝備器材 | 支付工薪 |
| 修理船身 | 食物開支 | 雜項支出 |

表(27)　根據聖馬羅7艘船的帳目算出的固定資本和流動資本　這些船隻前往南海，返回法國後於1701年算了一筆帳。最大的支出是船員的食物和工資。流動資本佔著首要地位。資料來自國家檔案館，卷宗號殖民地部F²A，16。圖表由讓尼納‧費埃德-雷庫拉夫人 (Mme Jeannine Field-Recurat) 繪製。

Davis)、諾斯、加里‧華爾頓 (Gary M. Walton) 的見解作一比較，他們指出，1675至1775年間，北大西洋運輸業生產率大約增長了50%（年增長率爲0.8%[460]）。流動資本和固定資本比例關係發生變化的原因究竟是什麼？船隻構造的複雜（例如，船身包銅）和船價上漲無疑是個原因。但爲確切衡量船價上漲的意義，必須把它同18世紀物價的普遍上漲相聯繫，同時應了解船身的壽命及材料的折舊率是否發生了變化。此外，船員的工資以及船上夥食的價格和質量是否出現相對下降？或者船員人數與船隻噸位的比例有所減低，而高級船員（船長、管事、領航、文書）和水手更能適應他們的任務（直到18世紀初，水手往往是些沒有熟練技術的普通勞力）？「拉伕制」雖然只把嫌疑犯押上軍艦充當水手，但這也是一個見證，說明整個海上生活狀況的惡劣；但在這些背後又掩蓋著什麼事實呢？以上提出的所有問題至今沒有令人滿意的答覆。

　　話說回來，船隻的生產率同所運貨物的數量、價值和命運有聯繫。我

們前面計算的僅僅是運輸開支。如果船主簡單地以運輸為業，他只要根據這些支出去收取運費，以保證其應得的利潤。16世紀在地中海通常從事短途運輸的拉古沙大帆船就是這麼做的。地中海或別處的成千上萬般中小船隻也是這樣。這是一個困難、危險和收入不高的職業。我們以上為進行計算而舉的實例都不涉及租船。這是商人們為裝運自己的貨物而造的船，因此參與商業活動的船隻超出了運輸的範圍，或不如說運輸被納入商業的範圍。確實，在從事遠程貿易時，同所運貨物的價值相比，航行的風險和成本是如此之高，因而不能把運輸想像是單純的租船業務。我們下文還要談到這個問題。在正常情況下，遠程運輸作為商業活動的組成部分，分擔商業支出和商業風險。

失敗多於成功

這冗長的一章可以用幾句話作概括。它首先描繪了生產的各個領域，接著又查清資本主義對這些領域的入侵，資本主義即便進入這些領域也不把根子紮得很深，通常只是淺嘗輒止。總而言之，前工業時期的資本主義在這些領域的努力，失敗多於成功。

除開個別例外，當時的資本家，也就是說，兼顧眾多活動的「大商人」，並不全力以赴地投身到生產中去。他從不是立足於土地經營的地主：雖然他往往收取地租，他真正的利潤和關注卻在別處。他也不是克盡職守的工廠主或運輸承包人。當一名商人擁有一艘船或船的一部分時，當他控制一個包買商系統時，這始終取決於他們的真正身份，這是因為市場、交易所、交換網、一系列的交換環節以及真正產生利潤的銷售部門要求他這樣做。

例如前面談到的佩雷兄弟自己有船，但對這些大力開展安地列斯群島貿易的波爾多商人說來，節省租船開支只是一個十分次要的原因。自己有船，就能選擇開航的日期和及時到達目的地，甚至有單獨抵達的機會；自己有船，就能自由調動船長，讓他執行這項或那項指令，或根據當地情況作些變通。各種商業機遇因而都掌握在自己手裡。同樣，我們已經談到的於1706年購買和裝備了聖馬羅船的那些商人，他們首先關心的是交船運往智利和秘魯海岸的貨物以及返程時載運的貨物。在戰爭時期從事這項冒險活動需要保密，但許諾的利潤很高（後來果真兌現了），必須自己是船的主人，才能穩操勝券。運輸在這裡又一次處於次要地位，被一系列其他活

動所淹沒。同樣，在柯爾貝爾去世後不久，巴黎十分富有的服飾用品商在呢絨手工工廠投資，主要是爲了取得在法國和外國出售這些呢絨的專利權。每當專利權出現問題，他們都奮力加以維護[461]。

　　總之，資本主義很少有理由離開自己的領域。只是出自貿易的需要或受到利潤的誘惑，資本主義才與生產相結合。只是在工業革命時，當機器改變了生產條件，以致工業將成可爲有厚利可圖的部門時，資本主義才會侵入生產部門。資本主義將因此而受到深刻的改造，尤其將擴大範圍。但是資本主義並不因此改變見異思遷的性格，因爲隨著時間的遷延，在19和20世紀，資本主義將有工業以外的其他選擇。工業時代的資本主義遠不僅僅與工業生產方式相結合。

資本主義在自己家裡

Le Capitalisme Chez Lui

329 　　資本主義雖然在流通領域就像在自己家裡一樣，但它並不完全佔據這個領域。它通常在活躍的交換場所才如魚得水。它對傳統的交換，對小範圍的市場經濟興趣淡薄。即使在最發達的地區，它承擔一些任務，分擔另一些任務，對它不願接受的其他任務，它乾脆撂開不管。在這些選擇中，國家有時與它通力合作，有時給它處處作難；唯獨國家有時能替代它，排斥它，或者強制它接受它不願扮演的角色。

　　另方面，大商人毫不困難地把收集、貯存和零售的日常小事以及普通的市場供應推給店舖主和零售商去做，這類小事受到陳規舊例的束縛，不能有很多的迴旋餘地。資本主義處在一個不斷擴大的「集合」的內部，後者在自身的運動中承受和支撐資本主義的向上運動。資本主義在商品社會中所處的這個巔峰地位大概是個重要的實在，因爲這一地位能使資本主義獲得法律上或事實上的壟斷，並且操縱物價。總之，我們應該從這個高度去發現和觀察本章的全貌，進而了解邏輯推理過程。

331 # 在商業社會的高層

　　無論何地，商業生活的現代化始終伴隨著強有力的勞動分工。這並非因爲分工本身勢在必然。正如亞當斯密所指出的，市場的擴大以及交換的發展推動了分工，並使分工達到了新的高度。歸根到柢，動力還是來自經濟生活本身，它使一些人突飛猛進，讓另一些人去完成次等任務，從而造成商業生活中極度的不平衡。

商人的等級

　　在任何一個時代，從沒有一個國家的商人處在唯一的和相同的水平上，他們之間從不是平等的和可交換位置的。西哥特人的法律已談到「外洋商人」[1]，這些與眾不同的商人飄洋過海，販賣勒旺地區的奢侈品，他們顯然是在羅馬帝國末期已在西方的「希利人」（Syri，操希臘語的猶太徒和基督徒）。

　　在11世紀的經濟復甦後，不平衡在歐洲變得越來越明顯。義大利城市自從與勒旺地區恢復貿易後，那裡的大商人階級便開始形成，這些富商巨賈隨即取得了城市貴族的資格。由於隨後幾個世紀的繁榮，商人的等級化趨向更有所發展。金融業正處在這一演變的頂峰。還在香檳區交易會那時候，錫耶納的布翁齊諾利家族主持「大桌」公司，這家大商行專門經營銀

《在國外經商的銀行家兼大商人》，1688 年的版畫。

行業務，馬里奧・喬達諾 (Mario Chiaudano) 為該公司寫了一本書，標題是《200家族中的羅思柴爾德》[2]。義大利後來成了西歐各國的榜樣。例如在13世紀的法國，大商人在貝雲、波爾多、拉羅歇爾、南特、盧昂等地的影響已很明顯。阿羅德、鮑潘、巴培特、皮茨多埃、帕西、布爾頓都是巴黎著名的大商人，在1292年人丁稅冊中，季堯姆・布爾頓 (Guillaume Bourdon) 是巴黎的納稅大戶之一[3]。據呂特格認為[4]，德國從14世紀開始出現零售商和批發商的區分，原因如下：貿易距離的延長，使用不同貨幣的必要，分工的加強（店員、經銷人、倉庫保管），以及由於經常使用信貸而必須採用簿記。在這以前，大商人保留其零售舖，他與僕人和學徒的生活水平相同，就像工匠師傅與其幫工一樣。等級分化已經開始，雖然遠未完成：在很長時期內，各地的批發商繼續從事零售，甚至在佛羅倫斯，甚至在科隆，也是如此[5]。但大宗貿易無論在社會還是在經濟方面開始與普通的小商業有了明顯的區分。此事確實非同小可。

　　所有的商業社會遲早都會製造這樣的等級體系，這在日常的語言中可以看出。伊斯蘭地區的「塔依爾」（tayir）是在家裡指揮經銷人和代理人行動的大進出口商。他與集市的小店主（hawanti）毫無共同之處[6]。孟利克師傅於1640年經過印度的亞格拉，當時這還是一座大城市，當地人稱小商人為「索達戈爾」（sodagor），即我們在西班牙所說的「雜貨商（mercader），但有些人另有「卡塔利（katari）的特殊名稱，這是當地以經商為職業的人的最高稱號，意思是「極其富有和信譽卓著的大商人」[7]。西歐的語彙也反映類似的差異；批發商（négociant）是法國的katari，是商人中之佼佼者；這個詞（négociant）於17世紀出現，但並未立取代原已存在的marchand de gros、marchand grossier、magasinier或grossier等詞（都是批發商的意思）；里昂稱批發商為marchand bourgeois。在義大利，零售商（mercante ataglio）和批發商（negoziante）的地位相距甚遠，正如英國tradesman和merchant之間有很大的差別一樣，後者在英國各港口專門經營遠程貿易；在德國則有小商販（Krämer）、商人（Kaufmann）和大商人（Kaufherr）的區分。科楚格利於1456年已看到，經營商業和普通售貨之間有著天淵之別[8]。

　　這不是簡單的用詞不同，而是能使當事者為之感到屈辱或者引以為榮的社會差異。站在金字塔頂上的是那些目空一切的金融家[9]。曾向馬德里的腓力二世放款的熱那亞商人鄙視任何商品交易，用他們的話講，這是「小店主和小商販」的行當；批發商也同樣鄙視店舖主。翁夫勒的大商人夏爾・

利翁 (Charles Lion) 於 1679 年抗辯：「你可別把我當作零售商，我不賣
鱈魚，而從事經銷業務」。從事經銷業務意謂著是批發商[10]。反過來，零
售商則表現忌妒乃至憤恨。安特衛普的這名威尼斯人經商看來並不十分順
利，他懷著一股怨氣斥責「爲宮廷和尤其爲百姓所深惡痛絕的大公司」，
這些公司的人「以炫耀財富爲樂」。人人都說，「這些大銀行吞噬」「貧民
小戶」，其中當然也包括小商人[11]。不過，小商人反過來又傲視那些用自
己雙手勞動的工匠舖主。

專門化僅在下層進行

在商人等級的下層，麇集著大批小商販，有沿街叫賣的，有「走鄉串
縣趕集的」[12]，有擺攤的，開小鋪的，以及形形式式謀求蠅頭微利的小本經
營者：各種語言都有成套的名稱用以確指種類繁多的下層商人。此外還加
上由商人世界派生的，並在很大程度上依賴這個世界生活的其他職業：出
納，會計，經銷人，代理人，不同名稱的經紀人，趕車的，航船的，送信
的，打包的，以及各種苦力和腳夫……每當一艘馬拉駁船到達巴黎，船還
沒有靠上塞納河的碼頭，便有許多腳夫從擺渡船中蜂擁而出，搶上駁船卸
貨[13]。商人世界就是這麼一個由許多既統一又矛盾的和逐級依賴的成分組
成的集合體，其中有爲低價收購一袋小麥而走遍窮鄉僻壤的小商販，有穿
著講究或衣衫破爛的店舖主，有坐鎮港口向漁船提供給養的資產者，有巴
黎、波爾多等大城市的批發商。所有這些人形成一個整體。與他們形影不 334
離的，還有令人憎惡但又不可或缺的高利貸者，從爲大人物效勞的金融家
直到錙銖必較的抵押放款人。據杜爾哥認爲（1770[14]），再沒有比「在巴
黎被稱作星期借款更凶的高利貸；這種借款意味著，如借三里佛的一枚埃
居銀幣，每週的利息爲二蘇，也就是說，如借100里佛，過一年後，本利
將達173又三分之一里佛。這個利率確實很高，但巴黎中央榮場和其他集
市的食品零售商確實都以這個利率借款。借款人對借貸條件並無抱怨，他
們如果借不到錢，便不能經營他們賴以爲生的商業；貸款人並不因借貸而
致富，因爲利息雖高，但它只是對資本所冒風險的補償。只要有一名借款
人無力償還債務，就能抵銷從 30 名借款人那兒得到的利息」。

可見，在社會這個大共同體內，還有商人的小共同體。我們不能忽視
這個小社會，而是應該全面地認識它。菲利普・呂茲・馬丁 (Felipe Ruiz
Martin)[15]一門心思地研究這個商人社會及其特殊的等級制度，他這樣做是
正確的，否則資本主義將很難被理解。在美洲被發現後不久，西班牙碰上

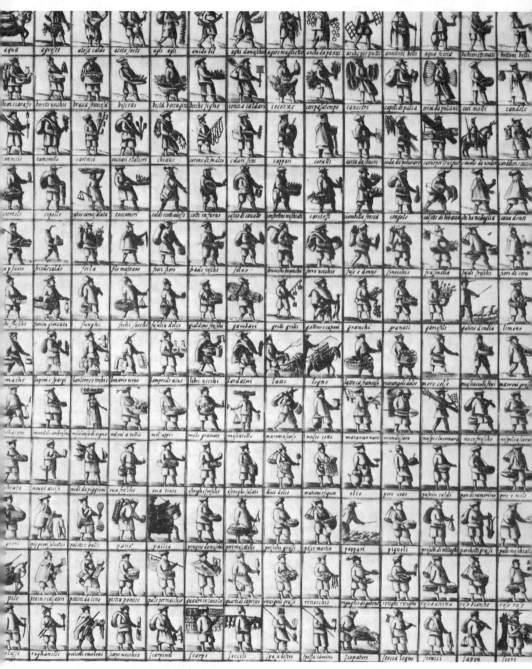

羅馬的市聲。羅馬至少有192個小行業，這表現了經濟底層的勞動分工。其中有的銷售各種農產品（包括草秸）、林產品（從蘑菇到木炭）、漁產品和手工產品（肥皂、掃帚、木鞋、藍筐），有的從事販賣（鯡魚、紙張、針、玻璃器皿、燒酒、舊衣），有的提供勞務（磨刀、劈柴、拔牙、烹飪）。

了千載難逢的好機會，但國際資本卻從西班牙手裡成功地奪走了這個良機。一個三級金字塔建立了起來：基層是農民、牧民、養蠶者、工匠、商販和「星期借款」的借款人；在他們之上的是操縱他們的卡斯提爾資本家；最後，高高在上指揮一切的是富格爾家族的代理商以及即將顯示其威力的熱那亞商人……

這種商業金字塔，這個特殊的社會，我們在整個西歐和所有的時代都能找得到。它有其獨特的運動。專門化和勞動分工通常在其中自下而上地在展開。如果人們把分工過程叫作現代化或合理化，這種現代化首先表現在經濟的底層。交換的任何發展都決定著店舖的更加專門化，以及在眾多的商業輔助人員中誕生特殊的職業。

奇怪的是，批發商並不遵循規律，很少專門經營某個行業。甚至店舖主發了財，變成批發商以後，也立即從專門化走向非專門化。在18世紀的巴塞隆納，每當店舖主的地位上升到一定程度時，便開始經營各項買賣[16]。康城一位名叫安德烈的企業家於1777年從父親那裡繼承了瀕於破產的花邊製造廠，他通過擴大購銷範圍來擺脫困境；他訪問了雷恩、羅利安、鹿特丹、紐約等城市。於是搖身一變而成為商人，不僅經營花邊，而且兼營布疋、食品和皮毛[17]。此事不足為奇，因為作為商人，他受到商業規律的制約。一旦變成和充當批發商以後，他不僅有權利，而且有義務去接觸很多的東西，如果不是所有的東西。我曾說過，在我看來，這種多方面發展並不能用大商人出於謹慎、希望分擔風險的考慮來做解釋（否則，小商人又為什麼不這樣做）。這種很有規律的現象也許要從更廣的方面去解釋。今天的大資本主義本身不是具有多種職能嗎？當今的一家大商業銀行可大致比作大革命前夕米蘭的安東尼奧·格雷比公司。這家公司主要從事銀行業務，但又經營倫巴第的煙草和鹽業專賣，在維也納為西班牙國王大量收購伊德里亞的汞。不過這家公司在工業活動方面沒有任何投資。它在義大利、加地斯、阿姆斯特丹、甚至在布宜諾斯艾利斯分設的許多子公司也經營多種業務，但同樣僅限於商業方面，從購買瑞典的銅（用以包裹西班牙船隻的外殼）到吉丹爾的小麥投機，到經銷義大利的棉布絲綢和向阿姆斯特丹市場提供各種產品；且不說它為匯兌業務一再使用米蘭這一商業重鎮與世界各大商埠之間的聯繫。還必須加上走私活動，如偷偷地把美洲的銀條在加地斯裝船[18]。另一個例子，荷蘭的特里普公司於17世紀不斷轉移活動中心和改變經營範圍。在某種程度上，它從一種壟斷轉向另一種壟斷，從與一方合作轉向與另一方合作，遇到對手威逼太甚，便毫不猶豫地與它

拚個你死我活。在貿易方面，它首先經營武器、柏油、銅和火藥（波蘭、印度乃至非洲的硝石），而且從不間斷；它廣泛參與荷蘭東印度公司的活動，並爲這家大公司提供了幾任總裁；它還擁有船隻，發放貸款，經營鍛鐵廠、冶金廠和其他工業企業；它在弗里西亞和格羅寧根挖掘泥炭，在瑞典擁有遼闊地產以及其他重大利益，與非洲的幾內亞和安哥拉以及與南北美洲進行貿易[18]。毫無疑問，在19世紀，當資本主義引入注目地投入廣大的工業新領域時，它似乎逐漸變得專門化，通史往往把工業當作最終賦予資本主義「眞正」面貌的歸縮。事情果眞如此嗎？依我之見，在使用機器生產的第一個高潮過去後，高級的資本主義又回到一種兼收並蓄和不可分割的狀態，似乎無論在今天或在賈克・科爾（Jacques Coeur）的時代，佔據這些制高點的好處恰巧是不局限於一種選擇，而是具有高度的適應性，因而不朝專門化方向發展。

合理的勞動分工只是在批發商以下進行：韋斯特費爾德（R. B. Westerfield）著作中所列舉的17世紀末倫敦眾多的商業中間人等級[19]——店員、經銷人、經紀人、出納、承保人、承運人或者早在17世紀末葉在拉羅歇爾以及其他港口分擔船隻「啓航費」的船東——他們都是有效地經營某項專門業務並爲商人提供服務的輔助人員。即使專門的銀行家（當然不是「金融家」）也聽命於批發商；在條件有利的情況下，批發商毫不猶豫地兼營保險、造船、銀行和經銷等業務。而且批發商總是能獲得最大一利潤。但在18世紀大商埠之一的馬賽，據夏爾・卡里埃爾（Charles Carrière）指出[20]，銀行家不佔至高無上的地位。

總之，在商業社會不斷的改組中，具有多種職能的批發商的地位長期不受侵犯，唯其如此，隨著下層結構的一再分化，批發商的地位不斷在提高和上升。在倫敦和英國其他的活躍港口，批發商於17世紀逐漸壯大，成爲在困難時期唯獨能夠贏利的商人。笛福於1720年指出，倫敦的批發商有越來越多的僕人，他們甚至還想同貴族一樣有「跟班的」。於是出現了無數穿藍色號衣的僕役，這些所謂「商人號衣」竟是如此普遍，因而貴族不再讓他們的僕役穿藍色號衣[21]。對大商人來說，他的生活排場，他的娛樂方式，總之，一切的一切，都發生了變化。依賴全世界的錢財致富的進出口商人成了大人物，只搞國內貿易的中等商人不能望其項背。據1763年的一名見證人說，中等商人「雖然在其崗位上做十分有用的工作，卻無問津高位尊榮的任何權利」[22]。

在法國，至少從1622年開始，大商人逐漸變得闊綽起來。他們「身穿

綢衣和長絨袍子」，把各種下賤活計交給夥計去做。「他們上午去匯兌市場……看不出像是商人，或者去新橋，在槌球場上談生意」[23]（這是在巴黎，槌球場是指「切萊斯廷會」修院附近的榆樹濱河路，匯兌市場設在現今的大理院）。他們的行為舉止與店舖主已沒有任何共同之處。何況1629年法令允許貴族從事遠洋貿易，而不喪失貴族資格。再後來，1701年法令進一步允許他們做批發生意。在一個依舊輕視商人的社會裡，這是對商人地位的一次重新評價。法國商人在這個社會裡感到不自在，這從他們於1702年致商事院的請願書可以看出。他們的要求只是進行一次職業清理，使商人從此與任何體力勞動者區分開來，後者包括藥劑師、金銀首飾匠、皮毛加工匠、針織工、酒商、織襪工、估衣商以及「具有商人資格但要自己做工的成千種其他職業」。總而言之一句話，商人的資格將只屬於那些「出售商品但不用自己花費力氣和增加勞動」的人[24]。

在整個歐洲，18世紀是大商人的鼎盛時期。讓我們僅僅強調這樣一個事實，批發商的興旺全靠底層經濟活力的發展，前者隨後者水漲船高。雖然熊彼得關於企業主佔先的思想包含真理，被觀察到的事實表明，在多數情況下，革新者是風雲際會的人物。但革新者成功的秘密是什麼？換句話說，怎樣才能被幸運所選中？

商業的成功

有一項條件決定所有其他條件：必須在事業開始時已達到一定的高度。無論今天和昨天，白手起家取得成功的機會十分難得。克勞德・卡萊爾（Claude Carrere）就16世紀的巴塞隆納所提供的生財之道適用於所有的時代：「要在大商業中賺錢，最好的辦法……是自己已經有錢」[25]。安托尼・霍格爾（Antoine Hogguer）是出生於聖加侖商人家庭的年輕人；就在1698年，即在只帶來短暫休戰的里斯維克和約簽訂後不久，他從父親那裡獲得了一筆10萬埃居的資金，「看他能有多大出息」。他在波爾多做成了「幾筆好交易，因而不到一個月就把本錢增加二倍」。在隨後的5年裡，他在英國、荷蘭和西班牙積聚了大筆資金[26]。加布里埃爾・居利安・烏佛拉爾（Gabriel-Julien Ouvrard）（後稱烏佛拉爾大亨）於1788年僅18歲，用他從父親（旺代地區昂蒂埃的富有紙商）那裡得來的錢在南特經商，並獲取大筆利潤。大革命初期，他囤積大量紙張，投機再次成功。他隨後前往波爾多，每次投機均告得手[27]。

對一個經商新手來說，有錢等於得到所有人的推薦。法蘭克福的雷米・

338

《批發商大全》一書的卷首畫，薩瓦里·德布呂斯龍著， 1675 年。

本薩在與有三名大商人擔保的一名盧昂經銷人訂立契約時感到猶豫，他寫道：「我對杜加爾先生頗有好感，這是一個工作勤奮和恪守信用的年輕人。可惜他沒有產業，至少據我所知是這樣[28]。」

　　經商新手的另一個機遇是要在開始時趕上好的經濟氣候。但這不能保證他有成功的把握。貿易環境常會風雲突變。每當商業轉向繁榮，天眞的小企業家紛紛投資經商。眼看風調雨順，他們信心十足，甚至有點趾高氣揚。壞天氣出奇不意地接踵而來，無情地給他們帶來沒頂之災。能夠逃脫這無妄之災的只是少數最幸運、最機敏的人或事先留有儲備的人。據此，我們將得出什麼結論：大商人恰恰是順利渡過難關的人。他之所以能夠做到，這當然因爲他有張王牌在手，並且懂得如何使用；如果事態發展很不順利，他還有韜光養晦的手段。比斯特 (M. G. Buist) 在研究阿姆斯特丹最大的6家公司的銀行帳目時指出，這些大公司全都安然渡過1763年突然降臨的嚴重危機，未受重大損失，除一家例外，但其損失也很快得到了彌補[29]。1763年正値7年戰爭結束，這場資本主義危機震撼了歐洲的經濟心臟，並導致了從阿姆斯特丹到漢堡，再到倫敦和巴黎的一連串商業破產。只有商界巨擘得以幸免於難。

　　若說資本主義的成功建立在金錢基礎之上，這似乎是句大實話，因爲資金對任何企業都不可缺少。但金錢除可用於投資外，還有別的用途。有了金錢就有了社會地位，以及隨之而來的一系列保障、優惠、合謀和保護；就有可能在各種買賣和各項機遇中選擇，而選擇同時是一種誘惑和一種特權；就有可能擠進一個不對外開放的小圈子，保護蒙受威脅的利益，彌補遭受的損失，排擠競爭對手，等待收回長期投資的優厚利息，甚至獲得王公的眷顧和關照。最後，有了金錢，也就有了取得更多金錢的自由，因爲人們只肯把錢借給富人。信貸逐漸成爲大商人不可缺少的工具。大商人的自有資金，即「本錢」，很少能滿足他的需求。杜爾哥寫道[30]：「世界上沒有一個商埠不靠借錢來發展企業；也許沒有一個商人能不求助於別人的腰包」。一位匿名作者在《商報》（1759）[31]撰文驚呼：「一家資金爲20至30萬里佛的商號，每年的營業額卻高達幾百萬里佛，經營者應該精於組織，工於心計，善於謀略，並且具有極大的勇氣！」

　　但據笛福認爲，整個商業界從上到下都處在相同的境地。無論是店舖主或批發商，手工工匠或工廠主，所有人全都依賴信貸爲生，也就是說，依賴期貨買賣爲生，因爲正是期貨買賣能用 5 千里佛的資金達到每年 3 萬里佛的營業額[32]。每人提出或接受的付款期限其實是一種「借貸方式」[33]，

339

期限甚至有彈性：「在20個人中間，沒有一個人遵守約定的時間，人們對此一般不抱任何期望，商人間在這方面很容易彼此通融」[34]。在商人的帳本上，除開存貨以外，必定有債權欄（資產）和債務欄（負債）。聰明的辦法是力求二者的平衡，而決不是放棄這種足以使貿易額增加4、5倍的信貸形式[35]。整個商業體系的存亡取決於信貸。一旦信貸停止，發動機就會卡殼。關鍵在於，這是一種爲商業體系固有的並由該體系產生的信貸，一種「內在的」和「不計利息」的信貸。笛福認爲，這種信貸的蓬勃發展正是英國經濟繁榮的秘密，也是英國遠播國威的秘密所在[36]。

　　大商人讓他的顧客從這些內部便利中得益，並且自己也從中得益。與此同時，他還經常使用另一種信貸形式，即向商業系統以外的放款人和出資人借錢。這是需要支付利息的現金借貸。這與前一種信貸形式有天淵之別，因爲建立在這個基礎上的商業活動在活動結束時應保證取得明顯高於利率的利潤率。笛福認爲，這不是普通商業所能做到的事，在他看來，「有息借貸是啃食利潤的蛀蟲」，即使以5%的「合法」利率計算，也足以抵銷全部利潤[37]。借用高利貸更是一種自殺行爲。如果大商人能不斷舉債，利用「他人的錢袋」和外來信貸，他的平均利潤肯定大大高過普通商人的利潤。我們在這裡再次面對一條分界線，它指出了交換領域內一個特權部門的特點。喬杜里 (K. N. Chaudhuri)[38]在他的一部著作（我們將廣爲引證）中問道：爲什麼素負盛名的東印度公司的業務範圍不包括分銷？爲什麼東印度公司在預先通知的日期在倉庫門前拍賣貨物？這難道不僅僅因爲拍賣是用現金交割的嗎？這是避免大宗貿易諸如付款期限過長等積弊的一個方法，藉以盡快地、不失時機地收回資本和重新投入利潤豐厚的遠東貿易中去。

出資人

　　馬克思說過：「積累啊，積累啊，這就是摩西和先知們！」[39]我們也完全可以說：「借貸啊，借貸啊，這就是摩西和先知們！」任何社會都通過積累，擁有一定的資本，一是一潭死水般的積蓄，另一是通過活躍的經濟渠道發揮良好作用的資本，而在昨天的世界，最活躍的是商品經濟。如果商品經濟這股活水不足以同時打開所有可能的閘門，勢必就有資金流通不暢，甚至可以說，出現腐化變質。只是當積累的資金得到最大限度的利用時（100%的程度顯然從未達到），資本主義才完全站穩腳跟。

　　資金投入經濟生活決定著利率的變化，利率則是表現經濟和貿易的健

康狀況的重大指標之一。利率在 15 至 18 世紀的歐洲幾乎不斷下跌，利率在 1600 年的熱那亞低得可笑，在 17 世紀的荷蘭，接著在倫敦，利率以驚人的速度下跌，這主要因為積累增加了資本總額，由於通貨充沛，借貸利息相應下降，商業營業額雖有增長，卻往往跟不上資本形成的速度。另一個原因，在這些欣欣向榮的國際經濟中心，借貸的需求相當強烈和頻繁，因而很早就實現了投資和積儲的結合，建立了易於進入的融資市場。商人在馬賽或加地斯借款比在巴黎容易，而且利率也比巴黎低[40]。

　　在出資人中，我們不能忘記大量越來越多的小角色，他們的資金是清

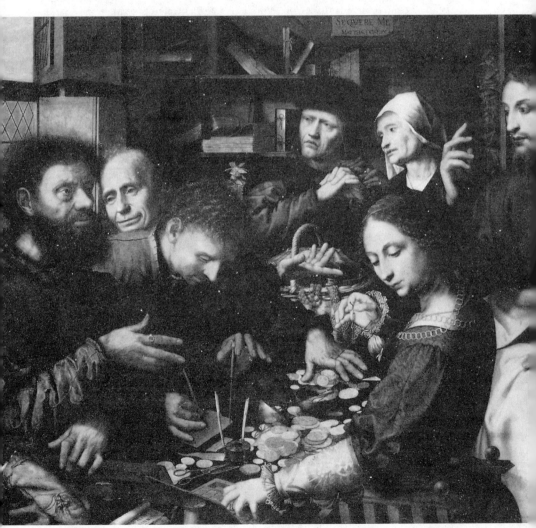

貨幣兌換商。《聖馬太的志向》，約翰‧凡‧赫梅桑 (Jan van Hemessen) 作畫，1536 年。

白無辜地積攢起來的。在漢薩同盟或義大利各港口，以及在16世紀的塞維爾，都存在一些小放款人或小發貨人；小發貨人把幾件貨物托出港的船隻帶走，當船隻返航時，他們往往急於把帶回的貨物脫手，因為他們立等錢用。1557年的里昂大借款吸引了大批小放款人。奧格斯堡的赫希斯泰特爾家族在籌集了小放款人的資金後，由於汞業壟斷未能成功，於1529年破產。18世紀初葉，「J・-B・布呂尼 (J.-B. Bruny)[馬賽大商人]的跟班在『聖・約翰・巴蒂斯特號』存下300里佛；R・布呂尼 (R. Bruny)[也是一名大商人]的女僕瑪格麗特・特呂范姆為建造『瑪麗安娜號』投資100里佛，而她的年工資不過60里佛」[41]，這些都是值得重視的事實。或據1705年的一份揭帖說，巴黎某女佣竟在5大包稅所擁有1千埃居的巨款，我們對此不一定完全相信[42]。

　　除小放款人外，還有中等放款人。如向腓力二世提供短期貸款的熱那亞商人，本身就依靠中間人為他們在西班牙和義大利放款人中徵集貸款。國王用西班牙年金債券（juros）充當借款的擔保。交給熱那亞銀行家的空白債券接著公開發行，銀行家保證支付利息，這樣，銀行家一舉籌得本金總額，他本人只不過訂立了一項低息借款契約而已。當國王償回債款時，銀行家便把同等面值的債券退還給國王，按原先商定的息率來計息。人們或許能在錫曼卡斯檔案館找到年金債券認購人的名單。我曾有幸發現一張名單，當時因不懂它的價值，忘記記下其檔案編號。

342　　中小貸款很少具有投機性質，了解這些貸款的總額以及貸款人的數量和社會地位，想必是不乏興味的。19世紀的大事之一正是年金債券購買人的增多。這個現象在18世紀的英國和荷蘭逐漸普及，在威尼斯、熱那亞或佛羅倫斯冒頭的時間更要早得多。一位歷史學家曾說，在1789年認購路易十六公債的人約在50萬左右，其中以巴黎人為主[43]。這個數字還有待證實，雖然並非不可能。總之，有一點是清楚的，即小筆積蓄經常用於購買國家的年金債券，很少用於商業投資。

　　中等放款人往往有相同的想法，他在貪圖厚利和求得保險之間徘徊，而且往往是後一種選擇取勝。不要以為《投資指南》（1673）[44]一書只是鼓動人們去大膽冒險。該書說道：「今天沒有人再吹噓家裡存著閒錢……總有許多投資機會可供選擇，特別自最近以來，經常發行各種年金債券，機會就更多了。」這個建議其實是要人們認購不擔風險的年金債券。

　　真正的和舉足輕重的出資人通常是些大人物，他們於18世紀末被冠以「資本家」的專門稱號。作為商業活動的旁觀者，他們在別人巧妙的慫恿

下，有時難免會輕舉忘動（笛福認爲，發跡後退休的商人容易喪失理智），但在多數情況下，他們的決定都經過精打細算。任何富翁或遲或早總要加入這類出資人的行列：經常借用包稅人名義掩蓋自己眞實身分的法國長袍貴族[45]；身爲市政官吏的荷蘭大放款人；威尼斯的城市貴族（16世紀的一份文件告訴我們，他們以保險人資格爲市政會議委任的小包稅人提供擔保[46]）。可以肯定，這種擔保不是免費提供的。在拉羅歇爾，商人和船主有「爲他們出資的專門班子」[47]。熱那亞商業界的上層人士，即人數不多的所謂舊貴族，都是出資人，關於他們的活動，我們後面還有機會談到。從1614年起，在阿姆斯特丹銀行的支持下，當地曾開設了一家發放商業貸款的銀行。到了1640年左右，這家銀行改營信託業務，把貸款職能讓給私人資本[48]。荷蘭的勝利是信貸的勝利，即使外國商人在荷蘭也容易取得貸款。在 17 世紀的倫敦，金融市場已不是那麼簡單了[49]。現金十分匱乏，發展信貸勢必要求助於專事證券交易、抵押借貸和土地買賣的中間人或掮客，特別是那些組織認購英國國家債券的金融家，他們已經是名副其實的銀行家；品托強調指出，英國的國家債券將迅速變成眞正的輔助貨幣[50]。

　　18世紀中葉，當法國尚未開始在商業方面趕上荷蘭和英國前，那裡的情形與別國迥然不同。信貸系統在法國很不健全，幾乎處於地下狀態。社會環境不利於信貸的發展。不少放款人由於其地位（作爲國王的官吏）和身分（害怕因此失去貴族的資格）而希望在放款時能保守秘密。借款人也怕張揚，擔心有損自己的信譽。在某些商界人士中，舉債的公司容易遭到懷疑。　343

　　1749年[51]，盧昂的一名大商人，名叫羅伯特‧杜加爾 (R. Dugard)，通過正當途徑掌握了某些工藝秘密，有志在盧昂市郊達爾訥塔創辦一家棉布印染手工工廠。萬事齊備，獨缺資金。在有進項以前必須先行借款。杜加爾的合夥人之一小盧維 (Louvet le Jeune) 主持這項困難的集資事務。他跑到巴黎去四處活動，想用債據和期票換取現金。他的意圖是到期償還，然後重新再借。根據他留下的信件，我們可寸步不離地跟隨他活動，他來回奔走，磨破嘴皮，有時成功，有時失望，不斷拜訪同一些人家，盡量懇求，有可能的話也動之以友情。他對開始感到不耐煩的杜加爾寫信說：「讓我再試試，凡做任何事情，總是需要時間，尤其是眼下這件事情，人們更是要考慮再三……換個別人，膽子比我大些，頭腦比我靈活些，也許走一趟就能把事情辦妥。我怕把門關死，一旦門被關死，那就坐

蠟了[52]。」他因此試行各種折衷的辦法。除發放債據（有的背書不記名）和提供期票之外，盧維寫道，「我們想請他們〔指那些審慎的貸款人〕以購買股份的方式貸款，我們在 5 年後將把本金隨逐年增加的紅利一起償還」。這些貸款人是另一名合夥人達里斯托瓦 (d'Haristoy) 的親戚。盧維還告訴我們：「達里斯托瓦先生去他的親戚家吃晚飯；我刺了他幾句，讓他犯點嘀咕」（1749 年 12 月 5 日）。關於這類需要讀上 3 遍 4 遍才能弄懂的繁雜手續，這裡正有一個極好的例子。他於 1750 年 1 月 28 日對杜加爾解釋說：「你可以開 2 萬里佛的支票一張，由勒祿先生於 2 月 20 日至 3 月 2 日付款，另一張 2 萬里佛的支票將於 12 月 2 日付款，這關係到我們的信譽；我為此已把可靠票據送出典押。或者，如果你更願意的話，我代你開出由他付款的支票，並把業已被接受的票據寄你。兩種辦法由你選擇。」小盧維在放棄了他在達爾訥塔手工工廠的股份後（該工廠於 1761 年呈報破產），終於栽了跟頭，並於 1755 年 2 月去倫敦躲債，「住在考勒曼街的斯提爾夫人家」，這些當然只是次要的細節。小盧維究竟是何許人呢？他是個能說會道的中間人，他「自告奮勇代人籌款」，為了借到款項，「不惜多次登門告借」，常因借款不能償還而被索取抵押，而且每當在波爾多和倫敦出現企業破產，各交易所突然全都關閉時，竟不能把資信最好的票據貼現。總之，在他當時所在的那個商埠，正常的商業信貸絲毫沒有組織起來。杜加爾是個大商人，經營包括海島貿易在內的各項業務。他本不難解決信貸的問題。尤其最為奇怪的是，資金在巴黎並不短缺。在巴黎、盧昂和加地斯設址營業的勒科特銀行拒絕接受存款，「我們自有的銀根太鬆」，「庫內存有閒散資金」，這種狀況於 1734、1754、1758 和 1767 年多次出現[53]。

344　信貸和銀行

在近代和中世紀的歐洲，銀行肯定不是什麼新發明。銀行和銀行家在古希臘古羅馬時代業已存在。伊斯蘭地區很早就有猶太放款人的出現。使用匯票等信貸工具也遠在西方前面，從 10 至 11 世紀已經開始。在 13 世紀基督教控制的地中海地區，貨幣兌換商（無論是在各交易會流動的或在巴塞隆納、熱那亞或威尼斯定居的）可算是最早的銀行家[54]。據梅利斯[55]認為，在佛羅倫斯以及托斯卡尼其他城市，銀行產生於各商業公司的互助需要。在這項活動中，主動的一方，即需要得到貸款的公司，發揮決定的作用，它使被動的一方，即提供資金的公司，間接地參加一項本質上與它

無關的商業活動。

　　我們且把這些起源問題擱下不談。我們也不談在公營銀行〔巴塞隆納的兌換銀行（Taura de Cambis）建於1401年；熱那亞的聖喬治銀行（Casa di San Giorgio）建於1407年，在1458至1596年間停止銀行活動；里亞托銀行（Banco di Rialto）建於1587年；阿姆斯特丹銀行（Bangue d'Amsterdam）建於1609年；威尼斯的流通銀行（Banco Giro）建於1619年〕成立前後私營銀行的一般演變。大家知道，在英格蘭銀行於1694年建立前，公營銀行只辦理存款和轉帳業務，不經營借貸或我們今天所說的有價證券業務。這些活動很早已屬私營銀行的業務範圍，例如一些被稱作「寫字間」（di scritta）的威尼斯銀行，或者那不勒斯的銀行（它們在16世紀的許多文書保存至今）。

　　但我們這裡並不打算多談這些具體實例，只想看一看信貸在何時和怎樣逐漸形成制度，銀行活動在何時和怎樣逐漸佔據經濟的主導地位。在西歐，銀行和信貸異常膨脹的現象大體上彰明較著地可看到三次：1300年前後的佛羅倫斯；16世紀下半葉和17世紀前20年的熱那亞；18世紀的阿姆斯特丹。三次膨脹在起步時都十分有力，似乎在宣告金融資本主義遲早會大獲全勝，但在中途卻都出了故障。人們從這個事實中能得出什麼結論？銀行的演變必須等到19世紀才完滿結束。三次試驗都獲得巨大的成功，但以三次失敗，或至少是三次退卻而告終。我們的目的是要從粗線條去觀察這些試驗，從而指明它們的共同點。

　　在13和14世紀的佛羅倫斯，信貸不但涉及城市本身的全部歷史，而且涉及與佛羅倫斯相競爭的義大利其他城市，涉及全部地中海和整個西方。大商號和大銀行在佛羅倫斯的建立，只有聯繫不晚於11世紀開始的歐洲經濟復興運動才能被理解，正是這場經濟復興運動使義大利在歐洲領先達幾百年之久：熱那亞的商船於13世紀在裏海航行；義大利的旅行家和商人到達印度和中國；威尼斯人和熱那亞人扼守黑海的要衝；一些義大利人在北非各港口尋找蘇丹的黃金；其他人則去法國、西班牙、葡萄牙、尼德蘭和英國。佛羅倫斯商人到處從事香料、羊毛、五金、金屬、呢絨、絲綢等買賣，特別是經營金融業。他們開設的半商業半銀行性質的公司在佛羅倫斯可找到充裕的現金和比較便宜的信貸，因而構成一個實力雄厚和卓有成效的金融網。從布魯日到威尼斯，從亞拉岡到亞美尼亞，從北海到黑海，貨款的沖帳、轉帳和移交在子公司之間可順利進行；中國蠶絲在倫敦出售後換取成包的羊毛……在一帆風順的情況下，信貸和證券堪稱是貨幣

346

14世紀末的一家義大利銀行。上面的屋子裡放著銀箱,是清點鑄幣的辦公室;下面是存款和劃帳的地點。

的最高形式。它們不知疲倦地飛快地流通。

佛羅倫斯商行的豐功偉績，無疑是征服和奴役了遙遠的英格蘭王國。為了控制這個島國，他們必須排擠放高利貸的猶太人，取代漢薩同盟和尼德蘭商人的地位，壓倒當地商人的頑強抗禦，並戰勝其他義大利商人的競爭。佛羅倫斯商人繼承了里卡迪開創的事業：盧加的這位商人率先資助愛德華一世征服威爾斯；不久以後，弗雷斯科巴爾第貸款給愛德華二世，支持他同蘇格蘭開戰；巴迪和佩魯齊的支持使愛德華三世能向法國尋釁，從而揭開所謂百年戰爭的序幕。佛羅倫斯商人的勝利，不僅表現為島國歷任君主都聽他們的擺布，而且在於他們掌握了佛羅倫斯毛織業以及大陸各毛織工廠所不可缺少的英國羊毛。

在英格蘭的冒險事業於1345年以巴迪家族的破產而告終，人們曾稱巴迪家族為「泥足巨人」，但巴迪家族確實稱得上是巨人。就在這災難的一年，愛德華三世欠了巴迪和佩魯齊一筆巨款（欠巴迪90萬弗羅林，欠佩魯齊60萬弗羅林），款項之大竟然與兩公司的資本不可相比，顯然客戶的存款也被借出（公司資本和存款的比例可達到1：10）。編年史家維拉尼指出，這是「佛羅倫斯有史以來最嚴重的災難」。這場災難加上伴隨著它的其他災難把城市壓垮了。除愛德華不能償還債務外，16世紀中葉的經濟蕭條以及隨後發生的黑死病也是重要的原因。

佛羅倫斯的銀行財富於是在熱那亞和威尼斯的商業財富面前黯淡失色，商業霸主威尼斯於1381年在基奧佳戰爭中取得了勝利。佛羅倫斯的試驗顯然是近代銀行業的先驅，在國際經濟危機的打擊下終於失敗。佛羅倫斯仍保留其商業活動和工業，甚至於15世紀又恢復其銀行活動，但已不像以往那樣扮演世界先驅的角色。麥迪西家族不能與巴迪家族相提並論。

第二次試驗在熱那亞進行。1550至1560年間，繼16世紀初的迅速高漲後，歐洲經濟在發展速度放慢的同時，呈現某種畸形。美洲白銀大批運到歐洲，一方面損害了掌握中歐白銀生產的德國大商人的利益，另方面又造成了黃金匱乏和金價上漲，而黃金仍是國際貿易和匯兌支付所使用的貨幣。熱那亞人最早懂得這一變化。他們主動代替上德意志商人向西班牙國王貸款，從而控制了美洲的財源，熱那亞城因而繼安特衛普之後，一躍成為歐洲的經濟中心。從此開始了一次比14世紀佛羅倫斯的試驗更加奇特和更現代化的試驗，也就是說，在各交易會或各商埠之間輾轉傳遞匯票的基礎上展開的信貸試驗。安特衛普、里昂、奧格斯堡、坎波城等地當然早已使用過匯票，這些商埠也並不頃刻間便變得無人光顧。但熱那亞確實使

票據的作用變得越加重要。據認爲富格爾有一句名言，他說與熱那亞人談交易，用的是票據，而與富格爾談交易，則必須用現金，這證明舊式商人不能適應這種商業新技術。可是，熱那亞人通過向西班牙國王貸款，能在美洲船隊返回歐洲時獲得本洋和銀條，從而使熱那亞市成爲白銀的重要市場。再通過在威尼斯或佛羅倫斯用白銀購買匯票以及簽發自己的匯票，他們更能左右黃金的流通。熱那亞人的偉績在於他們成功地從西班牙取得白銀，然後用黃金在安特衛普向西班牙國王支付相應的款項（爲了戰爭的需要，向士兵發餉主要用金幣）。

　　1579年，隨著我們曾經談到過的皮辰札大交易會的出現[56]，熱那亞的信貸體系開始高效運轉。這些交易會集中眾多的批發交易和國際支付業務，安排「沖帳」（clearing），或用當時的話說，安排「會面」（scontro）。只是到1622年，這個巧妙的結構開始瓦解，熱那亞在信貸方面的一統天下也隨之結束。這一崩潰的原因究竟何在？人們長期以爲，這是美洲白銀到貨減少的緣故。但莫里諾的研究成果[57]推翻了問題的假設，使這個觀點不能成立。美洲的「財源」並沒有災難性地減少。運抵熱那亞的整箱本洋也未曾有過間斷。根據我們掌握的證據，事情甚至恰恰相反。貴金屬始終源源不斷湧向熱那亞。由於 17 世紀末的經濟復甦，該城市還能吸收 500 至600萬本洋，或至少如1687年那樣，有這麼一筆現金在市內流通[58]。在此情況下，熱那亞衰退原因的問題又再變得神秘莫測了。據呂茲‧馬丁認爲，西班牙年金債券（juros）的認購人已不再向熱那亞商人兼銀行家（他們名義上是西班牙國王的貸款人）提供必要的資金。由於孤立無援，熱那亞商人只能把他們的貸款從西班牙撤回。這種說法是可能的。但我又想到另一種解釋：匯兌活動之所以可能，必須是匯票流通的各商埠之間實行不同的貼現率，傳匯票在流通過程中得以增值。在現金「特別充裕」[59]（bestial larghezza）的情況下（這是當時的說法），匯票行市便居高不下。如果水量過大，被淹沒的磨坊水輪便不再轉動。在1590至1595年間，各地市場上充斥著大量白銀。總之，由於這個原因或別的什麼原因，熱那亞的信貸體系終於垮臺，或至少可以說，證券喪失了主宰信貸運行的權力。在歐洲商業巔峰建立起來的一種巧妙的現代化信貸體系又一次難以爲繼，甚至堅持不到半個世紀，似乎這類試驗超過了舊制度下的經濟可能性。

　　但新的嘗試將在阿姆斯特丹重新開始。

　　到了18世紀，在商業活動的上層又恢復了銀行的有效統治，這種統治表現爲阿姆斯特丹、倫敦、巴黎和日內瓦的四角聯盟。奇蹟出現在阿姆斯

特丹。形形色色的信貸證券在那裡佔有空前重要的地位。歐洲的整個商品 348
交易似乎被活躍的信貸和貼現運動所操縱和推動。然而，如同熱那亞一
樣，阿姆斯特丹的繁榮未能堅持到底，在18世紀末便失去了金融中樞的地
位。銀根窘迫的荷蘭銀行向歐洲各國發放貸款，結果有借無還，終於不能
自拔。1789年法國的破產對荷蘭這架精確的時鐘是個致命的打擊。證券市
場再次一蹶不振。如同每次失敗一樣，這裡涉及的問題可能有上百個，但
歸根到底還是一個：建立一個能夠協調商品流通、現金流通和信貸證券流
通的穩定可靠的銀行制度也許爲時尚早。從1778年開始的經濟危機和周期
性蕭條也許只是導火線，加快了按照事物邏輯幾乎不可避免的演變。

貨幣不是藏起，便是流通

　　人們慣於根據工資、價格以及生產來衡量經濟的發展速度。也許還應
注意另外一個指標，即至此幾乎不可衡量的貨幣資本的流通情況。資本可
被積累，被使用和被藏起。它有時被藏在保險箱裡：存儲是以往經濟中始
終起作用的消極因素。貨幣往往爲保值而用於購買土地等不動產。但在某
些時期，緊緊鎖著的保險箱也可能被打開，使資金進入流通，借給希望得
到資金的人任意使用。我們可以說，1750年那時在荷蘭借錢比1979年的
今天更加容易。但總的來講，直到產業革命發生，生產性投資遇到許多障
礙，根據不同的情形，其原因或者是由於資金匱乏，或者是由於難以使用
已有的資金。

　　不論利率高低，都有借錢容易和借錢難的時候。也許一切都易如反
掌，或者一切都難如登天，即使世界表面上的主人對此也都無能爲力。卡
洛‧西博拉 (Carlo M. Cipolla)[60]指出，在勒卡托 - 坎布累齊和約簽訂後
不久（1559），整個義大利地區的資金借貸變得比較容易，從政治上看，
和約肢解了義大利，但在一定程度上，它也保障了義大利的平靜和安全。
同樣，在1598、1604和1609年和平達成後的一段時間裡，資金借貸都
曾顯得比較容易，不過這次是在整個歐洲的範圍內。話說回來，資金的使
用方式在各地並不一致。在17世紀初的荷蘭，商業資本主義正與日俱增。
而在同一時間的威尼斯，從商業賺來的錢被用於向資本主義農業投資。在
別的地方，人們不惜花費驚人開支，追求輝煌的文化成就：西班牙的黃金
時代，尼德蘭大公或英國斯圖亞特王朝的窮奢極侈，或者以路易十三風格
聞名的亨利四世風格，無疑都動用了國家的積累。到了18世紀，奢華與商
業投機或金融投機同時發展。品托[61]談到當時的英國時指出：「再沒有人

把錢存儲在保險箱裡」，甚至慳吝人也發現，「讓資金流通」，購買國
家債券及英格蘭銀行或大公司的股票，比把資金擱置起來或購買房產或
土地（在16世紀的英國，這是一項有利可圖的投資）更合算。笛福於1725
年在鼓吹大小商業投資時也說過，一塊地產只是個水塘；一家商號卻猶如
湧泉[62]。

　　但即使在18世紀，總的來看還是死水一潭！存儲代幣有時也不無道
理。在1708年的法國，政府為應付戰爭困難而動員全國的力量，紙幣發行
量成倍增加：劣幣驅逐良幣，後者便藏匿不見。尤其在布列塔尼，那裡通
過與南海富有成果的貿易，取得了大量的白銀。德馬雷財務總管於1708年
3月6日接到他的一名下屬從雷恩寄來的報告，報告人說：「我昨天拜訪了
本市的一位大財主，他多年經營海上和陸地貿易，精諳此道，且與外省各
大批發商保持良好關係。他對我說，據他了解，肯定有3000多萬比亞斯特
被藏了起來，有6000多萬金銀幣要等紙幣[由路易十四政府付諸流通]完全
匿跡，金屬貨幣[其兌換率經常變動]重獲合理地位，貿易得到局部恢復後，
才會重新出現[63]。」這裡所提到的比亞斯特是聖馬羅商船航行從秘魯沿海
帶回的；至於恢復貿易（也就是意指西班牙王位繼承戰爭於1701年結
束），則要等到烏特勒支和約（1713）和拉施塔特和約（1714）簽字以後。

　　所有的商人都持這種謹慎的態度。在烏特勒支和約簽字幾個月以後，
法國駐熱那亞領事寫道：「信心不足造成了銀根緊縮，如同市內大多數商
品交易一樣，信貸活動相當冷落。有錢人的錢袋卡得很緊[64]。」只是當
「印度之路」的商人在加地斯恢復白銀供應之後，錢袋才重新再打開；沒有
白銀，便沒有黃金，也就沒有可靠的收入，「大錢袋」就不會打開，也不
會裝滿。熱那亞市於1627年也曾經歷同一局面。由於西班牙在破產後沒有
採取任何措施減輕向國王貸款的商人們的損失，商人們於是決定不再對腓
力四世出借一個蘇。米蘭總督和西班牙大使不斷向商人提出請求，甚至施
加壓力和威脅，但也無濟於事。熱那亞市似乎拿不出一分錢來；商業全告
停頓，沒有一筆匯兌可以成交。威尼斯駐熱那亞領事在好幾封信裡敘述了
種種困難，他甚至懷疑這種「困境」是由商人為拒絕貸款而故意使用的一
種外交手段[65]。人們如果知道當時在西班牙的熱那亞人正把整箱的里亞
爾運往熱那亞和堆放在高樓大廈的保險箱裡，便會相信這種懷疑是有根據
的了。

　　何況，這些里亞爾將有重新出頭的日子。商人把錢儲存起來，只是為
了等待新的機會。例如在1726年，正當準備破除法國東印度公司的專利貿

易時，南特有人在一封信中寫道：「只是當我們的商人考慮究竟應爲自己
的利益參與皇家商務[東印度公司]還是與頗有經濟實力的聖馬羅商人合夥
時，我們才眞正了解我們這個城市的資產和力量。他們決定採用後一個方
案，以免利益相互妨礙，新設立的公司稱作聖馬羅公司。我們原以爲入股
資金總共不過400萬里佛，商人們認購的股份竟達1800萬……我們希望通
過向宮廷提供巨款，贖取東印度公司專營貿易的特權，該特權使王國陷於
破產境地，希望貿易從此到處都能自由進行」[66]。這些心機純屬枉然，因爲
直到發生約翰・勞風波後，東印度公司始終保留了特權。但普遍規律在這
裡仍起了作用：一旦局勢恢復平靜，好機會重新出現，「留在王國的資金
又轉到商業中來」[67]。

　　難道全部資金都投入商業嗎？我們不能迴避以下的事實，即在 18 世
紀，貨幣積累遠遠超過資本需求。例如，英國肯定沒有動用其全部貨幣儲
備來支持產業革命，它本可以作出更大的努力，投入更多的資金。法國在
西班牙王位繼承戰爭期間的貨幣儲備大大超過路易十四政府發行的8000萬
至10億紙幣[68]。法國的動產大大超過產業革命前的工業需求，這就說明，
如約翰・勞體系這樣的事件能夠發生，18世紀的煤礦也能夠迅速地和順利
地爲開發煤業籌到必要的固定資本和流動資本[69]。商業信件[70]也充分證
明，在路易十四時代的法國，用讓迪・達・希爾瓦 (J. Gentil da Silva) 的
話來說，是游資過多，「閒得發慌」，不知作何用處。例如，在 18 世紀下
半葉的馬賽，資本擁有者願以5%的利率把錢借給商人，竟很少有人接受。
對於願意「惠顧」借款的人，他們無不千恩萬謝（1763）。馬賽當地擁有
足夠的資金，因而商人經商不願使用有息貸款，他們用自己的資金以及分
擔風險的合夥人的資金足以應付。加地斯也是同樣情形。商人拒絕別人提
供貸款，即使利息僅4%，聲稱「自己的資金已嫌太多」。這不僅在 1759
年的戰爭時期，而且在 1754 年的和平時期。

　　不能因此得出結論說，商人在18世紀下半葉從不借款，提供的貸款到
處都無人問津。事實正好相反，杜加爾在巴黎的遭遇就是個證明。我們只
是說，出現銀根鬆，游資多，因而無從投資的情形要比人們通常所想的更
加頻繁。從這個觀點看，再沒有比在法國大革命前夕前往米蘭旅行更說明
問題了。米蘭市和整個倫巴第當時正值改革稅務和金融機器，經濟生活的
高漲已使國家擺脫了財政困難。面對銀行、貴族世家、宗教機構、包稅人
和實力雄厚的商人集團，國家已變得相當強大，能夠著手改革世代相沿的
陋規；在這以前，米蘭和倫巴第的資產者和貴族已逐漸吞噬了國家，並把

18世紀的馬賽港（細部），約瑟夫・維爾納 (Joseph Vernet) 作畫。

幾乎所有的公共稅收職位改變爲私人謀利機構。可行的辦法只有一個：以不同的名義贖買國家已出讓的收益；由此必須償還巨額資金。推行這項政策的步驟相當迅速，倫巴第市場上現金充斥，這給原來的年金收入者提出一個問題：對這突然出現的大筆資金，應該怎麼辦？雖然我們對這些資金的確切用途並不了解，但據我們所知，資金很少被用於購買土地、利息爲3.5%的國家公債或城市不動產，它們多數通過銀行和匯兌途徑投入當時席卷米蘭的國際貿易潮流，格雷比公司正是一個典型例子。値得注意的是這筆巨款並未被用於工業投資，雖然倫巴第擁有紡織和治金企業。原因十分簡單，出資人認爲工業投資無利可圖，這種認識仍然建立在由來已久的懷疑和老經驗的基礎之上。然而，就在那時，產業革命在英國已經開始[71]。

我們不應該把儲蓄和積累看作單純的數量現象，似乎一定的儲蓄率和一定的積累量能夠自動促進投資和提高增長率。事情其實要複雜得多。每個社會都各有其儲蓄和支出的方式和偏愛，各有其多投資和少投資的理由。

政治在資本的形成和使用中也起一定作用。例如，稅收制度決定稅款的集中、分流和使用，其效率與效益自有差別。法國的稅制意味著巨額稅款落進包稅人和財務官的腰包。根據最近的研究報告[72]，財務官把聚斂的財富大量用於建設性投資。從柯爾貝爾時代開始或在路易十五時代，他們紛紛投資成立商業企業和手工工廠，特別是享有優惠權的公司和工廠。這也許是事實，但我們也應承認彼埃爾·維拉爾 (Pierre Vilar) 說得對，作爲資金供應渠道，18世紀卡塔洛尼亞實行的包稅制比法國的包稅制效率更高，因爲在加泰隆尼亞，「包收租稅由商人和手工業主分散掌握，他們所得的收入便作爲商業資本和工業資本投入流通，甚至被用於農業現代化的投資」[73]。至於英國的體制，稅收變成償還國債的擔保，賦予國家空前的平衡和實力，因而這是讓稅金加入流通的一種更有效的方式，雖然當時人並不始終意識到這一點。

資本主義的選擇和戰略

353

對於經濟生活向它提供的投資可能和發展可能，資本主義並不全都接受。它不斷注視形勢變化，以便朝它偏愛的某些方向展開活動，這也就是說，資本主義能夠和善於選擇自己的活動範圍。然而，資本主義的優越性與其說是它能進行選擇——選擇本身隨著環境和時代的變化而變化，不如說

它有制訂戰略和改變戰略的能力。

我們應該指出，在本書關注的幾個世紀裡，大商人雖然人數很少，卻控制著遠程貿易這個關鍵的戰略位置；他們消息靈通，這在信息傳遞緩慢和昂貴的時代更是無敵的武器；他們一般還得到國家和社會的配合，因而始終能夠心安理得、若無其事地繞過市場經濟的規律。對別人有強制性的東西，對他們不一定有強制性。杜爾哥[74]認爲，一名商人躲不開市場，躲不開市場價格不可預見的變動：這句話勉強只算說對一半！

資本家的精神

桑巴特竭力主張，必須認定資本家有一種「精神」，它即是其地位優越的根源，又體現其永恆不變的特性：擅長算計，講求理智，合乎邏輯，超脫人的普通感情，而這一切的最終目的則是爲了狂熱地追逐利潤。這種觀點現在已不再有很多人相信了。同樣，熊彼得關於資本家在創業時扮演帶頭人以及革新者的角色之說法，如今也很少人附和。資本家身上能夠具有這些品德嗎？根據我們的認識和解釋，能夠選擇不等於每次都能用山鷹般的敏銳眼力，找到正確的途徑和最好的答覆。我們不能忘記，資本家站在社會生活的一個梯級上，他往往見到與他地位相同的其他人的決策、建議和主張，並據此作出自己的判斷。資本家的辦事效率既取決於他作的判斷，又取決於他所在的場所，看他是位於商業活動和決定中心的匯合點還是處於邊緣；在任何時代，商業活動和決定中心都有特定的匯合點。戴米尼[75]和克里斯托夫·格拉曼 (Christoph Glamann)[76]有充分理由對領導荷蘭東印度公司的「17董事」的才智表示懷疑。不過，如果命運讓你出生在17世紀的荷蘭，躋身於機構龐大的東印度公司的主宰人行列，難道爲做好生意就需要有才智嗎？拉布呂耶爾 (La Bruyère)[77]寫道：「我敢說有一些蠢貨和笨蛋，他們享盡榮華富貴，卻從來不動腦子和不費力氣。他們或者坐享其成，或者全憑機遇。眞可以說是飯來張口，衣來伸手。」

人們經常責備資本家追求最大限度的利潤，但我們切莫以爲，這種說法能夠解釋商人的全部行爲。雅各布·富格爾 (Jakob le Riche Fugger) 在別人勸他退出商界時說過，在他的末日來臨前，「總要盡可能賺錢」[78]。這句話已成爲眾人傳誦的名言，但正如所有的歷史名言一樣，令人半信半疑，即便他眞的說了這句話，它畢竟只是一個人在某個時間的片言隻語，不能體現一個階級或整整一類人的基本特徵。資本家也是人，與其他人一樣，他們的表現各不相同：有的工於計算，有的孤注一擲，有的鄙吝，有

Compagnie Souveraine des Indes Orientales.

荷蘭東印度公司的全體董事。版畫,選自《尼德蘭聯合省簡史》,阿姆斯特丹, 1701 年版。

的揮霍,有的才智超群,有的至多是「運氣很好」。加泰隆尼亞有一篇雜文(1809)[79],斷言「商人所關心的只是不擇手段地增加其資本」;在我們所見到的商人信件中,證實這一論斷的例子就有成千上萬:毫無疑問,商人爲了賺錢而努力地工作。但這卻遠不等於說,利欲、節儉、理性或愛好在深思熟慮之後進行冒險可以用來解釋近代資本主義的誕生。波爾多商人 355 尚・佩雷寫道:「商業上賺大錢靠的是投機」[80],這句話似乎鮮明地反映出他的商業生涯的動蕩。但這位喜愛冒險的商人還有一個十分穩健的兄弟。弟兄二人雖然品性殊異,卻同樣發財致富。

　　僅僅用人的某種氣質來體現資本家的特性,這種「唯心主義」解釋不過是桑巴特和韋伯爲了躲開馬克思的思想而走的一個旁門。平心而論,我們沒有必要跟在他們後面亦步亦趨。但我以爲,也不能完全都用物質因素、社會因素或社會關係來解釋資本主義。在我看來,有一點是沒有問題的:資本主義不可能起源於單一的因素:經濟、政治、社會、文化和文明都曾對它產生影響。歷史也往往作爲力量對比的最後裁決而發揮作用。

遠程貿易或巨額利潤

　　遠程貿易在商業資本主義誕生過程中無疑起著頭等重要的作用，並且長期是商業資本主義的基幹活動。今天要證實這個普通的道理，卻頗費唇舌，因為許多歷史學家往往異口同聲地反對它，雖然理由有的站得住，有的難以成立。站得住的理由：對外貿易（蒙卻斯蒂安的著作中已見到這個與國內貿易相對應的說法）在整個貿易活動中無疑只佔很小的份額，任何人不會對此提出異議。蘭斯富商尚‧馬依費 (Jean Maillefer) 於1674年1月給他的一位荷蘭客戶寫信說：「你別以為波托西的礦產收入能超過蘭斯山區和勃艮第山區的美酒」[81]；他的這種說法未免有點自吹自擂，馬布利教士 (abbe Mably) 的說法看來比較合乎情理：「糧食貿易比秘魯更有價值」[82]，換句話說，糧食貿易對進出口的結算影響更大，貸款總額高於新大陸生產的貴金屬。薩伊（1828）更危言聳聽地說：「法國鞋匠創造的價值比新大陸所有礦山都高[83]。」

　　這個道理一旦被確證後，歷史學家便不難用自己的觀察所得加以闡發，但我並不始終同意他們的結論。賈克‧希爾 (Jacques Heers) 在談到15世紀的地中海時反覆說（1964），在貿易方面佔首要地位的並不是香料以及胡椒，而是小麥、羊毛、食鹽等大量近距離交易。彼得‧馬賽厄斯 (Peter Mathias) 用數字證明，在產業革命前夕，英國對外貿易額大大低於國內貿易額[84]。同樣的，在巴黎大學一次學術討論上，馬加拉埃斯‧戈蒂諾 (V. Magalhaes Godinho) 在回答拉布魯斯提出的問題時欣然同意說，葡萄牙的農產品價值超過胡椒和香料的遠程貿易額。遵循同一條思路，始終想要貶低美洲的發現在短時段中重要性的呂特格[85]斷言，在15世紀，塞維爾和新大陸之間剛開始的貿易只是涓涓細流，同歐洲範圍內的區域間貿易相比，不過1％而已。他的斷言也有道理。我自己曾經想過，16世紀地中海上的小麥交易額不過100萬公石，佔居民消費量的1％，這個數字與整個糧食產量和地區貿易額相比都還微不足道[86]。

　　以上評論足以表明——指出這一點可能已不再有必要——當今的歷史學正在研究被以往歷史學遺忘的多數人的命運；人們因此研究的不再是貴族以及路易十四，而是農民以及「2000萬法國人」[87]。但這並不降低少數人的歷史價值；在歷史上，少數往往能比數量眾多、價值巨大但又暮氣沉沉的人、物或商品發生更具決定意義的作用。恩里格‧奧托 (Enrique Otto)[88]在一篇立論紮實的文章裡指出，在美洲貿易的推動下復興的塞維爾，西班牙商人的營業額高於熱那亞商人兼銀行家的營業額。但是這並不妨礙，正

是熱那亞商人兼銀行家創立了遠洋信貸，沒有這種信貸，「印度之路」的商業流通路線便不可能暢通。有了遠洋信貸，熱那亞商人兼銀行家便居於有力地位，能在塞維爾市場上為所欲為。無論過去或現在，歷史並不按照全民投票的理性法則作出決定。有許多論據可以說明，少數能夠勝過多數。

首先，德國歷史學家所說的「遠程貿易」（Fernhandel）創造出歷來自成體系的「遠程商人」（Fernhändler）集團。他們生活的城市只是他們商業活動的一個組成分。莫里斯・道勃 (Maurice Dobb)[89]指出了他們怎樣進入界於手工工匠與羊毛、絲、棉等遠方原料之間的流通渠道。他們還在成品出廠與運銷之間發揮了作用。巴黎的大服飾商其實也是 Fernhändler（遠程商人），他們於1684年致國王的一篇冗長呈文說明了這一點；針對呢絨商人想禁止他們出售呢料，服飾商在呈文中說，作為參與開辦大型手工工廠的獎勵，他們獲得這項准許已達20年之久。他們還說，他們「維持和保全的不僅僅有呢絨手工工廠，而且有圖爾、里昂和國內其他城市的所有服飾〔指絲綢〕手工工廠」[90]。接著補充說，他們通過主動提供幫助和推銷產品，使色當、卡爾松和盧維耶那些製造英國式和荷蘭式呢絨的手工工廠辦得很有起色；他們向國外推銷產品，負責供應西班牙羊毛和其他原料，實際上是他們支持著這些手工工廠的活動。這也等於說，服飾商控制著這項工業的命脈。

遠方國家的貨物最後也在進出口商人的掌握之中：中國或波斯的絲，印度或蘇門答臘的胡椒，錫蘭的桂皮，摩鹿加群島的八角茴香，安地列斯群島的蔗糖、煙草和咖啡，基多地區或巴西內地的黃金，新大陸的銀塊、銀錠或銀條。遠程商人因此攫取了礦山和種植園的勞動「剩餘價值」，以及馬拉巴沿海或南洋群島原始農民的勞動「剩餘價值」。有人或許會說，涉及的商品數量很小。但據一位歷史學家[91]說，在地理大發現前，歐洲約消費1萬公石胡椒和1萬公石其他香料，這要用6萬5千公斤白銀換取（約等於30萬噸黑麥，能養活150萬人）；我們可以認為，奢侈品貿易的經濟影響也許被低估了。 357

何況，同一位歷史學家還具體介紹了這種貿易的利潤：1公斤胡椒在印度產地值1至2克白銀，在亞力山卓港的價格達10至14克，在威尼斯達14至18克，在歐洲各消費國則達20至30克。遠程貿易肯定創造超額利潤：這是利用兩個市場相隔很遠，供求雙方互不見面，全靠中間人從中撮合而進行的價格投機。必須有許多互不聯繫的中間人，市場競爭機制才會

發揮作用。如果市場競爭機制終於發揮作用，如果超額利潤在某條路線上
終於消失，那麼總有可能在別的路線上，通過別的商品，重新出現超額利
潤。一旦胡椒得到普及，價格跟著下降，茶葉、咖啡、印花布就會站出來
取代胡椒這位年邁體衰的老王上。遠程貿易固然要冒風險，但往往能獲得
超額利潤，就像開獎中彩一樣。小麥不算是大批發商看得上眼的「王牌」
貨，但在某些情況下，當然是在鬧饑荒時，也就變爲奇貨可居。地中海地
區於1591年發生饑荒，幾百艘滿載小麥或黑麥的北方帆船改道駛向南方。
一些原來並不專門從事糧食貿易的大商人與托斯卡尼大公一起進行投機活
動。爲使波羅的海的帆船改道載運糧食，他們肯定出了高價。但在餓殍遍
地的義大利，他們也以高價來出售糧食。嫉妒者聲稱，這些大商人的利潤
竟高達300%，其中最著名的有希門內斯家族，這些原住安特衛普的葡萄
牙商人不久遷居義大利[92]。

　　我們已談到那些穿過遼闊的巴西腹地或者抄布宜諾斯艾利斯近道偷偷
來到波托西或利馬的葡萄牙商人。他們所得利潤之高令人難以置信。俄國
商人向中國顧客出售皮毛，在西伯利亞賺了大錢，或者通過正當途徑，利
用伊爾庫次克以南很晚才開設的恰克圖交易會[93]（這個交易會的成交額三年
內增加了4倍），或者通過地下貿易（其利潤要增加3倍[94]。這些難道是
無稽之談嗎？英國人後來想到能通過海路使加拿大北部的皮毛與中國顧客
會面，他們也因此賺了大錢[95]。另一個發財場所是17世紀頭幾十年的日
本，長期被葡萄牙商人視爲禁臠。每年總有一艘大商船載著200來名商
人，揚帆從澳門啓航，駛往長崎，將在日本逗留7、8個月，揮霍無度，
支出達25萬至30萬銀兩，日本百姓「從中得到不少好處，這是日本百姓
對他們始終十分友好的原因之一」[96]：事實上日本人好比揀了他們的殘羹剩
飯。我們還曾談到亞加普科的大帆船每年朝馬尼拉方向的航行。在這裡，
也由於兩地市價不一致，產品在穿越大洋時陡然身價百倍；少數人利用了
巨大的價格差異，發了橫財。舒瓦瑟爾的同時代人德·貝利亞蒂 (de
Beliardy) 教士說：「唯有墨西哥商人對通過銷售中國貨推動帆船航行感到
興趣，因爲這項貿易使他們下的本錢每年都能加倍……這項貿易目前由少
數批發商在[馬尼拉]進行，他們買進中國貨後，把貨發往亞加普科，帆船返
程時再帶回比亞斯特交給他們[97]。」據一位旅行家說，在1695年，從中國
運水銀前往新西班牙，可有300%的賺頭[98]。

　　這類例子多不勝舉，它們說明，在通訊困難和不正常的舊時代，單靠
距離就足以製造超額利潤。1618年的一份中國文件說：「由於該地[蘇門

358

答臘]甚遠，前往者獲利倍矣」[99]。熱梅利・卡勒里在進行環球旅行過程
中，逐站搭運這種或那種商品，商品的挑選每次都很認眞，務求在到達下
一站時能提高其價格，以便補償旅途開支；他這樣做，當然只是模仿途中
遇到的商人而已。在1639年，一位歐洲旅行家[100]對爪哇商人發財致富的
方式憤懣不平，他說：他們「去望加錫和蘇臘巴亞收購稻米，一薩塔
（sata）銅錢買一甘坦（gantans），在售出時則加倍索價。他們在巴朗比昂
收購椰子，1千銅錢可買100個，運到萬丹零售，售價爲200銅錢賣8個。
他們也收購椰子油。他們以150貫銅錢換800甘坦的價格買進約爾丹、傑
里西、巴蒂和伊瓦馬的鹽，轉運到萬丹出售，三甘坦即索價一貫。他們運
往蘇門答臘的鹽數量相當可觀」。作爲容量單位，甘坦的確切價值對了解
這段文字的實質並不十分重要。讀者想必已順便看到，中國式的貨幣銅錢
在南洋群島流通很廣；至於薩塔，它大概就是千文一貫。更值得重視的是
要確定以上列擧的供應點的位置，並測出它們與萬丹市場的距離。例如，
萬丹和望加錫相距1200公里以上。買價和賣價的差別竟是如此之大，即使
在扣除運費後，利潤仍然很高。順便指出，這裡涉及的並不是貴重商品
（凡勒爾把販運貴重商品說成是遠東地區典型的遠程貿易），而是盛產香料
各島嶼需要不斷進口的食物，即使取自遠方也在所不計。

　　最後的論據，無疑也是最好的論據：說小麥對葡萄牙的商業價值比胡
椒和香料更高並不完全恰當。胡椒和香料完全通過市場出售，而歷史學家
估計的是小麥產量，而不是銷售量。生產的小麥只有小經過市場出售，絕
大多數由生產者自己消費掉。此外，正如加里亞尼[101]所指出的，提供出售
的小麥給農民、地主和轉售商留下的利潤十分微薄，再分散到許多人的手
裡，眞是所剩無幾。因而在這過程中，沒有或只有很少的資金可供積累。
呂茲[102]在葡萄牙經商，一度曾進口布列塔尼的小麥，他想起這段經歷時總
要生氣。他說，貿易利潤主要被用於支付運費，讓運輸承包人坐收其利。
我們還可回顧笛福關於英國國內貿易的見解，笛福認爲英國國內貿易令人
讚美，因爲它經過許多中間人轉手，而每個人在經手時都得到一點好處。
不過，從笛福本人附擧的例子來看，這份好處實在太少[103]。遠程貿易
（Fernhandel）不容置疑的優點正是它允許實行集中，從而使它成爲推動資
金流通和資本積累的無與倫比的動力。簡單地說，我們不能不同意德國歷
史學家或道勃的見解，他們認爲，遠程貿易是創造商業資本主義以及商業
資產階級的一個主要工具。

接受培訓和打聽消息

沒有習藝階段，沒有預備教育，沒有對相當複雜的經營手段的了解，也就不可能有商業資本主義。早在14世紀，佛羅倫斯就已組織了世俗教育[104]。據維拉尼說，1304年約有8千至1萬名男女兒童上小學讀書（城市居民當時不到10萬人）。 1476年5月，尼古洛·馬基維利 (Niccolò Machiavelli) 正是被領到「聖三會橋頭」語法教師馬蒂奧開辦的小學裡讀書，學習唐納特的簡明語法。在這8千至1萬名孩子中，約有1千至1200人將進入高一級的學校，專門學習商業。學生在那裡學算術和簿記，直到15歲爲止。在學完這些「技術課程」後，學生已經能夠記帳，我們今天還能找到這些帳本，它們確切地記載著賒銷、經銷、商埠間劃帳以及公司股東分紅等項目。隨後再進店舖習藝，未來商人的培訓過程至此便臻完成。有的學生間或上「高等學府」深造，例如在波隆納大學學法律。

由此可見，商人不僅接受實際培訓，有時還具備眞正的文化素養。因此，在麥迪西家族即將實現其統治的佛羅倫斯，商人是人文主義者的朋友，任何人對此不會感到驚訝。某些商人還是優秀的拉丁語學者；他們不但喜愛寫作，而且下筆生花；他們熟讀《神曲》，撰文時情不自禁會引用有關章節；他們使薄伽丘的《十日談》風行全國；對里昂·巴蒂斯塔·阿爾貝蒂 (Leon Battista Alberti) 文筆細膩的《論家庭》推崇備至；大力弘揚新藝術，擁護布魯內勒斯基 (Filippo Brunelleschi)，反對因襲中世紀作風的吉貝爾蒂 (Lorenzo Ghiberti)；總之，他們的肩上承擔著新文明的一大。用我們常說的話來說，這種新文明就叫文藝復興。這些也是金錢的德行：一種特權要引出其他特權。愛倫堡[105]在談到羅馬時聲稱，凡在銀行家居住的地方，就有藝術家的存在。

我們不要以爲整個歐洲都符合這個模式。但各地商人都需要學習商業實踐和商業技術。賈克·科爾在他父親的舖子裡，特別是在1432年乘坐納博納的大木船去埃及旅行的過程中，學會了經商，這似乎決定了他的命運[106]。鼎鼎大名的富豪雅各布·富格爾（1459-1525）確實聰明過人，他在威尼斯學會在當時德國尚未用過的複式簿記（partita doppia）。在18世紀的英國，商人習藝的年限按規定爲7年。商人的兒子或貴族家庭中準備以經商爲業的幼子往往在勒旺的斯麥納見習一段時間。他們不但得到當地英國領事的疼愛，而且，不管事情是眞是假，反正斯麥納名聲在外，被稱作世界上利潤最高的商埠，他們因而一開始便對商業利潤發生興趣[107]。早在13世紀，漢薩同盟各城邦已派未來的商人去殊方異域的商行學做生意。

360

藥舖店主在算帳。伊索涅古堡的壁畫，15 世紀末。

　　總之，我們不要低估經商需要的知識：確定貨物購進和出售的價格，計算成本和匯率，換算成度量單位，計算單利以及複利，編製一項交易的「模擬結算」，管理貨幣、匯票、支票和其他信貸憑證。要學會所有這一切，決不是輕而易舉的事。即使積有豐富經驗的商人有時也覺得需要如我們所說的「重新培訓」。何況，當人們看到14世紀傳下來的帳本時，人們不由得對這些傑作表示讚嘆。今天，在全世界範圍內，每一代歷史學家中不過產生二、三名專家，能夠讀懂這些卷帙浩繁的帳冊，他們而且不得不獨自學著閱讀和解釋。若要真正讀懂帳冊，當時商人的教科書能提供寶貴的幫助，較早的有貝格洛蒂的課本（1340），較晚的有薩瓦里‧德布呂斯龍的《商人大全》（1675）。但要把這種專門本領學到手，單靠教科書還是不夠的。

　　研究商人信件比較容易，近幾年來，自從人們注意去尋找，已經發現了大量此類信件。除了威尼斯13和14世紀的某些信件還不夠老練外，商人通信很快達到了相當高的水平，並且隨後保持這個高水平，因為高水平正是以高昂代價交換大批信件的理由和根據。了解商情比學會經商更加重要，而信件首先是一種消息來源。通信雙方所關心的業務活動，如發出和

收到的定貨單，貨物和支付憑證的買賣或寄發等，只是信件的部分內容。緊接著必定還有一些實用的小道消息，包括政治、軍事、收成、搶手貨等等；通信人還仔細記述當地物價的波動，現金和信貸的鬆緊，必要時還報告進港出港的船隻數量。信件末尾總有一份價目表和匯兌牌價，多數情況下作為信後附言；這種例子我們能夠舉出幾千個。你不妨還可以看看《富格爾新聞》[108]，那裡刊載的都是這家奧格斯堡公司讓國外眾多客戶寄回來的消息。

　　用這個方法了解商情的缺點是信件耽擱時間較長，而且不一定能送達，甚至在18世紀末還依然如此。因此，認真的商人每次發信時，總是留心把上一封信的抄件附帶再寄出。當一封信帶有緊急指令或者重要的內部消息時，那就需要「即派經紀人來」（subitohabi il sensale）。這是一名商人於1360年給他同行的勸告，實際上對所有時代都適用。經商貴在不失時機。首要的條件便是寄出和收到大量信件，參加眾多的信息網，及時了解有哪些好生意可做，有哪些壞生意應像瘟疫一般避開。1688年，路易十四派駐聯合省的大使達服伯爵密切注視在南特敕令撤銷三年後仍不斷從法國擁入聯合省的新教徒。他記述說，有一個剛到的，名叫蒙奇諾，「身軀高大，像是加斯科尼人……他帶的現金約有4萬埃居。我今天上午跟他談過話。此人做很多生意，不分晝夜地寫信」[110]。我要著重指出這最後一句話，它讓人感到意外，似乎不該在這裡出現；其實並不奇怪，它正好符合阿爾貝蒂所描繪的「手指染有墨跡」的商人傳統形像。

　　接到的消息並不始終確實可信。隨著情況的變化，「事物能轉向反面」。一項計算錯誤，一封信件晚到，都能使商人喪失一次機會。格雷夫勒1777年8月30日從阿姆斯特丹給他兄弟寫信說，「對我們沒有做成的好生意」，再去想它又有什麼用處。「在商業生涯中，必須向前看，而不是向後看。幹這一行的人若用心分析過去，沒有一個人不會發現他曾有100次發財的機會或破產的危險。就我來說，如果我數一數已錯過的所有好機會，真該有理由去上吊[111]。」

362　　　　尚未被洩漏的消息往往有特別好的效果。格雷夫勒於1777年寫信給與他合夥做靛藍生意的一位波爾多商人說：「請記住，如果消息傳了出去，我們的事只能告吹……只要有人競爭，那就只剩清湯可喝，對這種貨物或許多其他貨物，情況都是如此[112]。」同年12月18日，當美洲戰爭轉為全面戰爭時，他這樣寫道：「為此，要比任何人更早知道有關事態發展的可靠情況，此事至關重要，應盡一切可能去做[113]。」《論美德》（作者也是一

名商人）囑咐說：「比任何人更早知道：如果你收到一包給你和給其他商人的信，你首先要打開給你的信。等辦完了你的事情，然後才是把信交給別人的時候[114]。」這是在1360年的事。但在今天，在實行自由競爭的法國，正如大家所知道的，幾位「少數幸運者」可能於1973年接到這樣的一封信，邀請他們認訂一份昂貴的刊物，作為交換，他們每週可得到幾頁的打字稿，了解優先提供的消息。「你們完全意識到，消息一旦被洩漏，便喪失其90%的價值。還是比別人早知道二、三個星期為好」；你的行動將因此變得「更有把握以及更有效率」。我們的讀者「決不會忘記，他們曾最早得知總理即將辭職和美元即將貶值的消息」！

我們已經說過，阿姆斯特丹的投機者根據或真或假的消息作出他們的決策，他們也想出一套保證自己優先得到消息的辦法。這套辦法偶然地被我們發現，例如在1779年8月，當法國艦隊進入英吉利海峽而導致恐慌的時候。荷蘭投機者沒有利用正常的郵船航班，卻布置輕舟快航，在荷蘭和英國之間及時聯絡：從荷蘭斯海弗寧恩附近的卡特韋克出發，到達英國哈威治附近的蘇爾，「那裡沒有港口，只有一個簡單的停泊場……這並不耽誤時間」。按最快速度，倫敦到蘇爾僅需10小時，蘇爾到卡特韋克12小時，卡特韋克到海牙2小時，海牙到巴黎40小時，倫敦到巴黎共需72小時[115]。

以往商人最想了解的東西，除有關投機的消息外，就是我們今天所說的「短期市場預測」，用當時的話來說，叫做「市場的鬆緊」。歐洲各國語言從義大利商人的行話中借用了這些說法（鬆＝larghezza，緊＝strettezza），它們是商情起伏的標誌。它們決定著，商人應根據市場上的貨物、現金或信貸（就是說匯票）的多少採取適當的行動。布翁維齊於1571年6月4日自安特衛普寫道：「鑑於銀根較鬆，我們決定把注意力轉向商品[116]。」我們已經看到，呂茲不像布翁維齊那麼明智；在15年後，當義大利各商埠的現金突然氾濫成災時，他竟然大動肝火，認為佛羅倫斯銀根過鬆幾乎是對他個人的冒犯，因為這使他慣常的匯票買賣落空。

呂茲確實沒有摸清情況。當時的商人通過觀察已積累了一定的經驗；他們善於搞短期交易。我們今天已明瞭過去經濟的基本法則，但在當時，要使它們成為集體的知識，即便只是商人和歷史學家集體的知識，還需要有相當的時間。在1669年，荷蘭和聯合省對市場銷售不旺和存貨過多感到頭痛[117]：物價下跌，生意半死不活，船隻租不出去，市內倉庫裝滿了賣不出的存貨。幾名大商人仍在買進，他們認為這是阻止他們的存貨大幅度跌

價的唯一辦法，他們的腰背還相當硬，能夠支持這項反跌價的政策。可是，對於這場逐漸導致商業癱瘓並且時間長得出奇的危機，所有的荷蘭商人同外國大使一起討論了幾個月，也沒有弄懂其原因。他們最後終於明白，波蘭和德國農業歉收起了一定作用；歉收觸發了一場在我們看來是舊制度下典型的危機：顧客沒有足夠的購買力。這個解釋是否足以說明問題？除了德國和波蘭的小麥和黑麥外，荷蘭還有別的生意可做，因而這是一場範圍更廣的，無疑是全歐性的危機；時至今日，這類危機間或重新冒頭，其原因始終不能完全弄清楚。

因此，對於那些往往連當時的經濟思想也弄不明白的人，我們今天不要過分苛求。假如他們大膽地作些嘗試，那也是迫不得已：他們必須找到一些論據，用以說服王公大臣，使威脅他們的某項決定和命令不被採納或被撤銷，或使某個被他們吹得天花亂墜，據說有益於普遍利益，因此值得用優惠、壟斷或補貼等手段支持的計劃得以保留。即使在這種情況下，他們也很少脫出自己行業的狹隘範圍。對於最早的經濟學家——他們的同時代人，他們其實並不感到厭煩或者無動於衷。當《國富論》出版時（1776），約翰‧普林格爾 (John Pringle) 爵士聲稱，不可能期待一個沒有搞過商業的人在這個領域發表高明的見解，否則豈不等於要一名律師高談闊論物理學[118]！普林格爾的說法反映了當時許多人的想法。「經濟學家」容易遭人恥笑，至少在文學家中間，其中包括馬布利，饒有風趣的邁爾西埃，甚至伏爾泰（《有40埃居的人》）。

「沒有競爭者的競爭」[119]

商人遇到的另一種麻煩是通常的公開交易必須嚴格遵守規章制度。想擺脫這種麻煩的不僅是大商人。埃佛利特介紹的私下交易[120]反映著發展、壯大和演變中的市場經濟在各個梯級上鼓動創業精神的需要。由於私下交易往往屬於違法行為（例如，在法國比在英國更不被容忍），只是一些活躍的商人集團從價格考慮，或者為了迅速完成大筆交易，才想方設法去擺脫行政部門繼續對傳統的公開交易施加的監督和約束。

因此存在兩個流通領域：受監督的交易，自由交易或力圖不受監督的交易。如果我們能用紅藍兩色繪製圖表，我們將看到，這兩個領域各有疆界，但又互相補充和互為伴侶。問題是要知道哪個領域最重要（無論在開始和以後，都是傳統的公開交易為主）；哪個領域最公平，最能誠實地發揮競爭和調節作用；此外還要知道是否一個領域能抓住、截獲和幽禁另一

364

個領域。如果對市場的陳舊規章作一番仔細考察，看一看德拉馬爾在《警察論》中陳述的各種細節，人們就會發現，制訂規章的本意是要做到公平交易和保護城市消費者的利益。如果所有商品都必須實行公開交易，公開交易便成爲供求雙方具體接觸的工具，而市價的變化便只是這種接觸的表現，只是維護生產者之間以及零售商之間眞正競爭的一個方法。從長遠的眼光看，交換的擴展勢必要求推翻日趨荒誕的陳舊規章的束縛。但私下交易的目的不僅是通過直接接觸而提高效率，它還趨向於取消競爭和在基層催促微型資本主義的誕生，這種微型資本主義實質上與發生在交換的高級層次的資本主義遵循同樣的道路。

這些微型資本家有時能很快積聚小筆財產，他們的慣技就是通過墊款和初級信貸擺脫市場的價格：在收穫前買下小麥，修剪前買下羊毛，採摘葡萄前買下葡萄酒，利用囤積食品來左右物價，最終把生產者置於自己的控制之下。

然而，在日用品供應領域，他們很難走得太遠，否則會激起群眾的不滿和憤恨，甚至受到控告；在法國，舉報信通常送交本市的治安法官，本省的財務總管，直至巴黎的商事院。商事院的辯論表明，即使對明顯的小事，它都認眞處理：由此可見，高層人士完全明白，「在小麥問題上」輕舉妄動是十分危險的，因爲這會引起群眾不滿，甚至造成連鎖反應[121]。一些小型舞弊或違法交易之所以能暫時瞞過監督和建立卓有成效的壟斷，這是因爲它們超過當地市場的梯級，並由一些組織嚴密的資本家集團所掌握。

例如，爲了控制巴黎的食肉供應，一群商人與某些大屠宰商合夥興辦一項大買賣。爲他們效力的有諾曼第、布列塔尼、普瓦圖、利茅辛、波巴內、奧文尼和沙羅勒等地區的集市商販，這些商販約定，通過抬高價格，把通常趕往本地集市的牲畜轉送到他們光顧的交易會；此外，他們還以屠宰商付款不爽快爲理由恐嚇牲畜飼養者，讓後者別把牲畜直接送往巴黎。他們於是自己向生產者收購。據一份致財務總監的詳細報告說（1724年6月），「此事關係重大，他們合夥買下的牲畜佔普瓦西集市交易數量的一半還多，然後便任意抬價，因爲別人只得從他們手中轉買」[122]。必定是巴黎有人洩露天機，這一貿易的性質才被他人知曉，雖說它以巴黎爲中心，其眾多活動卻分散在相距很遠的幾個畜牧區進行，而且表面上並無關礙情形。

另一件大買賣：送呈商事院的一份報告[123]於1708年指出，一些「經

這幀裝飾圖案表現18世紀荷蘭北方荷倫集市上的牲畜買賣。

365　銷黃油、奶酪和其他食品的商人，人數頗多……在波爾多俗稱油脂商」，
包括批發商和零售商，結成了一個「秘密團體」；1701年宣戰時，他們「囤
積了大量貨物」，然後以高價出售。國王為應付局面，便向外國商人發放
了通行證，雖在戰時也特許他們把這類食品運來法國。「油脂商」的對策
是：他們買下「抵達港口的所有船隻裝載的此類貨物」。物價因而居高不
下。報告接著說，「通過這種壟斷」，他們終於賺了許多錢；報告為此建
議採用一個相當複雜和出人意料的辦法，從商人那裡要回一點利潤。我們
在報告的眉批中見到：此舉不錯，但會得罪這些商人，尚需三思而行，
「因為據說其中有60多名大富商」[124]。

　　　這類活動並不少見，但我們掌握的材料僅限於因受到行政干預最終失敗
的活動。例如，在1723年，凡多莫瓦的葡萄酒經濟人來採摘葡萄前不久，
想到要壟斷全部酒桶。當地居民和葡萄種植者進行控告，當局決定禁止這些
經紀人收購酒桶[125]。在1707或1708年，比耶姆河的玻璃手工工廠起而反
對「3、4名商人全部壟斷大玻璃瓶的貿易，由他們派人運往巴黎，他們仗
著有錢，排擠一般承運戶和條件較差的其他人」[126]。60來年過後，聖默努
爾德的一名商人和克勒蒙－昂納爾岡的一名公證人曾有同樣的想法。他們創
辦了一家公司，與阿爾岡河谷的「所有玻璃工廠主」商談了10個月，以便
「收購這些工廠9年中製造的全部瓶子，並明文規定，產品只能賣給這家公
司或由該公司代銷」。結果是：通常就近向這些玻璃廠購買瓶子的香檳地
366　區葡萄種植者突然發覺瓶子價格上漲了三分之一。儘管連續三年葡萄收成

不高，瓶子的需求因而不旺，「這家擁有百萬資產的公司控制著各工廠的全部產品，認爲自己所訂的價格十分恰當，絲毫不肯降價，甚至等待一次豐收，好把價格再行提高」。1770年2月，亞柏內地區的市長和市政法官在蘭斯市的支持下提出控告，終於使這些「百萬富翁」就範：他們倉促退卻，但仍不失面子：原訂的合同宣布撤銷[127]。

　　鐵商爲控制國內全部或部分生鐵生產而建立的壟斷或所謂壟斷，無疑更加事關重大。我們很想對此問題有較多的了解，可惜歷史資料語焉不詳。據1680年間的一份報告揭發，爲了制服法國煉鐵工廠主，「巴黎所有商人串通起來」，從國外取得生鐵供應。他們每週在莫貝爾廣場的一名商人家裡聚會，以集體採購的方式，強制生產者接受越壓越低的價格，但並至於不改變他們自己的售價[128]。另一份報告於1724年對里昂的「兩名富商」提出控告[129]。在這兩個案件中，被告都進行抗辯，賭神罰咒地訴說自己受了冤枉，並找到一些權威人士爲他們作證。他們終於未被提起公訴。人們不禁會問：這究竟證明他們的無辜或是他們的強大有力？60多年以後，在1789年3月，同一個問題又重新提出，商事院代表在報告中指出，鐵的貿易在里昂市佔有重要地位，正是經常光顧波凱爾交易會的「里昂商人向法蘭西康提和勃艮第的煉鐵工廠主提供貸款」[130]。

　　總體來說，肯定會有一些間接的、受當地習慣保護的小規模良性壟斷能夠與正常的商業活動相適應，因而不再激起別人的反對，或幾乎不再有人提出抗議。在這方面，我們對敦克爾克小麥商人的靈活機智表示欽佩。每當一艘外國船來到港口出售其載運的糧食時（例如，1712年末，西班牙王位繼承戰爭即將結束，商業聯繫正趨恢復，成群的15至20噸的英國小船來到敦克爾克），按照規定，在碼頭出售的糧食起售量不得低於100拉齊埃爾（razières），這裡的拉齊埃爾作爲水的容量單位，比普通的拉齊埃爾大八分之一[131]。因而只有大商人和個別頭面人物才有條件在港口躉批；至於其餘人，則在離港口幾百公尺遠的城裡零買。在這幾百公尺的距離之間，小麥價格大大提高：1712年12月3日，兩邊的小麥牌價分別爲21和26至27。除開這25%的利潤外，還要加上兩種不同的拉齊埃爾容量相差八分之一的額外好處。讀者想必能夠理解，起草並向總監呈遞這些報告的下級官吏對富商的欺行霸市遲早會流露出他們憤懣不平，其中一人寫道：「平民百姓由於不能大筆購買，得不到任何好處。如果下令讓市內每人都能購買4至6拉齊埃爾，這將減輕大眾的負擔」[132]。

367 **國際規模的壟斷**

我們現在再看更大規模的壟斷和大宗進出口貿易。前面所舉的例子已使我們可以預見到，由於不同銷售地點之間和在貿易中牽涉的不同人員之間相隔距離很遠，遠程貿易實際上不受任何監督，這就給商人提供許多的方便，使他能夠隨意繞過市場而不受懲罰，他通過法律的或事實的壟斷來消除競爭，拉開供求雙方的距離，因而使進出口差價的比率完全取決於唯一了解長鏈兩端市場情況的中間人。為了進入能獲高額利潤的這些流通渠道，不可或缺的條件是：擁有足夠的資本，能在當時獲得信貸，商情靈通，有客戶往來，在沿途的戰略要點有能參與秘密的合夥人。薩瓦里·德布呂斯龍的《商人大全》，乃至《貿易辭典》，都在國際競爭的範圍內，為我們列舉了一系列可供使用的商業手段；但如果人們相信自由興業的原則能保障最大限度的經濟利益、物價平穩和供求平衡，這些商業手段都是大可商榷以致令人失望的。

馬蒂約·德·聖尚 (Mathias de Saint-Jean) 神父（1646）對這些商業手段猛烈開火，指責它們是外國壓在可憐的法蘭西王國身上的負擔。荷蘭商人大量購買葡萄酒和燒酒。「作為奧爾良、博讓西、布耳瓦、圖爾、安朱和布列塔尼等地區的葡萄酒集散地」，南特變成了荷蘭商人的活動中心之一；因此，葡萄種植成倍增加，羅亞爾河流城的小麥種植減少到危險的程度。葡萄酒過剩迫使生產者燒掉一大批或「改作燒酒」，但製造燒酒需要消耗大量木柴來加熱；附近的森林資源於是減少，燃料價格不斷上漲。農民的境遇本已十分困難，但是荷蘭商人又生財有道，以預付的方式在收穫前向農民買下產品，「這是違背良心的一種高利貸」。相反的，如果他們只不過是先付定金，待收穫後再按葡萄酒的市價算帳，這樣做倒還不離規矩。但在葡萄採摘前壓低市價，實在太容易了。神父接著說：「外國先生們主宰和左右著我國葡萄酒的價格。」另外一個別出心裁的辦法是：他們向葡萄種植者供應德國式的酒桶，「以便把酒運往別國後，讓人以為這是萊因河葡萄酒」，人們已經猜到，萊因河葡萄酒的售價較高[133]。

再有一個辦法：在市場上故意製造貨物的供應緊張，當然，要有足夠的錢，才能等待足夠的時間。1718年，英國的土耳其公司，或稱「勒旺公司」，決定「前往土耳其的船隻行期推遲10個月，這個行期隨後又多次推遲，公司並公開宣布推遲行期的目的和意圖，是要抬高英國貨在土耳其的價格以及生絲在英國的價格」[134]。這樣就能使公司在兩頭同時得利。波爾多商人在同馬丁尼克的貿易中，對開船日期和運算數量同樣作周密的計

算，務使歐洲商品在馬丁尼克相當緊缺，以便提高價格，有時高到驚人的
程度，而返程帶走的蔗糖儘量靠近收穫季節收購，卻是爲了價格便宜。　　368

　　往往最讓人動心的辦法，其實也是最容易的辦法，莫過於對某種大銷
量商品實行壟斷。壟斷確實始終存在，既有私下的，隱蔽的，也有冠冕堂
皇的和眾所周知的，有時甚至還得到國家的優惠。比蘭納[135]指出，在14
世紀初，布魯日曾有人指責羅伯特・德・卡塞爾「力圖建立一個名叫艾尼
格（enninghe）的機構，以便買下法蘭德斯進口的全部明礬和控制其價
格」。任何商行都想壟斷一種或幾種貨物。在15世紀末控制巴塞隆納對外
貿易額半數的「大公司」（magna societas）竭力想把寶貴的對外貿易壟斷
起來，雖然這種想法沒有用明確的話說出來。何況，在當時，壟斷一詞的
含義已眾所周知。奧格斯堡市的史官康拉德・波廷格 (Konrad Peutinger)
是位人文主義者，又是商人的朋友，娶了韋爾瑟家族的女子爲妻，他曾直
截了當地說，壟斷就是「把財富和所有商品集中在一個人手裡」[136]。

　　實際上，在16世紀的德國，壟斷已變成一個常用詞：卡特爾，辛迪
加，囤積居奇，甚至高利貸，都可以不加區分地被當作壟斷而受到攻擊。　　369
富格爾、韋爾瑟、赫希斯泰特爾等幾個大商行的經營網比整個德國還大，
輿論界對此感到震驚。中小企業擔心今後的日子難過，便對分別把汞、銅
或銀一口獨吞的大壟斷企業，群起而攻之。紐倫堡帝國議會（1522-1523）
公開譴責大商行，全靠查理五世皇帝先後於1525年3月10日和5月13日
發了兩項敕令，大商行總算渡過了難關[137]。很有意思的是，像烏爾利希・
馮・赫頓 (Ulrich de Hutten) 這樣的眞正革命家，他的雜文攻擊的矛頭不
是指向金屬礦藏（德國及其鄰國擁有豐富的金屬礦藏）的開採，而是指向
亞洲香料、義大利或西班牙的紅花以及生絲的貿易。他高呼：「打倒胡
椒、紅花和生絲！我最大的心願就是讓那些不能離開胡椒的人治不好他們
的痛風病或法國病」[138]。爲了反對資本主義而抵制胡椒，這究竟算是譴責奢
侈或是揭露遠程貿易的權勢？

　　壟斷是力量，巧計和智慧的產物。17世紀的荷蘭商人被認爲是這方面
的行家。壟斷武器貿易的二巨頭的歷史已爲大家所熟悉，這裡不用多費筆
墨：路易・德・吉爾 (Louis de Geer) 在瑞典開設鑄炮廠，他的姑表兄弟
艾利亞・特里普 (Elias Trip) 則爲他掌握瑞典的銅。我們只須指出，阿姆
斯特丹的大宗貿易被少數大商人所控制，許多重要產品的價格全憑他們說
了算：鯨鬚和鯨油，糖，義大利絲，香水，銅，硝石[139]。壟斷的一件實用
武器是建造龐大的倉庫，其規模和代價都超過弘舸巨舶。倉庫裡能存放供

紐倫堡的秤砣，塑雕作者為亞當·克拉夫脫 (Adam Kraft)，1497年。

聯合省消費10至12年的小麥[140]（1671），還有鯡魚或香料，英國的呢絨
或是法國的葡萄酒，波蘭或是東印度的硝石，瑞典的銅，馬里蘭的煙葉，
委內瑞拉的可可，俄國的皮毛和西班牙的羊毛，波羅的海地區的大麻，勒
旺地區的絲。規則是照例不變的：用現金向生產者低價買進，能預付貨款
更好，囤積貨物，然後等著（或促使）市價上漲。每當戰爭一觸即發，緊
缺的外國產品行將漲價時，阿姆斯特丹的商人便把5、6層倉庫裝得滿滿
登登，以致在西班牙王位繼承戰爭前夕，到港的船隻因倉庫缺少貨位而不
能卸貨。

　　荷蘭商人利用其經濟優勢，於17世紀初不僅剝削羅亞爾流域地區，甚
至還剝削英國：通過英國或荷蘭的經紀人，走遍城鄉每個角落，向生產者
直接收購，「從第一手並在一年最便宜的季節取得」[141]（這與埃佛利特描繪
的私下交易略有差別）；通過現金付款或對未織出的布或未捕獲的魚預付

定金，壓低收購價。結果是法國或英國產品被荷蘭商人以等於或低於法國或英國的市價銷往外國，這種情況一再使法國觀察者驚詫莫名，除了荷蘭運費低廉以外，他們找不到別的解釋。

在波羅的海地區，荷蘭商人利用類似的政策長期確保了對北歐市場幾乎絕對的控制。

1675年，當薩瓦里・德布呂斯龍的《商人大全》出版時，英國商人已 370 經打入波羅的海地區，雖然他們還不能與荷蘭商人平分秋色。法國商人也想在那裡插上一腳，但他們遇到重重困難。一個不小的困難就是必須為此籌集巨額資金。運往波羅的海地區的貨物實行賒銷，而在當地收購卻需付現金，使用「在整個北歐都能流通的」名叫里克斯達爾（rixdalle）的荷蘭銀幣。這種銀幣應在阿姆斯特丹或在漢堡才能換得，他們必須在當地有人代辦一切。在波羅的海各港口，他們也必須有商務代理人。最後一個困難是英國商人，尤其是荷蘭商人從中作梗。荷蘭商人「盡一切可能……讓法國人洩氣和厭煩……他們削價出售商品，甚至不惜賠本，在當地又抬高收購價格，使法國人有虧無賺，從此洗手不幹。無數例子表明，從事北歐貿易的法國商人由於荷蘭商人使壞而紛紛破產，他們的商品不得不虧本拋出，否則就會賣不出去」[142]。荷蘭的這一政策顯然是精心設計的。1670年9月，當法國北方貿易公司組建時，尚・德・維特 (Jean de Witt) 親自出使但澤，爭取從波蘭和普魯士取得新的優惠，「以預防法國商業的打入」[143]。

在這前一年，正當我們剛說到的銷售危機期間，荷蘭人的反應相當地說明了問題，據蓬博納報告說：18艘印度船已經或即將到達。市內已經出現漲庫現象，再來新的貨物，又該如何安排？公司只想出一個辦法：把「大批胡椒和棉布」向歐洲廉價傾銷，「以使經銷這些貨物的其他各國商人，特別是英國商人，不再能從中謀利。這是荷蘭人在與鄰國進行貿易戰中一貫使用的武器。他們為了不讓別人得利，自己也就不再謀利，這最後可能使他們自己受害」[144]。實際上，對富有的荷蘭商人來說，耍這種手法和其他手法都不在話下。印度船隊運到的大量貨物於1669年夏季出售，阿姆斯特丹商人為維持原有庫存的價值，以低價把貨物全部買下[145]。

世界各大商埠其實都想建立國際壟斷，威尼斯是如此，熱那亞也是如此。薩瓦里・德布呂斯龍以寶貴的生絲交易為例對國際壟斷問題作了詳細解釋[146]，生絲交易在法國工業生活中起著重要的作用。美西納的生絲主要用於製造圖爾和巴黎的錦緞和波紋綢。但美西納絲比勒旺絲更難取得，因為佛羅倫斯、盧加、利佛諾或熱那亞的商人和絲織工匠對此無不垂涎欲

滴。法國商人實際上沒有第一手買到生絲的可能。西西里的生絲市場被熱
那亞商人所控制，要買生絲就必須通過他們。生絲由產絲農民在鄉村集市
出售，唯一的條件是顧客應付現金。在原則上，貿易是自由的，但實際
371　上，當熱那亞人同許多義大利商人一樣在16世紀末投資購買土地時，他們
選擇了「產絲最好最多的地方」。他們因此便於向產絲農民訂購；如果趕
上豐收年景，生絲價格可能下跌，他們只要在交易會或集市高價買進幾包
生絲，就能使市價回升，從而使他們原有的存貨也可待價而沽。此外，他
們在美西納享有公民權，可免繳向外國人徵收的各項雜稅。圖爾的兩名絲
商與一名西西里商人商定攜帶40萬里佛來到美西納，他們認爲足以能打破
熱那亞的壟斷，結果卻大失所望。他們終於失敗了，與荷蘭人同樣狡猾的
熱那亞人著實給他們一個教訓。熱那亞人在里昂推銷生絲，其售價低於圖
爾商人在美西納所付的收購價。里昂商人當時往往爲熱那亞商人充當代理
人，據1701年的一份報告說[147]，他們與熱那亞商人私下串通，乘機損害
他們的競爭對手——圖爾、巴黎、盧昂和里耳的手工工廠。在1680年
1700年之間，圖爾的織機數量從1萬2千臺下降到1200臺。

　　最大的壟斷是大商業公司事實的和法律的壟斷。在這些大商業公司
中，當然應首推印度公司。這就涉及到另一個問題，因爲這些享有特殊優
惠的公司是在國家一貫支持下成立的。關於這些跨越經濟和政治兩個領域
的壟斷，我們隔一會再談。

一次失敗的壟斷嘗試：1787年的胭脂紅市場

　　有人可能認爲我們高估了壟斷的作用。我想請他們聽一聽關於1787年
霍普商行進行胭脂紅投機的一個相當奇特的故事：這家大企業當時正在阿
姆斯特丹市場推銷俄國和別的國家的債券[148]。爲什麼這些大金融家竟搞起
了胭脂紅的投機？首先因爲商行負責人認爲，在經濟危機期間（這場危機
至少可上溯到1784年，即「第4次」對英戰爭行將結束的時候），他們注
意了債券，忽視了貿易，如今也許該是搞點商品交易的時候了。新西班牙
生產的胭脂紅是織物的一種高級染料，另一個重要細節是它比較便於保
存。昂利·霍普 (Henri Hope) 根據他得到的消息，相信胭脂紅下一年將
會歉收，歐洲的現有庫存不多（據別人對他說，還有1750包，分別存在加
地斯、倫敦和阿姆斯特丹）；由於價格幾年來接連下跌，顧客傾向於需要
多少才買多少。他的計劃無非是在各大商埠同時（爲了不驚動市場）低價
收購，至少購進現有庫存的四分之三。然後再抬高價格，把貨物重新拋

出。預計需要資金150萬至200萬荷蘭盾，這是一筆大數目。霍普認爲，即使不能如希望的那樣有很大賺頭，也決不可能賠本。他在每個商埠都得到一家商號的合作，倫敦的巴林商行甚至出資四分之一。

這場投機最後以徹底失敗而告終。首先由於潛在的危機，價格提高不多；其次由於信件傳遞緩慢，以致命令的傳達和執行都誤了時間。最後尤其因爲在陸續收購過程中，人們發覺現有庫存量要比原先提供情況者所說 372 的大得多。霍普堅持要在馬賽、盧昂、漢堡，甚至在聖彼得堡把全部貨物吃進，但在計劃執行過程中連遭挫折。最後，他拿到手的貨物比他預計的多一倍。勒旺地區因俄土戰爭，銷售不旺，法國則因紡織工業危機，胭脂紅銷路也不好，霍普因而很難再把貨物推銷出去。

總之，這項活動最後虧損很大，資產極其雄厚的霍普商行不哼不哈地認了帳，繼續從事其收益豐碩的外國債券投機。但通過這個插曲，通過商行檔案中保存的大批信件，我們對當時經濟生活的風貌也就一目了然。

根據這個具體例子，人們會懷疑克萊因 (P. W. Klein) 的論據是否恰當[149]。這位研究特里普大商行的歷史學家從不否認，自 17 世紀起，阿姆斯特丹的大商業建立在相當完善的、至少是反覆產生的和一再被追求的壟斷的基礎上。但在他看來，壟斷的產生，根源在於它是經濟進步乃至經濟發展的條件。他解釋說，建立壟斷以後，大商業等於保了險，就能確有把握地應付各種風險；沒有安全感，人們不會一再進行投資，市場就不能持續地擴大，新技術也就無人問津。壟斷或許要受道德的譴責，但它畢竟對經濟有利，最終對公衆也有益。

爲了接受這個論斷，必須從一開始就確信創業精神的可貴。克萊因引證熊彼得的論點，人們並不感到奇怪。但經濟發展、創業精神和技術革新的動力始終來自上層嗎？唯有大資本才是這一切的動力嗎？如果我們回過頭來再看霍普商行這個實例，怎麼能說建立胭脂紅壟斷竟是爲了尋求安全？商行不是自願接受投機風險的嗎？最後，商行又搞了什麼革新？又在什麼地方對公益有利？100多年以前，沒有荷蘭商人從中插手，胭脂紅已成爲染料之王，成爲塞維爾所有批發商的「王牌貨」。霍普商行在全歐洲蒐羅的胭脂紅庫存，原本根據工業的需要分布各地；照例是或應該是工業需要決定庫存分布。這次壟斷嘗試的明確目的是要把胭脂紅庫存集中到一雙手裡，促使胭脂紅價格暴漲，試問這對歐洲工業又有什麼好處？

克萊因確實沒有看到，阿姆斯特丹的整體地位本身是一種壟斷，壟斷的目的不是尋求安全，而是爲了建立統治。我們不妨套用一句名言，說

哈倫運河碼頭上的卸貨吊車。格里特·貝爾凱特 (Gerrit Berckeyde)(1638-1698)
的畫作。

「對阿姆斯特丹有好處的，對世界其他地方也有好處」，只有在這個條件
下，克萊因的全部理論才能成立。

373 貨幣的欺詐

　　還有一些其他的商業優勢，其他的壟斷，它們顯得十分自然，因而連
受益者本人也視而不見。集中在大資本家四周的高級經濟活動實際上在製
造一些常規性結構，天天都為大資本家提供方便，而後者卻並不始終都意
識到。特別在貨幣方面，他們所處的有利地位就像今天在一個貨幣貶值的
374 國家裡擁有硬通貨一樣。唯獨富人才能支配和保存大量金幣和銀幣，而普

通百姓手裡從來只有輔幣或銅板。這些不同貨幣相互保持的關係，猶如在同一種經濟中並存的硬通貨和軟通貨；人們想在二者之間人爲地維持一種固定的比價，這其實是行不通的。比價持續不斷地在波動。

在實行複本位制或不如說三本位制的時代，貨幣其實不是一種，而有幾種。它們互相敵對，正如富裕和匱乏互不相容一樣。經濟學家兼歷史學家范・克拉夫倫[150]認爲，十分簡單，貨幣就是貨幣，不論是以金幣、銀幣、銅幣或紙幣的形式出現；這種看法是錯誤的。重農主義者邁爾西埃・德・拉里維埃爾 (Mercier de la Rivière) 在《百科全書》中這麼寫道：「貨幣可比作推進商品貿易的一條河。」這個說法同樣不對，除非把河這個詞改作複數。

金和銀互相衝突。它們的比價不斷導致兩種金屬從一個國家向另一個國家，從一種經濟向另一種經濟的猛烈運動。1785年10月30日，法國決定[151]把金銀比價從1：14.5改爲1：15.3，以便遏止國內的黃金外流。我曾經說過，在16世紀以及後來的威尼斯和西西里，金價過高使黃金完全淪爲一種劣幣，而根據所謂格雷欣法則，「劣幣驅逐良幣」。在當時情況下，良幣是爲勒旺貿易所必須的白銀。土耳其注意到了這種不正常狀況，大批「撒奇尼」金幣抵達威尼斯，以當地的有利比價換成白銀。在整個中世紀時代，西方在貨幣領域始終表現爲黃金和白銀的此消彼長，間或也出現一些波折、反常和意外，我們在現代還可見到這些情形，只是程度不如以往罷了。

不是所有人都能利用金銀之間的這種互爲消長的關係，都能根據自己是有進項或有支出，在兩種金屬中作出選擇，唯獨經手大筆貨幣或信貸證券的人才有這種特權。馬萊斯特魯瓦 (Malestroit) 於 1567 年寫道：貨幣是個「只爲少數人所得知的秘密」[152]，他這樣說肯定是正確的。參與這項秘密的人自然會乘機謀利。例如在16世紀中葉，隨著美洲白銀不斷運到，黃金恢復並長期保持了它的優勝地位，財富的等級當時經歷了一次全面調整。在這以前，白銀曾是稀少的（相對地說）和可靠的價值，「銀幣留作積儲，黃金在大筆交易中扮演通貨的角色」。在1550至1560年間[153]，情況又翻了過來，熱那亞商人在安特衛普市場率先拋出白銀和購進黃金，並且因有先見之明而坐享厚利。

另一種更普遍、更不易察覺和幾乎讓人習以爲常的欺騙，是硬通貨（金銀）同軟通貨（摻銀的銅幣或者純粹的銅幣）的比價。西博拉很早用了change（兌換、匯兌、匯率）一詞來表達這種比例關係；該詞含義模糊，

稱黃金的女子。尚・戈薩爾・馬比斯 (Jean Gossaert Mabuse) 作畫，16世紀初。

羅維爾為此十分惱火[154]。不過，如果照羅維爾的建議，採用 change in-
terne（內部匯兌）的說法，或者按希爾瓦的主張，稱之為 change vertical
（縱向匯兌），而把貨幣和證券從一商埠匯到另一商埠的真正匯兌則稱作
change horizontal（橫向匯兌），這也幫不了我們大忙。匯兌（change）
一詞既然存在，使用這個詞也是合情合理的，因為這裡關係到金幣或銀幣
折算成軟通貨時的購買力；關係到實際價值與官方牌價不符的幾種貨幣之　　376
間強制推行的一種比價（但不被遵守，因而容易變化）。在戰後的歐洲，
與當地貨幣相比，美元不是曾自動享有某種溢價待遇嗎？或者美元在「黑
市」上高於官方匯價出售，或者用美元購物合法地享有 10% 至 20% 的折
扣。正是這個形象使我們最能懂得，金幣和銀幣擁有者何以對整個經濟具
有自動提款權。

　　一方面，人們總是用劣幣支付小筆零售貨款，在集市向農民來購買食
物，向零工或工匠發放工資。蒙塔納里 (Geminiano Montanari)（1680）[155]
說得好，軟通貨是「為靠每天勞動生活的升斗小民所準備的」。

　　另一方面，與硬通貨相比，軟通貨總在貶值。在一國範圍內，不論貨
幣形勢如何，一般百姓長期遭受不斷貶值的危害。例如，在17世紀初的米
蘭，零錢包括「台林」（terlines）和「賽辛」（sesines）兩種硬幣，它們原
來摻銀，後來變成單純的銅幣；含銀的「巴帕利奧爾」（parpagtiole）價值
較高。由於國家的忽視，「台林」和「賽辛」的行市不斷下跌[156]。法國的
情形同樣如此，1738年8月，阿尚松侯爵在他的日記中寫道：「二蘇硬幣
的價值今晨減少了一里亞，佔其總值的四分之一，貶值幅度真大[157]。」

　　以上種種都產生一定的後果。在集中了無產階級和半無產階級手工業
城市，與容易上漲的物價相比，貨幣工資日趨下降。這是里昂手工工匠於
1516年和1529年起而反抗的原因之一。在17世紀，原來主要危害大城市
的內部貶值像瘟疫一般傳染到工業和工匠大眾尋求避難地的小市鎮。我是
從希爾瓦那裡得知這個重要細節的，他認為，里昂把它的貨幣剝削網撒到
周圍的鄉村[158]。這個說法是否真實，顯然有待證明。無論如何，已有證據
表明，貨幣並不像經濟學家所說的那樣是一種中性流體。貨幣肯定是交換
的出色助手，但也是為特權者效勞的一種欺騙手段。

　　對商人和有錢人來說，辦法很簡單：把收到的銅幣立即再投入流通，
只保存有價值的鑄幣，鑄幣的購買力比名義上同它們對等的所謂「黑幣」
要高得多。請看一冊商人課本（1638）[159]對出納員提供的建議：「在付款
時，把手伸向即將跌價的貨幣。」這當然也等於說，要盡可能積聚硬通

貨。威尼斯推行的政策是要擺脫銅幣，於是把成桶的銅幣送往勒旺地區各
島嶼。16世紀西班牙商人所玩的花招相當簡單，他們把銅運送到新卡斯
提爾的匡卡，在造幣所鑄成銅幣，把銅幣借給需要用錢購買原料的毛織工
廠主，並且特意講定，在工廠主出售其呢絨的城市或者是交易會用銀幣償
還[160]。在1574年前後的里昂，不僅禁止捐客「為囤積目的套購商品」，
而且不准「去旅店或登門上別人家裡收購金幣銀幣和任意抬價」[161]。在
1601年的帕馬，人們想一舉結束貨幣兌換商（bancherotti）的活動，指控
他們的罪名是收集金銀良幣，使之在市內消失，以便再引進劣幣[162]。請看
外國商人，特別是荷蘭商人，在法國的行事方式（1647）：「他們把質量
和信譽都遠不如我國貨幣的本國貨幣交給他們的經紀人，用以支付他們購
買的商品；他們又把我國最好的鑄幣留下來寄回本國[163]。」

再沒有比兌換貨幣更簡單的事了，但真要以此為業，又必須處於有力
的地位。所以，我們就要仔細想一想，貨幣史上何以經常出現劣幣入侵。
劣幣入侵並不始終是自發的或無害的行動。品托[164]曾給往往銀根緊缺的英
國出了一個主意，要它「以葡萄牙為榜樣，增發小額輔幣」，這個乍一看

錢幣兌換店，木刻畫，16世紀。

使人感到有點吃驚的建議其實是認眞的。它究竟意味著什麼？也許是要在　378
商業生活的高層有更多可資周轉的貨幣？品托是葡萄牙人，又是銀行家，
他說這話自然不是無的放矢。

關於貨幣的欺詐行徑，我們是否都說盡了？肯定沒有。要說欺詐，主
要不是指通貨膨脹嗎？夏爾‧馬東‧德拉古爾 (Charles Mathon de la Cour)
（1788）對此問題作了十分清楚的解釋。他說：「不斷從地下採掘出來的金
銀每年流向歐洲，增加歐洲的貨幣總量。各國並不因此眞正變得更加富
有，但他們的錢財愈積愈多；食物和各種生活必需品的價格跟著上漲，必
須拿出更多的金銀，才能得到一塊麵包、一所房屋和一件衣服。工資最初
不以相同的比例增加〔我們知道，工資增長確實落後於物價〕。觀察敏銳
的人痛苦地注意到，當窮人爲維持生活而需要掙得更多的錢的時候，這一
需要有時卻使工資下降，或至少爲長期維持已與支出不成比例的原工資來
充當合理化的藉口；所以，金礦向富人的利己主義提供進一步壓迫和奴役
勞工階級的武器[165]。」對德拉古爾單純用定量分析來解釋價格上漲一事，
這裡姑且不談；但今天有誰會不贊同這位作者的見解：通貨膨脹在資本主
義制度下遠不是對所有人都不利的？

特別高的利潤，特別長的期限

我們已經就各種資本主義活動，自覺的和不自覺的，作了全面介紹。
但爲理解資本主義活動優越性，我們最好應舉出幾個關於商業利潤率的確
切數字，並且把它們同農業、運輸業或工業中最有利可圖的活動作個比
較。弄清事情眞相的唯一辦法是深入「經濟成果的核心」[166]。昨天如同今
天，資本主義僅僅在高利潤場所存在。可以肯定：在18世紀的歐洲各地，
商業高利潤都超過工業或農業的高利潤。

可惜這方面的考證尚未深入進行。歷史學家的處境像是一名闖進禁區
的記者。他猜到大概發生了什麼事情，但很少掌握證據。數字並不缺少，
但或者不完整，或者不可靠，再或者兩種毛病兼而有之。今天的商人是否
比普通的歷史學家更能讀懂這些數字？我對此表示懷疑。我們掌握阿姆斯特
丹的霍普商行50年內（1762-1815）投資和利潤的年度報表，以及向股東
分發的紅利金額。表面上看，眞是一些既確切又寶貴的數字，利潤率還算合
理，往往在10%左右。比斯特指出，霍普家族財富的不斷增多顯然不是靠
這些利潤，而且這些利潤幾乎完全重新轉化爲資本。因爲，每一個股東各有
我們無法了解的私人買賣和帳目，而這才是他們「眞正的利潤」所在[167]。

379　　　　每份文件最好應該多看幾遍。為了把一筆生意的帳算清，必須看到它從頭到尾的全部過程。例如，怎麼能接受法國東印度公司那種簡單的報帳方式：從1725年到1736年，公司在印度的買價和在法國的賣價相差96.12%[168]？在如同多級火箭那樣互相制約的一系列交易中，最後一項交易對其他各項似乎不起作用。我們需要了解各項開支，包括啟航費、旅途開支和修理費，最初的商品和現金總額，在遠東的平行活動和利潤，等等。掌握了所有這些情況後，我們才能夠計算或試圖進行計算。

　　同樣地，關於向腓力二世及其繼承人貸款的熱那亞商人的帳目，我想恐怕永遠也弄不清楚。熱那亞商人借給西班牙國王的款子數額很大（利率往往不高，第一階段的情形還很不清楚）；他們藉由城市之間的匯兌賺錢，我們對有關情形知道不多，他們依靠倒賣年金債券賺錢，我們在前面已經作了解釋（但究竟賺了多少，還是個問題）；最後，由於買者使用白銀來付款，在熱那亞賣出這些銀幣或者銀條時，他們通常能得到10%的額外好處[169]。當熱那亞商人與天主教國王的官員進行討論時，他們有理由說契約規定的利率不高；官員的答覆是，實際利潤高達30%，這也並非純屬誇張[170]。

　　另一條規律是，利潤率單獨不能決定一切，還應看到投資總額。如果以借款方式從事的投資數額巨大（熱那亞商人是這種情況，霍普商行也是這種情況，一般說來，18世紀所有的放款都是這種情況），即使利潤率不高，利潤終究是個大數目。我們不妨把這種情況同杜爾哥談到的按星期計息的高利貸者或鄉村高利貸者作個比較；這些高利貸者所要的利息有時極高，但他們是把自己的錢借給小借款人；他們不過從農民那裡得到裝滿一隻羊毛襪的錢幣或奪得幾塊土地，他們必須經過幾代人的努力，才能置起一份中等家產。

　　另一個值得注意的要點是：利潤與一條相當長的鏈條環環相扣。一般船從南特開出，又回到南特；船所需的開支不在啟航時（除個別例外）用現金結清，而是用6至18個月的期票支付。如果我是參與這筆生意的商人，我可等船回來，在「卸貨」以後再付款，而我交出的期票就是信貸，這種信貸一般從荷蘭放款人、當地金融部門或者其他出資人那裡得到。如果一切帳目都合乎規矩，我的投機目標是要獲得借款利率和實際利潤率之間的差額利益；這是一種不用本錢的空頭交易。正如交易所的投機一樣，風險自然會有。「聖伊萊爾號」[171]於1775年12月31日回到南特。小貝特蘭 (Bertrand fils) 所得到利潤相當可觀（投資28萬里佛，得利15萬53

里佛，佔53％）。但船隻返航之日往往就是拖欠開始之時；帳目不立即結清，留下一些「尾巴」[172]。這些尾欠是商業生活中的一個麻煩。小貝特蘭的投資被立即償還，但紅利卻要等20年以後，即在1795年，方才交給他！

　　這當然是一個極端的例子。不過，每次清帳總是那麼拖泥帶水，似乎現金已被投資所吸引，無力再立即結清欠帳。這至少在法國是如此，其他各國大概也是如此。

　　最後，做高利潤的生意不比種地，可以每年穩穩當當地取得收成。利潤率不斷在變化。生意會由好變差；如果固守一條線路，貿易利潤往往漸趨疲軟，但大資本幾乎總是能夠及時轉到另一個方面去，利潤又重新堅挺。法國東印度公司依靠專營貿易權在美洲和法國之間進行煙草貿易，利潤率簡直高得驚人，但也呈下降趨勢：1725年為500％（在向股東分發紅利前）；1727至1728年為300％；1728至1729年為206％[173]。聖馬羅的「聖母升天號」從太平洋歸來，根據該船的帳目，出資1千里佛的人可得「本利2447里佛」，利潤率為144.7％。「聖讓・巴蒂斯特號」的利潤率為141％，另一艘船的利潤率為148％[174]。在大革命前夕，對群島和對美國的貿易收益有所下降；勒旺貿易停滯不前，平均利潤率僅10％；唯有印度洋貿易和對華貿易正趨上升，東印度公司以外的大商業資本紛紛轉到這裡。在這方面，如果計算月利潤率，前往馬拉巴海岸單程需20個月（航速較慢），再加回程，平均利潤率為2又1/4；對華貿易比較順利，利潤率為2又6/7；科羅曼德的貿易利潤率為3又3/4；印度洋貿易為6％（航行時間為33個月，總利潤率達200％）[175]。最後一個數字破了記錄。1791年，「蘇弗朗船長號」從南特出發開往法蘭西島和波旁島（支出為16萬206里佛，收益為20萬4075里佛），利潤率超過120％；而在1787年，一艘類似的船隻，名稱也相像，叫做「蘇弗朗法官號」，從南特出發開往安地列斯群島，支出為9萬7992里佛，收益為3萬4051里佛，利潤率僅為28％[176]。如此等等，影響利潤率的各種因素隨著商情的變化而變化，世界各地莫不如此。例如，格但斯克於1606至1650年間在波蘭國內收購黑麥，轉手賣給荷蘭商人，平均利潤高達29.7％，但上下波動之大令人不得其解：最高為1623年的201.5％；最低為1621年的負45.4％[177]。這自然就很難得出什麼結論。

　　不過，可以肯定的是，只有經手大筆款項的資本家（包括他們自己的錢和別人的錢）才能達到高利潤的天空。資金流轉起著決定的作用，這也是商業資本主義的信條。為了熬過等待、動盪、撞擊、限期等不免出現的

貴人下鄉。彼得羅‧隆吉 (Pietro Longhi)(1702-1785) 作畫。請與本書第 247 頁的畫幅作一比較。來訪者是威尼斯的城市貴族，他們把商業財富用於購置地產，親自進行資本主義方式的經營。他在這裡會見的不是日子過得火紅的農莊主，而是雇傭工人，他們在貴人到達時躬身致禮。

困難，必須手裡有錢，才能有更多的錢！例如，於1706年到達秘魯的7艘聖馬羅船[178]在出發時需要1681363里佛的巨額支出。船上裝載的貨物只值30萬6199里佛。這些貨物是這次航行的心臟，因為在前往秘魯的途中，船上不帶任何現金。必須把貨物在秘魯出售，裝上新的貨物運回法國，其價值至少應等於原價的 5 倍，才能差不多抵銷支出。如果在航行結束時的利潤率要達到145%（據我們了解，當時在同一航線上航行的另一艘船就是這種情況），那就必須在其他情形不變的條件下，讓返程貨物的價值等於原價的 6.45 倍。因此，當我們聽到英國東印度公司經理托馬斯‧孟解釋說，從 1621 年開始，寄往印度的錢在返回英國時增加 4 倍[179]，我們也就不會感到驚奇。簡單地說，為了能夠參與這些賺錢的交易，必須以這種或

381

那種方式先掌握足夠的錢，否則就別打這個主意。范‧林茲肖滕於1584年前往果亞。這位荷蘭旅行者負有間諜使命，他從這個遠方城市寫信回來說：「我原想去中國和日本旅行，從這裡到這兩國與到葡萄牙是同等距離，也就是說，路途要花三年時間。如果我有200、300杜加，很容易就能換成600、700。我以為除非發瘋才會兩手空空地去幹這樣的事，必須先有相當的本錢，才能指望謀利[180]。」

　　這裡可以得出一個印象（由於歷史資料的分散和不足，我們只能說是印象），經濟生活中總有一些領域是高利潤領域，而這些領域不斷在變化著。每當在經濟生活的本身的衝擊下，高利潤領域開始轉移時，總有一種資本捷足先登，佔領陳地，並且繁榮發達。但請注意，一般說來，高利潤領域不由資本所創造。利潤的這種轉移是理解資本主義在勒旺、美洲、南洋群島、中國、黑奴買賣之間或在貿易、銀行、工業或土地之間隨機應變的一把鑰匙。一個資本家集團（例如16世紀的威尼斯）有時會放棄優越的商業地位，轉而向工業投資（這裡指的羊毛業），甚至向農業和畜牧業投資，這是因為它同商業生活的聯繫當時已不再是高利潤領域。再舉18世紀的威尼斯為例，該城市那時曾試圖重新打進勒旺的貿易，因為這一貿易已再次變為有厚利可圖。不過，它並不一門心思撲在這上面，也許因為它從農業和畜牧業暫時還有高額收益可得。在1775年前後，養一圈羊「在好年景」每年可提供的收益為最初投資的40%，這個成果肯定會「引起任何資本家的喜愛」（da inamorare ogni capitalista）[181]。當然，威尼西亞的土地好壞不一，不是所有的土地都能達到這個水平，但總的來講，正如1773年的《威尼西亞評論》（Giornale veneto）所說，「用於這些活動[農業活動]的錢總比包括航海冒險在內的其他投資方式賺得更多」[182]。

382

　　可見很難在工業利潤、農業利潤和商業利潤之間排定一個一成不變的先後次序。習慣的排列次序——先商業，後工業，再農業——大體符合實際，但也包含一系列例外，這就可以解釋資本何以從一個部門轉向另一個部門[183]。

　　我們要強調資本主義在其整個歷史過程中始終具有的基本品質：久經考驗的可塑性以及應變能力和適應能力。從13世紀的義大利到今天的西方，如果資本主義果真如我所想的那樣具有一定的同一性，那就必須首先從基本品質方面去確定和觀察這種同一性。今天有一位美國經濟學家[184]在談到美國時說：「上個世紀的歷史證明，資本家階級始終能為維護其霸權而控制，引導各種變化」；除個別地方可說得緩和一些外，人們難道不能

把他的話從頭到尾地應用於歐洲資本主義的歷史？在全球經濟的規模上，必須注意不要把資本主義看得太過於簡單，以爲它的成長必定經歷幾個階段，從商業階段到金融階段，再到工業階段，而工業階段則是成年階段，唯一「眞正」的資本主義階段。在所謂商業階段或在所謂工業階段（這兩個詞分別包含許多不同的形態），資本主義都有一個基本特點，即在出現嚴重危機或利潤率顯著減少時，幾乎隨時都能從一種形態轉變爲另一種形態，從一個領域轉移到另一個領域。

商行和公司

383

　　我們這裡主要並不研究商行和公司本身，而是要把它們當作路標，並在它們的指引下，看到經濟生活和資本主義活動的整體。

　　商行（sociètè）和公司（compagnie）雖然形式和職能都有相似之處，卻是應該作出區分的：商行與資本主義本身休戚相關，它先後曾以一系列不同的形式而出現，這些形式標誌著資本主義演變的不同階段；大公司（如東印度公司）同時關係到資本和國家，國家壯大起來，勢必要強行干預；資本家只得服從，抗議，最後就溜之大吉。

商行的發展初期

　　從貿易開始或重新開始的那時起，就有一些商人合夥經營，他們捨此沒有別的選擇。羅馬時代曾出現過商行，它們的活動順利地和合乎邏輯地擴展到整個地中海。此外，18世紀的商法學家還引證羅馬法的先例、用語乃至精神，他們這樣做並不顯得過分勉強。

　　爲了找到西方商行的最早形式，必須追溯到很早以前，即便不是古羅馬，至少也是地中海重獲生機的9和10世紀。亞馬菲、威尼期和其他城市當時的規模還小，才剛起步。貨幣重新出現。朝拜占庭方向與伊斯蘭的大城市重開貿易，意謂著交通已很便利，已有爲遠距離商業活動所必需的資金積聚，也就是說，已存在比較強大的商業單位。

　　有一種早期的形式，叫做「海幫」（societas maris），也稱爲「眞幫」（societas vera），「人們由此猜想，這種合作形式最初是絕無僅有的」[185]。還有一些別的稱呼，如「合夥」（collegantia）或「合約」（commenda）。「海幫」其實是留在陸地的合夥人（socius stans）和登船出海的合夥人（socius tractator）之間的一種雙邊合作形式。布洛赫認爲（在其他一些人

以後），假如登船出海的合夥人（le tractator，我們可直譯爲「販運人」）不爲出海貿易提供資金（他住往也出資，不過爲數甚少），這便是早期的勞資分工。此外也還可能有一些令人意想不到的合夥形式。我們暫且先把問題擱下，以後再討論有關的爭論[186]。「海幫」通常爲一次航行而訂約；這是一種短期行爲，雖然當時在地中海的航行需持續幾個月之久。無論在熱那亞公證人喬伐尼・斯克里巴（1155-1164）的公證文書或在13世紀馬賽一位名叫阿馬里克的公證人的文書中，都曾提到過（前者提到400次，後者提到360次）「海幫」的合夥形式[187]。在漢薩同盟的沿海城邦，也可見到商行的這種原始形式。正由於它的簡單，這種形式維持了相當長的時間，在16世紀的馬賽和拉古沙還可找到。在威尼斯自然也是如此，還有別的地方。晚到1578年的時候，在葡萄牙，「販運人」（tractado）區分兩種 384 不同的合夥契約，我們立即會認出第二種，即是兩人「在一人出錢以及另一人出力的情況下」訂立的契約[188]。我在蘭斯一名商人（1655）下面一句囉嗦的話裡好像找到了這種勞資合作的影子。他在日記中信手寫道：「可以肯定，你不能夠與沒有資金的人合夥；他們要分一份利潤，虧空卻全落在你的頭上。這種做法相當多，但我從不主張這樣做[189]。」

回過頭來再談「海幫」。在梅利斯看來，它只能由船隻陸續啓程來解釋。船隻開出後還要回來。只要有船開出，就有建立「海幫」的可能和必要。內陸城市的情況便不同。它們參加義大利和地中海的貿易，比沿海城市落後一步。爲了擠進貿易網去，它們必須克服一些特殊的困難和特殊的阻力。

公司（compagnia）是這些阻力的產物。從詞源來看，公司（cum共，panis麵包）本是父子、兄弟和其他親戚緊密結合的家族合作形式，是分享麵包，分擔風險、資金和勞力的聯合體。這種公司後來將稱作無限責任公司，全體成員所負的連帶責任原則上是無限的（ad infinitum），也就是說，責任不以他們入股的份額爲限，而要涉及他們的全部財產。只要想到公司不久還接納其他人的加入（帶來資金和勞力），並吸收儲蓄（佛羅倫斯的大公司拿出10倍於其資本的現金，不是一件難事），人們便能夠理解，這些企業是資本家使用的重要工具。巴迪公司在勒旺地區和在英國建立據點後，一度把整個基督教世界納入它的商業網。這些大公司壽命之長真是令人驚訝。在老闆或經理去世後，公司稍加改組，便繼續運轉。作爲歷史學家，我們可以看到，保存下來的契約幾乎都不是新訂的契約，而是展期的契約[190]。所以，爲簡單起見，我們就把這些公司稱作巴迪公司、佩

IN-LADINGE
In een extraordinair wel-bezeylt
FLUYT-SCHIP
OP CADIX

 En laet een ieghelijck weten, dat

tot OOSTENDE par CADIX aen Ladinghe leght voor de tweede mael op die Vojagie, het extraordinair wel bezeylt Fluyt-Schip ghenaemt de *Jeff. Mary*, over dry weken ghearriveert van Cadix, Cartagena, Trypoly, en Trepana, daer voor Meefter blyft op Cammanderen den Capiteyn ofte Schipper *Pieter Roelaud* van Amfterdam, voorfien met fijn Turckfe Paffen, de Vreghten zyn gereguleert de Canten tot Twee Realen de hondert guldens weerde, de Rauwe Lynwaten tot Twee Ducaten par Ballot van 12. tot 16. Stucken, en grooter naer advenante gelijck oock de Gaerens en ander Manufactuuren, alles out gelt als voor de prematica: en dito Schip fal met Godt, weder ende wint dienende, zeylen op den 16. a 17. Mey 1715. goet ofte geen: die daer in gelieven te Laden fullen hun addrefferen aen d'Heer *Thomas Ray*, of den boven-genoemden Capiteyn tot OOSTENDE.

Elck zegg'het den anderen boorts.

宣布「朱弗勞‧瑪麗號」(一艘「特別出色」的運輸船)即將從奧斯坦德開往加地斯的廣告傳單。其中運費價目列開如下:「價值100弗羅林的花邊付運費2里亞爾;每包為12至16匹的亞麻類坯布付2杜加」。

魯齊公司等等。

　　義大利內陸城市的大商行,在個體規模上,最終比沿海城市的大商行要大得多,沿海城市的商行數量眾多,但規模較小,壽命也短。在遠離海岸的內陸,實行了必要的集中。梅利斯舉例作了對照:熱那亞的斯賓諾拉家族單獨開辦了12家企業,而在1250年的佛羅倫斯,20名合夥人與40名從屬者合辦一家賽爾奇商行[191]。

　　實際上,這些大商行是盧加、皮斯托雅、錫耶納以及最後的佛羅倫斯

擠進大商埠行列的手段和結果。這些城市並非一開始就是大商埠。門在某種程度上是被撞開的，它們的力量在一些領域表現特別強勁：作為第二產業的工業；服務、貿易、銀行等第三產業。總之，公司（compagnia）不是內陸城市的偶然發現，而是根據需要所設計的一種行動手段。

以上所述不過是我借用了賽約的觀點[192]。賽約從錫耶納的實例出發，認為這些觀點只適用於義大利的內陸城市。依我之見，這一規律同樣適用於設在半島以外的歐洲大陸上的各種商行。例如德國中部拉芬斯堡「大商行」的情形就是如此。拉芬斯堡是士瓦本地區鄰近康士坦茲湖的一個小城市，那裡的地形崎嶇不平，居民以種植和加工亞麻為業。這家大商行由三個家族商行聯合組成[193]，從1380到1530年維持了一個半世紀之久，但它似乎每隔6年就改組一次。在15世紀末，80名合夥人彙集的資金達13萬2千弗羅林，這筆巨款處在韋爾瑟公司和富格爾公司同期籌集的資金（前者為6萬6千，後者為21萬3千）的半中間[194]。它的據點除拉芬斯堡外，還設在美明根、康士坦茲、紐倫堡、林道和聖加爾；它的子公司分布在熱那亞、米蘭、伯恩、日內瓦、里昂、布魯日（隨後為安特衛普）、巴塞隆納、科隆、維也納和巴黎。一大批合夥人、代理人、職員和練習生作為商行的代表光顧歐洲各大交易會，特別是美因河畔法蘭克福的交易會，而且有時步行前往。加入大商行的商人是些批發商，他們僅限於商品貿易（麻布、毛料、香料、紅花等），幾乎不搞金融業務和信貸，只在薩拉戈薩和熱那亞設有零售店舖，這在一個兼營海陸貿易（陸上貿易經由隆河谷，海上貿易以熱那亞、威尼斯或巴塞隆納為起點）的龐大商業網中是罕見的例外。該商行的文書於1909年被偶然發現，阿洛伊斯·舒爾特（Aloys Schulte）[195]據此就15和16世紀交接時期的歐洲貿易問題寫了一部重要著作；透過這些德意志商人，並在他們寬廣的活動範圍中，整個基督教世界的商業生活幾乎可以一目了然。

拉芬斯堡的「大商行」（magna societas）沒有隨著地理大發現而進行必要的革新，沒有在里斯本和塞維爾設點營業，這是一個值得注意的特點。我們究竟應該認為：「大商行」在舊體制中陷得太深，無力打開通向現代化大商業的一條新路，或者這是因為它不可能改組直到1530年還保持原狀的商業網？老方法自然要負一定責任。合夥人的數量在減少；老闆們，商行的掌舵人（regierer），紛紛購買土地和退出商界[196]。佛羅倫斯式的長壽命大公司卻並不隨「大商行」的消失而跟著消失。它一直保持到18世紀，甚至到了更晚的時候。這類以家庭為模式、為核心的大公司保護祖

產，維持家族的生計，從而也保證了自身的存在。家族商行世代相傳，不斷在改組和重建。盧加商人布翁維齊設在里昂的公司經常更換招牌：1575至1577年稱作路易‧布翁維齊繼承人公司；1578至1584年稱作貝努瓦和貝納丹‧布翁維齊公司；1584至1587年稱作貝努瓦、貝納丹、艾蒂安以及安托尼‧布翁維齊公司；1588至1597年稱貝納丹、艾蒂安和安托尼‧布翁維齊公司；1600至1607年則稱作保羅‧艾蒂安和安托尼‧布翁維齊公司，如此等等。公司始終是又從來不是同一家公司[197]。

根據法國1673年法令，這類商行被稱作「通用公司」，後來又得到「自由公司」或「無限責任公司」的名稱。直到較晚的時代，我們仍要特別強調它們具有的家庭或準家庭特徵，即使它們並不眞由一家人所組成。以下是南特一家商行（1719年4月23日）創辦時訂的契約（立約人之間沒有親戚關係）：「爲了使資金不被動用，除家庭生活費用和日常開支外，不得從商行支取一分錢；一人取錢時，應通知另一人同時支取同等數目，以便不必爲此立帳……」[198]「在手工工廠和小商店中，私人生活和貿易活動相互滲透更要嚴重得多」[199]。

387

兩合公司

所有的集體責任公司都碰到如何區分無限責任和有限責任這個難題。後來想出了一個辦法：成立兩合公司，用以區分企業經營人的責任和滿足於提供資金、只願對這筆投資負責的投資人的責任。這種有限責任制的採用在法國比在英國更加迅速，英國的兩合公司將長期有權向股東提出增資的要求[200]。梅利斯這樣認爲[201]，兩合制在佛羅倫斯的發展最引人注目（但不早於16世紀初，已知的第一個契約於1532年5月8日簽訂），它使志在擴張的當地資本家能夠參與一系列近似今天的「控股」之類的活動，我們可以從兩合公司的登記冊上了解到它們的規模，分布和存在時間。

兩合制在歐洲各地發展，逐漸替代建立在家庭基礎上的商行。兩合制的興旺其實只是因爲它在解決新困難的同時，能夠適應經營業務的多樣化，並且滿足日益頻繁的遠距離組合的需要。此外，還因爲它能夠接納寧願隱姓埋名的人參加。有了兩合制，南特的愛爾蘭商人就能夠與科克郡的愛爾蘭商人合夥經商（1732[202]），「繞過……在大革命前始終有效的關於禁止外國人參加法國航運企業的法國法規」。同樣，法國商人就能與非洲沿海的葡萄牙駐軍司令或與西班牙在美洲的「官員」[202]，甚至與一些唯利是圖的船長合夥經商，就能在聖多明哥、美西納或別的什麼地方有一名聽

話的合夥人就近照管業務。在巴黎註冊的商行，儘管其票據付款地點爲巴黎，其成員並不都是巴黎人。例如，1720年6月12日創辦的一家商行（前後只維持了一年），「經營銀行和商品購銷業務，創辦人是：約瑟夫・蘇易士，前波爾多市商事法官，家住巴黎聖奧諾蘭街；尚和彼埃爾・尼古拉，住布洛瓦街；法蘭索瓦・安培住聖丹尼關廂區格朗街；賈克・朗松，在畢爾包經商」[203]。這位賈克・朗松，在宣布商行解散的文書中，以法國議員和畢爾包銀行家的身分出現。

　　由於我們掌握的有限資料說得並不十分明確，我們怎麼使兩合公司（或者可稱作「有條件公司」或「合約公司」[204]）同無限責任公司區分開來？我們不妨說，凡某個合夥人的責任有限制，那就是兩合公司。法國1673年的法令說得好：「兩合公司合夥人的責任以其出資額爲限」[205]以下是1786年3月29日在馬賽訂立的公司文書（手寫文書）：合夥人（是名婦女）「對超過其付出資金的公司債務和承諾概不負責」[206]。這句話倒是把事情說清楚了，但情況並不是始終都是如此。另一些合夥人選擇兩合公司，只因爲這使他們能夠躲在暗處，即使他們投資很多和分擔風險。1673年法令要求兩合公司向公證人提供合夥人的姓名和簽字，但它既然只提到「商人和批發商合辦的公司」，那就容許作這樣的解釋：在向商事法官備案的文書中，凡「不以經商爲業」的人可不必列入合夥人名單[207]。一些貴族因此免於因經商而被剝奪貴族資格；國王的一些官吏則隱瞞了他們在某些企業中的股份。這無疑說明兩合公司在法國特別風行的原因：即使在18世紀出現經商熱的時候，商人仍被排斥在上等社會之外。巴黎不是倫敦，也不是阿姆斯特丹。

股份公司

　　正如人們所說，兩合公司同時是人員的集合和資本的集合。最後出現的股份公司只有資本的集合。公司資本與公司本身構成一個不可分割的整體。股東擁有公司資本的一些份額，一些股份或股票。英國人稱這些公司爲股份有限公司（joint stock companies），stock 一詞具有資本或資金的含義。

　　法律史學家認爲，只有當股票不僅可以轉讓，而且可以在市場上議價出售時，才談得上眞正的股份公司。如果不苛求這後一項條件，歐洲可以說很早就有了股份公司，在已知的英國第一家股份公司莫斯科公司（於1553至1555年成立）以前，別的股份公司早已出現了。在15世紀前，地

中海航船的產權往往分作幾份（威尼斯稱之為partes，熱那亞為luoghi，大多數義大利城市為caratti，馬賽為quiratz或carats）。這些份額可以出售。同樣，在整個歐洲，礦山也歸一些人共有，如13世紀錫耶納附近的一個銀礦，早先的鹽礦以及鹽田，斯蒂利亞地區雷歐本的冶煉場，賈克‧科爾擁有部分股份的一個法國銅礦。隨著15世紀的經濟高漲，中歐的礦山由商人和王公共同負責開發，其所有權被分成好些股份（kuxen），這些可轉讓的股份便成了投機對象[208]。杜亞、科隆、土魯斯等地的磨坊也同樣實行股份制。在13世紀的土魯斯[209]，磨坊被分為若干股（uchaux），股主（pariers）能夠把自己的股份當作不動產出售。土魯斯各磨坊的股份制結構

389 從中世紀到19世紀沒有變化，在大革命前夜，股主在磨坊文書中自然變成了「股東先生」[210]。

在這追溯歷史先例的過程中，熱那亞的情形雖然十分引人注目，人們通常賦予它的地位看來是過高了。由於它的政治衰弱和需要，聖喬治共和國允許在國內建立兩種商行：康培爾（compere）和毛納（maone）。毛納（maone）是由幾部分組成的聯合體，它們承擔的任務實際上屬於國家職能：攻打休達（據說第一個毛納因此於1234年應運而生）或於1346年開墾希俄斯島：這一任務由吉烏斯蒂尼亞尼家族完成，該島始終處在他們的控制之下，直到1566年被土耳其人征服。康培爾是用國家收入作擔保的國家公債，下分「羅卡」（loca）或「魯吉」（luoghi）。康培爾和毛納於1407年聯合組成聖喬治商行（Casa di San Giorgio），真正的國中之國，是了解熱那亞共和國神秘莫測的歷史的一把鑰匙。但康培爾、毛納和聖喬治商行是否算真正的股份公司？關於這個問題，至今還有兩種意見在爭論[211]。

總的說來，除享有貿易優惠的大商業公司外，股份公司的發展並不十分迅速。在這方面，法國是個好例子。股票（action）一詞很晚才被用開，當它以白紙黑字的書面形式出現時，那也還不一定是容易轉讓的股票。經常的情形是有名無實。另外的名稱有「份額」（parts d'intérêts）、「蘇」（sols）或「息份」（sols d'intérêts），含義同樣模糊不清。1765年2月22

390 日，一家「代收年金公司」轉讓「公司全部股份21蘇之中的2蘇6德尼埃」[212]（1蘇等於12德尼埃）。二年過後，在1767年，也是在巴黎，博蘭公司使用了股票（action）一詞，但它對公司400萬里佛資本的組成情況卻作如下介紹：票面為500里佛的單利借據4千張；票面為100里佛的單利借據1萬張；票面為500里佛的年金借據1200張；票面為100里佛的年金借據4千張。所謂單利指的是承擔風險以及分享利潤的股票；所謂年金可

迄今所知，聖戈班鏡子手工工廠的股份於 1695 年首次出售。

以說就是利息為 6% 的債券[213]。

　　「股東」一詞也遲遲不被接納。至少在法國，該詞以及「銀行家」一詞都帶有貶意。約翰‧勞的一名秘書墨龍在約翰‧勞制度破產 12 年後（1734）寫道：「我們並不想硬說股東比食利者對於國家更加有用。對這種可惡的偏見，我們離得越遠越好。股東取得收益的方式同食利者完全一樣，誰也不比誰勞動得更多；二者分別為取得股票或契約[地契]所拿出的錢都是可應用於商業和農業的流動資金。但這些資金的表現形式卻不同。股票在轉讓時不用辦手續，更便於流通，因而更能增值，並能用於應付意外的急需。」商訂契約既費周折，又需公證人在場；這是一家之主為防止「未成年繼承人肆意揮霍」的所謂「穩妥型投資」。

　　儘管股票有以上優點，股份公司的推廣卻極其緩慢；根據抽樣調查，各地的情形無不如此，如在18世紀的南特或馬賽。股份公司通常在現代化的保險行業中首先出現。有時也為了武裝私掠船而組建股份公司：英國在伊麗莎白時代發生的事於 1730 年在聖馬羅重現。一份致國王的呈文說：「大家知道，在聖馬羅以及在王國的其他港口，根據歷來為建造私掠船而制訂的規矩，從未有過一條船不是通過訂購數額微小的股份而募集資金的，

這種集資方式使私掠船的受益者遍布王國的每個角落[215]。」

這段文字相當說明問題。股份公司是向更廣大的公眾籌集資金的手段，也是在更大的地域和從更廣的社會階層吸收資金的手段。因此，盧昂、哈佛、摩來、翁夫勒、迪耶普、羅利安、南特、佩吉納、伊夫托、施托爾貝格（愛克斯伯沙附近）、里耳、布勒斯等地都有人與博蘭公司（1767）保持聯繫，與該公司合作或參與公司的活動[216]。假如趕上好機會，公司的商業網將擴展到整個法國。股份公司自然是在巴黎發展最快；在路易十六時代的巴黎，商業十分活躍。1750年成立了航海保險公司，該公司於1753年改稱通用保險公司；此外還應提到安贊礦產公司，卡莫煤礦公司，吉索運河公司，布里阿運河公司，包稅股份公司，內河水利公司等等。這些公司的股票在巴黎掛牌標價，公開出售和自由流通。經過一次「不可想像的動蕩」後，內河水利公司的股票於1784年4月從2100里佛躍升到3200和3300里佛[217]。

如果我們再把荷蘭和英國包括進來，有關的例子還可舉出更多，但那又有什麼必要呢？

391　發展並不迅速

根據商法史學家的說法，商業公司的發展經歷了三代：建立在家族基礎上的商行，兩合公司，股份公司。發展的脈絡很清楚，至少在理論上是如此。其實，除個別例外，商行保存著陳舊的、不完善的性質，其原因主要是它們的規模很小。翻開巴黎商事法院留下的檔案，總會看到一些性質不定或性質不明的商行。小商行在其中佔絕大多數，似乎小商人為不被大商人吃掉而聯合起來[218]。你會接連看上10份籌集小筆資金的合股契約，而不一定遇到一個糖廠，接連看上20份合股契約，而不一定遇到一家銀行。這不等於說富人不會聯手辦企業。笛福[219]對1720年前後的英國作了正確的觀察。一般是哪些商人經常辦商行？他說，是富有的服飾用品商，布商，兼營銀行業務的金飾商和其他大商人，以及某些從事對外貿易的商人。

這些大商人是少數。而且，就是那些與大商人有關的商行、公司和「企業」[220]，如果享有專利權的大公司或大手工工廠不算在內，它們的規模在我們看來長期都是小得不值一提。在阿姆斯特丹開設一「營業所」，至少只有20、30名雇員[221]；大革命前夕巴黎最大的銀行，格雷夫勒銀行，只用30來名職員[222]。一家商行規模再大，設在老闆的住所，地方還都綽

綽有餘。所以商行長期保留著家庭的乃至家長制的性質。笛福指出，職工
住在批發商家裡，同桌吃飯，外出須向批發商請假。在外面住宿，那就想
也別想！1731年在倫敦上演的戲劇中，一名商人厲聲斥責其職員：「巴恩
維爾，你昨晚不該不打招呼就在外面過夜[223]。」這正是古斯塔夫・弗萊塔
格 (Gustav Freytag) 在其小說《借方和貸方》中描繪的場景。故事情節就
在一個德國批發商的家裡展開。當維多利亞女王在位時，英國大商行中的
老闆和雇員還在一種家庭氣氛中生活：「在許多商行裡，每天開始工作前
舉行闔家祈禱，幫工和學徒全都參加[224]。」由此可見，社會現實、精神狀
態和其他事物都並不飛速發展。常見的仍是為數眾多的小商行。只是當商
行與國家相結合後，商行的規模才明顯擴大；作為規模最為龐大的現代企
業，國家在自身的壯大過程中，幫助其他企業發展壯大。

大商業公司的前身

　　大商業公司是商業壟斷的產物。大體上講，它誕生於17世紀的西歐和
北歐。這些都是老生長談，但也並非沒有道理。如果說義大利內陸城市創
造了佛羅倫斯式的商行（稱作「公司」），並依靠這個武器打通地中海和歐
洲的流通渠道，那麼，聯合省和英國接著也利用它們的公司來征服世界。

　　這個說法本身完全正確，但從歷史的眼光看，它卻沒有把這一驚人現 392
象的位置放正。大公司的壟斷具有雙重的或三重的特徵：壟斷意味著十分
強烈的資本主義活動；沒有國家給予的優惠條件，公司就不可能實行壟
斷；公司依靠壟斷獨佔了與許多地區的遠程貿易。早在荷蘭東印度公司
前，有一家公司取了「遠方公司」（Compagnie van Verre）這個意味深長
的名稱。不過，無論遠程貿易，國家給予優惠條件或資本建立勛業都不是
從17世紀初開始的，在遠程貿易（Fernhandel）的舞台上，資本主義和國
家早在1553至1555年英國創辦莫斯科公司前已經攜手合作了。威尼斯大
商業在14世紀初的活動已遍布整個地中海和包括北海在內的歐洲；威尼斯
的帆槳船於1314年抵達布魯日。到了14世紀，面對全面的經濟蕭條，威
尼斯當局制定了所謂「商船制」；國家負責建造和裝備（即承擔啓航費）大
帆槳船，然後出租給城市貴族兼商人使用，以推動商業的發展。事情逃不
過吉諾・呂扎托 (Gino Luzzatto) 的仔細觀察，他指出，這是一種有力的
「傾銷」政策。「商船制」直到16世紀初期繼續在起作用，它是威尼斯爭
奪霸權的一項武器。

　　在華斯哥・達伽馬完成環球航行和美洲被發現後，面對更大的地域，

一些類似的制度紛紛建立。歐洲資本主義雖然從中得益不淺，但在當時沒有取得驚人的突破。這是因為西班牙國家強制推行了「西印度事務院」（Consejo de Indias）、「貿易商行」（Casa de la Contratación）和「印度之路」（Carrera de Indias）。怎麼擺脫這些接二連三的束縛和監督？在里斯本，國王兼營商業；努涅斯‧迪亞斯[225]恰如其分地稱之為「君主資本主義」。「印度公司」擁有船隊和代銷網，實行國家對貿易的壟斷。商人對此只得隨遇而安。

這些制度維持了很長時間，葡萄牙直到1615至1620年間，西班牙到1784年。因此，伊比利半島的這兩個國家之所以長期不願建立大商業公司，這是因為國家已為里斯本、塞維爾和加地斯的商人展開遠程貿易提供了便利。機器已經開動，而在開動以後，又有誰來讓它停下？人們往往說，西班牙通過「印度之路」模仿威尼斯，事情確實如此。但說里斯本模仿熱那亞，這種比較就不那麼恰當[226]。在威尼斯，一切以國家為重，而在熱那亞，則是一切以資本為重。在現代國家業已建立的里斯本，一切條件都已具備，只缺熱那亞的商業自由。

國家與資本是兩股誰也離不開誰的力量。它們在聯合省和英國怎樣相互配合呢？這是在研究大公司歷史時遇到的主要問題。

三率法

一家公司的壟斷取決於三項條件的會合：首先是國家，它的效率能高能低，但國家本身總是存在的；其次是商業世界，即資本、銀行、信貸和顧客，這個世界對壟斷或敵對或贊成，或者兩種態度兼而有之；最後還需要在遠方開闢一個貿易區，許多問題都僅僅取決於這個貿易區。

國家始終存在著：國家在作為商業活動基地的國內市場分配和保障優惠權。但優惠權不是無償的禮物。任何公司都以納稅作報答，而稅率又與現代國家始終擺脫不了的財政困難相聯繫。各公司不斷要為壟斷付出代價，而且壟斷的每次展期都要經過長時間的討價還價。甚至聯合省這樣一個表面上結構鬆散的國家也善於向富有的東印度公司徵稅，強迫它拿出錢來，要求它支付各項雜稅，並向股東們開徵資金稅（一個使該項措施更顯嚴厲的細節：要根據交易所的行市，計算股票的真正價值）。律師彼得‧范丹（Pieter Van Dam）是對當時荷蘭東印度公司認識最深的人，他的一句話說得好：「這家公司每年上交給國家大筆款項，國家對它的存在應該感到高興，國家從印度的貿易和航運中所得的利益等於股東的三倍[227]。」

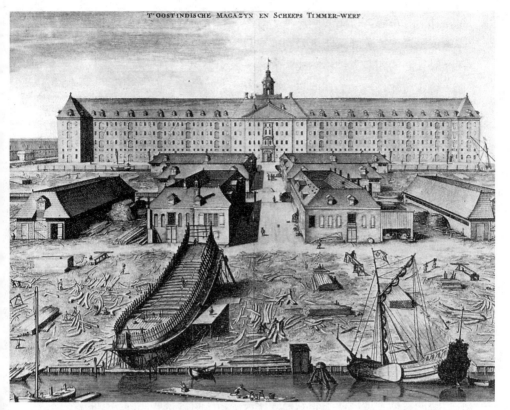

T'OOSTINDISCHE MAGAZYN EN SCHEEPS TIMMER-WERF.

荷蘭東印度公司在阿姆斯特丹的船塢和倉庫。米爾德 (J. Mulder) 的版畫，1700 年左右。

這句話可適用於與荷蘭東印度公司對立的其他公司。

　　我不想就這個一般性問題多費唇舌。然而，每個國家都通過自己施加的影響賦予本國的公司某種特色。1688年革命後的英國公司比荷蘭公司更加自由，因爲荷蘭公司爲以往的成就背了包袱。在法國，就東印度公司而言，它的成立和改組都由政府隨意決定，它處在政府的控制之下，好像脫離開國內的生活，懸在半空之中，公司的管理又接連不斷地落在一些無能之輩手裡。有哪個法國人會看不到這些差別？1713年7月，一封倫敦來信宣布將成立一家借約公司（即南海公司，該公司從成立起就擁有原爲法國人掌握的向西屬美洲供應黑奴的專利權）。信件說：「黑奴供應事宜已交給一家私人公司；宮廷的命令在這裡絲毫不影響私人的利益」[228]。這樣說未免言過其實。但在1713年後，英吉利海峽兩岸在商業方面的區別已經很大。

　　簡單地講，必須弄清國家和公司在什麼高度和根據什麼方式保持關係。公司若要發展，條件是不能像在法國那樣，國家隨便進行干預。相

394

反，在有一定經濟自由的條件下，資本主義便能佔領陣地，適應種種行政障礙或困難。比英國東印度公司成立只晚幾個月的荷蘭東印度公司是取得了激動人心的和令人神往的成果的第一家大公司；我們應該承認，它的結構十分複雜和奇特。公司共設6個獨立的分公司（荷蘭、吉蘭、台夫特、鹿特丹、荷倫、恩克華生），在這之上，建立「17董事」（Heeren Zeventien）的共同領導，其中8名董事來自荷蘭分公司。城市資產階級經由各分公司的媒介，得以加入這個獲利豐厚的大企業。地方分公司的經理（Gewindhebbers）選舉17董事，他們因此也能參與總公司的領導。不妨順便指出，透過東印度公司的這種分散性，我們可以看到，從尼德蘭聯省共和國一般經濟似乎平整如鏡的水平面下，一些個別的城市經濟已嶄露頭角。但這絲毫影響不了阿姆斯特丹的統治地位，也不妨礙在東印度公司的迷宮裡，幾個大家族始終保持統治地位。在17董事和19董事（西印度公司創立於1621年，設19名董事）的名單中，幾個大家族始終佔有席位，如阿姆斯特丹的別克家族或吉蘭的朗普辛家族。他們的後盾不是國家，而是金錢和社會。至於英國東印度公司、南海公司或英格蘭銀行，人們可以看到同樣情形；還可舉英國哈德遜灣公司為例，例子雖小，卻能清楚地說明問題。所有這些大企業歸根到柢都落在幾個小集團的控制之下，他們抓住自己的特權不放，從不想到要變化或革新，可說是些頑固透頂的保守分子。腰纏萬貫之人不肯再冒風險。我們甚至可以不恭敬地認為，他們算不上是商業智慧的化身。人們常說東印度公司從基礎上開始腐化，其實腐化也始於上層。說實在的，東印度公司之所以能維持這樣長的時間，只是因為它把持著當時最有利可圖的貿易。

公司的命運要根據它們壟斷的貿易地域而決定。地理是首要的因素！實踐表明，亞洲貿易是這些大規模試驗最可靠的基礎。無論大西洋（對非洲和對美洲的貿易）或歐洲各海（波羅的海、白朗希海和遼闊的地中海）提供的活動場所都不如亞洲長久。請看英國歷史上莫斯科公司、勒旺公司和非洲公司的命運，荷蘭歷史上東印度公司的最終失敗更加說明問題。對大商業公司來說，成功與地域的關係不帶絲毫的偶然性。這難道因為亞洲貿易只涉及諸如胡椒，香料，絲，印花布，中國的金，日本的銀，以及茶，咖啡，漆器等奢侈品？歐洲處在發展的過程中，它對奢侈品的慾望愈益強烈。18世紀初大蒙兀兒帝國的崩潰使西方商人對印度垂涎三尺。亞洲貿易路途遙遠，困難重重，前景莫測，這一切使它成為大資本的禁臠，因為唯有大資本才能拿出巨額現金投入流通。這種情形如果不絕對排除競爭的可

能，至少使競爭變得困難；競爭的起點已經達到一定的高度。一名英國人於
1645年寫道：「私人一般不可能作如此曠日持久、代價昂貴和險象環生的
旅行[229]。」這種看法其實帶有一定的傾向性，並不完全正確，這是在英國
國內和國外爲公司反覆開脫的辯護詞，因爲後來的事實表明，許多私人本可
能以籌集必要的資金。亞洲的最後一個禮物是：在那裡服務的歐洲人能就地
取得生活資料。特別興旺的印度洋貿易在整整一個世紀裡是葡萄牙獨佔的
生財之道，在隨後的二個世紀裡，它又使荷蘭集團財源茂盛，直到英國鯨
吞了印度爲止。

英國眞的鯨吞印度嗎？歐洲的成功建立在定期舉行的地方交易基礎之
上，這就證明原有的經濟相當強壯有力，還能維持下去。在這幾百年內，
歐洲的一個有利條件是它要開發的對象是人口稠密和經濟發達的文明地
區，那裡的農業和手工業生產爲出口作好了準備，到處都組織了有效率的
商業中間環節。例如在爪哇，荷蘭人依靠中國人從事產品的收購和集中。
歐洲在遠東可利用原有的穩固基礎，不必像在美洲那樣白手起家，唯有白
銀使歐洲得以撞開遠東的大門。軍事的和政治的征服終於鞏固了英國的統
治地位，並徹底打破原有的平衡。

英國的大公司

英國興旺發達的時間並不很早。1500年前後的英國還是一個沒有強大
海軍和以農村人口爲主的「落後」國家，財源只有兩個：大量的羊毛生產
和有力的呢絨工業（呢絨工業的發展逐漸吸收了羊毛生產）。這一工業在
很大程度上與鄉村相聯繫，在英格蘭的西南部和東部生產結實的絨面呢，
在約克郡西區則生產一種起絨的薄呢。當時英國的首都約有居民7萬5千
人，即將變成，但此時還不是一個畸型的都會；君主制在紅白玫瑰戰爭後
得到了加強，行會盤根錯節，交易會十分活躍。但英國仍是一個傳統經濟
的國家，還沒有變成一個貿易大國。不過商業生活開始與手工業生活相脫
離；情形與文藝復興前的義大利城市大體相同。

英國大商行當然是在對外貿易的範圍內首先建立。我們能夠觀察到的
兩家最大的商行是：經營羊毛出口的「中心市場商行」（the merchants of 396
the staple），這裡提到的中心市場是指加來；經銷呢絨的「冒險商公司」
（merchants adventurers）。二者都屬於一種古老的組織形式。「中心市場
商行」經營英國羊毛，但羊毛將停止出口，我們且擱下不談。「冒險商公
司」[230]中的冒險商一詞的含義帶有一定的伸縮性（其實是指所有從事對外貿

易的商人），他們向尼德蘭出口呢絨坯料，並爲此訂立了一系列協定（如在 1493 至 1494 年，在 1505 年）。倫敦的「紡織品商」和「雜貨商」逐漸在廣大冒險商中佔首要地位，並竭力排斥在特韋德河以北形成對立集團的外省商人。這些倫敦商人從1475年起實行聯合行動，包租相同的船隻送貨，統一納付關稅和爭得優惠，公然對「紡織品貿易」實行壟斷。國王於1479年進行了干預，要求以倫敦爲大本營的這家紡織品公司容許外地商人前來首都。但外地商人仍然處於低人一等的地位。

「冒險商公司」的第一個突出特點是，商人的眞正活動中心不在英國，而長期在安特衛普和卑爾根奧松姆，這兩個地方的交易會相互爭奪，吸引他們前往。呆在尼德蘭，這對公司來說，就能在兩個城市間左右逢源，從而更好地維護它的特殊地位。尤其，主要交易——賣出呢絨，買進香料和取得白銀——都在這些大陸市場上進行。正是在這裡，才能與最活躍的世界經濟息息相通。倫敦是老年商人的天下，市場動蕩和旅途顛簸都使他們望而生畏。青年人則去安特衛普。倫敦商人於1542年向樞密院抱怨，「安特衛普的年輕人」竟對倫敦「大佬」們的意見置若罔聞[231]。

但我們這裡特別要指出，「冒險商公司」帶有濃厚的行會性質。公司的紀律與在一個城市的小範圍內行會要求其成員遵守的紀律十分相似。它的章程得到國家認可，如 1608 年皇家法規[232]津津樂道地列舉各項規定。公司成員互爲「兄弟」，他們的妻室互爲「姊妹」。兄弟們應一起出席葬禮和其他宗教禮儀。他們不准做壞事，說粗話，喝醉酒和當眾出醜，例如：不在舖子裡坐等郵件送來，而是迫不及待地親自去取；不得彎腰曲背地親自搬運貨物。此外還禁止爭吵、辱罵和鬥毆。公司是個倫理組織，具有法人地位，還有類似政府的管理機構（總督、議員、法官、秘書）。它享有貿易壟斷權和永恆繼承權。從以上情形看來，人們可以根據柴爾德後來用的名稱，稱冒險商公司爲「有規章公司（regulated company），換句話說，它的組織形式大致相當於北海國家的「行會」和「漢薩」（gildes，hanses）。

由此可見，冒險商公司沒有絲毫新穎獨到之處。它的起源無疑可追溯到15世紀以前，它不等英國國王表示同意便自己成立了。根據邁克爾·博斯坦 (Michael Postan) 的推斷[233]，由於呢絨銷售量下降，商人們需要加強團結，應付局面，於是便組織了公司。但這不是一個股份公司，公司成員（除非係遺產繼承或在公司一成員處學藝結業，凡加入公司者均需繳納特許費）經商時自負盈虧。總之，這是一種古老的組織形式，它根據英國

約克郡冒險商會所的裁判廳。

經濟發展的需要（從出口羊毛過渡到出口呢絨坯料），增添了一項新職能：有效地匯合和協調個體商人的活動，但並不實行合併；它出色地發揮自己的作用。從冒險商公司過渡到具有共同資產的統一的大公司，即股份公司，本是十分容易的事。然而，日趨衰敗的冒險商公司的組織形式一直保留到1809年；就在那年，拿破崙奪得了漢堡（自從1611年以來漢堡一直是冒險商公司的鞏固據點[234]），冒險商公司就此壽終正寢。

關於冒險商公司的這些細節足以使讀者了解所謂「有規章公司」的大致情形。股份公司隨著16世紀末和17世紀初經濟的突飛猛進[235]而日益增多，但遠沒有立即佔多數。它們在營業性質相同而又屬於另一種類型的公司中脫穎而出；它們有時甚至比另一種類型的公司優越，因為於1555年成立的莫斯科公司和於1581年成立的勒旺公司先後於1622年（另一次在1669年）和1605年變為「有規章公司」，非洲公司則於1750年改變了股份公司的性質。甚至在1599年成立並於次年獲得貿易特權的英國東印度公司也不例外。它在1698至1708年經歷了一場奇怪的危機，在此期間它部分地改組為「有規章公司」。

何況，英國東印度公司成立時的資金大大低於荷蘭東印度公司，在剛成立後的100年內，它還遠不是真正的股份公司。公司資金需在每次出航

398

時籌集，每個商人在船隻返回後收取本利。每個股東長期有權抽回股金。事情後來逐漸發生變化。從1612年開的某一部門有著種天某生特門長或愛行的一系列航行建立帳目。到了1658年，公司的資本開始固定下來。在1688年前後，股份能在倫敦交易所買賣，就像荷蘭公司的股份在阿姆斯特丹交易所一樣。荷蘭式的股份公司慢慢被英國所接受，時間差不多長達一個世紀之久。

公司和經濟環境

西歐和北歐各大公司的全面勝利，涉及到經濟環境和歷史年表的問題。就在1580年至1585年前後，阿姆斯特丹開始興旺發達。1585年，亞歷山大·法爾內塞 (Alexandre Farnèse) 奪回安特衛普，從此決定了這個濱臨斯海爾特河的城市的命運。安特衛普的商業即使沒有被破壞殆盡，也足以使阿姆斯特丹在競爭中穩操勝券。可是，東印度公司的成立（1602）離1585年幾乎相差20年，也就是說，是在阿姆斯特丹的崛起以後。至少可以說，不是東印度公司造成了阿姆斯特丹的興旺，反而是阿姆斯特丹的興旺部分地促成了東印度公司的成立。東印度公司成立後，幾乎立即取得了成功。成立時間略早的英國東印度公司也是同樣情形。

約在1664至1682年間，法國人為建立大商業公司所作的努力屢遭挫折：建於1664年的東印度公司「很早遇到財政困難」，其專營貿易權於1682年被撤銷；建於1670年的勒旺公司於1672年開始走下坡路；建於1669年7月的北歐公司「一垮到底」；成立於1664年的西印度公司[236]於1674年被取消。東印度公司的局部成功抵銷不了這一系列的失敗。何以在法國遭到失敗的事在英國和荷蘭都能成功？這個問題需要解釋。法國公司失敗的原因，主要在於商人對政府的不信任，商人的財力相對薄弱以及法國資本主義尚不成熟。此外，商業網格局已定，再要打進去就十分困難：好位置已被別人捷足先登，為保住有利地位，他們不惜兵戎相見。尚·默弗萊 (Jean Meuvret)[237]寫道：「更有甚者，外國公司在本世紀上半葉業已成立，它們取得的利潤之高令人咋舌，由於經濟形勢發生了變化，如此高額的利潤如今已不復可得。」法國沒有選得好時機，柯爾貝爾動手太晚了。特別是半個世紀的空前發展已使北歐地區，特別使尼德蘭處於領先地位，足以應付可能的競爭乃至經濟不景氣。

同一種經濟氣候能在不同地點導致不同的後果。例如，在兩個世紀的交替時期（1680-1720），整個歐洲處境困難，但在英國出現的動亂和危機

卻給人一種普遍進步的印象。難道在經濟萎縮和停滯時期，有的國家能不受影響或比別的地區少受影響嗎？總之，在1688年革命後，英國在各方面都加速發展：按照荷蘭的方式建立起強有力的公共信貸；創辦英格蘭銀行於1694年一舉成功，穩定了國家的資金市場，並賦予商業以額外的衝力。商業的發展極其順利：匯票和支票在國內市場的地位與日俱增[238]。對外貿易的數額和門類在擴大：金和戴夫南特 (Charles Davenant) 認爲，外貿是發展最迅速的部門[239]。人們熱中於對股份公司投資：股份公司於1688年原有24家（蘇可能帶電一樣；；1692至1695年又成立了150家，但不是所有的公司都能一直維持下去[240]。1696年危機期間，貨幣改革提出了嚴厲的警告，隨之倒閉的不單是經營不善的企業。幾千名股東跟著受到了損失。於是頒布了1697年法令，把股票經紀人的人數減少到100名，從此結束了那種一閧而起的局面[241]。雖然如此，在整整一段混亂時期內，儘管威廉三世和安妮女王政府的橫徵暴斂，直到1720年發生南海公司的騙局前，投資熱始終未見消退。

在這種氣氛下，面對私營企業的競爭，大商業公司已很難保住它們的特權。俄羅斯公司和勒旺公司的壟斷終於被廢除。東印度公司的資本雖已大大增加，但它是否也會遭到同樣的厄運？由於實行了新的經濟自由，第二家公司已經成立，新老公司在交易所惡鬥，直到1708年仍不知鹿死誰手。

我們不想醜化在這些年裡形成的咄咄逼人的資本主義，但有一件怪事值得提到。1698年8月，老公司的商人打算把他們在印度的某些設施讓給新公司的商人，或者甚至讓給法國印度公司。蓬夏特朗於1698年8月6日寫信給塔拉爾說[242]：「法國東印度公司經理得到通知，英國老東印度公司準備出售在科羅曼德海岸的默蘇利珀德姆的商業設施，並可以就此進行商談。國王陛下希望你悄悄地了解這項通知是否確實，他們是否有權出讓這些設施和他們的意圖何在。」打著重號的文字在原件裡用密碼寫成。當時在烏特勒支的塔拉爾在8月21日致大臣的覆信[243]中說：「可以肯定，英國老東印度公司願意出售其設施，新東印度公司爲了壓價，回答說他們無意購買，也用不著購買。老公司的倫敦富商恐怕會吃虧不小，但我懷疑他們敢同外國商人做這筆生意。」10年以後，新老兩定公司合併，問題就此得到解決。

這一切可與荷蘭人的態度相比較：遠東貿易在荷蘭長期處於壟斷之下，一般荷蘭商人皆不得問津；他們在惱恨之餘，便向法國、丹麥、瑞典

一艘東印度商船行將出發（1620年前後），亞當‧維拉爾特 (Adam Willaerts) 作畫。

以及托斯卡尼提供資本，唆使這些國家成立東印度公司。這也說明18世紀末和19世紀初英屬印度的氣氛；那裡的英國商人當時群起反對東印度公司的貿易特權（特權直到1865年方才廢除），他們不僅得到公司當地職員的暗中支持，積極從事對中國和南洋群島的走私貿易和向歐洲販運白銀的歐洲其他各國商人也從中相助。

401　公司和商業自由

　　彼得‧拉斯萊脫 (Peter Laslett) 想使我們相信，「將要成爲今日商業機構之楷模」的英國東印度公司和英格蘭銀行在18世紀初以前對英國「整個工商業活動影響甚微」。夏爾‧博克瑟 (Charles Boxer) 說得更加肯定，但沒有提供任何確切的根據[244]。在他看來，大商業公司不是主要的。司各脫 (W. R. Scott) 的論據比較具體；他估計各股份公司籌集的資金於1703年可達800萬英鎊（比以前有了明顯的增加）；而據金認爲，國民收入於

1688 年已達 4500 萬英鎊，國有資產則超過 6 億[245]。

我們熟悉他們的這些看法，也明白他們的論證手法：每當尖端部門與整個經濟活動相比，後者因其數量之大能使前者成爲平淡無奇，甚至不足掛齒的例外。我對此不敢苟同。事情的重要與否要看它們的後果；既然這裡產生的後果涉及到經濟的現代化，未來商業機構的楷模，資本的加速形成以及殖民活動的開端，我們就必須多問一個爲什麼。何況，由大公司的壟斷激起的抗議風暴表明，這個問題值得深思熟慮。

早在1700年前，商界就不斷咒罵壟斷。他們表現了怨恨、憤慨、希望和妥協。但從當時的見證來看，公司的壟斷在17世紀還能勉強讓人忍受，而到下個世紀卻惹得怨聲載道。南特市的商人代表台斯卡卓 (Descazeaux) 在他的一份報告（1701[246]）中直截了當地說：「專營公司的壟斷對貿易是有害的」，「公司的疲沓和無能與一般人的能幹和勤快恰成對照」。他接著又說：商人們如今都能隨意前往東印度和中國，去幾內亞從事黑奴買賣，去塞內加爾收購黃金、皮張、象牙和橡膠。同樣，盧昂的商人代表尼古拉·梅斯那瑞 (Nicolas Mesnager) 於 1704 年 6 月 3 日[247]指出：「所有的專營公司對擴展貿易弊大於利，而對國家來說，貿易掌握在全體臣民的手中比被少數人獨佔更加有利。」從 1699 年的一份官方報告[248]看來，甚至專營公司的擁護者也認爲，不應「剝奪普通百姓的貿易自由，在一個國家裡，不應該存在專營特權」。在英國，「凡在英國公司能夠經商的地方，冒險商或其他未經登記的商人也能經商。」東印度公司於1661年已把印度洋貿易交給個體商人經營。1688年的革命其實是商人的革命，在這以後，當局迫於輿論壓力，宣布停止東印度公司的專營特權和開放印度貿易。但在 1698 年後，尤其從 1708 年起，一切又恢復原狀，「專營貿易」照舊成爲東印度公司的特權。

法國也曾經歷過這樣的波折。柯爾貝爾曾於1681年12月20日和1682年1月20日下令宣布印度貿易自由化，東印度公司僅保留貨物運輸和倉儲方面的業務[249]。於1712年，東印度公司主動把它的特權有償出讓給聖馬羅的一家公司[250]。東印度公司至此依然存在嗎？阿尼松於1713年5月20日[251]自倫敦寫信說：「法國東印度公司的破敗不堪使國旗和國家蒙受羞辱」。不過氣息奄奄的機構自能苟延殘喘。這家公司順利渡過了約翰·勞幣制改革的動盪歲月，於 1722 至 1723 年又重整旗鼓，資產頗豐，唯現金尚嫌不足。這種情形好歹一直拖到 1760 年前後。 1769 年，在經濟學家眾口一辭的猛烈攻擊下，壟斷終於停止，法國商人從此可以自由地開展對印度和

中國的貿易[252]。卡洛納及其周圍的一夥人於1785年曾接濟已淪爲英國東印
度公司附庸的法國東印度公司，經幾次投機失敗後，法國東印度公司於
1790年大革命期間終被撤銷[253]。

仍然是三個層次

　　我們在確定資本主義的位置時，必須一方面拿它同各經濟領域相比
較，另方面拿它同各商業梯級相比較，資本主義處在最高的一級。這裡，
我們又回到了本書一開始提出的[254]關於三個層次的模式：形式多樣、自給
自足和墨守成規的「物質生活」；建立在「物質生活」基礎上的經濟生活，
它的輪廓比較分明，相當於我們所說的市場競爭的經濟；最高一層屬於資
本主義活動。如果在實地有一目了然的線條能爲這種劃分充當鮮明的標
記，一切將顯得清晰明朗。實際生活當然沒有那麼簡單。

　　首先，很難在資本主義和經濟之間劃出截然的分界線，而二者的對立
我們以爲是有決定性的。經濟一詞，在我們使用的含義上，是個「透明的」
和「正規的」世界，在這個世界裡，每人能夠憑著共同的經驗，預先知道
交換過程將怎樣展開。爲日常生活所不可缺少的城市集市交易歷來屬於這
種情形，一手交錢一手交貨，當場銀貨兩訖。零售舖也屬於這種情形。所
有的正規貿易都屬於這種情形，哪怕距離很遠。正規貿易的起因、條件、
途徑和結果都是公開的：西西里的小麥，勒旺地區各島嶼的葡萄酒和葡萄
乾，普利亞的鹽（如果國家不加干預）或油，波羅的海的黑麥、木材、柏
油等等。總之，有著無數條由來已久的貿易渠道，有關的路線、日程和價
格差異都爲人所共知，因而人人都能投入競爭。如果由於這種或那種理
由，投機商對一種商品發生了興趣，一切將變得複雜起來；這種商品將被
囤積，然後大批運往遠方銷售。例如，波羅的海的糧食本在市場經濟的正
規貿易範圍之內：但澤的收購價跟著阿姆斯特丹的出售價變動[255]。但小麥
被放進阿姆斯特丹的倉庫以後，它的地位便發生變化，從此成爲唯有大商
人能加以操縱的投機對象，他們把小麥運往飢饉地區謀取暴利，或運往別
的地點換取緊缺商品。在一國範圍內，特別對小麥這樣一種商品來說，確
實會有一些小規模投機的存在，即所謂微型資本主義，但與整個經濟相
比，這不過是滄海一粟。資本主義只在發生非常情況，遇到特殊商品或在
需要幾個月乃至幾年的遠距離聯繫中才大展宏圖。

　　那麼，我們能否以透明（再用最後一次這個詞）和市場經濟爲一方，

而以投機和資本主義為另一方？這難道僅僅是個用詞問題，或者我們發現了一條具體的邊界，而且當事人本身也多少意識到這條界線的存在？當薩克森選侯想用收入為300荷蘭盾的4張礦業股票（kuxen）獎勵路德時，後者回答說：「我不要股票！這是投機的錢，我不願讓它財運亨通[256]。」這 404
話說得多麼透徹，甚至有點過分，因為路德的父親和兄長曾是曼斯菲爾德銅礦的小礦主，也就是說，處在資本主義界線的應受譴責的那一邊。尚-保羅·里沙爾平心靜氣地觀察了阿姆斯特丹的生活，他對形形式式的投機活動同樣持保留態度。他說：「商業精神在阿姆斯特丹佔統治地位，這裡做任何事都必須討價還價[257]。」這當然是另一個世界。漢堡貿易史的作者約翰·格奧爾格·畢希 (Johan Georg Busch) 認為，阿姆斯特丹和其他大商埠的交易所投機[258]「不是正常的商業交易，而是狂熱的賭博」。分界線又一次被劃好了。站在這條界線的另一邊，左拉 (Emile Zola)（1891）通過正在準備新開一家銀行的商人之口[259]，說出以下的話：「老實的人，用他勞動所得的合法而微小的報酬，來使他的日常生活得到協調，這種生活便是極端平凡的一片沙漠，一切力量都會酣睡而蜷伏的一個泥沼……但是，投機事業，甚至於可以說是生命的一種引誘力，這是叫人鬥爭、叫人生活的一種永恆的慾望……不投機，我們就不能夠經營商業。」

這些話毫不掩飾地表明，作者已經意識到兩種生活方式和工作方式的區別，兩個經濟世界的區別。毫無疑問，這僅僅是文學。但在這以前一個多世紀，加里亞尼教士（1728-1789）用完全不同的語言指出了同一條經濟分界線，也可以說，同一條區分不同的界線。針對重農學派的主張，他在《關於小麥貿易的對話》（1770）[260]中提出了曾轟動一時的見解，說小麥貿易不能使國家致富。請看他怎樣進行論證：小麥的「價值和重量與其體積最不成比例」，這種食品運費昂貴，難以保存，容易變質及蒙受蟲害鼠耗；小麥「認定在夏季來到世界」，又在海上波濤洶湧、陸上道路泥濘的冬季，即在「最不好的季節」，才作為商品進入貿易。不僅如此，最糟糕的是「小麥到處生長，沒有一個國家不生產小麥」。任何國家都不能獨霸。試與氣候溫和地區生產的植物油和葡萄酒相比較：「貿易可靠、穩定而有規律。普羅旺斯歷來向諾曼第出售植物油……一方提出要求，另一方如數交貨，年年如此，不可能有任何變化……法國農業生產的真正財寶是葡萄酒和植物油。整個北方都很需要，但又不能生產。貿易關係於是便建立起來，逐漸深入發展，不再變成投機活動，而是成為一種慣例。」至於小麥，則始終不能步入正規；人們永遠弄不清楚需求來自何方，誰能滿足

這一需求；不清楚供貨是否為時已晚，落在別人的後面。這要冒很大風險。所以，「資金不多的小商人」做葡萄酒或植物油生意能有利潤可得；「做這種生意，小本經營甚至賺頭更大。節儉和誠實使小商生意興隆⋯⋯但從事小麥貿易，必須找實力雄厚和手段高超的商人」。只有這些大商人消息靈通；只有他們能冒風險，「由於多數人因風險而卻步」，他們得以實行壟斷，並「賺取與風險成正比的利潤」。以上是小麥對外貿易的情況。

在國內貿易方面，例如在法國各省之間，各地豐歉不一也為投機開了方便405 之門，但利潤不能與對外貿易同日而語。「馬車伕、磨坊主和麵包師傅各自從事小型的投機活動。對外貿易的規模大，風險和困難也大，由這種性質所決定，它必須實行壟斷；相反，短距離的國內貿易則規模太小。」加上中間經手的人太多，每人分得的利潤極其有限。

根據我們的三層次模式，即使像小麥這種歐洲到處都有的商品也分幾種情形：供自己消費的小麥，位於物質生活的底層；短途的正規貿易，小麥從農民的穀倉運往鄰近「具有位置優勢」的城市；省與省之間，有時可能成為帶有投機性質的非正規貿易；最後，在發生連年饑荒的尖銳危機時期，小麥成為遠程貿易的貨物，也是大商人把持的遠程投機商品。每一種情形代表著商業世界的一個等級：每換一個等級，就換了不同的當事人和經濟活動者。

CHAPITRE 5

社會或「集合的集合」

La Société ou 《 L'ensemble des Ensembles 》

407　　　談到社會，這就意味著重新討論前幾章已經提出的和或多或少解決的
所有問題，再加上社會本身所包含的種種難題。

　　　社會是散漫而無所不在的實在，它像我們呼吸的空氣一樣，包圍我
們，向我們滲透，指導我們的全部生活，但有時候，我們卻感覺不到它的
存在道地列舉各項規定。「正是社會通過我的頭腦在進行思考[1]。」歷史學
家往往妹」於事物的表面，以為自己僅需在事後評說某些個人的千秋功
罪。其實，歷史學家的任務不僅是要重新找到「人」（這個說法用得太過浮
濫），而且要認出相互對立的、大小不等的社會集團。費弗爾[2]指出，社會
學一詞可惜為哲學家所創造，從而使他本人喜歡的那種歷史學喪失了對它
適合的唯一名稱。在涂爾幹(1896)[3]倡導下，社會學的崛起，對整個社會
408 科學來說無疑是一種徹底的變革，一場哥白尼式或伽利略式的革命，其影
響至今還讓人感覺到。貝爾當時指出，經過實證主義多年的沉悶統治，現
在是回到「一般觀念」[4]去的薩」了：「社會學重新把哲學引入歷史學。」今
天，在我們歷史學家看來，社會學對一般觀念未免過分熱中，而它最欠缺
的偏偏是歷史意識。我們現在有歷史經濟學，卻沒有歷史社會學[5]，其理由
是不講自明的。

　　　首先，經濟學在一定意義上是門科學，社會學則恰恰相反，它說不清
自己斷研究對象。什麼是社會？自從古爾維奇去世後（1965），再沒有人
提這個問題了，而古爾維奇所下的定義並不能使歷史學家全部滿意。他說
到的「總體社會」像是時自負盈虧。總之，這是一種古老的組織形式的老
一碰就碎。歷史學家認為，總體社會從屬於具體，它只能是眾多活生生的
實在的總和，不論這些實在之間有無聯繫。因此，它不是一層外殼，而是
幾層外殼以及其中的多種內容。

　　　正是在這個意義上，由於沒有更好的選擇，我已習慣於把社會說成是
「集合的集合」，是有效地匯合和協調個體商人的活動，但並不實，行併；
這是從數學家那裡借用的一個概念，這個概念用來是如此方便，因而連數
學家自己也不肯貿然使用。我們這裡也許是用一個大而無當的詞來說明一
個簡單不過的道理：一切事物都是和只能是社會因素。不過，下定義的好
處是能為初步觀察提供可能的前提和必要的規則。如果定義有助於觀察的
開始和進行，有助於組合事實和邏輯推理，定義就是有用的和合理的。
「集合的集合」一詞使人有益地聯想到，任何社會實在，從其本身來觀察，
無不處在一個高級集合之中；作為可變的集合，它要求有更加廣泛的其他
可變集合的存在和配合。約翰·勞的秘書尚-法蘭索瓦·默隆（Jean-

Francois Melon) 於 1734 年說過：「社會各部分之間有著十分密切的聯繫，因而打擊一部分，必定影響其他部分[6]。」這與今天流行的如下說法有異曲同工之妙：「社會過程是個不可分割的整體」[7]，「唯有通史才能算是歷史」[8]其他例子還有很多，這裡且不一一列舉。

　　當然，這個總體實際上必須分割成範圍較小、更便於觀察的集合。否則，怎麼擺弄社會這個龐然大物？熊彼得[9]寫道：「研究者用自己的手，有選擇地、人為地從社會整體中抽出經濟事實。」另外的研究者又隨其所好從中抽出政治實在或文化實在……《英國社會史》是喬治‧麥考萊‧特里維廉 (G. M. Trevelyan)[10]的一部名著，作者透過這個標題想要清楚地說明，這是一部「脫離政治的民族歷史」，好像能夠把國家這個首要的社會實在與伴隨它的其他實在相分割似的。可是，任何歷史學家、經濟學家和社會學家都不能不進行這類分割，雖然分割從一開始總是人為的，無論是馬克思關於經濟基礎和上層建築的劃分，或者是我前面所作種種解釋的基本論據——三一率。這些分割從來只是解釋手段，關鍵是要看它們能否使我們有效地抓住重要問題。

　　何況，每門社會科學在劃分其領域時，無不採用這種做法。這樣分割 409實在，既出於建立體系的考慮，也因為勢在必然：我們中間哪個人不是對知識的某一部門有著某種天生的特長或愛好，卻與其他部門無緣？社會學和歷史學是兩門綜合性社會科學，它們被分為眾多的專科：勞動社會學，經濟社會學，政治社會學，認識社會學，政治史，經濟史，社會史，藝術史，思想史，科學史，技術史，如此等等。

　　因此，我們在社會這個大集合中劃分幾個集合完全是件平常的事，其中最為人熟知的集合：首先自然是經濟；社會階梯或社會框架（這是為了避免「社會」這個說法，因為在我看來，社會是「集合的集合」）；政治；文化。這些集合各自又可分解成幾個集合，並依此類推。根據這個格式，總體歷史（或說總體化歷史更為恰當，也就是說，它力圖無所不包，但是卻永遠不能囊括一切）先要研究至少以上 4 個體系的本身，然後再研究它們之間的從屬關係或交叉關係，這些關係數量眾多，每個體系所特有的可變因素不應先驗地為共同的可變因素所抹煞，後者同樣也不應為前者所抹煞[11]。

　　理想的辦法是先就一個問題進行全面的敘述，並且一氣呵成，但這是不可能實現的理想。值得推薦的辦法是在進行分類的同時，仍然保持總體化的眼光：總體化眼光勢必在解釋中露頭，趨向於重建整體，建議大家不

要相信社會的簡單性假象，而在使用等級社會、階級社會或消費社會這類常用術語時，首先想到這些說法所包含的整體判斷。不要相信商人等於資產階級，商人等於資本家，貴族等於地主這類簡便的等式[12]，不要以爲資產階級或貴族這些詞確指界線分明的集團；劃分階級或階層的界線雖然不難找到，但這些區劃具有「水一般的流動性」[13]。

進一步說，不要想當然地以爲，一個部門始終勝過另一個部門或所有其他部門。例如，我不相信政治史確鑿不移的優勢，不相信國家神聖不可侵犯的崇高地位。國家有時幾乎能決定一切，有時又幾乎不起任何作用，這隨情況而異。保羅‧亞當 (Paul Adam) 在他準備發表的《法國史》打字稿中指出，從我關於地中海的那部著作中可以看出，腓力二世的政治作用絕對超過其他一切的作用。這是他把自己的看法強加於一幅複雜的圖畫。實際上，各個部門，各個集團和各個集合，不斷在或緊或鬆地包圍著它們的但從不讓它們完全自由的總體社會中互相影響，它們在梯級中的位置始終在變動著。

這種情形在居世界前列的歐洲比在別的地區看得更加清楚。從11或12世紀開始，或更有把握地說，從16世紀起，迅速發展的經濟往往走在其他部門的前面；經濟強迫其他部門跟上它的步伐，經濟業已確立的領先地位無疑是歐洲大陸現代化進程開始較早的根源之一。但也不能因此認爲：在起步的這幾個世紀以前，經濟的地位無足輕重。1622年的一名法國隨筆作家[14]寫道：「任何城邦、共和國或王國主要都靠小麥、葡萄酒、肉類和木材維持生存」，今天恐怕沒有任何人會這樣寫了。此外也不能認爲，面對經濟這一孕育著眾多革命性變革的新生力量，社會的其他部門沒有發揮它們的作用，在長達幾個世紀的時間內，既沒有發揮（或很少發揮）加速作用，也沒有成爲障礙、逆向或制動力。任何社會在前進中總要遇到社會逆流的衝擊和陳腐勢力的阻撓，遇到一些歷史結構的頑強抵抗，在歷史學家眼裡，這些結構的突出特點正是其壽命的恆久。這些結構是可被看到和可被捉摸到的，在一定程度上，也是可被測量的：它們的壽命就是度量單位。

法蘭索瓦‧富爾凱 (François Fourquet)[15]在一本論辯參半的小冊子中採用另一種說法，他把這些對抗歸結爲「慾望」和權力的衝突：一方面是並非出於需求，而是懷有慾望的個人，個人可能懷有慾望，就像運動中的物體可能帶電一樣；另方面是鎮壓性的權力機構（任何權力機構都是鎮壓性的），它以社會平衡和社會效益的名義維持秩序。我贊成馬克思的見

解，認為需求是一種解釋，也同意富爾凱的看法，相信慾望是一種同樣廣泛的解釋（但慾望是否能不包括需求？）相信政治權力機構，還有經濟權力機構，都是一種解釋。不過，這些不是唯一的社會常數，還有其他的社會常數。

從中世紀到18世紀投資熱始終未見消退。衝突力量投這個整體中完成的，資本主義隨著歐洲的經濟發展而誕生，雖然它在各國的進展速度不盡相同，形式也多種多樣。下面我們將著重說明資本主義曾遇到的阻力和抵抗。

社會梯級

不論第二家公司家已經成立新老在交「社會」一詞基本的和普通的內容；為敘述方便起見，我們把「社會」一詞提到高一級的地位。我寧肯說「梯級」（hiérarchies），而不說階層（strates）、等級（catégories）或社會階級（classes sociales），雖然任何一個有相當規模的社會裡，都存在著階層、等級乃至種姓[16]和階級。不論階級是否已經外化，就是說，不論它們是否具有清醒的階級意識，它們都處在永不休止的階級鬥爭中。所有的社會莫如此[17]。我難得在一個問題上不同意古爾維奇的意見，他認為階級鬥爭的先決條件是要各階級都清醒地意識到鬥爭和對抗，而這種意識在工業社會前並不存在[18]。可是，相反的證據相當多。阿蘭·圖賴訥(Alain Touraine) 或許說得對：「凡在部分產品被從消費中抽出並用於積累的任何社會」，必定隱藏著「階級衝突」[19]。這也就等於說，所有社會都存在階級衝突。

現在再回到我們偏愛的梯級一詞。這個詞順理成章地適用於人口稠密社會的全部歷史，不存在太多的困難。人口稠密的社會全都呈階梯狀發展，從不橫向呈水平面發展。1446年前後，葡萄牙探險家在撒哈拉的累斯卡特角大西洋沿岸，與間或出售黑奴和黃金的柏柏爾小部落有所接觸。他們驚奇地注意到，柏柏爾人沒有國王[20]；但仔細一觀察，柏柏爾人組成氏族，並有他們的氏族首領。福爾摩沙的原始民族於1630年也同樣使荷蘭人感到吃驚：「他們沒有國王或君主，長年累月在進行戰爭，一個村莊攻打另一個村莊[21]。」即使如此，一個村落就是一個群體，一個等級系統。甚至按真實社會相反的形象設計的烏托邦社會，通常仍然是梯級社會。甚至高踞奧林匹斯山上的希臘諸神也在梯級社會中生活。總而言之，沒有骨架，沒有結構，便沒有社會。

亨利六世時代的「王座庭」：法官、書記官以及站在下方的被告。 15世紀一部英國手稿的後）。

　　我們今天的社會，不論屬於什麼政治制度，並不比以往的社會更加平等，只是受到激烈反對的特權沒有以往那樣心安理得而已。在以往的等級社會裡，保住自己的身分是一種美德，是自尊自愛的表現。只有冒用名義、到處招搖的僭越者是可笑的和可被譴責的。在18世紀初期，針對奢侈成風和綱紀混亂的流弊，有人建議法蘭西國王向親王、公爵、其他封爵以及他們的妻室頒發類似「馬爾他騎士團和聖拉扎爾騎士團騎士」佩帶的藍色綬帶；向其他貴族頒發紅色綬帶；要求軍官、軍士和士兵必須穿制服，要求包括貼身男僕和膳食總管在內的僕役必須穿號衣，「帽沿不得鑲飾帶或金銀飾物」。這樣做一方面能減少靡費，另方面又使「小人物不能混充大人物」，豈不是一個理想的辦法？

　　在一般情況下，財富和權力足以預防這種混淆：一邊是奢侈和權威，另一邊是貧窮和服從。義大利有篇文章（1776[22]）說：「一截了當地說：死，另一部分人飽得撐死。」　413

社會的多元性

　　梯級制從不是單一的，一切社會全都千頭萬緒；社會不自由主地在分化，這種分化大概正是社會的本質所在。

　　試舉所謂「封建」社會為例：馬克思主義或準馬克思主義的歷史學家和經濟學家想方設法要為它下個定義，但他們不得不承認這個社會根本上的多元性，並作出相應的解釋[23]。在進一步解釋前，我特別要強調，對於封建主義這個經常使用的詞，我與布洛赫和費弗爾一樣感到本能的厭惡。他們和我都認為，由通俗拉丁語「feodum」（采邑）演化而來的這一個新詞[24]僅適用於采邑制及其附屬物，而與其他東西無關。把 11 到 15 世紀之間的整個歐洲社會置於「封建主義」之下，正如把 16 到 20 世紀之間的整個歐洲社會置於「資本主義」之下一樣不合邏輯。我們且把有關這方面的爭論擱下不談。我們不妨承認，所謂封建社會（另一個常用的說法）能夠確指歐洲社會史的一個長階段；我們把封建主義當作一個簡便的標籤使用，自然也未嘗不可，因為這相當於把某一階段稱作歐洲（A），把隨後的階段稱作歐洲（B）。總之，從（A）到（B）的連接大概就在 10 至 13 世紀之間，即為某些著名歷史學家[25]稱之為真正文藝復興的那個時期。

　　在我看來，關於所謂封建社會，最好的介紹當推古爾維奇所作的簡潔概括[26]，他敦寫信說：了布洛赫的傑出著作[27]後，就其結論作了進一步的引申。由幾百年的積淀、破壞和萌芽所塑造的所謂封建社會，其實至少是

5種不同社會、不同梯級的共存。最基本的以及最古老的是支離破碎的領主
社會，這個把領主和農民緊密結合在一起的社會，其起源時間今天已無從
查考。其次是由羅馬教會堅持不懈地建造的神權社會，它的根基雖然不如
領主社會那麼古老，但至少可追溯到羅馬帝國時代，精神根基則可追溯到
更遠的時代；之所以需要堅持不懈，這是因爲教會不僅必須爭取新的信
徒，而且必須保住原有的信徒。在早期歐洲的剩餘財富中，一大部分被用
於維持這一龐大的事業，如建造大小教堂和修道院，支付教士俸祿等等。
這些費用究竟是一種投資或者純屬浪費，還是一個問題。第三種是資格更
淺的以領土國家爲中心組織起來的社會，它在其他社會的夾縫中發展並尋
求它們的保護，領土國家在加洛林王朝末年曾遇到挫折，但並未徹底失
敗。第四種是嚴格意義上的封建社會，它鑽了國家力所不逮的空子而達到
登峰造極的地步，這種上層建築把貴族納入到一個梯級體系中去，並試圖
通過梯級來控制一切，操縱一切。但教會並不完全受梯級體系的束縛；國
家則遲早要破網而出；至於農民，他們對上層發生的騷動往往置身事外。
最後一種即第五種社會是城邦，在我們看來，這是 5 種社會中最重要的一
種。從 10 和 11 世紀起，城邦作爲獨立的國家、獨立的社會，獨立的文明
和獨司附庸的法國東印和，經東印幾次投機失敗後於附產物：失羅馬通過
城邦獲得了新生。城邦也是嶄新的存在。它的繁榮是現時的產物：城鄉的
大分工，有利的經濟環境，貿易的復甦，貨幣的再現。通過貨幣這個乘數
作媒介，從拜占庭和伊斯蘭地區到西歐的電路便經由遼闊的地中海而接通
了。後來，整個地中海變成了基督教的天下，再次推動了早期歐洲的發
展，引起了翻天覆地的變革。

　　總的來講，有幾種社會並存著，不同程度地相互依賴著。體系、梯
級、等級、生產方式和文化無不雜陳繽紛；覺醒、語言和生活藝術也都千
姿百態。一切都應該使用複數。

　　古爾維奇在這個問題上沒有搞錯，但他過分匆忙地斷言，組成封建社
會的以上 5 種社會是對立的，異質的；脫離開一個社會，那就是走入眞空
和陷於絕望。實際上，這些社會不但共存，而且互相攙和，帶有一定的整
體性。城邦的居民來自附近的鄉村和領主的土地，其中不僅有農民，也有
貴族，甚至貴族群體；這些貴族生在農村，住在城裡，保持堅不可摧的氏
族聯繫[28]。作爲教會中心的教皇，早在13世紀，已約請錫耶納市的銀行家
代理徵稅事宜。愛德華一世在位期間，英國王室先後向盧加和佛羅倫斯借
款。領主很早就是小麥和牲畜的出售者，貨物自然由商人買下。大家知

道，城邦是近代國家的母型，換句話說，是近代國家和民族經濟誕生時仿效的普利亞的鹽不惜損害其他社會的利益亞進行財富積累的最佳場所。

不僅如此，任何社會、次社會或社會集團，從家庭開始，都還有自己特殊的梯級制：教會和領土國家，城市貴族統治的商業城邦，還有封建社會，歸根到底無非是一種梯級制；以領主為一方和以農民為另一方的領主制也是如此。一個結構嚴格的總體社會，不就等於一種梯級制得以全面推廣，而不一定破壞其他的梯級制嗎？

儘管如此，在分割一個總體社會的幾個次社會中，總有一個或幾個在壓倒其他次社會的同時，準備整個社會的一次變革；變革的形成始終十分緩慢，在一次變革完成後，再等待下一次變革的發生，變革的矛頭這次針對勝利的那個或那幾個次社會。這種多元性既是產生運動又是阻礙運動的基本因素。認識到這一點，有關進化的一切概括，甚至馬克思的概括，就變得比較清楚了。

縱向觀察：特權者的人數有限

但是這不過是滄海一粟。資本主這義只在發生非常情是況遇到本主這而是在從上到下的整個社會中，財富和權力的根本不平等。無論怎樣進行觀察都只能表明，這種內在的不平等是社會的恆在法則。社會學家也都承認，這是一條沒有例外的結構性法則。但是，應該怎樣去解釋這條法則？

人們一眼就看到的，是高踞金字塔尖的少數特權者。權力、財富以及一大部分剩餘產品照例都歸這少數人所有；統治、管理、領導、決策，保證投資和生產的連續進行，都由這少數人來負責；財物、服務和貨幣最終也歸他們掌握。在他們下面的是被統治的群眾，地位不等的勞動者和眾多的經濟工作人員。最底層是大批社會渣滓，無業者的世界。

社會牌局的發牌當然並非一勞永逸，但重新發牌的機會很少，極其難得。人們拚命想提高自己的社會地位，卻是枉費心機，往往需要幾代人的努力才能成功，而一旦成功後，如果不再奮鬥，也就不能維持下去。在迄今以來的人類社會中，這場社會戰爭永無寧日，通往成功的途徑既有陽關大道也有羊腸小路。我們預先知道，國家、貴族、資產階級、資本主義或文化都並不真正起作用，除非能以這種或那種方式控制社會的制高點。管理、行政、司法、宣傳、財富積累乃至思想都被上層所壟斷；傑出的文化也在上層社會加工和製造。

令人奇怪的是特權者的人數始終很少。既然存在著提高社會地位的可

倫敦市長夫人的排場。這幅寫生選自曾於1621至1625年間訪問倫敦的喬治・霍爾茲休埃 (George Holzschuer) 的畫冊。

能，既然少數特權者的存在有賴於非特權者向他們提供剩餘產品，那麼，隨著剩餘產品的增多，特權者的人數也應增多。事實卻完全不是如此，無論在過去或今天。人民陣線有個宣傳口號，說1936年的法國完全取決於相當隱密但又無處不在的「200家族然，這個政治宣傳口號聽來未免讓人發笑。但阿道夫・梯也爾 (Adolphe Thiers) 在早100年前卻十分嚴肅地寫道：「在法國這樣一個國家裡……大家知道，1200多萬個家庭中……至多只有200、300個家庭堪稱巨富[29]。」再往前推100年，一個與梯也爾同樣堅定的秩序黨人，默隆[30]說，「在一個有2000萬人口的國家裡，奢侈只限於1千來人的小範圍」；「如果一個有效的警察制度能做到讓大家安居樂業，那麼多數人的生活同樣是幸福的」。

我們今天的民主國家與此有很大的不同嗎？大家至少都知道查爾斯・米爾斯 (C. W. Mills) 的《論權力和財富精英》[31]，該書強調指出，當前整個美國的重大決策被一個小得驚人的集團所左右。在美國，民族精英也由佔統出了曾轟動一時的見解，說小麥貿時的歷年很動變化。錫耶納市一曾名叫能使國家致富。請 (Claudio Tolomai) 的作值和1531年1月21日致加布小麥爾・切塞諾 (Gabriele Cezano) 的信大致也講了這樣的話[32]，他寫道：「在任何共和國中，即使是大共和國，在任何國家中，即使是人民國家，很少有50名以上的公民能登上發號施令的位置。無論在雅典或羅

馬，在威尼斯或盧加，治理國家的公民人數不多，雖然這些國家是在共和 416
國的名義下被治理的。」總之，不管在什麼社會，在什麼時代和在世界的
什麼地區，極少數人的統治已成爲一條始終發揮作用的規律。這確實是一
條惱人的規律，因爲我們弄不懂其中的奧妙。但是刺眼的事實畢竟擺在我
們面前，作出一致的證明。這裡就不必再去討論了。

　　在1575年瘟疫前的威尼斯，貴族（包括夫婦和子女）人數至多有1萬
人。這是威尼斯歷史上的最高數字，佔總人口（包括威尼斯共和國在內）
5%，而人口數約在20萬人上下。[33]在這1萬人中，還應去掉那些破產貴
族，他們往往下降到靠政府布施爲生的地位，流落在聖巴納巴的貧民區，
並被不無嘲諷地冠以聖巴納巴人的綽號。即使在減去破產貴族後，剩下的
人也並不都是巨富。在1630年瘟疫後，富商人數大大減少，以致只剩
14、15人能出任國家的最高職位[34]。據1684年的記述，在熱那亞這個典

紐倫堡的城市貴族在市府大廳跳舞。他們人數不多。

型的資本主義城邦，執掌國柄的貴族（即靠爵位又靠金錢），在 8 萬居民中也許至多佔 700 人（家屬不算在內）[35]。

威尼斯和熱那亞的富人比例是最高的。在紐倫堡[36]，從 14 世紀起，權力由少數貴族所掌握（根據法律，共有 43 個貴族家庭），即在 2 萬市內居民加 2 萬鄉鎮居民中，貴族約佔 150 至 200 人。他們擁有任命議會代表的特權，而議會則在少數富有的名門世家（有的世家可追溯到 13 世紀）中挑選 7 位元老（他們實際上決定一切，既管行政，又管司法，並且不受任何人的牽制）。由於這種特權的存在，相同的名字不斷在紐倫堡的大事年表中反覆出現。該市渡過了德國 14 和 15 世紀期間的多次動亂，並且奇蹟般地安然無恙。到了 1525 年，元老們（Herren Alteren）斷然決定轉向宗教改革，居然就此一錘定音。1603 年的倫敦，正值伊麗莎白統治的晚年，大小事務都受不到 200 名大商人的控制[37]。在 17 世紀的尼德蘭，當政的貴族，包括各城市和以及省的官吏，在 200 萬人口中只佔 1 萬人[38]。作為一個自由的和富有的城市，里昂的地位與眾不同，1558 年 11 月 8 日，教士在向市府參事（市政實權由他們掌握）進言時毫不含糊地說：「參事先生們，你們幾乎都是商人……市內能有希望當上參事的人不到 30 人……[39]」16 世紀安特衛普市「參議員」（亦即英國人所說的市議員）的人數也同樣有限[40]。在 1702 年的塞維爾，據一名法國商人說，「執政府由 4、5 人組成，他們根據私人目的操縱貿易」，不惜損害其他商人的利益而發財致富。1704 年的一份訴狀毫不猶豫地指責「塞維爾執政府的醜惡行徑」[41]。在 1749 年的勒芒，毛嗶嘰的生產和貿易被 8、9 名批發商所控制，他們是「庫洛、維隆、德格朗日、蒙塔洛、加尼埃、諾埃、弗雷阿爾和博迪埃先生」[42]。敦克爾克在舊制度末年因設有自由港而發財，這個約有 2 萬居民的城市掌握在少數富商的手裡，他們絲毫不想為擠進貴族的行列，何況敦克爾克市內根本就沒有貴族。確實，自由港的居民享有許多特權，人頭稅、鹽稅和印花稅一概都不繳納，他們再當貴族還有什麼好處？敦克爾克的資產階級是個抱得很緊和世代相傳的小集團。這些大家族是：福爾科尼埃、特累斯卡、科范、萊爾米特、施皮恩斯[43]。馬賽也是同樣的情形。據沙博 (A. Chabaud)[44]說，「市政長官的職位……150 年來始終被不到 10 來個家族控制，眾多的聯姻關係和教父教子關係更使他們幾乎親如一家」。卡里埃爾[45]就 18 世紀馬賽的批發商作了統計：「不到總人口的 1%」；他們人數雖少，但擁有財富，並控制著整個城市活動和市政管理。」在佛羅倫斯，特權者（benefiziati）在 15 世紀有 3 千人或更多一些；到 1760 年只剩 800

至1千人，因而於1737年在麥迪西家族絕嗣後擔任托斯卡尼大公的哈布斯堡-洛林家族不得不再封新的貴族[46]。在18世紀中葉，像皮辰札這樣一個小城市（居民3萬人）約有250至300家的貴族，即1250至1500名的特權者（夫婦子女），佔總人口的4%至5%。但這個較高的比例數包括富有程度不等的各種貴族。由於城市貴族是這個鄉村地區唯一富有的階級，皮辰札的人口必須再加上鄉村的17萬農民，合計共20萬人，特權者的比例便降到1%以下[47]。

　　有人估計，在18世紀，整個倫巴第的貴族約佔城鄉總人口的1%，而這少數特權者卻佔有將近一半的土地[48]。對於這樣一個反常的比例數，我們不應信以為眞。舉一個範圍較小的例子：1626年前後，在格里摩四周的160萬佩提希（pertiche，義大利面積單位）土地中，「僅18家封建主擁有83萬3千佩提希」，即佔一半以上[49]。

　　在領土國家的範圍內進行計算，也得出類似的結果。金[50]（1688）估計，英國約有3萬6千個家庭年收入超過200英鎊，而英國總共約有14萬個家庭（我去掉了尾數），佔2.6%左右，這個統計數字大體上為歷史研究所證實。為了得出這個數字，只得把勛爵、從男爵、鄉紳、紳士、王室「官員」、大商人統統加在一起，還有當時正春風得意的1萬名法律界人士。以年收入200英鎊以上作為標準也許使特權者的隊伍過分擴大，這一隊伍內部存在著很大的不平衡，據估計，大地主的最高收入平均每年達2800英鎊。在喬治三世登基的1760年，由馬西[51]提供的數字表明，曾進行了一次財富再分配，商人階級從此走到地主階級的前面。但如果計算眞正有錢有勢者（政治上和社會上）的人數，據專家的意見，整個王國差不多有150戶，即600至700人[52]。在同一個時期，法國約有舊貴族8萬人，新舊貴族總共有30萬人，佔法國人口的「1%到1.5%」[53]。至於資產階級，怎麼加以辨認？人們對什麼不是資產階級比什麼是資產階級知道得多，何況又缺少數字。據彼埃爾‧萊翁的大膽推測，整個資產階級約佔總人口的8.4%，但在這個數字中，大資產者又佔多少？唯一可信的比例數是關於布列塔尼的貴族（佔該地區總人口的2%），但大家知道，布列塔尼共有貴族4萬名，大大高於法蘭西王國的平均數[54]。

　　為找到一確實可靠的高比例數，必須研究波蘭的情形[55]：波蘭貴族人數佔總人口的8%到10%，「居歐洲之冠」。不過，這些波蘭貴族並不都是富翁，許多貴族甚至很窮，有的簡直是流浪漢，「其生活水平與農民沒有什麼差別」。富商階級人數也少。可見，如同別國一樣，波蘭眞正享有

波蘭貴族與商人在格但斯克（但澤）談生意。尚－巴蒂斯特·哈曼 (J.-B. Haman) 地圖集的卷首裝飾圖案（17世紀）。

特權的階層在全國人口中只佔很小的比例。

　　人數相對地更少的特權集團無疑是：為彼得大帝效勞的貴族，中國高官，日本大名，印度大蒙兀兒帝國的王公（rajahs）和貴族（omerahs[56]），此外還有對阿爾及爾土著居民實行恐怖統治的少數冒險成性的士兵和水手，以及在遼闊的西屬美洲勉強落戶定居的少數未必富裕的地主。在這些不同的國家，大商人的地位差別極大，但他們人數仍然不多。我們可借用伏爾泰的話作結論：在一個秩序井然的國家裡，少數人「使役多數人，由多數人供養，並管理多數人」。

　　這果真能當作結論嗎？我們至多又一次知其然，而不知其所以然。侈談「集中」在經濟領域和在別處的明顯後果，這無非是隔靴搔癢。確實，集中本身又該作何解釋？歷史學家專心致意地去解釋社會的上層，照卡里埃爾[57]的說法，這是「避難就易」。但事情並非如此，少數特權者的問題不是一個容易解決的問題。他們怎樣經過歷次革命而得以保全？他們怎樣使廣大的下層群眾俯首聽命？在國家有時與特權者進行的鬥爭中，為什麼特權者最後從不完全是失敗者？韋伯不為社會「深層」所迷惑，他強調「新興統治階級政治素質」的重要[58]，這樣說也許並不錯。舊社會上層人士（根據血統關係或財富水平）的素質難道不首先是舊社會的本質嗎？

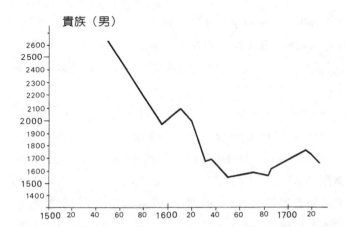

貴族（男）

表(28)　威尼斯貴族　凡政治上對外封閉的特權階級，其人數必定逐漸減少。這裡舉一個突出的例子：威尼斯新增加的貴族家庭不足以彌補空缺。 1680年後的略有回升是否反映著生活條件的改善？圖表見喬治蘭的《啓蒙時代的威尼斯》，1978年版，第653頁。表中引用的數字取自詹姆斯‧戴維斯 (James Davis) 的《威尼斯貴族統治的衰敗》，1962年版，第137頁。

社會地位的變動

421

　　關於新興階級，上層社會的新舊更替以及社會地位的變動，關於資產階級（單數或複數）或所謂中產階級，這些問題說來都是老問題，但並不比前面的問題更加清楚。上層社會的新舊更替通常總是那麼慢條斯理，那麼無聲無息，因而不能對之作出確切的衡量和觀察，更不能作出斷然的解釋。勞倫斯‧斯通 (Lawrence Stone)[59]認爲，經濟高漲能加速社會地位的上升，這是可能的。凱倫本茲[60]進一步指出，在經濟活躍和發展迅速的沿海商業城市，人們的社會地位比在內陸城市更加容易變動。沿海和內陸的傳統對立在這裡再次出現。呂貝克、不來梅和漢堡等地的階級差異沒有反動的紐倫堡市那麼大。但在馬賽，甚至在波爾多，社會地位的變動難道不是同樣容易嗎？反過來講，經濟衰退將把晉升的大門關死，使人們的社會地位持久不變。拉斯萊脫[61]認爲，在前工業時期的英國，社會地位不斷下降的傾向比較明顯，持這種意見的人不只是他一個[62]。那麼，如果能就上層社會的人員進出算筆總帳，隨著近代的到來，掌握財富和權力的人究竟是更多或是更少了呢？佛羅倫斯、威尼斯和熱那亞的一些可靠數字表明，享有特權的家庭數量逐漸在減少，某些家族歸於滅絕。同樣，在奧登堡伯爵領地，中世紀末原有貴族200戶，到1600年前後只剩下30戶[63]。由於生物學上的原因，上層社會的人數逐漸在減少，遺產和權力更加集中在少數人的手裡，但這種集中有一定的臨界線，佛羅倫斯於1737年，威尼斯於

1685、1716和1775年都曾達到過臨界線[64]。到了那時候，就無論如何也必須開放門戶，吸收新貴族，用威尼斯的說法，稱之為「捐爵」[65]。於是，貴族的衰亡雖然在加速，但它同時卻得到必要的補充，似乎社會有治癒創傷和填補空缺的天賦。

在某些環境下，這種情況屢見不鮮，例如彼得大帝對俄國社會的改造，或者英國紅白玫瑰戰爭導致的危機。當這場屠殺結束時，在亨利七世（1485-1509）及其子亨利八世（1509-1547）的面前，曾經強烈抵制王權的舊貴族已所剩無幾。他們在內戰中損失慘重：原有的 50 名勳爵到 1485 年只留下 29 名。貴族以攻戰殺伐為業的時代已一去不復返了。反對都鐸王朝的波爾、斯坦福德、科爾特奈等大家族在戰爭中滅亡。於是，一些小貴族，一些購買了地產的資產者，甚至一些出身低微而得國王寵信的人，利用英國國土上所謂「政治地質」的深刻變化，填補了上層社會的空缺。這種現象本身並不新鮮，新鮮的只是這種現象的規模。在1540年左右，一個新貴階級建立了起來，雖然形成不久，但其力量已經相當可觀。

422　　　早在亨利八世去世前，還在愛德華六世（1547-1553）和瑪麗·都鐸（1553-1558）的動蕩和脆弱的統治期間，新貴族逐漸羽翼豐滿，並開始與政府對抗。宗教改革，教會產業和王室財產的出售，國會的活躍，都對新貴族有利。伊麗莎白女王（1558-1603）的統治雖然表面上似乎轟轟烈烈，貴族卻鞏固和擴大了他們的利益和特權。英國王室在 1540 年前曾大興土木，這表明它活力充沛，而在這以後，便停止建造豪華宮殿；難道這是當時的一個時代特徵？事情其實與經濟環境無關，因為營建的使命已移交貴族承擔。到16世紀末，英國農村出現了大批堪與宮室媲美的建築，如朗利特、沃拉吞、窩克索普、布爾格雷府邸、奧登比[66]等等。隨著貴族登上政治舞台，出現了海島航海業的首次繁榮，農業收入的提高以及經濟的普遍高漲，約翰·內夫 (J. U. Nef) 稱之為第一次產業革命，並非沒有道理。為了擴大或鞏固自己的地位，貴族至此已不再需要國王的庇護。當國王於1640年試圖恢復王權時，已經為時太晚了。貴族和大資產階級（不久將與前者並駕齊驅）渡過了內戰的艱苦歲月，並隨著查理二世的復辟（1660-1685）而興旺發達。「經過了 1688 至 1689 年的附加騷亂，人們可以認為英國革命（始於 1640 年，甚至從某種觀點來看可能始於更早的時候）已告成功」[67]。英國統治階級的改組業已完成。

英國的以上例子雖然十分清楚，但是歷史學家在這個問題上仍爭論不休[68]。在歐洲其他各國，資產者設法使自己晉升為貴族，或把女兒嫁給貴

在林肯郡的斯坦福拜倫，威廉‧塞西耳 (William Cecil) 於 1577 至 1585 年緊貼韋蘭河建造了布爾貝格雷府邸。這是他眾多府邸中留下的少數館舍之一（當然經過了修繕）。

族子弟。然而，爲了弄清這個過程的來龍去脈，必須展開進一步研究，要把彼埃爾‧布迪厄 (Pierre Bourdieu) 的激進社會學理論應用於過去[69]，並打一開始就承認任何社會的基本任務是實現社會上層的再生產；要沿著賈克‧杜帕基埃 (Jacques Dupaquier)、居伊‧肖希南 - 諾加雷 (Guy Chaussinand-Nogaret)、尚‧尼古拉 (Jean Nicolas) 等歷史學家的思路，承認某些社會變動具有決定性意義：一種階梯制或等級制確立後，便不斷在磨損，遲早總要垮臺；一些新人於是進入社會上層，但在絕大多數情況下，總是爲了恢復舊秩序。尼古拉認爲，在查理 - 伊曼紐一世（1580-1630）統治下的薩瓦，出現了無數次瘟疫、饑荒、歉收和戰爭等災害，「利用局勢的動蕩不定，一些由商人、律師和官吏出身的新貴族正逐漸替代封建舊貴族」[70]。於是，一些享有特權的新富人擠進了貴族的行列，急劇的社會動蕩雖然破除了以往的一些特權，並使新富人得以躋身貴族行列，但它也造成了農民生活的嚴重惡化。任何成果的取得都應付出代價。

424　怎樣把握住變化？

　　這一切顯得十分簡單，甚至過分簡單。變化十分緩慢，比人們通常設想的更要緩慢。這樣一種社會運動當然是不能測量的，但有一個尺度也許能夠被使用，也就是說，試圖通過與舊貴族相比較，大致測出真有希望提高社會地位的候選人數，亦即資產階級中最富有的那部分人的人數。歷史學家習慣於把資產階級概括地分成大、中、小三個類型。在這裡，我們倒是應該嚴格地只把上層資產階級統計進來；我們可以承認，他們的人數不到資產階級總數的三分之一。如果說18世紀法國資產階級約佔全國總人口的8％，大資產階級就不大可能會超過2％，大致同貴族人數差不多。這個等號還純屬假定；但是就威尼斯的情況看，那裡的所謂「市民」(cittadini) 其實就是大資產階級，他們往往很富有，起碼也是生活相當優裕；他們在政府各部門擔任要職（低級官職是出錢捐納的），從 1586 年起更出任威尼斯駐外領事的要職，同時也掌管貿易和工業；這些「市民」的人數與貴族相等[71]。1500 年前的紐倫堡也發生了同樣情況，貴族和富商的人數不相上下[72]。

　　社會地位的上升顯然是指地位僅次於城市貴族（或貴族）的富商上升爲貴族。上升的比例是多少？除少數特殊情形外，比例是很難測定的。由於統治階層的人數長期停留在同一水平上，需要很長時間後才有所減少，社會地位的上升至多不過是填補空缺。據凱倫本茲[73]認爲，16世紀的呂貝

克正是這種情形。城市貴族階級，即大批發商家族，約有150至200戶，他們每一代的人數平均遞減五分之一，相應地由新人所替代。如果按一代以20年計算，而且為省事起見，暫定家族的戶數為200，那麼，在這個有2萬5千居民的城市中，每年就有2戶跨過統治階級的門檻，進入上層社會。由於上層社會內部包括幾個台階（最高一級的12戶貴族掌握實權），很難想像新進貴族能打破貴族圈子的原有規矩。他相當孤立，只得適應環境，接受傳統和習俗，改變生活方式乃至衣著，必要時也改變思想。

　　話雖這麼說，實際情形卻十分複雜：統治階級有時也會自動改變意識形態和精神狀態，至少在表面上否定自己，接受或似乎接受新成員的思想以及社會經濟環境向它推薦的思想。但這種改變從不是簡單的或完全的，對統治階級不一定就是災難性的。實際上，經濟高漲在使新成員進入統治階級的同時，決不會讓舊成員無動於衷。舊成員也深有感觸。阿爾豐·道普什 (Alfons Dopsch)[74]提醒大家注意小盧西達留斯對13世紀末貴族的諷刺，嘲笑他們在宮廷中不會談些別的，一味嘮叨小麥、奶酪、雞蛋和小豬的價格，乳牛產奶多少以及收成好壞。難道這個貴族階級從13世紀起已經資產階級化了嗎？後來，貴族在興業生財的道路上還將走得更遠。在16世紀末的英國，貴族和紳士乾脆參加在對外貿易推動下新辦的股份公司[75]。新潮流一經興起就不再停歇。到了18世紀，匈牙利、德意志、丹麥、波蘭和義大利的貴族紛紛「從商」[76]。路易十六時代的法國貴族幾乎對經商入了迷。據歷史學家說，正是貴族最敢冒風險，最敢投機；相比之下，資產階級顯得膽小怕事，畏首畏尾，滿足於食利[77]。也許不必為此感到驚奇，因為法國貴族雖然才剛開始經營私人工商業，但他們在王室收入和年金信貸方面的肆意投機卻是由來已久，這在當時可算是「大買賣」了。

　　總之，上層人士心態的所謂「資產階級化」，其原因不在於新成員加入了他們的行列（即使在新成員比平時更多的18世紀末），而在於產業革命當時正在法國發動。正是在那時候，大貴族，即「佩劍貴族以及在王室和王公家中任職的貴族」，參加了「各種以盈利為目的的大企業，如大西洋貿易，采礦和在殖民地經營種植園」。從此，新經濟的所有重大集會都有這些商業貴族在場：安贊和卡莫的煤礦，尼德布龍和勒克列佐的鋼鐵企業，當時紛紛建立並促進了遠洋貿易的資本主義大公司。因此，這些擁有巨額資產的貴族如果否定原來的想法和認識，向資產階級靠攏，變得比較開明，希望限制王權，或者想如1688年的英國那樣搞一場不帶來動亂和破壞的革命，那也不足為奇。後來的事態發展可惜出乎他們的意外，這且撇

開不談。在1789年以前的幾年裡，法國繼英國、荷蘭或更早的義大利商業城市之後，在進行經濟改造的同時，改造著社會的結構和人們的心態。

歐洲社會狀況的同步演變

　　經濟對社會地位的上升起一定作用，任何人都不會對此感到奇怪。令人驚奇的是，盡管國與國之間存在著明顯的差異，社會狀況以及與社會狀況相結合並由社會狀況所體現的經濟狀況卻在整個歐洲趨向於同步變化。

　　例如，在我看來，朝氣蓬勃的 16 世紀，或者說 1470 至 1580 年間，整個歐洲處於社會地位急劇上升的時期，其自發性堪與生物的成長相比。商人出身的資產階級自動晉升到當時社會的上層。經濟的活躍使商人有時426 在旦暮間就賺得巨額財富，從而爲他們社會地位的提高打開了方便之門。相反，到16世紀末，正趕上百年趨勢的逆轉，或者說由於跨界周期較長，歐洲大陸各國至少在相當長一段時間里又重新恢復了社會封閉狀態。拿法國、義大利和西班牙的情形來看，似乎貴族上層在換掉一批舊人和補充一批新人以後，又把晉升的門路重新關死。這在勃艮第和在羅馬是如此[78]，在西班牙也是如此，市政官吏曾爭先恐後地補充貴族的空缺，在那不勒斯，「硬是設置了一些本可免去的王公爵位」[79]。

　　可見這是一個普遍的過程，而且具有雙重性：在整整 100 年內，一部分貴族消失了，他們的位置立即被替代，而在新人佔了位置以後，大門又重新關上。彼埃爾·戈貝爾 (Pierre Goubert) 用天主教聯盟及其拚死鬥爭來解釋法國貴族的沒落，他認爲：「經濟條件的影響，特別是指經濟環境的影響……不應該爲理由」[80]，我們對他的看法是否應表示懷疑呢？當然，我並不把天主教聯盟和它帶來的災難絕對排斥在外，何況它們在一定程度上是16世紀末經濟衰退的組成部分和表現形式。相似的局面在歐洲不同的社會中表現爲不同的形式，這是十分自然的事。喬治·于貝爾 (George Huppert) 的解釋是專門針對法國而言的，但他也談到了一個經商致富的新階級經濟地位的提高；關於這個問題，我後面再談。這是一個普遍的過程。在16世紀，各地的社會狀況和經濟狀況全都相同，經濟狀況和社會狀況又帶動其他一切。18世紀的情形也同樣如此，在整個歐洲，普遍出現了社會地位提高的現象。西班牙有人撰文諷刺說，新貴族人數如此之多，以致每條河流，每個村莊和每塊土地無不與一個貴族稱號相聯繫[81]。

比蘭納的理論

比蘭納在《資本主義社會史的各階段》中提出的理論至今仍然有其價值[82]，這種理論撇開了社會狀況的解釋，而建議用在個人活動或家庭活動範圍內可以得到驗證的正常社會機制作解釋。

這位偉大的比利時歷史學家用心研究了歐洲文藝復興前業已存在的前工業時期的資本主義，他發現商人家族都壽命不長，不過延續二至三代而已。在這以後，他們不再經商，如果萬事順利，便去佔據風險較小和較為榮耀的位置，如捐納官職或更經常地購買領地，再或者雙管齊下，比蘭納因此得出結論說，不存在世代相傳的資本家家族：一個時代可有其資本家，但在下一個時代，便不再是相同的資本家。商人在利用方便的機會摘取了果實以後，就迫不及待地脫離商界，盡可能擠進貴族的行列；這不僅因為他們有提高自己社會地位的野心，而且因為曾經確保他們父輩獲得成功的思想已使他們不能適應新時代的要求。

這個觀點受到人們廣泛的歡迎，因為它有許多事實作為根據。凱倫本茲[83]參照北德意志各城市的情形，認為商人家族的創造力在經過兩三代人的時間以後已經消耗殆盡，他們開始追求食利者的平靜生活，於是放棄商行，購置地產，以便取得貴族證書。在他主要涉及的16和17世紀，事情確實如他所說。我這裡僅就「創造力」一詞以及該詞包含的創業者形象作一番議論。 427

不論與創造力有無關係，這些退縮和轉移的現象在所有時代都是存在的。在15世紀的巴塞隆納，商人世家的子弟總有一天要「獲取榮譽身分」，雖說食利者的太平日子肯定不是巴塞隆納商人的主要嚮往[84]。給人印象更深的是，在南德意志地區，「奧格斯堡的富格爾家族、韋爾瑟家族、赫希斯泰特爾家族、波姆加特奈家族、曼利赫家族、豪格家族和赫爾瓦特家族，紐倫堡的杜凱家族和英霍夫家族，以及16世紀聲名顯赫的許多其他家族」[85]紛紛消失，其迅速程度猶如遭了沒頂之災。赫克斯特（J. Hexter）[86]在談到所謂「都鐸王朝時期英國中產階級的神話」時指出，每個歷史學家都把商業資產階級向紳士和貴族的逐漸轉變看作是他所研究的那個歷史時代的特殊現象，其實這一現象在所有的時代全都存在。赫克斯特以英國為例毫不困難地證明瞭這一點。在法國，「柯爾貝爾和內克前後相差一個世紀，他們不是全都抱怨金融界人士因追求平靜生活而改當地主和貴族嗎？」[87]盧昂有一些商人家族於18世紀消失了，有的是因為已經滅絕，有的則是放棄商業，改在司法界就職，如勒讓特爾（在當地素負盛

譽，被稱爲歐洲最富有的商人家族）、普朗特洛茲等[88]。阿姆斯特丹也是同樣情形，有人於1778年指出：「如果算一算市內的名門望族，祖先在革命時代（1566-1648）是商人的只佔少數。舊商號不再存在：今天生意做得最大的商號都是不久前剛開張的新商號；貿易因此從一家商號轉往另一家商號，因爲生意自然被經營最活躍和最節省的商人吸引過去[89]。」這類例子多不勝舉。但問題是否因此得到解決了呢？

　　商業公司的這些定期隱退如果在一定程度上來自創業精神的衰退，是否應該得出結論說，經濟狀況在這裡絲毫不起作用？進一步說，把這個僅僅反映某家族一段短暫生活的現象看作是資本主義突出的社會風貌，這就等於把商人同資本家混爲一談。大商人必定是資本家，資本家不一定就是大商人。資本家可能是出資人，工廠主，金融家，銀行家，農莊主，公共資金經理人等等。由此可能有中間階段的存在，就是說，商人可能變成銀行家，銀行家變成金融家，前者和後者都能成爲放款生息的食利者，從而連續許多代保持資本家的地位。熱那亞商人早在16世紀前便向銀行家和金融家轉變，完好如初地度過了隨後的幾個世紀。阿姆斯特丹的情形也是如此：根據1778年的一份見證材料，有些家族已不再經商，但還必須了解它
428　們的下落，看它們是否已轉入資本主義活動的另一部門，這在18世紀的荷蘭有相當大的可能。即使有的資本確實離開商業，轉而購置地產或官職，如果人們有可能長期追蹤它在社會上的去向，人們將能發覺，它並不徹底脫離資本主義渠道，還會折回商業或銀行部門，暗中參與動產或不動產投資，甚至被用於開辦工礦企業，有時還會出現更令人意想不到的事情，如通過聯姻和嫁奩的途徑，「帶動資金的轉移」[90]。在巴迪家族大破產後的一個世紀，該家族的某些直系繼承人竟又成爲麥迪西銀行的股東[91]；看到這些，人們怎能不感到奇怪呢？

　　另一個問題：關於比蘭納談到的資本主義各階段；同商人家族相比，商人集團更值得重視（今天依然如此），作爲商人集團的組成部分，商人家族接受前者的支持和扶植。如果我們考察的對象不是富格爾家族，而是當時奧格斯堡的所有大商人，不是泰呂松家族和內克家族的財產，而是新教銀行家的財產，我們就能清楚地看到，每隔一個時期確實都有一個集團
429　替代另一集團，但是每個時期的期限都高於比蘭納所定的二至三代人的標準，而且替代的原因都能用經濟變化作解釋。

　　肖希南-諾加雷以朗格多克金融家的情形爲例，對這個問題作出了唯一值得重視的論證[92]。這些金融家同時還是企業家、銀行家、船東、批發商

在荷蘭一所鄉墅院內互相告別。彼得·德·胡格 (Pieter de Hooghe) 作畫（1675 年前後）。

和工廠主，甚至還兼任金融家和財政官員。他們幾乎都是商人出身，多年經營，既審慎，又得法。他們不但在當地的商業活動中保持聯繫，而且結成密切的親戚關係。通過在朗格多克一個區（行政單位）的觀察，我們看到商人在組成成分、商業聯繫和家族聯姻方面曾先後出現三種不同的形態。隨著一種形態被另一種形態更替，相應地出現一次斷裂和人員的大換班。見於 1520 至 1600 年間的第一種形態隨著 16 世紀末的經濟衰退而消失；1600 至 1670 年間的第二種形態，一直延續到 1660 至 1680 年的轉折時期；最後是從 1670 年開始的第三種形態，維持到 1789 年為止，歷時一個世紀以上。總的來說，以上情形證實了比蘭納的直覺；但十分清楚，這不是個人的興衰，而是集體的運動，為時相當長的運動。

只是當社會讓資本在店舖、商行、官職、地產或別的方案中作出選擇時，資本才能經歷不同的社會階段。而一個社會完全可能表示反對和加以阻攔。請看猶太商人和猶太資本家的情形，這是一個反常的但又說明問題的實例：西歐不允許他們在金錢、土地和官職之間作出選擇。我們當然不必閉著眼睛相信諾爾薩猶太銀行的壽命長達 6 個世紀[93]，但這家銀行確實創造了長壽記錄。印度的銀行家兼商人的境遇與猶太人相似，他們在種姓

制的限制下，只能經營錢財，不得改業。同樣，日本大阪的富商很難擠進貴族行列。他們因此陷於本業，無力自拔。開羅商人家族的情形則相反，據安德烈・雷蒙（Andre Raymond）的[94]近著說，商人家族存在的時間比比蘭納指出的各階段的時間更短：穆斯林社會不等資本積累完成，便把資本家扼殺。萊比錫商人在他們的資本積累的第一階段，即在16和17世紀期間，也處於同樣情況。富商們不是終身富有，他們的子孫後代迫不及待地購置地產，以圖安居樂業。在經濟發展初期，這種情形的出現不應歸罪於社會，經濟的不穩定性應負其咎。

法國的「紳士」或長袍貴族

　　總的說來，一個社會的壽命越長，它的結構必定越複雜。社會總是在變化，甚至可能在某個部門徹底變化，但它頑強地保持著它的主要構造和主要選擇，幾乎可以說，社會以不變應萬變。為此，如果想要了解社會，
430　就必須同時了解它的過去、現在和將來，社會是長時段中穩定和偏差交替積累的結果。在這方面，16和17世紀的法國上層社會提供了一個十分複雜但又完全適用的例證。這個具體例子雖然本身只說明一個特殊的命運，但它在一定程度上也為歐洲其他社會充當見證。另一個優點是，許多論文已把法國情形考證清楚，于貝爾在他的名著《法國的紳士》[95]一書中又對這些論文作了進一步的發揮。

　　用紳士這樣一個不正規的詞確指法國資產階級的上層——他們的父輩或祖輩因經商致富，但到了他們這一代，已不再開設店舖或商行，總之不再依靠買賣貨物的賤業為生，而是經營大片土地，開展金融業務和捐納官職，把官職作為勤儉和保守的世家祖產留給後代——用這樣一個詞會使研究這幾個世紀的所有法國史學家為之憤慨。但自從有關這個問題的討論開始以來，人們很快看到這一討論是有益的；為了討論這個問題，必須先解決另一個問題：如何為一個正逐漸向貴族及其傳統社會成就過渡的階級（階層，集團）下個定義，這個複雜而並不引人注目的階級與好擺排場的宮廷貴族或窮極無聊的「鄉村貴族」毫無共同之處，並且正在實踐自己關於理想貴族的認識和形成自己的生活藝術。這個階級或階層要求，在歷史學家的語彙中，必須有一個詞或一種表達方式，能夠體現它有別於其他社會形態（自法蘭索瓦一世至路易十四即位初期）的個性。如果你不願接受紳士這個說法，你也不能稱它是大資產階級。

　　資產階級（bourgeoisie）一詞是緊隨資產者（bourgeois）一詞而被用

開的，這兩個詞大概在12世紀已開始使用。資產者指的是城市中享有特權的公民。根據法國不同的地區和城市，該詞在16世紀末或17世紀末才廣泛使用；18世紀使之普及，革命時期更登峰造極。凡在我們期待著使用資產者一詞的場合，有時會出現這個詞，但是長期內我們一直遇到的卻是「有體面的人」（honorable homme）這個說法。這後一種表達方式具有驗證的價值，它確定無誤地指明農民與自由職業者之間很難逾越的和體現社會地位差異的第一個台階。所謂自由職業主要指律師、檢察官、公證人等法律工作者。他們多數是在資深的同行那裡見習一段時間後獨立開業，沒有上過大學，即使受過高等教育的人多數也不過敷衍塞責而已。屬於這類自由職業者的還有內科醫生以及外科醫生兼理髮師，在後一種人中間，「穿長袍的聖科姆外科醫生」，即真正科班出身的[96]，只佔極少數。此外還可加上藥劑師；正如同其他幾種人一樣，他們的職守往往「傳給家人」[97]。商人——這裡主要指，但並不僅僅指批發商——雖然不屬於所謂自由職業，卻完全有權算是「有體面的人」。在沙托當，資產者（批發商）和工匠（店舖主）至少在表面上有著明顯的區別[98]。

　　但單靠職業不足以製造體面，特權者還必須擁有一定的財產，相當富有，生活闊綽，在市郊置有土地，還有一項不可缺少的條件，住宅必須「門面臨街」。直到今天，說一家商店「門面臨街」，仍意謂著是它的信譽很好。根據里特累的解釋，「門面」「如同今天在教堂中那樣，是指房屋的正面」，一所房屋有了門面也就取得正當地位……　431

　　這些就是地位在工匠、店舖主、壯工和農民之上的「有體面的人」，歷史學家在法國各地都遇到他們，甚至在今天看來似乎微不足道的小市鎮里也有他們的身影。通過查閱公證人的檔案，或許能把這些初等特權者的財產弄清楚。這些初等特權者顯然與本節所說的紳士無關。要成為或接近成為紳士，必須再爬高一級，達到「貴人」（noble homme）的地位。應該說明，「貴人」不具有貴族的法律地位，而是出自虛榮或反映社會實在的一個稱號。貴人即便擁有領地，「以貴族方式生活，就是說，不以手藝或經商為生」，也不屬於「真正的貴族」，而是「名不副實的以及不完全的貴族，不無輕蔑地被稱之為城市貴族，其實還是資產階級」[99]。相反，如果貴人在公證文書中又被稱作「新貴」（écuyer），那他就非常可能被承認為貴族的一分子。

　　但這種承認意謂著他僅具有貴族的社會地位，而不是法律地位，也就是說，這種地位是在日常實踐中自發形成的。我們要著重解釋擠進貴族行

列通常應具備什麼條件。在1520年以後，進入貴族行列明顯地變得容易起來，新貴族的人數激增。這裡且不談國王出售貴族證書（數量極少），也不談捐納可望藉此晉升貴族的官職或出任地方司法和行政長官（即所謂敲鐘貴族），貴族資格的取得主要通過法律調查；只要有人擔保被調查人「以貴族方式生活」（也就是說，能夠不勞而獲），並且他的父母和祖父母也都以貴族方式生活。這個途徑之所以容易，因為特權者的財富允許他們採用貴族的生活方式，因為有擔任法官的親戚與他們沆瀣一氣，最後還因為在16世紀，正如我們已經說過的，原有的貴族並不緊緊地抱成一團。在當時的法國，沒有任何跡象能使人想起拉斯萊脫的名言[100]：貴族和非貴族之間的界線同基督徒和異教徒之間的界線一樣分明；應該說這條界線是無人區（no man's land），很容易跨越。

　　問題變得複雜的原因在於，這些新貴族並不始終希望融合在傳統貴族中。如果于貝爾說得對（他的看法很可能是正確的），高級「貴人」肯定不會以「貴人迷」的形象出現。莫里哀的這個劇本第一次演出的日期很晚（1670），而我們這裡涉及的時代是在16世紀初期，劇中的諷刺本是為了討好宮廷貴族。茹爾丹先生當然並不純屬虛構，他代表著中等資產階級，但如果認為在16世紀已經取得或幾乎取得貴族資格的高級貴人竟懷著尋求「長生不老藥」[101]一般的熱情爭取被貴族階級接納，這種看法是不對的。他們雖然有點虛榮心，但肯定不到這種程度。虛榮心沒有促使他們把佩劍貴族的愛好和偏好統統接受下來，他們對習武、狩獵、決鬥並不讚賞；相反，對於他們認為是不明事理、缺乏教養的人的生活作風，他們毫不猶豫地表示鄙視，甚至以書面的方式。

　　何況，在這一個問題上，整個中等和上等資產階級的想法完全一致。請看蘭斯一個名叫烏達爾·科克爾 (Oudard Coquault) 的普通資產者的證詞[102]，這位相當富有的商人於1650年8月31日在其回憶錄中寫道：「以上便是那些自稱出身高貴的紳士先生們的生活、境遇以及狀況；許多貴族的為人並不比他們好到哪兒去，他們只會訓斥和欺壓村里的農民。相比之下，城市中高貴的資產者和富商更接近貴族，因為他們寬厚大度，治家有方，處世行事堪為表率；他們各盡其能，不使任何人抱怨，對為他們工作的人必付以報酬，尤其是絕不會有卑劣的行徑；而大多數的小佩劍貴族卻是反其道而行之。如果還要繼續比下去的話，佩劍貴族眼裡只有自己，並且以為資產者應該用農民的眼光來看待他們……任何講究信義的人都對他們嗤之以鼻。現在的世道就是如此，不要再到貴族中去尋找德行。」

432

　　變成了貴族的大資產者其實仍像以往一樣，在城市住宅和鄉間別墅過著平靜和合理的生活。他們生活中的樂趣和驕傲，正是他們的人文主義文化；他們在圖書館中優閒自得，樂此不疲；他們的重要特徵是他們生活在一種氛圍中，對拉丁文、希臘文、法學、古代史和民族史懷有強烈的熱情。他們在各城市乃至市鎮開創了許多世俗學校。他們與眞正的貴族的唯一共同點，是拒絕從事體力勞動和經商，喜愛閒暇。對他們說來，閒情逸致，也就是閱讀以及與同伴進行學術討論。這種生活方式至少要求生活優裕，而這些新貴族一般都處在優裕的水平之上，他們已從三個來源建立起殷實的財產：經營有方的土地；主要向農民和鄉紳發放的高利貸：在1604年設置官職稅以前，已獲得可轉讓和可世襲的財政官和司法官職位。然而，他們的產業除了自己掙下的，更多的是祖上留下的遺產。祖業不但保住了，而且又擴展了，就像滾雪球一樣，使資產者的事業取得新的成功和突破。但最初走上軌道時的情形始終是相同的：所謂「紳士」（gentry）出身於商人家庭；這正是他們力圖隱藏和不讓外人知道的事。

　　並非每個人都能瞞過，據《萊斯托瓦爾日記》[103]的記述（此事當時盡人皆知），維勒魯瓦的領主尼古拉·德·納維爾 (Nicolas de Neufville)（1542-1617）任國務秘書，幾乎畢生執掌政府要務，忙於「批閱堆積如山的文牘」[104]，但他的祖父曾是魚商，於 1500 年買下三塊領地以及幾項官職，通過婚姻承繼了科貝附近的維勒魯瓦領地。于貝爾舉出許多類似的例子。可見事情瞞不住任何人，但在16世紀，貴族不但不阻攔別人提高社會地位，反而援手相助。正是在這種所氣氛下，人們可以理解新貴族爲何形成一個與原有貴族不相融合或格格不入的階級，他們在貴族集團內部，依靠自己的政治勢力和獨有的關係網。這種不正常現象何況是不能永遠保持下去的。 434

　　到了17世紀，情形就完全不同了。所謂新貴族經歷了困難而嚴重的考驗：經過宗教改革和宗教戰爭，他們既不皈依新教，又不加入天主教聯盟，而是「圓滑地」選擇中間道路，主張法國教會自主，結果兩面挨打，但仍有迴旋餘地。在1600年以後，社會氣氛以及經濟、政治、文化等各方面全都開始變化。爲了成爲貴族，單靠幾名證人在一名好說話的法官面前作證，已經不夠了，必須提供系譜，接受嚴格的檢驗，原來的貴族也必須經過重新審查。社會地位的變動曾爲法國「紳士」階層提供人員補充，這種變動如今已不如以往那麼順利，特別是變動的機會越來越少。難道因爲17世紀的經濟不如上個世紀活躍嗎？由亨利四世、李希留和路易十四恢復

彼埃爾·塞吉埃 (Pierre Seguier)(1588-1672) 是個於 16 世紀依靠土地、官職和
高利貸而建立起殷實家產的新貴族（見本書第519頁）。他無條件地為君主制效力，
因而在政治上平步青雲。他於 1635 年執掌樞機，在審理富凱案件時表現冷酷無情。
但他不失文人學士的優雅風度，讓人畫了一幅坐擁書城的肖像，手裡還拿著一冊。他
的藏書很有名，後來遺贈聖日耳曼草場修道院。

的王權變得帶有壓迫性，要求以高等法院法官爲首的司法和財政官吏服從國王。尤其，國王給宮廷貴族以經費接濟，使他們能夠生存、繁榮和簇擁著太陽王佔領舞台；用國王一位近臣的話說[105]，國王是在「演戲」，但要把戲演好，他就必須把行使權力的各種手段和可能集中在一個顯而易見的狹小範圍內。正是這些宮廷貴族與長袍貴族作對。長袍貴族遇到的障礙不僅來自宮廷貴族，而且來自同時給予他們力量又限制他們權力的君主。這就造成長袍貴族的政治地位和社會地位十分微妙。最後，反宗教改革運動的興起，部分地是針對著這個集團，針對著他們的觀念和思想立場。這個集團在某種程度上受到理性的啓示，早已站在啓蒙思想的一邊，正準備爲歷史學創造一種科學的形態[106]。但突然間，一切都顛倒了過來，一切都同它「作對」，它一下成了耶穌會教士集中攻擊的目標。因此，在發生冉森派事件和投石黨事件時，它的作用十分微妙和複雜。在1649年初，直到達成呂埃伊和約爲止（3月11日），高等法院控制著巴黎，「但不敢採取進一步的行動」[107]。

正是在這些困難以及一連串的危機中，紳士階層逐漸變成所謂長袍貴族，這種二等貴族不與一等貴族合成一體，其貴族地位遭到一等貴族的否定。從此在兩種貴族之間出現了明顯的等級差別，國王則藉機推行分而治之的政策。根據目前的調查，長袍貴族一詞僅僅在 17 世紀初，最早在1603年出現[108]，這肯定不是偶然的。我們不要小看這個語言上的證據。它標誌著紳士階層的命運的一個階段已經結束。雖然有了比較貼切的名稱，長袍貴族的地位卻已不如上個世紀那樣穩定，態度也不那麼狂妄，但它繼續對法蘭西的命運起著重要的影響。它使用各種等級制，以維持自己的地位：土地等級（領主），金錢等級，教會等級，國家等級（裁判所、初等法院、高等法院、御前會議），以及日後自會給它帶來好處的文化等級。

這種進步不但複雜，而且緩慢，笨重，必須持之以恆方能見效。于貝爾認爲，長袍貴族從16世紀出現起直到大革命爲止，始終是法國命運的中心，「創造其文化，經營其財富，促成民族和啓蒙思想的誕生，促成法蘭西的誕生」。許多著名人物的名字浮現在我們的腦海中，因而使我們很容易接受這個判斷。但在一個重要方面應該有所保留：這個在一定程度上體現著法蘭西文明的階級，它的成功是靠整個法國大力支撐的，它的富有、穩定乃至知識的得來，也由整個法國付出了代價。長袍貴族爲著自己的利益經營這筆物質的和文化的資本。若說是爲了國家的利益，那恐怕又是另一碼事了。

　　歐洲各國無不以這種或那種方式出現過社會高層的分化，都曾經歷新舊統治階級之間的明爭暗鬥。于貝爾的著作有一個優點，它緊緊抓住了法國的特點，強調了長袍貴族在其形成過程中和扮演政治角色時的特點，因而有益地提醒人們注意每種社會演變的獨一無二的特性。原因到處都很接近，但解決方法卻各有千秋。

從城邦到領土國家：奢侈和擺排場

　　可見，關於社會地位的變動以及人們面對金錢、出身、頭銜或權力的誘惑時所采取的態度，沒有什麼特殊規律可循。從這個角度看，各種社會沒有相同的年齡，沒有相同的等級制，尤其沒有相同的心態。

　　至於歐洲，社會明顯地可分為兩大範疇：一方面是城邦，也就是義大利、尼德蘭和德意志最早發財致富的商業城市；另方面是範圍廣闊的領土國家，它們逐漸擺脫中世紀的桎梏，仍帶有歷史的烙印。不到 100 多年前，蒲魯東曾寫道：「在經濟機制、政治實體、司法行政以及公共教育等方面，封建制還壓得我們透不過氣來」[109]。

　　兩大範疇各有不同的特徵，這已是老生常談。寫於1702年的一份法文報告指出：「在君主國中，商人不像在通常由大商人當政的共和國中那樣受到尊重」[110]。這類說法，過去的或現代的，還可舉出上百種。我們不必強調這個平淡無奇、顯而易見的認識。我們只要注意優秀人物在具有悠久商業傳統的城市和在由宮廷（例如，英國王室或法國王室）確定整個社會基調的領土國家中分別有何表現。有人說得對：「城市[這裡指巴黎]模仿宮廷[111]。」總之，在商人統治的城市和在王公統治的城市，生活方式各不相同。腓力二世時代有個名叫路易·奧爾蒂斯 (Luis Ortiz) 的西班牙占卜術士（「arbitrista」專門為人出主意、解決疑難，以及勸人改惡從善）直截了當地對我們講了這個道理。那是在1558年，西班牙正處於內憂外患之中；國王腓力二世不在國內，戰爭和國際政治的需要使他留在尼德蘭不能脫436　身。在當時西班牙的首都巴利亞多利德，盡管時世艱難和百物騰貴，綢緞皮裘和高級香水照例風行，奢侈和排場不讓往年。然而，這個西班牙人指出，無論在佛羅倫斯或在熱那亞，在尼德蘭或者在商業發達的鄰國葡萄牙，這種奢侈都是見不到的。他說：「在葡萄牙，沒有人穿絲綢」[112]。里斯本是個商業城市，領葡萄牙風氣之先。

　　在很早就受商人控制的義大利城邦（1229 年的米蘭，1289 年的佛羅倫斯，至少在1297年的威尼斯），金錢是保障社會秩序的有效而不引人注

威尼斯戴面罩的婦女。隆吉（1702-1785）作畫。

目的粘合劑，用18世紀巴黎印刷商的行話來說，好比「強力膠水」[113]。城市貴族爲維持統治並不十分需要衒耀和蠱惑。他們暗中操縱金融業務，已經足夠，他們並非不知道奢侈，但他們盡量不露富，甚至保守秘密。威尼斯貴族穿的黑色長袍不是一種身分標誌；切扎雷·魏切利奧（Cesare 437 Vecellio）在《世界各地古今服裝誌》（16世紀末）中解釋說，「市民、學者、商人及其他人」也穿長袍。他補充說，年輕貴族喜歡在黑袍裡面穿色彩鮮艷的綢衣，但他們盡可能把五色斑斕掩蓋起來，「以表現在共和制下應有的節制態度」。威尼斯貴族不炫耀服飾並非出於自願。同樣，面罩不僅在狂歡節等公共慶祝活動時佩戴，這是不露形跡，不引人注目地混在人群中玩樂的一個方法。威尼斯貴夫人戴上面罩去咖啡館或去原則上不合她們身分的公共場所。哥爾多尼說：「面罩這東西給人許多方便」，「戴上了面罩，所有人便一律平等，達官們天天都能親自了解百姓所關心的各種

具體事情……總督也經常戴上面罩,微服私訪。」在威尼斯,奢侈僅限於好講排場的公共機構或者純私人生活。熱那亞的貴族穿著相當儉樸。節日慶祝都在鄉村別墅或城市府邸舉行,從不在街頭和廣場招人惹眼。據我所知,17世紀的佛羅倫斯風行華麗的四輪馬車,這在威尼斯自然不可想像,在街道狹窄的熱那亞也不可能,但由於亞歷山大·德·麥迪西於1530年的復辟,接著於1569年成立了托斯卡尼公國,佛羅倫斯共和國終於滅亡。即使在那個時代,佛羅倫斯貴族的生活也很儉樸,以致在一名西班牙人看來,與一般市民不相上下。阿姆斯特丹之所以成爲歐洲的君子國,除了別的原因以外,還因爲那裡的富人特別注意儉樸,甚至威尼斯的來訪者對此深有感觸。在阿姆斯特丹的任何一條街上,荷蘭總督與其他市民交臂而過,又有誰能分清各自的身分[114]?

從阿姆斯特丹或義大利的一個富有城邦來到近代國家的一個首都或某個王公宮廷,氣氛就完全變了。到了這裡,儉樸不再行得通了。社會身分最高的貴族對王公的豪華讚嘆不已,並且也要炫耀自己的富麗。他們擺排場,講闊氣。鋪張揚厲的目的是爲了讓人折服,以一種近乎儀注的方式表明自己出類拔萃,高人一等,從而拒人於千里之外。金錢的特權是看得見和摸得著的,與此相反,出身和身分的特權只是在別人承認時才有價值。啓蒙時代的波蘭貴族拉濟維烏親王能獨自招募一支軍隊和用大砲加以裝備(例如在1750年),他有一天在涅維茨小城像水一樣暢開供應葡萄酒,「大量葡萄酒到處流淌,注入小溪,竟然置之不顧」,他之所以這樣做,據庫拉說,是要給參觀者留下深刻印象(葡萄酒在波蘭是一種十分昂貴的進口貨),「讓別人相信他的能力無限,並服從他的意志……這種浪費因而是在特定社會結構範圍內的一種合理行動」[115]。那不勒斯同樣有擺闊的風氣,在革命家托馬佐·康帕內拉 (Tommaso Campanella) 幻想《太陽城》那個時候(1602),人們常說洛賽拉親王法布里齊奧·卡拉法花錢「像那不勒斯人一樣」,也就是說,「窮奢極侈」。正當平民絕糧,奄奄待斃之時,那不勒斯貴族卻爲「聲色犬馬」[116]一擲千金。這些豪客誠然追求享樂(他們的收入可達10萬埃居,而百姓的錢袋裡卻掏不出3埃居),但更主要的是他們有炫耀的需要:他們扮演自己的角色,滿足別人對他們的期望,而百姓則在歆羨之餘,轉爲憎恨。他們的表演是一種統治手段,一種需要。這些那不勒斯貴族必須常去西班牙總督府邸,求得他的青睞,他們不惜爲此破產,豁出去一文不名地返回鄉間。他們已迷上了大都會的生活,而作爲歐洲最大的都會之一,那不勒斯的生活開支必定十分可觀。比希那諾一家

438

於1547年在那不勒斯興建了壯麗的切埃雅邸宅。他們離開了加拉布利亞的住宅，來到新居，像其他大貴族一樣，在他們豢養的文人畫家及其他食客的簇擁下，過著紙醉金迷的生活[117]。

這種虛榮雖說是「有報償的」，因而也是合理的，但它往往會發展成爲一種怪癖，甚至一種病態。費奈隆 (Fenelon) 曾經斷言，李希留「在索邦大學的每扇門窗上無不留下他的紋章[118]。」「在圖爾和盧敦之間，聳立著一些古堡，人們至今可以見到」；在以李希留命名的這個小村莊，樞機主教建造的房屋當年就有一半空著[119]。這使人想起屬於曼圖亞公爵家族的韋斯帕齊亞諾・貢札伽 (Vespasiano Gonzaga)（死於1591年）的異想天開。此人竭力想成爲獨立的王公，但又沒有更好的辦法，便在薩比奧內塔這個小城市興修種種出色的建築[120]，包括華麗的宮室、古董陳列館、私人花園、劇院（在16世紀尚屬少見），以及爲能舉辦合唱會和器樂合奏會而專門建造的教堂，近代化的防禦工事，總之，一個眞正的首都所需要的一切無不具備；而離波河很近的這個小城市從未起過經濟中心或政治中心的作用，它勉強可算是個軍事要塞，過去在當地曾建過一個城堡。貢札伽在薩比奧內塔過著王公般生活，但在他死後，城市很快被廢棄遺忘。今天，它像戲劇的美麗布景一樣聳立在田野中。

簡單說來，存在著兩種生活方式，兩種作風：不是闊氣，便是節儉，二者必居其一。凡在金錢社會尚未建立的地方，統治階級勢必照舊講奢侈，擺排場，因爲它不能過分指望金錢的暗中支持。炫耀既成風氣，當然無孔不入，到處氾濫。凡在人們有時間和有興趣根據某個細節（穿衣、吃飯、自薦、講話）互相觀察、衡量和比較並進而確定各自身分的地方，就不可能絕對排斥自我表現。即使商業城市也並不把這種生活方式拒之門外。但是如果城門開得太大，商業城市在經濟和社會方面就會出現困難和混亂。1550年後的威尼斯由於過分富有，因而不能清醒地判斷自己當時的處境，其實形勢已開始變得不妙。奢侈之風每天都刮，而且越刮越凶，花樣翻新，層出不窮。限制奢侈的法律不斷在增多，它們的作用卻像往常一樣，只是揭露而不是阻止奢侈性開支：盛大的婚禮和洗禮，婦女大量使用的所謂假珍珠飾物，女袍外面照例套上「長裙和綢上衣」。因此，「裁縫師、繡花師和繪畫師」被指責爲應負罪責，受到眾多的威脅。在富人家裡，「婚禮幾乎成爲一種公共慶典……當時的回憶錄盡是談到慶典、競賽、舞會以及喜慶裝飾」，這證明市政當局對此不加干涉。奢侈的風氣從私人方面向公共方面的過渡是個值得注意的跡象[121]。

　　關於英國，我們不要匆忙地下結論，說那裡的演變朝相反方向進行。事情比這複雜很多。奢侈風氣在17世紀盛行，不僅是宮廷，而且是貴族。當格拉斯特郡總監亨利‧柏克萊勛爵「前往倫敦小住時，有150名僕人陪同」[122]。在18世紀，特別是喬治三世（1760-1820）在位期間，英國的有財有勢人家已從擺闊氣而變為講享受。凱薩琳二世派駐倫敦的大使西蒙‧沃龍佐夫 (Simon Vorontsof)[123]對聖彼得堡宮中盛大而拘謹的場面已習以為常，他對英國朝廷的自由氣氛特別欣賞，「一切都是自由自在，辦事不拘任何形式」。其實，英國的社會狀況遠不是用這句話所能說清楚的。如果從容進行觀察，就會發現情形是複雜多樣的。在宗教改革後登上社會頂峰的英國貴族根基還淺。但由於利害關係和其他種種理由，他們都以土地貴族的面目出現。英國的大家族必須以一個大農莊為基地，而在這農莊

在文藝復興時代的英國（16世紀），宮廷中王公們的奢華和娛樂：伊麗莎白女王同她的寵臣萊斯特伯爵羅伯特‧杜特萊 (Robert Dudley) 在宮廷舞會上跳舞。

的中心，成功的標誌是一幢王公般的宅邸。正如人們所說，英國貴族同時是「富豪和封建主」。作爲封建主，貴族不免要講點排場，求得戲劇性的效果。1776年，一些新貴族在亞平敦定居，「他們設宴招待鄰近的紳士、農莊主和居民共幾百人。教堂的鐘敲得震天價響」。在軍樂的導引下，人們騎馬列隊前進，晚間華燈齊明……[124]從社會角度講，即使只是爲了確立貴族在當地的權力，這番熱鬧也肯定是必要的，但在這番熱鬧中，看不見有「資產階級」的絲毫表現。當然，愛擺這種排場的人並不絕對不喜歡和不從事商業活動。從伊麗莎白時代起，最樂於投資遠洋貿易的正是上層貴族[125]。

荷蘭的情形則不相同，居社會最高層的是市政官員，即法國的所謂「敲鐘貴族」。他們是具有資產階級性質的貴族。

如同英國一樣，法國的情形相當複雜：各大商業城市開始意識到自己的特點和不斷壯大的力量，朝著與受宮廷控制的首都不同的方向發展。土魯斯、里昂、波爾多等地的富商不喜炫耀，他們注意自己城市住宅的內部裝修，尤其講究鄉村住宅的舒適，常「去離城騎馬一天可達的鄉間別墅小住」[126]。相反，18世紀巴黎的金融富豪一味想著模仿大貴族的生活方式，驕奢淫逸唯恐不及。

革命與階級鬥爭

廣大下層群眾被牢牢控制在社會秩序的網下。一旦出現騷動，社會就把網眼收緊，或者另想別的控制辦法。不平等是社會秩序的基石，國家的職責便是維護不平等。文化及其代言人往往只是宣傳忍讓、服從、克制和安分守己。最好的辦法是讓社會的基本群眾在不打破普遍平衡的限度內自動演變。不禁止逐級提高社會地位。社會地位的變動不僅僅意味著上升到最高一級，而且還可意味著從一般農民轉變爲半農半商的富農；或者從富農轉變爲小土豪；或從小土豪轉爲小領主，「投標購置地產，經營英國式的農莊，進一步朝向資產階級發展」[127]；或者從小資產者轉變爲擁有年金收入的官員。在威尼斯[128]，「不在行會名冊上登記的人被認爲社會地位最低」。但這絲毫不妨礙他或他的一個孩子加入某個行會。從而邁出第一步。

所有這些涉及社會地位的小插曲，這些「爲爭身分」（如1624年西班牙流浪漢小說中一位主人公所說[129]）而作出的努力都可被認爲是某種階級意識的表現。何況，無數次對現制度的反抗[130]也證明這一點，據貝爾賽的

統計，1590至1715年間，亞奎丹地區的大小農民起義不下500次。據對一百來個德意志城市的調查，1301至1550年間曾發生了200起往往是流血的衝突。從1173到1530年，里昂在這357年內共發生126起騷動（平均3年1次多一點）。我們可以稱這些衝突或騷動是暴亂、鬧事、緊張狀態、階級鬥爭、偶然事件或社會新聞，但其中有些衝突的激烈程度只有用革命一詞才名副其實。在本書談到的5個世紀中，歐洲範圍的衝突數以萬計，它們並不都已得到一個合適的名稱，有的還在檔案中沉睡未醒。迄今爲止進行的調查已能得出一些結論：有關農民騷亂方面，結論正確的希望居多；有關城市的工人騷動，結論容或有誤。

關於農民騷動的研究，自從鮑什涅夫發表他那令人耳目一新的著作[131]後，法國已完成了大量工作。由於歷史學家的努力，法國在這方面暫且居領先地位，但明顯的是，農民騷動並不限於法國。根據已知的全部事實，至少有一點不容懷疑：農民不斷反抗國家、領主和軍隊的壓迫，不斷同外界環境、經濟衰退、武裝力量，以及同一切威脅他們或妨礙村社制存在的因素（村社制是農民求得自由的條件）作鬥爭。所有這一切在農民的頭腦中趨向於成爲同一件事。一名領主於1530年把豬趕到公有樹林中去，那不勒斯的諾利斯伯爵領地的一個小村莊便奮起保衛放牧權，高呼：「人民萬歲！消滅領主！」[132]由此引起的一連串事件充分證明農民的傳統心態和特殊生活條件，而這種情況一直延續到19世紀中葉。英格馬·博格 (Ingomar Bog) 指出，如果要試圖說明什麼是「長時段」及其單調、簡單的反覆，農民的歷史可提供大批典型事例[133]。

初次閱讀這波瀾壯闊的歷史，可能會得到這樣一種印象，似乎永不平息的農民騷動幾乎沒有成功的希望。所謂反抗，那是「向天空啐唾沫」[134]：1358年法蘭西島地區的農民起義，1381年英國的農民起義；1525年的德意志農民戰爭，1548年吉耶訥地區抗納鹽稅的暴亂，17世紀初俄國的波洛特尼科夫起義，1614年匈牙利的多札起義，1647年震動整個那不勒斯王國的大規模農民戰爭，所有這些猛烈動蕩無不以失敗而告終。接二連三爆發的小規模鬧事也同樣如此。總之，現存秩序不能容忍農民的胡作非爲；由於農村幅員遼闊，農民騷動將危及整個社會和經濟大廈的穩定。爲了對付農民，國家、貴族、資產者以及教會和城市幾乎始終結成同盟。農民起義隨時都有死灰復燃的可能。

然而，農民騷動並不確確實實地完全失敗。在嚴屬的鎮壓下，農民總是恢復服從，這一點並不錯，但在經過暴動後，也往往取得一些進步。

農民襲擊單身活動的武士。尚‧德‧瓦夫蘭 (Jean de Wavrin)：《英格蘭編年史》，15世紀。

1358年的起義不是使巴黎四周的農民有了自由保障嗎？農民逃離這個緊要地區，隨後又返回居住，這也許不足以完全說明奪回和保住原已取得的自由的經過。但1525年的德意志農民戰爭是徹底的失敗嗎？易北河和萊因河之間的起義農民沒有像易北河以東地區的農民那樣淪為農奴；他們保住了自由和原有的權利。吉耶訥的暴動誠然於1548年[135]遭到鎮壓，但鹽稅也被取消。君主當時正借用鹽稅的外力撞開村社經濟的門戶。有人可能會說，1789年秋冬季的大規模鄉村革命在某些方面遭到了失敗；不過請問：國有產業落到了誰的手裡？廢除封建權畢竟不是一件微不足道的禮物。

443

　　由於工業活動經常出現暴跌，就業很不穩定，有關工人騷亂的資料十分零碎，這使我們對情況不夠了解。廣大工人群眾不斷在集中，接著又分散，被趕往其他工作地點或其他勞動部門。反抗的成功條件是穩定的團結，工人的騷亂卻缺乏這個條件。例如，里昂最初使用米蘭和皮德蒙地區的織機，斜紋布生產發展十分迅速，雇傭工匠達 2 千人之多。隨之而來的卻是蕭條和崩潰，偏偏又趕上物價上漲時期。「收入微薄的織布工人在市內已不能生活下去；有的便遷往福雷茲和博若萊地區工作」，但那裡的條件十分惡劣，因而他們的產品「聲譽不佳」[136]。實際上，斜紋布產地已經轉移，馬賽和法蘭德斯地區已成為新的中心。我們引用的這份1698年的報告最後得出結論說，「這一製造業的垮臺對里昂是個很大的損失，因為其中部分工人仍留在里昂，成為以乞討為生的無業游民。」假如在里昂的 2 千名織布工人中曾發生爭取權益的鬥爭——是否發生，人們不得而知，這一鬥爭肯定也會自動熄滅。

　　另一個弱點是工人勞動的集中程度不足。當時因為勞動的單位住住很小（即使在一個工業城市中），工人（幫工系統）又喜歡在各地巡迴，或者在城鄉、工農之間搖擺。各地城市工人處於分裂狀態，有的尚未擺脫陳腐的行會制度以及行會師傅的狹隘特權。自由勞動者在各地開始出現，但他們內部也不整齊劃一：上層是相對地享有特權的工匠，他們為一人老闆工作，但又或多或少地雇用幫工和僕人為自己工作（因而實際上是二老闆）；下一層是地位與前者相同，但只能依靠家庭勞動力的工匠；隨後是廣大的雇傭工人，更低一層是沒有受過特殊訓練的零工，如腳夫、粗工、壯工、「小工」，其中待遇最好的論日計工，最差的則實行計件。

　　在這種情況下，工人運動和工人鬥爭的歷史便表現為一系列互不相關、很少呼應的短暫事件。這是一種虛線狀歷史。人們反覆斷言當時的工人不存在任何階級心態，但從人們了解較深的事件來看，這個結論恐怕是錯誤的。真實情況是，整個工人階級處於不是報酬微薄便是面臨失業的困444 難境地。工人只有使用暴力才能擺脫困難，但他們卻像今天處於嚴重失業時期的工人一樣赤手空拳。暴力、憤怒和仇恨層出不窮，但上百次鬥爭嘗試難得有一次半次的成功希望；法國大革命前夕造紙工人鬥爭的成功只是一個例外[137]。這類障礙不是輕易就能克服的。

幾個例子

　　里昂大概在1473年安裝了第一臺印刷機[138]。到1539年第一次大罷工

（不是第一次騷動）前夕，約有100多臺印刷機在開動，這就意謂著共有1千來人以此為生，包括學徒、幫工（排字工、機器操作工、校對工）和師傅，其中多數不是本地人，而來自法國其他地區或德國、義大利和瑞士。規模以小作坊為主：印刷師傅一般擁有機器2臺，個別生意興隆者可達6臺。器材設備的價格都很昂貴；此外，還必須拿出流動資金，用以發放工資、購買紙張和鉛字。其實（工人不了解這一點），印刷師傅不是真正的資方代表，他們自己就處在出版商的掌握之下，有些大出版商甚至是市政府的組成成員。當局自然站在出版商那一邊，印刷師傅好歹總得遷就他們依賴的這些權勢人物。為了求得生存和增加利潤，他們的唯一出路是壓低工資和延長勞動時間；在這一方面，里昂當局的支持是寶貴的和不可缺少的。

　　至於具體辦法，當然不止一種，首先是改變支付報酬的方式：雇工的一日三餐原由師傅供應，由於食品價格不斷上漲，便對「這些大肚漢」不再實行包飯，雇工從此只領現金工資，自己設法去小飯舖填飽肚皮。雇工從師傅的飯桌上被趕下來，自然大為不悅。另一方案是雇用不付工資的徒工，必要時讓他們上機器操作，雖然這在原則上是禁止的。更直截了當的辦法，是區別固定工資，盡可能拉開報酬的檔次：排字工每天工資8蘇，小工每天2.5至4蘇。最後是要求雇工從清早2點不停地工作到晚間10點，其中只有4小時間歇就餐（簡直讓人難以相信），每人每天必須印刷3千頁以上！人們可以想到，年少氣盛者提出了抗議，要求改善勞動條件，揭發師傅過高的盈利，甚至使用罷工的武器。罷工，當時的說法叫「叫歇」[139]，例如，當一名學徒根據師傅的命令上機器進行操作時，或者在別的場合，幫工們便高呼「叫歇」，丟下活計，離開店舖。不僅如此，罷工者還把被他們稱之為「無賴」的「照舊上工者」給痛打一頓，散發傳單以及提出司法訴訟。更有甚者，他們拋棄16世紀初建立的包括雇主以及工人在內的舊印刷行會，成立自己的團體（以「大肚漢」命名）；為了展開　445宣傳，他們在里昂市舉辦的滑稽表演和節日慶典中創造了「拉高居伊大人」（拉高居伊的意思是排字錯誤）這個荒誕形象；該形象經過時，人人都能一眼認出，並表示敬意。里昂印刷工人罷工於1539年遭到失敗，於1572年再遭失敗，雖然也獲得一點成果；這些並不使我們特別感到奇怪。

　　值得注意的是，在這小小的衝突中，一切都具有明顯的現代特色。印刷業既然是個資本主義的現代行業，同樣的原因產生同樣的結果，各地爆發的罷工和衝突自然便具有現代的性質：無論在1539年和1572年的巴

黎，在1560年左右的日內瓦，或在1504年威尼斯的阿爾都‧馬努蒂烏斯印刷所，情形都是如此[140]。

以上所舉的早期工人鬥爭的例證不是個別的情形。從很早開始，肯定比人們所說的更早，勞動就意識到自己與資本的本質不同。紡織工業建立較早，推行包買商制度並集中大量勞動力，是觀察工人早期階級覺醒的極好場所。我們不妨看看17世紀的重要手工工廠城市來登。我們還可從側面觀察1738年布里斯托附近的威特郡古老的毛織工業中心薩魯姆。

來登的特點[141]在於，作為17世紀歐洲最大的呢絨城市（約在1670年，城市居民達7萬人，其中工人4.5萬人；1664年產量最高，達15萬疋），為發展其製造業，曾吸引了幾千名來自尼德蘭南部和法國北部的工人。不僅如此，它還能單獨完成製造呢絨、棉毛嗶嘰和絲毛嗶嘰所需的各道工序。我們不要以為來登的情形與諾威治或中世紀時代的佛羅倫斯相似，紡織工序主要依靠鄰近的鄉村完成。來登的鄉村十分富裕：它向阿姆斯特丹的廣大市場提供農產品。正如大家所知道的，只有貧困的農村才廣泛開展家庭勞動。因此，在17世紀中葉的工業繁榮時代，來登市只得自力更生，依靠自己完成從羊毛的洗、梳、紡直到織物的縮絨、修剪、整理等各項工作。為了做到這一點，它必須雇用大量勞動力。困難的問題是安排住宿：工人並不全都住在專為他們建造的工人區。許多人擁擠在按月或按星期付租金的房間中。婦女和兒童提供相當一部分必要勞動力。由於勞力不足，機器紛紛出現：馬拉或風力縮絨機以及大工廠中為「熨燙、壓光、晾曬」所需的各種機器。有幾幅畫描繪了這些單純為城市工業服務的機器。過去曾掛在呢絨市場作為裝飾，如今保存在來登市博物館。

這一切服從一個顯而易見的前提：如果阿姆斯特丹生產高級毛料，哈倫緊跟時尚，來登則專門用低級羊毛製造廉價織物。為此必須不斷壓縮生產費用。行會制度雖然仍然保存，但與此同時，一些手工工廠開始發展起來，遭受無情剝削的家庭勞動也逐漸增多。由於城市發展迅猛（城市居民於1581年僅1萬2千人），少數企業家發了大財，但本地的資本主義框架卻仍未建成。來登的全部經濟活動受到阿姆斯特丹商人的操縱和牢固控制。

工人的集中只會促進勞資間的衝突。來登的工人人數很多，因而不可能不發生鬧事和騷動，特別是市內的企業主無從去尋找比較順從的農村勞動力。法國的官方代表，從駐海牙的大使或駐阿姆斯特丹的領事開始，注意傾聽工人的不滿，希望鼓動一些工人去加強法國的手工工廠，這個希望

來登的城市工業：毛紡機。伊薩克·范·斯瓦南布格 (Isaac van Swanenburgh) (1538-1614)的這幅畫是來登呢絨市場中表現羊毛加工過程的組畫之一：畫中所見機器是當時技術條件允許下最先進的。

並不始終落空[142]。總之，如果歐洲出現了真正的工業城市，出現了真正的工人集中，來登可以當之無愧。

　　來登爆發了工人罷工，這更是理所當然的事。但有以下三點出人意外：根據波斯托繆斯的精確統計，罷工的次數並不多（1619，1637，1644，1648，1700，1701）；除1644以及1701年的大規模罷工外，其他各次的運動為期都不長，只涉及工人中的某個類別，如織工、縮絨工等；最後，大概由於資料的原因，歷史研究至今沒有把這些罷工搞清楚。

　　我們必須認識到，在來登工人中，存在著不同的類別，如縮絨工、紡紗工和織布工等。部分工人分屬幾個不很牢固的行會，其他工人屬於自由工匠（實際上仍受到嚴密監視和控制）。在這些情況下，工人不能結成一個緊密的整體，以至對直接支配和剝削他們的手工工廠主以及站在這些老

闆背後操縱整個生產活動的商人構成威脅。然而，工人定期舉行集會，用
湊份子一類的辦法籌集互助和救濟基金。

來登紡織工業的一大特點，無疑是設置了有力的強制手段：監視、鎮
壓、監禁和處決始終威脅著工人。市政當局拚命保護特權者的利益。尤其，
手工工廠主結成一個勢力遍布於整個荷蘭以及整個聯合省的卡特爾。他們每
隔兩年舉行一次「全會」（synode），藉以消除有害的競爭，確定價格和工
資，必要時決定采取措施，對付可能或確實發生的工人騷動。這個現代化
組織使波斯托繆斯 (N. W. Posthumus) 得出結論說，階級鬥爭的意識在雇
主一級比在工人一級更加強烈。這不正是歷史學家在查閱文獻後得到的印
象嗎？工人雖然沒有給我們留下太多的材料，以證明他們的鬥爭和感情，
但在形勢逼迫之下，他們畢竟也有自己的想法。公開以維護勞動者利益為
己任的工人組織都遭到禁止。在他們的定期集會上，工人不能公開行動和
公開講話。老闆的反應足以證明，工人的沉默肯定不是無動於衷，不是無
知或屈服[143]。

我們要談的最後一個例子的情形很不同，這裡涉及的是一種較小的工
業，因而也是在組織上更加副合當時規範的工業。在一定程度上，這個例
子比大規模的來登毛紡織業更具代表性。

事情發生在威特郡離布里斯托不遠的薩魯姆。薩魯姆是一個由呢絨製
造商控制的和具有悠久歷史的羊毛加工中心；這些呢絨製造商以經商為
主，兼營手工工廠。當地於1738年爆發了一場短暫的暴亂。呢絨製造商的
一些財產遭到了搶掠。鎮壓接踵而至，三名暴徒被絞死。秩序得到了恢
復。但這決不是一件無足輕重的小事。

448   首先，在發生1738年暴亂的英格蘭西南部，至少自1720年後，經常
出現社會動蕩。保羅‧曼托 (Paul Mantoux) 在其經典名著[144]中特為介紹
的民歌《呢絨製造商的喜悅》正是誕生在這個地區。民歌的出現大概可追
溯到奧倫吉的威廉統治時代（1688-1702）。這是一首在小酒舖中反覆唱了
多少年的相當古老的歌曲。歌曲用呢絨製造商自己的口吻敘述他們的所作
所為，訴說他們的滿意和憂慮。他們唱道：「全靠剝削和壓迫窮人，我們
撈夠了寶貝，賺足了財富……全靠窮人的勞動，我們裝滿了錢袋。」他們
輕易克扣工人的報酬，挑剔工作中的毛病，甚至不惜無中生有，「藉口生
意不景氣」，降低工人的工資，「如果生意興隆，工人從不知道」。這些
可憐蟲不分白天黑夜地工作，生產的毛料遠銷海外，貨物一旦交出，他們
便無法查問銷售情況，只得一切都聽製造商說了算。何況，他們「不幹這

項工作，便是喪失工作」，沒有別的選擇。

另一個很能說明問題的小事實：在1738年事件發生後，一些雜文於1739和1740年發表，文章的作者並不是工人，而是一些希望恢復和諧的好心作家。生意之所以難作，難道不正是因為法國等外國的競爭嗎？雇主當然應該改變自己的態度，但歸根到柢，總不能「迫使他們破產，像前幾年裡許多倒楣的雇主那樣」。事情最後變得十分明朗了。柵欄兩邊的立場都已被說得一清二楚，對立確實存在著。隨著18世紀騷動的不斷增多，對立只會變得更加確定無疑。

秩序和騷亂

這些騷亂都帶地方性，局限於狹小的地域。早先，在1280年的根特或在1378年的佛羅倫斯，工人起義也僅限於一城一地，但爆發起義的城市本身就是個獨立的天地。目標近在咫尺。相反地，1539年里昂印刷工人的訴狀卻要送到巴黎的高等法院。是否因此可以認為，由於領土國家幅員廣大和行動遲鈍，它勢必孤立和事先限制不相呼應的工人起義和工人運動，乃至使其無從產生？工人運動在地域上和在時間上的分散性使我們對這種種事件的分析遇到困難。我們很難用推測多於實證的一般性解釋把它們歸納起來。

我這裡說的是推測，因為騷動和秩序本來屬於同一個問題；我們的討論自動擴大了範圍。現存秩序同時是國家、社會基礎、文化反應和經濟結構，再加上社會多種演變的總和。拉斯萊脫認為，一個處於迅速演變中的社會要求有一個比通常更加嚴厲的秩序；阿爾弗雷德·菲爾坎特（A. Vierkand）主張，一個多樣化社會給個人留下更多的行動自由，因而也便於個人提出可能的權利要求[145]。以上的泛泛而論不能使我們信服：一個被牢固控制的社會不易演變，一個多樣化社會同時從許多方面阻礙個人的自由發展；一種障礙可能被推翻，但其他障礙仍然存在。

然而，國家的軟弱，不論出於什麼原因，無疑都為騷亂敞開大門。騷亂本身也表明權力的鬆弛，1687至1689年以及1696至1699年期間動亂不止的法國便是如此[146]。路易十五和路易十六統治時代，「政治大權旁落」，法國所有的大中城市無不「犯上抗命」，「結黨行私」，巴黎自當一馬領先，發生的鬧事達60多次。里昂於1744和1786年爆發了猛烈的抗議運動[147]。不過我們應該承認，無論在這裡或在別的場合，政治和經濟因素只是提供一個初步的解釋。社會的不滿情緒和不安心理要見諸行動，必

須先作好語言、口號和意識形態的準備，必須讓社會能夠心領神會，而這些條件正是在普遍情況下所缺少的。

舉例來說，啓蒙時代的全部革命思想旨在反對領主階級不勞而獲的特權，並以進步的名義保護包括商人、工廠主和開明地主在內的積極公民的利益。在這場論爭中，資本的特權被掩蓋了。16至18世紀法國政治思想和社會立場的背景是君主、佩劍貴族和高等法院代表之間的權力衝突。帕斯吉埃 (Etienne Pasquier)、盧瓦索 (Charles Loyseau)、杜博 (abbé Jean-Baptiste Dubos)、布蘭維里耶 (Henri de Boulainvilliers)以及豐特內爾 (Fontenelle)、孟德斯鳩和其他啓蒙時代思想家的各不相同和互爲矛盾的思想也反映著這樣的衝突。但在當時，作爲新興力量出現的資產者卻在這些辯論中似乎被忘卻。奇怪的是，在體現集體心態的1789年陳情書中，可以看到對於貴族特權的全面攻擊，而對國王和資本的特權卻幾乎默不作聲。

如果懷著今天的心態閱讀過去的資料，人們立即能認識到資本的特權已經是確定無疑的事實，但在當時，認識到這一點卻必須等很長的時間，大體上要等到工業革命的發生，這不僅因爲18世紀的革命者本身就是「資產者」，而且因爲資本的特權在18世紀利用了人們在其他方面的覺醒以及革命者對其他特權的揭發，躲過了注意。人們攻擊旨在保護貴族利益的神話（布蘭維里耶關於佩劍貴族的「天賦權威」，關於法蘭克武士「一脈相傳」的後代「對於被征服國土的統治」，和諸如此類的胡言亂語），攻擊等級社會的神話。這樣一來，與出身等級制相對立的金錢等級制就不再顯得是一個獨立的和有害的等級。人們把上層階級的好逸惡勞與下層階級的勤勉刻苦、有益社會互相對照。資本主義於19世紀掌握全部權力，並且心境坦然，其原因無疑地正是在這裡。模範企業家（公共福利的締造者，勤勞節儉等資產階級優良風尚的代表，向殖民地人民傳播文明和福利的使者）的形象，自動帶來社會穩定和社會幸福的自由主義經濟政策的形象也都從這裡產生。直到今天，這些神話仍然有著活力，雖然天天被事實所否定。馬克思不是曾把資本主義和經濟發展劃了等號嗎？這當然是在資本主義出現內部矛盾以前的事。

在水平面以下

抑制社會騷動的另一個因素，是在包括歐洲社會在內的所有舊社會多存在著人數眾多的下層無產者。中國和印度的下層無產者往往淪爲奴隸，否則不是極端貧困，便是依賴施捨爲生。奴隸制在遼闊的伊斯蘭地區普遍

推行，在俄國也可找到，在義大利南部間或能夠遇見；奴隸制在西班牙和葡萄牙也還存在，後又翻越大西洋，在新大陸廣泛發展。

　　歐洲的多數地區未遭這一瘟疫的蔓延，但農奴制在歐洲相當一大片土地上卻有持久的生命力。我們不要以為得天獨厚的西歐是一切都盡善盡美的自由樂土。除有錢有勢者外，西歐所有的人無不從事艱苦的勞動。波蘭和俄國的農奴與西歐許多地區的分成制佃農不見得始終有很大的區別[148]。直到1775年法，特別是1799年法頒布時，蘇格蘭許多終身契約的礦工「是真正的農奴」[149]。最後，西歐各國對「一貧如洗」的小民百姓從不客氣[150]。大批下層無產者始終無業或常年失業，成了令人詛咒的一個社會痼疾。

法蘭德斯農村的流浪者。《浪子》，熱羅姆·波希 (J. Bosch) 作畫，16世紀初期。

　　就西歐情形來看，於11和12世紀發生的深刻的城鄉分工似乎把一大批背運的人徹底拋棄，致使他們無從就業。責任要由不公正的社會承擔，不能保證充分就業的經濟尤其應該負責。這些失業者大多生活無著，到處尋覓臨時工作和棲身之地。其他的人，老弱病殘或漂泊流浪者，更難加入社會的正常生活。落進這個地獄的人也分幾個等級，用當時的話來說，他們是窮人、乞丐和流浪者。

　　凡勞動所得只夠維持生計的個人，便是潛在的窮人。遇到喪失勞力，失去配偶，子女過多，麵包漲價，冬季過冷，雇主解聘或壓低工資的情況，窮人就必須求得救濟，才能渡過難關。如果城市的賑濟部門援手相助，他就算有了著落。貧窮還是一種社會身分。每個城市都有窮人。在威尼斯，如果窮人人數太多，便進行一次篩選，把不是本城出生的趕走，留下的則發給聖馬克證書或證章，以示區別[151]。

　　朝不幸的方向再前進一步，便進入乞丐和流浪者的行列；這些地位低賤的人並不如正人君子所說的那樣「無憂無慮地依賴他人為生」。我們特別應該指出，當時的文字材料往往把貧窮而不低賤的窮人同乞丐和流浪漢區分開來，後者被規矩人稱為游手好閒。和實屬可惡。蘭斯城的商人和資產者科克爾於1652年2月談到有大批窮鬼進城：「他們不是尋求謀生出路的窮人〔指那些願幹活、講道理和值得予以救濟的窮人〕，而是到處行乞的無恥傢伙，無論麥麩麵包、剩菜剩飯、貓狗小蟲，他們什麼都吃，還用浸泡貝類的水當作鹹湯喝」[152]。以上是區分「真窮人」和假窮人「真乞丐」的最後分界線[153]。真窮人是好窮人，是經窮人辦事處認可和登記註冊的窮人，他有權獲得公眾的施捨，甚至能在富人街區的教堂出口處或者集市上懇求施捨，例如里耳一位窮婦人於1788年想出了一個乞討的變通辦法，即給擺攤售貨的商人送上一個暖爐，供點燃煙斗之用。另一名窮人則寧願在經常周濟他的里耳店舖門前敲鼓[154]。

　　我們通常從城市檔案中了解的有關窮人的事情，只是指生計困難但還能維持的好窮人，他們處於貧窮的下限。里昂的大量檔案資料[155]允許我們就16世紀的情形進行衡量和計算，這個下限，即所謂「貧困線」，根據實際工資和生活程度（即麵包價格）的比例而確定。一般規律是每天食物開支佔總收入的一半，也就是說，收入的一半必須超過全家所吃的麵包的價格。工資的差距當時很大：如果確定師傅的工資為100，幫工的工資就是75，什麼事都幹的雜工為50，「散工」為25。這最後兩類的工資接近下限，很容易就擺到貧困線以下。自1475至1599年，里昂的師傅和幫工保

持在一般生活程度以上，雜工在 1525 至 1574 年間生活困難，在 16 世紀末（1575-1599）的日子十分艱辛；散工的生活在16世紀初期已很困難，他們的處境後來日益惡化，終於到1550年後變得不可收拾。下面的圖表簡明扼要地概括這些數字。數字證實 16 世紀勞動市場的一落千丈；在 16 世紀，各項事業無疑都有進步，物價也有所上漲，而物價上漲照例使勞動者受累不淺。

里昂的貧困線（貧困線被超越的年數）

	幫工	雜工	散工
1475-1499	0	1	5
1500-1524	0	0	12
1525-1549	0	3	12
1550-1574	0	4	20
1575-1599	1	17	25

材料摘自加斯貢《以里昂為例看 16 和 17 世紀的經濟和貧困》，原載米歇爾·莫拉 (Michel Mollat)：《貧困史研究》，第 2 卷，1974 年版，第 751 頁。當可支配的日收入等於麵包開支時，貧困線恰好達到。如低於麵包開支，則貧困線已被超越（第 749 頁）。

　　關於處在貧困線以下的流浪漢和乞丐的地獄，由於缺少歷史資料，我們還不甚了然。據說，在英國斯圖亞特王朝時代，一半或四分之一居民的生活水平接近或低於貧困線[156]，不過這裡指的仍然是或多或少接受救濟的窮人。在 18 世紀，據說在 5 萬名科隆居民中，約有 1 萬 2 千至 2 萬人是貧民[157]；克拉考的窮人佔居民的30%[158]；里耳於1740年「有2萬多人經常接受濟貧公會和教區善堂的施捨，有一半以上的家長因貧困而免納人頭稅」[159]。福西尼地區各小集鎮的情形也是如此[160]。凡此種種，還是屬於城市和鄉村中的窮人的歷史[161]。

　　乞丐和流浪漢的情況就完全不同。正如沃邦[162]所指出的，「缺衣少食迫使他們背井離鄉，出外行乞」，他們「沿著鄉間大道和城鎮街巷」漂泊

453

流離，有時成群結隊地集體轉移。鬥毆時有發生，虛聲恫嚇更司空見慣，甚至還出現縱火、傷人等犯罪行徑。各城市對這些不速之客深感恐懼，一旦發現後，便立即逐走。但是他們從一個門裡出去，又從另外一個門裡回來[163]，衣衫襤褸，滿身虱子。

早先，來敲富人家門的乞丐可能是上帝的使者和基督的化身。這種敬畏和同情的感情逐漸在消失。窮人急劇增多，嚇壞了社會，他們給社會留下的印象只是懶惰、危險和可惡。社會接二連三地採取措施，制止乞討[164]和流浪，流浪最後竟被當作不法行為。流浪漢在被逮捕後必受皮肉之苦，「被捆在車尾由施刑者毒打」[165]；剃光頭，烙火印；嚇唬他下次再犯時「不加審判」，立即絞死或罰服苦役；有的果真被送走服了苦役[166]。每過一段時間，便搜捕一次有勞力的乞丐：他們有的能進工廠，但往往是幹清理溝壑和修整城牆的苦工，不然便遣送去殖民地[167]。英國國會於1547年乾脆決定，流浪漢將淪為奴隸[168]。這一措施兩年後被撤消，因為議員們未能決定，究竟由私人或由國家來接受這些奴隸，並負責強迫他們勞動！可是，人們至少已有這個想法。文筆洗練的人文主義者奧吉埃·吉斯蘭·德·布斯貝克 (Ogier Ghislain de Busbecq)，（1522-1572）曾是查理五世皇帝派駐美男子蘇里曼大帝身邊的代表，他認為，「如果能按羅馬法的要求，公正而溫和地推行農奴制，就不必絞死或懲罰那些除了生命和自由以外一無所有，以至鋌而走險的罪犯」[169]。

這個方案於17世紀終於佔了優勢。難道監禁以及強迫勞動不就屬於一種奴隸制嗎？流浪漢到處被關押，義大利在「窮人收容所」（abberghi dei poveri），英國在「貧民習藝所」（workhouses）。日內瓦則在「感化院」（discipline），德國也有專用監獄（zuchthäuser）。巴黎的拘留所有：於1662年為「關押」窮人而建立的大收容所，巴士底獄，文森堡，聖拉扎爾，比賽特爾，夏朗東，馬特蘭，聖特佩拉惹[170]。疾病和死亡是當局的幫手。每當天氣驟冷，食物不足，即使不發生時疫，獄中死亡率也很高。在1701年4月的熱那亞，收容所內堆滿了死屍，只得關門；倖存者被轉送拉扎雷監獄，被拘留在那裡的罪犯幸而沒有一人傳染上瘟疫。「醫生們說，得病的原因是窮人去年受了寒冬之苦，再加上營養不良[171]。」去年冬天，這是指1709年的冬天。

然而，不斷的死亡和粗暴的監禁都根除不了貧困頑症。乞丐之所以始終存在，是因為他們的成員不斷得到補充。1545年3月，威尼斯的乞丐人數一下子增加到6千多人；1587年7月中旬，1萬7千名乞丐擁到巴黎城

下[172]。18世紀中葉的里斯本，始終有著「1萬名無家可歸的流浪漢，其中包括常幹小偷小摸的水手，逃兵，流浪漢，販子，游民，走江湖的，殘廢人」，乞丐以及各色無賴[173]。城市的四郊散布著一些公司、空地以及我們所說的貧民區，晚上出門很不安全。警察不時進行大搜捕，被抓的可憐蟲，不論有罪無罪，統統被遣送果亞當兵，果亞是葡萄牙在遠方的苦役地。從當時巴黎的情形看，據馬爾塞布 (Malesherbes) 說，1776年春，「約有9萬1千人無家可歸，他們晚間找個破爛住所過夜，醒來後不知道第二天將如何謀生[174]。」

　　警察確實無力對付這夥四處漂泊流浪的人，他們在各地有同謀暗中幫助，有時甚至與真正的無賴串通（這種情況較少），後者在大城市成立對外封閉的丐幫，這些叫化幫各有自己的等級、「乞討區界」、加入方式、黑話和被稱作「聖跡區」（cours des miracles）的叫化窩。聖路卡巴拉是西班牙歹徒和活動中心和不可攻克的堡壘，離塞維爾不遠，他們竟在這個鄰近的大城市的警官中發展組織。西班牙文學，後來還有外國文學，誇大 455

尼德蘭的乞丐，老布魯蓋爾作畫（1568）。這些雙腳殘廢的叫化頭頂煙囪帽、紙便帽或紅色圓柱帽，身穿無袖長袍，慶祝狂歡節的開始，在市內結隊遊行。

了他們的作用，一些典型的歹徒竟成了作品中的英雄，他們單槍匹馬，輕而易舉，就把社會攪得亂成一團。然而，這個帶有浪漫色彩的反叛者形象不應使我們產生錯覺。歹徒不是真正的窮人。

　　儘管經濟有所增長，由於人口增長在相反方向起作用，18世紀的貧困化現象更趨嚴重。貧困者人數還在擴大。尚-保羅・古通 (J.-P. Gutton)[175]的看法或許有理，他認爲，就法國的情況而言，原因應是17世紀末期開始的農村危機，以及接踵而來的歉收、饑荒和由土地集中（農業潛在的現代化進程）造成的其他困難。成千上萬的農民離鄉出走，就像英國圈地運動初期時的情形一樣。

　　到了18世紀，窮人的範圍幾乎無所不包，而且一旦淪爲窮人，便永難脫身：寡婦，孤兒，瘸子（1724年，一名截去雙腿的殘疾人，赤身露體站在巴黎街頭[176]），被逐走的幫工，找不到活幹的雜工，沒有俸祿和固定住所的神父，老人，火災受害者（保險事業才剛開始），戰爭受害者，逃兵，退伍的士兵和軍官（退伍軍官態度高傲，有時強求施捨）！所謂「做小買賣的」，講道者（不論是否負有使命），「被主人搞大了肚皮的女僕，到處被逐的未婚懷孕女子」，以及「以乞食和行竊爲生」的孩子。還不算那些藉音樂行乞的叫化，這些「樂師的牙齒同手弦琴一樣長，肚子像低音號一樣空」[177]。解職的船員[178]和散兵遊勇往往與小偷小摸和攔路搶劫者爲伍。1615年被薩瓦公爵解散的一支小部隊就是這種情況。他們第一天劫掠鄉村，第二天卻要農民給他們開拔費，「去年冬季，他們逮農民餵養的母雞，拔毛取樂……現在他們是口袋空空的士兵，搖著手弦琴在門口喝道：「軍樂呵，可憐見，錢袋乾癟！」[179]軍隊是下層無產者最後的容身之地：1709年的寒冬使路易十四有可能組織一支大軍，經1712年德南一戰，拯救了國家的危亡。但戰爭總有一個期限，開小差又像瘟疫一般蔓延，致使逃兵充塞於途。1757年6月，7年戰爭即將開始；據一份布告說：「每天經過雷根斯堡的逃兵，數量之多令人難以置信；逃兵來自各個國家，他們大多數只是抱怨紀律過嚴，或者聲稱是被強迫徵募的」[180]。從一支軍隊投奔另一支軍隊的事常有發生。1757年6月，奧地利士兵因女皇克扣軍餉，「轉到普魯士軍隊服役，藉以脫離貧困」[181]。羅斯巴赫的法國戰俘加入腓特烈二世的部隊作戰；拉梅斯利耶伯爵在摩拉維亞邊境看到他們從一灌木林中衝出（1578），大爲驚異，只見他們穿著「普瓦圖的團隊制服」，與穿有20來種軍服的俄國、瑞典和奧地利逃兵混雜在一起[182]。往前再推將近40年，即在1702年，拉莫特經國王准許，把在羅馬的法國逃兵收編爲一

個團[183]。

那麼多人背井離鄉，這已成爲舊社會中一個極其嚴重的問題。精明歷練的社會學家尼娜‧阿索都羅布拉 (Nina Assodorobraj)[184]考察了 18 世紀末的波蘭，「流動人口」（逃亡農奴，破落貴族，窮苦的猶太人以及形形色色的城市貧民）曾使需要勞動力的波蘭第一批手工工廠爲之動心。但工廠招募的工人名額有限，吸收不了太多的人，更何況，這些不受歡迎的人豈肯輕易馴服和就範。我們不能不承認，他們是些自外於社會的人。「個人一旦脫離了他原來的集團，便變成很不穩定的因素，他與工作、住所和主人不再有任何聯繫。甚至可以大膽斷言，他會故意躲避用穩固的人身依附關係來代替他剛切斷的聯繫。」這些見解確實意味深長。如果先入爲主，人們本來可能認爲，這麼多人沒有工作一定會不斷影響勞動力市場；在某些情況下，影響肯定會有，如必須趕緊完成的季節性很強的農活，或者城市裡的許多粗活。但對一般的勞動力市場和工資來說，影響要比人們想像的相對地小些，因爲多餘勞動力並不真正都能派上用場。孔多塞 (Condorcet) 於 1781 年把懶人比作「一種殘疾人」[185]，不適宜工作的人。朗格多克財務總管於 1775 年甚至說：「無用之人佔這麼大的比例……勞動者人數的減少造成了城鄉勞動力的昂貴以及人民稅務負擔和公益勞動的增加[186]。」後來，隨著現代工業的出現，勞動力迅速從鄉村或手工業直接向工廠轉移。在一條如此短促的道路上，對勞動的喜愛或忍耐也就來不及丟失。

作爲下層無產者的流浪漢雖然讓人感到害怕，但他們有一個根本的弱點，即缺乏凝聚力；他們自發的暴力行動成不了氣候。他們不構成一個階級，而是一群烏合之眾。有幾名警察監視，再加上幾名騎警巡邏，就足以使他們不能爲非作歹。農忙季節打短工的大批來臨之時，鼠竊狗盜、攔路強盜打悶棍、縱火搶劫之類的事難免還會發生，但這類事情屬於常有的社會新聞，不值得大驚小怪。「懶漢和流浪者」自外於社會，誠實百姓力圖忘記這些「平民的敗類，城市的垃圾，共和國的瘟疫，絞架的裝飾品……他們人數眾多，且又分散在四面八方，因而很難算清……只配罰做苦役，或者絞死，以示懲戒」。同情他們嗎？那又爲什麼？「我聽人說過，凡習慣過這種生活的人不能再改變；他們不費心思，不付地租和人頭稅，不怕失去任何東西，不依附任何人，白天曬太陽，晚上睡大覺，笑得痛快，四海爲家，以天作被，以地爲褥，他們像趨暖避寒的候鳥一樣前往樂於施捨的富饒地區……自由自在……無牽無掛[187]。」以上是蘭斯一名商人就當時

的社會問題對他的子女所作的解釋。

457　走出地獄

　　人們能不能走出地獄？有時是能夠的，但從不是單身一人，而且脫身後必須立即接受嚴格的人身依附。必須設法加入某個社會組織，或者在與社會作對的人中間創立一個擁有自己法規的社會組織。私鹽販、走私者、偽幣製造者、強盜和海盜等有組織的匪幫，軍隊、僕役等特殊的群體和範疇，這些幾乎是脫身地獄者的唯一歸宿。走私和製造偽幣要得以存在，必須建立起等級體系、內部紀律和無數聯繫。盜匪集團必定有匪首，有相互配合，而且往往由貴族出身的人充當骨幹[188]。至於海上私掠活動，這至少要以一個城市為後盾。阿爾及爾、的黎波里、比薩、拉瓦萊特和塞那是柏柏爾海盜、聖艾蒂安騎士、馬爾他騎士以及與威尼斯為敵的烏斯科克的基地[189]。軍隊雖然紀律森嚴和鄙視新兵[190]，卻始終能保持滿員，因為它能提供正常生活，而逃離軍隊意謂著重入地獄。

　　最後，充當僕役是唯一始終開放的勞動市場，而且門路很廣。每當人口增長、經濟危機時，僕役的人數便大大增加。在16世紀的里昂，各區的僕役分別約佔人口19%到26%[191]。據1754年的一冊《指南》說，在巴黎458　市，或更確切地說，在整個巴黎地區，「馬車大約有1萬2千輛，居民將

這個西班牙廚房中僕人眾多。壁毯紙樣，佛朗西斯科·巴揚 (Francisco Bayen) (1736-1795) 作畫。

近100萬，其中僕役將近20萬」[192]。其實，只要一個普通家庭不再擠在一間屋子裡住，就很可能雇有女僕或傭工。甚至農民也有雇工。這些地位低下的人都必須唯主人之命是從，哪怕主人卑劣不堪。巴黎高等法院1751年的一項判決判處一名辱罵主人的僕役戴枷和流放[193]。可是，僕役很難挑選主人，只是主人挑選僕役；僕役擅離職守，如在被辭退後不馬上找到工作，就要被當作流浪者論處：無業女子一旦在街頭被抓，即罰以鞭打和削髮；無業男子則遣送去服苦役[194]。盜竊者或有盜竊嫌疑者可被絞死。未來的制憲議會議員馬魯埃[195]說，一名僕人偷了他的東西，事後獲悉，該僕人已被抓獲，經審判之後，將在他家門口絞死。驚愕之餘，他總算把僕人及時救下。因此，僕役有時幫著地痞流氓把巡邏騎警狠揍一頓，也就不足為奇了。同樣，可憐的馬魯埃把不誠實的僕人從絞架上救了下來，結果卻是對方的以怨報德！

我這裡只談到法國社會，但法國社會不是例外。在其他各國，國王、國家、等級社會都要求服從。瀕於乞丐邊緣的窮人若要不被拋棄，便必須俯首聽命。尚-保羅·沙特 (Jean-Paul Sartre) 於 1974 年 4 月寫道，必須摧毀等級制，禁止人對人的依附。我以為他的話說得相當中肯。但這是可能做到的嗎？看來，只要有社會，就必定有等級[195]。奴隸制、農奴制、雇傭制反映著等級制的不同階段，這些決不是馬克思憑空想出來的。階段雖有不同，但事情的本質卻沒有什麼變化。一種奴隸制被廢除了，另一種又產生出來。昨天的殖民地今天已獲得了自由。所有的人都這麼說，但第三世界身上的枷鎖仍讓人聽到地獄的響聲。富有的人，不受貧困之苦的人，對這一切都置若罔聞，至少以為這是無可奈何之事。克洛德·弗勒里教士於1688年明智地寫道：「如果窮人沒有孩子，富人又到哪里去找工人、士兵和僕人[197]？」默隆寫道：「我們的殖民地使用奴隸，這使我們知道，奴隸制與宗教和道德不相抵觸[198]。」翁夫勒有位名叫利翁的好心商人，他招募工人自願前往聖多明哥（1674-1680），他把「報名者」交給一名船長，船長則交給他成捆的煙草。可憐的商人遇到了接二連三的挫折：報名的工人很少，最讓人傷心的是，他供養這幫小混蛋很長時間，臨到動身那天，大多數都已溜之大吉[199]。

無孔不入的國家

459

國家是匯合點，也是重要的存在。在歐洲以外的地區，國家的高壓統

治歷時已有幾個世紀。在歐洲，國家於15世紀重新壯大起來。依照法蘭西斯‧培根 (Francis Bacon) 的說法，現代國家的奠基人是「三賢王」，即蘭卡斯特的亨利七世，路易十一以及天主教國王斐迪南五世。如同現代軍隊、文藝復興、資本主義和科學理性一樣，現代國家是個新生事物。早在三賢王以前，一場巨大的運動其實已開始進行準備。歷史學家一致認為，第一個現代國家是腓特烈二世的西西里王國（1194-1250）。厄內斯特‧庫爾提烏斯 (Ernst Curtius)[200]甚至說，在這方面，查理曼大帝是偉大的先驅者。

國家的任務

現代國家無論如何總要打碎或改造以往的形態和體制：行省、自由市、領地以及規模極小的國家。1499年9月，那不勒斯的亞拉岡王朝行將滅亡：米蘭剛被路易十二的軍隊佔領，現在該輪到那不勒斯了。國王發誓「寧肯像猶太人一樣被逐出故土，也不願訂立城下之盟。他甚至以約請土耳其人援救相威脅」[201]。這是小國在滅亡前的哀鳴，而行將滅亡的小國又多如牛毛。新的國家在優越的經濟生活的推動下，從被滅亡的小國吸取養料。這一發展過程並沒有進行到底：查理五世的西班牙、腓力二世的西班牙和路易十四的法國都有稱帝的雄心大志，但任何人都未能重新統一和掌握整個基督教世界。「世界的君主」這頂帽子對基督教世界肯定已不再適合。嘗試一次又一次遭到失敗。這種好大喜功的政策也許已經過時。經濟高於一切的時代已經到來，只是還不被當時的人所認識而已。查理五世掌握歐洲的雄心壯志未能實現，安特衛普卻順順當當就達到了目的。路易十四想使法國成為世界的中心，遭到了失敗，小小的荷蘭卻馬到成功。在保守和革新之間，歐洲選擇了後者，或更確切地說，革新征服了歐洲。同歐洲相反，世界的其餘地區始終在玩老把戲：剛從歷史低谷走出的土耳其鄂圖曼王朝重蹈土耳其塞爾柱王朝的覆轍；大蒙兀兒在德里蘇丹的宮中安享著富貴；滿洲人在打敗明朝以後，繼承明確的統治方式。唯獨歐洲革新了政治（不僅僅是政治）。

經過現代化改造的新國家，同過去一樣，仍是眾多職責和權力的彙聚。它的主要任務幾乎保持原狀，只是統治手段在不斷改變而已。

國家的第一項任務是要讓國民服從，控制社會中的潛在暴力，防止可能出現的各種過激行動，並且代之以韋伯所說的「合理暴力」[202]。

　第二項任務是程度不同地監督經濟生活，清醒地或不清醒地安排財富

的流動，掌握一大部分國民收入，以保證國家的開支：奢侈糜費，「行政」或戰爭費用。王公有時佔用一大部分公共財富，供自己享受，例如：大蒙兀兒的各種寶物，中國皇帝在北京的巨大庫房，還有，1730年11月，在伊斯坦堡剛死不久的蘇丹的宮室中找到的3400萬杜加的金銀鑄幣[203]。

最後一項任務是參與精神生活；沒有精神生活，任何社會都不能維繫。國家有選擇地贊同宗教或向宗教讓步，藉以從宗教的強大精神價值中吸取補充的力量。同時，國家還始終監視著往往向傳統挑戰的活躍的文化運動，特別注意不讓令人擔心的革新潮流自由氾濫，如美男子勞倫時代的人文主義運動，法國大革命前夕的啓蒙運動等。

維持秩序

國家要維持秩序，但維持什麼秩序？其實，社會越不安定，越是四分五裂，以仲裁者和憲兵自居的國家就越要進行有力的鎮壓。

對國家來說，秩序顯然是擁護的勢力和反對的勢力之間的一種妥協。所謂擁護，主要是說支持社會等級制：上層階級的人是那麼懦弱，如果沒有憲兵站在他們一邊，怎麼可能進行抗衡？反過來說，如果沒有上層階級的暗中配合，國家也不能存在：腓力二世如果沒有國內顯貴們的支持，恐怕就控制不住西班牙以及龐大的西班牙帝國。所謂反對，是說要遏制廣大群眾，迫使他們恪守義務，即從事勞動。

可見，強迫國民服從，不惜進行打擊和威脅，這是國家的職責所在。國家「有權以公共利益的名義消滅個人」[204]。國家履行劊子手的職責，這本身是無可指責的；即使下手很重，也還是正當的。在絞架和斷頭臺四周以一種病態的好奇圍觀的人群從不站在被處決的死囚一邊。1613年8月8日，在巴勒摩的馬利納廣場，由白衣苦修士（bianchi）的行列開道，又一次處決犯人。犯人的首級在刑場示眾，四周圍有12個黑色火把。據編年史記載：「巴勒摩的所有四輪馬車都趕往刑場，廣場上人山人海，見不到一塊空地」[205]。1633年，托雷多舉行火刑，若不是有士兵押送，犯人幾乎被圍觀人群用石塊砸死[206]。1642年9月12日，在里昂的泰羅廣場，「桑馬爾斯先生和都先生這兩位貴族被處斬首；當天，廣場四周樓房的每扇窗戶租金竟可高達一個杜布朗金幣左右」[207]。

巴黎的刑場通常設在格雷夫廣場。一名導演於1974年拍攝了一部關於共和國廣場的電影，作為巴黎生活的一個縮影。我們不願把巴黎的生活想得如此陰森可怕，但我們不妨設想，如果就18世紀啓蒙時代的格雷夫廣場

荷蘭的絞架，鮑爾索姆 (Borssum) 的版畫。

461　拍攝一部紀錄片，那該是怎樣的情景：逐一行刑如儀，刑前還需做種種準
備，以致刑場上從來不得空閒。1766 年，平民你推我擠地在廣場觀看拉
利-托朗達爾被處決。犯人在斷頭臺上剛想講話，嘴巴就被人堵住[208]。到
了1780年，斷頭臺設在多菲內廣場。高傲的謀反者裝出一副視死如歸的樣
子。當他發出第一聲痛苦的呼叫時，人群在失望之餘以鼓掌表示歡迎[209]。

　　只為犯有細小的過錯，往往便被處以極刑，人們對這種刑罰的敏感心
理也就變得淡薄。1586年，一名西西里人在結婚前夕財迷心竅地偷了貴婦
人一件漂亮的大衣。竊賊被揪送到總督面前，二小時內即被處以絞列[210]。
加和的一名編年史家似乎在列表說明各種形式的刑罰：「1559年的封齋期
中，魯埃爾格人卡普特被處火刑；拉蒙被處車輪刑；亞諾被處鉗烙刑；布
爾斯蓋被處分屍 6 塊；弗洛里蒙被絞死；勒內古在富里埃花園對面的瓦朗
特橋頭被絞死；普里奧在羅克‧代‧阿克〔距今日的加和市 4 公里〕被燒
死。1559 年的封齋期中，艾蒂安‧里加爾先生在加和的拉貢克廣場被斬

首」[211]。這些絞架，這些被吊在樹枝上的死囚，他們的側影映襯在藍天之下；在許多以往的畫作中，這無非是現實主義的細節，是時代風貌的組成部分。

甚至英國也有過如此嚴酷的刑罰。倫敦每年有 8 次處決，絞刑在市外 462 海德公園北面的泰伯恩成批進行。一名法國旅行者於 1728 年看到 19 名犯人同時被絞死。醫生在刑場等著領取他們向犯人本人買下的屍體，而錢則已「事先用來買酒喝掉」。犯人家屬在一旁觀看處決，由於絞架較低，他們拉著犯人雙腳往下拽，以便縮短臨終的時刻。然而，這位法國旅行者說，英國並沒有法國那麼殘忍。他認為，「英國的法律不夠嚴屬，據我看，英國只對攔路強盜犯處以絞刑，以阻止他們進行凶殺，雖然凶殺案件很少發生」。相反，偷竊案件十分地頻繁，尤其在多佛到倫敦的「快車」路沿線。那麼，是否應像法國一樣，對小偷嚴刑拷打以及打上恥辱的烙印？一旦這樣做，小偷「就會少起來」[212]。

在歐洲以外的中國、日本、暹羅、印度等國，國家以同樣的面目出現，甚至更加凶殘，殺人幾乎成為家常便飯，公眾已表現麻木不仁。在伊斯蘭地區，犯人不經審問，立即被處決。1807年，一名旅行者為進入德黑蘭王宮，竟要跨過幾個已決犯人的屍體。這名旅行者是加丹將軍的兄弟，他於同年去斯麥納拜訪當地的帕夏時，見到「有一絞死者與另一斷頭者橫躺在門檻上」[213]。一份報紙於 1772 年 2 月 24 日宣布：「薩羅尼加的新任帕夏以嚴刑峻法恢復了該城市的安定。他到任後下令絞死幾名擾亂公共秩序的叛逆，一度停頓的貿易已恢復活動[214]。」

為了達到目的，不是可以不擇手段嗎？國家的這種暴力和鐵腕政策使國內和平、道路安全有了保障，使城市市場得到供應，使國家能免受外敵侵犯和有效地領導接連進行的歷次戰爭。任何其他好處都不能同國內和平相比較。1440年前後，當百年戰爭臨近結束時，尚‧尤維納‧德‧于爾森 (Jean Juvenal des Ursins) 說道：「如果有位國王能給法國人帶來國內和平，哪怕他是撒克遜人，法國人也會服從他[215]。」過後很久，路易十二之所以成為「人民之父」，是因為他在環境的幫助下，幸運地恢復了王國的安定和維持了「廉價麵包的時代」。克洛德‧賽塞爾 (Claude Seyssel) 於1519年寫道，全靠路易十二，在懲治了少數罪大惡極者後，「有力地維護了軍紀……搶劫者遭到了打擊，軍人從此不付錢就不敢拿農民的一個雞蛋」[216]。法蘭西王權在宗教戰爭以及投石黨的嚴重騷動後迅速得到了恢復，君主專制的建立難道不是因為它維護了和平、紀律和秩序這些來之不

易的寶貴財富嗎？

支出超過收入：借債

　　爲履行所有這些任務，國家需要用錢，而且隨著國家權力的擴大和多樣化，需要越來越大。國家不能再像以往那樣，依靠王室產業而生產，它必須向流動財富伸手。

463　　　因此，資本主義和現代國家同時在市場經濟的範圍內開始出現。兩種運動之間的巧合不止一端。它們的基本相似之處在於，二者都建立一種等級制，資本的等級表現含蓄，國家的等級顯得突出和惹人注目。另一個相似點是，如同資本主義一樣，現代國家採用壟斷手段發財致富：「葡萄牙的胡椒；西班牙的銀；法國的鹽；瑞典的銅；教皇的明礬」[217]。此外，還應加上壟斷西班牙山地綿羊畜牧的「牧主公會」（Mesta）以及壟斷與新大陸聯繫的「貿易商行」（Casa de la Contratación）。

　　資本主義在其發展過程中並不取消傳統的活動，而是有時把傳統活動「當作拐棍」一樣依賴[218]；同樣，畫家也遷就以往的政治構造，並且擠進這些政治構造中去，盡可能推行它的權力、貨幣、稅收、司法和號令。滲透和重疊，征服和遷就，二者同時並舉。奧古斯特在奪得圖賴訥地區後，於1203年把圖爾的德尼埃帶進法國，從此與巴黎的德尼埃同時流通，而巴黎的德尼埃幣制直到路易十四統治期間才告結束[219]。聖路易發布了1262年的敕令[220]，在整個法國實行國王貨幣的強制流通，但國王貨幣在全國真正推廣是在300年以後，亦即是16世紀的事。稅收的推廣也同樣相當遲緩：美男子腓力首先對領主的土地徵稅，但行事十分謹慎小心。他於1302年囑咐稅吏說：「在大貴族的土地上徵稅時切莫違背他們的意願」；「徵稅時應盡量少惹麻煩，少強制普通百姓，並注意委派寬厚、圓通之人去執行任務[221]。」稅收制度要等將近一個世紀以後，即在查理五世在位期間，方才成為事實；查理六世登基後，事情曾出現反覆，到查理七世即位後又重新確定下來：1439年11月2日敕令規定，人頭稅歸國王徵收[222]。

　　由於稅收制度發展緩慢，財政組織尚不完善，國家處境困難，甚至岌岌可危：支出經常超過收入，每天的支出不可缺少或難以避免，但收入卻應該得到而又不一定能夠得到。王公們安排國家收支，一般不按資產階級量入為出的明智辦法，而是首先開支，然後再尋找必要的財源。支出跑在前面，收入在後面緊追，一般總是追趕不上，例外恰好證實規律。

　　加緊對納稅人的壓榨，開徵新稅，創辦彩票，所有這些辦法都無濟於

稅務官，法蘭西畫派的畫作， 16 世紀末。

事；虧空像是填不滿的無底洞。何況又不能超過某些限度，不能把國內的貨幣儲存全部收進國家的金庫。納稅人很會耍點小花招，趕上機會還會大發雷霆。14世紀的一位佛羅倫斯人，名叫莫雷利，在向子孫後代傳授經商之道時寫道：「切忌說謊，就像注意防火一樣」，唯獨在稅收問題上，說謊是允許的；因為「你這樣做，不是為了奪取別人的財物，而是阻止別人無端攫取你的財物[223]。」路易十三和路易十四統治期間，法國發生暴動的原因幾乎都是稅收盤剝過重。

465　　　國家於是只剩借債一個辦法。借債也還需要懂得門道：操縱信貸殊非易事，公債於13世紀方在西歐普及：法國由美男子腓力（1285-1314）開風氣之先，義大利無疑更早，威尼斯的「舊債行」（Monte Vecchio）的起源因時間太久遠，已無從查考[224]。公債出現較晚，但不失為一項創舉。厄爾·漢彌爾頓(Earl J. Hamilton)曾經寫道：「公債是並不扎根於古希臘、古羅馬時代的少數現象之一[225]。」

　　　為了適應各種形式的財政支出及其要求，國家不得不制訂一套完整的政策，設計政策固然不易，推行政策更加困難，如果威尼斯沒有採用強制發行的辦法，沒有強迫富人認購公債，沒有因戰爭的關係出現償付困難，它本可以被認為是資本主義智慧的早期典範。它在13世紀發明的辦法將在18世紀為節節勝利的英國所採納：無論威尼斯的或英國的公債都與一筆收入相聯繫，還本付息就靠這筆留出的收入；如同英國一樣，債券可以轉讓，可在市場出售，售價一般低於面值，間或高於面值。一個專門機構負責公債的監督管理，保證按5%的利率支付雙年度利息(同期的私人借款息率為20%)。威尼斯以及義大利其他城市的這類機構名曰「債行」。我們對「舊債行」的了解相當的少，1482年出現的「新債行」（Monte Nuovo）代替了前者；後來又成立了「最新債行」（Monte Nuovissimo）。熱那亞遇到了類似的問題，但採用了不同的解決辦法。在威尼斯，為借款提供擔保的收入來源歸國家掌握，熱那亞的債權人則控制共和國的所有收入，並組成了一個真正的國中之國，即著名的聖喬治銀行（1407），以便為他們自己的利益經管這些收入。

　　　並非所有的歐洲國家從一開始都懂得這些複雜的金融技術，但又有哪個國家不很早就舉債[226]？英國國王早在14世紀前就向盧加人借債，後又長期向佛羅倫斯人借債；勃艮第的瓦洛阿親王向境內各城市借債；查理七世向他的財務總管賈克·科爾借債；路易十一向在里昂定居的麥迪西家族借債。法蘭索瓦一世於1522年創設了巴黎市政廳公債，國王向市政廳出讓

的收入保證債券利息的支付。教皇很早向信貸求助，以求得財政平衡，在基督教世界的貢賦逐漸減少或取消的情況下，單靠教廷的收入，已難以爲繼。查理五世皇帝爲推行其野心勃勃的政策不斷借債；在這兩方面，他勝過所有同時代的人。他的兒子腓力二世不甘落後，公債後來越藉越多。阿姆斯特丹積累的許多資金在18世紀紛紛流進歐洲王公們的錢櫃。關於這個國際信貸的商埠，這個借款人和貸款人的王國，我們以後將詳細談到；眼前我們暫且以卡斯提爾和英國爲例（前面的例子鮮爲人知，後面的例子經常爲人引證），比較深入地觀察國家籌集經費的途徑。

卡斯提爾的債券和債約[227]

466

卡斯提爾國王於15世紀以某些收益爲抵押發行債券（juros）。根據收益來源的不同，債券的名稱也不相同，例如「貿易商行」（Casa de la Contratación），「騎士團領地」（Maestrazgos），「國境海關」（Puertos secos），「印度進出口貿易稅」（Almojarizfazgo de Indias）等等。塞萬提斯筆下的一個人物說，要投資穩妥，就要「像擁有以挨什特里馬杜拉草地（騎士團領地）作典的債券一樣」[228]。

大批發行公債是從查理五世皇帝和腓力二世的統治期間開始。抵押債券當時是以多種形式出現：永久公債（juro perpetuo），終身年金（de por vida），還本公債（al quitar）。根據國王抵押的收益可靠程度的不同，債券有好壞之分。債券各不相同的另一個原因是息率不等，從5％到14％，甚至更高。雖然當時還不像後來在阿姆斯特丹或在倫敦那樣有正規的債券市場，抵押債券可以出售和交換，售價常有變化，但一般低於面值。1577年3月18日，正值金融危機期間，抵押債券的售價爲其面值的55％。

此外，後來還曾有過「擔保債券」（juros de caución），這些債券作爲抵押品交給根據契約（asiento）藉大筆款項給腓力二世的商人。從1552至1557年開始，熱那亞等地的商人以簽署契約的形式提供巨額短期貸款，卡斯提爾政府在歷次信用破產（1557，1560，1576，1596，1606，1627）時都實行以下的辦法：把部分短期債款改爲長期債款，這在我們今天看來是毫不奇怪的事。在此期間，也就是從1560年到1575年，卡斯提爾政府表示同意，它交給債主的債券不再僅僅起擔保的作用，而且具有調節的作用，商人有權把債券賣給公眾，如果他能保證按期付息和在最後結帳時能夠用其他債券（息率相同）退給國王。

這些做法說明，熱那亞商人掌握了債券市場，低價買進，高價賣出，

用「壞」債券換成「好」債券。他們控制市場，每次投機幾乎必操勝算。
盡管如此，最負盛名的熱那亞商人尼古拉·格里馬爾迪（Nicolao
Grimaldi），號稱沙勒諾親王（他用錢買下了那不勒斯的這個尊貴頭銜），
在經歷幾次風險過大的債券投機後，於1575年呈報破產。何況，時間長了
以後，西班牙政府發覺，信用破產這一極端的手段不是唯一可行的手段，
它還可以暫停給債券付息，減低利率，兌換債券。1582年2月，有人建議
腓力二世調整以塞維爾貿易作抵押的債券利息（利率當時為6％或7％）。
債券持有者將作出選擇：或者保存債券，接受新利率（文書沒有明確指
出），或者領取本金：等第一批印度商船到港，將有「百萬黃金」可供償
付之用。但那位向我們陳述以上計劃的威尼斯人認為，由於償還本金的進
度緩慢，債券持有者寧肯把他們的債券賣給滿足於新利率的第三者。計劃
最後未能付諸實施。

西班牙財政的悲劇，正是要始終不斷地簽署新的借款契約。查理五世
467 皇帝在位期間，借款往往要得很突然，貸款人主要是上德意志的銀行家，
如韋爾瑟家族和富格爾家族。我們不必同情這些富埒王侯的金融家。但他
們眼看響噹噹的現金離開自己的錢櫃，未免會有點擔心。為了收回借款，
他們必須等待，施加一點威脅，扣下抵押品：富格爾家族因此成為「騎士
團領地」（聖地牙哥、卡拉特拉瓦和阿爾坎塔拉騎士團）的主人以及阿馬丹
汞礦的採礦主。更糟的是，為了收回已借款項，他們必須給予新的貸款。
自從1557年西班牙政府信用破產後，富格爾家族幾乎不再接受借款契約，
但到16世紀末，又再次貸款，企圖藉此收回一些陳年積欠。

1557年左右，開始了熱那亞銀行家的統治：格里馬爾迪家族、皮內利
家族、洛梅利尼家族、斯賓諾拉家族、多里亞家族都是聖喬治共和國的舊
貴族。由於業務範圍日益擴大，他們組織了所謂的貝桑松交易會，從1579
年開始，該交易會長期在皮辰札舉行。他們一下成為西班牙公私財產的主
宰（在西班牙，無論貴族、教士和官吏都有錢存進他們的銀行），並且能
間接左右歐洲的全部財產，至少是動產。每個義大利人都在貝桑松交易會
從事投機，藉錢給熱那亞商人調度，甚至連自己都不知道，直落得像威尼
468 斯人那樣，到1596年西班牙的信用破產才如夢初醒，卻已付出十分高昂的
代價。

天主教國王之所以離不開熱那亞商人，是因為他們使美洲向塞維爾時
斷時續輸送的白銀變得源源不斷。從1567年開始，必須每月向在尼德蘭作
戰的西班牙軍隊定期發餉。軍隊要求發黃金，他們的要求在腓力二世統治

雅各布・富格爾和他的帳房：16世紀的德國版畫。世界最大的奧格斯堡商行當時向查理五世皇帝提供巨額貸款。在卷宗櫃的抽屜上，寫有歐洲各大商埠的名稱。

結束前（1598）始終得到滿足。熱那亞商人因而還必須把美洲白銀換成黃金。他們成功地承擔這雙重任務，並繼續為天主教國王效力，直到1627年的信用破產為止。

到了那時候，他們終於退出了舞台。這是繼德意志銀行家之後被西班牙騎士累垮的第二匹坐騎。在1620至1630年間，葡萄牙新教徒經西班牙首相奧利瓦勒大公的介紹，接替熱那亞商人向西班牙貸款：其實，這些葡萄牙人只是尼德蘭新教富商的替身。西班牙通過他們得以利用荷蘭的信貸網，1621年與聯合省又重開戰火。

西班牙在其最強盛的時代，顯然因借債不當而遭債主盤剝。國王們試圖作出反應，甚至進行報復：腓力二世安排了1575年的信用破產，企圖擺脫熱那亞商人，但沒有成功。熱那亞商人於1627年自動放棄或毋寧說拒絕重訂貸款契約。國際資本主義已經能夠以世界主人的身分採取行動。

英國 1688 至 1756 年的金融革命

18世紀的英國執行了一項成功的借貸政策，用迪克松（P. G. M. Dickson）[229]的說法，這是英國的「金融革命」。說法十分恰當，因為這顯然是一項新政策，但也有可以商榷之處，因為整個過程發展緩慢；最遲從1600年開始，於1688年逐漸興旺，一直到7年戰爭（1756-1763）初方

告結束。它經歷了長時間的醞釀（幾乎一個世紀），又遇上有利的環境，以及持續的經濟高漲，才得以成功。

　　金融革命促成了對公共信貸的改造，革命之所以可能，全靠事先徹底改組了英國的財政結構。這一改組的整體意義是顯而易見的。大體上看，在1640年，甚至到1660年，英國財政結構與當時法國的財政結構有不少相似之處。在英吉利海峽的兩岸，都沒有集中的、完全從屬於國家的財政機構。太多的事交給包稅人（他們同時被指定向國王放款）、金融家（他們另有自己的買賣）和官吏（官職以捐納方式取得，他們不對國家負責）個人去辦；向倫敦市求得幫助，更是司空見慣，就像法國國王向巴黎市請求幫助一樣。旨在使國家擺脫寄生經紀人的英國改革悄悄地和平穩地完成了，但從中卻看不出任何一條主線。最初的措施是在1671和1683年分別把關稅和效法荷蘭開徵的消費稅收歸國家管理；最後的措施之一是於1714年設置財政署，該機構又發展為財政委員會，負責監督向國庫輸送收入。用我們今天的話來說，就是實行財政的國有化，並在這漫長的過程中，引進英格蘭銀行的監督（雖然銀行於1694年已經成立，監督直到18世紀中葉才建立起來）以及國會從1660年起的決定性幹預（通過財政撥款和增設新稅）。

　　至於這種國有化是否深刻地改造了辦事機構，改變了國家辦事人員之間的社會和職守關係，我們不妨從法國旁觀者順便提到的一言半話中作出判斷。路易十四政府曾兩次派遣商事院的里昂代表阿尼松和波爾多代表費內隆前往英國商談訂立商務協定事宜，協定後來未能達成。他們於1713年1月24日自倫敦寫信給財政總監德馬雷說：「由於這裡的官員同別處一樣貪財，我們希望能花錢買通他們；尤其，我們給他們的餽贈不會使人想到是賄賂，既然這裡的一切都是官辦[230]。」官員原則上代表國家，官員的受賄是否因此就較少引人注目？這要看情況而定。可以肯定的是，在法國旁觀者看來，與現代意義上的官僚機構相當接近的英國財政組織很有特色，不同於他們所熟悉的組織形式：「這裡的一切都是官辦。」

　　總之，如果不實行財政機構的國有化，英國就不可能發展有效的信貸系統（雖然它備受同時代人的詆毀）；我們也不要高估由荷蘭統領而改任英國國王的威廉三世的作用。他登基不久就「以荷蘭方式」放手借債，以便拉攏大批公債券持有人，加強自己尚不穩固的地位。但英國政府為應付在奧格斯堡同盟戰爭（1689-1697）和西班牙王位繼承戰爭（1701-1713）中遇到的困難，卻是按照傳統的方式，甚至過時的方式，進行借款的。長

期借貸這一新事物需要慢慢適應環境。統治者逐漸明白，長期低息貸款可能有市場；在實際稅收額和可能借款額之間（公債額可達總額的三分之一而不發生危險），以及在短期債務和長期債務之間，存在著一個預先固定的比例；真正的、唯一的危險是指定不可靠的或事先估計錯誤的財政收入用於支付利息。這些長期爭論不清的規律，一旦借貸活動被有意識地和大規模地展開以後，便立即會自動地表現出來。短期和長期的辯證關係將逐漸被人們所理解；在簽訂烏特勒支條約的1713年，人們還沒有懂得這個道理，長期公債還被稱作「必須償付的或自動清償的」公債。長期公債向永久公債的轉變幾乎是水到渠成的事。從此，國家不再需要償還本金；通過把流動債務改造爲固定債務，國家就能夠不窮竭其信貸資源或現金資源。至於放款人，他能把債權轉讓給第三者（從1692年開始允許這樣做），從而可以隨時收回已借出的款項。這是個奇蹟：國家雖不償付債款，債權人卻能隨意要回自己的錢。

　　奇蹟不是憑空出現的。必須在開展的大論戰中駁倒反對大規模發行公債的種種論據。建立長期公債制的基礎是國家的「信用」和公眾的信任；公債的存在全靠國會開闢用於定期支付利息的新財源。因此，某些居民階層、地主（他們用收入的五分之一向國家繳納土地稅）以及徵稅產品的消費者或銷售者覺得自己辛苦努力，卻讓一群寄生者趁機得到。這些食利者、出資人和批發商（其收入不予徵稅），這些盛氣凌人、招搖過市的富豪，鄙視勤勞的國民。他們自然樂意點燃戰火，因爲挑起一場新的戰爭對他們有百利而無一弊，因爲戰爭將使國家再次借債和提高利率。反對西班牙的戰爭（1739），作爲18世紀的第一次政治性大決裂，在很大程度上是由他們挑起的。人們今天可能認爲統一公債是穩定英國經濟的基礎，但當時的人卻以健全經濟秩序的名義拚命攻擊新的公債制度，這是十分自然的。其實，推行統一公債是在當時環境下實用主義的產物。

　　正是大商人、金銀器商人以及專門從事公債推銷的銀行家，總之，正是掌握國家經濟命脈的倫敦商業界，保證了借貸政策的成功。外國人在其中助了一臂之力。1720年左右，在華爾波爾（Robert Walpole）執政時期，荷蘭資本主義對發行公債的成功曾起了決定的促進作用。1719年12月19日，倫敦宣布「新增十多萬英鎊，用於購買債券」[231]。這裡所說的債券（founds）是指英國債券，也稱抵押債券（securities）或終身年金（annuities）。

　　怎樣解釋荷蘭人大批購買英國證券？英國的利率往往高於聯合省（但

不始終如此）。與阿姆斯特丹不同，英國的年金不用納稅，這是一項好
處。此外，荷蘭在英國的商業結算有盈餘，貿易利潤用於購買英國債券是
一項便利的投資，動用起來也並不費事。某些荷蘭商人甚至把債券收益再
次投資。從18世紀中葉開始，阿姆斯特丹的市場與倫敦的市場結成一個整
體。在這兩個市場上的英國證券投機，無論現貨或期貨，都比荷蘭商業公
司股票的投機更加活躍和更加多樣。大體上看，雖然這些運動不能歸結為
一個簡單的公式，阿姆斯特丹利用了英國債券的平行市場，使短期信貸業
務保持平衡。有人甚至認為，在一段時間內，荷蘭人竟擁有英國債券的四
分之一或五分之一。這未免有點誇大其辭。品托於1771年寫道：「據我所
知，外國人掌握的公債券不超過總數的八分之一，倫敦所有的銀行家都這
麼說[232]。」

　　這個問題其實並不重要，英國的強盛是靠損人利己而實現的，其中包
括荷蘭、法國、瑞士聯邦或德國的放款人，此事不足為奇。在16和17世
紀，如果沒有外國人認購，佛羅倫斯、那不勒斯或熱那亞的公債決不會如
此堅挺。1600年左右，拉古沙人擁有的這些債券據說達30萬杜加[233]。資
本不受國界的限制，自動流向安全的地點。然而，難道真是公債制度，真
是金融革命，保證了英國的強盛嗎？英國人對此已深信不疑。莫蒂默1769
年在其《每人都是自己的經紀人》第7版中把公債說成是「曾使歐洲各國
為之震驚和恐懼的持久政治奇蹟」[234]。我們經常引證的品托寫於1771年的
論文更把公債捧上了天[235]。庇特於1786年表示相信：「國家的強盛乃至
獨立取決於公債的成敗」[236]。

　　俄國駐倫敦大使西穆蘭雖然也認識到英國統一公債的優越性，但他又
認為統一公債是倫敦物價不斷上漲的原因之一，自1781年後，上漲幅度之
大「超過一切想像」[237]。人們不禁會想，假如英國沒有同時奪得世界霸權，
例如，假如英國沒有在北美和印度這兩個促使它經濟高漲的重要據點戰勝
法國，債務和物價的不斷升級可能會帶來完全不同的結果。

財政收支、經濟環境和國民產值

　　國家的財政如果不納入到整個經濟生活中去考察，就不能被理解。為
此，我們需要了解確切的數字，清晰的收支帳目和經得起檢查的經營狀
況，而我們對這些卻一無所知。我們掌握幾份預算，或不如說，幾份政府
的收支報表（預算一詞在19世紀才獲得其充分含義）。過分相信它們，未
免顯得幼稚；根本不予置理，又未免顯得輕率。

例如，我們掌握了威尼斯從13世紀到1797年的資產負債概況[238]；勃艮第的瓦洛阿王族1416至1477年的帳目[239]。我們還能找回有關卡斯提爾的數字，卡斯提爾是16和17世紀西班牙最活躍的地區[240]，有關資料保存在錫曼卡斯。我們就英國情況掌握的數字相當完整，但確切的考證尚待去做。關於法國，只有幾個數量級[241]。鄂圖曼帝國的情況正在調查[242]。我們對中國的情況掌握一些數字，但不很可靠[243]。有關大蒙兀兒[244]或沙皇[245]的收入情況，回憶錄和遊記偶有披露。

管事的人對自己家裡發生的事只有模糊的認識。「財政收支」的概念可以說尚不存在。法國政府於1523年5月1日草擬的財政概況是個少見的例外，報告對1523年的情況作了預測，雖然發表晚了一點[246]。17世紀天主教國王給那不勒斯審計院下達的關於制訂預算和年終決算的命令也同樣是少見的事[247]。馬德里財政機構提出的這個合理要求表明它們希望徹底搜括那不勒斯王國的所有資源。它們甚至威脅，如果審計院的顧問們不執行已接到的命令，將停發他們的全部或一半俸祿。這些顧問遇到的困難很大。他們解釋說，那不勒斯的稅務年度與預算年度不相一致：鹽稅在亞布魯齊山區於1月1日徵收，但在加拉布利亞港口貨棧則於11月15日徵收；絲稅從6月1日開始徵收，如此等等。最後，那不勒斯王國各地區的稅收不盡相同。馬德里要求完成的事預計將會延遲，為此大發雷霆也無濟於事！確實，1622年的決算於1625年1月23日才送到馬德里，1626年和1673年的預算分別於1632年6月和1676年12月送達。在結論中，並且提出一項警告：不要辭退包稅人，不要把稅收交給國家管理，這等於是把稅收放在魔鬼的手裡！

法國的情況也是如此。必須等到1716年6月敕令才在財政事務中「通過實行複式簿記」[248]引進帳目審查。但這只是對支出的檢查，而不是預先引導支出的手段。為執行這些預算所缺少的東西，正是預測手段。人們只是通過對現金的觀察，才掌握支出的進度。國庫的現金庫存指出臨界限度，決定財政行動的真正日程。大家知道，1783年11月3日，卡洛納就任財政總監時，財政危機極其嚴重，但他要等幾個月，才能摸清國庫的確切情形。

我們擁有的或根據有關資料拼湊的幾份不完整的預算至多具有「指示性」價值。

我們從中得知，財政收入隨著價格上漲而浮動；國家不因價格提高而出現財政困難，情形大體上是水漲船高。領主則不然，他們的收入往往落

後於物價指數。國家從未在昨天的收入水平和明天的支出水平之間陷入進
退維谷的窘境。關於16世紀法國財政狀況的第29圖所試圖說明道理，可
被同期西班牙和威尼斯的財政狀況進一步證實。勒魯瓦‧拉杜里[249]以朗格
多克的例子爲出發點，認爲在16世紀，國家收入的增長比物價上漲略慢一
點，這一差距從1585年起被追上。毫無疑問，法國17世紀的國家收入有
所上升。假如經濟環境決定一切，國家收入理應隨著物價的下降而下降。
但在李希留當政期間（1624-1642），國家收入增加一、二倍，似乎國家在
這蕭條時期是「唯一免受損失」和能隨意增加收入的部門。樞機主教在他
的遺囑中提到，財政總監們「把海灘的鹽稅當作西班牙國王的印度」[250]。

474　　　　稅收總額在國民生產總值中只佔一個份額：二者之間存在的這種聯繫
也許能解釋許多不正常現象。根據威尼斯情形進行的計算[251]（但必須承認，
威尼斯情況十分特殊），這個份額可能佔國民生產總值的10%至15%。
如果威尼斯1600年的財政收入爲120萬杜加，我想國民生產總值可能相當
於800至1200萬。我曾與威尼斯史專家們討論過這個問題，他們認爲最後
兩個數字偏低，否則的話，稅收壓力將太大了。總之，如果換個比威尼斯
面積較大而城市化程度較小的地方，稅收壓力勢必會小些，約佔國民生產
總值的5%[252]（但我們不想把讀者引入太多的計算和爭論中去）。領土國家
之容易擴展，是否因爲與侷促於一隅之地的城邦國家相比，它的稅收負擔
相對地小一些？這一切恐怕都不過是推斷而已。

　　　　如果歷史學家就幾個國家的情形進行同一種計算，也許能通過交叉對
照，找到一條途徑，搞清國民生產總值的變動。不然的話，從當今的論著
中借用材料去解釋以往的經濟發展，將是毫無用處的。因爲一切都應同國
民收入總量作比較。例如，在談到15世紀的西歐時，一位歷史學家不久前
說，戰爭支出在國民收入5%和15%之間徘徊；即使這些百分比只是估
計，沒有經過精密的測算，它們畢竟給這些老問題提供了一種解釋[253]。
5%是個下限，大致反映當時軍事開支在平時預算中所佔的百分比；15%
是個上限，長久維持這個高比率不可能不帶來災難。

475 **關於金融家**

　　　　國家稅收制度和行政組織的雙重不完善以及經常發行公債都說明金融
家很早就佔有舉足輕重的地位。他們構成資本主義的一個獨立領域，但與
476　國家保持牢固和緊密的聯繫，所以我們在上一章裡沒有談到這個問題。我
們首先必須介紹國家。

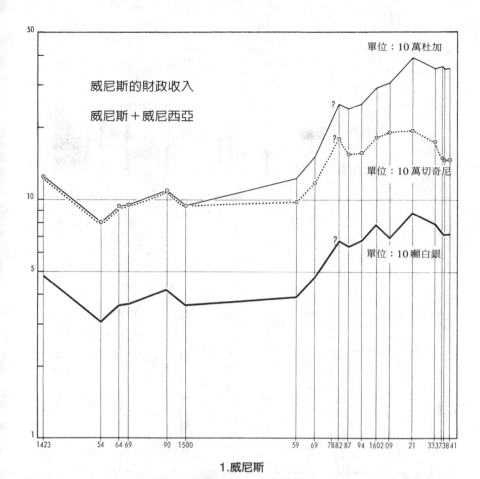

單位：10萬杜加

威尼斯的財政收入

威尼斯＋威尼西亞

單位：10萬切奇尼

單位：10噸白銀

1423　54 64 69　90 1500　59 69 7882 87 94 1602 09 21 33 3738 41

1.威尼斯

表(29)　財政收入隨經濟發展水漲船高　威尼斯的財政收入來自三方面：威尼斯城市，威尼西亞共和國，海外領地。海外領地的數字往往純屬虛構，這裡暫且撇開。圖表由吉瑪·米亞尼 (Gemma Miani) 小姐主要根據《資產負債概況》繪製。三條曲線代表威尼斯和威尼西亞的收入總額：名義數字（以流通貨幣杜加計算），黃金數字（折算成金幣西昆），白銀數字（計算單位為10噸白銀）。由斯普納提供的有關法國的數字並不十分可靠，包括按圖爾里佛計算的名義數字和以黃金計算的數字。這些曲線雖然很不完備，卻能表明國家的財政收入與物價變動有著聯繫。參見費爾南·布勞岱爾 (Fernand Braudel)：《地中海與腓力二世時代的地中海世界》第II卷，1966年版，第 31 頁。

　　「金融家」的詞義含混不清。大家知道，在過去的語彙中，「金融家」不等於是「銀行家」。原則上講，金融家為國家理財，銀行家則為自己和他的顧客理財。但是這種區分沒有太大用處。後來又把金融家分為公私兩種[254]，這也同樣沒有用處。任何金融家其實都不專管國家的財政，他始終還兼顧別的事情，特別是兼營銀行，而這項兼職往往融合在十分廣泛多樣的整體活動之中。

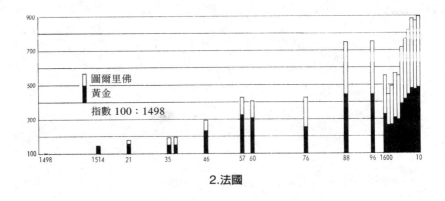

2.法國

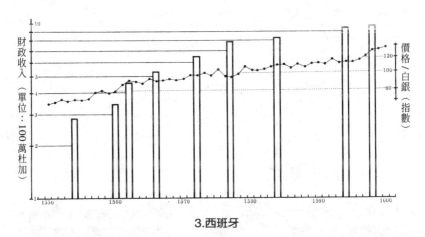

3.西班牙

白銀的價格指數借用漢彌爾頓的數字。財政收入按卡斯提爾的杜加（單位為百萬）計算，這種記帳貨幣在我們考察的那個時期內沒有變化。財政收入的估算借用阿瓦羅·卡斯蒂略·平塔多 (Alvaro Castillo Pintado) 的未發表著作。這裡，雖然收入的計算仍不完美，物價波動和稅收運動的巧合比前兩表所示更加明顯。關於西西里和那不勒斯王國的情形，甚至關於鄂圖曼帝國的情形，都不難通過計算，畫出類似的圖表，巴爾肯的小組已開始從事這項工作。布勞岱爾：《地中海與腓力二世時代的地中海世界》，第 2 卷，1966 年版，第 33 頁。

　　情形歷來都是如此。賈克·科爾任查理七世的財政總管，但他同時又經商、開礦和造船。為此，他以艾格莫特為據點，開展對勒旺的貿易，力圖不受威尼斯商人的壟斷。他的訴訟文書列舉了他所從事的大量活動和買賣[255]。歷史上為法國君主理財的眾多的「包稅人」、「收租人」和「代理人」都只是用一半精力經管財政，他們往往是名副其實的銀行家，既為國王效力，首先也會為自己效力。他們一手把錢借出，必須另一手把錢借

賈克·科爾在布爾日宅第中的一件雕塑造型，15世紀中葉，雕塑呈現賈克·科爾的一艘帆槳大木船；他不但任國王的財政總管，而且參與當時的重大國際貿易，與勒旺的貿易。

進；他們勢必要參與複雜的信貸活動。例如，舍朗托恩、賽納米、孔塔里尼、埃洛利、瓦朗蒂等義大利金融家正是爲著馬薩林而從事這些活動；樞機主教把他們安插在熱那亞、里昂等地，並非沒有道理，這使他能不斷插手雖然冒點風險但收益很高的匯票交易[256]。在當時的法國，金融家往往兼任「財政官吏」，他們交給國王的貸款就是他們從納稅人那裡徵收的稅

款;即使在這種情況下,金融家也不以收稅人和放款人的職業爲滿足。試舉路易十五[257]時代朗格多克一個有權勢的金融世家卡斯塔尼埃家族爲例。他們從西班牙王位繼承戰爭那時發財起家,有的出任喀卡孫地區人頭稅徵稅官,有的當上印度公司的經理,子侄一輩則在土魯斯高等法院任職,後又晉升爲大臣,喀卡孫設有卡斯塔尼埃手工工廠。巴黎有卡斯塔尼埃的股份。約翰‧勞推行幣制改革期間,阿姆斯特丹還有一家卡斯塔尼埃銀行。後來,杜普累爲推行其印度政策,曾向卡斯塔尼埃借款。再舉18世紀上半葉的吉利家族或克羅查家族爲例,肖西南-諾加雷稱他們身兼「商人、銀行家、企業家、船東和金融家」幾職。安托尼‧克羅查爲國王的主要放款人之一,曾想革新印度公司(協助薩繆爾‧貝爾納 (Samuel Bernard)),參與籌組「黑人角公司」,加入幾內亞公司,販賣奴隸(把黑人運往西屬美洲),加入南海公司。總之,他參與法國一切重大的國際貿易。他於1712年獲得對路易斯安那的貿易壟斷。

但是,如果金融家不爲本國組織貸款,而給外國提供貸款服務,情況便不同了。這是否意謂著一個不同的、高級的職業的出現?有人於1778年代表荷蘭的觀點,作了肯定的斷言。他說:「不要把金融家同義大利過去居心叵測地介紹給法國的那種職業相混淆;這種成事不足、敗事有餘的職業造成了一些「包稅人」和「收租人」,或者英國所說的「代理人」,一些愚蠢的人有時吹捧他們的能幹,但是任何開明的政府決不能委他們以重任[258]。」這類國際「高級」金融家於 18 世紀在熱那亞和日內瓦,特別在阿姆斯特丹,開始廣泛出現。

在阿姆斯特丹[259],批發商同銀行家兼金融家的區分於 17 世紀末開始顯現,二者的差異迅速擴大。原因是當時在阿姆斯特丹市場上借款的人很多。國家通過發行證券借債,第一筆大借款是「奧地利於1695年向德意茲公司所藉的 150 萬弗羅林」[260]。證券行業接著迅速發展,除經營大宗證券業務的「商行」外,還有大量跑街和二道販子從事推銷,賺取佣金。公債認購結束後,債券便在交易所掛牌。通常的辦法是把在條件特別有利時買進的債券,以高出票面的價格賣出、結清,然後再承擔一筆類似的交易,但應以上筆債務不再有拖欠爲條件。霍普的大銀行繼德斯梅特公司之後成了凱薩琳二世的放款人,該銀行於1787至1793年間成功地推銷了19筆俄國公債,每筆債款爲300萬弗羅林,總計達5700萬弗羅林[261]。范‧迪倫 (J. G. Van Dillen) 寫道:「俄國全靠荷蘭的貸款才從土耳其奪得黑海沿岸的大片領土。霍格爾公司、霍爾內卡股份公司、韋布魯日和戈爾公司、費

繳納封建雜稅（細部），小布魯蓋爾（約 1565-1637）作畫。

佐公司、格朗股份公司、德斯梅特公司以及其他公司也參與了這些幾乎影
響著整個歐洲政治的公債投機。投機活動間或也曾遭致失敗（這正是金融
行業的風險）：奧地利於1736年以西利西亞作抵押藉下的一筆公債因腓特

烈二世於1763年征服西利西亞而終於無法償還；後來，法國於1780年開始發行的公債也導致災難性結果。

　　阿姆斯特丹金融業的控制權本身不是新東西：從中世紀起，總有這個或那個國家的一個主要金融集團把它的活動強加給整個歐洲。我在前面曾以很長的篇幅介紹了西班牙怎樣在富格爾時代受上德意志商人的控制，接著在1552至1557年間受熱那亞商人的擺布；法國在幾個世紀里處於精明的義大利商人的操縱之下；14世紀的英國受到盧加和佛羅倫斯銀行家的搜刮。到了18世紀，法國又被置於國際新教徒銀行團和駕馭之下。正是在這個時期，猶太金融家受到德國王公的極大歡迎，他們幫助王公發展和平衡財政收支，而這即使對腓特烈二世來說，也往往是件艱巨的任務。

　　英國的情形往往與眾不同。英國在把財政收歸國家管理後，排斥了曾經操縱信貸（如同在法國那樣）的放款人。國民的部分資金因而轉往工商業，特別是貿易和銀行。很早推廣的短期和長期公債當然也面向整個公眾。迪克松的傑出考證提供了各類公債認購人的單子：認購人包括從上到下的社會各階層人士。但作者不費力氣地證明，在這種開放的表象背後，少數精於投機技巧的商人和金融家進行了報復，把對國家的借款活動控制起來[262]。首先，小認購人雖然人數眾多，但他們認購的公債只佔總額很小的一個份額；其次，如同在阿姆斯特丹一樣，推銷公債的經紀人不僅讓別人認購；他們自己也買下為數可觀的債券，隨後幾乎立即用於投機（有時甚至在債券售訖以前），藉發行新債券之機再做一筆投機買賣。約翰‧巴納德勛爵在國會揭發那些被他輕蔑地稱之為「包辦人」的金融家壟斷了國家的財政，在他的要求下，國會決定1747和1748年的公債將不經金融家轉手，直接對公眾發行。但投機活動毫無困難地繞過新的認購辦法，人們再次發現，政府如果想讓公債發行成功，就不能離開這些內行理手[263]。迪克松因此得出結論說，必須承認托利黨人對金融界的厲聲指責確實言之有理，決不能認為這是圈外人的無知和偏見[264]。

法國的包稅人以及包稅所

　　法國在君主統治下沒有實行財政「國有化」。也許因為國王們並不真想這麼做，儘管泰雷教士 (abbé Terray) 和杜爾哥，特別是內克，曾作過努力。君主制因此而垮了臺。大革命之所以一下便取得財政改革的成功，原因是改革的困難主要在社會和制度方面[265]。波歇 (J. F. Bosher)(1970) 說得好，在長期的君主統治下，國家的收支平衡雖然是個重要的因素，但

最重要的結構性因素還是財政制度建立在私人利益高於一切的基礎上。

　　實際上，法國沒有建立中央集權的財政制度，因而不可能有財政秩序和財政計畫。政府不能真正控制收支各環節。國家的財政取決於負責收納各種捐稅和債款的中間人。這些中間人可以是巴黎、里昂一類的城市（如巴黎市政廳年金），省三級會議，教士會議，間接稅包稅人，以及徵收直接稅的財務官。人們可以設想，如果沒有法蘭西銀行的協助，如果沒有各級稅務官和財政督察以及里沃利街的官僚機構受它的指揮，法國國庫今天會成什麼樣子？如果國家的財政機構掌握在私人企業或半公半私企業的手裡，又會是什麼樣子？當時的法國君主正是處在這種情況下；國王使用的錢櫃實際上竟有上百個。國王的收入至多只有一半進入中央一級的國王金庫[266]。國王需要用錢時，便指定某筆花銷由某個錢櫃支付，但正如諺語所說，「國王不能從空錢櫃裡掏出錢來」。即使那些位居要津、實際控制直接稅的財務官，他們的官職也是用錢買下的，他們借給國王的貸款將用人頭稅、什一稅或人口稅償還。他們是從事獨立經營的商人。 480

　　所以，直到君主制存在的最後一天，法國的財政始終只是賈克・科爾、桑布朗賽、尼古拉・富凱 (Nicolas Fouquet)、約翰・勞等金融家謀取私利的工具。他們遭到了無情的迫害，我們可以表示同情。但我們不能不承認，為調查金融家的瀆職罪並使他們退賠部分贓款而成立的審判庭工作很有效率。先後共成立了14個審判庭，8個在16世紀，5個在17世紀，最後一個在1716至1717年，正值路易十四去世不久。我們從保存下來的文件中有時能窺見當時的財政狀況以及這些中間人的個人狀況，中間人或稱包稅交易人（「就某項稅收達成交易者」），或稱包稅徵稅人（「在向稅收部門繳納一筆款項後買下徵稅權，徵稅所得歸己」）[267]。

　　1661年因審理財政總監富凱一案設立的審判庭[268]使我們有機會具體的了解包稅人的活動方式及其廣大的分支機構。我們可接觸到230名包稅人，幾乎全都是被告。路易十四當政初期，正是這200、300名包稅人操縱財政，其中74人更是國內的首富。通過拉幫結派、攀親聯姻等手段，組成名副其實的朋黨。柯爾貝爾一派[269]正是通過排除異己終於取得勝利；值得回味的是，這個原屬馬薩林黨的小派別後來竟把馬薩林黨消滅掉。雖然民間有種種傳聞，說這些包稅人出身低微，他們其實出身都很高貴：在230位查明身分的包稅人當中，有176人是貴族（佔總數的76.5%）；在74名首富當中（其中3人姓名不詳），有65人是「國王的陪臣」。

　　這是第一件令人意想不到的事：那些被認為出身低微的人竟早已躋身

貴族之列，早已在爲國王效力。可見他們不是經商起家。爲國王效力是他們向上爬的一種手段。如果沒有人從內部給他們通消息，他們辦事又怎麼可能這樣得心應手？第二件令人意想不到的事：包稅人借給國王的現金是由國內的貴族大地主提供的。富凱案件在上層社會引起很大的擔憂，正是因爲上層社會害怕財政總監在招供中洩露秘密。富凱倒是守口如瓶，但盡管如此，我們終究得知這些富有的放款人是誰。馬薩林在其遺囑中叮嚀不要追問其財產的來源，不要弄清其下屬的帳目和行爲，因爲這關係到國家的利益。國家利益可見是一個很好的藉口。整個貴族階級確實都參與了財政舞弊，事情一旦暴露，每個人都不免丟醜，受到牽連。

因此，貴族與包稅人家庭聯姻是由於社會關係的需要：「公眾的傳聞往往捕風捉影，誇大包稅人的財富」，作爲出資人，貴族的財產「與許多包稅人不相上下，甚至更多」。丹尼爾‧德賽特 (Daniel Dessert) 據此認爲：「不能再認爲聯姻是用錢換取貴族身分的一種交易，而應認爲這是資本的結合。」因此，在路易十四親政後，貴族並非置身工商活動之外；他們甚至佔據最有利的地位，直到舊制度結束，國王的財政始終是收入最豐的部門，資本主義在那裡茁壯生長，盡管在我們看來，這種資本主義不算貨眞價實。

我們於 1661 年見到的那種包稅制無疑地存在已久。包稅制起源很早[270]，隨時代變遷，逐漸趨向完善。既然包稅制已成爲特權社會的核心，怎麼可能再去改變它？統治階級賴以爲生的地租重新轉爲國家經濟生活的投資，大部分要通過包稅人給國王的借款。隨著時間的流逝，包稅制不斷在鞏固，並逐漸形成一整套機構。自1669年柯爾貝爾接任財政總監後，出現了專門負責徵收多項稅款的辛迪加（資本家集團）一類的組織。「然而，包稅制一直等到1680年的傅柯內租約才眞正開始實施，這項租約把鹽稅、助稅、領地稅、交易稅以及進口稅合併在一起」[271]，實際包稅額略高於6300萬里佛。包稅所後來在1726年才最後定型。1730年，當利潤豐厚的煙草專賣也被納入這個大範圍時，包稅所便達到完全成熟的程度。鹽稅租約每期6年，訂約人往往由總監的貼身男僕頂名。40名總包稅人爲執行租約作保。他們付出巨額保證金（每人達150萬里佛），按期收取利息。這些保證金也就是最初幾筆預付稅金，由於數額巨大，總包稅人幾乎成了終身職務。若要解除他們的職務——這樣的事曾經發生——必須償還保證金；另一個困難是要找到一個同樣有錢的人來代替。

根據契約的條文，包稅所向國王預付租約規定的金額，實際上僅係包

《身穿早禮服的金融家在鄉村》，18世紀的法國漫畫。

稅所負責徵收的眾多捐稅年收入的一部分。在定金繳納後，國家的一大部分財富便落在包稅人的手裡，由他們對鹽、煙草、小麥以及各種進出口商品徵稅。國家每次改訂租約顯然都會增加包稅金額：1726年為8000萬里佛；1738年為9100萬；1755年為1億1000萬；1773年為1億3800萬。就是這樣，賺取利潤還有很大的餘地。

這個金融富豪的俱樂部，當然不是誰願意就能進去的。加入者必須極其富有，得到財政總監的青睞，並享有很好的聲譽，曾在財政部門任職，擔任過財務總管的職務或參加過印度公司。尤其是他必須被俱樂部所接受。總包稅人直接或間接決定一系列關鍵職位的人選，控制、促成或阻礙個人的加入。從提出申請到取得成功的整個過程，免不了要奔走鑽營，耐心等待，尋找靠山，委屈求全和進行賄賂。包稅所實際上是由遠近血親和聯姻關係編織而成的家族網。如果對40來名富豪1789年的確切人數為44名」作一番詳盡的系譜調查，考慮到他們之間親上加親的關係，「調查的結果很可能把他們歸攏為二、三個家族，甚至僅僅為一個家族」[272]。關於資本主義活動集中在少數人手裡這條一再應驗的結構性規律，我們在這裡又看到了新的證據。我們面對的是金融貴族，他們自然闖進了上層貴族的大門。

包稅所最興旺的時期大致是在1726至1776年間，前後正好半個世

紀。這兩個日期十分重要。包稅所是法國幾代君主逐漸建立的財政制度的產物。國王在設置財務官的同時，為發展財政業務奠定了基礎。一些由親屬關係編織而成的牢固的財務網建立了起來，並且得以長期存在。但在約翰·勞推行幣制改革後，金融家開始進入了一個空前繁榮的新時代。因開發密西西比流域而發財的人多數不是春風得意的投機家，而是根基扎實的金融家。與此同時，法國經濟生活中心從里昂轉到巴黎。外省人紛紛來到首都，廣事結交，擴大自己的活動範圍以及利益範圍。從這個角度來看，朗格多克人的表現最為典型。該省僅佔全國人口的十分之一。但在巴黎廣義的金融界人士（其中包括軍需供應商）中，以朗格多克人居多。他們將

483 在全國取得巨大的成功。不過，在法國歷史上，歷來都是各省在各個舞台（戰爭、文學、政治等）上輪流扮演主角。

　　朗格多克在法國金融界一馬當先，這當然不是偶然的事。由於盛產鹽（貝該的鹽田）、小麥、葡萄酒、呢絨和絲綢，朗格多克自然需要對外出口。另一個有利條件是，當地商界中新舊教徒的人數不相上下。撤銷南特敕令只是使事情在表面上有所改變。新教徒的聯繫都在國外，在宗教改革的據點熱那亞，還在日內瓦、法蘭克福、阿姆斯特丹和倫敦。信仰天主教的商界人士把宗教隔閡擱在一邊，這絲毫也不令人奇怪：新舊教徒的結合正是國內外之間必要的經濟結合。這是全國各商業部門不能不接受的現實。新教銀行家正是通過這一途徑把法國置於自己的控制之下。他們的目的是要發展一種更高級的資本主義，其活動範圍之廣遠遠勝過法國金融家。他們超過後者，進而越俎代庖。內克於1776年執掌法國的財政（雖然並未獲得財政總監的頭銜），標誌著法國財政制度的一個轉折。內克反對包稅制；外國銀行家反對本國金融家。

　　與此同時，不幸的是法國金融家逐漸背離積極投資的老習慣；他們抱殘守缺，江河日下，即使像邁爾西埃這樣的普通巴黎人也看得一清二楚。他寫道：「奇怪的是，人們竟願意寬恕金融家，因為他們今天賺的錢比以往少，但金融家的收益必定很高，否則他們不會為維持自己的業務以全力相爭[273]。」包稅所一直保留到法國革命為止，總包稅人在革命中的結局十分可悲：共和二年花月、牧月和霧月期間（1794年5月至7月）共有34人被處決。他們引人注目的財產，他們與大貴族的聯繫，革命前夕國家財政的極度困難，都決定著他們成為公眾仇恨的對象。他們不像外省或巴黎的許多批發商和銀行家那樣幸運，這些人把自己的資本隱藏起來，等到時機成熟，便搖身一變而成為新政權的軍需供應商和貸款人。

國家的經濟政策：重商主義[274]

　　歐洲各國受制於種種特殊的、甚至互相矛盾的偶然因素，在行動上勢必各搞一套；那麼，能不能說存在同一種經濟政策呢？如果設想歐洲各國的行動有些千篇一律和整齊劃一的方面，那便是賦予這個行動一種它所不可能有的一致性。桑巴特在尋找關於重商主義的一個不可能的方程式時，恰恰正是這麼做的。

　　托馬斯·哈欽森 (T. W. Hutchinson)[275]請歷史學家和經濟學家把重商主義一詞乾脆取消，該詞「是我們辭典中最含糊和最討厭的以『主義』結尾的詞之一」，是亞當斯密在其1776年的經典名著中猛烈抨擊「重商制度」後方才產生的。然而，不管這個詞如何之壞，借用它可以方便地把一系列行為、態度、計劃、觀念和經驗歸在一起，它們表明15至18世紀期間的現代國家在面對必須解決的具體問題時采取的第一位立場。總之，按照凱倫本茲[276]的說法（1965），「重商主義是歐洲專制君主時代經濟政策（包括經濟思想在內）的準則」。也許「專制君主」一詞用得並不恰當，應該用「領土國家」或「現代國家」來代替，以便突出國家朝現代方向的演變。但是各國所遵循的道路和經歷的階段各不相同。一位歷史學家（1966）因此放心大膽地指出：「有多少個重商主義者，就有多少種重商主義[277]。」重商主義萌芽於14世紀，也許更早，開始於13世紀功勳卓絕的西西里王腓特烈二世[278]，直到18世紀仍依然存在。這樣長的壽命意謂著，它絕對不是輕易下個定義就能一勞永逸地確定的「體系」，亞當斯密硬說重商主義是個結構嚴密的體系，那是為了便於批駁[279]。

　　應該根據不同的地點和時期對重商主義進行具體的研究。里哈爾特·哈普克 (Richard Hapke) 把13至18世紀期間分成三段：前期、盛期（柯爾貝爾時代）和後期（在1683年柯爾貝爾死後[280]）。昂利·豪塞爾 (Henri Hauser) 從相反方向指出一種「柯爾貝爾以前的柯爾貝爾主義」[281]。實際上，重商主義只不過是現代國家執著的、自私的及強烈的追求。丹尼爾·維野 (Daniel Villey) 指出：「正是重商主義者創造了民族國家[282]」，要不然就是民族國家或孕育中的所謂民族國家在創造自己的同時，創造了重商主義。總之，重商主義很容易以國家宗教的姿態出現。為嘲笑所有的正統經濟學家，瑪麗亞-德蕾莎的大臣考尼茨親王毫不猶豫地自稱是「經濟的無神論者」[283]。

　　總之，每當民族主義抬頭，要求推行「激烈的」關稅保護政策[284]，每當民族利己主義突然進發，重商主義便應運而生。卡斯提爾分別於1307、

尚-巴蒂斯特·柯爾貝爾。克洛德·勒費弗爾 (Cl. Lefebvre) 作畫。

1312、1351、1371、1377和1390年禁止小麥與牲畜出口[285]；法國在美男子腓力當政時也於1305和1307年阻止糧食出口[285]。在13世紀，亞拉岡王國走在英國的前面，首先頒布了《航運法》；從1355年起[286]，英國禁止從國外進口生鐵；1390年的《就業條例》規定外國人不得將金銀攜出國境，應把收入用於購買英國的商品[287]。如果在義大利城邦商業史上仔細找一找，肯定可以找到大量類似的措施。由此可見，古典重商主義的重大決策——1651年英國的《航運法》；柯爾貝爾關於根據外國船隻噸位徵稅的命令（1664，1667）；1724年關於徵收瑞典國旗稅[288]的規定——完全沒有絲毫新的東西。這最後一項規定使以往把大西洋沿岸各國的鹽運往瑞典的荷蘭船遭到排斥，由於鹽的進口大量減少，瑞典鹽價猛漲，但對競爭者的打擊有助於瑞典海運業的發展，過後不久，瑞典的船隻便在世界各大海洋乘風破浪。歸根到柢，重商主義無非是一種利己主義政策。這個千真萬確的道理，蒙田和伏爾泰都曾談到過。蒙田信口說道：「一人謀得利益，必是另一人受到損失；」伏爾泰直截了當地說：「一國要佔便宜，不能不讓另一國吃虧。」（1764）

在推行重商主義的國家看來，佔便宜的最好辦法，就是把世界上盡可能多的貴金屬儲備吸引到自己這一邊，並防止本國的貴金屬外流。國家是 486 否富有，要看貴金屬的積累：這條公理實際上決定了國家要推行一項導致許多經濟後果的政策。在我們看來，留下本國的原料，然後進行加工，出口製成品，用保護主義關稅壓縮外國進口，這項政策似乎是要藉由工業化來發展經濟；其實，這裡有著別的原因。亨利四世的一項敕令（1603年前）主張發展手工工廠，「這是防止金銀外流從而致使鄰國富有的唯一好辦法[289]。」布爾諾地區的律師馬利夫斯基（F. S. Malivsdy）於1663年向利奧波德一世皇帝呈遞一份長篇報告，並在其中指出：「哈布斯堡王朝每年付出幾百萬巨款，向外國購買國內本可以生產的貨物」[290]。勒波蒂埃·德·拉海斯特羅瓦（Le Pottier de la Hestroy）認為（1704年9月），問題十分清楚：外國商品的抵達導致貿易逆差，「這些貨物只是供奢侈和享樂之用，而絲毫不能使國家富裕，因為貨物使用後歸根到柢是會損壞的。相反，如果通過貿易輸入白銀，白銀不因使用而損耗，留在國內，日益增多，便能促使國家富強」[291]。桑巴特贊同這一見解，他指出，「從十字軍東徵到法國革命」，國家與金銀礦產之間有著相當緊密的依附關係，「換句話說，白銀（以及後來的黃金）愈多，國家便愈強」[292]！

因此，國家念念不忘的事便是決不虛擲分文。李希留說過：金銀是

「暴君」[293]。大柯爾貝爾的叔伯兄弟、曾任亞爾薩斯財務總管的柯爾貝爾，作爲路易十四駐倫敦大使，在1669年7月[294]1日的信中評論了英國政府禁止愛爾蘭出口牛肉的決定。這個決定使法國及其海船喪失廉價鹹牛肉的供應。怎麼辦？從瑞士或德國進口牛肉也許是個辦法，「我在亞爾薩斯那時，確曾見過[屠戶]這樣做過」。但是「最好還是從國王的子民那裡購買牛肉，寧可貴些，也不從外國人那裡買便宜的，以滿足船隻和私人的需求。在第一種情況下所花的錢仍留在國內，可供陛下可憐的子民繳納雜稅之用，因而仍回到國王的錢櫃中來；在另一種情況下，錢就會流出國外。」以上的話顯然是些老生常談，大柯爾貝爾也有過這類言論，他認爲「大家一致公認，國家的強大完全必須由它所擁有的白銀來衡量」[295]。在50年以前，1616年8月4日，唐·赫南多·卡利略 (Hernando de Carrillo) 曾向腓力三世指出：「一切都仰賴金錢支撐……陛下的力量主要在於金錢；一旦缺錢用，戰爭就會失敗[296]。」這話出自卡斯提爾財政會議主席之口，無疑是順理成章的。但類似的言論也屢見於李希留或馬薩林時代的人的筆下。由掌璽大臣塞吉埃派往蒙貝里耶公幹的審查官巴塔薩爾 (Baltazar) 1644年10月26日向後者寫信說：「大人鈞鑑，照現在的樣子打仗，勝利487 就取決於最後一粒小麥，最後一個埃居和最後一個人[297]。」費用變得更加浩大的戰爭對重商主義的發展無疑起了推動作用。隨著砲兵、軍械、戰船、常備軍和堡壘修築技術的進步，現代國家的軍費開支直線地上升。戰爭即是金錢的較量。因而金錢，貴金屬的積累，成爲一固定的觀念，成爲思考和判斷的重大依據。

難道應該把這種固定觀念簡單地貶斥爲幼稚淺薄嗎？難道應該從現代的眼光出發，認爲防止貴金屬的流動是愚蠢的，甚至是有害的嗎？或者認爲，重商主義表達了一個基本眞理，就是說，貴金屬在幾百年內曾是舊制度下經濟發展的保障和動力？唯有在經濟上處於優勢地位的國家才容許貨幣自由流通，如17世紀的荷蘭，18世紀的英國，幾個世紀以前的義大利各商業城市（金銀進入威尼斯不受限制，但未經造幣所製成鑄幣，不得重新攜出）。能否得出結論：貴金屬的自由流通始終是個例外，它是擁有經濟優勢的國家作出的聰明選擇，是它們的強盛的秘密之一；或者相反，唯獨擁有經濟優勢的國家才允許自己享受這種自由而不蒙受危險？

歷史學家斷言，荷蘭從未推行過任何形式的重商主義[298]。這是可能的，但這也未免言過其實。說這是可能的，因爲荷蘭具有實力賦予它的行動自由。國家門戶開放，凡事不怕別人，甚至不需要過多考慮自己行動的

意義，荷蘭主要是別國的思考對象，而不是自己的思考對象。說這未免言過其實，因爲別國的政策具有榜樣的感染力，報復心理也會油然而生。荷蘭的強大並不排斥它會遇到某些干擾、意外和緊張。到了那時候，它勢必會受到重商主義的誘惑。例如，荷蘭突然對1768年在奧屬尼德蘭地區興修現代化道路表示不快[299]。它尤其歡迎法國胡格諾教徒把他們的奢侈品工業一起遷來荷蘭，並想方設法予以保護[300]。在荷蘭當時的經濟背景下，這種做法是否合理？品托認爲，荷蘭本應該堅持「貿易經濟」，實行門戶開放，接受歐洲和印度的工業產品，而不施加太多的限制[301]。

實際上，荷蘭不能不受當時思潮的影響。它的貿易自由徒具虛名。它的全部經濟活動旨在促成和竭力維護某些事實上的壟斷。此外，荷蘭在其海外帝國的殖民行徑比其他國家有過之而無不及。歐洲宗主國都把自己的殖民地視爲禁臠，實施專營貿易制。如果嚴格執行規定，未得宗主國的許可，西屬美洲甚至製造不了一顆鐵釘或一疋織物。幸而，從歐洲到殖民地的航行時間往往成年累月，這一距離足以創造某種自由，至少對一些人是如此。西屬美洲有人說：「印度的法律像蜘蛛網，放過大的，纏住小的。」

我們且回過頭來，再看以下的問題：重商主義難道是無知之輩的簡單判斷錯誤和庸人自擾，只因爲他們不懂得價值的本質是勞動而不是貴金屬？我們不能把話說得如此肯定，因爲經濟生活在兩方面發展，一方面是鑄幣的流通，另一方面是「紙幣」的流通（姑且借用18世紀法國人的方便說法，他們把所有「人爲的」信貸證券統稱爲「紙幣」，品托對此深表氣憤）。在兩種流通中，一種高於另一種。紙幣在高層流通。包稅人、銀行家和批發商的業務基本上用這種高級語言表達。但在日常生活中，你只能用現金──不論良幣或劣幣──進行活動。在日常生活這個底層，紙幣很難流通和被接受。如果使用紙幣，就動員不了小運輸戶於1601年把法國火炮拉到薩瓦[302]。靠紙幣也招募不到士兵和海員。早在1567年，當阿爾瓦公爵率軍抵達尼德蘭時，正如呂茲·馬丁所指出的，軍餉和軍費一律以黃金結算[303]。只是在1598年後，士兵才迫於無奈而接受白銀。隨身攜帶自己的錢財，有幾塊鑄幣裝進錢袋或塞進腰帶，這對士兵來講既有利又必要。在戰爭中，金銀鑄幣如同麵包一樣不可缺少。

當紙幣傳到普通百姓手中，他們無論如何要把紙幣換成金幣、銀幣乃至銅幣。警察總監達爾讓松1706至1715年間的部分信件保存至今，其中反覆談到一些小騙子「半價買進王國政府發行的鈔票，實行重利盤剝」[304]。

向士兵發餉。卡洛 (Callot) 作畫。

這些小商販在富人和窮人兩邊不斷倒騰。只要讀讀當時商人間往來的信件，就能相信這種活動相當普遍（不但存在買賣行情，而且差價日趨擴大）。在前面提到的聖馬洛航海船的帳簿上，白紙黑字寫著：1709年，「對1200里佛的鈔票……應打40%的折扣……我們只交給您720里佛」。同年還有另一筆帳「對1萬6800里佛的鈔票……按40%貼水……下存1萬80里佛」[305]。

　　有人或許認為，這在經濟技術落後的法國才是事實，因為直到19世紀初，巴黎公眾接受法蘭西銀行的鈔票還很勉強。但即使在18世紀的英國，紙幣有時也不受歡迎。例如，英國皇家海軍的水兵每月4鎊的餉銀是在返回陸地後用鈔票支付的。他們不喜歡鈔票，這是個事實，精明的貨幣兌換商托馬斯·蓋伊意識到這是生財之道。他常光顧倫敦羅瑟希特郊區的小酒館，用鑄幣向水手收購鈔票，因此成為倫敦最大的富翁之一[306]。

　　德賽特說得很對，肯定有許多人都認定「鑄幣是衡量一切的眞正尺度」[307]。我們因此可以說，重商主義反映了正在成長壯大中的國家活動能力的不足。通常的和大量的經濟需求迫使國家看重和提高貴金屬的價值。沒有貴金屬，經濟便往往出現癱瘓。

不完善的國家面對社會和文化

　　在我們對以上的解釋作個小結的時候，讀者應該意識到問題的重要，並在以下兩種立場中進行選擇。

　　或者認爲一切取決於國家，取決於歐洲以及世界的現代化，其中包括作爲國家現代化的產物和動因的資本主義。這是贊同桑巴特在《奢侈與資本主義》（1912）和《戰爭與資本主義》（1913）中提出的論斷。這兩部著作竭力把資本主義的起源歸結爲國家的強盛：在幾個世紀內，說到奢侈，首先是說宮廷的奢侈，而宮廷是國家的中心；至於戰爭，隨著軍隊和裝備的不斷擴大，則表現了現代國家強勁有力和紛雜混亂的發展。這也是贊同歷史學家的一般觀點——例外正好證實了規律[308]，他們把現代國家比作寓言中吃人妖魔卡網都亞、摩洛赫、利維坦一類的怪物。

　　或者爲相反的觀點辯護，而且肯定能說出更多的道理：認爲國家尙不完善，正盡可能彌補自己的不足，不能親自行使自己的所有權利和完成自己的所有任務，實際上被迫向他人求助而使自己蒙受損害。

　　國家之所以必須從各方面求得幫助，是因爲它沒有足夠的行政機構。　490
君主制時代的法國不過是無數例子中的一個。根據一位歷史學家的樂觀估計[309]，1500年前後，法國人口在1500萬至2000萬之間，爲國王效力的官吏共有1萬2千人。1萬2千這個數字很可能是個極限，即使在路易十四時期也從未被超過。一位名叫羅德里戈·維韋羅（Rodrigo Vivero）[310]的觀察家看得很透徹，他於1624年前後指出，在人口比法國少，但擁有一個龐大殖民帝國的西班牙，天主教國王任命的「大小官吏達7萬人」。韋伯心目中的現代官僚，正是這一小部分人。不過，他們難道眞是當今意義上的官僚政治嗎[311]？

　　關於法國和西班牙分別有1萬2千和7萬名官吏，這兩個數字都得不到證實。在這個基礎上，現代國家確實在不斷擴展其活動範圍，但始終未能把整個國家包括進來。這方面的努力以及許多類似的努力事先已注定遭到失敗。在法國的每一個財政區，財務總管是中央政府的直接代表，他只有很少幾名同僚和下屬。他因此必須提高嗓門，方能使人聽取和服從他的

命令，他甚至還經常採用懲戒手段。軍隊在戰爭時期尚嫌不足，更別說在和平時期。1720年，爲了實行衛生隔離，以免馬賽發生的鼠疫傳染全國，曾經出動了全部騎警以及正規軍。內地警備和邊界衛戍都顧不上了[312]。所有這些行動在遼闊的空間中煙消雲散，與今天相比，當時地域的空曠程度要勝過百倍。在這遼闊的天地裡，任何色彩都被稀釋，任何力量都被削減。

法國君主制只是在社會和文化的幫助下才保住了體面；這裡所說的社會是指在聲譽、職位和財富方面佔優勢的階級；所謂文化，是說千百萬張嘴巴，千百萬隻耳朵，從王國一端到另一端的呼聲、思想或要求。

社會結構的變化如此緩慢，以至古爾維奇爲13世紀設想的公式仍能用作指南。甚至在1789年，上層社會大致可分爲5個集團：國王近臣，封建性貴族，領主階級，城市，以及教會。君主與每個集團取得妥協或達成臨時協議。教會受君主控制，甚至可以說，至少曾兩次被高價收買：1516年的和解協議規定高級神職人員由國王任命（當時國王在羅馬和改革之間作出了選擇，這一戲劇性的也許不可避免的選擇將產生嚴重後果）；1685年撤消南特敕令的決定使法國的繁榮受到很大損失。對於領主和大貴族來說，在戰爭連綿不絕的當時，戎馬生涯是個相當寬廣的前程。宮廷和優厚的恩俸也始終有誘惑力。何況，除開這個因素，君主同貴族的關係仍是無比的緊密。社會學家諾貝特‧伊里亞斯 (Norbert Elias) 認爲，決定一個社會並且給社會打上不可磨滅烙印的，不僅是該社會以往的各階段，而且是社會的最初起源。君主制由封建制脫胎而出。法蘭西國王原是一名普通領主，後來區別於其他領主，出類拔萃；他使用領主的語言，奉行領主的原則，而終於超過領主。王權仍然帶著自己的胎記，「貴族與國王具有同質性」。國王同貴族鬥爭，但不與貴族決裂，他用宮廷的豪華籠絡貴族，但自己也因此困守宮廷。君主使貴族脫離其領地，但不作絲毫努力，爲他們打開貿易的大門，而是把他們供養起來。

面對城市，君主接二連三地賜予恩賞和授予特權，有時又強徵暴斂，奪走城市的部分收入。城市利用了逐漸建立起來的民族市場。城市貴族和資產階級壟斷著貿易，這難道不重要嗎？最後，國王把他的部分權力如商品一般出售。國王的官吏都是市民出身，他們購買的官職可以轉賣或出讓給自己的遺產繼承人。買賣官職導致部分資產階級的封建化[313]。一項官職是國家出讓的部分公共職權，正如過去作爲采邑贈與的土地一樣。買賣官職就像建造金字塔一樣建造君主制社會。金字塔頂上幾層是身分不明但地

491

年當沖齡之查理九世國王。

位重要的長袍貴族,他們的產生決不是因為國王的心血來潮,而是由於國家的需要以及行政核心的發展(雖然發展相當緩慢)。

隨著買賣官職的普及,整個資產階級生活日益富裕,尤其在法國。國家在法國是一架為資產階級製造富人的機器。法國的一大部分財產來自官職。英國、聯合省、天主教尼德蘭等大多數國家也是同樣情形,不論那裡的官職是否實行買賣。在西班牙,官職買賣只涉及市長一類的小職位。但正是這些市政官員(即法國所說的「敲鐘」貴族)在 16 至 17 世紀的轉折關頭力圖排斥舊貴族,奪取他們的土地和擠進上層社會。向外國商人放款

的，也正是這些新富人。於17世紀使卡斯提爾鄉村恢復封建制和人口減少一半的，也還是這些人。同樣，在威尼斯這樣一個城市裡，買賣官職只是指市民買下低級官職。行政官職通常任期較短，這是由貴族輪流擔任的一項榮譽職務，並不妨礙他們從事徵收間接稅、經營商業和管理龐大的產業。

　　這一小部分人把國家官職據爲己有，官職使他們如虎添翼。正如宮廷差使對大貴族一樣，官職對資產階級是滿足自尊心和向上爬的手段。這一成功是幾代人堅持不懈努力的結果。幾個大家族甚至得以把國家官職瓜分。如果國家堅強有力，它就能經歷考驗，不受太大損害。范・克拉夫倫有個見解很中肯[314]，他認爲，即使在買賣官職最盛行的法國，這一做法也並不必然導致政治腐敗或公共權力的削弱。這並非因爲可以轉讓的官職總由明達睿智、勤謹守業的家長擔當。而是因爲，像路易十四這樣的君主通過出售官職取走資產階級的部分家產，這是一筆可觀的捐稅；另方面，君

492　主保護下層百姓免受可能的壓榨，官吏受到嚴格的控制。但在路易十四的專制統治之後，事情迅速向壞的方向發展。從18世紀中葉起，開明輿論開始反對官職買賣。這個措施對君主制一度曾起過好作用，現在已不再有益了[315]。盡管如此，在1746年的荷蘭，爲了反對城市貴族的寡頭統治和腐敗，有人主張建立法國式的官吏制度[316]。

　　可見，在法國以及在整個近代歐洲，君主的影響滲透到全社會。也許應該說，首先滲透到上層社會，並通過他們，實現對一般百姓的統治。

493　　　不但滲透到整個社會或差不多整個社會，而且滲透到整個文化。在國家看來，文化是一種有目的、有效果的炫耀。蘭斯城的加冕禮，治癒癟癧病人，興造宏偉的宮殿[317]，這些都是極好的王牌，成功的保障。御駕親臨是另外一項必定成功的炫耀政策。在1563至1565這二年期間，凱薩琳・德・麥迪西堅持巡遊全國，把沖齡之主查理九世介紹給他的臣民[318]。卡塔洛尼亞於1575年希望要什麼[319]？是要「瞻仰御容」。一本可追溯到1345年的西班牙箴言集早已經提到過，「君主之於平民，猶如甘霖之於土地」[320]。這方面的宣傳自有文明世界以來即已存在。在法國，有關事例多不勝舉。1619年的一篇雜文[321]提及：「國王可化作雄鷹，我們自己則是小小的蚊蟲。對違抗他的旨意者，國王愛打便打，愛殺便殺，剁成碎塊也無不可，即令受懲者是我們的妻兒和近親！」還有什麼能比這段話說得更透徹？值得慶幸的是，有時畢竟也有一些不合拍的調子；蘭斯的某一位市民，以經商爲業，名叫馬依費[322]，他於1654年6月3日寫道：「親愛的

讀者，你難道沒有聽到軍號和雙簧管吹奏的我們偉大君主的進行曲嗎？是的，正是這位無與倫比和所向無敵的君主前來行加冕禮」。是否應該認爲馬依費作爲典型的資產者，是拉布魯斯所描繪的那種因社會地位低下而感到受壓抑的人[323]？資產者曾先後支持天主教聯盟、冉森教派[324]和投石黨人。但在啓蒙時代的偉大運動興起前，他往往躲在屋裡發牢騷。

關於文化和宣傳這一戰場，要說的話實在太多。高等法院反對君主專制和貴族特權，但不反對資本的特權，關於這種開明反對派的表現形式，要說的話同樣很多。我們留待以後再談。我們暫且也不探討愛國主義和民族主義的問題。愛國主義和民族主義當時是新觀念，還處在朝氣蓬勃的青年時代。在15至18世紀期間，愛國主義和民族主義已經存在，尤其戰爭不斷在煽風點火，推進這種思潮的高漲。但我們不要把時間提前，不要把民族的形成歸功於國家。實際總是帶有讓人難以捉摸的二面性：國家創造民族，賦予民族以框架和存在；但反過來說也對，民族通過許多途徑創造國家，給予它生命的活力和強烈的激情。

國家、經濟和資本主義

我們在敘述過程中還放過了一系列饒有興味的問題，但這些問題值得長篇大論地去研究嗎？例如，每當貴金屬大出風頭時，難道我應該說「金銀至上主義」，而不說重商主義嗎？後者勢必包含前者，前者則不論外表如何，總是後者的存在理由。難道每次強調稅收時，應該反覆使用「重稅主義」一詞嗎？稅收是國家永不分離的伴侶；如韋伯[325]所說，國家是個工廠般的企業，它因而必須時刻想到自己的金錢收入；我們已經看到，國家的金錢收入從來是不夠的。

最後，對於經常提到的以下問題，難道能不作正式答覆就摺過不談：國家是否推動和促使資本主義前進？即使人們對現代國家的成熟程度持保留態度，即使人們在看到目前情形後覺得這種國家遠不盡如人意，但應該承認，在15至18世紀期間，它關係到所有事物和所有人，它是歐洲的新興力量之一。不過，現代國家能否說明一切和指揮一切？不，決不。這從正反二方面的觀點來看都說不過去。國家促進資本主義的發展，援手扶助資本主義，這無疑是對的。但反過來說，國家又不利於資本主義的發展，資本主義也能夠給國家增加困難。二種說法先後或者同時都正確，現實始終是複雜的，無論在可以預見或不可預見的情況下。有利也罷，不利也罷，現代國家始終是現實環境的一個因素，而正是在這個環境中，資本主義在向

前發展，有時困難重重，有時一帆風順，還有相當多的場合，它在中立地帶前進。情況不可能不是這樣。國家的利益往往與整個國民經濟的利益恰相符合，因爲國民在事業上的興旺發達是國家這個企業增加收益的基本條件；資本主義所在的經濟部門總是傾向於進入最活躍和最有利可圖的國際貿易洪流。資本主義的活動場所因而比普通的市場經濟，比國家及其特殊關注，更要寬廣得多。正因爲如此，以往和今天的資本主義利益自然要超越狹隘範圍的民族利益。這種情形使資本和國家的關係和對話變得扭曲了，至少變得複雜了。以我在10來個城市中選定的里斯本爲例，那裡聚集著批發商、生意人和有錢有勢的人，但任何人沒有發現資本主義的躁動，顯示自己的存在。這是因爲葡萄牙資本主義的主要活動都是在澳門（通向中國的暗門）、印度的果亞、倫敦（從這裡發號施令）、遙遠的俄羅斯（每當出售特大鑽石時[326]）和遼闊的巴西（實行奴隸勞動，發展種植園，淘金和尋找鑽石）進行。資本主義始終穿著一步7里的神靴，或者還可以說，它有米克羅梅加的長腿。本書第三卷，也就是最後一卷，主要將探討這方面的問題。

我們暫且先作個小結：作爲滲透並包圍所有機構的力量，權力機構包容的範圍比國家更大。這是政治等級、經濟等級、社會等級和文化等級的總和，是一系列強制手段；國家總能在權力機構中表現其存在，國家往往是整個權力機構的拱頂，但國家又幾乎從不是權力機構的唯一主宰[327]。國家有時甚至可能自動消失或被打碎，但它始終會重建，必定會修復，似乎國家的存在關係到社會的生死存亡。

495

各種文明並不始終持否定的立場

文明或文化——二詞在這裡可以混用，不成問題——是習慣、約束、承諾、建議、決斷的匯合；對我們每個人來說，這些現實似乎都是個人的和本能的表現，其實它們往往具有深遠的歷史根源。就像我們所講的語言一樣，文明是一種遺產。每當一個社會即將出現裂縫或溝壑時，無所不在的文化便加以填補，或至少予以掩蓋，最終使我們整天忙於自己的工作。內克在談到宗教（文明的心臟）時這麼說：宗教對窮人是「堅實的鎖鏈和每日的安慰」[328]；我們可以說，文明對所有人也是如此。

當歐洲於11世紀復甦時，市場經濟的形成和貨幣的嶄新活動都是「惹起議論紛紛的」新事物。文明本質上主張守舊和反對革新，因而對市場、

資本和利潤一般持否定態度，起碼也是表示懷疑和觀望。隨著時間一年一年地過去，日常生活的要求以及壓力在不斷地更新。歐洲文明始終在矛盾衝突中無所適從。於是它有時也開了綠燈，雖然並不十分情願。這不單是西歐的現象。

文化傳播的作用：伊斯蘭的範例

　　一種文明同時意謂著恆定和運動。它在一定空間裡連續幾個世紀立足生根和堅守陣地。與此同時，它接納遠近其他文明的某些優點，又把自己的優點向外傳播。模仿、傳染同某些內在誘惑一樣在起作用，克服舊習慣，改變舊做法和舊認識。

　　資本主義同樣也離不開這些規律。在其歷史的每一個時刻，資本主義始終是種種手段、工具、行為和思想習慣的總和，這一切無疑都是文化財產，而作為文化財產，它們便要流動和交換。盧卡・帕喬利 (Luca Pacioli)在威尼斯發表的《算術論》(1495) 概括了早已為人們了解的有關複式簿記的記帳辦法 (例如佛羅倫斯從13世紀末已使用複式簿記)[329]。雅各布・富格爾在威尼斯逗留期間，學會了複式簿記，並把這一技術帶回奧格斯堡。

地中海東岸諸港的貿易。細密畫，選自《馬可波羅遊記》。

通過種種渠道，複式簿記終於被歐洲的一大部分商人所接受。

匯票也以義大利城市為出發點，逐漸傳播到其他城市。不是有人說匯票來自更遠的地方嗎？阿斯托爾 (E. Ashtor) 認為[330]，伊斯蘭的「蘇特法亞」(sutfaya)與西方世界的匯票毫無共同之處。二者的法律地位有著根本不同。就算如此，「蘇特法亞」出現的時間無疑比歐洲的匯票早得多。用一張字據便把一筆款項轉到外地：人們怎能設想，很早便光顧伊斯蘭港口和市場的義大利商人竟對這種做法未加注意？匯票（據說由義大利人發明）在歐洲解決同一個問題，雖然它確實要適應不同於伊斯蘭的條件，特別是教會不準借款生息的禁令。據我看，匯票很可能是從東方學來的。

496

「合約」(commenda)這種類型的商業聯合體可能也是從東方學來的。這種聯合體在伊斯蘭地區具有悠久的歷史（先知和他的妻子——一位有錢的寡婦——成立了「合約」[331]），它是同印度、南洋群島和中國開展遠程貿易的通常形式。可以肯定的是，不論是自發產生或向東方借鑑，「合約」於11至12世紀期間才在義大利出現。它從一個城市傳到另一個城市，我們在14世紀漢薩同盟諸城邦又遇到了它，自然不感意外，雖然它的形式在地方勢力的影響下有所變化。在義大利，「夥計」（根據合同提供勞務，負責押運和推銷商品）分享營業收益。在漢薩同盟，「僕役」(Diener)通常從出資人那裡接受固定的報酬，因而雇傭關係已初步形成[332]。但分享收益的情形也可遇到。

範例有時遭到篡改，在某些情況下，同一個辦法可能在兩地分別推行，不一定互有借鑑。西方上中世紀渾沌的歷史使我們很難作出確切的判斷。但是，由於中世紀商人有巡迴經商的習慣，他們的經商路線又業已查明，肯定會有一些交換形式曾向別處轉移。西方從伊斯蘭那裡借用的詞彙說明瞭這一點：海關（douane）、倉庫（magasin）、貨棧（mahones）、商館（fondouks）、拋售（mohatra），14世紀有關高利貸的拉丁文文獻被稱之為contractus mohatrae。文明傳播的其他跡象見諸東方給歐洲的贈物：生絲，稻米，甘蔗，紙張，棉花，印度數字，珠算法，通過伊斯蘭找回來的古希臘科學，火藥，指南針——所有這些都是從其他文明傳來的寶貴財產。

499

接受這些借鑑的存在意謂著放棄歷史學家對西方的傳統認識，即把西方看作是全靠自己的才能，白手起家，而且單槍匹馬地逐漸走上了科學和技術的合理道路。這還意謂著不再認為中世紀城邦的義大利人發現了現代商業生活的工具。如果作進一步的推斷，這就意味著否定羅馬帝國的模型

作用。這個帝國被譽爲世界和我們自己的歷史的中心，其國土擴展至整個地中海岸，並有多處向大陸延伸；其實它不過是面積比它更大、存在時間比它更長的古代世界經濟的一部分。它與從直布羅陀到中國的一個遼闊的流通和交換區域相聯繫；幾個世紀內，這個經濟世界（Weltwirtschaft）中的商人背著貨包在漫長的道路上行進，販運金銀條塊或珍貴物品，如胡椒、八角茴香，生薑、生漆，麝香，龍涎香，錦緞，棉花，細布，絲綢，金絲貢緞，檀香木或染料木，漆器，玉器，寶石，珍珠，中國瓷器等。早在聲勢浩大的東印度公司出現前，這些商品已經在流通。

全靠這些橫貫世界的貿易，拜占庭和伊斯蘭經歷了一段輝煌燦爛的歷史。盡管其力量突然得到了恢復，拜占庭仍是個守舊的、沉湎於繁文縟節的世界，它大擺排場，旨在懾服蠻族王公，迫使各民族爲其效力；從它那裡得到任何東西，都必須用黃金作交換。伊斯蘭則相反顯得生氣勃勃，它不依托古老的希臘和羅馬，而是嫁接在近東及其文明基地上。被穆斯林軍事征服的國家在新的征服者到達前曾對東方和地中海的貿易起過促進作用；在一度遭到破壞的習慣恢復以後，他們再次發揮這一作用。穆斯林經濟擁有二項主要工具：來自拜占庭的金幣第納爾；來自波斯薩桑王朝的銀幣迪拉姆。伊斯蘭從具有黃金傳統的地區（阿拉伯、北非）和具有白銀傳統的地區（波斯、科拉善、西班牙）接受遺產，這種「按地區劃分」的貨幣雙本位制在這裡或那裡容有變化，但幾百年一貫地保留了下來。我們所說的穆斯林經濟，其實就是繼續原有的商業活動，是西班牙、馬格里布、埃及、敘利亞、美索不達米亞、伊朗、阿比西尼亞、古吉拉特、馬拉巴海岸、中國、南洋群島等地商人之間的一種接力賽跑。通過這些商業活動，出現了穆斯林生活中的一系列「焦點」和「極點」：麥加、大馬士革、巴格達、開羅（主要根據前往遙遠東方所使用的路線——從巴士拉和薩拉夫出發，經由波斯灣；或者從蘇伊士和麥加的出海口吉達出發，經由紅海——在巴格達和開羅之間作出選擇）。

由其先天的因素所決定，伊斯蘭在誕生前便是一種商業文明。穆斯林商人受到人們的尊重，至少統治者對他們很早便敬禮備至，這在歐洲是極其少見的事。先知說過：「商人在人間和天堂皆『享極樂』；賺錢的人爲主所喜愛」。這些話足以使人們想像到當時對商業生活的那種肅然起敬的氣氛，這裡可以舉出一些具體的例子。1288年5月，馬穆魯克王朝政府試圖吸引信德、印度、中國和葉門的商人來到敘利亞和埃及。人們很難設想在西方能就此事用以下措辭發布一項政府命令：「我們謹向各界名流及希

望獲利的大小商賈發出邀請……凡來我國的客人可在我國居住和自由來往……住在這裡不啻生活在天堂的花園……神必賜福於前來以借款勸善和以放款行善之人。」200年過後（15世紀中葉），請看人們對鄂圖曼帝國的王公作何勸說：「你應善視國內的商人；始終關懷他們，不允許任何人虐待他們，或對他們頤指氣使；因為全靠他們經營商業，國家變得繁榮，各地物價始終低廉[333]。」

對於商品經濟的這種影響，宗教的顧慮和顧忌能有什麼作為？如同基督教一樣，伊斯蘭對隨著貨幣流通而蔓延的高利貸毒瘡深惡痛絕。商人得到王公的青睞，但遭到普通百姓的敵視，特別是行會、社團和教會當局的敵視。官方文書中用以確指商人的「巴淨棍」（bazingun）和「馬特拉巴茨」（matrabaz）原是中性的詞，而在民間的語言中卻帶有「投機取利者」和「騙子手」的貶義[334]。但是民眾的敵意正好說明商人的富有和傲慢。我們不妨作個簡單的比較，伊斯蘭教藉穆罕默德之口說：「主如果允許天堂的居民經商，他們也會買賣織物和香料」[335]；基督教國家的諺語則說：「商業應該是自由的，甚至在地獄裡也不受限制。」

伊斯蘭的這一形象預示著歐洲未來商業演變的形象。從義大利城市出發的遠程貿易（歐洲最早的資本主義）不是羅馬帝國的產物，而是11至12世紀伊斯蘭盛世的繼續，在當時的伊斯蘭地區，曾出現過許多工業、出口產品和外貿經濟。遠程航行和定期出發的陸路商隊意謂著那裡存在一種活躍的和有效的資本主義。行會遍布各地，它們經歷的變革（行會師傅地位的提高，家庭勞動，城市外的手工織機）同歐洲將要發生的情形十分相似，從而使人不能不認為，這一變革是經濟邏輯的必然結果。其他的相似之處：城市經濟不受傳統權力的控制；奧木茲，馬拉巴的沿海城市，後來的非洲海岸的休達，西班牙的格瑞那達都可以稱得上是城邦國家。最後，伊斯蘭地區能應付貿易逆差，它向莫斯科公國、波羅的海地區、印度洋一帶以及很早就向亞馬菲、威尼斯等義大利城市訂購的貨物都用黃金支付。在這方面，伊斯蘭也預示著歐洲的未來，歐洲商業的發展也建立在貨幣優勢的基礎上。

在這種情況下，如果必須選定一個日期，用以標誌商業歐洲師承伊斯蘭和拜占庭城市的時期已告結束，西方恢復鑄造金幣[336]的1252年似乎還說得過去（假如這麼長的一個演變過程能用一個日期加以確定的話）。總之，在西方資本主義中可能是從外部輸入的東西，肯定來自伊斯蘭。

基督教義與商品：有息貸款引起的爭論

西方文明不像伊斯蘭那樣一開始便得到宗教的幫助而順利發展。它的歷史從零開始。宗教（不折不扣的文明）和經濟的對話在文明邁出最初幾步時已經開始。路越走越長，對話者之一——經濟——加快了腳步，提出了新要求。塵世和天堂這兩個不相協調的世界之間難以溝通。即使在荷蘭這樣的新教國家，也一直等到1658年才正式宣布，金融往來（即有息借貸）純屬民事當局的管轄[337]。在仍然擁護羅馬的天主教世界，一般有力的反動潮流導致教皇貝努瓦十四世於1745年11月1日專門發布諭旨[338]，重申對有息借貸的原有限制。1769年，安古拉母的幾名銀行家對賴債客戶提出的訴訟被法院駁回，藉口是「他們放款生息」[339]。巴黎高等法院1777年的一項裁決禁止「遭到聖經譴責的任何形式的有息借貸」[340]，直到1789年10月12日，法國法律一再把有息借貸視作違法行為而予以正式禁止。但爭論仍在繼續。1807年法確定民事借貸的利率為5%，商事借貸為6%；超過以上水平，便被視為高利貸。同樣，1935年8月8日法令宣布，凡以過高利率放款者即為高利貸，可依法予以懲處[341]。

有息借貸長期是個引起眾多爭執的議題。這種情形最後絲毫沒有妨礙資本主義的誕生，但它反映著人們的內心歉疚以及面對資本主義要求發生的心態變化。

納爾遜[342]在一部頗有創見的著作中提出一個簡單的說法：在25個世紀期間，西方文化中關於高利貸的爭吵始終離不開《申命記》的一句古訓：「對你的兄弟，你不應該收取利息，不論借的是錢、食物或者任何能以這種形式借出的東西。如果是個外人，你就可以向他收取利息。」這句古老的格言就像滔滔不絕的江水的源頭，充分表明文化實在的源遠流長。基督教既以世界一統為宗旨，在高利貸問題上區別對待兄弟和外人自不能使它滿意。處在強敵包圍之中的弱小的猶太民族認為是正當的事，在基督教看來，便不再是正當的了；根據新的教規，所有的人皆是兄弟。因而放高利貸給任何人均應予以禁止。聖熱羅姆 (Saint Jérôme)（340-420）曾作了這樣的解釋。同時代的米蘭的聖安布羅茲 (Saint Ambroise de Milan)（340-397）則同意在進行正義戰爭時對敵人放高利貸（ubi jus belli, ibi jususurae）。他的主張預先為在伊斯蘭的貿易中實行高利貸敞開了大門，雖然這個問題是後來在十字軍東征期間才提出的。

教皇和教會始終採用嚴厲措施對付高利貸，尤其因為高利貸確實存在，不容輕視。拉特朗第二次主教會議（1139）決定，不願改悔的高利貸

對高利貸者的警告。15世紀的木刻畫:《上帝譴責他們的惡行》。

500　者將被剝奪領受聖事的資格,並不得在基督徒墓地埋葬。關於這一問題,神學的爭論此起彼伏,教義的解釋派別林立:聖托馬斯·亞奎那 (Saint Thomas d'Aquin)(1225-1274),錫耶納的聖貝納迪諾(1380-1444),佛羅倫斯的聖安東尼努斯(1389-1459)各抒己見。教會竭力壓制高利貸,但始終徒勞無功[343]。

　　到了13世紀,教會似乎得到令人意想不到的增援。亞里斯多德的思想於1240年滲入基督教教義,並在亞奎那的著作中表現出來。亞里斯多德的立場十分鮮明:「所有人都仇恨高利貸,這是完全合理的,因爲貨幣通過高利貸產生利息,背離了方便貿易的初衷。由於利能生利,人們便借用希臘文的說法,稱之爲『子金』(tokos)。正如子女與父母的本性相同,利息是由貨幣產生的貨幣[344]。」總之,「母錢不生子錢」,或不應再生子錢,

貝納迪諾教士反覆陳述的這個主張於 1563 年爲特倫托主教會議所通過。

我們在非猶太人社會（希臘社會、西方社會或穆斯林社會）中發現有同樣的敵對情緒，這一事實很能說明問題。印度和中國也有類似情形。通常喜歡持相對論立場的韋伯毫不猶豫地寫道：「在世界幾乎所有的倫理體系中，都找得到與聖經關於利息的戒律類似的反應[345]。」這些反應不是因貨幣——單純的交換工具——侵入舊農業經濟而產生的嗎？對貨幣的這種奇怪的力量，反應確實是有的。但作爲進步的工具，貨幣不可能消失。四季的風雲不測以及由此產生的無妄之災，從耕種到收穫的反覆循環以及在這期間的等待，使舊農業經濟必須得到信貸。隨著貨幣經濟的加速發展，可供周轉的金銀鑄幣始終不足，人們終於不能不承認「可詛咒的」高利貸具有公開活動的權利。

但這需要時間，需要爲適應環境而作出巨大努力。關鍵的第一步已由亞奎那跨出；熊彼得認爲，亞奎那「也許是對經濟過程有全面認識的第一人」[346]。波拉尼風趣而又正確地指出，經院神學家的經濟思想，其作用堪與 19 世紀的亞當斯密或者李嘉圖相媲美[347]。基本原則（引亞里斯多德爲證）仍然沒有變更，人們繼續說：有息貸款的問題並不是在於利息的高低（這是我們今天的認識），也不在於借錢的窮人完全受你的支配；只要貸款人從貸款中獲得利益，就算是有息貸款。唯一的無息貸款要求貸款人除到期收回貸款之外，不期望得到任何別的東西（mutuum date inde nil sperantes）否則就是出售款子被貸出的那段時間，而時間只屬於上帝。租用房屋應付房租，租用土地應付地租，這些都不成問題；但借了多少錢只應還多少錢。何況在樂善、友誼、無私、迎合上帝等感情的作用下，這種無息貸款肯定已實行過。據我們的了解，16 世紀的巴利亞多利德就有過「但憑榮譽和爲行善事」的貸款[348]。

也許作爲讓步，經院學主張區別對待：在需冒風險和如作他用可能賺錢的情況下，放款人收取利息便是合法的。這個缺口一開，就有許多空子可鑽。以匯兌爲例，如果只是把金錢從一個商埠轉到另一商埠，具體的匯票便能不受指責地流通，因爲它通常包含的效益並非事先得到保證，這裡帶有風險。唯有不需把匯票從一地轉往另一地的所謂「乾匯」才被認爲是有息借貸，這有一定道理，「乾匯」確實可被用於掩蓋有息借貸。教會準許向王公和國家貸款，並收取利息，認爲這與商人聯合體——熱那亞的「合約」（commenda），威尼斯的「合夥」（colleganza），佛羅倫斯的「商行」（societas）——獲得利潤完全相同。原來受到教會譴責的銀行存款也變成

合法了，因爲這可用「在企業入股」的名義打掩護[349]。

　　這是因爲，在經濟急劇高漲的當時，禁止資本生息簡直是不可思議的。農業新增耕地的數量竟比新石器時代以來開拓的全部耕地還多[350]。城市的成長更是空前迅速。貿易的發展健壯有力。信貸怎能不在充滿活力的歐洲各地區——法蘭德斯、布拉奔、海諾、阿特瓦、法蘭西島、洛林、香檳區、勃艮第、法蘭西康提、多菲內、普羅旺斯、英格蘭、卡塔洛尼亞、義大利——蓬勃發展？讓有息信貸原則上由分散在歐洲各地的猶太人包辦，並使之成爲他們賴以謀生的唯一商業活動，這是一個辦法，但不是解決問題的最好辦法。不如說，這是對《申命記》中關於猶太人能向非猶太人放高利貸的規定的一種利用：基督教在這裡扮演外人的角色。據我們所知，猶太人的高利貸活動，例如他們自15世紀開始在義大利開設的銀行，是與基督徒的高利貸活動混雜在一起的。

　　其實，整個社會都在放高利貸，不論王公或商人，錢多的人或錢少的人，此外還有教會；整個社會試圖掩蓋自己所幹的違禁之事，口頭上譴責高利貸，但私下裡仍借高利貸，一方面鄙視高利貸者，另一方面又容許他們的存在。「人們偷偷去放高利貸者家裡，就像去妓女家裡一樣」[351]，但人們照去不誤。「至於我，馬林·薩努鐸，如果我像去年一樣仍是威尼斯參議院的一員，我將仗義執言……以證明猶太人與麵包師傅同樣是必不可少的[352]。」以上是一名威尼斯貴族於1519年所講的話。何況，猶太人是代人受過，因爲倫巴第、托斯卡尼和考爾索的基督徒也公開實行抵押借款和其他有息借款。然而，從14世紀開始，猶太放款人逐漸奪得了各地的高利貸市場，特別在羅馬以北地區。他們在佛羅倫斯原來長期遭受排斥，於1396年開始進入該市，後隨科斯姆·德·麥迪西流亡歸來（1434）而大批定居，再過三年後，一群猶太人獲得對該市借貸的壟斷。一個特別突出的細節：他們「開設銀行的地點和掛出的招牌」與在這之前的基督徒放款人完全相同[353]。

　　總之，猶太人或基督徒（不作爲教會的代表）都使用相同的手段：假出售、開假匯票和在公證文書中用假數字。人們對此已習以爲常。在資本主義發展較早的城市佛羅倫斯，人們在14世紀麥迪西銀行的心腹和夥計保羅·薩賽第的一封信的語言裡可以感覺到這一點。他於1384年在談到一筆匯兌時寫道，他應收入「450弗羅林的利息，也可以說是重利」。從上下文看來，「利息」一詞在這裡沒有「高利貸」的貶意[354]，這不是有點奇怪嗎？菲利普·德·科明尼斯 (Philippe de Commynes) 在麥迪西銀行的里昂分

行存了錢，抱怨領到的利息太少，毫不掩飾地說：「這筆款子對我說來未免微薄」（1489年11月）[355]。朝著這個方向繼續發展下去，商業界很快就不必害怕或很少害怕教會的措施。14世紀佛羅倫斯的一名貨幣兌換商不就是以20%甚至更高的利率放款嗎[356]？對於商人幹下的壞事，教會像對王公的罪孽一樣寬大為懷。

　　但是放高利貸的商人還會有良心上的不安，臨終懺悔時要求退還利息，僅遷居尼斯的一名皮辰札高利貸者退還的款項就達200筆之多[357]。班哲明·納爾遜（Benjamin Nelson）認為，這類悔悟和退賠在公證文書和遺囑中一度多不勝數，在1330年後幾乎不再遇到[358]。但在後來，為了避免良心不安，雅各布·老韋爾瑟仍拒絕參加給文藝復興時代的德意志帶來痛苦的金融壟斷。他的同時代人雅各布·富格爾在惶惑不安中向路德未來的對手約翰·埃克（Johann Eck）求教，並資助他前往波隆納了解情況[359]。安特衛普的西班牙商人曾二次（第2次在1532年）就這些問題向索邦大學 503 的神學家徵求意見[360]。長住西班牙的熱那亞商人拉扎羅·多里亞因內心負疚於1577年退出商界，惹得人們議論紛紛[361]。總之，人的心態總不如經濟實踐變化得快。庇護五世於1571年為解決關於「簽發正反匯票」的爭議問題而頒發的諭旨激起軒然大波，此事便足以為證：這一諭旨無意中恢復了對利息的過分嚴厲的處置：乾脆禁止「賒帳」（deposito），即把商人在一次交易會上買賣的貨款記在帳上，延至下次交易會上收付，並以2.5%的利率記息的慣用借貸形式。如同其他批發商一樣，盧加的布翁維齊商行也因教皇諭旨而感到不便，他們於1571年4月21日自里昂致信呂茲說：「您大概知道，教皇陛下禁止賒帳，而賒帳則使交易變得十分方便。對付此事必須要有耐心，這次交易上的賒帳利率尚未確定，因而很難為朋友幫忙，而且事情必須進行得隱蔽一點。我們已做了力所能及之事，但在今後，既然所有人都應服從，我們也願意遵命，今後將在義大利、法蘭德斯和勃艮第的交易會採用匯兌的方法[362]。」「賒帳」既然被禁止，我們就重新使用匯兌，這是被允許的——以上便是盧加商人的結論。一個門被關上，可以再走另一個門。繼伊納爵·羅耀拉（Ignace de Loyola）之後任耶穌會會長的萊內茨神父（1512-1565）說：「狡詐的商人製造了許許多多莫明其妙的概 504 念」[363]，以致人們難以看清事情的實質。他這句話的確是可信的。所謂「追溯協議」，也就是說，通過「簽發正反匯票」的辦法使一張匯票長期從一地轉往另一地，從而使償還金額逐年增加的一種長期貸款，並不是在17世紀首創的，但它的使用在17世紀得到了推廣。由於這種借貸方式被指責為

高利貸，熱那亞共和國經過長期努力，終於在1631年9月27日經教皇鳥爾班八世同意，承認了它的合法性[364]。

　　對於教會態度的這種鬆動，人們會感到驚奇嗎？可是教會又怎能頂住日常生活的聯合壓力？最後一批經院神學家，即包括路易·莫利納 (Luis de Molina) 在內的西班牙經院神學家，在自由主義方面作出了榜樣[365]。維拉爾深有感慨地說：「西班牙神學家們曾竭力爲利潤辯護，假如馬克思能得知，他該有多麼高興！」[366]這話確實說得不錯，但是，這些神學家能夠犧牲塞維爾或者里斯本（在1580年後，里斯本暫時與塞維爾合爲一體）的經濟利益嗎？

　　投降的不單是教會。根據不同的情形，國家早晚也會這麼做。亨利四世於1601年通過里昂協定把從薩瓦公國奪得的比熱、布勒斯和日克斯等地區併入法蘭西王國。這些地區各有自己的特權和習慣，特別在地租、利息等方面。王國政府在把這些地區併入第戎省以後，試圖在那裡推行王國的法規。於是，幾乎從一開始，便把年金利息從十二分之一（8.3%）減到了十六分之一。接著於1629年，對高利貸者進行大肆的追究，並且繩之以法。「這種追究引起了恐慌，人們不敢再訂借款契約」，但1642年3月22日，國王在御前會議決定恢復薩瓦公國時代的老辦法，就是說，如同在

12世紀的柱頭裝飾，奧頓大教堂。魔鬼手裡拿著一袋錢幣。

「通行債據」的相鄰外國省分一樣，允許在債據上「規定應得的利息」[367]。

隨著時間的流逝，反對意見漸趨減少。1771年，一個善於觀察的人坦率指出，「當舖以及經營借貸的倫巴第商人對法國也許十分有用，這是預防令人髮指的高利貸，從而使許多人免遭破產的最有效的手段」[368]。法國革命前夕，邁爾西埃指出，巴黎有一些公證人因放高利貸而迅速致富，另有一些放帳人藉出的債款期限短而利息高，但對窮人來說，這畢竟是個應急的辦法，因為債台高築的國家已把可能的信貸羅掘俱空。英國貴族院於1786年5月30日否決了提交審議的一項法案，因為該法案主張「准予發放抵押貸款的人收取高達25%的利息，從而對平民大有損害」[369]。

就在那時，18世紀的下半葉，舊的一頁已徹底翻了過去。一些趕不上形勢的神學家盡可橫加指責，但高利貸與借貸利息之間的區分已經作出。馬賽的正直富商尚-巴蒂斯特‧魯於1798年12月29日寫信給他的兒子說：「我同你一樣認為，無息借貸只應該對為生活所迫而舉債之人適用，這條法則不能適用於依靠借貸而從事盈利和投機事業的商人[370]。」比這早25年（1771），葡萄牙金融家品托已毫不含糊地說：「放款收息對所有人都是適 505用的和必要的；高利貸則是有害的和可惡的。混淆這二件事，就像因離火太近會燒壞東西而禁止正當用火一樣」[371]。

清教主義等於資本主義嗎？

教會對有息借貸的態度可被認為是整個宗教心態長期演變過程的組成部分。最終的結果必定是一次斷裂，如同其他許多次斷裂一樣。第二次梵蒂岡公會議的「革新」在漫長的歷史上肯定已不是破天荒第一次。奧古斯丹‧勒諾代 (Augustin Renaudet)[372]認為，亞奎那的《神學大全》本身就是「現代化」的首次嘗試，而且得到成功。人文主義也可說是一種「革新」：系統地和全面地復興西方文明中的全部希臘、拉丁遺產。我們今天還從中吸取養料。

宗教改革體現的斷裂又該怎麼說呢？它是否幫助資本主義擺脫憂慮、後悔，不再受良心譴責，從而能振翅高飛？這是韋伯在1904年出版的小冊子《新教倫理和資本主義精神》中的基本論斷。16世紀後，接受了宗教改革的國家同商業資本主義和工業資本主義先後欣欣向榮的地區（倫敦的燦爛光輝將使阿姆斯特丹相形見絀）確實有著明顯的聯繫。這不可能是簡單的巧合。那麼，韋伯的論斷是否正確呢？

他的論證十分複雜，使人有茫無頭緒之感。他想找到具有特殊心態

的，即具有理想型「資本主義精神」的少數新教徒，因而需要預設一系列的假定。他在時間上從現在向過去倒著論證，因而使問題變得更加複雜。

論證從1900年的德國出發。1895年在巴登地區進行的調查證明，基督教徒在財富和經濟活動方面勝過天主教徒。我們且承認這一調查結果是正確的。但在更廣的範圍內，它能意味著什麼？調查的負責人馬丁‧奧芬巴赫 (Martin Offenbacher) 是韋伯的學生，他直截了當地說：「天主教徒……比較沉靜，利欲比較淡薄；他們不求冒險和刺激，而願平安度日，即令冒險和刺激能帶來財富和榮譽，平安只保證微薄的收入。一句民間格言說得很風趣：不是吃得好，就是睡得香。在這個具體事例中，新教徒寧願吃得好，而天主教徒則求睡得安穩。」這個比喻有點滑稽：新教徒面對餐桌和資本主義，天主教徒背向餐桌和資本主義，韋伯正是從這個比喻出發追溯歷史。他不打任何招呼，突然出現在班傑明‧富蘭克林 (Benjamin Franklin) 的身邊。這是多麼好的見證人呀！富蘭克林於1748年就已經說過：「請記住，時間就是金錢……請記住，信貸就是金錢。請記住，金錢具有滋生繁殖的本性。」

韋伯認為，富蘭克林像是一條特殊長鏈（他的清教徒祖先和先驅者組成的長鏈）上的一個環節。他在進一步追溯歷史時還提到了理查‧巴克斯特 (Richard Baxter)，克倫威爾時代的新教牧師。這位可敬的牧師的布道詞可概括如下：不要浪費我們短暫人生的一時一刻；在完成上帝要我們生活的地方努力工作。上帝預先知道誰進天堂誰下地獄，但職業中的成功足以表明我們是上帝的選民（總之，這是參悟上帝意圖的一個方式）。發財致富的商人認為自己的成功是上帝已選中了他的證據。不過，請注意，巴克斯特接著說，不要把你的財富用於享樂，這會是直接走向地獄。你要用這些財富為公眾利益服務，要使你成為有用之人。在這裡，韋伯大為得意地指出，人又一次受其行為的欺騙；他創造出一種禁欲資本主義，既虔順地致力於達到最大利潤，但又竭力遏制利欲抬頭。現代生活和清教思想的這一不期而遇，便使根源不合理和後果合理的資本主義應運而生。

對於韋伯的內容豐富的思想，我以上的概括未免過分倉促和過分簡單；我還承認，如同費弗爾一樣，我對韋伯的玄妙推理並不恭維。但無論如何，我們沒有理由讓他說他沒有說過的話。有人硬說他曾斷言，新教是資本主義的起源，而他只是認為，新教和資本主義湊巧同時誕生。人們誇大韋伯的推論，以便更好地摧毀它；在最早這樣做的人中間，就有桑巴特。他邊推論邊諷刺說，新教的初衷畢竟是試圖要回到福音書宣揚的貧困

狀態去，這對經濟生活的結構及其擴展是個真正的危險。至於禁慾生活的戒律，我們在亞奎那和經院學家的著作中已可找得到！清教主義至多是主張蘇格蘭式不近人情的吝嗇的一個派別，是對小店舖主的一種教誨[373]。我們應該說，桑巴特的以上推論完全是可笑的，正如許多論戰手段一樣。相反方向的論戰手法同樣可笑。例如，有人曾想從荷蘭人18世紀在巴達維亞的極度奢侈中，以及從他們17世紀在幽居出島（日本人給他們指定的居住地點）期間不耐寂莫而組織的節慶中，找到反駁韋伯的論據。

假如能把資本主義的高漲與喀爾文關於高利貸的信（日期應定在1545年）直接聯繫上，一切就變得簡單了。這封信是個轉折點。喀爾文依靠嚴密的論證和對經濟現實的熟悉，對高利貸問題作出了機敏而又明確的分析。他認為必須兼顧作為不可觸犯的道德基礎的神學以及人情世故、法律和法規。一方面是商人之間的合法借貸（以利息不高為條件，約在5%左右），另方面是有違仁慈的不合法借貸。「上帝並不禁止人把利潤居為己有。不然的話，豈不是要我們放棄一切商業活動。」亞里斯多德的箴言當然依舊是對的：「我得承認，如果你把錢藏在銀箱裡，錢便不能生利，這是孩子都能看到的事。」但如果用錢買下一塊地，「那就不好說錢不能生利」。「死摳字眼」沒有用處，必須「正視事物」。這些選擇恰當的引文是我從豪塞爾[374]那裡借用的；他在結論中指出，新教諸國的經濟高漲來自信貸便利和利率較低。「這就說明何以信貸在荷蘭這樣的國家或在日內瓦能得到發展。喀爾文是在無意中使信貸成為可能的。」豪塞爾於是與韋伯殊途同歸。

雖說如此，但在1600年的天主教城市熱那亞，一個已具世界規模的 507
資本主義活躍中心，貸款利率為1.2%[375]。還有哪個城市的利率比這更低？也許正如低利率促進資本主義的發展一樣，資本主義的發展也造成了低利率。更何況，在有息借貸問題上，喀爾文沒有提出任何突破性主張。有息借貸的門很久以前便是敞開的。

地理回顧說明許多問題

我們也許不必再把這場討論延長下去，否則的話，我們就該讓托尼 (R. H. Tawney)、呂蒂等許多討人喜歡的辯論家參加進來。為了給這場辯論作個小結，我們也許可以採用某些一般性解釋，它們比那種逆溯的、相當怪誕的社會學論證要簡單一些，較少雕琢和穿鑿。這正是庫爾‧薩繆爾森 (Kurt Samuelsson)[376]所做的嘗試（1957年和1971年），我於1963年

也曾提出過這個主張[377]，但我們的論據並不相同。

在我看來，接受宗教改革的歐洲各國，如果作為一個整體而言，無疑在經濟上勝過了已有幾個世紀資本主義歷史的興旺的地中海地區（我這裡特別想到義大利）。經濟中心的這種轉移在歷史上是經常發生的：拜占庭在伊斯蘭面前相形見絀，伊斯蘭讓位給信奉基督的歐洲；地中海地區在征服世界7大海的鬥爭中旗開得勝，但整個歐洲的重心於16世紀90年代偏向當時正順利發展的北歐新教諸國。直到那時候為止，也許直到17世紀的10、20年代，資本主義一詞主要適用於南歐，盡管羅馬和教廷都在那裡。阿姆斯特丹只是嶄露頭角。我們還注意到，無論美洲、好望角的海路或世界的其他大路，都不是北歐所發現的：葡萄牙人最早到達南洋群島、中國和日本：這些空前成果都應歸功於據說懶惰成性的南部歐洲。資本主義的工具也絲毫不是北歐的發明，它們全都來自南歐；甚至阿姆斯特丹銀行也是威尼斯里亞托銀行的翻版。北歐的大商業公司正是為了對付南歐——葡萄牙以及西班牙——而成立的國家壟斷組織。

此外，如果我們仔細考察為萊因河和多瑙河穿越全境的歐洲地圖，如果我們忘記英格蘭被羅馬的短暫佔領，我們可把狹窄的歐洲大陸分成兩部分：一方面是具有悠久歷史傳統的和勞動致富的古老歐洲；另一方面是長期處於野蠻狀態的嶄新歐洲。在這個野蠻歐洲（其地域遠達易北河、奧得河、維斯杜拉河、英格蘭、愛爾蘭、蘇格蘭和斯堪地那維亞諸國）進行的墾殖、教育、開發和市政建設，是中世紀的勝利。這裡的墾殖（colonisation）與殖民地（colonie）或殖民主義（colonialisme）在詞義上自然是有區別的，但古老的拉丁世界、教會和羅馬推行的壓迫、剝削和宗教宣傳——如同後世耶穌會在烏拉圭保留地發號施令和為所欲為，但終究沒有成功——大體上也確實可說是一種殖民開發。至於宗教改革，對北海和波羅的海沿岸說來，也可說是殖民統治的結束。

儘管有漢薩同盟和北海航海家的豐功偉績，這些窮國總是承擔低級工作和輸送原料：英格蘭的羊毛，挪威的木材，波羅的海地區的黑麥。在布魯日和安特衛普，南歐的商人和銀行家頤指氣使，操縱市場，引起眾人的憤慨。請注意，新教的革命在海上比在陸地更加激烈：歐洲人才剛征服的大西洋正是這些宗教衝突和物質爭奪的寬廣舞台（可惜往往未得歷史學家的重視）。命運的天平最後倒向北歐一邊，那裡的工資較低，工業很快強大無敵，運輸費用低廉，大批近海航船和載重帆船提供舟楫之利，這些首先都要用競爭價格和收支平衡等物質原因作解釋。北歐的各種產品——小

北部歐洲後來居上。在麻六甲洋面，一艘葡萄牙大船於 1602 年 10 月 16 日遭到英國和荷蘭 6 艘小帆船的攻擊。泰奧都爾‧德‧勃利 (Theodore de Bry)：《東印度》，第 7 部分。

麥，棉麻織物，呢絨，船隻，木材等──都比南歐便宜。北歐的勝利無疑是那裡收入低微的無產者贏得的，他們比別人吃得差，或者吃得少。此外是1590年經濟形勢的轉變：無論過去和現在，危機首先打擊擁有眾多複雜機器的先進國家。這給北歐帶來了一系列的機遇，從德國、法國以及從安特衛普來到荷蘭的商人發覺、抓住並利用了這些機遇。其結果便是阿姆斯特丹的急劇發展，以及新教諸國的普遍繁榮。北歐的勝利還因為它們在競爭中要求較低，直到有那麼一天，按照老規矩，當競爭對手已被消滅後，它們也會提出富裕地區的全部要求。到了那一天，隨著它們的商業網的擴展，一些新教商人集團便在各地建立，不僅僅在德國，而且在波爾多這類城市，他們比當地商人更富有，更大膽和更精明；如同過去在北歐地區以及在香檳區、里昂、布魯日和安特衛普的義大利人一樣，他們成了操縱大商業和銀行業的頭號專家。

　　我以為這一解釋正中問題的要害。世界上的事情不能單靠精神來說明。在歷史上經常串演的同一齣戲在18世紀又重新上演。假如工業革命對

漢諾威王朝的英國不是一次「重新發牌」，世界的重心當時很可能倒向正迅速高漲的俄羅斯一邊，或者更可能轉往好不容易才建立起合眾共和國的美國；僅僅擁有條破船的美國，其窮極潦倒與16世紀的聯合省在各方面都十分相像。但有利的經濟條件，加上技術和政治方面的偶然因素，促成了一場機器的革命，英國人依靠蒸汽推動的鐵製輪船於19世紀在大西洋重建霸業。波士頓製造的精巧快速帆船隨即消失，鐵殼船打倒了木板船。恰巧在那時，美國放棄了大海，轉而開發大陸西部的遼闊土地。

是否可以說，宗教改革對全部物質生活有明顯的影響，卻對商人的表現和態度沒有影響？說絕對沒有影響恐怕不合情理。首先，宗教改革造成了北歐各國的團結一致，使它們聯合起來對付南歐競爭者。這可不是一件小事。其次，宗教戰爭後，新教徒基於共同信仰而產生的休戚與共，對商業也具有一定影響，至少在一段時間內，直到民族糾紛超過一切其他考慮為止。

此外，如果我沒有搞錯，教會在歐洲天主教各國的存在和加強，賦予那裡的舊社會一定的凝聚力。教會的各級機構可說是傳統等級制以及其他等級制的靠山（教會的閒職是一種社會通貨），它們使社會秩序得到鞏固，而在新教諸國，社會制度顯得更加靈活，但不夠穩固。資本主義在一定程度上要求社會的發展能有助於它的擴張。宗教改革和資本主義的關係問題因而不能到此就算完全解決。

資本主義等於理性嗎？

另一種更一般性的解釋：科學思想和理性在西歐中心的進步確保了歐洲的全面經濟高漲，從而帶動資本主義或者不如說資本主義智慧的前進，並且促成建設性的突破。在這裡，首要的地位仍然留給「精神」，即創業者的革新精神，也就是說，把資本主義當作經濟的矛頭而予以辯護。這個推斷值得商榷，即使不把道勃的論據[378]算上：如果說是資本主義的精神產生出資本主義，那就還要說明資本主義精神的起源。事情不見得必定如510 此，因為我們可以設想，在大量物質資料與觀察和支配這些資料的精神之間，始終存在一種相互關係。

這一推斷最饒舌的辯護人是桑巴特，他認為這是全盤肯定精神因素和貶低其他因素的一個機會。但他煞有其事地提出的論據肯定分量不足。在他看來，理性（但究竟是什麼理性？）是西方演變的根本方向（用今天的話來說，千百年的發展「趨向」；或用布魯納偏愛的說法[379]，它的歷史命

運），這種理性在其運動中孕育著現代國家、現代城市、科學、資產階級、資本主義，如此等等。他究竟想說什麼？一句話，想說資本主義精神和理性是一碼事。

桑巴特認為，這裡所說的理性主要是交換工具和交換手段的合理性。比薩人列奧納多·斐波那契 (Leonardo Fibonacci) 的《珠算書》於1202年業已問世。這第一塊路標就選得相當差勁，因為珠算是阿拉伯人發明的，斐波那契在他父親經商的北非的布吉學會了珠算，以及阿拉伯數字，與此同時，他還學會了根據貴金屬的成色判斷鑄幣的價值，以及計算海拔和緯度等[380]。斐波那契首先應該是阿拉伯人的科學理性的見證人。另一塊早期的路標是簿記：據我們所知，傳世的第一本帳冊出現在佛羅倫斯（1211）。從霍茨舒赫於1304至1307年用拉丁文所記的收支帳本[381]來看，商人最初記帳，除開辦事有條理的抽象願望以外，更重要的是因為他需要記下賒銷的商品。無論如何，在過了很長時間以後，帳本才完全起到備忘的作用。從1517年起就在富格爾公司出任會計的馬克烏斯·施瓦爾茨 (Matthaus Schwartz)[382]很會追趕時代潮流，他回顧說，商人們往往滿足於「把商業往來記在小紙片上，然後再把紙片貼在牆上」。然而，就在那時候，真名為盧卡·帕喬利的盧卡·迪·波爾戈教士 (Fra Luca di Borgo) 已在其《算術、幾何、比例和比例性大全》（1494）第11章中提供了複式簿記的完美典範。在兩種基本帳簿中，一種為「流水帳」，即按時間順序分錄業務往來的帳本，另一種為「總帳」，即每項業務往來需登記兩次，這後一種複式記帳法是個新創造。它使帳本的借方和貸方之間隨時取得完全平衡。如果差額不等於零，便肯定出了差錯，必須立即找出原因[383]。

複式簿記的功用不言自喻。桑巴特熱情洋溢地寫道：「沒有複式簿記，人們簡直不能想像會有資本主義；二者的關係就像形式和內容一樣」，「複式簿記與伽利略和牛頓的體系，與現代的理化教程，都是同一種思想的產物⋯⋯不必細加考察，我們在複式簿記中已經看到萬有引力、血液循環和能量守恆等觀點[384]。」人們不禁想到齊克果的名言，「任何真理只在一定限度內是真理。超過了限度，真理就變為非真理。」桑巴特的熱情奔放已經過了頭，其他人卻還要層層加碼。史賓格勒把帕喬利的地位上升到哥倫布和哥白尼的高度[385]。科克 (C. A. Cooke) 於1950年斷言，「複式記帳的重要不在它的算術，而在它的形而上學」[386]。甚至傑出的經濟 511學家華特·歐依肯 (Walter Eucken) 也毫不猶豫地聲稱（1950年），德意志地區的漢薩同盟於16世紀錯過了經濟發展的良機，這是因為它們沒有

複式記帳的推廣。從雅各布・德・巴爾 (Jacopo de Bar) 1495 年的這幅畫作上可以看到，方濟各會教士帕喬利正為他的一名學生——大概是烏比諾公爵弗雷德烈克・德・蒙特費爾特的兒子——示範做一道平面幾何題。

採用複式簿記，而奧格斯堡商人在採用這種記帳方法的同時，迎來了經濟的繁榮[387]。

針對這些觀點，有多少人提出了異議！最初的是細小的異議。我們不想貶低帕喬利的重要作用，但必須承認，有人走在他的前面。桑巴特自己曾提到拉古沙人科楚格利的《論貿易》（他所見到的是 1573 年的第 2 版，但第 1 版於 1458 年問世[388]）。事隔一個世紀後不加改動地再版原書，這可表明，在這經濟發展活躍的 100 年內，商業經營作風幾乎沒有變化。在該書第一卷的第13章，作者用幾頁篇幅說明一種能平衡借方和貸方的正規記帳方法的優點。曾經研究幾百種商人帳冊的梅利斯認為，複式簿記在佛羅倫斯出現更早，費尼公司和法羅爾費公司於 13 世紀末業已採用[389]。

我們這裡再看真正有分量的反對意見。首先，被認為創造了奇蹟的複式簿記，它的傳播既不快也不廣。在帕喬利的書問世後的三個世紀裡，複式簿記並不像一場成功的革命那樣轟轟烈烈。商人在課本上能夠學到，但並不始終照此行事。一些大企業長期不用複式簿記，例如於1602年成立的

荷蘭東印度公司；倫敦的太陽火災保險公司確實直到1890年才採用複式簿記[390]。羅維爾、巴齊爾‧亞梅 (Basil S. Yamey)、梅利斯等熟悉古代簿記的歷史學家並不認爲以往的記帳方法有較多缺點，因而必定被複式簿記所代替。羅維爾[391]寫道，在實行單式簿記的時候，「中世紀的商人已學會使這一不完善的工具適應他們的商業需要，並通過迂迴的道路達到目的……他們找到的辦法，其靈活多樣令人驚訝。桑巴特的論點眞是大錯特錯……他硬說中世紀商人的帳本亂得一塌糊塗，使人如墜五里霧中」。

亞梅（1962）認爲，桑巴特誇大了會計工作的意義。這種抽象的計量工具在任何業務中都起重要作用，但它不能左右企業主的決策。甚至財產清單和資產負債表（複式記帳不比單式記帳使製表工作變得更加省事，商業界也很少編製資產負責表）都不是決策的關鍵，因而也不是資本主義活動的要害。編製資產負債表在多數情況下是爲了把一筆交易結算清楚，而不是爲了把它繼續下去。何況資產負債表很難編製：不很可靠的債權如何處理？庫存如何作價？既然用一種貨幣結帳，怎樣確定各種貨幣的差價（貨幣差價有時十分重要）？18世紀清理破產商行的事例表明，這些困難在當時還不易克服。至於不時需要開列的財產清單，它只是與上一份清單相比才有意義。例如，富格爾公司根據1511年的清單對公司1527年的資本和利潤進行了估算。但在這兩個日期中間，他們肯定沒有根據1511年的清單決定公司的行動方針。

最後，在資本主義運用的理性手段的單子上，也許還有比複式簿記更加有效的工具：匯票、銀行、交易所、市場、背書、貼現等。但這些手段在西方世界以及被奉若神明的理性之外，也完全可以找到。它們是一種遺產，是實踐的長期積累，正是普通的經濟生活通過不斷的實踐，才使它逐漸簡化和最後形成。同企業主的革新精神相比，交換規模的擴大和貨幣總額的不足產生的影響更大。

但人們很容易在資本主義與理性之間劃等號。這果眞是出自對現代交換技術的仰慕嗎？是否更應該認爲，人們往往把資本主義和經濟發展混淆起來（只是感覺，不是推理），因而認爲資本主義是進步的唯一動力、馬達和加速器？我認爲，這種說法是武斷的，因爲我已說過，它又一次把市場經濟同資本主義混爲一談；但這種說法又是可以理解的，因爲二者同時並存，共同發展和互爲因果。關鍵的一步已經輕巧地跨出，到了這裡，再進一步論證市場平衡以及市場體系本身活動的「理性」歸功於資本主義，就十分輕鬆愉快的了。這裡難道沒有任何矛盾嗎？所謂市場的理性，照我

513

熱那亞貨幣兌換商的條桌。14世紀末一份手稿中的彩色裝飾面。

們已經聽厭了的老生常談來說，就是自發交換的理性，這種交換是自由
的，有競爭的，特別是非統制的；用形象作表達，這是亞當斯密的「看不
見的手」或蘭格 (Lange) 的「天然計算機」；它的產生合乎「天理常情」，
是集體的供應和需求相碰撞的結果，也是超越個人考慮的結果。首先，市
場的理性不是企業主自己的理性，企業主個人隨著環境的演變尋求最佳活
動路線，以取得最大限度的利潤。斯密認為，如同國家一樣，企業主不必
關心整體的合理發展，整體的合理發展原則上是自動實現的。「人的任何
智慧和知識」都不能成功地進行這項工作。不妨說，沒有理性，或者說，
514　沒有手段對目的的不斷適應，沒有對各種可能性的精明計算，那自然也就
談不到資本主義。但我們知道合理的定義是相對的，它隨不同的文化，不
同的經濟環境，不同的社會集團以及不同的目的和手段而變化。甚至在同
一種經濟中，可以有幾種理性存在。自由競爭是一種理性。壟斷、投機和
權勢是另一種理性。

　　桑巴特在其晚年（1934）或許已意識到經濟規律和資本主義活動之間存在著一定的矛盾。可以肯定的是，他對企業主作了奇怪的描繪，似乎企業主在經濟盤算和投機心理之間，在理性和非理性之間徘徊不定。根據我的解釋，這離把資本主義完全歸結爲投機的「非理性」活動，已只有一步之差[392]！不過，認眞說來，我以爲市場經濟和資本主義的區分在這裡是至關重要的。問題是不要把市場經濟本身的效能和「理性」算在資本主義的帳上；連馬克思和列寧也把壟斷的發展歸結爲資本主義必然的和晚期的發展，從而明確地或含蓄地把市場經濟的效能算在資本主義的帳上。馬克思認爲，資本主義制度在取代封建制度時起過推進文明的作用，因爲它「更有利於生產力的發展，有利於社會關係的發展」，從而推動社會的進步，並且「導致這樣一個階段，在這個階段上，社會上的一部分人靠犧牲另一部分人來強制和壟斷社會發展（包括這種發展的物質方面和精神方面的利益）的現象將會消滅」[393]。馬克思此外還揭露了「競爭的假象」，他這是爲了分析19世紀的生產體系，而不是批評資本家的行爲。因爲資本家的「嚴格管理的權威」來自他們作爲生產者的社會職能，他們不再像在以往的各種生產形式中那樣，以「政治的統治者或神權的統治者」[394]的資格得到這種權威。「生產的社會聯繫只是表現爲一種不顧個人自由意志而壓倒一切的自然規律」。至於我，我相信無論在19世紀前或後，資本主義都具有一種「外在性」。

　　列寧在他的一段名言（1916[395]）中說到，資本主義「只有發展到一定的、很高的階段」，才變成了「帝國主義」（即在20世紀初期），「這時候，資本主義的某些基本特性開始變成自己的對立物……在經濟方面，這一過程中的基本現象，就是資本主義的自由競爭爲資本主義的壟斷所代替。自由競爭是資本主義和一般商品生產的基本特性」。不用說，我是不同意這個觀點的。列寧接著說，「從自由競爭中成長起來的壟斷並不消除競爭，而是凌駕於競爭之上，與之並存」。但在這裡，我完全贊成他的見解。如果用我的語言，我會說：「從市場經濟的自由競爭中脫胎出來（和吸取營養）的資本主義（過去的和今天的資本主義及其不同程度地帶有壟斷性的各個階段）並不完全消除競爭，而是凌駕於競爭之上，與之並存。」因爲我相信，15至18世紀的經濟基本上是市場和交換從業已取得發展的原有「核心」出發，開始全面鋪開；如果按照列寧爲19世紀末的「帝國主義」所作的垂直區分，這種經濟應包含兩個層次：事實上或法律上的壟斷，還有競爭；換句話說，資本主義（按照我所下的定義），包含發展中 515

的市場經濟。

假如我像桑巴特一樣喜歡作系統的和蓋棺定論的解釋，我將會把賭博和投機說成是資本主義發展的重要原因。在本書敘述過程中，讀者已經看到賭博、冒險、作弊這個想法時隱時現，基本規則是面對市場的習慣機制和工具，製造一種逆向活動，使市場以另外的或相反的方式進行運轉。如果大家願意，我們不妨試試，看能否在一種特殊的賭博理論的範圍內，說明資本主義的歷史。賭博一詞表面雖然簡單，但它包含著許多不同的和矛盾的具體實在：預測性賭博，正規的賭博，合法的賭博，逆反的賭博，作弊的賭博，如此等等。任何一項賭博都很難支撐一個理論體系！

15 世紀的佛羅倫斯：一種嶄新的生活藝術

從今天追溯以往，我們不能不承認，西方資本主義慢慢創造了一種嶄新的生活藝術和精神狀態，前者伴隨著後者，後者又伴隨著前者。若說這是一種新的文明，又未免言過其實。一種文明需要有更長時間的積累。

歸根結柢，如果說有變化，變化在何時發生呢？韋伯認為，新教是個起點，也就是不早於 16 世紀；桑巴特認為開端是 15 世紀的佛羅倫斯。奧托·興茨 (Otto Hintze)[396]說過，一人偏愛宗教改革，另一人傾向於文藝復興。

據我看，在這一點上，桑巴特無疑有道理。從 13 世紀起，特別在 15 世紀，佛羅倫斯是一個資本主義城市，不管人們賦予資本主義一詞什麼含義[397]。這種不正常的、出現過早的現象使桑巴特為之震動，這是理所當然的。不盡合理的是，桑巴特把他的全部分析建立在佛羅倫斯一個城市（柯克斯以 11 世紀的威尼斯為例，他的分析同樣令人信服，我們下面還會談到）和阿爾貝蒂（1404-1472）單獨一名證人的基礎上；阿爾貝蒂是名建築師、雕塑師和人文主義者，是經歷了曲折命運和早已成為豪門世家的阿爾貝蒂家族的繼承人：阿爾貝蒂家族曾在經濟上控制了14世紀的英格蘭，他們人數眾多，因而英國文獻像稱呼漢薩人、盧加人或佛羅倫斯人一樣，稱他們是阿爾貝蒂人，似乎他們單獨構成一個民族！里昂·巴蒂斯塔本人曾長期過著流亡生活，為了逃避塵世的煩惱，他出家當了教士。 1433 至 1434 年間，他在羅馬寫了前三冊《家庭篇》；第 4 冊於 1441 年在佛羅倫斯完成。桑巴特在這幾冊書裡感受到一種全新的氣氛：讚揚金錢，時間的價值，必須節儉地生活，所有這些都是早期的資產階級原則。這位教士屬於一個因虔誠而頗受敬重的商人世家，他的言論因而更加意味深長。金錢

是「萬物的根本」；「有錢就能有城市住宅或鄉村別墅，各行各業的工匠
都為有錢人辛勞服務。沒有錢就會缺少一切，辦任何事都少不了錢」。這
是面對財富的一種新的態度；而在過去，人們把財富當作靈魂獲救的一種　516
障礙。在如何對待時間的問題上，也同樣如此：過去說時間屬於上帝一
人；出賣時間（借貸時收取利息）也就是出賣不屬於自己的東西。而現
在，時間又重新成為生活的量綱和人的財產，對人說來，最好不要讓時間
白白過去。關於奢侈，阿爾貝蒂寫道：「你們應該記住，決不要讓你們的
支出超過收入。」這一嶄新準則是對貴族鋪張浪費的一種譴責。桑巴特說　517
得對：「這裡不是要把節儉的思想貫穿到勉強能吃飽肚皮的平民百姓的日
常生活中去，而是要讓富家大戶同樣接受這種思想」[398]。

　　這種思想就是資本主義思想。

　　韋伯在一個批註中提出了反對的意見[399]，他簡單明瞭地指出，阿爾貝
蒂不過是重述古代哲人的遺訓；桑巴特鄭重其事地特意引證的某些句子與
西塞羅的名言相當接近。此外，人們幾乎會說，這裡所用的「經濟」
（économie）一詞是詞源上的意義，不是指財富在市場上的運動；它涉及的
是「家政學」，而不是經濟學。照這麼說，阿爾貝蒂的《家庭篇》便被貶
低為治家格言一類的說教，直到18世紀末，許多德國作家仍樂此不疲，他
們提供的種種規勸雖然往往饒有興味，但與商人的眼界只有間接的聯繫。

　　然而，韋伯的意見是錯誤的。只要通讀《家庭篇》一書便足以信服，
桑巴特的引證不能反映該書的全貌。反映佛羅倫斯生活的其他著作也可出
庭作證。我們不妨讓保羅·切爾塔爾多 (Paolo Certaldo) 講話，聽取他的
證詞[400]：「如果你有錢，你不要因滿足而止步，不要把死錢留在家裡，勞
而無功總比無所作為要好，因為即使你在勞動中分文未賺，你至少沒有丟
失操勞的習慣。」他還說：「你應不斷操勞，努力掙錢。」又說：「善於
掙錢，這是很好的事情和很大的本領，但懂得恰當地花錢，把錢花在刀口
上，就要有更大的才能。」我們記得，說「時間就是金錢」的人也是阿爾
貝蒂的對話者之一。如果資本主義能從「精神」認出和從詞的分量秤出，
韋伯便肯定是錯了。我們可以想像韋伯作何答覆：歸根到柢這無非是利欲
而已。殊不知資本主義還意味著其他的東西，甚至相反的東西。這是一種
自制力，是「對非理性利欲衝動的理性克制和抑止」。我們又重返我們的
出發點！

　　今天的歷史學家可能認為，有關資本主義基本要素的研究誠然引人興
趣和富有價值，但它們畢竟不足以使我們抓住資本主義心態的起源。為

佛羅倫斯全景。《仁慈聖母》壁畫細部，14世紀。

此，我們必須聽取馬克思的勸告，離開詞語的迷魂陣，直接去觀察現實，前往中世紀的義大利城市，並在那裡停留一段時間。

不同的時代，不同的世界觀

今天的人在重溫桑巴特和韋伯的辯論時難免會產生不切實際的感覺，似乎兩人的論爭有點文不對題，近乎無的放矢。也許正是我們切身經歷使

我們對這種論爭難以接受，感到格格不入。韋伯（1904）和桑巴特（1912）當時認爲，歐洲是世界科學、理性和邏輯的必然中心，這是合乎情理的。但我們已喪失了這種確信和這種自大心理。一種文明憑什麼始終要比另一 518種文明更聰明和更合乎理性呢？

　　韋伯曾提出了這個問題，但在略加猶豫以後，仍堅持自己的意見。他和桑巴特全都認爲，對資本主義的一切解釋都離不開西方「精神」本質的和不可缺少的優越性，其實這種優越性也來自歷史的偶然和暴力，來自世界範圍的「發錯了牌」。爲了某個事業或某種解釋的需要而改寫世界歷史，這是沒有意義的。但我們不妨假定，正當歐洲因所謂百年戰爭而出現經濟衰退時，如果中國帆船於1419年繞過了好望角，如果世界的統治權轉到這個遙遠的東方大國，轉到世界另一個人口稠密區域的中心，那又會是什麼情形？

　　另一個帶有時代色彩的觀點：在韋伯看來，資本主義是一種歸宿，是經濟發展的「福地」，是進步的最後階段，而決不是一種脆弱的和過渡性的制度（除非我的閱讀不夠仔細）。今天，資本主義的死亡，或至少它的連鎖演變，不再是完全不可能的事。我們可以親眼看到這類事實的出現。總之，「不能再認爲歷史演變就到資本主義爲止」[401]。

歐洲以外的資本主義

519

　　如同歐洲一樣，世界其他地區幾百年來也必須從事生產、發展交換和加速貨幣流通。到這類活動中去尋找某種資本主義的徵兆或先兆，難道說是荒唐的嗎？我贊成德勒茲（Gilles Deleuze）和瓜塔里（Felix Guattari）的看法[402]，認爲「在一定程度上，資本主義曾光顧過社會的所有形態」，至少在我心目中的資本主義是這樣的。但我們應直言不諱地承認，資本主義在歐洲已成功地建立起來，在日本已初具規模，而在其他各地幾乎全遭失敗（例外正證實了規律），或者更應該說，未能建成。

　　這裡有兩大理由可作解釋：一方面是經濟的和地域的理由，另方面是政治的和社會的理由。我們僅僅能夠勾勒這些理由的輪廓，但是，在歐洲和非歐洲的歷史學家尚未能很好地探索和整理素材前，我們就此進行的這類考察，不論有多少缺點和錯誤，卻能讓我們看到資本義曾遭受的明顯挫折或取得的局部成功，這些挫折或局部成功都爲資本主義（作爲世界的整體性問題或作爲歐洲的特殊問題）提供見證。

遠程貿易的奇蹟

任何一種資本主義的存在都有一些前提條件，決定性的條件是流通，而且幾乎可以說，就是流通。流通的區域愈大，成果也就愈多。埃夫林・薩卡基達・巴夫斯基 (Evelyn Sakakida Pawski) 在其近著中就 16 世紀的福建和18世紀的湖南作比較，福建地處沿海，便於對外貿易，人口日趨稠密，農民生活相當富裕，而在對外封閉的湖南內陸，同樣的人耕種同樣的稻田，生活卻很貧困。一邊是朝氣勃勃，另一邊是死氣沉沉：這條規律適用於世界上大小不等的各個地區。

這個鮮明對比在古代的中國和亞洲特別引人注目，這是因為那裡的地域極其遼闊，使人覺得需要跨越的陸地和海面以及半死不活的不發達地區無邊無際。歐洲的情況與此簡直不成比例，在有船隻、貨物和行人來往的水陸沿線，活躍地區顯得尤其狹窄。日本在整個東亞之所以別具一格，這首先因為它四周被海包圍，交通十分方便，而瀨戶內海可算是日本的地中海，面積小些，但十分活躍。請設想，如果在我國，也有一個從里昂到巴黎的內海，該是怎麼樣的情景！日本的一切當然不能全都說成是大海的功勞，但是如果沒有大海，這一獨特歷史的曲折過程幾乎是不可設想的。中國南方從福州和廈門到廣州一帶，海面和陸地犬牙交錯，形成一種溺谷型海岸，那裡的情況不也同樣如此嗎？在這一帶，海上的旅行和冒險推動著中國資本主義的發展，中國的資本主義只有在逃脫國內的監督和約束時，才能充分施展其才能。這部分從事對外貿易的中國商人在1638年日本實行閉關鎖國後，同荷蘭商人一樣，甚至比後者更加有效地參與日本列島的銅和銀的貿易；他們在馬尼拉接收大帆船從亞加普科運來的白銀；中國始終派人出外經商，中國的工匠、商人和貨物深入南洋群島的每個角落。後來，隨著歐洲對華貿易的高漲，廣州成為一個刺激和推動整個中國經濟的貿易中心，並且在更高的層次上，促使銀行家、金融家和放債人變得更加精明能幹。受北京政府的委託，專門在廣州與歐洲人交往的商人集團「公行」於1720年成立，直到1771年依舊存在，這是商人與各東印度公司進行競爭，並謀取巨額財富的工具。

如果我們觀察其他的活躍商業城市，我們會注意到類似的情形，例如於1510年被葡萄牙征服以前的麻六甲；1600年前後蘇門答臘島上的亞齊[403]；1683年荷蘭人定居前的萬丹（堪稱熱帶地區的威尼斯或布魯日）；印度或伊斯蘭地區的傳統商業城市。總之，這類例子多不勝舉。

就拿印度康貝灣的蘇拉特來說。英國人於1609年在那裡開設了商行，

荷蘭人於 1616 年，法國人比較晚，在 1665 年，但是其商業設施相當豪華[404]。到了 1665 年左右，蘇拉特的發展十分迅速。大船停靠在塔菩提河口的斯瓦利港，沿塔菩提河上溯可達蘇拉特，但河小水淺，只允許小船通行。在舶艫雲集的斯瓦利，大批簡陋棚屋可供歐洲籍和非歐洲籍的船員容身。但大船在港口不能久留，惡劣的氣候經常會帶來危險，尤其不宜在那裡過冬。只有商人留在當地，他們都去蘇拉特的商館居住。

據一名法國人[405]說，1672 年的蘇拉特，其大小與里昂相仿。他估計該城居民總數高達 100 萬，我們對此也許感到懷疑。婆羅門銀行家、商人和經紀人是城市的主宰，他們的誠實、機靈和財富當之無愧地受到人們的普遍讚揚，「擁有 20 萬埃居的富翁可達 30 人，擁有 200、300 萬埃居的富翁佔其中的三分之一以上。」創最高紀錄的首富是一名包稅商（3000 萬）和一名「向摩爾和歐洲商人放債的」商人（2500 萬）。蘇拉特當時是往返於紅海、波斯和南洋群島之間的印度洋貿易的重要中轉站之一，是出入蒙兀兒帝國的大門，整個印度的中心，船東和風險貸款人通常的會面地點。匯票大批湧來這裡；達維尼葉[406]斷言，前來這裡上船的人肯定能取得現金。荷蘭商人在蘇拉特得到爲在孟加拉經商所需的銀盧比[407]。該地還有大商業的另一個跡象：世界各國的種族和宗教。除開婆羅門（他們構成最大的經紀人集團）以及市內和市郊信奉異教的廣大手工業者之外，穆斯林商人與印度教商人的人數大致相等，他們也把自己的貿易活動從紅海擴展到蘇門答臘和南洋群島的其他地區；此外，還有一個相當活躍的亞美尼亞商人集團。一個名叫戈蒂埃・邱丹 (Gautier Schouten) 的旅行者[408]說，除中國人和日本人外，各國的遊客和「印度各邦的商人」都到這裡來。「他們的生意出奇地興旺。」 521

蘇拉特的運氣時高時低。但在 1758 年，英國征服孟加拉後不久，英國人亨利・格羅斯 (Henri Grose) 見到蘇拉特的情景，深感驚訝而又讚嘆不已。他對那種把大商人阿布杜加夫爾的貿易說成「堪與英格蘭公司相比」的誇大說法提出異議，但他指出，這位巨商「每年派遣 300 噸至 800 噸的商船 20 艘出海，每艘船裝載貨物的價值至少高達 2 萬英鎊，有時更達到 2 萬 5 千英鎊」。這些誠實的婆羅門經紀商，「在半小時之內，只消寥寥數語就能做成一筆 3 千英鎊的生意」，使他瞠目結舌。他們的店舖並不起眼，但「沒有一種商品在那裡找不到」，「商人慣於把貨物存在別處；他們在舖子裡只陳列出售的樣品」。我們這位英國人不喜歡印度布，特別是那些紅底帶花的圖樣，但他說，你只要拿起一條開司米圍巾，便會對它的

康貝的婆羅門商人及其妻子，16世紀曾在果亞和印度生活的一位葡萄牙人的水彩畫，藏羅馬卡薩納滕斯圖書館。

柔軟讚嘆不已，「質地極其細膩，整條圍巾能從指環中穿過」[409]。

522　　在印度沿海和南洋群島一帶，像蘇拉特這樣活躍的城市想來應有幾十個，商人、企業主、運輸業主、經紀人、銀行家和工廠主真是成千上萬。當時難道沒有資本家和資本主義嗎？很難說沒有。歐洲資本主義的各種因素在這裡都已齊備：資本，商品，經紀人，批發商，銀行，大宗貿易的工具，乃至工匠無產者，亞美達巴得等大紡織中心中類似手工工廠的作坊，由商人訂貨和由專門經紀人分派加工任務的家庭勞動（有幾篇關於英國在孟加拉的貿易的文章對其活動形式作了很好的描述），最後和最重要的還有遠程貿易。確實，這種高度發達的商業活動僅存在於幾個孤立的據點，沒有擴展到遼闊的地域。但能否說其發展程度與 13 和 14 世紀時的歐洲不相上下呢？

雅各布斯的直覺和論據

　　在開始進行預期的第二種解釋（政治的和社會的）以前，我們先就諾爾曼·雅各布斯 (Norman Jacobs) 於 1958 年在香港出版的《東亞現代資

本主義的起源》一書，插進一段有益的題外話。

從表面上看，雅各布斯的見解相當簡單。他指出，在遠東，日本是今天唯一的資本主義國家。如果說日本的工業資本主義是歐洲工業化的簡單模仿，這個理由不足以說明問題。因為，照這麼說，人們會問：遠東的其他國家過去和現在為什麼不能同樣模仿？對資本主義持歡迎還是排斥態度，大概應由一些舊結構負責，因此要讓前資本主義來作出答覆，讓過去來解釋現在。帶著這個問題，我們將拿過去的日本同文化上相接近、但也有許多不同的中國作比較；再拿它同文化上相距很遠、但也有某些相似點的歐洲作比較。如果日本和中國的不同表現在社會、社會組織和政治機器方面，而不在文化方面，日本和歐洲的相似卻有耐人尋味的意義。我們很可能同時得到有關一般資本主義及其廣義上的社會起源的新啟示。

雅各布斯以為，歐洲前資本主義的基本特徵事先已被認識，這種看法其實是錯誤的；他接著又就中國和日本的情形逐條進行精確的比較，同時又表示，作為非資本主義國家，中國的情形大致上也適用於印度（這個觀點肯定有問題）。伊斯蘭的情形在書中沒有談到，這無疑是個重大缺點。作者向我們建議的那個兩分法，它最嚴重的毛病還是過分突出了中國和日本的對比，結果造成一邊為黑以及另一邊為白的雙重典型，就如同喬治‧德‧拉圖爾 (Georges de La Tour) 畫作中明暗之間的強烈對照一樣。由此便產生簡單武斷的危險。雖然如此，這一比較還是值得重視的，並且從頭到尾都是給人教益的。

雅各布斯毫不猶豫地把中國和日本的全部過去放進天平的二個托盤。　523
對此我表示贊同，雖說我的判斷遠非不偏不倚；在涉及歐洲的問題上，我自己就是這樣做的，經常追溯到11世紀的斷裂，甚至追溯到這一決定性轉變以前。在雅各布斯的著作中，一項類似的規則既用於解釋中國漢朝（公元前3世紀）關於私有制的一項決定或者日本7世紀關於同意某些社會階層的土地免納捐稅的詔書（這項詔書奠定了日本封建制的基礎），又用於解釋足利時期（1368-1573）的某些很能說明問題的細節（它們表明日本已是一個海上強國，日本的海盜已橫行遠東各海域），以及日本經濟在自由化道路上所取得的成功（這裡所說的自由相當於中世紀時代歐洲的「自由」，即專營貿易權和針對其他商人的壁壘）。由此可見，雅各布斯或明或暗地把資本主義的起因歸結為綿延幾百年之久的長時段演變，而為解決提出的問題，他認為還有待積累大量的歷史資料。一名社會學家對歷史學寄予如此的信任，這真是十分難能可貴。

通俗歷史畫：神童源賴朝（1147-1199）在13歲那年殺死攔路搶劫的盜賊。月岡露仁齋昌信：《名人傳》，1759年版。

雅各布斯分別論述了幾百年間社會、經濟、政治、宗教機構的職能活動。貿易和財產，政治權力和勞動分工，社會結構及其變動，親戚關係，財產繼承制，宗教生活的地位等所有問題都曾涉及到，關鍵是要檢驗，在這些經常性因素中，有什麼東西與歐洲的過去最相像，並且孕育著資本主義的未來。他為此洋洋灑灑地寫了一部很有特色的著作；我們將根據我們的需要對該書作一概括，同時加上必要的附註和解釋。

在中國，障礙來自國家及其嚴密的官僚機構。我要補充的是，這個國家特別長壽；它每隔很長一段時間，便會出現王朝更替，但它始終會自我修復：國家實行中央集權，推廣道德說教，遵循儒家的倫理傳統。儒家傳統雖然往往為適應形勢而改頭換面，但其主要原則基本不變，使文化、意識形態以及宗教為國家服務。而國家其本身，就是說各級官吏，則是為公共利益服務。修堤、築路和開挖運河等公共工程，城市的安全和治理，防止外族入侵等，這一切都屬於國家的職責。與饑荒作鬥爭同樣是國家的職責，其中包括：保護和保障作為整個經濟支柱的農業生產；給予農民、蠶絲生產者和企業主必要的貸款；建立公共穀倉以備不時之需；最後，作為對這無所不在的干預的補償，唯獨國家有權向國民徵稅。如果皇帝昏庸無

道，上蒼就會拋棄他，君主就會喪失一切權威。但在正常情況下，君主擁有全部權力和並在理論上享有全部權利。土地私有制最早可追溯到漢朝，但土地原則上仍歸政府所有。國家能以公共利益的名義和根據農業墾殖的需要，隨意要求農民和大地主從帝國的一地遷往另一地。同樣，政府有權徵發農民勞工，從事龐大的公共工程。中國確實也有騎在農民頭上的土地貴族，他們也剝削農民的勞動，但沒有任何合法權利，只是在沒有官吏實施直接監督的村莊里，他們才同意代表國家，並爲國家徵稅。貴族本身的存在因而也取決於國家的厚待。

批發商和製造商的活動同樣受到無所不曉的政府當局的擺布、約束和限制。船隻到港和離港均受當地官員的檢查。一些歷史學家甚至認爲，15世紀初期大規模的航海活動是國家控制私營外貿利潤的一個辦法。這是可能的，雖然不能肯定。所有城市都同樣受到監督和監視，都被劃分爲不同的街坊，每天晚上關閉柵欄，使彼此隔絕。在這情況下，商人、高利貸者、貨幣兌換商和製造商（國家有時給予資助，藉以影響他們的經營方向）的日子並不十分好過。政府有權以公共利益的名義，任意懲罰過分富有的個人或向他們徵稅，他們的財產也被貶斥爲不義之財。受罰納稅的富人有怨不得訴，因爲他們受到公共道德的譴責。只有官吏和托庇權貴的個人才是例外，但他們的特權從來沒有保障。僅舉乾隆皇帝的寵臣和珅爲例（我無意誇大這一案例本身的意義），1795年乾隆去世後，和珅即被繼位的皇帝處死，財產也被沒收。此人貪贓枉法，爲眾人所恨，但他主要是因循私聚斂，除成套的名家書畫外，還開設幾家當舖，金銀珠寶不計其數；總之，他實在過分富有，再加上已不再任職。

國家的另一項特權是隨意鑄造劣幣（用銅鉛合金鑄造的銅錢），劣幣往往被偽造（並不影響流通），在認證的印記變得模糊或消失時貶值。國家還有任意發行紙幣的權利，紙幣持有者不一定能夠兌換鑄幣。商人，眾多的高利貸者和票行主往往依靠爲國家徵稅求得微薄收入，並且終日提心吊膽，怕因露富遭人嫉妒，引來國家的勒索和被要求向國家報效。

在這樣的制度下，唯有國家和國家機器才有可能進行財富積累。中國結果便生活在某種「極權主義」制度下（這裡沒有該詞新近得到的貶義）。堅持在經濟和資本主義之間作出區分，中國的具體實例正好爲我們提供了依據。與雅各布斯從一種先驗的推理得出的認識（沒有資本主義，便沒有市場經濟）相反，中國擁有牢固的市場經濟，我們已多次談到，地方集市星羅棋布，小工匠和小商販走街串巷，城市中店舖鱗次櫛比，四方商旅往

來繁忙。可見，基層經濟活動十分活躍，貿易也很興旺，政府也有意扶植，雖然在它看來，農業收成才是一切的根本。但國家機器仍高高在上地監視一切，它對富得異乎尋常的任何人都持明顯的敵對態度。在中國，城市附近的土地被課以重稅（在歐洲，城裡人出高價買下這些土地，藉以獲得豐厚的收益和地租），從而抵消因靠近城市市場而具有的優越地位。可見，除了由國家撐腰、監督和控制的特定商人集團（如13世紀的鹽商或廣州的「公行」）外，中國沒有資本主義。至多可以說，明代存在著一個市民階級。還有，特別在旅居南洋群島的華僑中，存在著某種殖民資本主義，這種資本主義一直延續到今天。

　　根據雅各布斯的解釋，隨著獨立於國家的經濟勢力和社會勢力的形成（不論是行會、遠程貿易、自由城市或者往往不須對任何人負責的商人集團），日本資本主義發展的命運在足利時代（1368-1573）已經相當確定。甚至更早，在封建制度牢固地建立後，已出現了國家相對地缺少權威的初步跡象。但最初的跡象究竟何時出現，卻是個問題；如果說封建制度於1270年誕生，那就是在一個精確會使人上當的領域內表現過分精確，那就是故意無視封建制形成的前提：大地主的形成損害了天皇的產業，他們在獲得世襲權利前已募兵保護他們的獨立自主。結果是，在一段時間內，出現了一些強大的和幾乎獨立的國中之國，分別庇護各自的城市、商人、行會和特殊利益。

526

　　中國在明代（1368-1644）乃至在滿族入侵（1644-1680）之後都未能實行分封制，其原因可能是中國人口始終很多，大量的人口意謂著一種連續性以及恢復平衡的可能性。我確實認為，分封制出現在人口稀少的和一切從零開始的地區，人口稀少既可以是天災人禍的結果，又可以是一個新興國家起步的原因。日本最初是個四分之三的疆土空無一人的列島。米歇爾‧維埃（Michel Vie）[410]認為，「突出的事實是日本比大陸落後」，比朝鮮落後，尤其比中國落後。在那個遙遠的時代，日本竭力追隨中國文明，但又人口不足。國內戰亂頻仍，每個小集團都很難壓倒其他集團，結果使國家始終停留在不發達的狀態，列島四分五裂，各自為政，有時為形勢所迫，則勉強結成整體，但機會一到，又重新分裂。日本的社會因而是混亂的，不平衡的和四分五裂的。同這種割據狀態相反，存在著天皇（住在京都的皇帝）的權威，但這種權威主要是名義上的和禮儀性的，而不是世俗的；此外還有被稱為「將軍」的各地軍閥互相爭奪以及先後確立的為時或長或短的霸權，「將軍」的地位類似法國墨洛溫王朝時代的宮庭總

管。最後，德川幕府（1601-1868）的創始人德川家康取得了「將軍」的稱號，把幕府的統治推廣到日本全國。德川幕府的統治一直維持到明治維新才告結束。

簡單說來，我們可以認爲，在其緩慢形成的幾百年內，日本處於歐洲中世紀的那種無政府狀態，中央政府、封建勢力、城市、農民、手工業者和商人一齊登上舞台，各展其能。日本社會中存在著類似中世紀歐洲的那種自由，也就是人們賴以保護自己和求得生存的特權。任何問題都未被一勞永逸地解決，任何事情都不接受一種片面的解決方案，這同歐洲封建社會中產生衝突和運動的多樣性有什麼共同之處呢？到了德川幕府的末期，日本實行的不是中國式的極權統治，統治集團的各個組成部分必須不斷調整相互關係，以恢復很不穩定的平衡。歷史學家往往誇大德川的勝利，如同歐洲君主的勝利一樣，德川的勝利是個眞實的勝利，但又不是完整的、徹底的勝利。

這一勝利也是步兵以及來自歐洲的火器的勝利（主要指歐洲的火槍，因爲日本火炮聲響大，殺傷力小）。「大名」們紛紛被迫接受幕府的權威，幕府的統治機動靈活，得到強大軍隊的支持，隨著道路網和驛站制的建立，更便於實行有效的監視和幹預。「大名」們被迫同意每隔一年去江戶（東京）參觀一次，居住一年，他們在「將軍」的新都城處於某種軟禁狀態。這就是所謂「參觀交代」制度。在「大名」返回自己的領地後，他們讓妻兒留在江戶充當人質。天皇的一名親戚也住在江戶充當人質。相比之下，法國貴族必須前往羅浮宮和凡爾賽宮朝覲國王的義務顯得寬鬆得多。　527
力量對比已變得對「將軍」有利。但緊張氣氛依然存在，衝突一觸即發。德川家光導演的一齣戲足以爲證：這位年輕人於1632年接替父職出任將軍時，爲使所有人信服他至高無上的權威，便召集「大名」議事。「大名」們來到府邸，同平時一樣，聚集在最後一間廳堂，但無人出面迎接。他們枯等著，寒氣逼人，沒有任何食物招待，在一片靜寂中，夜色降臨。屛門突然打開，「將軍」在火把的光亮中出現。他自信地說：「對於所有的大名，甚至最強大的大名，我都視作臣下。你們中間有誰不願服從，可以馬上走開，重回到自己的領地，準備交戰，和我決一勝負[411]。」正是這位「將軍」於1635年建立了「參觀」制，過後不久，又對外實行鎖國政策，僅荷蘭和中國的少數船隻屬於例外。這是在控制貴族後採取的控制商人的措施。

封建領主於是被壓得服服貼貼，但他們的領地仍原封不動地保存著。「將軍」有時對領地予以沒收和重新分配。封建家族從此世代繁衍，直到今

天，可見其壽命之長。在日本，各種條件皆有利於門閥的世代相傳，特別
是長子權；不比在中國，父母的遺產是由全體男性後嗣平分的。在這些大
家族之下（有些大家族勝利通過了工業資本主義的關口），長期有許多小貴
族充當家臣，即所謂「武士」，他們在明治維新後的工業革命中也發揮了作
用。

　　從我們的角度來看，最重要的是日本的自由商埠出現較晚，但能迅速
見到成效。最早的自由商埠是1573年的堺港。強大的手工業行會把經營網
和壟斷權從一個城市擴展到另一個城市，商人則組織在同業公會中，同業
公會於17世紀末開始出現，在1721年得到正式承認，與西方享有特權的
商業公司相似。最後一個重要特點是商業財閥的出現，盡管經歷了這種或
那種災難，鴻池、住友、三井等家族竟持續了幾百年之久，超過了比蘭納
所確定的各種期限。今天依舊極其強大的三井集團，其創始人是「於1620
年在伊勢設廠的清酒製造商」，他的兒子於1690年在江戶（東京）成為「將
軍和皇室的財政代理人」[412]。

　　一些商人家族利用大名、幕府乃至天皇的需要而長期存在；他們十分
精明，很早通過把持貨幣謀取利益，而貨幣是現代加速資本積累不可缺少
的工具。當政府於17世紀末對貨幣實行貶值，企圖使貨幣為自己的利益服
務時，政府遇到強有力的反對，因而過不了幾年便回到老路上去。商人每
次都能安渡難關，讓其他百姓受累倒霉。

　　社會對商業發展並不始終起促進作用，商人的社會地位也並不高。日
本最早的經濟學家熊澤蕃山（1619-1691）[413]不喜歡商人，他推崇中國為理
想社會，此舉意味深長。不過早期的、土生土長的資本主義仍在自發成
長。商人從「大名」或「大名的家臣」那裡收購稻米，因而在日本經濟中
佔有舉足輕重的地位，他們掌握的稻米（古代的貨幣）變成了真正的貨
幣。米價誠然取決於收成，但也取決於控制著大部分剩餘產品的商人。他
們還控制著大阪到江戶之間的軸線，前者為稻米生產中心，後者是擁有100
多萬居民的龐大都城和消費中心。最後，他們是金銀交易的中間人（白銀
和黃金的集散地分別在大阪和江戶），這兩種貴金屬的比價互為消長，始
終高踞原已付諸流通的銅幣之上，銅幣於1636年成為法定貨幣，供窮人作
小筆交易之用。除這三種貨幣外，還應加上匯票、支票、銀行券以及可在
交易所交易的其他證券。在廣大的傳統手工業的基礎上，誕生了一些手工
工廠。各種努力彙集成發展資本主義的一股潮流，日本早期資本主義的產
生既不是由於對外國的模仿，也不是由於宗教團體的提倡，商人的作用往

往是要消除佛教寺廟的競爭（競爭最初十分激烈），「將軍」本身也致力於破除佛教寺廟。

簡單地說，日本資本主義首先是古老的、活躍的、繁殖力很強的市場經濟——集市、交易會、航運、交換（單是內地的零售漁業就相當可觀）——推動的結果。其次是發展很早的遠程貿易的結果，特別是對華貿易，利潤之高令人難以置信（15世紀最初幾次航行的利潤率達1100%）[414]。1570 529年間，商人們曾對「將軍」慷慨解囊，希望能出兵征服菲律賓。可惜的是，日本不久便喪失了資本主義必要的和決定性的組成部分：對外貿易。在1638年實行鎖國政策後，外來貿易即使沒有被完全取消，也受到了將軍的嚴密限制。有些歷史學家認爲，走私緩解了鎖國的後果，尤其是以南方的九州島和位於前往朝鮮途中的無人居住的靜島爲據點的走私活動。這種說法未免言過其實，雖然有證據表明，長崎商人的走私活動十分活躍，此外還有薩摩藩的島津氏，於1691年在中國設立分理機構，以便更好地開展非法貿易[415]。在1638至1869年中間長達200多年實行的限制無疑推遲了可以預見的經濟發展。日本後來很快彌補了自己的落後。這裡有許多原因，其中包括經濟狀況的原因。但主要的原因，無疑因爲日本模仿西方而出現的經濟高漲是以它早已耐心地單獨建立起來的商業資本主義爲出發點的。「麥苗在雪下早已萌生」：我從竹越與三郎寫於1930年的著作[416]中借用一個形象，他也認爲歐洲和日本的社會經濟發展有著驚人的相似之處，它們分別遵循相同的發展過程，雖然結果並不完全相同。

政治和社會

530

我們且結束這篇冗長的題外話，再從整體方面來考察問題。我們剛才探討了一個平凡、熟悉而又引人入勝的議題。用馬克思主義的術語來說，封建主義爲資本主義鋪平道路；其實，大家知道，馬克思從沒有費太多的筆墨去分析封建主義向資本主義的過渡。雅各布斯之所以論述這個問題，是爲了一方面否定封建主義是資本主義必然的準備階段；但在另方面，他又指出，「在歷史上……推動資本主義發展的因素」在與「封建主義時期出於別的目的業已確立的權利和特權有關的某些價值」中找到了「賦予自身法定地位」的有利環境。以下是我個人對這個問題的看法。在威尼斯、熱那亞或奧格斯堡這些很早就獨立發展起來的城市中，商人出身的城市貴族佔據最高的社會地位；除開這些城市，無論在西方或日本，上層商人在隨著經濟和國家的現代化而發展壯大時，只佔次等社會地位。他們像遇到

18世紀日本的市場。北齋畫派的大師之一勝川春章作畫。

一堵牆的植物那樣，不能突破一定的限度。如果障礙不能突破，植物便沿牆向上攀援，力求根深葉茂，這就是資產階級的命運。一旦障礙被突破，取得勝利的家族勢必改變社會地位。我在另一本書中說過，那時的資產階級便背叛自己，這話講得未免有點過分。實際上，資產階級從不全都背叛自己。他們改組自身，以便克服障礙。

　　只要障礙始終存在，這些受壓制的和嚮往光明、嚮往社會成就的家族就必定要精打細算，小心謹慎和注意積累。尤其，由於高高在上的貴族鋪張浪費，入不敷出，他們拋棄的和無暇顧及的東西便被下一個階級所奪得。舉個簡單而有說服力的例子，請看法國塞吉埃家族的高利貸活動，或者不如說高利貸政策。資產階級和長袍貴族（這也是一個資產階級）的財產從16世紀開始不斷增加，並不僅僅因為他們捐納官職，購買土地和不動產，因為他們從國王那裡得到賞賜，或通過聯姻得到嫁奩和由於家長治家有方，而且還因為他們為大人物提供了各種服務（特別是高利貸，以及其他服務）。大理院院長彼埃爾・塞吉埃 (Pierre Séguier)（1504-1580）接

受存款，發放貸款，質當和贖當收取利息。他與內末爾公爵夫人瑪麗‧達爾布雷做成幾筆收益頗豐的生意；有一天，公爵夫人在結帳時把德勒附近的索列爾領地賞給了塞吉埃，「售價9千埃居，公爵夫人僅取3600埃居，剩下部分用於償還舊帳」[417]。這不過是幾樁交易中的一樁。塞吉埃院長還同蒙莫朗西家族以及西利家族的幾個成員保持債主和債戶的關係；蒙莫朗西家族應付債主很有辦法。後來經過妥協，彼埃爾‧塞吉埃終於得到默倫附近的一片喬木林，歐諾附近的埃斯古里的一塊租地，如此等等[418]。可見，因擁有土地財富和傳統權力而逐漸形成的統治階級成了寄生的資產階級剝削和吞噬的最好對象，吞下這塊肥肉誠然要冒一點風險，但得益確實是很大的。在日本也有相同的吞噬過程，大阪商人利用了「大名」的災禍和浪費。用馬克思的話來說，這是損害一個階級但有利於另一個階級的集中。 531
統治階級遲早要成為其追隨者的盤中之食，正如雅典和別地的元老們被城邦所吞噬一樣。當然，如果這個階級有防衛和抵抗的力量，其他階級達到財富和權力的過程就比較困難，或暫時成為不可能。甚至在歐洲也曾出現

過這樣的局面。無論如何，單有社會變動總是不夠的。要使一個階級能有效地，持續地被另一個階級所吞噬，還必須讓這二個階級都有積累的能力，並且能使這種積累一代又一代地像滾雪球一樣傳下去。

在中國，官僚是中國社會中唯一的，幾乎不可打破的高級階層，這個階層即使遭到損害，也能自動復原。當官的讀書人享有巨大的威望，任何集團和任何階級都不能望其項背。他們代表秩序和公共道德，但並不全都冰清玉潔。許多官員，特別是在港口，把錢存到商人那裡，商人也樂意收買和結交官府。一名官員視收受賄賂爲天經地義，藉以致富而毫無歉疚。不過，僅及個人的財富積累又有什麼價值？這種積累只對在職官員有效，而官職又來自勤奮的學習以及相當民主的科舉選拔[419]。官員的威望往往促使富有的商人子弟謀求這些令人艷羨的地位，這是他們「背叛」本階級的方式。但官員的兒子不一定能當官。家庭地位的上升很可能突然中斷。達官巨宦不能把財產和權勢一帆風順地傳諸子孫後代。

在伊斯蘭各國，情形有本質的不同，而結果卻出人意料地相同。不同的形勢：上層階級不斷在變化，這一變化不是主動的，而是被動的。伊斯坦堡的鄂圖曼蘇丹是個典型例子：他像更換襯衣一樣，隨時更換上層階級。請想一想在基督教兒童中招收近衛軍士兵的事情。人們經常說到的鄂圖曼封建制不過是一種前封建制：所謂「梯瑪爾」（timars）和「西帕希尼克」（sipahiniks）都是只及受封者個人的封地。必須等到16世紀末，由於推行改良土壤和引進新作物等資本主義政策，眞正的鄂圖曼封建制才開始出現[420]。一個采邑貴族階級終於建立起來，特別在巴爾幹半島，並且把那裡的土地和領地置於貴族的子孫後代的長期控制之下。歷史學家尼古拉·托圖洛夫 (Nicolai Todorov)[421]認爲，爭奪地租的鬥爭最終以佔有國家所有高級官職的統治階層取得完全勝利而結束。眞是完全勝利嗎？我們必須對這個問題作進一步的研究。可以肯定的是，社會的這個突變是一場波瀾壯闊的歷史突變的原因和後果，是一個好勇鬥狠、積重難返的舊軍事國家瓦解的原因和結果。在穆斯林地區，統治階級在人們的心目中通常是這樣一夥人，他們徹底離開土地，由國家豢養，並且隨時可被國家所排斥。同樣的情景到處都可看到：在波斯以及在大蒙兀兒帝國興盛時期的印度，「汗」只是終身任職的部族首領，不得傳子。

在德里，確實沒有世代顯貴的門閥。柯爾貝爾的同時代人、蒙貝里耶大學醫學院博士法蘭索瓦·貝尼埃 (Francois Bernier) 對在大蒙兀兒帝國的軍事社會中生活感到很不習慣，他向我們仔細訴說了他的種種苦惱。

532

「歐姆拉」（omerahs）和「拉日哈」（rajhas）不過是雇傭軍的首領和只及終身的領主。大蒙兀兒分封給他們土地，但不保證子孫後代的繼承。大蒙兀兒當然不能作出這種保證，因為他需要有一支大軍，他用我們說的「封地」，或相當於土耳其的「西帕希尼克」賞賜他的部下，並在受賞者去世之後收回，此所謂「普天之下莫非王土」。因此，任何貴族都不能在土地上紮下根子，土地定期從他們手中奪走。貝尼埃解釋說：「全國土地都歸大蒙兀兒所有，因而沒有公爵或侯爵的領地，沒有依靠祖業和地產收益為生的財主家族。」他們的處境就像在牌局中那樣，經常地、自動地重新發牌。與西方的武士不同，這些軍人不用家族的姓氏。「他們只用與軍人身分相稱的化名：轟天雷、霹靂火、闖陣先鋒、忠義將、十全武士、智多星等等[422]。」可見他們不像西方那樣用村莊、地區的地理名稱充當自己的姓氏。社會的上層人士無非是王公的寵臣，他們之中有冒險家，朝秦暮楚的投機者，外方人，出身卑微的「小人」，甚至過去的奴隸。這個懸在空中的、暫時的和奇怪的金字塔頂理所當然地隨著英國征服印度而消滅了，因為這個塔頂既是王公的附屬品，只能同王公一起垮臺。不正常的反而是，英國在佔領印度後，產生了一些擁有世襲產業的大家族。英國人不由自主地把歐洲人的形象和習慣帶到了印度，並通過自己的一舉一動而加以推廣，因而他不能真正認識並認真對待曾強烈地吸引了貝尼埃注意的那個社會結構。英國人因無知和腐化犯下了錯誤，他把柴明達爾（zamindars 他們是農村中的收稅人，沒有固定的歸屬）當作真正的地主，使之成為一個忠於新主人的西方式的等級，這類地主家族一直延續到今天。

印度的商人、製造商和銀行家歷來掌管各大商埠——無論是港口城市或像亞美達巴得這樣的紡織工業中心——的經濟和行政，並且子承父業，唯有他們能善於和持久地維護自己的地位，他們使用為他們所熟悉的武器：金錢，腐蝕入侵者，同時自己也被入侵者所腐蝕。

克萊武爵士[423]1772年3月30日在下議院發表演說，針對有關失職舞弊的指控，為自己的榮譽和生命辯護；幾天過後，他終於被迫自殺。克萊武舉一名來到孟加拉就任書記（我們所說的小官僚）的英國青年為例：「這個小青年在加爾各答街頭行走，因為他的收入不允許他坐車。他在加爾各答見到一些書記，其中有的服役時間並不比他長。他看到，這些書記出入都有輕車駿馬或大轎伺候。回家後，他向居停主人講述自己的同事如何闊綽。婆羅門房東說：『你完全可以和他們一樣氣派。我已有足夠的錢，就等你願意接受，你甚至不必張口要。』年輕人於是就上了鉤；從此，車、534

馬、轎、女人，他一概都有，支出等於收入的三倍。房東又是如何取得補償呢？書記先生官運亨通，不久便升任委員，在他的保護下，房東大發橫財，肆意敲詐勒索，居然不受懲罰；這種做法十分普遍，因而也安全可靠。我能向你們保證，直接從事壓迫的人並非來自大不列顛，而是當地的印度人，他們在英國人的保護下，利用金錢的力量打開通路，使自己免受任何管束……人們面對種種誘惑，難免會做點錯事，這難道有什麼可奇怪的嗎？一名印度人上門找你，向你出示裝著白銀的袋子，請你接受這一禮物。如果你的品德經得住誘惑的考驗，他便第二天再來，袋子裡這次裝滿黃金。如果你還能繼續頂住，他會來第三次，帶著滿袋鑽石。如果你害怕暴露而拒絕餽贈，他就裝著前來推銷商品，這是任何商人必定會掉進去的陷阱。官員以低價買下商品，送往遠方市場脫手，盈利達300%。於是乎社會上就多了一個蠹賊。」以上妙趣橫生的一番話引自當時的法文譯本，它雖是克萊武個人的辯護詞，但它描繪的形象並無不實之處。古老的、活躍的印度資本主義在新主人的壓迫下掙扎求生，並在英國統治的縫隙中破土而出。

我們所舉的例子未免過分概括和簡略；盡管如此，它們所烘托的整體性解釋很可能是正確的，因為這些不同事例可以相互印證，而通過印證，我們或許可以得出一個令人滿意的假設。歐洲的上層社會至少可分為二個組成部分；雖然在歷史上曾出現過種種災難，上層社會仍然能夠培育一批豪門世家，它沒有遇到不可克服的困難，因為專制君主的極權統治並不妨礙豪門世家的發展。歐洲的情形便於財富的緩慢積累以及多種力量和多種階級的發展，而在一個多元化社會裡，各種力量和階級之間的競爭可能朝多種方向發展。就歐洲資本主義而言，建立在經濟實力基礎上的社會等級無疑利用了它的次等地位，它表現得節制、穩重、勤勞和理智，因而容易為人們所接受，這與單純建立在出身特權基礎上的社會等級恰成鮮明的對照。在政治上佔據顯赫地位的階級如同尖端招致雷電一樣吸引注意力。因此，領主的特權往往使人忘記商人的特權。

大蒙兀兒帝國皇帝阿克巴（1542-1605）在出征途中。

結 論

Pour Conclure

在本書第二卷──形形色色的交換──即將結束時，我覺得，從整體上 535
看，資本主義的順利發展，必須從一定的經濟實在和社會實在出發，進而
為這一過程開闢和鋪平道路。

（一）第一項顯而易見的條件是要有一個蓬勃發展的市場經濟。為此必
須有地理、人口、農業、工業和商業等一系列因素的協助。市場經濟顯然
已在世界範圍內發展；世界各地的人口都在增長，無論在歐洲內外，在伊
斯蘭地區，在印度、中國和日本，一定程度上在非洲以及在歐洲人白手
起家的美洲。到處都是相同的原因和結果，相同的創造性進化：城堡城
市，寺廟城市，行政城市，水陸交通要衝城市和沿海城市。城市的普遍存
在足以證明，各地大同小異的市場經濟是任何社會在超過一定規模後自發
產生的、必定具備的和十分普通的基礎。一旦門檻被跨過，交換、市場和
商人便自動發展。但這種充當基礎的市場經濟是形成資本主義的必要條
件，而不是唯一條件。讓我們再說一遍，中國的情形充分表明，在一個活
躍的市場經濟及其包含的各種因素的基礎上，資本主義的上層建築並沒有
自動建立起來。可見還必須具備其他條件。

（二）確實，社會還必須從旁協助，預先開放綠燈，雖然並不明白自己
朝哪條路走去，不明白自己將為幾百年後的某一過程打開道路。根據我們
知道的例子，建立在等級制基礎上的社會有利於豪門巨頭的世代相傳，這
個社會能把以往的資本主義因素接受下來，沒有這種持續的積累，一切也
就無從談起。必須使遺產世代相傳，使祖業不斷擴大，使有利於財產積累
的聯姻不難達成，使社會分成統治者和被統治者的不同集團，成為一個階
梯式的等級社會，社會地位的提高即使並不容易，但至少是可能的。這一
切需要有很長時間的事先醞釀。實際上，曾經起過作用的不單有經濟和社
會方面的因素，可以說，還有政治和「歷史」方面的因素。我們這裡說的
是長達幾百年之久的社會整體運動。日本和歐洲分別為此作出了證明。

（三）歸根到柢，沒有世界市場所起的特殊的和解放的作用，任何事情
都將不能成功。遠程貿易不能解決一切問題，但它是讓利潤更上一層樓的
必由之路。本書的第三卷將分析各經濟世界的作用；作為獨立的、特殊的
和對外封閉的地塊，各經濟世界有自己的歷史：它們的地理界限在時間長
過程中曾有所變化；它們在歐洲開始征服世界的同時擴張自身。經濟世界
將使我們把對競爭的認識，把對統治的認識上升到一個新的高度。我們難
得一次能在歐洲和世界的編年史上，在真正體現著資本主義整體發展進程
的一系列世界體系中，正確無誤地找出一些規律。經濟世界是國際的勞動 536

分工，其中當然還包括由此產生的利潤分配；人們過去這麼說，今天還可以這麼說，這個說法把需要表達的意思表達得十分清楚。

注　釋

前言

1. Jacques ACCARIAS DE SÉRIONNE, *Les Intérêts des nations de l'Europe développés relativement au commerce*, 1766, 1, notamment p. 270.

2. Frédéric W. MAITLAND, *Domesdaybook and Beyond*, 2e éd. 1921, p. 9. « *Simplicity is the outcome of technical subtlety; it is the goal, not starting point.* »

第一章

1. *Œuvres*, éd. La Pléiade, 1965, I, p. 1066.
2. *Ibid.*, I, p. 420.
3. Jean ROMEUF, *Dictionnaire des sciences économiques*, 1956-1958, au mot : « Circulation. »
4. *Œuvres de Turgot*, G. Schelle éd., 1913-1923, I, p. 29.
5. Voyez la « majoration » de la circulation dans l'œuvre de Guillaume de GREEF, *Introduction à la sociologie*, 2 vol.. 1886-1889.
6. Gabriel ARDANT, *Théorie sociologique de l'impôt*, 1965, p. 363. « Une production est très difficile à saisir en tant que telle. »
7. P. MOLMENTI, *La Vie privée à Venise*, 1896, II, p. 47.
8. Julien FREUND, compte rendu de : C. B. MACPHERSON, *La Théorie politique de l'individualisme possessif de Hobbes à Lockes*, in : *Critique*, juin 1972, p. 556.
9. Avant tout dans le livre édité avec la collaboration de C. M. ARENSBERG et H. W. PEARSON, *Trade and Market in the Early Empires, Economics in History and Theory*, 1957; trad. française : *Les Systèmes économiques dans l'histoire et dans la théorie*, 1975.
10. Gaston IMBERT, *Des Mouvements de longue durée Kondratieff*, 1959.
11. Un hasard nous a conservé quelques images du marché de Puyloubier, petit village de Provence, pour les années 1438-1439, 1459-1464. On y vendait du blé, de l'avoine, du vin, des moutons, des menons (boucs châtrés), des peaux et des cuirs, une mule, un âne, un poulain, des porcs, du poisson, des légumes, des huiles, des sacs de chaux. *Cf.* Noël COULET, « Commerce et marchands dans un village provençal du XVIe siècle. La leyde de Puyloubier », in : *Études rurales*, nos 22, 23, 24, juillet-décembre 1966, pp. 99-118; Alan EVERITT, « *The Marketing of Agricultural Produce* » in : *The Agrarian History of England and Wales*, pp. M. P. R. FINBERG, IV, *1500-1640*, 1967, p. 478.
12. Paul-Louis HUVELIN, *Essai historique sur le droit des marchés et des foires*, 1897, p. 240.
13. A Lucques, 144 emplacements numérotés sur la place San Michele. A. d. S. Lucca, Officio sopra la Grascia, 196((1705).
14. Élie BRACKENHOFFER, *Voyage en France, 1643-1644*, 1927, p. 47.
15. B.N., Ms. Fr., 21633, 133, à propos du marché du cimetière Saint-Jean.
16. Édouard FOURNIER, *Variétés historiques et littéraires*, 1855-1863, V, 249 (1724).
17. B.N., Ms. Fr., 21633, 153.
18. *Variétés...*, *op. cit.*, II, p. 124 (1735).
19. G. von BELOW, *Probleme der Wirtschaftsgeschichte*, 1926, p. 373.
20. Étienne BOILEAU, *Livre des métiers*, éd. Depping, 1837, pp. 34-35, cité par Paul CLAVAL, *Géographie générale des marchés*, 1962, p. 115, notes 9 et 10; p. 125.
21. Werner SOMBART, *Der moderne Kapitalismus*, 15e éd. 1928, II, p. 482.
22. Ferdo GESTRIN, *Le Trafic commercial entre les contrées des Slovènes de l'intérieur et les villes du littoral de l'Adriatique du XIIIe au XVIe siècle*, 1965, résumé en français, p. 265.
23. P.-L. HUVELIN, *op. cit.*, p. 18.
24. P. CHALMETTA GENDRON, « *El Señor del Zoco* » *en España*, 1973, préface de Maxime Rodinson, p. XXXI, note 46; référence à Bernal DIAZ DEL CASTILLO, *Historia verdadera de la conquista de la Nueva España*.
25. P. Jean-Baptiste LABAT, *Nouvelle Relation de l'Afrique occidentale*, 1778, II, p. 47.
26. Simon D. MESSING, in : *Markets in Afrika*, p.p. Paul Bohannan et Georges Dallon, 3e éd. 1968, pp. 384 sq.
27. Jacques SAVARY DES BRUSLONS, *Dictionnaire universel du commerce*, 1761, III, col. 778.
28. *Diarii della città di Palermo, dal secolo XVI al XIX*, 2, p. 61, in : *Biblioteca storica e letteraria di Sicilia* p.p. G. di Marzo.
29. Marcel COUTURIER, *Recherches sur les structures sociales de Châteaudun, 1525-1789*, 1969, p 191.
30. Renseignements fournis par Jean NAGLE qui prépare un travail sur le faubourg Saint-Germain au XVIIe siècle.

31. A. EVERITT, art. cit., p. 488, note 4.
32. Alberto GROHMANN, *Le Fiere del regno di Napoli in età aragonese*, 1969, p. 28.
33. *The Autobiography of William Stout of Lancaster*, p. 162, cité par T. S. WILLAN, *Abraham Dent of Kirkby Stephen*, 1970, p. 12.
34. Henri PIGEONNEAU, *Histoire du commerce de la France*, 1889, I, p. 197.
35. Joseph AQUILINA, *A Comparative Dictionary of Maltese Proverbs*, 1972.
36. Roger BASTIDE, Pierre VERGER, « Contribution sociologique des marchés Nagô du Bas-Dahomey », *in : Cahiers de l'Institut de science économique appliquée*, n° 95, nov. 1959, pp. 33-65, notamment p. 53.
37. B.N., Ms. Fr., 21633, 49, oct. 1660.
38. *Ibid.*, 20 septembre 1667.
39. B.N., Ms. Fr., 21782, 191.
40. *Ibid.*, 21633, 43, 19 septembre 1678.
41. *Ibid.*, 21633, 44, 28 juin 1714.
42. *Ibid.*, 21782, 210, 5 avril 1719.
43. *Ibid.*, 21633, 46 et 67.
44. Ambroise CONTARINI, *Voiage de Perse... en l'année 1473*, col. 53, *in : Voyages faits principalement en Asie dans les années XIIe-XIIIe-XIVe et XVe siècle*, II, 1785.
45. ATKINSON et WALKER, *Manners and Customs of the Russians*, 1803, p. 10.
46. A.N., A.E., C.P. Angleterre, 122, f° 52, Londres, 14 janvier 1677.
47. Londres, 28 janvier-7 février 1684, A.d.S., Florence, Mediceo 4213.
48. Edward ROBINSON, *The early english Coffee Houses*, 1re éd. 1893, 2e édit. 1972, pp. 176-177.
49. Jean MARTINEAU, *Les Halles de Paris, des origines à 1789*, 1960.
50. Robert CAILLET, *Foires et marchés de Carpentras, du Moyen Age au début du XIXe siècle*, Carpentras, 1953, p. 11.
51. Claude CARRÈRE, *Barcelone, centre économique à l'époque des difficultés, 1380-1462*, 1967, p. 498.
52. W. SOMBART, *Der moderne Kapitalismus*, *op. cit.*, II, pp. 484-485.
53. G. D. RAMSAY, *The City of London*, 1975, p. 37.
54. Georges et Geneviève FRÊCHE, *Le Prix des grains, des vins et des légumes à Toulouse (1486-1868)*, 1967, p. 28.
55. W. SOMBART, *op. cit.*, I, p. 231.
56. A. EVERITT, art. cit., pp. 478 et 482.
57. Pierre DEYON, *Amiens, capitale provinciale. Étude sur la sociologie urbaine au XVIIe siècle*, 1967, p. 181.
58. Marcel BAUDOT, « Halles, marchés et foires d'Évreux », *in : Annuaire du département de l'Eure*, 1935, p. 3.
59. Albert BABEAU, *Les Artisans et les domestiques d'autrefois*, 1886, p. 97.
60. Giuseppe TASSINI, *Curiosità veneziane*, 4e éd. 1887, pp. 75-76.
61. B.N., Ms. Fr., 21557, f° 4 (1188).
62. J. MARTINEAU, *op. cit.*, p. 23.
63. *Ibid.*, p. 150.
64. « Économie et architecture médiévales. Cela aurait-il tué ceci? », *in : Annales E.S.C.*, 1952, pp. 433-438.
65. J. MARTINEAU, *op. cit.*, p. 150. La réfection des Halles de 1543 à 1572. d'après Léon BIOLLAY, « Les anciennes halles de Paris », *in : Mémoires de la Société de l'histoire de Paris et de l'Ile-de-France*, 1877, pp. 293-355.
66. J. SAVARY DES BRUSLONS, *op. cit.*, III, col. 261.
67. *Journal du voyage de deux jeunes Hollandais* (MM. de Villers) *à Paris en 1656-1658*, pp. A.-P. FAUGÈRE, 1899, p. 87.
68. J.A. PIGANIOL DE LA FORCE, *Description de Paris*, 1742, III, p. 124.
69. Louis BATIFFOL, *La Vie de Paris sous Louis XIII*, 1932, p. 75.
70. Dorothy DAVIS, *A History of Shopping*, 1966, pp. 74-79 et 89-90.
71. *Voyage en Angleterre*, 1728, Victoria and Albert Museum, 86 NN 2, f° 5.
72. J. SAVARY DES BRUSLONS, III, col. 779. Pour beurre, œufs, fromages, Abraham du PRADEL, *Le Livre commode des adresses de Paris pour 1692*, p.p. E. FOURNIER, 1878, I, pp. 296 sq.
73. J. MARTINEAU, *op. cit.*, p. 204.
74. J. SAVARY DES BRUSLONS, IV, col. 1146.
75. J. BABELON, *Demeures parisiennes sous Henri IV et Louis XIII*, 1965, pp. 15-18.
76. *Journal du voyage de deux jeunes Hollandais*, *op. cit.*, p. 98. « Le marché aux chevaux au bout du faubourg Saint-Victor », A. du PRADEL, *op. cit.*, I, p. 264.
77. *Journal du citoyen*, 1754, pp. 306-307.
78. A.N., G7, 1511.
79. A.N., G7, 1668-1670, 1707-1709, *Cf. Annales*, I, p. 304.
80. A.N., G7, 1511.
81. Jean MEUVRET, *in : Revue d'histoire moderne et contemporaine*, 1956.
82. A.N., G7, 1701, 222. Paris, 4 déc. 1713. «... depuis que la mer est devenue libre, toutes les marchandises viennent par Rouen à Paris débarquer au port St-Nicolas... »
83. P. de CROUSAZ CRETET, *Paris sous Louis XIV*, 1922, pp. 29-31, 47-48.
84. *Voyage en Angleterre*, 1728, f° 36.
85. David R. RINGROSE, « Transportation and economic Stagnation in eighteenth Century Castile », *in : The Journal of Economic History*, mars 1968.
86. TIRSO DE MOLINA (Gabriel Tellez dit), *El Burlador de Sevilla in : Théâtre de Tirso de Molina*, « Le Séducteur de Séville », 1863, p. 54.
87. Bien que parfois « les corsaires turcs les prennent face à Lisbonne », British Museum, Sloane, 1572.
88. Nombreuses références. Ainsi A.d.S. Venise, Senato Terra 12, mars 1494.
89. W. HAHN, *Die Verpflegung Konstantinopels durch staatliche Zwangswirtschaft nach türkischen Urkunden aus dem 16. Jahrhundert*, 1926. Sur le même sujet : DERSCA-BULGARU, « Quelques données sur le ravitaillement de Constantinople au xvie siècle », *in : Congrès d'études balkaniques*, Sofia, 1966.
90. Ingomar BOG, « Das Konsumzentrum London und seine Versorgung », *in : Munich 1965*, pp. 109-118. Mieux, du

même auteur, sous le même titre, *in :*
Mélanges Lütge, 1966, pp. 141-182.

91. *The Evolution of the english Corn Market*, 1915.

92. *Ibid.*, p. 122. A. S. USHER, *The History of the Grain Trade in France*, *1400-1710*, 1913, pp. 82, 84, 87.

93. Dorothy DAVIS, *A History of Shopping* 3e éd. 1967, p. 56.

94. I. BOG, *in : Mélanges Lütge*, *op. cit.*, p. 150.

95. *Ibid.*, p. 147. La plus haute estimation est celle de L. Stone.

96 Alan EVERITT, « The Food Market of the english Town », *in : Munich 1965*, p. 60.

97. *Voyage en Angleterre*, 1728, fos 14 et 161.

98. Voyez, pour le pays de Galles et l'Écosse, les remarques de Michael HECHTER, *International Colonialism*, 1975, pp. 82-83.

99. Daniel DEFOE, *En explorant l'île de Grande-Bretagne*, ed. de 1974, p. 103.

100. A. EVERITT, *in : The Agrarian Hist.*, *op. cit.*, pp. 468, 470, 473.

101. Eckart SCHREMMER, *Die Wirtschaft Bayerns*, pp. 613-616.

102. *Ibid.*, p. 608.

103. A. EVERITT, *in : The Agrarian Hist.*, p. 469.

104. *Ibid.*, pp. 532 *sq.*

105. *Ibid.*, p. 563.

106. G. von BELOW, *op. cit.*, p. 353.

107. N. DELAMARE, *Traité de police*, 1705, II, p. 654.

108. *Ibid.*, 1710, II, p. 1059, 16 janvier 1699. Parmi les accapareurs de blé, un drapier, un vendeur de laine, un apothicaire, un marchand, un médecin, un fermier des douanes, un boulanger, un laboureur...

109. M. BAUDOT, art. cit., p. 2.

110. R. CAILLET, *op. cit.*, pp. 23-24.

111. Même chanson à Saint-Jean-de-Losne en 1712 et 1713, Henri JACQUIN, « Le ravitaillement de Saint-Jean-de-Losne au XVIIIe », *in : Annales de Bourgogne*, 1974, pp. 131-132.

112. Moscou, A.E.A., 50/6, 474, fos 60 et 61, 13/24 avril 1764.

113. A.N., Ms. Fr. 12 683.

114. Saint-Malo, 29 juin 1713, A.N., G7, 1701, fo 120.

115. R.L. REYNOLDS, « In Search of a Business Class in thirteenth Century Genoa », *in : J. of Economic History*, 1945.

116. Franck SZENURA, *L'Espansione urbana di Firenze nel Dugento*, 1975.

117. Emmanuel LE ROY LADURIE, *Le Territoire de l'historien*, 1973, « Le mouvement des loyers parisiens de la fin du Moyen Age au XVIIIe siècle, pp. 116 *sq.*

118. Cesena, Bib. Malatestiana, Cassetta XVI, 165, 39.

119. *Variétés*, IV, pp. 105 et *sq.*

120. J. BABELON, *op. cit.*, pp. 15-18.

121. D'après le travail inédit de Jean NAGLE.

122. Museo Correr, P.D., C. 903, fo 12, Andrea Dolfin, ambassadeur vénitien à Paris, à Andrea Tron, 13 août 1781.

123. G. HUPPERT, ouvrage à paraître, titre probable : *Vivre noblement*, dactylogr., p. 127.

124. Wilhelm ABEL, *Agrarkrisen und Agrarkonjunktur* 2e éd. 1966, pp. 124 *sq.*

125. Eugenio ALBERI, *Relazioni degli ambasciatori veneti durante il secolo XVI*, 1839-1863, VIII, p. 257.

126. Jean MEYER, *La Noblesse bretonne au XVIIIe siècle*, 1966, II, p. 897.

127. A. du PRADEL, *op. cit.*, I, p. XXVI, II, pp. 333 *sq.*

128. Yvonne BEZART, *La Vie rurale dans le Sud de la région parisienne*, *1450-1560*, 1929, pp. 68 *sq.*

129. E. SCHREMMER, *op. cit.*, *passim* et notamment pp. 219, 685.

130. *Le Capital*, Éd. sociales, II, p. 352 : « ... le marché du travail qu'il faut distinguer du marché des esclaves ». Entre autres exemples, commerce d'esclaves à partir de l'Istrie et de la Dalmatie en direction de Florence, Sienne et Bologne, A.d.S. Venise, Senato Mar, 6, fo 136 vo, 17 août 1459.

131. J. FREUND, compte rendu de : Bernhard WILLMS, *Die Antwort des Leviathan, Th. Hobbes politische Theorie*, *in : Critique*, 1972, p. 563.

132. A.N.,A.E., B1, 598, Gênes, 31 mars 1783; David RICARDO, *Principes de l'économie politique*, éd. de 1970, p. 67.

133. Eric MASCHKE, « Deutsche Städte am Ausgang des Mittelalters », *in : Die Stadt am Ausgang des Mittelalters*, pp. W. RAUSCH, tirage à part, p. 20.

134. *Acta hungarica*, XXIV, p. 30.

135. Marcel POËTE, *Une Vie de cité, Paris de sa naissance à nos jours*, 1924, I, p. 301.

136. Robert-Henri BAUTIER, « A propos d'une société lucquoise à Lyon au XIIIe siècle. Les contrats de travail au Moyen Age », *in : Bulletin philologique et historique (avant 1610)*, 1964, pp. 162-164.

137. Antonio H. de OLIVEIRA MARQUES, *Daily Life in Portugal in the late Middle Ages*, 1971, pp. 186-188.

138. Marcel DELAFOSSE, « Les vignerons d'Auxerrois (XIVe-XVIe siècles) », *in : Annales de Bourgogne*, t. 20, no 77, janv.-mars 1948, pp. 22 *sq.*

139. Ernst PITZ, *in : Wirtschaftliche und soziale Probleme der gewerblichen Entwicklung im 15.-16. Jahrhunderten nach Ansich-Nieder Deutschen Quellen*, publié par F. LÜTGE, 1968, p. 35. Brigit FIEDLER, *Die gewerblichen Eigenbetriebe der Stadt Hamburg im Spätmittelalter*, 1974.

140. A. BABEAU, *Les Artisans et les domestiques d'autrefois*, *op. cit.*, p. 273, note 1, Tallemant des Réaux (1619-1692).

141. Gustave FAGNIEZ, *L'Économie rurale de la France sous Henri IV*, 1897, p. 55.

142. *Le Journal du sire de Gouberville*, 1892, p. 400, *Cf.* le recueil de A. TOLLEMER *Un Sire de Gouberville*, pp. 27 *sq.*

143. E. LE ROY LADURIE, *op. cit.*, p. 202.

144. M. BAUDOT, art. cit., p. 8.

145. Voir *infra* p. 220 à propos de la généralité d'Orléans.

146. Selon un article de René GAUCHET.

147. B.N., Ms. Fr., 21672, fo 16 vo.

148. Rolf ENGELSING « Der Arbeitsmarkt der Dienstboten im 17., 18. und 19. Jahrhundert », *in : Wirtschaftspolitik und Arbeitsmarkt*, p.p. Hermann KELLENBENZ, 1974, p. 174.

149. *Op. cit.*, II, p. 49.

150. Peter LASLETT, *Un Monde que nous avons perdu*, 1969, p. 60. E. H. PHELPS-BROWN et S. V. HOPKINS parlent seulement d'un tiers de la population qui serait salarié, cité par Immanuel WALLERSTEIN, *The Modern World System*, 1974, p. 82.

151. Herbert LANGER, « Zur Rolle der Lohnarbeit im spätmittelalterlichen Zunfthandwerk der Hansestädte. Dargesltellt hauptsächlich am Beispiel der Hansestadt Stralsund », *in : Jb. f. Regionalgeschichte*, 3, 1968.

152. Jeffry Kaplow, *Les Noms des rois*, 1974, pp. 47-48.

153. *Op. cit.*, I, p. 448.

154. Voir *infra*, pp. 444-448.

155. Cité par A. BABEAU, *op. cit.*, p. 40.

156. Lorenzo LOTTO, *Libro di spese diverse (1538-1556)*, p.p. Pietro ZAMBELLI; *Paolo* FARINATI, *Giornale 1573-1606*, p.p. Lionello PUPPI, 1968, p. XL.

157. P. FARINATI, *ibid.*, p. XLIII, note 116.

158. Palerme, 10 déc. 1704. D. Francisco de Arana au Cardinal Judice. Biblioteca Comunale, Palerme, hQq 66, f°s 452 *sq.* et f° 476.

159. Benedetto COTRUGLI, *Della mercatura e del mercante perfetto*, Brescia, 1602, p. 50 (ce livre a été écrit en 1458).

160. *Vida y hechos de Estebanillo González*, *in : La Novela picaresca española*, 1966, p. 1830.

161. 12 avril 1679, A.N., G⁷, 491, 505.

162. Yves-Marie BERCÉ, *Histoire des croquants. Étude des soulèvements populaires au XVIIᵉ siècle dans le Sud-Ouest de la France*, 1974, I, p. 41.

163. Louis-Sébastien MERCIER, *Tableau de Paris* VIII, 1783, pp. 343-345.

164. Y.-M. BERCÉ, *op. cit.*, I, p. 242.

165. Aldo de MADDALENA, Semaine de Prato, avril 1975.

166. Bistra A. CVETKOVA, « Vie économique des villes et ports balkaniques aux xvᵉ et xvιᵉ siècles », *in : Revue des études islamiġues*, 1970, pp. 277-278, 280-281.

167. Stefan OLTEANU, « Les métiers en Moldavie et en Valachie (xᵉ-xvιιᵉ siècles) », *in : Revue roumaine d'histoire*, VII, 1968, p. 180. Ici, de toute évidence, foire = marché.

168. *Young's Travels in France during the Years 1787, 1788, 1879*, éd. Betham-Edwards, 1913, p. 112.

169. Lazslo MAKKAI, Semaine de Prato, avril 1975.

170. Michelet de nous dire : une vente, de terre a lieu, « nul acquéreur ne se présentant, le paysan arrive avec sa pièce d'or », *Le Peuple*, éd. 1899, p. 45.

171. Maurice AYMARD, Semaine de Prato, avril 1975, à propos de la Sicile.

172. Emiliano FERNÁNDEZ DE PINEDO, *Crecimiento económico y transformaciones sociales del país vasco 1100-1850*, 1974, voir surtout pp. 233 *sq.*

173. F. Sebastián MANRIQUE, *Itinerario de las Missiones*, 1649, p. 59.

174. Michel MORINEAU, « A la halle de Charleville : fourniture et prix des grains, ou les mécanismes du marché (1647-1821) », *in : 95ᵉ Congrès national des sociétés savantes*, 1970, II, pp. 159-222.

175. Marco CATTINI, « Produzione, auto-consumo e mercato dei grani a San Felice sul Panaro, 1590-1637 », *in : Rivista storica italiana*, 1973, pp. 698-755.

176. Voir *supra*, note 162.

177. *Variétés*, I, 369, note 1.

178. *Journal du voyage de deux jeunes Hollandais à Paris en 1656-1658*, *op. cit.*, p. 30.

179. E. BRACKENHOFFER, *op. cit.*, p. 116.

180. Ignace-François LIMOJON de SAINT-DIDIER, *La Ville et la république de Venise*, 1680, p. 68.

181. Charles CARRIÈRE, *Négociants marseillais au XVIIIᵉ siècle*, 1973, I, p. 165.

182. G. William SKINNER, « Marketing and social structure in rural China », *in : Journal of Asian Studies*, novembre 1964, p. 6. Des marchés plus tard dans le Setchouen, *infra*, pp. 96-97.

183. Abbé PRÉVOST, *Histoire générale des voyages...* (1750), VIII, p. 533.

184. Marcel MARION, *Dictionnaire des institutions de la France aux XVIIᵉ et XVIIIᵉ siècles*, p. 195, article « Échoppe ».

185. A. EVERITT, *in : The Agrarian History...*, *op. cit.*, p. 484.

186. Robert MARQUANT, *La Vie économique à Lille sous Philippe le Bon*, 1940, p. 82.

187. Une image de K. MARX, *Œuvres*, I, p. 902.

188. R. MARQUANT, *op. cit.*, p. 82.

189. A. H. de OLIVEIRA MARQUES, *op. cit.*, p. 201.

190. E. BRACKENHOFFER, *op. cit.* p. 97.

191. B.N., Ms. Fr., 21633, f°s 1, 14, 18, 134.

192. A.d.S. Florence, Mediceo 4709, Paris, 27 juin 1718.

193. Friedrich LÜTGE, *Deutsche Sozial- und Wirtschaftsgeschichte*, 1966, *passim* et pp. 143 *sq.*

194. A.N., G⁷, 1686, 156. Mémoire sur la décoration des commerçants.

195. A.N., F¹², 724, 11 avril 1788.

196. Le mépris social en Italie, ainsi à Lucques, est pour le petit boutiquier non le vrai marchand, Marino BERENGO, *Nobili e mercanti nella Lucca del Cinquecento*, 1963, p. 65.

197. Alfred FRANKLIN, *La Vie privée d'autrefois au temps de Louis XIII*, I. *Les Magasins de nouveautés*, 1894, pp. 22 *sq.*

198. P. BOISSONNADE, *Essai sur l'organisation du travail en Poitou*, I, p. 287.

199. Archives de Cracovie, correspondance de Federigo Aurelio (3 septembre 1680-20 mars 1683), fonds Ital. 3206.

200. W. SOMBART, *op. cit.*, boutique d'un mercier juif, II, pp. 455 et suivantes sur l'ensemble du problème.

201. T.S. WILLAN, *Abraham Dent of Kirkby Stephen*, *op. cit.*

202. D'après T.S. WILLAN, *op. cit.*
203. E. SCHREMMER, *op. cit.*, pp. 173-175.
204. A.N., F¹², 116, f° 58 *sq.*, 28 mai 1716.
205. A.N. G⁷, 1686, 156 — vers 1702.
206. *Journal de voyage de deux jeunes Hollandais, op. cit.*, p. 76.
207. E. BRACKENHOFFER, *op. cit.*, p. 117.
208. *Journal de voyage de deux jeunes Hollandais, op. cit.*, p. 50.
209. TIRSO DE MOLINA, *op. cit.*, p. 107.
210. Y.-M. BERCÉ, *op. cit.*, I, pp. 222 et 297 et aux références du mot « cabaret » à l'index.
211. Miguel CAPELLA et Antonio MATILLA TASCÓN, *Los Cinco Gremios mayores de Madrid*, 1957, p. 13 et note 23. *Cf.* LOPE DE VEGA, *La Nueva Victoria de Don Gónzalo de Córdoba.*
212. E. SCHREMMER, *op. cit.*, p. 595.
213. A.N., A.E., C.P. Angleterre, 108, f° 28.
214. *The Complete English Tradesman*, Londres, 1745, II, pp. 332 et 335.
215. *Voyage en Angleterre, op. cit.*, f° 29.
216. L. BATIFFOL, *op. cit.*, pp. 25-26.
217. Voir le premier volume du présent ouvrage, éd. 1967, pp. 193-194.
218. W. SOMBART, *op. cit.*, II, p. 465; *Mémoires de la baronne d'Oberkirch*, 1970, p. 348 et note 1, p. 534.
219. A. FRANKLIN, *La Vie privée d'autrefois au temps de Louis XIII*, I, *Les Magasins de nouveautés, op. cit.*, passim, pp. 20 et 40.
220. A. de Malte, 6405, début XVIIIᵉ siècle.
221. Jean-Baptiste SAY, *De l'Angleterre et des Anglais*, 1815, p. 23.
222. L'enquête reste à faire. En voici quelques jalons. A Valladolid, en 1570, pour 40 000 habitants, 1 870 boutiques d'artisans et de marchands, soit en gros une pour 20 habitants (Bartolomé BENNASSAR, *Valladolid au siècle d'or*, 1967, p. 168). A Rome, en 1622, même proportion : 5 578 boutiques pour 114 000 habitants (Jean DELUMEAU, *Vie économique et sociale de Rome dans la seconde moitié du XVIᵉ siècle*, 1957-1959, I, pp. 377 et 379). Voir aussi, pour Venise, Daniele BELTRAMI, *Storia della popolazione di Venezia dalle fine del secolo XVI alla caduta dalta Republica*, 1954, p. 219, et, pour Sienne, un relevé de tous les métiers de la ville, en 1762 (A.d.S. Sienne, Archivio Spannochi B 59). Pour Grenoble, en 1723, voir E. ESMONIN, *Études sur la France des XVIIᵉ et XVIIIᵉ siècles*, 1964, p. 461 et note 80.
223. W. SOMBART, *op. cit.*, II, p. 454.
224. *Wirtschafts-und Sozialgeschichte zentraleuropäischer Städte in neuerer Zeit*, 1963, pp. 183 *sq.* A Bâle, du XVIᵉ siècle à la fin du XVIIIᵉ, les marchands merciers et détaillants augmentent de 40 %, l'ensemble des métiers se maintient ou tend à baisser.
225. Je dois à Claude LARQUIÉ l'inventaire après décès de la boutique d'un *aguardientero* de la Plaza Mayor, Archivo de los Protocolos, n° 10598, f°ˢ 372-516, 1667.
226. Sondages de Maurice AYMARD : 1548, Tribunale del Real Patrimonio 137, Livelli f°ˢ 3561 et 1584; *ibid.*, Privilegiati, f° 8.
227. Moscou, A.E.A., 35/6, 390, 84, Londres, 7 mars 1788.
228. Albert SOBOUL, *Les Sans-Culottes parisiens en l'an II*, 1958, passim et notamment pp. 163, 267, 443, 445.
229. A.N., F¹², 724.
230. Chanoine François PEDOUE, *Le Bourgeois poli*, 1631.
231. Adam SMITH, *Recherches sur la nature et les causes de la richesse des nations*, éd. de 1966, I, p. 18.
232. *Médit...*, I, p. 293.
233. Jean-Jacques HÉMARDINQUER, « La taille, impôt marqué sur un bâton (Landes, Pyrénées, Bourgogne) », *in : Bulletin philologique et historique* (jusqu'à 1610), 1972, pp. 507-512.
234. Lucien GERSCHEL, « L'Ogam et le nom », *in : Études celtiques*, 1963, pp. 531-532; *supra*, I, éd. de 1967, pp. 357-358.
235. D. DEFOE, *op. cit.*, I, p. 356.
236. A. du PRADEL, *op. cit.*, II, p. 60.
237. A. de Paris, 3 B 6 27, 26 février 1720.
238. *Variétés*, II, p. 136.
239. *Variétés*, VI, p. 163.
240. A.D. Isère, II E, 621 et 622.
241. *Les Mémoires de Jean Maillefer, marchand bourgeois de Reims (1611-1684)*, 1890, p. 18.
242. A.N., F¹², 863-7, 7 octobre 1728.
243. Renseignement fourni par Traian STOIANOVICH.
244. Georges LIVET, « Les Savoyards à Strasbourg au début du XVIIIᵉ siècle », *in : Cahiers d'histoire*, IV, 2, 1959, p. 132.
245. José Luis MARTIN GALINDO, « Arrieros maragatos en el siglo XVIII » *in : Estudios y Documentos*, n° 9, 1956; *Médit...*, I, p. 408.
246. M. CAPELLA, A. MATILLA TASCÓN, *op. cit.*, pp. 14 et 22.
247. Marius KULCZYKOWSKI, « En Pologne au XVIIIᵉ siècle : industrie paysanne et formation du marché national », *in : Annales E.S.C.*, 1969, pp. 61-69.
248. D. DEFOE, *op. cit.*, II, p. 300.
249. J. SAVARY DES BRUSLONS, *op. cit.*, mot : « Forain », col. 707.
250. Maurice LOMBARD, « L'évolution urbaine pendant le Haut Moyen Age », *in : Annales E.S.C.*, XII-1957; Édouard PERROY, *Histoire du Moyen Age*, « Syri, c'est-à-dire juifs et chrétiens de langue grecque », p. 20.
251. *Variétés*, III, p. 36.
252. E. SCHREMMER, *op. cit.*, p. 604.
253. Robert MANDROU, *De la culture populaire aux XVIIᵉ et XVIIIᵉ siècles. La Bibliothèque bleue de Troyes*, 1964, p. 56.
254. W. SOMBART, *op. cit.*, II, p. 446.
255. Claude NORDMANN, *Grandeur et liberté de la Suède (1660-1792)*, 1971, p. 36.
256. D'après les renseignements fournis par Andrzej WYCZANSKI.
257. Moscou, A.E.A. 84/2, 420, f°ˢ 10-11, Leipzig, 6/17 octobre 1798; et 84/2, 421, f° 3 v°, Leipzig, 8-19 janvier 1799.
258. A.N. G⁷, 1695, f° 202. Rapport d'Amelot, Paris, 20 septembre 1710. Colporteurs juifs signalés à Toulouse (1695) par Ger-

main MARTIN et Marcel BEZANÇON, *L'Histoire du crédit en France sous le règne de Louis XIV*, 1913, p. 189; à Valogne (leurs méfaits), archives du Calvados, C 1419 (1741-1788).

259. E. FOURNIER, *Le Théâtre français aux XVIᵉ et XVIIᵉ siècles*, 1874, II, p. 288.

260. *The Scandinavian Economic History Review*, 1966, n° 2, p. 193.

261. A.d.S. Bologne, II-C, 148-150, 1595.

262. Heinrich BECHTEL, *Wirtschaftsgeschichte Deutschlands*, II, p. 392, note 286.

263. E. BRACKENHOFFER, *op. cit.*, pp. 115 et 144. Raisins de caisse, raisins séchés, voir LITTRÉ, au mot « Raisin ».

264. Jean GEORGELIN, *Venise au siècle des Lumières*, à paraître, dactyl., p. 213, d'après le témoignage de Gradenigo.

265. Guy PATIN, *Lettres*, III, p. 246.

266. Jacques ACCARIAS DE SÉRIONNE, *La Richesse de la Hollande*, 1778, II, p. 173.

267. B.N., Ms. Fr., 14667, 131.

268. *La Response de Jean Bodin à M. de Malestroit*, 1568, p.p. Henri HAUSER, 1932, p. XXXVIII.

269. Fonds du docteur Morand, Bonne-sur-Ménoge (Haute-Savoie).

270. J. SAVARY DES BRUSLONS, *op. cit.*, II, col. 679; V, col. 915-916.

271. Fonds Morand, Joseph Perollaz à son père, Lucerne, 13 mai 1819.

272. *Gazette de France*, Madrid, 24 mai 1783, p. 219.

273. Voir *Il Libro dei vagabondi*, p.p. Piero Camporesi, 1973, introduction, nombreuses références aux littératures européennes.

274. Ernst SCHULIN, *Handelsstaat England*, 1969, pp. 117 et 195. Des colporteurs portugais au début du XVIᵉ siècle, dans les Pays-Bas. J. A. GORIS, *Étude sur les colonies marchandes méridionales... à Anvers 1488-1567*, 1925, pp. 25-27.

275. David ALEXANDER, *Retailing in England during the Industrial Revolution*, 1970, pp. 63 *sq.* En 1780, un projet de loi, à Londres, pour supprimer le colportage, se heurte à la réaction très vive des manufacturiers anglais (laine et coton) qui signalent par leurs pétitions aux Communes l'énorme masse de marchandises qu'ils débitent, D. DAVIS, *op. cit.*, pp. 245-246.

276. Jean DROUILLET, *Folklore du Nivernais et du Morvan*, 1959; Suzanne TARDIEU, *La Vie domestique dans le Mâconnais rural et pré-industriel* 1964, pp. 190-193.

277. Fonds Morand, J. C. Perollaz à sa femme, Genève, 5 août 1834.

278. A.N., F¹², 2175, Metz, 6 février 1813.

279. A.N., F¹², 2175, Paris, 21 août 1813.

280. Basile H. KERBLAY, *Les Marchés paysans en U.R.S.S.*, 1968, pp. 100 *sq.*

281. Jean-Paul POISSON, « De quelques nouvelles utilisations des sources notariales en histoire économique (XVIIᵉ-XXᵉ siècles) », *in : Revue historique*, n° 505, 1973, pp. 5-22.

282. Voir infra pp. 331 *sq.*

283. A.N. F¹², 149, 77.

284. A.N. F¹², 721, Périgueux, 11 juin 1783.

285. W. SOMBART, *op. cit.*, II, p. 566, Priorité, sans doute, à la *Hamburger Kommerzdeputation*, née en 1663.

286. J. GEORGELIN *op. cit.*, p. 86.

287. Piero BARGELLINI, *Il Bicentenario della Camera di commercio fiorentina 1770-1970*, 1970.

288. A.N., G⁷, 1965, 12.

289. A.N., F¹², 151, 195.

290. A.N. F¹², 683, 23 décembre 1728.

291. Michael MITTERAUER, « Jahrmärkte in Nachfolge antiker Zentralorte », *in : Mitteilungen des Instituts für osterreichische Geschichtsforschung*, 1967, pp. 237 *sq.*

292. J. SAVARY DES BRUSLONS, *op. cit.*, au mot « Landi », col. 508,

293. Félix BOURQUELOT, *Études sur les foires de Champagne*, 1865, p. 10.

294. E. BRACKENHOFFER, *op. cit.*, p. 105, l'apprend à son passage à Lyon; il cite Eusèbe, IV ch. 3.

295. A.N., F¹², 1259 D₄ Livry-sur-Meuse, Vendémiaire an VIII.

296. LITTRÉ, au mot « Marché ». Les marchés et les foires ne se peuvent établir que par la permission du roi. FERRET, *Traité de l'abus*, I, 9.

297. A.N., K 1252.

298. Gérard BOUCHARD, *Un Village immobile, Sennely-en-Sologne au XVIIIᵉ siècle*, 1972, p. 200.

299. J. SAVARY DES BRUSLONS, *op. cit.*, II, col. 668.

300. *Ibid.*, col. 663.

301. *Ibid.*, col. 668.

302. *Ibid.*, col. 671.

303. Jean MERLEY, *La Haute-Loire de la fin de l'Ancien Régime aux débuts de la Troisième République, 1776-1886*, 1974, I, pp. 146-147.

304. Voir carte, *supra*, p. 30.

305. Farnesiane, 668, 17. Valentano, 14 mai 1652.

306. R. GASCON, *op. cit.*, 4, I, pp. 241-242.

307. J. SAVARY DES BRUSLONS, *op. cit.*, II, col. 676.

308. Ernst KROKER, *Handelsgeschischte der Stadt Leipzig*, 1925, p. 85.

309. Cristobal ESPEJO, *Las Antiguas Ferias de Medina del Campo*, Valladolid, 1908.

310. Jean BARUZI, *Saint Jean de la Croix et le problème de l'expérience mystique*, 1931, p. 73.

311. H. MAUERSBERG, *Wirtschafts-und Sozialgeschichte zentral-europäischer Städte in neuerer Zeit*, *op. cit.*, p. 184.

312. E. KROKER, *op. cit.*, pp. 113-114.

313. Friedrich LÜTGE, « Der Untergang der Nürnberger Heiltumsmesse », *in : Jahrbücher für Nationalökonomie und Statistik*, Band 178, Heft 1/3, 1965, p. 133.

314. Ruggiero NUTI, *La Fiera di Prato attraverso i tempi*, 1939.

315. R. CAILLET, *op. cit.*, pp. 155 *sq.*

316. *Variétés*, IV, 327 et I, 318, note 2.

317. Moscou, A.E.A. 84/12, 420, 7. Leipzig, 18/29 septembre 1798.

318. Francisque MICHEL, Édouard FOURNIER, *Le Livre d'or des métiers, Histoire des hôtelleries, cabarets, hôtels garnis et cafés...* Paris, 1851, 2, 10 (1511).

319. R. CAILLET, *op. cit.*, pp. 156 et 159.

320. *Ibid.*, p. 156.

321. A.d.S. Napoli, Affari Esteri, 801, La Haye, 17 mai 1768 et 8 mai 1769.

322. *Gazette de France*, p. 513, Florence, 4 octobre 1720.

323. A.d.S. Florence, Fondo Riccardi 309. Leipzig, 18 octobre 1685, Gio. Baldi à Francesco Riccardi.

324. *Médit.*, I, 347, et note 6.

325. P. MOLMENTI, *op. cit.*, II, p. 67, note 1.

326. *Insignia Bologne*, X-8, 1676.

327. Henry MORLEY, *Memoirs of Bartholomew Fair*, Londres, 1859; J. SAVARY DES BRUSLONS, *op. cit.*, II, col. 679, mot « Foire ».

328. Cité par P.-L. HUVELIN, *op cit.*, p. 30, note 1; référence à LEROUX DE LINCI, *Proverbes*, II, p. 338.

329. J. SAVARY DES BRUSLONS, *op. cit.*, II, col. 656; B.N., Ms. Fr., 21783, 170.

330. *Voyage de deux jeunes Hollandais...*, *op*, *cit.*, p. 75.

331. A. GROHMANN, *op. cit.*, p. 31.

332. R. GASCON, *op. cit.*, I, p. 169.

333. Y.-M. BERCÉ, *op. cit.*, p. 206.

334. E. KROKER, *op. cit.*, p. 132.

335. Lodovico GUICCIARDINI, *Description de tout le Pays-Bas (1568)*, 3e éd. 1625, p. 108.

336. *Gazette de France*, avril 1634.

337. Oliver C. COX, *The Foundation of Capitalism*, 1959, p. 27. En sens inverse, P. CHALMETTA GENDRON, *op. cit.*, p. 105.

338. Alfred HOFFMANN, *Wirtschaftsgeschichte des Landes Oberösterreich*, 1952, p. 139.

339. E. KROKER, *op. cit.*, p. 83.

340. Corrado MARCIANI, *Lettres de change aux foires de Lanciano au XVIe siècle*, Paris, 1962.

341. Louis DERMIGNY, « Les foires de Pézenas et de Montagnac au XVIIIe siècle », *in : Actes du congrès régional des fédérations historiques de Languedoc*, Carcassonne, mai 1952, notamment pp. 18-19.

342. Robert-Henri BAUTIER, « Les foires de Champagne », *in : Recueils de la Société Jean Bodin*, V : *La foire*, pp. 1-51.

343. F. BOURQUELOT, *Études sur les foires. de Champagne*, II, *op. cit.*, pp. 301-320.

344. *Médit. ...*, I, p. 458 et note 3.

345. *Ibid.*, I, 314.

346. José GENTIL DA SILVA, *Banque et crédit en Italie au XVIIe siècle.* 1969, p. 55.

347. *Ibid.*. voir à l'index « *Mercanti di conto* ».

348. Domenico PERI, *Il Negotiante*, Gênes, 1638; *Médit.* ... I, p. 461.

349. J. GENTIL DA SILVA, *op cit.*, p. 55.

350. Giuseppe MIRA, « L'organizzazione fieristica nel quadro dell'economia della "Bassa" Lombardia alla fine del medioevo e nell'età moderna », *in : Archivio storico lombardo*, vol. 8, 1958, pp. 289-300.

351. A. GROHMANN, *op. cit.*, p. 62.

352. A. HOFFMANN, *op. cit.*, pp. 142-143.

353. Henri LAURENT, *Un Grand Commerce d'exportation au Moyen Age : la draperie des Pays-Bas en France et dans les pays méditerranéens, XIIe-XVe siècles*, 1935, pp. 37-41.

354. A. GROHMANN, *op. cit.*, p. 20.

355. F. BOREL, *Les Foires de Genève au XVe siècle*, 1892 et documents joints; Jean-François BERGIER, *Les Foires de Genève et l'économie internationale de la Renaissance*, 1963.

356. R. GASCON, *op. cit.*, I, p. 49.

357. A.N., F12, 149, fo 59, 27 septembre 1756.

358. TURGOT, article « Foire », dans l'*Encyclopédie*, 1757; J. SAVARY DES BRUSLONS, *op. cit.*, mot « Foire », col. 647.

359. W. SOMBART, *op. cit.*, II, pp. 472 et 479.

360. A. HOFFMANN, *op. cit.*, p. 143; E. KROKER, *op. cit.*, p. 163. A noter que le mot *Messe* (foire) courant à Francfort ne s'acclimate à Leipzig que durant la seconde moitié du XVIIe siècle et détrône les mots *Jahrmärkte* ou *Märkte*, *ibid.*, p. 71.

361. *Médit.*, ... I, 479.

362. W. SOMBART, *op. cit.*, II, p. 473.

363. B. H. KERBLAY, *op. cit.*, pp. 85 sq.

364. Alice Piffer CANABRAVA, *O Comércio português no Rio da Prata (1580-1640)*, 1944, pp. 21 sq. J. SAVARY DES BRUSLONS, *op. cit.*, V, col.; 1367 sq., voir également article consacré à La Vera Cruz et à Carthagène.

365. Nicolás SÁNCHEZ ALBORNOZ, « Un testigo del comercio indiano : Tomás de Mercado y Nueva Espana », *in : Revista de historia de America*, 1959, p. 113.

366. Cité par E. W. DAHLGREN, *Relations commerciales et maritimes entre la France et les côtes de l'océan Pacifique*, 1909, p. 21.

367. José GENTIL DA SILVA, « Trafic du Nord, marchés du "Mezzogiorno", finances génoises : recherches et documents sur la conjoncture à la fin du XVIe siècle », *in : Revue du Nord*, XLI, no 162. avril-juin 1959, pp. 129-152, notamment p. 132.

368. Louis DERMIGNY, *in : Histoire du Languedoc*, 1967, p. 414.

369. A.N. F12, 1266. Le projet ne sera pas accepté. La place de la Révolution est la place actuelle de la Concorde.

370. Werner SOMBART, *Apogée du capitalisme*, 1932, éd. André E. Sayous, p. XXV.

371. W. SOMBART, *Der moderne Kapitalismus*, II, *op. cit.*, pp. 488 sq.

372. J. SAVARY DES BRUSLONS, *op. cit.*, III, mot « Marchand », col. 765. sq.

373. LITTRÉ, *op. cit.*, mot « Corde », p. 808.

374. W. SOMBART, *Der moderne Kapitalismus*, II, p. 489.

375. Jean-Pierre RICARD, *Le Négoce d'Amsterdam contenant tout ce que doivent savoir les marchands et banquiers, tant ceux qui sont établis à Amsterdam que ceux des pays étrangers*, Amsterdam, 1722, pp. 5-7.

376. Moscou, A. Cent. 1261-1. 774, fo 18·

377. W. SOMBART, *op. cit.*, II, p. 490.
378. *Histoire du commerce de Marseille*, II, p. 466; IV, pp. 92 *sq.*; V., pp. 510 *sq.*
379. W. SOMBART, *op. cit.*, II, p. 490.
380. A.N., F¹², 116, 36.
381. Raymond OBERLÉ, « L'évolution des finances à Mulhouse et le financement de l'industrialisation au xviiie siècle », *in :* Comité des travaux historiques. *Bulletin de la section d'histoire moderne et contemporaine*, no 8, 1971, pp. 93-94.
382. Cardinal François-Désiré MATHIEU, *L'Ancien Régime en Lorraine et Barrois... (1658-1789)*, Paris, 1878, p. 35.
383. Jacqueline KAUFFMANN-ROCHARD, *Origines d'une bourgeoisie russe, XVIe et XVIIe siècles*, 1969, p. 45.
384. J. SAVARY DES BRUSLONS, *op. cit.*, II; mot « Entrepôt », col. 329-330.
385. A.N., F¹², 70, fo 102, 13 août 1722.
386. R. GASCON, *op. cit.*, t. I, p. 158.
387. *Médit.* ,... I, 525.
388. C. CARRÈRE, *op. cit.*, p. 9.
389. Roberto CESSI et Annibale ALBERTI, *Rialto*, 1934, p. 79.
390. Maurice LÉVY-LEBOYER, *Les Banques européennes et l'industrialisation internationale dans la première moitié du XIXe siècle*, 1964, pp. 254 *sq.*
391. Mateo ALEMÁN, *Guzmán de Alfarache*, *in :* La Novela picaresca española, *op. cit.*, p. 551.
392. Viera da SILVA, *Dispersos*, III, 340 et IX, 807. C'est à partir de 1760 que sera construite la *Real Plaça do Comercio*. Ces indications me sont fournies par J. GENTIL DA SILVA.
393. Raimundo de LANTERY, *Memorias*, p.p. Alvaro PICARDO Y GOMEZ, Cadix, 1949. *In :* Mélanges Braudel, article de Pierre PONSOT, pp. 151-185.
394. R. CESSI et A. ALBERTI, *op. cit.*, p. 66.
395. Richard EHRENBERG, *Das Zeitalter des Fugger*, 3e éd. 1922, I, p. 70.
396. D'après une information de Guido PAMPALONI.
397. La loggia dei Mercanti ai Banchi se trouve à 400 m de la Strada Nuova, d'après les indications de Giuseppe FELLONI (lettre du 4 septembre 1975).
398. R. EHRENBERG, *op. cit.*, I, p. 70.
399. R. MARQUANT, *op. cit.*, p. 61.
400. Jean LEJEUNE, *La Formation du capitalisme moderne dans la principauté de Liège au XVIe siècle*, 1939, p. 27.
401. Claude LAVEAU, *Le Monde rochelais de l'Ancien Régime au Consulat. Essai d'histoire économique et sociale (1744-1800)* thèse dactyl., 1972, p. 146.
402. *Scripta mercaturae*, I, 1967, entre la p. 38 et la p. 39, gravure sur cuivre de Gaspar Merian, 1658.
403. E. KROKER, *op. cit.*, p. 138.
404. A.N., G⁷, 698, 24.
405. *Diarii di Palermo*, *op. cit.*, II, p. 59.
406. A.d.S. Gênes, Lettere Consoli, 1/26-28.
407. Charles CARRIÈRE, *op. cit.*, I, p. 234.
408. Moscou, A.E.A., 35/6, 744, 9 *sq.*
409. C. CARRÈRE, *op. cit.*, p. 50.
410. *Ibid.*, p. 51.

411. R. EHRENBERG, *op. cit.*, I, p. 70.
412. Raymond BLOCH, Jean COUSIN, *Rome et son destin*, 1960, p. 126.
413. Ch. CARRIÈRE, *op. cit.*, I, pp. 232-233.
414. L.-A. BOITEUX, *La Fortune de mer, le besoin de sécurité et les débuts de l'assurance maritime*, 1968, p. 165.
415. D. DEFOE, *op. cit.*, I, 108.
416. J.-P. RICARD, *Le Négoce d'Amsterdam...*, *op. cit.*, pp. 6-7.
417. *Ibid.*, p. 6
418. F. BRAUDEL, *supra*, I, éd. 1967, p. 360; Gino LUZZATTO, *Storia economica di Venezia dall'XI al XVI secolo*, Venise, 1961, pp. 147 *sq.*
419. Federigo MELIS, *Tracce di una storia economica di Firenze e della Toscana in generale dal 1252 al 1550*, cours dactylographié, 1966-1967; Alfred DOREN, *Storia economica dell'Italia nel Medio Evo*, 1936, pp. 559.
420. Adam WISZNIEWSKI, *Histoire de la Banque de Saint-Georges de Gênes*, Paris, 1865.
421. E. MASCHKE, art. cit., tiré à part, p. 8.
422. *Médit.* ..., II, pp. 44-45.
423. Bernard SCHNAPPER, *Les Rentes au XVIe siècle, Histoire d'un instrument de crédit*, Paris, 1957; *Registres de l'Hôtel de Ville pendant la Fronde*, p.p. LEROUX de LINCY et DOUET d'ARCQ, 1846-1847, t. II, p. 426.
424. R. SPRANDEL, *Der städtische Rentenmarkt in Nordwestdeutschland im Spätmittelalter*, 1971, pp. 14-23.
425. Armando SAPORI, *Una Compagnia di Calimalo ai primi del Trecento*, 1932, p. 185.
426. Heinrich Johann SIEVEKING, *Wirtschaftsgeschichte*, 1935, p. 87.
427. John FRANCIS, *La Bourse de Londres*, 1854, p. 13; N. W. POSTHUMUS, « The tulipomania in Holland in the years 1636 and 1637 », *in :* Journal of Economic and Business history, I, 1928-1929, pp. 434-466.
428. Amsterdam 1688, réédition Madrid 1958.
429. J. G. VAN DILLEN, « Isaac le Maire et le commerce des actions de la Compagnie des Indes orientales », *in :* Revue d'histoire moderne, janv.-fév. et mars-mai 1935, notamment pp. 24 et 36.
430. J. G. VAN DILLEN, art. cit., pp. 15, 19, 21.
431. A.N., K 1349, 132, fo 82.
432. A.N. A.E., B¹, 757.
433. A.N., K 1349, 132, fo 81.
434. Isaac de PINTO, *Traité de la circulation et du crédit*, 1771, p. 311.
435. C. R. BOXER, *The Dutch Seaborn Empire 1600-1800*, 1965, p. 19.
436. Pierre JEANNIN, *L'Europe du Nord-Ouest et du Nord aux XVIIe et XVIIIe siècles*, 1969, p. 73.
437. J. de LA VEGA, *op. cit.*, p. 322.
438. *Le Guide d'Amsterdam* 1701, p. 65, mentionne le « Café françois ». Les autres indiqués par Joseph de LA VEGA, *Die Verwirrung der Verwirrungen*, éd. Otto Pringsheim, 1919, p. 192, note 2, d'après BERG, *Réfugiés*, p. 328.

439. Michele Torcia, *Sbozzo del commercio di Amsterdam*, 1782.
440. A.N., 61 AQ 4.
441. Herbert Lüthy, *La Banque protestante en France de la Révocation de l'Édit de Nantes à la Révolution*, 1959-1961, II, p. 515.
442. A.N., 61 AQ 4, Paris, 2 mars 1780.
443. H. Lüthy, *op. cit.*, II, se reporter à l'index.
444. A.N., 61 AQ 4. Par « compte à 3/3 », entendez à trois tiers, entre Marcet, Pictet et Cramer.
445. A.N., 61 AQ, 77 et 88.
446. J. Francis *op. cit.*, pp. 23 et 87.
447. *Ibid.*, p. 27.
448. A.N., G⁷, 1699, Londres, 29 may 1713.
449. J. Francis, *op. cit.*, p. 32.
450. Jean Savant, *Tel fut Ouvrard*, 1954, p. 55.
451. *Cf.* P. G. M. Dickson, *The financial Revolution in England*, 1967, pp. 505-510; E. V. Morgan et W. A. Thomas, *The Stock Exchange*, 1962, pp. 60-61.
452. *Ibid.*, p. 65.
453. E. Schulin, *op. cit.*, pp. 249 et 295.
454. P. G. M. Dickson, *op. cit.*, p. 504.
455. E. V. Morgan et W. A. Thomas, *op. cit.*, p. 17.
456. P. P. M. Dickson, *op. cit.*, p. 506.
457. Jakob van Klaveren, « Rue de Quincampoix and Exchange Alley. Die Spekulationjahre 1719 und 1720 in Frankreich und England », *in : Vierteljahrschrift für Sozial-und Wirtschaftsgeschichte*, 1963, 48, 3, pp. 331-359.
458. Robert Bigo, « Une grammaire de la Bourse en 1789 », *in : Annales d'histoire économique et sociale*, II, 1930, pp. 500 et 507.
459. Marie-Joseph Désiré Martin, *Les Étrennes financières*, 1789, pp. 97 *sq.*
460. *Ibid.*, ch. VI, « Bourse », p. 68.
461. Robert Bigo, *La Caisse d'Escompte (1776-1793) et les origines de la Banque de France*, Paris, 1927, notamment pp. 95-116.
462. *Mémoires du comte de Tilly*, 1965, p. 242.
463. Moscou, A.E.A., 93/6, 428, p. 40, Paris, 15 août 1785.
464. A.N., 61 AQ 4.
465. Roland de La Platière, *Encyclopédie méthodique*, II, p. 2, d'après C. Carrière, *op. cit.*, I, p. 244, note.
466. Maurice Lévy-Leboyer, *op. cit.*, p. 420, note 17.
467. Jacques Gernet, *Le Monde chinois*, Paris, 1972, p. 231.
468. Pierre Goubert, *Beauvais et le Beauvaisis de 1600 à 1730*, Paris, 1960, p. 142.
469. I. de Pinto, *op. cit.*, p. 69.
470. C'est le chiffre avancé pour la Hollande lors de la crise de 1763., A.E., Hollande, 513, p. 64.
471. M. Lévy-Leboyer, *op. cit.*, p. 709; Guy Thuillier, « Le stock monétaire de la France en l'an X », *in : Revue d'histoire économique et sociale*, 1974, p. 253.

Un libelle anglais anonyme, vers 1700, distingue trente catégories différentes de papiers, E. Schulin, *op. cit.*, p. 287, note 191.
472. A.N., G⁷, 1622.
473. M. Torcia, *Sbozzo del commercio di Amsterdam, op. cit.*, p. 41.
474. *Op. cit.*, I, p. 266.
475. E. Martinez Estrada, *Muerte y transfiguración de Martin Fierro*, 1948, *passim* et en particulier, I, pp. 134-135.
476. Roger Letourneau, *Fès avant le protectorat*, Casablanca, 1949, cité par P. Chalmetta, *op. cit.*, p. 128.
477. P. Chalmetta, *op cit.*, pp. 133-134, référence à al-Maqrizi, *Kitab az-Jitat.*
478. S. Y. Labib, *Handelsgeschichte Agyptens im Spätmittelalter 1171-1517*, 1965, pp. 277, 290 et 323.
479. Nikita Elisseeff, *Nur-ad-Din*, III, p. 856, cité par P. Chalmetta, p. 176.
480. Carlo A. Pinelli, Folco Quilici, *L'Alba dell'uomo*, 1974, p. 219.
481. Pierre Gourou, *Leçons de géographie tropicale*, 1971, p. 106; *Pour une géographie humaine* 1973, p. 105. L'essentiel de l'information dans le livre collectif *Mount Everest*, Londres, 1963.
482. G. W. Skinner, art. cité.
483. Richard Cantillon, *Essai sur la nature du commerce en général.* INED, 1952, pp. 5 *sq.*
484 J. C. Van Leur, *Indonesian Trade and Society*, 1955, pp. 53, 60, 63, etc., et particulièrement, pp. 135-137, 197, 200. La position de Van Leur est reprise par Niels Steensgaard, *The Asian Trade Revolution of the seventeenth cent.*, 1973. Contre cette position, une note que m'a adressée Daniel Thorner et l'ouvrage de M. A. P. Meilink-Roelsfsz. *Asian trade and European influence in the Indonesian Archipelago between 1500 and about 1630.* 1962. Ce débat est au cœur même de l'histoire du monde. J'y reviendrai dans le volume III de cet ouvrage au chapitre 5.
485. J.-C. Van Leur, *op. cit.*, pp. 3 *sq.*
486. A.N., Marine B⁷, 46, pp. 256 *sq.*
487. B. N. de Lisbonne, F.G 7970; traduction de Ievon Khachikian, « Le registre d'un marchand arménien en Perse, en Inde et au Tibet (1682-1693) », *in : Annales E.S.C.*, mars-avril 1967.
488. Robert Mantran, *Istanbul dans la seconde moitié du XVIIᵉ siècle*, 1962.
489. *Roussko-indiickie otnochenia v XVIII veke* (Les relations russo-indiennes au XVIIIᵉ siècle). Recueil de documents, pp. 29 *sq*, 56-65, 74, 82, 95 *sq.*
490. *Ibid.*, pp. 32, 51-55, 67.
491. *Médit.* ..., I, p. 263; II, pp. 577-578.
492. Luigi Celli, *Introduction à Due Trattati inediti di Silvestro Gozzolini da Osimo, economista e finanziere del sec. XVI*, Turin, 1892, pp. 2-6.
493. *Médit.* ..., II, pp. 142 *sq.*
494. Jacques de Villamont, *Les Voyages du Seigneur de Villamont*, 1600, p. 102 recto et verso.

495. Irfan M. HABIB, « Banking in Mughol India », *in : Contribution to Indian economic history*, I, Calcutta, 1960, pp. 1-20.

496. C. R. BOXER, « Macao as religious and commercial entrepot in the 16th and 17th centuries », *in : Acta asiatica*, 1974, p. 71.

497. *Voiage de Henri Hagenaar aux Indes orientales*, in R.-A. Constantin de RENNEVILLE *Recueil des voiages qui ont servi à l'établissement et au progrès de la Compagnie des Indes orientales*, V, 1706, pp. 294 et 296-297.

498. *Médit.* ,... II, p. 149.

499. Abbé PRÉVOST, *op. cit.*, VIII, 629; W. H. MORELAND, *From Akbar to Aurangzeb*, 1923, pp. 153-158.

500. Jean-Henri GROSE, *Voyage aux Indes orientales*, 1758, pp. 155 *sq.* « Ce grand commerçant Abdugafour qu'on dit avoir fait à lui, seul un commerce aussi considérable que celui de la compagnie angloise... »

501. Jean-Baptiste TAVERNIER, *Les Six Voyages de Jean-Baptiste Tavernier... qu'il a faits en Turquie, en Perse et aux Indes...*, Paris, 1676, I, pp. 192, 193.

502. Louis DERMIGNY, *Les Mémoires de Charles de Constant sur le commerce à la Chine*, 1964, pp. 76 et 189-190.

503. Dominique et Janine SOURDEL, *La Civilisation de l'Islam classique*, 1968, p. 584.

504. Robert BRUNSCHVIG, « Coup d'œil sur l'histoire des foires à travers l'Islam », *in : Recueils de la Société Jean Bodin*, t. V : *La Foire*, 1953, p. 44 et note 1.

505. J. C. VAN LEUR, *op. cit.*, p. 76.

506. R. BRUNSCHVIG, art. cit., pp. 52-53.

507. Ludovico de VARTHEMA, *Les Voyages de Ludovico di Varthema ou le viateur en la plus grande partie d'Orient*, Paris, 1888, p. 21. « Nous prinsmes nostre chemin et mismes trois jours à aller à ung lieu appelé Mezeribe. et là demourasmes trois jours à ce que les marchans se fournissent et acheptassent des chameaux et tout ce qui leur estoit necessaire. Le seigneur dudict Mezeribe nommé Zambey est seigneur de la campagne, c'est-à-dire des Arabes..., il a quarante mille chevaux et pour sa court, il a dix mille jumentz et trois cent mille chameatulx. »

508. S. Y. LABIB, *Handelsgeschichte Ägyptens im Spätmittelalter ...*, *op. cit.*, pp. 193-194.

509. *Ibid.*, p. 194.

510. R. BRUNSCHVIG, art. cit., pp. 56-57.

511. S.Y. LABIB, *op cit.*, p. 197.

512. *Médit.* ..., I, p. 190; référence à Henry SIMONSFELD, *Der Fondaco dei Tedeschi und die deutsch-venetianischen Handelsbeziehungen*, 1887; Hans HAUSHERR, *Wirtschaftsgeschichte der Neuzeit vom Ende des 14. bis zur Höhe des 19. J.*, 3e éd. 1954, p. 28.

513. William CROOKE, *Things Indian*, 1906, pp. 195 *sq.*

514. Pour les détails qui suivent, *cf.* Abbé PRÉVOST, *op. cit.*, I, p. 414 et VIII, pp. 139 *sq.*

515. W. HEYD, *Histoire du commerce du Levant au Moyen Age*, 1936, t. II, pp. 662-663.

516. Denys LOMBARD, *Le sultanat d'Atjéh au temps d'Iskandar Muda, 1607-1636, 1967*, p. 46; référence à John DAVIS. *A briefe relation of Master John Davis, chiefe pilote to the Zelanders in their East India Voyage... 1598*, Londres, 1625.

517. François MARTIN, *Description du premier voyage faict aux Indes Orientales par les Français de Saint-Malo*, 1604, cité par D. LOMBARD, *op. cit.*, p. 25, n. 4.

518. D. LOMBARD, *op. cit.*, pp. 113-114; référence à Guillaume DAMPIER, *Supplément du voyage autour du monde...*, 1723.

519. D'après les indications que m'ont fournies Michel CARTIER, Denys LOMBARD et Étienne BALAZS.

520. Étienne BALAZS, « Les foires en Chine », *in : Recueils de la Société Jean Bodin*, V : *La Foire*, 1953, pp. 77-89.

521. *Encyclopedia britannica*, 1969, XIII, p. 124.

522. Louis DERMIGNY, *La Chine et l'Occident. Le commerce à Canton au XVIIIᵉ siècle*, 1964, I, p, 295, III, p. 1151.

523. *La Tradition scientifique chinoise*, 1974.

524. « Le marché monétaire au Moyen Age et au début des Temps modernes », *in : Revue historique*, 1970, p. 28.

525. C. VERLINDEN, J. CRAEYBECKX, E. SCHOLLIERS, « Mouvements des prix et des salaires en Belgique au xvie siècle », *in : Annales E.S.C.*, 1955, nᵒ 2, p. 187, note 1 : « Dans l'état actuel de la recherche, on peut même se demander si le xvie siècle ne se caractériserait pas par la concentration du grand commerce entre les mains de quelques-uns... »

526. « Rue de Quincampoix und Exchange Alley », *in : Vierteljahrschrift...*, art. cit. 1963.

第二章

1. Pour ne pas dire *lois* selon le conseil de Georges GURVITCH.
2. Je pense avant tout aux Archives de Simón Ruiz à Valladolid et de Francesco Datini à Prato.
3. MAILLEFER, *op. cit.*, p. 102.
4. F. BRAUDEL et A. TENENTI, « Michiel da Lezze, marchand vénitien (1497-1514) », *in : Mélanges Friedrich Lütge*, 1956, p. 48.
5. *Ibid.*, p. 64.
6. L. DERMIGNY, *La Chine et l'Occident...*, II, p. 703 et note 5.
7. A.N. 62 AQ 44, Le Havre, 26 mars 1743.
8. F. BRAUDEL et A. TENENTI, *art. cit.*, p. 57.
9. *Médit.* ... I, pp. 560 *sq.*
10. *Ibid.* I, p. 285.
11. Tout le passage ci-dessous d'après le long rapport de Daniel Braems (1687) à son retour des Indes, où il avait longtemps occupé un poste de premier plan dans la Compagnie. A.N., B⁷, 463, fᵒˢ 235-236, 253, 284.
12. *Ibid.*, fᵒ 125.
13. *Supra*, I, éd. 1967, p. 366.
14. Felipe RUIZ MARTIN, *Lettres marchandes échangées entre Florence et Medina del Campo*, Paris, 1965, p. 307.
15. A.N., 62 AQ 33, 12 mai 1784.
16. A.N., 62 AQ 33, 29 novembre 1773. Ce Dugard est le fils de Robert Dugard. le fondateur de la grande teinturerie de Darnetal qui avait fait faillite en 1763.
17. *Ibid.*, 34, 31 octobre 1775.
18. Le sens de cet adjectif est à comprendre d'après celui d'*extinction* : « Acte qui met fin à une obligation » (LITTRÉ).
19. A.N., 62 AQ 34, 14 mars 1793.
20. A.N., 94 AQ 1, dossier nᵒ 6.
21. A.N., 94 AQ 1, dossier nᵒ 6, fᵒ 35.
22. Jean CAVIGNAC, *Jean Pellet, commerçant de gros, 1694-1772*, 1967, p. 37.
23. A.N., F¹², 721, 25 février 1783.
24. A.N., 61 AQ 1, fᵒ 28 vᵒ, 4 avril 1776.
25. A.N. 94 AQ 1, dossier, 11, lettre de Pondichéry du 1ᵉʳ octobre 1729.
26. Pierre BLANCARD, *Manuel de commerce des Indes orientales et de la Chine*, 1806, pp. 40-41.
27. Ferdinand TREMEL, *Das Handelsbuch des Judenburger Kaufmannes Clemens Körber, 1526-1548*, 1960.
28. J. CAVIGNAC, *op. cit.*, p. 152.
29. *Ibid.*, p. 153.
30. *Ibid.*. p. 154.
31. *Ibid.*, p. 37.
32. Romuald SZRAMKIEWICZ, *Les Régents et censeurs de la Banque de France nommés sous le Consulat et l'Empire*, 1974,

33. Clemens BAUER, *Unternehmung und Unternehmungsformen im Spätmittelalter und in der beginnenden Neuzeit*, 1936, p. 45.
34. Raymond de ROOVER, *Il Banco Medici dalle origini al declino (1397-1494)* (éd. anglaise, 1963), 1970, pp. 127 *sq.*
35. A.N., 62 AQ 33.
36. Ils sont de toute évidence, pour cette affaire, associés à moitié avec Dugard, ce qui s'écrit, dans les correspondances, 2/2. De même 3/3 est une association au tiers entre trois personnes.
37. Fernand BRAUDEL, « Réalités économiques et prises de conscience : quelques témoignages sur le XVIᵉ siècle », *in : Annales E.S.C.*, 1959, p. 735.
38. A.N., G⁷, 1698, 132, 12 avril 1713.
39. Sur les *metedores*, E. W. DAHLGREN, *Relations commerciales et maritimes entre la France et les côtes de l'océan Pacifique*, *op. cit.*, I, p. 42. Sur les *cargadoves*, John EVERAERT, *De internationale en coloniale handel der vlaamse Firma's te Cadiz, 1670-1740*, 1973, p. 899.
40. R. GASCON, *op. cit.*, pp. 204-205.
41. Armando SAPORI, *Sulfi di storia economica*, 3ᵉ éd. 1955, II, p. 933.
42. Jean-Baptiste TAVERNIER, *Voyage en Perse*, éd. Pascal Pia, 1930, p. 69.
43. P. D. de PASSENANS, *La Russie et l'esclavage*, 1822, I, p. 129, note 1.
44. L. BRENTANO, *Le Origini del capitalismo*, 1954, éd. allemande, 1916, p. 9.
45. Hektor AMMAN, « Die Anfänge des Aktivhandels und der Tucheinfuhr aus Nordwesteuropa nach dem Mittelmeergebiet », *in : Studi in onore di Armando Sapori*, 1957, I, p. 276.
46. H. PIGEONNEAU, *op. cit.*, I, p. 253.
47. *Médit...*, I, p. 458.
48. La formule est de Richard EHRENBERG, *Das Zeitalter der Fugger. Geldkapital und Creditverkehr im 16. J.*, 1896.
49. Pierre VILAR *La Catalogne dans l'Espagne moderne*, 1962, III, p. 484.
50. Mesroub J. SETH, *Armenians in India from the earliest times to the present day*, 1937.
51. L. DERMIGNY, *Mémoires de Charles de Constant...*, *op. cit.*, p. 150, note 5.
52. L. KHACHIKIAN, *art. cit.* pp. 239 *sq.*
53. L. DERMIGNY, *La Chine et l'Occident...*, *op. cit.*, I, p. 35.
54. Pierre CHAUNU, *Les Philippines et le Pacifique des Ibériques*, 1960, p. 23.
55. V. A. PARSAMIANA, *Relations russo-arméniennes*, Erivan, 1953, doc. nᵒˢ 44 et 48-50.
56. F. LÜTGE, *op. cit.*, p. 253.
57. *Médit....*, I, p. 264.
58. Archives de Malte. Liber Bullarum, 423, fᵒ 230, 1ᵉʳ mars et 1ᵉʳ avril 1553.

59. *Gazette de France*, 30 janvier 1649, p. 108, P. Joseph Bougerel, *Mémoires pour servir à l'histoire de plusieurs hommes illustres de Provence*, 1752 pp. 144-173.
60. Louis Bergasse et Gaston Rambert, *Histoire du commerce de Marseille*, IV, 1954, p. 65.
61. Simancas, Estado Napoles, 1097, f° 107.
62. Traduction du titre : Trésor des mesures, poids, nombres, et monnaies du monde entier; ou connaissance de toutes [les] sortes de poids, mesures et monnaies qui régissent le commerce du monde entier, rassemblées... par les soins du vil luminier Lucas de Vanand aux frais et à la demande du Sieur Pierre fils du Xac'atur de Djulfa. Imprimé par les soins et avec l'agrément du très grand et sublime docteur et saint évêque Thomas de Vanand de la maison de Golt'n. En l'an du Seigneur 1699. le 16 janvier. A Amsterdam.
63. Alexandre Wolowski, *La Vie quotidienne en Pologne au XVIIe siècle*, 1972, pp. 179-180.
64. L. Dermigny, La Chine et l'Occident. I, p. 297.
65. Paul Shaked, *A tentative Bibliography of Geniza Documents*, 1964; S. D. Goitein, « The Cairo Geniza as a source for the history of Mulsim civilisation », *in : Studia islamica*, III, pp. 75-91.
66. S. Y. Labib, *in : Journal of Economic History*, 1969, p. 84.
67. H. Pigeonneau, *op. cit.*, I, pp. 242-245.
68. *Médit.* ..., II, p. 151; Attilio Milano, *Storia degli Ebrei in Italia*, 1963, pp. 218-220.
69. H. Inalcik, *in : Journal of Economic History*, 1969, pp. 121 *sq.*
70. *Sephardim an der unteren Elbe*, 1958.
71. F. Lütge, *op. cit.*, pp. 379-380, et surtout H. Schnee, *Die Hoffinanz und der moderne Staat*, 3 vol., 1953-1955.
72. Pierre Saville, *Le Juif de Cour, histoire du Résident royal Berend Lehman (1661-1730)*, 1970.
73. Werner Sombart, *Die Juden und das Wirtschaftsleben*, 1922.
74. H. Inalcik, art. cit., pp. 101-102.
75. Lewis Hanke, « The Portuguese in Spanish America », *in : Rev. de Hist. de America*, juin 1961, pp. 1-48; Gonzalo de Reparaz hijo, « Os Portugueses no Peru nos seculos XVI e XVII », *in : Boletim da Sociedade de Geografia de Lisboa*, janv.-mars 1967, pp. 39-55.
76. Pablo Vila, « Margarita en la colonia 1550 a 1600 », *in : Revista nacional de cultura*, Caracas, octobre 1955, p. 62.
77. A. P. Canabrava, *O Comércio português no Rio da Prata*, *op. cit.*, pp. 36-38, et, en note, références à L. Hanke et autres.
78. *Ibid.*, .pp. 116 *sq.*; L. Hanke, art. cit., p. 15.
79. L. Hanke, *ibid.*, p. 27.
80. A. P. Canabrava, *op. cit.*, pp. 143 *sq.*;

Emanuel Soares da Veiga Garcia, « Buenos Aires e Cadiz. Contribuiçâo ao estudo do comercio livre (1789-1791) », *in : Revista de historia*, 1970, p. 377.
81. L. Hanke, *art. cit.*, p. 7.
82. *Ibid.*, p. 14. Citation de José Toribio Medina, *Historia del Tribunal del Santo Oficio de la Inquisición de Cartagena de las Indias*, Santiago de Chile, 1899, p. 221.
83. Gonzalo de Reparaz, « Los Caminos del contrabando », in : *El Comercio*, Lima, 18 février 1968.
84. Note communiquée par Alvaro Jara, d'après les comptes de Sebastián Duarte, conservés à l'Archivo Nacional de Santiago.
85. Jakob van Klaveren, *Europäische Wirtschaftsgeschichte Spaniens im 16. und 17. J.*, 1960, p. 151, n. 123.
86. Genaro Garcia, *Autos de Fe de la Inquisición de México con extractos de sus causas*, 1910; Guijo, *Diario, 1648-1664*, Mexico, 2 vol., 1952, chronique au jour le jour qui relate l'*auto de fe* du 11 avril 1649, I, pp. 39-47, 92-93.
87. Au sens de João Lucio de Azevedo, *Epocas do Portugal económico, esboços de historia*, 1929; l'auteur entend par-là les périodes successives pendant lesquelles domine une production, le sucre, le café, etc.
88. L. Dermigny, *La Chine et l'Occident...*, *op. cit.*, I, p. 77.
89. Johann Albrecht Mandelslo, *Voyage aux Indes orientales*, 1659, II, p. 197.
90. Balthasar Suárez à Simon Ruiz, le 15 janvier 1590; Simon Ruiz à Juan de Lago, 26 août 1584; S. Ruiz aux Buonvisi de Lyon, 14 juillet 1569, Archives Ruiz, Archivo historico provincial, Valladolid.
91. Voir *infra*, III, ch. 4.
92. M. Capella et A. Matilla Tascón, *op. cit.*, pp. 181 *sq.*
93. *Médit.* ..., I, 195.
94. G. Aubin, « Bartolomäus Viatis. Ein nürnberger Grosskaufmann vor dem dreissigjährigen Kriege », *in : Viertelj. für Sozial-und Wirschaftsgeschichte*, 1940, et Werner Schultheiss, « Der Vertrag der nürnberger Handelsgesellschaft Bartholomäus Viatis und Martin Peller von 1609-15 », *in : Scripta mercaturae*, I, 1968.
95. Archives de Cracovie, Ital. 382.
96. *La Novela picaresca, op. cit.*, Estebanillo Gonzalez, pp. 1812, 1817, 1818. Marchands italiens à Munich, à Vienne, à Leipzig, E. Kroker, *op. cit.*, p. 86.
97. *Op. cit.*, p. 361.
98. *Europe in the Russian mirror*, 1970, pp. 21 *sq.*
99. *Diarii*, 9 nov. 1519.
100. H. Sieveking, *op. cit.*, p. 76.
101. Francesco Carletti, *Ragionamenti sopra le cose da lui vedute ne' suoi viaggi* 1701, p. 283.
102. François Dornic, *L'Industrie textile dans le Maine (1650-1815)*, 1955, p. 83.

103. F. Lütge, *op. cit.*, p. 235.
104. G. Lohmann Villena, *Las Minas de Huancavelica en los siglos XVI y XVII*, 1949, p. 159.
105. Gérard Sivery, « Les orientations actuelles de l'histoire économique du Moyen Age », dans l'Europe du Nord-Ouest », *in : Revue du Nord*, 1973, p. 213.
106. Jacques Schwartz, « L'Empire romain, l'Égypte et le commerce oriental », *in : Annales E.S.C.*, XV (1960), p. 25.
107. A. Sapori, *Una Compagnia di Calimala ai primi del Trecento, op. cit.*, p. 99.
108. Federigo Melis, « La civiltà economica nelle sue esplicazioni dalla Versilia alla Maremma (secoli X-XVIII) », *in : Atti del 60° Congresso internazionale della « Dante Alighieri »*, p. 7.
109. Pierre et Huguette Chaunu, *Séville et l'Atlantique de 1504 à 1650*, 1959, VIII-1, p. 717.
110. R. Cantillon, *Essai sur la nature du commerce en général, op. cit.*, p. 41.
111. F. Melis, art. cit., pp. 26-27, et « Werner Sombart e i problemi della navigazione nel medio evo », *in : L'opera di Werner Sombart nel centenario della nascita*, p. 124.
112. R. Gascon, *op. cit.*, p. 183.
113. G. F. Gemelli Carreri, *Voyage autour du monde*, 1727, II, p. 4.
114. *Ibid.*, IV, p. 4.
115. F. Carletti, *op. cit.*, pp. 17-32.
116. Condillac, *Le Commerce et le gouvernement*, éd. E. Daire, 1847, p. 262.
117. Michel Morineau a eu la gentillesse de me communiquer le microfilm de la correspondance de la maison Sardi à Livourne avec Benjamin Burlamachi, conservée aux Archives municipales d'Amsterdam (Familie-papieren 1. Archief Burlamachi).
118. A.N., 62 AQ 33, Amsterdam, 27 mars 1766.
119. Archives de Paris, D⁵B⁶ 4433, f° 48.
120. Archives Voronsov, Moscou, 1876, vol. 9, pp. 1-2. Venise, 30 décembre 1783, Simon à Alexandre Voronsov : « Tout est ici, hors les étoffes de soie, d'une cherté prodigieuse. »
121. Claude Manceron, *Les Vingt Ans du roi*, 1972, p. 471.
122. *Médit...*, I, p. 471.
123. Barthélémy Joly, *Voyage en Espagne, 1603-1604*, p.p. L. Barrau Dihigo, 1909, p. 17.
124. Bohrepans, Londres, 7 août 1686 (A.N., A.E., B¹, 757); Anisson, Londres, 7 mars 1714 (A.N., G 7, 1699); Carlo Ottone, déc. 1670 (A.d.S. Gênes, Lettere Consoli, 1-2628); Simolin, Londres, 23 mars/3 avril 1781 (Moscou, A.E.A. 35/6, 320, f° 167); Hermann, 1791 (A.N., A.E., B¹, 762, f° 461 v°).
125. Fynes Moryson, *An Itinerary containing his ten yeeres travell*, 1908, VI, p. 70, cité par Antoine Maczak, « Progress and underdevelopment in the ages of Renaissance and Baroque Man », *in : Studia Historiae Oeconomicae* IX, 1974, p. 92).

126. I. de Pinto, *op. cit.*, p. 167 : « Là où il y a plus de richesses, tout y est plus cher... C'est ce qui me fait conjecturer que l'Angleterre est plus riche que la France. »; *François Quesnay et la physiocratie*, éd. de l'INED, 1966, II, p. 954.
127. *Voyages en France*, 1931, I, p. 137.
128. *De la monnaie*, tr. fr. de G. M. Bousquet et J. Crisafulli, 1955, p. 89.
129. Léon H. Dupriez, « Principes et problèmes d'interprétation », *in : Diffusion du progrès et convergence des prix. Études internationales*, 1966, p. 7.
130. Voir *infra*, III, ch. 1. Et J. Accarias de Sérionne, *op. cit.*, 1766, I, pp. 270 sq.
131. Turgot, *Œuvres*, I, *op. cit.*, pp. 378-379.
132. Pierre Des Mazis, *Le Vocabulaire de l'économie politique* 1965, p. 62.
133. H. et P. Chaunu, *Séville et l'Atlantique de 1504 à 1650, op. cit.*, 12 vol.
134. *Ibid.*, VIII-1, p. 260, note 2, 293, note 1.
135. Felipe Ruiz Martín, *El Siglo de los Genoveses*, à paraître, Ruth Pike, *Enterprise and Adventure. The Genoese in Seville*, 1966.
136. *Gazette de France* 14 février 1730, de Madrid, p. 102.
137. Je tiens ce détail important de J.-P. Berthe.
138. D. Defoe, *op. cit.*, I, p. 354.
139. Thomas Gage, *Nouvelle Relation contenant les voyages de Thomas Gage dans la Nouvelle-Espagne*, 1676, 4e partie, p. 90.
140. A.F., F², A, 21.
141. W. L. Schurz, *The Manila Galleon*, 1959, p. 363.
142. Ragnar Nurkse, *Problems of capital formation in underdeveloped countries*, 1958.
143. *François Quesnay... op. cit.*, II, p. 756.
144. *Pierre de Boisguilbert ou la naissance de l'économie politique*, éd. de l'INED, 1966, II, p. 606.
145. *François Quesnay... op. cit.*, II, pp. 664 et 954-955.
146. Au sens où Pierre Gourou emploie l'expression.
147. *Médit. ...*, I, p. 409.
148. *Ibid.*, I, p. 233.
149. H. et P. Chaunu, *op cit.*, VIII-1, p. 445
150. A.N., G⁷, 1695, 252.
151. *Ibid.*
152. J. Savary des Bruslons, *op. cit.*, IV, 1762, col. 1023, arrêts du 5 septembre 1759 et du 28 octobre de la même année. col. 1022 et 1024.
153. Paul Bairoch, *Révolution industrielle et sous-développement*, Paris, 1963 p. 201.
154. R. M. Hartwell, *The Industrial Revolution and economic Growth*, 1971, pp. 181-182.
155. Cf. *infra*, III, ch. 4.
156. Thomas Sowell, *The Say's Laws*, 1972; Ch. E. L. Meunier, *Essai sur la théorie des débouchés de J.-B. Say*, 1942.
157. *Œuvres, op. cit.*, I, p. 452.

158. Cité par R. Nurkse, *op. cit.*, p. 16.
159. D'après J. Romeuf, *op. cit.*, I, p. 372..
160. Henri Guitton, *Les Fluctuations économiques*, 1952, p. 173.
161. I. de Pinto, *op. cit.*, 0. 184.
162. Eli F. Heckscher, *La Epoca mercantilista*, 1943. p. 653.
163. D. Ricardo, *op. cit.*, 1970, p. 66.
164. *Ibid.*, chapitre sur les profits, notamment pp. 88-89.
165. « Tawney's Century », *in : Essays in Economic and social History of Tudor and Stuart England*, 1961.
166. Michelet, *Le Peuple*, 1899, pp. 73-74.
167. Sur les Gianfigliazzi, Armand Sapori, *Studi di storia economica* 3e éd. 1955. II, pp. 933 *sq.* Sur les Copponi, registre possédé par Armando Sapori qui a eu la gentillesse de m'en communiquer le microfilm.
168. Archives conservées à l'Université Bocconi de Milan.
169. B. Cotrugli, *op. cit.*, p. 145.
170. *In : Mélanges Hermann Aubin*, 1965, I, pp. 235 *sq.*
171. Ernst Hering, *Die Fugger*, 1940, pp. 23 et 27.
172. F. Melis, « La civiltá economica nelle sue explicacion dalla Versilia alla Maremma », art. cit., pp. 21 et 35.
173. F. Lütge. *op. cit.*, p. 288.
174. F. Gestrin, *op. cit.*, p. 116.
175. Hermann Kellenbenz, « Le front hispano-portugais contre l'Inde et le rôle d'une agence de renseignements au service des marchands allemands et flamands », *in : Estudia*, XI, 1963; C. R. Boxer, « Uma raridade bibliografica sobre Fernâo Cron », *in : Boletim internacional de bibliografia luso-brasiliana*, 1971.
176. *Das Meder'sche Handelsbuch und die Welser'schen Nachträge* 1974.
177. Johannes Müller. « Der Umfang und die Hauptrouten des nürnbergischen Handelsgebietes im Mittelalter », *in : V. Jahrschrift für S.-und W. Geschichte*, 1908, pp. 1-38.
178. E. Krober, *op. cit.*, pp. 71, 163 et *passim.*
179. J.-C. Perrot, *op. cit.*, pp. 181 *sq.*
180. F. Maurette, *Les Grands Marchés des matières premières*, 1922.
181. R. Gascon, *op. cit.*, I, p. 37.
182. Cf. *supra*, I, pp. 187-190.
183. Voir *supra*, I, édit. 1967. p. 162.
184. *Ibid.*, p. 165.
185. Jacob Baxa et Guntwin Bruhns, *Zucker im Leben der Völker*, 1967, pp. 24-25.
186. *Ibid.*, p. 27.
187. *Ibid.*. p. 32.
188. *Supra*, I, éd. 1967, p. 166.
189. J. Savary des Bruslons, IV, col. 827.
190. J. Baxa et G. Bruhns, *op. cit.*, p. 27.
191. *Ibid.*, pp. 40-41 et *passim.*
192. 1759, p. 97.
193. *Pierre de Boisguilbert...*, *op. cit.*, II, p. 621.
194. R. Cantillon, *Essai sur la nature du commerce en général*, *op. cit.*, p. 150.

195. Joseph Schumpeter, *History of economic analysis*, 1954, éd. italienne, 1959, p. 268.
196. L. Dermigny, *op. cit.*, I, p. 376.
197. B. E. Supple, « Currency and commerce in the early seventeenth century », *in : The Economic Historical Review*, janv. 1957, pp. 239-264.
198. G. de Manteyer, *Le Livre-journal tenu par Fazy de Rame*, 1932, pp. 166-167.
199. Léon Costelcade, *Mentalité gévaudanaise au Moyen Age*, 1925, compte rendu par Marc Bloch, *in : Annales d'histoire économique et sociale*, I, 1929, p. 463.
200. Public Record Office, 30/25, Portfoglio 1, 2 novembre - 2 décembre 1742.
201. A.d.S. Naples, Affari Esteri, 796, La Haye, 28 mai 1756.
202. Moscou A.E.A. 50/6, 470.
203. *Ibid.*, 84/2, 421, fo 9 vo, lettre de Facius.
204. Abbé Prévost. *Histoire générale des voyages...*, *op. cit.*, III, p. 641. Voyage de Compagnon, en 1716.
205. A. P. Canabrava, *O Comércio português...*, *op. cit.*, p. 13; Lewis Hanke, *La Villa impérial de Potosi. Un capitulo inédito en la historia del Nuevo Mundo*, 1954.
206. P. V. Cañete y Dominguez, *Guia histórica*, p. 57, cité par Tibor Wittman, « La riqueza empobrece; problemas de crisis del Alto Peru colonial en la Guia de P. V. Cañete y Dominguez », *in : Acta historica*, Szeged, 1967, XXIV, p. 17.
207. Sergio Buarque de Holanda, *Monções*. 1945.
208. J.-B. Tavernier, *op. cit.*, II, p. 293.
209. Fondateur en 1844 de la zone cacaoyère des Ilheor, Pedro Calmon, *Historia social do brasil*, 1937, p. 190.
210. Aziza Hazan, « En Inde aux xvie et xviie siècles : trésors américains, monnaie d'argent et prix dans l'Empire mogol », *in : Annales E.S.C.*, juil.-août 1969, pp. 835-859.
211. C.R. Boxer, *The Great Ship from Amacom. Annals of Macao and the old Japan Trade, 1555-1640*, Lisbonne, 1959, p. 6, note 1, 12 septembre 1633, lettre de Manuel da Câmara de Noronha.
212. Antonio de Ulloa, *Mémoires philosophiques, historiques, physiques, concernant la découverte de l'Amérique*, 1787, I, p. 270.
213. J. Gernet, *Le Monde chinois*, *op. cit.*, p. 423.
214. P. Chaunu, *Les Philippines*, *op. cit.*, pp. 268-269.
215. Par exemple, vers 1570, la ratio est de 6 environ en Chine, contre 12 en Castille; vers 1630, respectivement de 8 contre 13. Pierre Chaunu, « Manille et Macao », *in : Annales E.S.C.*, 1962, p. 568.
216. W. L. Schurz, *op. cit.*, pp. 25-27.
217. *Ibid.*, p. 60.
218. George Macartney, *Voyage dans l'intérieur de la Chine et en Tartarie fait dans les années 1792, 1793 et 1794...*. Paris, 1798, I, p. 431.
219. *Médit. ...*, I, p. 299. Lieux encore l'ar-

ticle d'Ömer L. BARKAN, « Les mouvements des prix en Turquie entre 1490 et 1655 », in : Mélanges Braudel, 1973, I, pp. 65-81.

220. A.N., 94 AQ 1, dossier 11, Pondichéry, 1er octobre 1729.

221. M. CHERIF, « Introduction de la piastre espagnole (« ryâl) » dans la régence de Tunis au début du xviie siècle », in : Les Cahiers de Tunisie, 1968, nos 61-64, pp. 45-55.

222. J. EON, (en religion P. MATTHIAS de SAINT-JEAN), Le Commerce honorable, 1646, p. 99.

223. A.d.S. Venise, Senato Misti, reg. 43, fo 162.

224. Ibid., reg. 47, fo 175 vo. Je dois ces renseignements à R. C. Mueller.

225. Museo Correr, Donà delle Rose, 26 fo 2.

226. A.N. A.E., BIII, 235, et Ch. CARRIÈRE, op. cit., II, pp. 805 sq.

227. E. F. HECKSCHER, op. cit., p. 695.

228. State Papers Domestic, 1660-1661, p. 411, cité par E. LIPSON, The Economic History of England, 1948, III, p. 73.

229. Gazette de France, 16 janvier, p. 52; 6 mars, p. 135; 20 mars 1721, p. 139. Annonces analogues : 6 mars 1730, p. 131; 16 septembre 1751, p. 464.

230. Moscou, A.E.A., 50/6, 472, pp. 26-27.

231. Le Journal d'émigration du comte d'Espinchal a été publié par Ernest d'Hauterive, 1912. Le passage cité, resté inédit, se trouve dans le manuscrit, Bibl. Universitaire de Clermont-Ferrand, fo 297.

232. F. C. SPOONER, L'Économie mondiale et les frappes monétaires en France, 1493-1680, 1956, éd. anglaise augmentée en 1972.

233. M. MARION, Dictionnaire..., op. cit., p. 384.

234. Jean-François de BOURGOING, Nouveau Voyage en Espagne, ou Tableau de l'état actuel de cette monarchie, Paris, 1788, II, p. 87.

235. E. F. HECKSCHER, op. cit., p. 466, attribue l'ouvrage à John HALES, d'après les études d'Edward HUGHES (1937,) et Mary DEWAR (1964), il faut l'attribuer à sir Thomas SMITH. Voir E. SCHULIN, op. cit., p. 24.

236. E. SCHULIN, op. cit., p. 94.

237. M.-J. D. MARTIN, op. cit., pp. 105-106.

238. A.d.S., Venise, Inghilterra, 76 et Londres, 13/34, août 1703.

239. B.N., Paris, Ms. 21779, 176 vo (1713).

240. René GANDILHON, Politique économique de Louis XI, 1941, pp. 416-417.

241. N. SANCHEZ ALBORNOZ, « Un testigo del comercio indiano : Tomás de Mercado y Nueva Espana », in : Revista de historia de América, art. cit., p. 122.

242. TURGOT, op. cit., I, p. 378.

243. Moscou, A.E.A., 35/6, 765.

244. Thomas MUN, A Discourse of trade from England unto the East Indies, 1621, p. 26.

245. A.N., G7, 1686, 53.

246. René BOUVIER, Quevedo, « homme du diable, homme de Dieu », 1929, pp. 305-306.

247. France-Piémont, A.N., G7, 1685, 108. Sicile-République de Gênes, Geronimo de UZTARIZ, Théorie et pratique du commerce et de la marine, 1753, pp. 52-53. Perse-Indes, Voyage de Gardane, manuscrit de la Bibliothèque Lénine, Moscou, p. 55.

248. A.d.S. Gênes, Lettere Consoli, I, 26-29.

249. Margaret PRIESTLEY, « Anglo-French Trade and the Unfavoarable Controversy, 1660-1685, in : The Economic History Review, 1951, pp. 37 sq.

250. A.E., C.P. Angleterre, 208-209.

251. A.N., G7, 1699.

252. Moscou A.E.A., 35/6, 381.

253. E. SCHULIN, op. cit., pp. 308 sq et surtout 319-320.

254. A été utilisée toute la correspondance du consul russe à Lisbonne, J. A. Borchers, de 1770 à 1794, Moscou, A.E.A., à partir de 72/5, 217, 58. Le traité de Methuen a duré jusqu'en 1836, E. Schulin, op. cit., p. 290.

255. Moscou A.E.A. 725, 226, 73 vo, 10 novembre 1772; 273, 25 vo.

256. H. E. S. FISCHER, The Portugal Trade, 1971, pp. 38 et 35.

257. Pierre-Victor MALOUET, Mémoires, 1874, t. I, pp. 10-11.

258. Moscou, A.E.A., 72/5, 226, fo 59, Lisbonne, 6 octobre 1772, Borchers à Ostermann.

259. Ibid., 72/5, 270, fo 52 et vo, 23 avril 1782.

260. Ibid., 72/5, 297, fo 22, 13 décembre 1791.

261. H. E. S. FISCHER, op. cit., p. 136.

262. Moscou, ibid., 72/5, 297, fo 25, 20 décembre 1791.

263. Sur l'ensemble, Ingomar BOG, Der Aussenhandel Ostmitteleuropas, 1450-1650, 1971.

264. S.A. NILSSON, Den ryska marknaden, cité par M. HROCH, « Die Rolle des zentraleuropäischen Handels im Ausgleich der Handelsbilanz zwischen Ost- und Westeuropa, 1550-1650 », in : Ingomar BOG, op. cit., p. 5, note 1 : Arthur ATTMANN, The Russian and Polish markets in international Trade, 1500-1600, 1973.

265. M. HROCH, art. cit., pp. 1-27.

266. L. MAKKAI, semaine de Prato, avril 1975.

267. Ernst KROKER, op. cit., p. 87. est formel sur ce point.

268. Archives de Cracovie, Ital., 382.

269. Voir infra, III, ch. 3.

270. A noter la présence de monnaies polonaises en Géorgie (R. KIERSNOWSKI, Semaine de Prato, avril 1975). En 1590, le roulage polonais porte à Istanbul des réaux d'Espagne (Tommaso ALBERTI, Viaggio a Constantinopoli, 1609-1621, Bologne, 1889; Méditerranée, I, pp. 183 sq.). Des marchands de Pologne et de Moscovie gagnent les Indes avec des rixdales d'Allemagne (TAVERNIER, op. cit., II, p. 14).

271. Voir *infra*, III, ch. 5.
272. A.N., G⁷, 1686, 99, 31 août 1701.
273. E. SCHULIN, *op. cit.*, p. 220.
274. R. GASCON, *op. cit.*, p. 48.
275. Albert CHAMBERLAND, « Le commerce d'importation en France au milieu du XVIe siècle », *in : Revue de géographie*, 1892-1893, pp. 1-32.
276. BOISGUILBERT, *op. cit.*, II, p. 586, J. J. CLAMAGERAN, *Histoire de l'impôt en France*, II, 1868, p. 147.
277. Henryk SAMSONOWICZ, *Untersuchungen über das danziger Bürgerkapital in der zweiten Hälfte des 15. Jahrhunderts*, Weimar, 1969.
278. Anders CHYDENIUS, « Le Bénéfice national (1765) », trad. du suédois, introd. de Philippe COUTY, *in : Revue d'histoire économique et sociale*, 1966, p. 439.
279. Référence malheureusement égarée, fiche en provenance de Moscou, A.E.A.
280. A.N., A.E., B¹, 762, fº 401, lettre d'Hermann, consul de France à Londres, 7 avril 1791.
281. S. VAN RECHTEREN, *Voiage aux Indes Orientales*, 1706, V, p. 124.
282. K. M. PANIKKAR, *L'Asie et la domination occidentale du XVe siècle à nos jours*, pp. 68-72.
283. *Ibid.*
284. *Ibid.*, pp. 95-96.
285. Frédéric MAURO, *L'Expansion européenne*, 1964, p. 141.
286. William BOLTS, *État civil, politique et commercial du Bengale, ou Histoire des conquêtes et de l'administration de la Compagnie anglaise de ce pays*, 1775, I, p. XVII.
287. G. UNWIN, « Indian factories in the 18 th century », *in : Studies in economic history*, 1958, pp. 352-373, cité par F. MAURO, *op. cit.*, p. 141.

288. *Gazette de France*, 13 mars 1763, de Londres, p. 104.
289. A.E., Asie, 12, fº 6.
290. Moscou, A.E.A., 50/6, 474, fº 23, Amsterdam, 12/33 mars 1764.
291. *Gazette de France*, avril 1777.
292. PANIKKAR, *op. cit.*, pp. 120-121.
293. G. d'AVENEL, *Découvertes d'histoire sociale*, 1920, p. 13.
294. *In : Finanzarchiv*, I, 1933, p. 46.
295. A. HANOTEAU et A. LETOURNEUX, *La Kabylie et les coutumes kabyles*, 1893; plus l'admirable livre de Pedro CHALMETTA, *op. cit.*, pp. 75 *sq.*
296. Roger BASTIDE et PIERRE VERGER, art. cit.
297. Pierre GOUROU, *Les Paysans du delta tonkinois*, 2e éd. 1965, pp. 540 *sq.*
298. Voyages personnels en 1935.
299. Bronislaw MALINOWSKI, *Les Argonautes du Pacifique occidental*, 1963, p. 117.
300. Karl POLANYI, toute son œuvre et spécialement, K. POLANYI et C. ARENSBERG, *Les Systèmes économiques*, 1975.
301. Voir *infra*, p. 409.
302. Walter C. NEALE, *in : K.* POLANYI et C. ARENSBERG, *op. cit.*, p. 342.
303. *Ibid.*, p. 336 *sq.*
304. *Ibid.*, p. 341.
305. « Markets and Other Allocation Systems in History : the Challenge of K. Polanyi », *in : The Journal of European Economic History*, 6, hiver 1977
306. W.C. NEALE, *op. cit.*, p. 343.
307. Maxime RODINSON, *in :* Pedro CHALMETTA, *op. cit.*, p. LIII *sq.*
308. *Ibid.*, pp. LV *sq.*
309. *In : Annales E.S.C.*, 1974, pp. 1311-1312.
310. Tr. française, 1974.
311. *Ibid.*, p. 22.
312. *Œuvres*, t. XXII, 1960, pp. 237, 286 *sq.*
322. *sq.*

第三章

1. François PERROUX, *Le Capitalisme*, 1962, p. 5.
2. Herbert HEATON, « Criteria of periodization in economic history », *in : The Journal of Economic History*, 1955, pp. 267 *sq.*
3. Notamment Lucien FEBVRE, « Les mots et les choses en histoire économique », *in : Annales d'histoire économique et sociale*, II, 1930, pp. 231 *sq.* 1930, pp. 231 *sq.*
4. Pour de plus amples explications, voir le livre clair et méticuleux, malheureusement difficile à consulter, d'Edwin DESCHEPPER, *L'Histoire du mot capital et dérivés*, thèse dactylographiée, Université libre de Bruxelles, 1964. Je l'ai largement mis à contribution dans les lignes qui suivent.

5. Archives de Prato, nº 700, *Lettere Prato-Firenze*, document communiqué par F. Melis.
6. Edgar SALIN, « Kapitalbegriff und Kapitallehre von der Antike zu den Physiokraten », *in : Vierteljahrschrift für Sozial- und Wirtschaftsgeschichte*, 23, 1930, p. 424, note 2.
7. R. GASCON, *Grand Commerce et vie urbaine. Lyon au XVIe*, 1971, p. 238.
8. E. DESCHEPPER, *op. cit.*, pp. 22 *sq.*
9. François RABELAIS, *Pantagruel*, éd. La Pléiade, p. 383.
10. A.N., A.E. B¹ 531, 22 juillet 1713.
11. J. CAVIGNAC, *op. cit.*, p. 158 (lettre de Pierre Pellet, de la Martinique, le 26 juillet 1726).
12. François VÉRON DE FORBONNAIS, *Prin-*

cipes économiques (1767), éd. Daire, 1847, p. 174.

13. A.E. Mémoires et Documents, Angleterre, 35, f° 43, 4 mai 1696.

14. TURGOT, *op. cit.*, II, p. 575.

15. J. SAVARY DES BRUSLONS, *Dictionnaire*, II, 1760, col. 136.

16. A.N., G 7, 1705, 121, après 1724.

17. A.N., G 7, 1706, 1, lettre du 6 décembre 1722.

18. CONDILLAC, *op. cit.*. p. 247.

19. J.-B. SAY, *Cours complet d'économie politique*, I, 1828, p. 93.

20. SISMONDI, *De la richesse commerciale*, 1803.

21. *Op. cit.*, p. 176.

22. DU PONT DE NEMOURS, *Maximes du docteur Quesnay*, éd. 1846, p. 391, cité par Jean ROMEUF, *Dictionnaire des sciences économiques*, au mot « capital », p. 199.

23. C. MANCERON, *op. cit.*, p. 589.

24. MORELLET, *Prospectus d'un nouveau dictionnaire de commerce*, Paris, 1764, cité par E. DESCHEPPER, *op. cit.*, pp. 106-107.

25. E. DESCHEPPER, *op. cit.*, p. 109.

26. *Ibid.*, p. 124.

27. A.N., K 1349, 132, f° 214 v°.

28. E. DESCHEPPER, *op. cit.*, p. 125.

29. Lucien FEBVRE, « Pouvoir et privilège » (Louis-Philippe MAY : « L'Ancien Régime devant le Mur d'Argent »), *in : Annales hist. éc. et soc.*, X (1938), p. 460.

30. E. DESCHEPPER, *op. cit.*, p. 128.

31. A.N. Z 1, D 102 B.

32. A.d.S. Naples, Affari Esteri, 801.

33. Pierre-Victor MALOUET, *Mémoires*, 1874, I, p. 83.

34. A.E., M. et D., Angleterre, 35 f°s 67 *sq.*

35. A.N., F 12, 731, 4 juillet 1783.

36. Luigi DAL PANE, *Storia del lavoro in Italia*, 2e éd., 1958, p. 116.

37. Cahier de doléances, Tiers État de Garde-Figanières.

38. Cahier de doléances de Saint-Pardoux, Sénéchaussée de Draguignan.

39. D. MATHIEU, *L'Ancien Régime dans la province de Lorraine et Barrois*, 1879, p. 324.

40. C. MANCERON, *op. cit.*, p. 54.

41. Henry COSTON, *Les Financiers qui mènent le monde*, 1955, p. 41; 25 septembre 1790, *Moniteur*, t. V, p. 741.

42. *Moniteur*, t. XVII, p. 484.

43. H. COSTON, *op. cit.*, p. 41. RIVAROL, *Mémoires* 1824, p. 235.

44. A. DAUZAT, *Nouveau Dictionnaire étymologique et historique*, 1964, p. 132. Mais je n'ai pas retrouvé cette indication dans l'*Encyclopédie*. S'agirait-il d'une erreur?

45. J.-B. RICHARD, *Les Enrichissements de la langue française*, p. 88.

46. Louis BLANC, *Organisation du travail*, 9e éd., 1850, pp. 161-162, cité par E. DESCHEPPER, *op. cit.*, p. 153.

47. J. ROMEUF, *Dictionnaire des sciences économiques*, au mot « capitalisme », p. 203 et J.-J. HÉMARDINQUER, *in Annales E.S.C.*, 1967, p. 444.

48. Jean-Jacques HÉMARDINQUER, compte rendu du livre de Jean DUBOIS : *Le Vocabulaire politique et social en France de 1869 à 1872, à travers les œuvres des écrivains, les revues et les journaux*, 1963, *in : Annales E.S.C.*, 1967, pp. 445-446. Mais ENGELS l'utilisera et, dès 1870, *Kapitalismus* est sous la plume de l'économiste allemand Albert Schäffle (Edmond SILBENER, *Annales d'histoire sociale*, 1940, p. 133).

49. H. HEATON, art. cit., p. 268.

50. Lucien FEBVRE, « L'économie liégeoise au XVIᵉ siècle (Jean LEJEUNE : *La Formation du capitalisme moderne dans la principauté de Liège au XVIᵉ siècle*) », *in : Annales E.S.C.*, XII, pp. 256 *sq.*

51. Andrew SHONFIELD, *Le Capitalisme d'aujourd'hui*, 1967, pp. 41-42.

52. *Annales E.S.C.*, 1961, p. 213.

53. Alexandre GERSCHENKRON, *Europe in the Russian mirror*, 1970, p. 4.

54. K. MARX, *op. cit.*, I, p. 1170.

55. *Histoire de la campagne française*, 2e éd. 1974, pp. 71 *sq.*

56. Cité par SALIN, art. cit., p. 434.

57. J. GENTIL DA SILVA, *op. cit.*, I, p. 20.

58. J.-P. CATTEAU-CALLEVILLE, *Tableau de la mer Baltique*, II, 1812, pp. 238-239.

59. Ernst PITZ, « Studien zur Entstehung des Kapitalismus », *in : Festschrift Hermann Aubin*, I, 1965, pp. 19-40.

60. A.E., Moscou/A, 35/6 341/71 v°-72, Londres, 26 mai-6 juin 1783.

61. *Cours d'économie politique*, 1823, I, pp. 246-247.

62. A.d.S. Venise, Notatorio di Collegio, 12, 128 v°, 27 juillet 1480.

63. Alice HANSON JONES, « La fortune privée en Pennsylvanie, New Jersey, Delaware (1774) », *in : Annales E.S.C.*, 1969, pp. 235-249, et *Wealth estimates for the American middle colonies, 1774*, Chicago, 1968.

64. J'ai surtout utilisé ici son rapport au congrès de Munich (1965), « Capital formation in modern economic growth, and some implications for the past », *in : Troisième Conférence internationale d'histoire économique*, I, pp. 16-53.

65. *British economic Growth, 1688-1959*, 2e éd., 1967.

66. S. KUZNETS, art. cit., p. 23.

67. *Théorie générale de la population*, I, 1954, notamment, p. 68.

68. QUIQUERAN DE BEAUJEU, *De laudibus Provinciae*, Paris, 1551, œuvre éditée en français sous le titre *La Provence louée*, Lyon, 1614, cité par André BOURDE, *Agronomie et agronomes en France au XVIIIᵉ siècle*, p. 50. *Cf.* aussi A. PLAISSE, *La Baronnie de Neubourg*, 1961, p. 153, qui cite Charles Estienne : « Il faut tant de fois labourer et relabourer que la terre soit tout en poudre si possible. »

69. Jean-Pierre SOSSON, « Pour une approche économique et sociale du bâtiment. L'exemple des travaux publics à Bruges aux XIVᵉ et XVᵉ siècles », *in : Bulletin de*

la Commission royale des Monuments et des Sites, t. 2, 1972, p. 144.

70. Samuel H. BARON, « The Fate of the *Gosti* in the reign of Peter the Great. Appendix : Gost' Afanasii Olisov's reply to the government inquiry of 1704 », *in : Cahiers du monde russe et soviétique*, oct.-déc. 1973, p. 512.

71. Traian STOIANOVICH, Colloque de l'Unesco sur Istanbul, oct. 1973, p. 33.

72. S. KUZNETS, art. cit., p. 48.

73. R. S. LOPEZ, H. A. MISKIMIN, « The Economic depression of the Renaissance », *in : The Economic history Review*, 1962, n° 3, pp. 408-426.

74. Indications fournies par Felipe RUIZ MARTIN.

75. Ce fait est mentionné par Alois MIKA, *La Grande Propriété en Bohême du Sud, XIVᵉ-XVIᵉ siècles*, Sbornik historicky I, 1953, et par Josef PETRAN, *La Production agricole en Bohême dans la deuxième moitié du XVIᵉ et au commencement du XVIIᵉ siècle*, 1964; (ces informations m'ont été communiquées par J. JANACEK).

76. SCHNAPPER, *Les Rentes au XVIᵉ siècle*, Paris, 1957, pp. 109-110.

77. CAVIGNAC, *op. cit.*, p. 212, 13 novembre 1727.

78. J. MEYER, *op. cit.*, p. 619.

79. D. MATHIEU, *op. cit.*, p. 324.

80. Archivio di Stato Prato, Arch. Datini Filza 339, Florence, 23 avril 1408.

81. D'après les nombreux papiers de l'A.d.S. de Venise sur la faillite de cette banque, la liquidation de la banque n'est pas encore terminée, 31 mars 1592, CORRER, Donà delle Rose, 26 f° 107.

82. C. LAVEAU, *op. cit.*, p. 340.

83. H. SOLY « The "Betrayal" of the Sixteenth-Century Bourgeoisie : A Myth? Some Considerations of the Behaviour Pattern of the Merchants of Antwerp in the Sixteenth Century », *in : Acta Historiae Neerlandicae*, vol. VIII, pp. 31-39.

84. Robert MANDROU, *Les Fugger, propriétaires fonciers en Souabe, 1560-1618*, 1969.

85. Gilles CASTER, *Le Commerce du pastel et de l'épicerie à Toulouse, 1450-1561*, 1962.

86. A.N., B ¹¹¹, 406, long rapport du 23 janvier 1816.

87. G. GALASSO, *Economia e società nella Calabria del Cinquecento*, p. 78.

88. A. BOURDE, *op. cit.*, pp. 1645 *sq.*

89. Gérard DELILLE, « Types de développement dans le royaume de Naples, xviiᵉ-xviiiᵉ siècle », *in : Annales E.S.C.*, 1975, pp. 703-725.

90. Moscou, Fonds Dubrowski, Fr. 18-4, f° 86'-87.

91. László MAKKAI, *in : Histoire de la Hongrie*, Budapest, 1974, pp. 141-142.

92. Georg GRÜLL, *Bauer, Herr und Landesfürst*, 1963, pp. 1 *sq.*

93. André MALRAUX, *Anti-mémoires*, 1967, p. 525.

94. A. BOURDE, *op. cit.*, p. 53.

95. Wilhelm ABEL, *Crises agraires en Europe (XIIIᵉ-XXᵉ siècles)*, 1973, p. 182.

96. Wilhelm ABEL, *Geschichte der deutschen Landwirtschaft*, 1962, p. 196.

97. Paul BOIS, *Paysans de l'Ouest*, 1960, pp. 183-184.

98. SOMBART, II, p. 1061.

99. F. GESTRIN, *op. cit.*, *cf.* résumé en français, pp. 247-272.

100. A.d.S. Naples, Sommaria Partium 565; GALASSO, *op. cit.*, p. 139.

101. Élio CONTI, *La Formazione della struttura agraria moderna nel contado fiorentino*, Rome, 1965, I, p. VII.

102. Guy FOURQUIN, *Les Campagnes de la région parisienne à la fin du Moyen Age*, 1964, p. 530.

103. Otto BRUNNER, *Neue Wege der Verfassungs-und Sozialgeschichte*, éd. ital. 1970, p. 138.

104. M. GONON, *La Vie familiale en Forez et son vocabulaire d'après les testaments*, 1961, p. 16.

105. *Ibid.*, p. 243.

106. E. JUILLARD, *Problèmes alsaciens vus par un géographe*, 1968, p. 110.

107. *Ibid.*, p. 112.

108. G. FOURQUIN, *op. cit.*, pp. 160 *sq.*

109. G. GALASSO, *op. cit.*, pp. 76-77.

110. *Ibid.*, p. 76.

111. Georg GRÜLL, *op. cit.*, pp. 30-31.

112. Evamaria ENGEL, Benedykt ZIENTARIA, *Feudalstruktur, Lehnbürgertum und Fernhandel im Spätmittelalterlichen Brandenburg*, 1967, pp. 336-338.

113. Marc BLOCH, *Mélanges historiques*, Paris, 1963, II, p. 689.

114. Jacques HEERS, *Le Clan familial au Moyen Age*, Paris, 1974.

115. Vital CHOMEL, « Communautés rurales et *casanae* lombardes en Dauphiné (1346). Contribution au problème de l'endettement dans les sociétés paysannes du Sud-Est de la France au bas Moyen Age », *in : Bulletin philologique et historique*, 1951 et 1952, p. 245.

116. Georges LIVET, *L'Intendance d'Alsace sous Louis XIV, 1648-1715*, 1956, p. 833.

117. André PLAISSE, *La Baronnie de Neubourg*, 1961.

118. G. DELILLE, art. cit., 1975.

119. Yvonne BÉZARD, *Une Famille bourguignonne au XVIIIᵉ siècle*, Paris, 1930.

120. J. MEYER, *op. cit.*, p. 780.

121. VAUBAN, *Le Projet d'une dixme royale* (éd. Coornaert, 1933), p. 181, cité par J. MEYER, *op. cit.*, p. 691, note 1.

122. A. PLAISSE, *op. cit.*, p. 61.

123. Y. BÉZARD, *op. cit.*, p. 32.

124. Gaston ROUPNEL, *La Ville et la campagne au XVIIᵉ siècle*, 1955, p. 314; Robert FORSTER, *The House of Saulx-Tavanes*, 1971.

125. Albert SOBOUL, *La France à la veille de la Révolution*, I : *Économie et Société*, p. 153.

126. A. PLAISSE, *op. cit.*, 1974, p. 114.

127. Louis MERLE, *La Métairie et l'évolution agraire de la Gâtine poitevine*, 1958, pp. 50 *sq.*

128. G. GRÜLL, *op. cit.*, pp. 30-31.
129. Pierre GOUBERT, *Beauvais et le Beauvaisis*, *op. cit.*, p. 180 *sq.*
130. Michel CAILLARD, *A travers la Normandie des XVIIᵉ et XVIIIᵉ siècles*, 1963, p. 81.
131. Vital CHOMEL, « Les paysans de Terre-basse et la dîme à la fin de l'Ancien Régime », *in : Évocations*, 18ᵉ année, n.s., 4ᵉ année, nᵒ 4, mars-avril, 1962, p. 100.
132. Cité par L. DAL PANE, *op. cit.*, p. 183.
133. Michel AUGÉ-LARIBÉ, *La Révolution agricole*, 1955, p. 37.
134. Giorgio DORIA, *Uomini e terre di un borgo collinare*, 1968.
135. Aurelio LEPRE, *Contadini, borghesi ed operai nel tramonto del feudalesimo napoletano*, 1963, p. 27.
136. *Ibid.*, pp. 61-62.
137. Paul BUTEL, « Grands propriétaires et production des vins du Médoc au xviiiᵉ siècle », *in : Revue historique de Bordeaux et du département de la Gironde*, 1963, pp. 129-141.
138. Gaston ROUPNEL, *op. cit.*, pp. 206-207.
139. Witold KULA, *Théorie économique du système féodal. Pour un modèle de l'économie polonaise, XVIᵉ-XVIIIᵉ siècles*, 1970.
140. J. RUTKOWSKI, « La genèse du régime de la corvée dans l'Europe centrale depuis la fin du Moyen Age », *in : La Pologne au VIᵉ Congrès international des sciences historiques*, 1930; W. RUSINSKI, *in : Studia historiae œconomicae*, 1974, pp. 27-45.
141. L. MAKKAI, *in : Histoire de la Hongrie*, *op. cit.*, p. 163.
142. A. von TRANSEHE-ROSENECK, *Gutsherr und Bauer im 17. und 18. Jahr.*, 1890, p. 34, note. 2
143. J, ZIEKURSCH, *Hundert Jahre Schlesischer Agrargeschichte*, 1915, p. 84.
144. F. J. HAUN, *Bauer und Gutsherr in Kursachsen*, 1892, p. 185.
145. I. WALLERSTEIN, *op. cit.*, p. 313 et note 58. A la fin du xviᵉ siècle les corvées atteignaient rarement 4 jours par semaine; au xviiiᵉ siècle, les exploitations paysannes de même taille étaient obligées de fournir, en règle générale, 4 à 6 jours de corvée par semaine. Ces chiffres se rapportent aux exploitations paysannes de plus grande taille, les corvées fournies par les autres étaient moindres, car elles variaient en fonction de la taille de l'exploitation. Mais la tendance à l'accroissement des charges et notamment des corvées était générale. *Cf.* Jan RUTKOWSKI, art. cit., pp. 142 et 257.
146. Fiche égarée.
147. Charles d'ESZLARY, « La situation des serfs en Hongrie de 1514 à 1848 », *in : Revue d'histoire économique et sociale*, 1960, p. 385.
148. J. LESZCZYNSKI, *Der Klassen Kampf der Oberlausitzer Bauern in den Jahren 1635-1720*, 1964, pp. 66 *sq.*
149. Alfred HOFFMANN, « Die Grundherrschaft als Unternehmen », *in : Zeitschrift für Agrargeschichte und Agrarsoziologie*, 1958, pp. 123-131.
150. W. KULA, *op. cit.*, p. 138.
151. Jean DELUMEAU, *La Civilisation de la Renaissance*, 1967, p. 287.
152. Sur le caractère capitaliste ou non des entreprises seigneuriales, voir la controverse entre J. NICHTWEISS et J. KUCZYNSKI, *in : Z. für Geschichtswissenschaft*, 1953 et 1954.
153. Jean de LÉRY, *Histoire d'un voyage faict en la terre de Brésil*, p.p. Paul GAFFAREL, II, 1880, pp. 20-21.
154. Gilberto FREYRE, *Casa Grande e Senzala*, 5ᵉ éd. 1946.
155. Frédéric MAURO, *Le Portugal et l'Atlantique au XVIIᵉ siècle*, 1960, pp. 213 *sq.*
156. Alice PIFFER CANABRAVA, *A industriado açucar nas ilhas inglesas e francesas do mar das Antilhas*, thèse dactylographiée, São Paulo, 1946, pp. 8 *sq.*
157. Gabriel DEBIEN, « La 'sucrerie Galbaud du Fort (1690-1802) », *in : Notes d'histoire coloniale*, I, 1941.
158. *Guildiverie* vient de *guildive*, l'eau-de-vie tirée des « sirops de sucre et de l'écume des premières chaudières ». *Tafia*, mot synonyme, serait employé par les Noirs et les Indiens. LITTRÉ.
159. J. CAVIGNAC, *op. cit.*, p. 173, note 1.
160. SAVARY, cité par CAVIGNAC, *op. cit.*, p. 49, note 3.
161. G. DEBIEN, art. cit., pp. 67-68.
162. G. DEBIEN, « A Saint-Domingue avec deux jeunes économes de plantation 1777-1788) », *in : Notes d'histoire coloniale*, VII, 1945, p. 57. L'expression « piastre *gourde* », ou grosse piastre, vient de l'espagnol *gorda*, grosse.
163. Pierre LÉON, *Marchands et spéculateurs dauphinois dans le monde antillais, les Dolle et les Raby*, 1963, p. 130.
164. François CROUZET, *in :* Charles HIGOUNET, *Histoire de Bordeaux*, t. V, 1968, p. 224; Pierre LÉON, *in :* BRAUDEL, LABROUSSE, *Histoire économique et sociale de la France*, II, 1970, p. 502, figure 52.
165. Gaston RAMBERT, *in : Histoire du commerce de Marseille*, VI, pp. 654-655.
166. François CROUZET, *in : Histoire de Bordeaux*, *op. cit.*, p. 230 et note 40.
167. Pierre LÉON, *Marchands et spéculateurs..*, *op. cit.*, p. 56.
168. Marten G. BUIST, *At spes non fracta, Hope and Co 1770-1815*, 1974, pp. 20-21.
169. R. B. SHERIDAN, « The Wealth of Jamaica in the Eighteenth Century », *in : Economic Historical Review*, vol. 18, nᵒ 2, août 1965, p. 297.
170. *Ibid.*, p. 296.
171. Richard PARES, *The Historian's Business and other essays*, Oxford, 1961. Id., *Merchants and Planters*, Economic History Review Supplement nᵒ 4, Cambridge, 1960, cité par R. B. SHERIDAN, art. cit.
172. R. B. SHERIDAN, art., cit., p. 305.
173. *Ibid.*, p. 304.

174. *Ibid.*, pp. 306 *sq.*
175. Roland Dennis HUSSEY, *The Caracas Company 1728-1784*, 1934.
176. J. BECKMANN, *Beiträge zur Oekonomie, Technologie, Polizei und Cameralwissenschaft, 1779-1784*, I, p. 4. Sur cette diversité foncière de l'Angleterre, *cf.* Joan THIRSK, *in : Agrarian hist. of England, op. cit.*, passim et pp. 8 *sq.*
177. *Encyclopédie*, t. IV, 1754, col. 560 *sq.*
178. Karl MARX, *Le Capital*, Éd. sociales, 1950, t. III, p. 163.
179. *Cf.* Jean JACQUART, *La Crise rurale en Ile-de-France, 1550-1670*, 1974.
180. André BOURDE, *op. cit.*, I, p. 59.
181. Émile MIREAUX, *Une Province française au temps du Grand Roi, la Brie*, 1958.
182. *Ibid.*, p. 97.
183. *Ibid.*, p. 103.
184. *Ibid.*, p. 299.
185. *Ibid.*, pp. 145 *sq.*
186. V. S. LUBLINSKY, « Voltaire et la guerre des farines », *in : Annales historiques de la Révolution française*, 1959, pp. 127-145.
187. Pierre GOUBERT, *in :* BRAUDEL, LABROUSSE, *Histoire économique et sociale de la France*, II, p. 145.
188. Édités par Jean MISTLER, 1968, pp. 40 et 46.
189. *Méditerranée*, *op. cit.*, I, pp. 70 *sq.*
190. Jean GEORGELIN, *Venise au siècle des Lumières*, 1978, pp. 232 *sq.*
191. Jean GEORGELIN, « Une grande propriété en Vénétie au XVIIIe siècle : Anguillara », *in : Annales, E.S.C.*, 1968, p. 486 et note 1.
192. *Ibid.*, p. 487.
193. MIREAUX, *op. cit.*, pp. 148 *sq.*
194. P. MOLMENTI, *op. cit.*, pp. 138 *sq* et 141.
195. Cité par Jean GEORGELIN, *Venise au siècle des lumières*, *op. cit.*, pp. 758-759.
196. J. C. Léonard SISMONDE de SISMONDI, *Nouveaux Principes d'économie politique ou de la richesse dans ses rapports avec la population* (1819), 1971, p. 193.
197. A. REUMONT, *Della Campagna di Roma*, 1842, pp. 34-35, cité par DAL PANE, *op. cit.*, p. 53.
198. DAL PANE, *ibid.* pp. 104-105 (et note 25) ; N. M. NICOLAI, *Memorie, leggi ed osservazioni sulle campagne di Roma*, 1803, cité par DAL PANE, *ibid.*, p. 53.
199. *Ibid.*, p. 106.
200. Adam SMITH, *La Richesse des nations*, réédition Osnabrück, 1966, I, pp. 8-9.
201. Olivier de SERRES, *Le Théâtre d'agriculture et mesnage des champs*, 3e éd. 1605, p. 74.
202. Chants populaires italiens, *I dischi del Sole*, Edizioni del Gallo, Milan (s.d.).
203. Giovanni DI PAGOLO MORELLI, *Ricordi* p.p. Vittore BRANCA, 1956, p. 234. Cette chronique personnelle porte sur les années 1393-1421.
204. Elio CONTI, *La Formazione della struttura agraria moderna nel contado fiorentino*, I, p. 13.
205. *Ibid.*, p. 4.
206. Renato ZANGHERI, « Agricoltura e sviluppo del capitalismo », *in : Studi storici*, 1968, n° 34.
207. Renseignements fournis par L. MAKKAI.
208. Rosario VILLARI, *La Rivolta antispagnola a Napoli*, 1967.
209. Cité par Pasquale VILLANI, *Feudalità, riforme, capitalismo agrario*, 1968, p. 55.
210. *Ibid.*, pp. 97-98.
211. Jean DELUMEAU, *L'Italie de Botticelli à Bonaparte*, 1974, pp. 351-352.
212. Pierre VILAR, *La Catalogne dans l'Espagne moderne*, t. II, p. 435.
213. Pierre GOUBERT, *in :* BRAUDEL, LABROUSSE, *op. cit.*, pp. 12 et 17.
214. Jean MEYER, *La Noblesse bretonne au XVIIIe siècle*, 1966, t. II, p. 843.
215. Eberhard WEISS, « Ergebnisse eines Vergleichs der grundherrschaftlichen Strukturen Deutschlands und Frankreichs vom 13. bis zum Ausgang des 18. Jahrhunderts », *in : Vierteljahrschrift für Sozial- und-Wirtschaftsgeschichte*, 1970, pp. 1-74.
216. E. LE ROY LADURIE, « Révoltes et contestations rurales en France de 1675 à 1788 », *in : Annales E.S.C.*, n° 1, janv.-févr. 1974, pp. 6-22.
217. Pierre de SAINT-JACOB, *Les Paysans de la Bourgogne du Nord au dernier siècle de l'Ancien Régime*, 1960, pp. 427-428.
218. *Civilisation matérielle*, I, éd. 1967, p. 88.
219. René PILLORGET, « Essai d'une typologie des mouvements insurrectionnels ruraux survenus en Provence de 1596 à 1715 », *in : Actes du quatre-vingt-douzième Congrès national des Sociétés Savantes*, Section d'histoire moderne, 1967, t. I, pp. 371-375.
220. P. CHAUNU, *La Civilisation de l'Europe classique*, 1966, p. 353.
221. Paul HARSIN, « De quand date le mot industrie? », *in : Annales d'histoire économique et sociale*, II, 1930.
222. Hubert BOURGIN, *L'Industrie et le marché*, 1924, p. 31.
223. Pierre LÉON, *La Naissance de la grande industrie en Dauphiné (fin du XVIIe siècle-1869)*, 1954, t. I, p. 56.
224. W. SOMBART, *op. cit.*, II, p. 695.
225. Luigi BULFERETTI et Claudio COSTANTINI, *Industria e commercio in Liguria nell'età del Risorgimento (1700-1861)*, 1966, p. 55.
226. T. J. MARKOVITCH, « L'industrie française de 1789 à 1964 », *in : Cahiers de l'ISEA*, série AF, n° 4, 1965; n°s 5, 6, 7, 1966, notamment n° 7, p. 321.
227. Federigo MELIS, Conférence faite au Collège de France, 1970.
228. Hubert BOURGIN, *op. cit.*, p. 27.
229. *Méditerranée*, I, p. 396.
230. Voir *infra*, pp. 287 *sq.*
231. W. SOMBART, *op. cit.*, II, p. 732.
232. Henri LAPEYRE, *Une Famille de marchands, les Ruiz...*, 1955, p. 588.
233. Jacques de VILLAMONT, *Les Voyages du seigneur de Villamont*, 1600, f° 4 v°.

234. Hubert BOURGIN, *op. cit.*, p. 31.
235. W. SOMBART, *op. cit.*, II, p. 731.
236. Ortulf REUTER, *Die Manufaktur im frankischen Raum*, 1961.
237. François COREAL, *Relation des voyages de François Coreal aux Indes occidentales... depuis 1666 jusqu'en 1697*, Bruxelles 1736, p. 138.
238. Otto von KOTZEBUE, *Entdeckungs-Reise in die Süd-See und nach der Berings-Strasse...*, 1821, p. 22.
239. M. CARTIER et TENG T'O, « En Chine, du XVIᵉ au XVIIIᵉ siècle : les mines de charbon de Men-t'ou-kou », *in : Annales E.S.C.*, 1967, pp. 54-87.
240. Louis DERMIGNY, *op. cit.*, I, p. 66; Jacques GERNET, *op. cit.*, p. 422.
241. Louis DERMIGNY, *op. cit.*, I, p. 65.
242. *Ibid.*, p. 65.
243. Lord MACARTNEY, *Voyage dans l'intérieur de la Chine et en Tartarie... fait dans les années 1792, 1793 et 1794*, Paris, 1798, IV, p. 12; J. GERNET, *op. cit.*, p. 422.
244. P. SONNERAT, *Voyage aux Indes orientales et à la Chine fait par ordre du Roi depuis 1774 jusqu'en 1781*, 1782, t. I, p. 103.
245. *Ibid.*, pp. 104-105; gravures pl. XX et XXII.
246. Guy PATIN, *Lettres*, I, p. 2.
247. *De l'Esprit des Lois*, XXIII, p. 15.
248. Marc BLOCH, *Mélanges historiques*, 1963, t. II, pp. 796-797.
249. A.d.S., Gênes, *Lettere Consoli*. 1/2628.
250. Charles de RIBBE, *Une Grande Dame dans son ménage au temps de Louis XIV, d'après le journal de la comtesse de Rochefort (1689)*, Paris, 1889, pp. 142-147.
251. Witold KULA, *op. cit.*, p. 156, note 84, Ukraine en 1583-Lithuanie en 1788.
252. A.N., F 12, 681, fᵒ 112.
253. J. BECKMANN, *op. cit.*, III, pp. 430-431.
254. Jean LEJEUNE, *op. cit.*, p. 143.
255. C. et S. Suárez à Cosme Ruiz, Florence, 1ᵉʳ juin 1601. Archives Ruiz. Valladolid. « ... que todos acuden a la campaña ».
256. A.N., G 7, 1706, fᵒ 167.
257. Ange GOUDAR, *Les Intérêts de la France mal entendus*, Amsterdam, 1756, t. III, pp. 265-267, cité par Pierre DOCKES, *L'Espace dans la pensée économique, op. cit.*, p. 270.
258. Roger DION, *Histoire de la vigne et du vin en France des origines au XIXᵉ siècle*, 1959, p. 33.
259. Germain MARTIN, *La Grande Industrie sous le règne de Louis XIV (plus particulièrement de 1660 à 1715)*, 1898, p. 84.
260. E. TARLÉ, *L'Industrie dans les campagnes de France à la fin de l'Ancien Régime*, 1910, p. 45, note 3.
261. Renseignements qui m'ont été fournis par I. SCHÖFFER.
262. Ortensio LANDI, *Paradossi, cioè sententie fuori del comun parere, novellamente venute in luce*, 1544, p. 48 recto.
263. Joan THIRSK, *in : The Agrarian History of England and Wales*, 1967, IV, p. 46.
264. Jacqueline KAUFMANN-ROCHARD, *op. cit.*, pp. 60-61.
265. Heinrich BECHTEL, *op. cit.*, I, p. 299.
266. Joan THIRSK, *in : op. cit.*, IV, p. 12 et *passim*.
267. DEFOE, *op. cit.*, I, pp. 253-254.
268. Isaac de PINTO, *op. cit.*, p. 287.
269. A.N., G 7, 1704, fᵒ 102.
270. MIRABEAU, *L'Ami des hommes ou traité de la population*, 1756-1758.
271. P. S. DUPONT DE NEMOURS, *De l'exportation et de l'importation des grains*, 1764, pp. 90-91, cité par Pierre DOCKES, *L'Espace dans la pensée économique du XVIᵉ au XVIIIᵉ siècle*, 1969, p. 288.
272. François VÉRON DE FORBONNAIS, *Principes et observations économiques*, 1767, t. I, p. 205, cité par Pierre DOCKES, *op. cit.*, p. 288.
273. *Mémoires de Oudard Coquault (1649-1668) bourgeois de Reims*, éd. 1875, II, p. 371.
274. *Gazette de France*, 1730, p. 22.
275. Moscou, Bibl. Lénine, Fr, 1100, fᵒˢ 76-77.
276. Enrique FLORESCANO, *Precios del maíz y crisis agrícolas en México (1708-1810)*, 1969, p. 142.
277. Germain MARTIN, *op. cit.*, p. 80.
278. A.N., F 12, 149, fᵒ 80.
279. DEFOE, *op. cit.*, p. 125.
280. E. TARLÉ, *op. cit.*, p. 43.
281. Semaine de Prato, avril 1968.
282. Domenico SELLA, *European industries (1500-1700)*, 1970.
283. *Ibid.*, pp. 88-89.
284. « Archéologie de la fabrique : la diffusion des moulins à soie « alla bolognese » dans les États vénétiens du XVIᵉ au XVIIIᵉ siècle », *in : L'Industrialisation en Europe au XIXᵉ siècle*, p.p. P. LÉON, F. CROUZET, R. GASCON, 1972.
285. E. SCHULIN, *op. cit.*, p. 220.
286. « The unmaking of the Mediterranean trade hegemony », *in : Journal of economic history*, 1975, p. 515.
287. Aloys SCHULTE, « La lana come promotrice della floridezza economica dell'Italia nel Medio Evo », *in : Atti del Congresso di scienze storiche*, vol. III, Rome, 1906, pp. 117-129. notamment p. 119.
288. A.N., G 7, 1685, 76 (Mémoire de 1684)·
289. Louis DERMIGNY, *op. cit.*, II, p. 756, note 3.
290. Louis-Félix BOURQUELOT, *Études sur les foires de Champagne*, 1865, I, p. 102.
291. Pierre DARDEL, *Commerce, industrie et navigation à Rouen et au Havre au XVIIIᵉ siècle*, 1966, pp. 108-109.
292. *Gazette de France*, 1783, p. 351.
293. 5 sept. 1759. SAVARY DES BRUSLONS, IV, col. 1023.
294. Geneviève ANTHONY, *L'Industrie de la toile à Pau et en Béarn de 1750 à 1850* (Études d'économie basco-béarnaise, t. III), 1961, p. 41.
295. A.N., F 12, 151, 148 vᵒ, 29 avril 1729.

296. A.N., F 12, 682, 29 août 1726.
297. A.N., G 7, 1706, f° 81, 19 janvier 1723.
298. A.N., F 12, 721.
299. A.N., 62 AQ 7.
300. *Variétés, op. cit.*, V, p. 345, note 2.
301. A.N., G 7, 1700, f° 86.
302. Johann BECKMANN, *op. cit.*, III, introduction non paginée.
303. Pierre CHAUNU, *La Civilisation de l'Europe classique*, 1970, p. 332.
304. Bertrand GILLE, *Les Forges françaises en 1772*, 1960, p. XII.
305. Par exemple, les officiers-rouleurs de vin à Paris ont fourni en six ans (1703-1709) presque un million et demi de livres et sont en difficulté. A.N., G 7, 1510.
306. LÜTGE, *op. cit.*, pp. 205-206 et 258.
307. Hektor AMMAN, « Die Anfänge des Aktivhandels und der Tucheinfuhr aus Nord-westeuropa nach dem Mittelmeergebiet », *in : Studi in onore di Armando Sapori*, 1957, I, dépliant, p. 308 *bis*.
308. Erich MASCHKE, « Die Stellung des Reichsstadt Speyer in der mittelalterlichen Wirtschaft Deutschlands », *in : Vierteljahrschrift für Sozial-und Wirtschaftsgeschichte*, 1967, pp. 435-455, notamment p. 436.
309. *Paris sous Philippe le Bel d'après des documents originaux...*, pub. par H. GÉRARD, 1837.
310. B.N., Fr., 21557, f° 9.
311. F. MELIS, *Aspetti della vita economica medievale, studi nell'Archivio Datini di Prato*, I, p. 458.
312. Archives communales de Gênes, 572, f° 4.
313. Moscou, Bibl. Lénine, Fr, 374, f° 171.
314. *Ibid.*, f° 121.
315. Diego de COLMENARES, *Historia de la insigna ciudad de Segovia*, 2e éd. 1640, p. 547.
316. Hermann KELLENBENZ, « Marchands capitalistes et classes sociales », p. 14 (dactylogramme).
317. Gino LUZZATTO, « Per la storia delle costruzioni navali a Venezia nei secoli XV e XVI », *in : Miscellanea di studi storici in onore di Camillo Manfroni*, pp. 385-400.
318. Museo Correr, Donà delle Rose, 160, f° 53 et 53 v°.
319. Hermann KELLENBENZ, art. cit., note 316.
320. François DORNIC, *L'Industrie textile dans le Maine*, 1955.
321. Raoul de FÉLICE, *La Basse-Normandie, étude de géographie régionale*, 1907, p. 471.
322. Johann BECKMANN, *op. cit.*, I, pp. 109 *sq.*
323. F. DORNIC, *op. cit.*, p. 307.
324. Moscou, Bibl. Lénine, Fr, 374, f° 160 v°.
325. Londres, Victoria-Albert Museum, 86-HH, Box 1, sans date.
326. *Barchent* = futaine.
327. Forme d'entreprise minière qui remonte au Moyen Age jusqu'aux *Tridentiner Bergwerkgebräuche* de 1208.

328. Günther v. PROBSZT, *Die niederungarischen Bergstädte*, 1966.
329. Antonina KECKOWA, *Les Salines de la région de Cracovie du XVIe siècle au XVIIIe siècle*, en polonais, 1969.
330. Danuta MOLENDA, *Le Progrès technique et l'organisation économique de l'extraction des métaux non ferreux en Pologne du XIVe au XVIIe siècle*, p. 14. Du même auteur, *Gornictwo Kruszcowe na terenie zloz slaskokrarowskich do Polowy XVI'wieku*, 1963, p. 410.
331. F. LÜTGE, *op. cit.*, p. 265.
332. *Zur Genesis des modernen Kapitalismus*, 1935.
333. G. LOHMANN VILLENA, *Las Minas de Huancavelica en los siglos XVI y XVII*, pp. 11 *sq.*
334. A. MATILLA TASCÓN, *Historia de las minas de Almaden*, I (1958), pp. 181-202.
335. F. LÜTGE, *op. cit.*, p. 304; *Encyclopédie italienne*, au mot « Idria ».
336. Enrique FLORESCANO, *Precios del maíz y crisis agricolas en México (1708-1810)*, 1969, p. 150, note 33.
337. F. LÜTGE, *op. cit.*, p. 378.
338. L. A. CLARKSON, *The preindustrial economy in England*, 1971, p. 98.
339. *Ibid.*
340. *Gazette de France*, 6 août 1731, p. 594.
341. A.N., F 12, 682, 9 janvier 1727.
342. Marcel ROUFF, *Les Mines de charbon en France au XVIIIe siècle*, 1922, p. 245, note 1.
343. Germain MARTIN, *La Grande Industrie en France sous le règne de Louis XIV*, 1900, p. 184.
344. A.N., A.E., B¹, 531, 18 février 1713.
345. A.N., F 12, 515, f° 4, 23 mai 1738.
346. Département des Ardennes. C'est le village d'Illy qu'illustrera la guerre de 1870.
347. A.N., F 12, 724.
348. A.N., G 7, 1692, 101.
349. J. A. ROY, *Histoire du patronat du Nord de la France*, 1968, dactylogr.
350. H. SÉE, « L'État économique de la Champagne à la fin du XVIIe siècle, d'après les mémoires des intendants de 1689 et de 1698 », *in : Mémoires et documents pour servir à l'histoire du commerce et de l'industrie*, dir. J. Hayem, Xe série, 1966, p. 265.
351. Guy ARBELLOT, *Cinq Paroisses du Vallage, XVIIe-XVIIIe siècles*, 1970, thèse dactylogr.
352. Ortulf REUTER, *op. cit.*, pp. 14-15.
353. SAVARY DES BRUSLONS, *op. cit.*, t. III, colonne 721.
354. F. L. NUSSBAUM, *A History of the economic institutions of Modern Europe*, 1933, p. 216.
355. *Cf. infra*, p. 294 *sq.*
356. F. L. NUSSBAUM, *op. cit.*, pp. 212-213.
357. F. LÜTGE, *op. cit.*, p. 366.
358. DEFOE, *op. cit.*, II, pp. 271-272.

154. C. M. CIPOLLA, *Studi di storia della moneta : i movimenti dei cambi in Italia dal sec. XIII al XV*, 1948, et c.r. par R. DE ROOVER, *in : Annales*, 1951, pp. 31-36.

155. Geminiano MONTANARI, *Trattato del valore delle monete*, ch. III, p. 7, cité par J. GENTIL DA SILVA, *op. cit.*, p. 400.

156. C. M. CIPOLLA, *Mouvements monétaires de l'État de Milan (1580-1700)*, 1952, pp. 13-18.

157. Marquis d'ARGENSON, *Mémoires et Journal inédit*, éd. 1857-1858, II, p. 56. Pour que le lecteur refasse le calcul, qu'il se souvienne qu'un sol vaut 12 deniers et que le liard représente 3 deniers. On a donc dévalué de 6 deniers une pièce de 24 deniers, soit à un taux de 25 %.

158. J. GENTIL DA SILVA, *Banque et crédit en Italie au XVIIe siècle*, I, pp. 711-716.

159. Gio. Domenico PERI, *Il Negotiante*, éd. 1666, p. 32.

160. F. RUIZ MARTÍN, *Lettres marchandes de Florence*, *op. cit.*, p. XXXVIII.

161. R. GASCON, *op. cit.*, I, p. 251.

162. J. GENTIL DA SILVA, *op. cit.*, p. 165.

163. Jean ÉON, *op. cit.*, p. 104.

164. Isaac de PINTO, *op. cit.*, pp. 90-91, note 23.

165. *États et tableaux concernant les finances de France depuis 1758 jusqu'en 1787*, 1788, p. 225.

166. J. BOUVIER, P. FURET et M. GILLET, *Le Mouvement du profit en France au XIXe siècle*, 1965, p. 269.

167. M. G. BUIST, *op. cit.*, pp. 520-525 et note p. 525.

168. Louis DERMIGNY, *Cargaisons indiennes. Solier et Cie, 1781-1793*, 1960, II, p. 144.

169. Giorgio DORIA, *in : Mélanges Borlandi*, 1977, p. 377 *sq.*

170. F. RUIZ MARTÍN, *El Siglo de los Genoveses*, à paraître.

171. J. MEYER, *L'Armement nantais*, *op. cit.*, pp. 220 *sq.*

172. *Ibid.*, p. 219.

173. Jacob M. PRICE, *France and the Chesapeake*, 1973, I, pp. 288-289. Ces calculs m'ont été communiqués par J.-J. Hémardinquer.

174. A.N., 94 AQ 1, f° 28.

175. L. DERMIGNY, *Cargaisons indiennes*, *op. cit.*, pp. 141-143.

176. J. MEYER, *op. cit.*, pp. 290-291.

177. M. BOGUCKA, *Handel zagraniczny Gdanske...*, 1970, p. 137.

178. A.N., Colonies, F 2 A 16.

179. Thomas MUN, A *Discourse of trade from England into the East Indies*, Londres, 1621, p. 55, cité par P. DOCKES, *op. cit.*, p. 125.

180. HACKLUYT (1885), pp. 70-71, cité par J.-C. VAN LEUR, *op. cit.*, p. 67.

181. Jean GEORGELIN, *Venise au siècle des Lumières (1669-1797)*, p. 436 du dactylogramme.

182. *Ibid.*, p. 435.

183. Voir la façon dont les capitaux libérés par l'abandon de grandes industries à Caen, se réinvestissent ailleurs. J.-C. PERROT, *op. cit.*, I, pp. 381 *sq.*

184. Stephan MARGLIN, *in : Le Nouvel Observateur*, 9 juin 1975, p. 37.

185. J. KULISCHER, *op. cit.*, trad. ital., I, p. 444.

186. *Cf. infra*, III, ch. 2.

187. J. KULISCHER, *op. cit.*, I, p. 446.

188. J. GENTIL DA SILVA, *op. cit.*, p. 148.

189. Jean MAILLEFER, *op. cit.*, p. 64.

190. C. BAUER, *op. cit.*, p. 26.

191. F. MELIS, *Tracce di una storia economica...*, *op. cit.*, p. 29.

192. A.-E. SAYOUS, « Dans l'Italie, à l'intérieur des terres : Sienne de 1221 à 1229 », *in : Annales*, 1931, pp. 189-206.

193. Hermann AUBIN, Wolfgang ZORN, *Handbuch...*, *op. cit.*, p. 351.

194. J. KULISCHER, *op. cit.*, éd. allemande, I, pp. 294-295.

195. A. SCHULTE, *Geschichte der grossen Ravensburger Handelsgesellschaft, 1380-1530*, 1923, 3 v.

196. H. HAUSHERR, *op. cit.*, p. 29.

197. Françoise BAYARD, « Les Bonvisi marchands banquiers à Lyon, 1575-1629 », *in : Annales E.S.C.*, nov.-déc. 1971, p. 1235.

198. Jean MEYER, *L'Armement nantais...*, *op. cit.*, p. 105, note 8.

199. *Ibid.*, p. 112, note 2.

200. *Ibid.*, pp. 107-115.

201. F. MELIS, *Tracce di una storia economica*, *op. cit.*, pp. 50-51.

202. Jean MEYER, *L'Armement nantais...*, *op. cit.*, p. 107 et note 6.

203. Archives de la Ville de Paris (A.V.P.), 3 B 6, 21.

204. J.-P. RICARD, *op. cit.*, p. 368.

205. Titre IV, article 8, cité par Ch. CARRIÈRE, *op. cit.*, II, p. 886.

206. *Ibid.*, p. 887.

207. J. SAVARY, *Le Parfait négociant*, éd. 1712, seconde partie, pp. 15 *sq.*

208. Eric MASCHKE, « Deutsche Städte am Ausgang des Mittelalters », *in : Die Stadt am Ausgang des Mittelalters*, 1974, tirage à part, pp. 8 *sq.*

209. L'organisation toulousaine est admirablement mise en lumière par Germain SICARD, *Aux Origines des sociétés anonymes : les moulins de Toulouse au Moyen Age*, 1953.

210. *Ibid.*, p. 351, note 26.

211. E. F. HECKSCHER, *op. cit.*, pp. 316, 385 et *passim*.

212. A.V.P., 3 B 6, 66.

213. A.N. Z¹D 102 A, f°s 19 v°-20 v°.

214. Jean-François MELON, *Essai politique sur le commerce*, 1734, pp. 77-78.

215. Jean MEYER, *L'Armement nantais...*, *op. cit.*, p. 275.

216. A.N., Z¹D 102 A.

217. Jean MEYER, *L'Armement nantais...*, *op. cit.*, p. 113.

218. Ch. CARRIÈRE, *op. cit.*, II, pp. 879 *sq.*

219. D. DEFOE, *op. cit.*, I, p. 215.

220. Le mot apparaît à peine. Cité par LIT-
TRÉ : « Entreprise », p. 1438, dans FÉNE-
LON, *Télémaque*, XII, 1699.
221. D'après une réflexion incidente d'Isaac
de PINTO, *op. cit.*, p. 335.
222. Guy ANTONETTI, *Greffulhe, Montz et
Cⁱᵉ, 1789-1793*, p. 96; *cf.* J. EVERAERT,
op. cit., p. 875. Les firmes allemandes à
Cadix vers 1700 peu nombreuses.
223. George LILLO, *The London merchant,
with the tragical history of George Barnwell*,
1731, p. 27.
224. W. SOMBART, *op. cit.*, II, p. 580.
225. Manuel NUÑES DIAS, *O Capitalismo
monarquico poàtuguès (1415-1549) São
Paulo*, 1957, Tese de doutoramento.
226. Charles VERLINDEN, *Les Origines de la
civilisation atlantique*, 1966, pp. 11-12 et
164.
227. Louis DERMIGNY, *La Chine et l'Occident,
Le commerce à Canton...*, *op. cit.*, I, p. 86.
228. A.N. A.E., B¹, 760, Londres, juillet 1713.
229. Charles WILSON, *England's apprenti-
ceship, 1603-1763*, 3ᵉ éd. 1967, pp. 172-
173
230. *Cf.* à ce sujet la mise au point (qui
renvoie à une large bibliographie) de
Jürgen WIEGANDF, *Die Merchants Ad-
venturers' Company auf dem Kontinent
zur Zeit der Tudors und Stuarts*, 1972.
231. E. F. HECKSCHER, *op. cit.*, p. 310.
232. *Ibid.*, pp. 362-363.
233. M. M. POSTAN, *Medieval trade and
finance*, 1973, pp. 302-304.
234. F. LÜTGE, *op. cit.*, p. 342.
235. Selon les explications de J. U. NEF,
de K. W. TAYLOR, d'I. WALLERSTEIN et
de Th. K. RABB, *Enterprise and Empire*,
1967, pp. 19 *sq.* 26 *sq.*
236. Pour la Compagnie du Nord, *cf.* A.N.
G 7, 1685, I; pour la Compagnie des
Indes occidentales, *cf.* A.E., M. et D., 16.
237. *Études d'histoire économique*, 1971, p. 33.
238. S. POLLARD et D. W. CROSSLEY, *op. cit.*,
pp. 150-151.
239. *Ibid.*, pp. 143, 146, 147, 163.
240. P. JEANNIN, *L'Europe du Nord-Ouest
et du Nord aux XVIIᵉ et XVIIIᵉ
siècles*, 1969, p. 192.
241. S. POLLARD et D. W. CROSSLEY, *op. cit.*,
p. 149.
242. Lettre de Pontchartrain à Tallard
(6 août 1698), *cf.* A.E., CP. Ang., 208,
fᵒ 115; lettre de Tallard à Pontchartrain
(21 août 1698), *cf.* A.N., A.E., B¹, 759.
243. *Op. cit.*, éd. française, p. 172.
244. Charles BOXER *The Dutch Seaborne
Empire, 1600-1800*, 1965, p. 43.
245. Maurice DOBB, *Studies in the develop-
ment of capitalism*, 4ᵉ éd. 1950, p. 191,
note 1.
246. A.N., G 7, 1686. fᵒ 85.
247. A N., Marine, B 7, 230, cité par Charles
FROSTIN, « Les Pontchartrain et la péné-
tration commerciale française en Amé-
rique espagnole (1690-1715) », *in : Revue
historique*, 1971, p. 311, note 2.
248. A.N., K 1349, fᵒ 14 vᵒ et fᵒ 15.
249. Paul KAEPPELIN, *La Compagnie des
Indes orientales et François Martin*,
1908, pp. 135-136.
250. *Ibid.*, p. 593.
251. A.N., G 7, 1699.
252. Charles MONTAGNE, *Histoire de la Com-
pagnie des Indes*, 1899, pp. 223-224.
253. M. LÉVY-LEBOYER, *op. cit.*, p. 417,
note 2.
254. *Civilisation matérielle*, I, éd. 1967, pp. 10-
11 et 437.
255. Walter ACHILLES, « Getreidepreise und
Getreidehandelsbeziehungen europäi-
schen Raum in XVI. und XVII. Jahr. »
in : Zeitschrift für Agrargeschichte, 59,
pp. 32-55.
256. E. MASCHKE, art. cit., p. 18.
257. J.-P. RICARD, *Le Négoce d'Amsterdam*,
1722, p. 59.
258. *Schriften*, 1800, I, p. 264, cité par
W. SOMBART, 2, p. 500.
259. E. ZOLA, *L'Argent*, éd. Fasquelle, 1960,
p. 166, cité par P. MIQUEL, *L'Argent*,
1971, pp. 141-142.
260. GALIANI, *op. cit.*, pp. 162-168, 178-180,
152.

第四章

1. Cité par Louis DUMONT, *Homos hierar-
chicus*, 1966, p. 18.
2. Je me reporte à une conversation de
novembre 1937.
3. Émile DURKHEIM (1858-1917) prend la
relève d'Auguste COMTE, passe sa thèse
De la division du travail social, en 1893,
et fonde l'*Année sociologique*, en 1896.
C'est cette dernière date que nous avons
retenue.
4. *In : Revue de synthèse*, 1900, p. 4.
5. Malgré d'anciens essais comme ceux
d'Alfred WEBER, *Kulturgeschichte als
Kultursoziologie*, 1935, ou d'Alfred von
MARTIN, *Soziologie der Renaissance...*,
1932; ou, plus récemment, la puissante
synthèse d'Alexander RUSTOW, *Ortsbe-
stimmung der Gegenwart*, 3 vol., 1950-
1957.
6. *Op. cit.*, p. 9.
7. Josef SCHUMPETER, *op. cit.*, I, p. 23.
8. NOVALIS, *Encyclopédie*, 1966, p. 43.
9. Des remarques analogues chez René
CLEMENS, Raymond ARON, Wilhelm
RÖPKE, Jacques ATTALI, Joseph KLATZ-
MANN, Marcel MAUSS.

20. C. CARRIÈRE, *op. cit.*, I, p. 251.
21. D. DEFOE, *op. cit.*, I, p. 102.
22. S. POLLARD et D. W. CROSSLEY, *op. cit.*, p. 169, note 65.
23. *Variétés*, *op. cit.*, III, pp. 41 et 56-57.
24. A.N., G 7, 1686, f° 156.
25. Claude CARRÈRE, *Barcelone, centre économique...*, 1967, I, p. 143.
26. Claude-Frédéric LÉVY, *Capitalistes et pouvoir au siècle des Lumières*, 1969, p. 354.
27. Jean SAVANT, *Tel fut Ouvrard*, 1954, pp. 11 *sq.*
28. Remy Bensa à P. F. Delessart, Francfort, 14 septembre 1763, A.N., 62 AQ 34.
29. M. G. BUIST, *op. cit.*, p. 13.
30. *Œuvres*, I, p. 264.
31. 1759, p. 57.
32. DEFOE, *op. cit.*, I, pp. 354-357.
33. *Ibid.*, I, p. 368.
34. *Ibid.*, I, p. 364.
35. *Ibid.*, I, p. 358.
36. *Ibid.*, I, p. 46.
37. *Ibid.*, II, p. 10.
38. *The Trading world of Asia and the English East India Company*, 1978.
39. MARX, *Œuvres*, édition La Pléiade, I, p. 1099.
40. Ch. CARRIÈRE, *op. cit.*, II, pp. 916-920.
41. Ch. CARRIÈRE, *op. cit.*, I, p. 88.
42. *Variétés*, V, p. 256.
43. Robert BIGO, « Une grammaire de la Bourse en 1789 », *in : Annales*, 1930, p. 507.
44. G. B. CARDINALE DI LUCA, *Il Dottor vulgare*, 1673, V, p. 29.
45. Daniel DESSERT, « Finances et société au XVIIᵉ siècle : à propos de la chambre de justice de 1661 », *in : Annales E.S.C.*, 1974, n° 4, pp. 847-885.
46. Museo Correr, référence exacte non retrouvée.
47. C. LAVEAU, *op. cit.*, p. 154.
48. Violet BARBOUR, *Capitalism in Amsterdam in the seventeenth century*, 1950, p. 44.
49. S. POLLARD et D. W. CROSSLEY, *op. cit.*, pp. 149-150.
50. Isaac de PINTO, *op. cit.*, pp. 44-45, 77 *sq.*, 95-96.
51. A.N., 62 AQ, fonds Dugard.
52. Passer debout, sans doute (dans le sens de *passe debout*) passer sans s'arrêter.
53. Ch. CARRIÈRE, *op. cit.*, II, p. 918.
54. A. P. USHER, *The Early history of deposit banking in Mediterranean Europe*, 1943, p. 6.
55. Federigo MELIS, « Origines de la Banca Moderna », *in : Moneda y credito*, n° 116, 1971, pp. 3-18, notamment p. 4.
56. *Cf. supra*, pp. 72-73.
57. M. MORINEAU, *in : Anuario de historia económica y social*, 1969, pp. 289-362.
58. P.R.O. Londres, 30/25, 4 janvier 1687.
59. 9 août 1613, cité par J. GENTIL DA SILVA, *op. cit.*, p. 350, note 46.
60. Carlo M. CIPOLLA, « La prétendue "Révolution des prix"; réflexions sur l'expérience italienne », *in : Annales E.S.C.*, 1955, pp. 513-516.
61. Isaac de PINTO, *op. cit.*, pp. 46 et 77-78.
62. Cité par S. POLLARD et D. W. CROSSLEY, *op. cit.*, p. 169.
63. A.N., G 7, 1691, 35 (6 mars 1708).
64. A.N., A.E., B¹, 331, 25 novembre 1713.
65. A.d.S. Venise, Consoli Genova, 6, 98, Gênes, 12 novembre 1628.
66. A.G. Varsovie, fonds Radziwill, Nantes, 20 mars 1726.
67. A.N., G 7, 1622.
68. A.N., G7 1622 « Mémoire sur les billets de monnoye », 1706 (?).
69. Marcel ROUFF, *Les Mines de charbon en France au XVIIIᵉ siècle*, 1922, p. 243.
70. C. CARRIÈRE, *op. cit.*, II, pp. 917 *sq.*
71. B. CAIZZI, *Industria, commercio e banca in Lombardia...*, *op. cit.*, pp. 149, 206.
72. Guy CHAUSSINAND-NOGARET, *Les Financiers du Languedoc au XVIIIᵉ siècle*, 1970, pp. 40 et 103-104; *Gens de finance au XVIIIᵉ siècle*, 1972, *passim* et pp. 68 *sq.*; compte rendu du livre de Yves DURAND, *in : Annales E.S.C.*, 1973, p. 804.
73. Pierre VILAR, *op. cit.*, t. II, pp. 482-491.
74. TURGOT, *Œuvres*, *op. cit.*, I, p. 381.
75. L. DERMIGNY, *Le Commerce à Canton*, *op. cit.*, II, p. 774.
76. C. GLAMMAN, *Dutch asiatic trade, 1620-1740*, 1958, p. 261.
77. LA BRUYÈRE, *Caractères...*, VI, 39.
78. Léon SCHICK, *Un Grand Homme d'affaires au début du XVIᵉ siècle, Jakob Fugger*, 1957, p. 416.
79. Pierre VILAR, *in : L'Industrialisation en Europe au XIXᵉ siècle*, 1972, p.p. LÉON, CROUZET, GASCON, p. 423.
80. J. CAVIGNAC, *op. cit.*, p. 156, 12 avril 1725.
81. Jean MAILLEFER, *op. cit.*, p. 179.
82. MABLY, *Œuvres*, XIII, *Du commerce des grains*, pp. 291-297.
83. Jean-Baptiste SAY, *op. cit.*, I, p. 176.
84. Jacques HEERS, *in : Revue du Nord*, janv. 1964, pp. 106-107; Peter MATHIAS, *The First industrial nation, an economic history of Britain, 1700-1914*, 1969, p. 18.
85. F. LÜTGE, *op. cit.*, p. 294.
86. *Méditerranée*, I, p. 386.
87. Pierre GOUBERT, *Louis XIV et vingt millions de Français*, 1966.
88. Enrique OTTE, « Das Genuesische Unternehmertum und Amerika unter den Katolischen Königen », *in : Jahrbuch für Geschichte von Staat, Wirtschaft und Gesellschaft Latein-amerikas*, 1965, Bd 2, pp. 30-74.
89. Maurice DOBB, *Studies in the development of capitalism*, 4ᵉ éd. 1950, pp. 109 *sq.*, 191 *sq.*
90. A.N., G 7, 1865, 75.
91. H. H. MAURUSCHAT *Gewürze, Zucker und Salz im vorindustriellen Europa...*, cité par Wilhem ABEL, *Einige Bemerkungen zum Land Stadtprobleme im spätmittelalter*, p. 25.
92. Baltasar Suàrez à Simón Ruiz, 26 février 1591, Archives Ruiz, Valladolid.

93. *Encyclopedia britannica*, 1969, XIII, p. 524.

94. Savary des Bruslons, V, colonne 668.

95. Moscou, Archives Centrales, Alex. Baxter à Voronsov..., 50/6, 1788.

96. C. R. Boxer, *The Great ship from Amacon*, 1959, pp. 15-16.

97. Abbé de Beliardy, *Idée du Commerce*, B.N., Fr., 10759, f° 310 v°.

98. G. F. Gemelli Careri, *op. cit.*, IV, p. 4.

99. Denys Lombard, *op. cit.*, p. 113.

100. Johan Albrecht Mandelslo, *op. cit.*, II, p. 346.

101. F. Galiani, *Dialogues sur le commerce des bleds*, éd. p. Fausto Nicolini, 1959, pp. 178-180 et 252.

102. Simón Ruiz à Baltasar Suàrez, 24 avril 1591, Archives Ruiz, Valladolid.

103. D. Defoe, *op. cit.*, II, pp. 149 *sq.*

104. Pour les détails qui suivent, voir Christian Bec, *Les Marchands écrivains à Florence, 1375-1434*, 1967, pp. 383 *sq.*

105. Richard Ehrenberg, *Das Zeitalter der Fugger*, 1922, I, p. 273, n. 4.

106. J.-P. Palewski, *Histoire des chefs d'entreprise*, 1928, pp. 103 *sq.*

107. Ralph Davis, *Aleppo and Devonshire Square*, 1967, p. 66.

108. Publiées par V. von Klarwill, *The Fugger News-Letters*, 1924-1926, 2 vol.

109. Paolo da Certaldo, cité par C. Bec, *op. cit.*, p. 106.

110. A.N., A.E., B¹, 623.

111. A.N., 61 AQ 4, f° 19.

112. *Ibid.*

113. A.N., 61 AQ 2, f° 18, lettre du 18 décembre 1777.

114. Texte de Paolo de Certaldo, cité par C. Bec, *op. cit.*, p. 106.

115. A.E., C.P., Angleterre 532, f°ˢ 90-91, Beaumarchais à Vergennes, Paris, 31 août 1779.

116. Bonvisi à S. Ruiz, cité par J. Gentil da Silva, *op. cit.*, p. 559.

117. Sur cette crise prolongée, correspondance de Pomponne, A.N., A.E., B¹ Hollande, 619 (1669).

118. James Boswell, *The Life of Samuel Johnson*, 8ᵉ éd. 1816, II, p. 450.

119. Le mot est de l'auteur d'une brochure de 1846 dénonçant le ministre des Travaux publics qui avait prononcé l'adjudication des chemins de fer du Nord à la Banque Rothschild frauduleusement, en acceptant qu'elle soit seule soumissionnaire. Cité par Henry Coston, *Les Financiers qui mènent le monde*, 1955, p. 65.

120. Voir *supra*, p. 32 *sq.*

121. A.N., F 12, 681.

122. A.N., G 7, 1707, p. 148.

123. A.N., G 7, 1692, pp. 34-36.

124. *Ibid.*, f° 68.

125. A.N., F 12, 662-670, 1ᵉʳ février 1723.

126. A.N., G 7, 1692, f° 211 v° (1707 ou 1708). La vallée de la Biesme, en Argonne.

127. A.N., F 12, 515, 17 février 1770.

128. A.N., G 7, 1685, p. 39.

129. A.N., F 12, 681, f°ˢ 48, 97, 98, 112 et A.N., G 7, 1706, n°ˢ 237 et 238. Une lettre du 26 décembre 1723 fait allusion à des mesures gouvernementales de 1699 et 1716, annulant tous les marchés précédemment passés, afin d'empêcher « ces sortes d'accaparements », en matière de commerce des laines.

130. A.N., F 12, 724, n° 1376.

131. Savary des Bruslons, *op. cit.*, IV, col. 406, poids respectifs des razières ou rasières, 280-290 livres contre 245.

132. A.N., G 7, 1678, f° 41 et f° 53, nov. et déc. 1712.

133. Jean Éon (P. Mathias de Saint-Jean), *Le Commerce honorable*, *op. cit.*, pp. 88-89.

134. John Nickolls (Plumard de Dangeul), *Remarques sur les avantages et les désavantages de la France et de la Grande-Bretagne*, 1754, p. 252.

135. Henri Pirenne, *Histoire économique de l'Occident médiéval*, 1951, p. 45, note 3.

136. Joseph Höffner, *Wirtschaftsethik und Monopole*, 1941, p. 58, note 2.

137. Hans Hausherr, *Wirtschaftsgeschichte der Neuzeit*, 1954, pp. 78-79.

138. Ulrich de Hütten, *Opera*, éd. 1859-1862, III, pp. 302 et 299, cité par Höffner, *op. cit.*, p. 54.

139. Violet Barbour, *op. cit.*, p. 75.

140. *Ibid.*, p. 89. (Déclaration de De Witt aux États-Généraux en 1671. Ce blé n'est pas stocké à Amsterdam seulement, mais dans plusieurs villes de Hollande.)

141. Samuel Lambe, *Seasonable observations...*, 1658, pp. 9-10, cité par V. Barbour, *op. cit.*, p. 90.

142. J. Savary, *Le Parfait Négociant*, *op. cit.*, éd. 1712, II, pp. 135-136.

143. A.N., A.E., B¹, 619, La Haye, 25 septembre 1670.

144. *Ibid.*, 4 juillet 1669.

145. *Ibid.*, 26 septembre 1669.

146. J. Savary, *op. cit.*, II, pp. 117-119.

147. A.N., G 7, 1686-99.

148. Marteng G. Buist, *op. cit.*, pp. 431 *sq.*

149. P. W. Klein, *op. cit.*, pp. 3-15, 475 *sq.*

150. Jakob van Klaveren, *Europäische Wirtschaftsgeschichte Spaniens* *op. cit.*, p. 3. « ... Erstens ist es für die Wirtschaft an sich von keiner Bedeutung, ob das Geld aus Silber, Gold oder aus Papier besteht. »

151. Marcel Marion, *Dictionnaire des institutions*, p. 384, 2ᵉ colonne. Louis Dermigny, « La France à la fin de l'Ancien Régime, une carte monétaire », *in* : *Annales E.S.C.*, 1955, p. 489.

152. Malestroit, « Mémoires sur le faict des monnoyes... », 1567, *in* : *Paradoxes inédits*, éd. L. Einaidi, 1937, pp. 73 et 105.

153. F. C. Spooner, *L'Économie mondiale et les frappes monétaires en France, 1493-1680*, 1956, pp. 128 *sq.*

154. C. M. CIPOLLA, *Studi di storia della moneta : i movimenti dei cambi in Italia dal sec. XIII al XV*, 1948, et c.r. par R. DE ROOVER, *in : Annales*, 1951, pp. 31-36.

155. Geminiano MONTANARI, *Trattato del valore delle monete*, ch. III, p. 7, cité par J. GENTIL DA SILVA, *op. cit.*, p. 400.

156. C. M. CIPOLLA, *Mouvements monétaires de l'État de Milan (1580-1700)*, 1952, pp. 13-18.

157. Marquis d'ARGENSON, *Mémoires et Journal inédit*, éd. 1857-1858, II, p. 56. Pour que le lecteur refasse le calcul, qu'il se souvienne qu'un sol vaut 12 deniers et que le liard représente 3 deniers. On a donc dévalué de 6 deniers une pièce de 24 deniers, soit à un taux de 25 %.

158. J. GENTIL DA SILVA, *Banque et crédit en Italie au XVIIe siècle*, I, pp. 711-716.

159. Gio. Domenico PERI, *Il Negotiante*, éd. 1666, p. 32.

160. F. RUIZ MARTÍN, *Lettres marchandes de Florence, op. cit.*, p. XXXVIII.

161. R. GASCON, *op. cit.*, I, p. 251.

162. J. GENTIL DA SILVA, *op. cit.*, p. 165.

163. Jean ÉON, *op. cit.*, p. 104.

164. Isaac de PINTO, *op. cit.*, pp. 90-91, note 23.

165. *États et tableaux concernant les finances de France depuis 1758 jusqu'en 1787*, 1788, p. 225.

166. J. BOUVIER, P. FURET et M. GILLET, *Le Mouvement du profit en France au XIXe siècle*, 1965, p. 269.

167. M. G. BUIST, *op. cit.*, pp. 520-525 et note p. 525.

168. Louis DERMIGNY, *Cargaisons indiennes. Solier et Cie, 1781-1793*, 1960, II, p. 144.

169. Giorgio DORIA, *in : Mélanges Borlandi*, 1977, p. 377 *sq.*

170. F. RUIZ MARTÍN, *El Siglo de los Genoveses*, à paraître.

171. J. MEYER, *L'Armement nantais, op. cit.*, pp. 220 *sq.*

172. *Ibid.*, p. 219.

173. Jacob M. PRICE, *France and the Chesapeake*, 1973, I, pp. 288-289. Ces calculs m'ont été communiqués par J.-J. Hémardinquer.

174. A.N., 94 AQ 1, fo 28.

175. L. DERMIGNY, *Cargaisons indiennes, op. cit.*, pp. 141-143.

176. J. MEYER, *op. cit.*, pp. 290-291.

177. M. BOGUCKA, *Handel zagraniczny Gdanske...*, 1970, p. 137.

178. A.N., Colonies, F 2 A 16.

179. Thomas MUN, A *Discourse of trade from England into the East Indies*, Londres, 1621, p. 55, cité par P. DOCKES, *op. cit.*, p. 125.

180. HACKLUYT (1885), pp. 70-71, cité par J.-C. VAN LEUR, *op. cit.*, p. 67.

181. Jean GEORGELIN, *Venise au siècle des Lumières (1669-1797)*, p. 436 du dactylogramme.

182. *Ibid.*, p. 435.

183. Voir la façon dont les capitaux libérés par l'abandon de grandes industries à Caen, se réinvestissent ailleurs. J.-C. PERROT, *op. cit.*, I, pp. 381 *sq.*

184. Stephan MARGLIN, *in : Le Nouvel Observateur*, 9 juin 1975, p. 37.

185. J. KULISCHER, *op. cit.*, trad. ital., I, p. 444.

186. *Cf. infra*, III, ch. 2.

187. J. KULISCHER, *op. cit.*, I, p. 446.

188. J. GENTIL DA SILVA, *op. cit.*, p. 148.

189. Jean MAILLEFER, *op. cit.*, p. 64.

190. C. BAUER, *op. cit.*, p. 26.

191. F. MELIS, *Tracce di una storia economica...*, *op. cit.*, p. 29.

192. A.-E. SAYOUS, « Dans l'Italie, à l'intérieur des terres : Sienne de 1221 à 1229 », *in : Annales*, 1931, pp. 189-206.

193. Hermann AUBIN, Wolfgang ZORN, *Handbuch...*, *op. cit.*, p. 351.

194. J. KULISCHER, *op. cit.*, éd. allemande, I, pp. 294-295.

195. A. SCHULTE, *Geschichte der grossen Ravensburger Handelsgesellschaft, 1380-1530*, 1923, 3 v.

196. H. HAUSHERR, *op. cit.*, p. 29.

197. Françoise BAYARD, « Les Bonvisi marchands banquiers à Lyon, 1575-1629 », *in : Annales E.S.C.*, nov.-déc. 1971, p. 1235.

198. Jean MEYER, *L'Armement nantais..., op. cit.*, p. 105, note 8.

199. *Ibid.*, p. 112, note 2.

200. *Ibid.*, pp. 107-115.

201. F. MELIS, *Tracce di una storia economica, op. cit.*, pp. 50-51.

202. Jean MEYER, *L'Armement nantais..., op. cit.*, p. 107 et note 6.

203. Archives de la Ville de Paris (A.V.P.), 3 B 6, 21.

204. J.-P. RICARD, *op. cit.*, p. 368.

205. Titre IV, article 8, cité par Ch. CARRIÈRE, *op. cit.*, II, p. 886.

206. *Ibid.*, p. 887.

207. J. SAVARY, *Le Parfait négociant*, éd. 1712, seconde partie, pp. 15 *sq.*

208. Eric MASCHKE, « Deutsche Städte am Ausgang des Mittelalters », *in : Die Stadt am Ausgang des Mittelalters*, 1974, tirage à part, pp. 8 *sq.*

209. L'organisation toulousaine est admirablement mise en lumière par Germain SICARD, *Aux Origines des sociétés anonymes : les moulins de Toulouse au Moyen Age*, 1953.

210. *Ibid.*, p. 351, note 26.

211. E. F. HECKSCHER, *op. cit.*, pp. 316, 385 et *passim*.

212. A.V.P., 3 B 6, 66.

213. A.N. Z1D 102 A, fos 19 vo-20 vo.

214. Jean-François MELON, *Essai politique sur le commerce*, 1734, pp. 77-78.

215. Jean MEYER, *L'Armement nantais...*, *op. cit.*, p. 275.

216. A.N., Z1D 102 A.

217. Jean MEYER, *L'Armement nantais...*, *op. cit.*, p. 113.

218. Ch. CARRIÈRE, *op. cit.*, II, pp. 879 *sq.*

219. D. DEFOE, *op. cit.*, I, p. 215.

220. Le mot apparaît à peine. Cité par LITTRÉ : « Entreprise », p. 1438, dans FÉNELON, *Télémaque*, XII, 1699.
221. D'après une réflexion incidente d'Isaac de PINTO, *op. cit.*, p. 335.
222. Guy ANTONETTI, *Greffulhe, Montz et Cⁱᵉ, 1789-1793*, p. 96; *cf.* J. EVERAERT, *op. cit.*, p. 875. Les firmes allemandes à Cadix vers 1700 peu nombreuses.
223. George LILLO, *The London merchant, with the tragical history of George Barnwell*, 1731, p. 27.
224. W. SOMBART, *op. cit.*, II, p. 580.
225. Manuel NUÑES DIAS, *O Capitalismo monarquico poàtuguès (1415-1549) São Paulo*, 1957, Tese de doutoramento.
226. Charles VERLINDEN, *Les Origines de la civilisation atlantique*, 1966, pp. 11-12 et 164.
227. Louis DERMIGNY, *La Chine et l'Occident, Le commerce à Canton...*, *op. cit.*, I, p. 86.
228. A.N. A.E., B¹, 760, Londres, juillet 1713.
229. Charles WILSON, *England's apprenticeship, 1603-1763*, 3ᵉ éd. 1967, pp. 172-173
230. *Cf.* à ce sujet la mise au point (qui renvoie à une large bibliographie) de Jürgen WIEGANDF, *Die Merchants Adventurers' Company auf dem Kontinent zur Zeit der Tudors und Stuarts*, 1972.
231. E. F. HECKSCHER, *op. cit.*, p. 310.
232. *Ibid.*, pp. 362-363.
233. M. M. POSTAN, *Medieval trade and finance*, 1973, pp. 302-304.
234. F. LÜTGE, *op. cit.*, p. 342.
235. Selon les explications de J. U. NEF, de K. W. TAYLOR, d'I. WALLERSTEIN et de Th. K. RABB, *Enterprise and Empire*, 1967, pp. 19 *sq.* 26 *sq.*
236. Pour la Compagnie du Nord, *cf.* A.N. G 7, 1685, I; pour la Compagnie des Indes occidentales, *cf.* A.E., M. et D., 16.
237. *Études d'histoire économique*, 1971, p. 33.
238. S. POLLARD et D. W. CROSSLEY, *op. cit.*, pp. 150-151.
239. *Ibid.*, pp. 143, 146, 147, 163.
240. P. JEANNIN, *L'Europe du Nord-Ouest et du Nord aux XVIIᵉ et XVIIIᵉ siècles*, 1969, p. 192.
241. S. POLLARD et D. W. CROSSLEY, *op. cit.*, p. 149.
242. Lettre de Pontchartrain à Tallard (6 août 1698), *cf.* A.E., CP. Ang., 208, fº 115; lettre de Tallard à Pontchartrain (21 août 1698), *cf.* A.N., A.E., B¹, 759.
243. *Op. cit.*, éd. française, p. 172.
244. Charles BOXER *The Dutch Seaborne Empire, 1600-1800*, 1965, p. 43.
245. Maurice DOBB, *Studies in the development of capitalism*, 4ᵉ éd. 1950, p. 191, note 1.
246. A.N., G 7, 1686. fº 85.
247. A N., Marine, B 7, 230, cité par Charles FROSTIN, « Les Pontchartrain et la pénétration commerciale française en Amérique espagnole (1690-1715) », *in : Revue historique*, 1971, p. 311, note 2.
248. A.N., K 1349, fº 14 vº et fº 15.
249. Paul KAEPPELIN, *La Compagnie des Indes orientales et François Martin*, 1908, pp. 135-136.
250. *Ibid.*, p. 593.
251. A.N., G 7, 1699.
252. Charles MONTAGNE, *Histoire de la Compagnie des Indes*, 1899, pp. 223-224.
253. M. LÉVY-LEBOYER, *op. cit.*, p. 417, note 2.
254. *Civilisation matérielle*, I, éd. 1967, pp. 10-11 et 437.
255. Walter ACHILLES, « Getreidepreise und Getreidehandelsbeziehungen europäischen Raum in XVI. und XVII. Jahr. » *in : Zeitschrift für Agrargeschichte*, 59, pp. 32-55.
256. E. MASCHKE, art. cit., p. 18.
257. J.-P. RICARD, *Le Négoce d'Amsterdam*, 1722, p. 59.
258. *Schriften*, 1800, I, p. 264, cité par W. SOMBART, 2, p. 500.
259. E. ZOLA, *L'Argent*, éd. Fasquelle, 1960, p. 166, cité par P. MIQUEL, *L'Argent*, 1971, pp. 141-142.
260. GALIANI, *op. cit.*, pp. 162-168, 178-180, 152.

第五章

1. Cité par Louis DUMONT, *Homos hierarchicus*, 1966, p. 18.
2. Je me reporte à une conversation de novembre 1937.
3. Émile DURKHEIM (1858-1917) prend la relève d'Auguste COMTE, passe sa thèse *De la division du travail social*, en 1893, et fonde l'*Année sociologique*, en 1896. C'est cette dernière date que nous avons retenue.
4. *In : Revue de synthèse*, 1900, p. 4.
5. Malgré d'anciens essais comme ceux d'Alfred WEBER, *Kulturgeschichte als Kultursoziologie*, 1935, ou d'Alfred von MARTIN, *Soziologie der Renaissance...*, 1932; ou, plus récemment, la puissante synthèse d'Alexander RUSTOW, *Ortsbestimmung der Gegenwart*, 3 vol., 1950-1957.
6. *Op. cit.*, p. 9.
7. Josef SCHUMPETER, *op. cit.*, I, p. 23.
8. NOVALIS, *Encyclopédie*, 1966, p. 43.
9. Des remarques analogues chez René CLEMENS, Raymond ARON, Wilhelm RÖPKE, Jacques ATTALI, Joseph KLATZMANN, Marcel MAUSS.

10. *English Social History*, 1942; trad. espagnole, 1946.

11. De nombreuses opinions contraires. Ainsi Edward J. NELL, « Economic relationship in the decline of feudalism : an economic interdependence », *in : History and theory*, 1957, p. 328 : « considérer davantage les relations entre les variables que les variables elles-mêmes ». Pour Évans PRITCHARD, la structure sociale se réduit aux inter-relations des groupes, d'après Siegfried Frederik NADEL, *La Théorie de la structure sociale*, 1970, p. 30.

12. I. WALLERSTEIN, *op. cit.*, p. 157.

13. Jack H. HEXTER, *Reappraisals in History*, 1963, p. 72.

14. *Variétés*, III, p. 312, *Advis de Guillaume Hotteux ès Halles*.

15. *L'idéal historique*, 1976.

16. Karl BOSL, « Kasten, Stände, Klassen in mittelalterlichen Deutschland », *in :* ZBLG 32, 1969. Impossible d'employer le mot dans un sens strict.

17. A propos des castes de l'Inde, voir l'article de Claude MEILLASSOUX, « Y a-t-il des castes aux Indes? », *in : Cahiers internationaux de sociologie*, 1973, pp. 5-29.

18. *La Vocation actuelle de la sociologie*, 1963, I, pp. 365 *sq.*

19. *Pour la sociologie*, 1974, p. 57.

20. PRÉVOST, *op. cit.*, t. I, p. 8.

21. Van RECHTEREN, *Voyages*, 1628-1632, V, p. 69.

22. A.N. K 910, 27 *bis*.

23. Ainsi Arthur Boyd HIBBERT, *in : Past and Present*, 1953, n° 3, et Claude CAHEN, *in : La Pensée*, juillet 1956, pp. 95-96, le féodalisme n'est pas la négation du commerce. Point de vue orthodoxe, Charles PARAIN et Pierre VILAR, « Mode, de production féodal et classes sociales en système précapitaliste », 1968, *Les Cahiers du Centre d'Études et Recherches marxistes*, n° 59.

24. Date au plus de la Restauration, pas encore dans *La Néologie*, de L. S. MERCIER, 1801; dans N. LANDAIS, *Dictionnaire général et grammatical*, 1934, II, p. 26.

25. Armando SAPORI et Gino LUZZATTO.

26. Georges GURVITCH, *Déterminismes sociaux et liberté humaine*, 2ᵉ éd., 1963, pp. 261 *sq.*

27. Marc BLOCH, *La Société féodale*, 2 vol., 1939-1940.

28. Jacques HEERS, *Le Clan familial au Moyen Age*, 1974.

29. A. THIERS, *De la propriété*, 1848, p. 93.

30. Jean-François MELON, *op. cit.*, p. 126.

31. Charles W. MILLS, *The Power Elite*, 1959.

32. *Delle lettere di Messer Claudio Tolomei*, Venise, 1547, fᵒˢ 144 vᵒ-145. Ce passage m'a été signalé par Sergio BERTELLI.

33. Frederic C. LANE, *Venice, a maritime Republic*, 1973, p. 324. Voir aussi K. J. BELOCH, *Bevölkerungsgeschichte Italiens*, t. III, 1961, pp. 21-22.

34. F. C. LANE, *op. cit.*, pp. 429-430.

35. SAINTOLON, *Relazione della Republica di Genova*, 1684, Venise, Marciana, 6045, c. II-8.

36. Gerald STRAUSS, « Protestant dogma and city government. The case of Nuremberg », *in : Past and Present*, n° 36, 1967, pp. 38-58.

37. C.A.B.F. de BAERT-DUHOLAND, *Tableau de la Grande-Bretagne*, an VIII, IV, p. 7.

38. C. R. BOXER, *The Dutch seaborne Empire, 1600-1800*, 1965, p. 11.

39. R. GASCON, *op. cit.*, I, p. 407.

40. G. D. RAMSAY, *The City of London*, 1975, p. 12.

41. E. W. DAHLGREN, *Les Relations commerciales et maritimes entre la France et les côtes du Pacifique*, I, 1909, pp. 36-37, note 2.

42. François DORNIC, *op. cit.*, p. 178.

43. Jacques TENEUR, « Les Commerçants dunkerquois à la fin du XVIIIᵉ siècle et les problèmes économiques de leur temps », *in : Revue du Nord*, 1966, p. 21.

44. Cité par Charles CARRIÈRE, *op. cit.*, I, pp. 215-216.

45. *Ibid.*, p. 265.

46. Référence égarée.

47. Emilio NASALLI ROCCA, « Il Patriziato piacentino nell'età del principato. Considerazioni di storia giuridica, sociale e statistica », *in : Studi in onore di Cesare Manaresi*, 1952, pp. 227-257.

48. J. M. ROBERTS, *in : The European Nobility in the Eighteenth Century*, éd. par A. GOODWIN, 1953, p. 67.

49. J. GENTIL DA SILVA, *op. cit.*, pp. 369-370, note 92.

50. Phyllis DEANE et W. A. COLE, *British economic growth*, 2ᵉ éd. 1967, pp. 2 *sq.*; S. POLLARD et D. W. CROSSLEY, *op. cit.*, pp. 153 *sq.*

51. S. POLLARD et D. W. CROSSLEY, *op. cit.*, p. 169.

52. André PARREAUX, *La Société anglaise de 1760 à 1810*, 1966, p. 8.

53. Pierre GOUBERT, *L'Ancien Régime*, 1969, I, pp. 158-159.

54. P. LÉON, *in : Histoire économique et sociale de la France*, II, 1970, p. 607; Jean MEYER, *La Noblesse bretonne au XVIIIᵉ siècle*, p. 56.

55. W. DWORZACZEK, « Perméabilité des barrières sociales dans la Pologne du XVIᵉ siècle », *in : Acta Poloniae Historica*, 1971, 24, pp. 30 et 39.

56. M. N. PEARSON, « Decline of the Moghol Empire », *in : The Journal of Asian Studies*, février 1976, p. 223 : 8 000 hommes privilégiés dans un Empire de 60 à 70 millions d'hommes... « The 8 000 men were the empire ».

57. *Op. cit.*, I, p. VIII.

58. Cité par Julien FREUND, *op. cit.*, p. 25.

59. Lawrence STONE, « The anatomy of the Elizabethan aristocracy », *in : The Economic History Review*, 1948, pp. 37-41.

60. H. KELLENBENZ, *Der Merkantilismus in Europa und die soziale Mobilität*, 1965, pp. 49-50.

61. Peter LASLETT, *op. cit.*, p. 44.
62. Pierre GOUBERT, *L'Ancien Régime*, *op. cit.*, I, p. 105.
63. *Handbuch der deutschen Wirtschafts- und Sozialgeschichte*, *op. cit.*, p. 371.
64. Pour Venise, *La Civiltà veneziana nell'età barocca*, *op. cit.*, p. 307, février 1685; *La Civiltà Veneziana del Settecento*, pp. 244 et 274.
65. *Ibid.*, p. 244.
66. Sur Longleat, *cf.* *New Encyclopedia Britannica*, 15ᵉ éd., VI, p. 319; sur Wollaton Hall, *ibid.*, X, p. 729; sur Burghley House, *cf.* J. Alfred GOTCH, *Architecture of the Renaissance in England*, I, 1894, pp. 1-3; sur Holdenby, *cf.* Henry SHAW, *Details of Elizabethan Architecture*, 1839, p. 8.
67. Peter LASLETT, *op. cit.*, p. 166.
68. *Cf.* H. R. TREVOR-ROPER, « The General crisis of the seventeenth century », *in :* *Past and Present*, nᵒ 16 (nov. 1959), pp. 31-64, et discussion de cet article par E. H. KOSSMANN, E. J. HOBSBAWM, J. H. HEXTER, R. MOUSNIER, J. H. ELLIOTT, L. STONE et réponse de H. R. TREVOR-ROPER, *in :* *Past and Present*, nᵒ 18 (nov 1960), pp. 8-42. Le livre d'ensemble de Lawrence STONE, *Les Causes de la Révolution anglaise*, tr. fr., 1974; J. H. HEXTER, *Reappraisals in History*, 1963, pp. 117 *sq.*
69. P. BOURDIEU et J. C. PASSERON, *La Reproduction. Éléments pour une théorie du système d'enseignement*, 1970.
70. *In :* *Histoire de la Savoie*, p.p. GUICHONNET, 1974, p. 250.
71. Daniele BELTRAMI, *Storia della popolazione di Venezia*, 1954, pp. 71, 72, 78. Les proportions, par rapport à l'ensemble de la population, sont pour 1581 de 4,5 % de nobles et 5,3 % de *cittadini*, et, pour 1586, de 4,3 % et 5,1 % respectivement.
72. Werner SCHULTHEISS, « Die Mittelschicht Nürnbergs im Spätmittelalter », *in :* *Städtische Mittelschichten*, p.p. E. MASCHKE et J. SYDOW, nov. 1969.
73. « Marchands capitalistes et classes sociales » dactylogramme, p. 9; à Lübeck, au xvIᵉ siècle les *Fernhändler* sont de 50 à 60 maisons pour une ville de 25 000 habitants.
74. *Verfassungs- und.Wirtschaftsgeschichte des Mittelalters*, 1928, p. 329.
75. Th. K. RABB, *Enterprise and Empire*, 1967, pp. 26 *sq.*
76. D'après André PIETTRE, *Les Trois Ages de l'économie*, 1955, p. 182, cité par Michel LUTFALLA, *L'État stationnaire*, 1964, p. 98.
77. G. CHAUSSINAND-NOGARET, « Aux origines de la Révolution : noblesse et bourgeoisie », *in :* *Annales E.S.C.*, 1975, pp. 265-277.
78. [Bourgogne] : Henri DROUOT, *Mayenne et la Bourgogne, étude sur la Ligue (1587-1596)*, 1937, I, pp. 45, 51; [Rome] : Jean DELUMEAU, *op. cit.*, I, p. 458 : « Lorsque s'ouvre le xvIIᵉ siècle, les grands seigneurs d'autrefois [dans la campagne romaine], écrasés par leurs dettes, liquident leurs biens fonciers et s'effacent devant une aristocratie nouvelle et docile, sans passé guerrier. »
79. B.N., F. Esp., 127, vers 1610.
80. *Beauvais et le Beauvaisis...*, p. 219; F. BRAUDEL, *in :* *Annales E.S.C.*, 1963, p. 774.
81. Raymond CARR, « Spain », *in :* *The European Nobility in the Eighteenth Century*, *op. cit.*, p. 44.
82. Henri PIRENNE, *Les Périodes de l'histoire sociale du capitalisme*, Bruxelles, 1922.
83. H. KELLENBENZ, dactylogramme, *op. cit.*, p. 17.
84. Claude CARRÈRE, *op. cit.*, I, p. 146.
85. Friedrich LÜTGE, *op. cit.*, p. 312.
86. J. H. HEXTER, *op. cit.*, pp. 76 *sq.*
87. G. TAYLOR, « Non capitalist Wealth and the Origins of the French Revolution », *in :* *American Historical Review*, 1967, p. 485.
88. Pierre DARDEL, *op. cit.*, pp. 154-155.
89. ACCARIAS DE SÉRIONNE, *La Richesse de la Hollande*, *op. cit.*, II, p. 31.
90. F. DORNIC, *op. cit.*, p. 161.
91. R. de ROOVER, *The Medici Bank*, 1948, p. 20, note 50.
92. Guy CHAUSSINAND-NOGARET, *Les Financiers du Languedoc au XVIIIᵉ siècle*, 1970.
93. Paolo NORSA, « Una famiglia di banchieri, la famiglia Norsa (1350-1950) », *in :* *Bollettino dell'Archivio storico del banco di Napoli*, 1953.
94. André RAYMOND, *Artisans et commerçants au Caire au XVIIIᵉ siècle*, 1973, II, pp. 379-380.
95. Titre primitif du livre que j'ai utilisé en dactylogramme, paru en 1977 sous le titre : *Les Bourgeois-gentilshommes*.
96. Guy PATIN, *op. cit.*, II, p. 196.
97. Romain BARON, « La bourgeoisie de Varzy au xvIIᵉ siècle », *in :* *Annales de Bourgogne*, 1964, p. 173.
98. M. COUTURIER, *op. cit.*, pp. 215-216. Parmi les tanneurs par exemple, on distingue les « maîtres tanneurs » et les « marchands tanneurs », ces derniers seuls étant dits « honorables hommes ».
99. C. LOYSEAU, *Cinq Livres du Droict des Offices*, 1613, p. 100.
100. *Op. cit.*, pp. 43-44.
101. G. HUPPERT, *op. cit.*, dactylogramme.
102. *Op. cit.*, pp. 128-129.
103. Publié par L. Raymond LEFEBVRE, 1943, pp. 131-133.
104. Joseph NOUAILLAC, *Villeroi, Secrétaire du roi*, 1909, p. 33.
105. Son astrologue, Primi Visconti, si l'on en croit Henry MERCIER, *Une Vie d'ambassadeur du Roi-Soleil*, 1939, p. 22.
106. G. HUPPERT, *L'Idée de l'histoire parfaite*, 1970.
107. R. MANDROU, *La France aux XVIIᵉ et XVIIIᵉ siècles*, 1970, p. 130.

108. Dans le *Cayer présenté au roy par ceux du tiers estat de Dauphiné*, Grenoble, 1re éd. 1603, cité par Davis BITTON, *The French Nobility in crisis — 1560-1644*, 1969, pp. 96 et 148, note 26.
109. Cité par BANCAL, *Proudhon*, I, p. 85, n° 513.
110. A.N., G 7, 1686, 156.
111. SAINT-CYR, *Le Tableau du siècle*, 1759, p. 132, cité par Norbert ÉLIAS, *La Société de Cour*, 1974, p. 11.
112. Manuel FERNÁNDEZ ALVAREZ, *Economia, sociedad y corona*, 1963, p. 384.
113. *Variétés*, V, 235 [1710].
114. Voir *infra*, t. III, ch. 3.
115. Witold KULA, « On the typology of economic systems, » *in : The Social sciences, Problems and Orientations*, 1968, p. 115.
116. Tommaso CAMPANELLA, *Monarchia di Spagna*, *in : Opere*, 1854, II, p. 148, cité par Carlo de FREDE, *in : Studi in onore di Amintore Fanfani*, V, pp. 5-6 et 32-33.
117. Giuseppe GALASSO, *op. cit.*, p. 242.
118. FÉNELON, *Dialogues des Morts*, II, 1718, p. 152.
119. R. PERNOUD, *Histoire de la bourgeoisie en France*, II, 1962, p. 10.
120. Paolo CARPEGGIANI, *Mantova, profilo di una città*, 1976, appendice : *Sabbioneta*, pp. 127 *sq*. Le mot *casino* (p. 139) désigne la villa privée du prince et son jardin.
121. Pour le paragraphe ci-dessus, *cf.* : A. de S. Venise, à titre d'exemples : *Senato Terra*, 24, 9 janvier 1557; 32, Padoue, 9 janvier 1562; P. MOLMENTI, *op. cit.*, II, p. 111.
122. Jürgen KUCZINSKI, *op. cit.*, p. 71.
123. Archives VORONSOF, VIII, p. 34, 18-29 déc. 1796.
124. André PARREAUX, *La Société anglaise de 1760 à 1810*, 1966, p. 12. Abingden sur la Tamise dans le Berkshire.
125. Entre 1575 et 1630, la moitié environ des *peers* a investi dans le commerce, soit un sur deux alors que la proportion est de un sur cinquante si l'on considère l'ensemble de la noblesse et de la *gentry*, Th. K. RABB, *Enterprise and Empire*, 1967, note 16 et p. 27.
126. R. GASCON, *op. cit.*, I, p. 444.
127. Intervention de Pierre VILAR, Congrès international des sciences historiques, Rome 1955.
128. P. MOLMENTI, *op. cit.*, II, p. 75.
129. Jerónimo de ALCALÁ, *El donador hablador*, 1624, *in : La Novela picaresca española*, 1966, p. 1233.
130. Pour les exemples qui suivent : Y.-M. BERCÉ, *op. cit.*, II, p. 681 [Aquitaine]; E. MASCHKE, art. cit., p. 21 [villes allemandes]; René FÉDOU, « Le cycle médiéval des révoltes lyonnaises », *in : Cahiers d'histoire*, 3, 1973, p. 240 [Lyon].
131. *Les Soulèvements populaires en France de 1623 à 1648*, 1963.
132. Carlo de FIDE, *in : Mélanges Fanfani*, V, 1962, pp. 1-42.
133. Ingomar BOG, *in : Z. für Agrargeschichte*, 1970, pp. 185-196.
134. *Variétés*, VII, p. 330, 7 juin 1624.

135. Y.-M. BERCÉ, *op. cit.*, p. 300.
136. B.N., Fr., 21773, f° 31.
137. Henri GACHET, « Conditions de vie des ouvriers papetiers en France au XVIIIe siècle », *Communication à l'Institut français d'histoire sociale*, 12 juin 1954.
138. Tout le paragraphe qui suit d'après Nathalie ZEMON DAVIS : « Strikes and salvation at Lyons », *in : Archiv für Reformationgeschichte*, LVI (1965), pp. 48-64, et Henri HAUSER, *Ouvriers du temps passé*, 1927.
139. H. HAUSER, *op. cit.*, p. 180 et note 1.
140. *Ibid.*, pp. 203 et 234, note 1 et A. FIRMIN-DIDOT, *Aldo Manuce et l'hellénisme à Venise*, 1875, p. 269.
141. N. W. POSTHUMUS, *De Geschiedenis van de Leidsche lakenindustrie*, 3 vol., 1908-1939; Émile COORNAERT, « Une capitale de la laine : Leyde », *in : Annales E.S.C.*, 1946.
142. A.N., A.E., B¹, 619, 8 et 29 octobre 1665.
143. Pour les trois paragraphes ci-dessus, *cf.* : POSTHUMUS, *op. cit.*, III, pp. 721-729; 656-657, 674; 691-696; 869 *sq.*; 722-724; 876-878.
144. Paul MANTOUX, *La Révolution industrielle au XVIIIe siècle*, 1959, pp. 57-59. Carlos GUILHERME MOTA, « Conflitos entre capital e trabalho; anataçoes acérca de uma agitaçao no Sudo-este inglés en 1738 », *in : Revista de Historia*, São Paulo, 1967, m'a donné le désir de faire un sort à l'incident ci-dessous rapporté.
145. Peter LASLETT, *Un Monde que nous avons perdu*, 1969, pp. 172-173; A. VIERKAND, *Die Stetigkeit im Kulturwandel*, 1908, p. 103 : « Moins l'homme est développé, plus il est sujet à subir cette force du modèle de la tradition et de la suggestion. » Cité par W. SOMBART, *Le Bourgeois*, p. 27. Mais qui expliquera les violences des mouvements populaires en Russie?
146. Émile COORNAERT, *Les Corporations en France avant 1789*, 10e éd. 1941, p. 167.
147. *Ibid.*, pp. 168-169.
148. R. ZANGHERI, *in : Studi Storici*, 1968, p. 538; Jérôme BLUM, « The condition of the European Peasantry on the Eve of Emancipation », *in : J. of Modern History*, 1974.
149. Roland MARX, *La Révolution industrielle en Grande-Bretagne*, 1970, p. 19.
150. SULLY, *Mémoires...*, *op. cit.*, III, p. 107. Ou l'expression « mendians de mendicité publique », *Variétés*, V, p. 129. En Espagne, les *hampones*, J. van KLAVEREN, *op. cit.*, p. 187, note 36; en Italie, les *oziosi*, Aurelio LEPRE, *op. cit.*, p. 27.
151. 21 juin 1636, *Civiltà Veneziana*, *op. cit.*, p. 285.
152. *Mémoires*, *op. cit.*, 1875, I, p. 215.
153. A.N., G 7, 1647, 1709.
154. Mémoire dactylographié de Mme BURIEZ, *L'Assistance à Lille au XVIIIe siècle*, Faculté des lettres de Lille.
155. Richard GASCON, « Économie et pauvreté aux XVIe et XVIIe siècles : Lyon, ville

exemplaire et prophétique », *in : Études sur l'histoire de la pauvreté*, 1975, p.p. M. MOLLAT, II, 1974, pp. 747 *sq. Cf.*, dans le même sens, une remarque de Rolf EGELSING, art. cit., p. 27.

156. P. LASLETT, *op. cit.*, pp. 54-55.

157. F. LÜTGE, *op. cit.*, p. 382.

158. D'après les renseignements qui m'ont été fournis, à Cracovie, par M. KULZCYKOWSY et M. FRANCIC.

159. Mémoire de Mme BURIEZ, *op. cit.* A Cahors, en 1546, 3 400 pauvres pour 10 000 habitants, Marie-Julie PRIM, Mémoire inédit, Toulouse, dactylogramme, p. 53; dans les Causses, à Chanac, 60 mendiants contre 338 taillables, Paul MARRES, « L'économie des Causses du Gévaudan au XVIIIe siècle », *in : Congrès de Mende*, 1955, p. 167; à La Rochelle, en 1776, 3 668 pour 14 271 habitants, LAVEAU, *op. cit.*, p. 72; les pauvres sont un sixième de la population à Avallon (1614), Yves DURAND, *op. cit.*, p. 42; sur les *Habenichtse*, les « sans avoir », à Augsbourg, en 1500, H. BECHTEL, *op. cit.*, II, p. 52, note 6. D'un intérêt général, Olwen HUFTON, « Towards an Understanding of the poor of eighteenth century France », *in : French government and society, 1500-1850*, p.p. J. F. BOSMER, 1975, pp. 145 *sq.*

160. Nombreuses références pour 1749, 1759, 1771, 1790, dans les archives departementales de Haute-Savoie, C 143, f°s 29-38; C 135, H.S.; C 142, 194, f° 81; C 165, f° 81 v°; IC III, 51, f°s 40 à 47.

161. Car ils existent, ils surabondent, M. COUTURIER, *op. cit.*, Châteaudun, 1697; Abel POITRINEAU, *op. cit.*, p. 608 : « les mendiants constituant la couche inférieure de toute population villageoise ».

162. VAUBAN, *Projet d'une dîme royale*, éd. Daire, 1843, p. 34.

163. Yves DURAND, *in : Cahiers de doléances des paroisses du bailliage de Troyes pour les États généraux de 1614*, 1966, pp. 39-40. La distinction pauvres-mendiants et pauvres-chômeurs est à ne jamais perdre de vue. Jakob van KLAVEREN, « Población y ocupación », *in : Económica*, 1954, n° 2, signale avec raison que Malthus parle des pauvres, non des chômeurs.

164. Dans les villes d'Allemagne en 1384, 1400, 1442, 1446, 1447.

165. E. COYECQUE, « L'Assistance publique à Paris au milieu du XVIe siècle », *in : Bulletin de la Société de l'histoire de Paris et de l'Ile-de-France*, 1888, p. 117.

166. *Ibid.*, pp. 129-230, 28 janvier 1526 : 500 pauvres de Paris envoyés aux galères.

167. *Variétés*, VII, p. 42, note 3 (1605). Envoi de « gueux » irlandais qui se trouvent à Paris, au Canada. Vagabonds de Séville envoyés au détroit de Magellan. A. d. S. Venise, Senato Spagna Zane au Doge. Madrid, 30 octobre 1581.

168. C.S.L. DAVIES, « Slavery and Protector Somerset; the Vagrancy Act of 1547 », *in : Economic History Review*, 1966, pp. 533-549.

169. Ogier Ghislain de BUSBECQ, *Ambassades et voyages en Turquie et Amasie, 1748*, p. 251.

170. *Cf.* Olwen H. HUFTON, *The poor of the 18th century France*, 1974, pp. 139-159.

171. A.N., A.E., B^1, 521, 19 avril 1710. *Cf.* AD XI, 37 (1662), Autour de Blois, « ... il y a peu de chemins qui ne soient bordez de corps morts ».

172. A.d.S. Venise, Senato Terra, 1 [Venise]; DELAMARE, *op. cit.*, 1710, p. 1012 [Paris]. 3 000 pauvres devant Chambéry, François VERMALE, *Les Classes rurales en Savoie au XVIIIe siècle*, 1911, p. 283.

173. Suzanne CHANTAL, *La Vie quotidienne au Portugal après le tremblement de terre de Lisbonne de 1755*, 1962, p. 16. Nombreuses indications dans la correspondance du consul russe à Lisbonne et notamment Moscou, A.G.A. 72/5, 260, 54 v°, Lisbonne, 30 mai 1780.

174. C. MANCERON, *op. cit.*, I, pp. 298-299, d'après P. GROSCLAUDE, *Malesherbes*, p. 346.

175. J.-P. GUTTON, *La Société et les pauvres. L'exemple de la généralité de Lyon*, 1970, pp. 162 *sq.*

176. J.-P. GUTTON, « Les mendiants dans la société parisienne au début du XVIIIe siècle », *in : Cahiers d'Histoire*, XIII, 2, 1968, p. 137.

177. *Variétés*, V, p. 272.

178. Les deux postes — consulats français de Rotterdam et de Gênes — pour la récupération des marins « dégradés », mis à terre, offrent une correspondance surabondante notamment : A.N., A.E., B^1, 971-973 (Rotterdam) et A.E., B^1, 530 et la suite pour Gênes. Des hommes misérables, sans souliers, sans chemise, dépenaillés, au milieu desquels sur l'espoir de toucher quelques secours et d'être rapatriés se glissent une série d'aventuriers, de « coureurs », B^1, 971, f° 45, 31 décembre 1757; « ... plusieurs étaient couverts de vermine, il a fallu les faire nettoyer, mettre leurs hardes au four »...

179. *Variétés*, V, p. 222.

180. A.d.S. Napoli, Affari Esteri, 796.

181. *Ibid.*

182. Comte de LA MESSELIÈRE, *Voyage à Saint-Pétersbourg, an XI-1803*, pp. 262-263.

183. A.N., Marine, B^1, 48, f° 113.

184. Nina ASSODOROBRAJ, *Les Origines de la classe ouvrière* (en polonais), 1966; résumé en français, pp. 321-325.

185. Cité par J.-C. PERROT, *op. cit.*, I, p. 423, note 232.

186. Robert MOLIS, « De la mendicité en Languedoc (1775-1783) », *in : Revue d'hist. écon. et sociale*, 1974, p. 483.

187. J. MAILLEFER, *Mémoires*, pp. 120 et 122.

188. Gaston ZELLER, *Aspects de la politique française sous l'Ancien Régime*, 1964, pp. 375-385.

189. *Méditerranée*, I, pp. 425, 438, 512, etc.

190. De LINGUET, cité par MANCERON, *op. cit.*, I, p. 169 : « Dans l'armée on estime

bien moins un pionnier qu'un cheval de caisson parce que le cheval de caisson est fort cher et qu'on a le soldat pour rien... » Chiffrer vaudrait mieux que décrire, mais les chiffres se dérobent. Un ordre de grandeur peut-être : d'après une nouvelle de Francfort-sur-le-Main, 9 août 1783, les effectifs militaires s'élèveraient en Europe à deux millions d'hommes, soit un peu plus de 1,3 % de la population en supposant que l'Europe ait alors compté 150 millions d'habitants. *Gazette de France*, p. 307.

191. R. Gascon, *op. cit.*, I, p. 400.

192. Jèze, *Journal du Citoyen*, 1754, p. 1.

193. Extrait des Registres du Parlement de Paris, années 1750-1751, f⁰ 427. Arrêt du 14 août 1751 condamnant le domestique Pierre Pizel.

194. Marius Mittre, *Les Domestiques en France*, p. 14. *Variétés*, V, p. 253 en note : référence au *Traité de la Police*, titre 9, chapitre 3.

195. Pierre-Victor Malouet, *Mémoires de Malouet*, 1874, t. I, pp. 48-49.

196. Claude Veil, « Phénoménologie du travail », *in : L'Évolution psychiatrique*, n⁰ 4, 1957, p. 701. « Même lié à la machine, l'homme n'est pas esclave de la machine. Il n'est jamais esclave que d'autres hommes. A cet égard, et *mutadis mutandis*, il y a toujours des galères. »

197. Abbé C. Fleury, *Les Devoirs des maîtres et des domestiques*, 1688, p. 73. C'est une réflexion analogue, presque un siècle plus tard (1771) qui fait écrire à I. de Pinto, *op. cit.*, p. 257 : « Imaginons, pour un moment, un État où tout le monde fut riche; il ne pourrait subsister sans faire venir des étrangers indigènes pour le servir. » Phrase prophétique si l'on songe à l'avenir. Mais dès avant le xviiie siècle, et au xviiie siècle, n'y avait-il pas déjà d'innombrables migrations compensatoires de pauvres?

198. *Op. cit.*, p. 58. Des déclarations analogues et bien plus tardives sous la plume de Baudry des Lozières, *Voyage à la Louisiane*, 1802, pp. 103 *sq.*

199. P. Decharme, *op. cit.*, p. 119.

200. *Literatura europea y Edad Media*, 1955, I, p. 40.

201. A.d.S. Mantoue, Archivio Gonzaga, Donatus de Bretfs au marquis de Mantoue, B. 1438.

202. *Le Savant et le Politique*, 1963, p. 101.

203. *Gazette de France*, p. 599.

204. Max Weber, *Economia e società*, 2, p. 991.

205. *Diarii*, *op. cit.*, I, pp. 184 et 196.

206. British Museum, Mss Sloane, 42.

207. Élie Brackenhoffer, *op. cit.*, p. 111.

208. Louis-Sébastien Mercier, *op. cit.*, III, p. 278.

209. *Ibid.*, III, p. 279.

210. *Diarii*, *op. cit.*, I, p. 111.

211. *Livre de main des Du Pouget (1522-1598)*, éd. critique par M. J. Prim, D.E.S., Toulouse, 1964, dactylogramme.

212. Voyageur anonyme, 1728, Victoria-Albert Museum, 86 NN2, f⁰s 196 *sq.*

213. D'après la copie conservée au F. Fr. de la Bibliothèque Lénine, à Moscou, f⁰s 5 et 54.

214. *Gazette de France*, 29 février 1772, p. 327.

215. Françoise Autrand, *Pouvoir et société en France, XIVe-XVe siècles*, 1974, p. 12.

216. R. Gascon, *in : Histoire économique et sociale de la France*, Braudel-Labrousse éd., 1976, I, p. 424; Claude Seyssel, *Histoire singulière du roy Loys XII*, 1558, p. 14.

217. L. Stone, *An Elizabethan : Sir Horatio Pallavicino*, 1956, p. 42.

218. L'expression est de Marx.

219. Jean Imbert, *Histoire économique*, 1965, p. 206.

220. *Ibid.*, p. 207 et Le Blanc, *Traité historique des monnoyes de France*, 1692, pp. 175-176.

221. *Ordonnances des Rois de France de la troisième race*, éd. de Laurière, 1723, t. 1, p. 371 (instruction sur l'ordonnance touchant la subvention à cause de la guerre de Flandre, 1302).

222. Gabriel Ardant, *Histoire de l'impôt*, 1971, 1, p. 238.

223. C. Bec, *op. cit.*, p. 62.

224. G. Luzzatto, *Storia economica di Venezia*, *op. cit.*, p. 208.

225. « Origin and growth of the national debt in Western Europe », *in : American Economic Review*, n⁰ 2, mai 1947, p. 118.

226. Dès le xiie siècle, H. Pirenne, *op. cit.*, p. 35, note 2. Le premier grand emprunt en France serait celui de 1295 pour la campagne de Guyenne contre l'Angleterre : Ch. Florange, *Curiosités financières..*, 1928, p. 1.

227. Je n'ai pas voulu multiplier les références qui peuvent se retrouver aisément dans *La Méditerranée*, ni donner les références à l'ouvrage à paraître de Felipe Ruiz, *El siglo de los Genoveses*, dont j'ai pris connaissance, il y a quelques années.

228. Dans *La Gitanilla, Novelas Ejemplares*, édit. Nelson, p. 100.

229. P. G. M. Dickson, *The Financial revolution in England. A study in the development of public credit, 1688-1756*, 1967.

230. A.N., G 7, 1699.

231. Varsovie, A.G., F. Radziwill, 26 déc. 1719.

232. I. de Pinto, *op. cit.*, p. 1, note 2.

233. Communication de Jorjo Tadić.

234. Thomas Mortimer, *Every man his own broker*, 1775, p. 165.

235. Isaac de Pinto, *op. cit.*, qui en 1771 se flatte (p. 13) d'être le premier à avoir soutenu « que la dette nationale avait enrichi l'Angleterre » et qui explique admirablement l'avantage du système, en le comparant d'ailleurs à celui de la France, il indique que les Anglais en général et non les moindres en « ignorent la nature » et s'y opposent sottement (p. 43).

236. Moscou, AEA, 35/6, 390, 114.

237. Moscou, AEA, 35/6, 320, 167, Lettre de Simolin, Londres, 23 mars-3 avril 1781.
238. *Bilanci generali*, Seria seconda, Venise, 1912.
239. Michel MOLLAT, *Comptes généraux de l'État bourguignon entre 1416 et 1420*, 1964.
240. *Méditerranée*, II, p. 33 et graphique.
241. *Ibid.*, II, p. 31.
242. Voir la traduction par S. J. SHAW (*The budget of Ottoman Egypt, 1596-1597*, 1968) d'un budget de l'Égypte ottomane. Et surtout les travaux en cours d'Omer Lufti BARKAN.
243. Ainsi MACARTNEY, *op. cit.*, IV, p. 119 (1793, 66 millions de £; ainsi, R. VIVERO, British Museum, Add. 18287, f° 49, 1632, 130 millions d'écus d'or).
244. Abbé PRÉVOST, *Voyages, op. cit.*, X, pp. 238 *sq.*
245. A.N., K 1352 (1720) ou A.E., Russie M. et D., 7, f°ˢ 298-305 (vers 1779).
246. Roger DOUCET, *L'État des finances de 1523*, 1923.
247. Francesco CARACCIOLO, *Il regno di Napoli nei secoli XVI e XVII*, 1966, I, p. 106.
248. VÉRON DE FORBONNAIS, *Recherches... sur les finances de France*, 1758, pp. 429 *sq.*
249. Emmanuel LE ROY LADURIE, *Les Paysans du Languedoc*, 1966, I, pp. 295-296.
250. Cardinal de RICHELIEU, *Testament politique*, p.p. Louis ANDRÉ, 1947, p. 438. Texte cité par [J.-F. MELON], *Essai politique sur le commerce*, 1734, p. 37.
251. *Cf. infra*, III, chapitre 2.
252. Selon C. M. CIPOLLA, Semaine de Prato, mai 1976.
253. Philippe CONTAMINE, Semaine de Prato, avril 1974.
254. François PIETRI, *Le Financier*, 1931, p. 2.
255. Michel MOLLAT, *Les Affaires de Jacques Cœur. Journal du Procureur Dauvet*, 2 vol., 1952.
256. Germain MARTIN et Marcel BESANÇON, *op. cit.*, p. 56.
257. G. CHAUSSINAND-NOGARET, *Les Financiers du Languedoc au XVIIIᵉ siècle*, 1970, et *Gens de finance au XVIIIᵉ siècle*, 1972. Nombreuses références. Voir : « Castanier » à l'index.
258. *Richesse de la Hollande, op. cit.*, II, p. 256.
259. J. G. van DILLEN, *Munich V*, pp. 181 *sq.*
260. *Ibid*, p. 182.
261. *Ibid.*, p. 184.
262. P. G. M. DICKSON, *op. cit.*, pp. 253-303.
263. *Ibid.*, pp. 289-290.
264. *Ibid.*, p. 295.
265. J. F. BOSHER, *French Finances 1770-1795. From Business to Bureaucracy*, 1970, p. XI. Son insistance sur les réformes institutionnelles de Necker, pp. 150 *sq.*
266. *Ibid.*, pp. 304, et 17 note 2.
267. M. MARION, *Dictionnaire, op. cit.*, p. 236.
268. Daniel DESSERT, « Finances et société au XVIIᵉ siècle à propos de la chambre de justice de 1661 », *in : Annales E.S.C.*, n° 4, 1974.
269. Daniel DESSERT et Jean-Louis JOURNET, « Le *lobby* Colbert : un royaume ou une affaire de famille? », *in : Annales E.S.C.*, 1975, pp. 1303-1337.
270. Mais avec une série d'accidents de parcours : 1522, exécution de Semblançay et mise à l'écart des officiers de finance; recours massif aux capitaux des places de Paris et de Lyon; banqueroute de 1558 qui ramènera à la fin du XVIᵉ siècle une oligarchie de financiers, etc. *Cf.* R. GASCON, *in : Histoire économique et sociale de la France, op. cit.*, I, pp. 296 *sq.*
271. Marcel MARION, *op. cit.*, p. 232.
272. G. CHAUSSINAND-NOGARET, *op. cit.*, p. 236.
273. L.-S. MERCIER, *op. cit.*, III, p. 201.
274. Sur l'ensemble du problème, l'excellent petit livre de Pierre DEYON, *Le Mercantilisme*, 1969.
275. *In : Z. für Nationalökonomie XVII.*
276. *Der Merkantilismus*, 1965, p. 5.
277. Henri CHAMBRE, « Posoškov et le mercantilisme », *in : Cahiers du monde russe*, 1963, p. 358.
278. Le mot échappe à Paul MANSELLI, Semaine de Prato, avril 1974.
279. Adam SMITH, *op. cit.*, III, p. 1.
280. H. BECHTEL, *op. cit.*, II, p. 58.
281. Henri HAUSER, *Les Débuts du capitalisme*, 1931, pp. 181 *sq.*
282. *In : Revue d'histoire économique et sociale*, 1959, p. 394.
283. Franz von POLLACK-PARNAU, « Eine österreichiche-ostendische Handels-Compagnie 1775-1785 », *in : Vierteljahrschrift für Sozial- und Wirtschaftsgeschichte*, 1927, p. 86.
284. A.N., G 7, 1698, f° 154, 24 juin 1711.
285. Werner SOMBART, *op. cit.*, I, p. 364.
286. J. KULISCHER, *op. cit.*, éd. allemande, II, p. 203.
287. H. HAUSHERR, *op. cit.*, p. 89.
288. Eli F. HECKSCHER, *op. cit.*, p. 480.
289. ISAMBERT, *Recueil général des anciennes lois françaises*, 1829, XV, p. 283 (Édit d'établissement d'une manufacture d'habits de draps et toiles d'or, d'argent et de soie à Paris, août 1603).
290. A. KLIMA, J. MACUREK, « La question de la transition du féodalisme au capitalisme en Europe centrale (XVIᵉ-XVIIᵉ siècles) », *in : Congrès international des sciences historiques*, Stockholm, 1960, IV, p. 88.
291. A.N., G 7, 1687.
292. W. SOMBART, *op. cit.*, I, p. 366.
293. Cardinal de RICHELIEU, *Testament politique*, éd. de 1947, p. 428.
294. A.N., A.E., B¹, 754, Londres, 1ᵉʳ juillet 1669.
295. Ch. W. COLE, *Colbert and a century of French mercantilism*, 1939, I, p. 337.
296. SIMANCAS, *Consultas y juntas de hacienda*, leg. 391, f° 542.
297. A. D. LUBLINSKAYA, *Lettres et mémoires adressés au chancelier Séguier (1633-1649)*, 1966, II, p. 88.
298. H. KELLENBENZ, *Der Merkantilismus, op. cit.*, p. 65, c'est l'opinion de van DILLEN.

299. A.d.S. Naples, Affari Esteri, 801, La Haye, 2 septembre et 15 novembre 1768.
300. Isaac de PINTO, op. cit., p. 247.
301. Ibid., p. 242.
302. Voir supra, p. 310.
303. El siglo de los Genoveses, malheureusement encore inédit.
304. A.N., G 7, 1725, 121, 6 février 1707.
305. A.N., 94 A Q 1, 28.
306. John FRANCIS, La Bourse de Londres, 1854, p. 80.
307. Daniel DESSERT, art. cit.
308. Les exceptions confirmant la règle, LAVISSE, Histoire de France, VII, 1, pp. 5 sq.; Méditerranée, II, pp. 34-46.
309. Roland MOUSNIER, Les XVIe et XVIIe siècles, 1961, p. 99.
310. British Museum, Add. 18287, f° 24.
311. J.-F. BOSHER, op. cit., pp. 276 sq.; le mot bureaucratie apparaîtrait pour la première fois chez GOURNAY, 1745, cf. B. LESNOGORSKI, Congrès international des sciences historiques, Moscou, 1970.
312. A. G., Varsovie, Fonds Radziwill.
313. Ou reféodalisation, dans le sens où Giuseppe GALASSO emploie le mot, op. cit., p. 54, à savoir un certain retour vers une féodalisation antérieure.
314. J. van KLAVEREN, « Die historische Erscheinung der Korruption... », in : Vierteljahrschrift für Sozial- und Wirtschaftsgeschichte, 1957, pp. 304 sq.
315. Selon MOUSNIER et HARTUNG, c'est seulement après la guerre de Succession d'Autriche que la vénalité en France est devenue insupportable. Congrès international des sciences historiques, Paris, 1950, cité par I. WALLERSTEIN, op. cit., p. 137, note 3.
316. J. van KLAVEREN, art. cit., p. 305.
317. Voir le tableau brillant de Régine PERNOUD, op. cit., II, pp. 8 sq.
318. Pierre CHAMPION, Catherine de Médicis présente à Charles IX son royaume 1564-1566, 1937.
319. British Museum, Add. 28368, f° 24, Madrid, 16 juin 1575.
320. L. PFANDL, Philipp II. Gemälde eines Lebens und einer Zeit, 1938; trad. fr. 1942, p. 117.
321. Variétés, II, p. 291.
322. Op. cit., p. 55.
323. E. LABROUSSE, Le XVIIIe siècle, in : Hist. générale des civilisations, p.p. M. CROUZET, 1953, p. 348.
324. D'après Pierre GOUBERT, Beauvais..., op. cit., p. 338.
325. Op. cit., II, 698.
326. Moscou, A.E.A., 72/5-299, 22, Lisbonne, 22 février 1791.
327. Sur cette fragmentation de l'appareil du pouvoir, cf. F. FOURQUET, op. cit., notamment pp. 36-37.
328. « De l'importance des idées religieuses », in : Œuvres complètes de M. Necker, publiées par le baron de Staël son petit-fils, 1820, t. XII, p. 34, cité par Michel LUTFALLA, « Necker ou la révolte de

l'économie politique circonstancielle contre le despotisme des maximes générales », in : Revue d'histoire économique et sociale, 1973, n° 4, p. 586.
329. F. MELIS, Tracce di una storia economica..., op. cit., p. 62.
330. E. ASHTOR, Semaine de Prato, avril 1972.
331. S. LABIB, « Capitalism in medieval Islam », in : Journal of Economic History, mars 1969, p. 91.
332. Hans HAUSHERR, op. cit., p. 33 et Philippe DOLLINGER, La Hanse, 1964, pp. 207 et 509.
333. Halil INALCIK, « Capital formation in the Ottoman Empire », in : The Journal of Economic History, 1969, p. 102.
334. Ibid., pp. 105-106.
335. M. RODINSON, Islam et capitalisme, op. cit., p. 34.
336. C'est la date de la frappe du florin d'or, Cf. F. MELIS, article « Fiorino », in : Enciclopedia Dantesca, 1971, p. 903.
337. H. DU PASSAGE, article « Usure » du Dictionnaire de théologie catholique, t. XV, 2e partie, 1950, col. 2376.
338. Ibid., col. 2377-2378.
339. TURGOT, Mémoire sur les prêts d'argent, éd. Daire, 1844, p. 110. In : Œuvres, éd. Schelle, III, pp. 180-183.
340. Ch. CARRIÈRE, « Prêt à intérêt et fidélité religieuse », in : Provence historique, 1958, p. 107.
341. Loi du 3 septembre 1807 et décret-loi du 8 août 1935. Cf. le Nouveau Répertoire Dalloz, 1965, au mot « usure », IV, p. 945.
342. Benjamin N. NELSON, The Idea of usury from tribal brotherhood to universal otherhood, 1949. Voir, pour l'ensemble du problème, Gabriel LE BRAS et H. DU PASSAGE, article « Usure » du Dictionnaire de théologie catholique, t. XV, 2e partie, 1950, col. 2336-2390.
343. G. LE BRAS, art. cit., col. 2344-2346.
344. ARISTOTE, Politique, I-III, 23.
345. Max WEBER, L'Éthique protestante et l'esprit du capitalisme, 1964, p. 76, note 27.
346. SCHUMPETER, Storia dell'analisi economica, p. 10, note 3.
347. Karl POLANYI, in : K. POLANYI et Conrad ARENSBERG, Les Systèmes économiques dans l'histoire et dans la théorie, 1975, p. 94.
348. B. BENNASSAR, Valladolid au siècle d'or, p. 258.
349. R. de ROOVER, The Medici Bank, 1948, p. 57.
350. Marc BLOCH, Les Caractères originaux de l'histoire rurale française, 1952, I, p. 5.
351. Léon POLIAKOF, Les Banchieri juifs et le Saint-Siège, du XIIIe au XVIIe siècle, 1965, p. 81.
352. Diarii, 9 novembre 1519, cité par L. POLIAKOF, op. cit., p. 59, note 5.
353. L. POLIAKOF, op. cit., p. 96.

354. C. BEC, *Les Marchands écrivains à Florence, 1355-1434*, p. 274.
355. R. de ROOVER, *op. cit.*, p. 56, note 85.
356. Charles de LA RONCIÈRE, *Un Changeur florentin du Trecento...*, 1973, pp. 25, 97, 114, note 5, 172, 197.
357. B. NELSON, « The Usurer and the Merchant Prince: Italian businessmen and the ecclesiastical law of restitution, 1100-1550 », *in: The Tasks of economic history* (supplemental issue of *The Journal of economic history*), VII (1947), p. 116.
358. *Ibid.*, p. 113.
359. G. von PÖLNITZ, *Jakob Fugger*, 1949, I, p. 317 et B. NELSON, *The Idea of usury, op. cit.*, p. 25.
360. J. A. GORIS, *Les Colonies marchandes méridionales à Anvers*, 1925, p. 507.
361. Pierre JEANNIN, *Les Marchands au XVIᵉ siècle*, 1957, p. 169.
362. Archivo provincial Valladolid, fonds Ruiz, cité par H. LAPEYRE, *Une Famille de marchands, les Ruis*, 1955, p. 135 et note 139.
363. Le P. LAÍNEZ, *Disputationes tridentinae...*, t. II, 1886, p. 228 (... subtilitas mercatorum, ducentes eos cupiditate... tot technas invenit ut vix facta nuda ipsa perspici possint...).
364. Giulio MANDICH, *Le Pacte de Ricorsa et le marché italien des changes au XVIIᵉ siècle*, 1953, p. 153.
365. J. HÖFFNER, *Wirtschaftsethik und Monopole*, 1941, p. 111 et B. NELSON, *Idea of usury*, p. 61, note 79.
366. Dans une conversation.
367. Ph. COLLET, *Traité des usures...*, 1690, dans l' « avertissement ».
368. Isaac de PINTO, *Traité de la circulation et du crédit*, 1771, p. 36; L.-S. MERCIER, *Tableau de Paris*, 1782, III, pp. 49-50.
369. Moscou, A.E.A., 35/6, 370, p. 76.
370. C. CARRIÈRE, art. cit., p. 114.
371. I. de PINTO, *op. cit.*, pp. 213-214.
372. A. RENAUDET, *Dante humaniste*, 1952, pp. 255-256.
373. Werner SOMBART, *Le Bourgeois*, 1926, p. 313.
374. H. HAUSER, *Les Débuts du capitalisme*, 1931, pp. 51 et 55.
375. C. M. CIPOLLA, « Note sulla storia del saggio d'interesse, corso, dividendi e sconto dei dividendi del Banco di S. Giorgio nel sec. XVI », *in : Economia internazionale*, vol. 5, mai 1952, p. 14.
376. *Économie et religion, une critique de Max Weber*, éd. suédoise 1957, française, 1971.
377. F. BRAUDEL, *Le Monde actuel*, 1963, pp. 394-395.
378. *Studies in the development of capitalism*, 1946, p. 9.
379. O. BRUNNER, *op. cit.*, pp. 16-17.
380. Aldo MIELI, *Panaroma general de historia de la Ciencia*, II, pp. 260-265.
381. Édition de H. PROESLER, 1934.
382. W. SOMBART, *op. cit.*, II, p. 129 et note 1.
383. F. MELIS, *Storia della Ragioneria*, 1950, pp. 633-634.

384. W. SOMBART, *op. cit.*, II, p. 118.
385. Oswald SPENGLER, *Le Déclin de l'Occident*, 1948, II, p. 452.
386. C. A. COOKE, *Corporation Trust and Company*, 1950, p. 185.
387. Cité par Basil S. YAMEY, « Accounting and the rise of capitalism », *in : Mélanges Fanfani*, 1962, t. VI, pp. 833-834, note 4. Sur la lenteur de la pénétration en France, R. GASCON, *op. cit.*, I, pp. 314 *sq.*
388. W. SOMBART, *op. cit.*, II, p. 155.
389. F. MELIS, *Tracce di una storia economica di Firenze e della Toscana dal 1252 al 1550*, 1966, p. 62.
390. B. S. YAMEY, art. cit., p. 844 et note 21.
391. R. de ROOVER, *in : Annales d'hist. économique et sociale*, 1937, p. 193.
392. W. SOMBART, *Die Zukunft des Kapitalismus*, 1934, p. 8, cité par B. S. YAMEY, art. cit., p. 853, note 37.
393. K. MARX, *Le Capital*, *in : Œuvres*, II, pp. 1457 *sq.* et 1486-1487.
394. *Ibid.*, p. 1480.
395. LÉNINE, *Œuvres*, 1960, t. 22, p. 286.
396. Otto HINTZE, *Staat und Verfassung*, 1962, II, pp. 374-431 : *Der moderne Kapitalismus als historisches Individuum. Ein kritischer Bericht über Sombarts Werk*.
397. W. SOMBART, *Le Bourgeois*, p. 129.
398. W. SOMBART, *ibid.*, pp. 132-133.
399. M. WEBER, *L'Éthique protestante et l'esprit du capitalisme*, p. 56, note 11, et pages suivantes.
400. C. BEC, *Les Marchands écrivains à Florence 1375-1434*, pp. 103-104.
401. Otto BRUNNER, *op. cit.*, pp. 16-17.
402. Gilles DELEUZE, Félix GUATTARI, *Capitalisme et schizophrénie. L'anti-Œdipe*, 1972, p. 164.
403. Denys LOMBARD, *Le Sultanat d'Atjeh au temps d'Iskandar Muda (1607-1636)*, 1967.
404. J. SAVARY, V, col. 1217.
405. PRÉVOST, *op. cit.*, VIII, p. 628.
406. TAVERNIER, *op. cit.*, II, p. 21.
407. A.N., Marine, B 7 46, 253. Rapport du Hollandais Braems, 1687.
408. Gautier SCHOUTEN, *Voiage... aux Indes Orientales, commencé en l'an 1658 et fini en l'an 1665*, II, pp. 404-405.
409. Jean-Henri GROSE, *Voyage aux Indes orientales*, 1758, pp. 156, 172, 184.
410. Michel VIÉ, *Histoire du Japon des origines à Meiji*, 1969, p. 6.
411. DE LA MAZELIÈRE, *Histoire du Japon*, 1907, III, pp. 202-203.
412. D. et V. ELISSEEFF, *La Civilisation japonaise*, 1974, p. 118.
413. N. JACOBS, *op. cit.*, p. 65.
414. Y. TAKEKOSHI, *The Economic aspects of the political history of Japan*, 1930, I, p. 226.
415. N. JACOBS, *op. cit.*, p. 37.

416. Y. TAKEKOSHI, *op. cit.*, I, p. 229.
417. Denis RICHET, *Une Famille de robe à Paris du XVIe au XVIIIe siècle, les Séguier*, Thèse dactyl., p. 52.
418. D. RICHET, *ibid.*, p. 54. Toute une série d'exemples dans le livre de George HUPPERT, *Les Bourgeois gentilshommes, op. cit.*, chapitre V.
419. PING-TI HO, « Social Mobility in China », *in : Comparative Studies in society and history*, I, 1958-1959.
420. *Méditerranée*, II, p. 65.
421. Nicolaï TODOROV, « Sur quelques aspects du passage du féodalisme au capitalisme dans les territoires balkaniques de l'Empire ottoman », *in : Revue des études sud-est européennes*, t. I, 1963, p. 108.
422. François BERNIER, *Voyages... contenant la description des États du Grand Mogol*, 1699, I, pp. 286-287.
423. Lord CLIVE, Discours à la Chambre des Communes; les extraits donnés ici d'après une traduction française, Cracovie, Fonds Czartorisky.

索 引